# 大不列顛兩千年

從羅馬行省、日不落帝國到英國脫歐，王冠下的權力更迭及對世界秩序的掌控

THE STORY OF BRITAIN

FROM THE ROMANS TO THE PRESENT

羅伊·史壯◎著
陳建元◎譯
ROY STRONG

感謝

維羅妮卡・韋奇伍德夫人（Dame Veronica Wedgwood）

在本書寫作早期給予的靈感

一個沒有歷史的民族
無法從時間中贖回，因為歷史是
諸多永恆瞬間的一個樣式。因此，當著陽光轉弱
在一個冬日的下午，一座僻靜的教堂，
歷史就是現在，且是英格蘭。

——T．S．艾略特，《四重奏》中的〈小吉丁〉

目次

推薦序一

# 細品不列顛人的畫像

林美香（國立臺灣大學歷史學系教授）

第一次認識史壯爵士（Sir Roy Colin Strong），是在一九九六年。那時我剛到愛丁堡攻讀學位不久，正研究著英格蘭女王伊莉莎白一世（Elizabeth I）的形象塑造，史壯所寫的《伊莉莎白崇拜：伊莉莎白肖像畫與盛典》（一九七七年），自然成為我重要的參考書籍，也是我認識他的第一本書。但他相關的著作實在不少，隨後我又讀了《藝術與權力：文復興時期的節慶》（一九八四年）、《榮光女王：伊莉莎白肖像畫》（一九八七年）、《都鐸與司徒亞特王朝：盛典、繪畫與肖像》（一九九〇年）等書，盼能理解都鐸時期政治圖像、儀式與權力的文化，好讓我未來的研究能有一點點進展。[1]

當時頗感無助的我，專注在自己狹窄的研究題目上，渾然不覺他也寫了《大不列顛兩千年》

1 Roy Strong, *The Cult of Elizabeth: Elizabethan Portraiture and Pageantry* (London: Pimlico, 1977); *Art and Power: Renaissance Festivals 1450-1650* (Woodbridge: The Boydell Press, 1984); *Gloriana: The Portraits of Queen Elizabeth* (London: Thames & Hudson, 1987); *The Tudor and Stuart Monarchy: Pageantry, Painting, Iconography*, 2 vols. (Woodbridge: The Boydell Press, 1990, 1996).

一書，而且就在那一年出版。若說當時跟不列顛的歷史有什麼交錯，就只有那年十一月末，愛丁堡的王家大道（Royal Mile）上擠滿人群，伴隨著蘇格蘭風笛奏出的軍樂聲，熱熱鬧鬧地迎接「斯昆石」（Stone of Scone）進入愛丁堡城堡長期存放。這塊重達一百五十二公斤的石頭，原本是蘇格蘭歷代國王的「加冕石」，但在英王愛德華一世（Edward I）時，成了他擊敗蘇格蘭軍隊的戰利品，於一二九六年移至倫敦，嵌入西敏寺中英王王座的下方。過了七百年漫長的歲月，此石才重回故土。

這塊滿載著戰爭痕跡與蘇格蘭傷痛的石頭，得以回到故國，是當時執政的保守黨首相對蘇格蘭釋出的善意，盼能拉回日漸與倫敦分離的蘇格蘭民心。然而，我也見證了隔年（一九九七年）保守黨失勢，輸掉所有蘇格蘭地區的席次；工黨首相布萊爾（Tony Blair）風光上台，續展開重大政治工程——地方分權（Devolution）。兩年後（一九九九年）蘇格蘭有了自己的國會（Scottish Parliament），威爾斯與北愛爾蘭兩地亦成立議會（assembly），處理地方事務。史壯在首次出版《不列顛兩千年》時，還來不及見證這些與不列顛歷史密切相關的事。那麼，是什麼觸動這位藝術史大師、博物館館長，[2]動筆寫下不列顛長達兩千年的歷史？又是什麼因素，使他在二十多年後決定增訂內容並再版此書？

在我看來，是相似的現實局勢與歷史關懷，促使他兩度出版本書，那就是從一九六〇年代延續至今的不列顛認同危機（the crisis of Britishness）。隨著不列顛海外帝國地位的衰退，二十世紀中葉之後，不列顛內部出現裂解的態勢，威爾斯與蘇格蘭都有獨立的聲音，亦有支持獨立的政黨成立並獲得國會席次；北愛爾蘭的問題持續難解，在蘇格蘭迎回斯昆石的幾個月前，倫敦與曼徹斯特兩大城，還接連發生愛爾蘭共和軍（IRA）所策劃的炸彈攻擊事件。種種跡象看來，由多國族（nations）組成的「大不列顛與北愛爾蘭聯合王國」，很難繼續以單一的政府、國會與憲政維續下去。共有的「不列顛認同」，也面臨威爾斯、蘇格蘭、北愛爾蘭，甚至英格蘭國族認同的挑戰；「誰是不列顛人？」或「誰要當不列顛人？」似乎不再是一個簡單易答的問題。

一九九九年之後地方分權的實施，進一步證實了這個走向，同時間歐盟的發展，也加深不列顛內部的裂痕，史壯即親眼見證了二〇一六年的脫歐公投，及其所帶來的各樣爭議與區域歧見。簡言之，四國族（英格蘭、威爾斯、蘇格蘭與北愛爾蘭）及歐盟的問題，讓「不列顛認同」重新面臨檢視，而史壯選擇了從歷史觀照。他認為：「一個對自己的過去一無所知的國家，將失去它的認同。」於是，他在書中沿著歷史發展的脈絡，從西元一世紀羅馬人征服不列顛、一〇六六年的諾曼征服、十七世紀「三王國」之戰，到一八〇〇年「聯合王國」的成立，清楚讓讀者知道「不列顛人」何時出現、何時成形？他的答案是在十八世紀末，那時不列顛已成為「單一民族國家，而這個民族便是不列顛人」。

但還有一項事實是超越歷史的。在他看來，不列顛的島嶼特性，即決定了群島上的人一直擁有集體的獨特性。他的第一章以「島嶼」為名，而且第一句話便說：「不列顛是座島嶼」；在本

2　史壯曾出任倫敦兩個重要美術館或博物館館長一職。首先是在一九六七年，年僅三十二歲時，史壯被任命為「國家肖像館」（National Portrait Galley）的館長；接著在一九七三年，三十八歲時，他成為「維多利亞與亞爾伯美術館」（Victoria and Albert Museum）館長，也是有史以來最年輕的館長，直到一九八七年卸任。

書最後一章他再度指出：「不列顛是座島嶼，它的歷史和認同都源於這項地理事實。」而且不論現代史家如何解構不列顛的概念或認同，這項事實都是無法抹滅的。換言之，不論四國族的個別認同有多強大，在過去與未來，不列顛認同仍然是超越個別區域的集體認同，而且能含納多元認同，如史壯本人既是英格蘭人，也是不列顛人，甚至在學術養成與政治傾向上，他主張自己是個歐洲人。

史壯以「不列顛是座島嶼」為開頭，無疑是向邱吉爾（Winston Churchill）的《英語民族史》（一九五六—一九五八年）致敬，[3]這套四冊的大部頭著作，首卷即以「島嶼民族」（The Island Race）為名。在邱吉爾之後，尤其是一九九〇年代以來，不乏各類以不列顛為主題的歷史著作，例如戴維斯（Norman Davies）的《群島：歷史》（一九九九年）。[4]但史壯刻意不去讀這些學術性的作品，他希望能以敘事性的筆調，為學院外的大眾而寫，也寫給所有關心不列顛問題的讀者。他確實成功了，這本書讀來平易近人，章節安排大小適中，是本隨時可拿起、隨時可擱下，但又讓人真心想讀完的一本書。

其實，史壯並沒有在這本「歷史」書中掩去他做為「藝術」人的本質，每一章便如一幅畫，或是山水、或是城鎮，又或是戰爭場景，他總想讓你看到全貌，而非細枝末節。其中還有許多章節，他側重人物書寫，讀來便像一幅幅肖像畫，展露人物的生命樣貌、風格與色彩。如第二十七章寫莫爾（Thomas More）、第三十二章寫莎士比亞（William Shakespeare）、第四十五章寫牛頓（Isaac Newton），第五十章則寫他向來非常關心的園藝，及著名的景觀設計師布朗（Lancelot Brown）；讀者也不可錯過第六十章的達爾文（Charles Darwin）。這些人皆非政治人物，卻在知識與文化上使不列顛歷史璀璨如銀河。不論是讀史或是讀人，讀者閱覽時不妨以觀畫的眼睛，細品每一幅畫作；或者，就把這整本書視為「不列顛人的畫像」！

3 Winston Church, *The History of English-Speaking Peoples*, 4 vols (London: Cassell, 1956-58).

4 Norman Davies, *The Isles: A History* (Oxford: Oxford University Press, 1999).

推薦序二

# 通俗史的模範

盧省言（國立臺灣師範大學歷史學系助理教授）

高中時的歷史課總是念得比課本還要多，薄薄的一本歷史課本道不盡學測或指考會考的內容，於是老師們總是樂於、也必須給我們閱讀許多補充教材，我記得其中有一本是房龍寫的《人類的故事》（*The Story of Mankind*）。事實上，對那時的我們來說（或許只有我），《人類的故事》有點枯燥且難以閱讀，即便這是一本寫給兒童看的書籍。

當然，距離高中已過十幾載，但我依稀記得房龍在書中是如何用短篇文章跟讀者說故事，這種敘事方式令人印象深刻。而在讀羅伊・史壯的《大不列顛兩千年》讓我想起《人類的故事》，都是在說故事，像是要講給後代聽一樣。然而，羅伊・史壯所述說的英國史以更細膩的方式進行。史壯在開頭引述了詩人艾略特（T. S. Eliot）的詩文，表示「一個沒有歷史的民族，無法從時間得到拯救」，而這也反映了這本書的核心，史壯要告訴英國人，我們從哪裡來？英國為何是今日的樣貌？

在這即食時代，很少人能夠靜下來讀完細緻考究、長篇大論的研究論文，因此通俗的書在這幾年蔚為流行。但通俗的書事實上是最難寫好的，因為每一個句子背後都由無數研究心血以及爭議議題堆疊起來，如何在寫通俗史時又不失其正確性或落於譁眾取寵，是非常難的，而羅伊・史壯的確替通俗史立下了很好的典範。史壯並不是選擇一個主題來寫，而是挑戰了更艱難的任務——不列顛自有文字紀錄以來的歷史。大多數的學者所專精的領域就一小塊，通常是某一時代的某一區域的某一主題，例如，筆者的專業為十三世紀英格蘭的婦女財產權。因此，即便是淺談英國兩千多年的歷史也是一項艱鉅的任務，但如同史壯所想表達的，一個民族必須知道自己的歷史，因此有了這本橫跨兩千年的通史。

通史難，難在要正確又不媚俗。

也正因如此，《大不列顛兩千年》才更難能可貴。史壯最厲害的地方在於，他是全方位地討論歷史的進展。什麼是全方位呢？

一般人對歷史的想像只停留在時間與事件，某年發生某件事，這也是為什麼不少學生覺得歷史無聊的原因。但歷史不是事件與時間，如同艾略特所說，它是無始無終的瞬間的一種模式。沒有人可以拼湊出完整的歷史，碎鏡為史，多數人所看見的歷史只有一小面向，而當這些面向都被拼湊在一起時，我們才有可能得到最接近歷史的樣貌。因此，講羅馬人統治英格蘭，不只是一句「不列顛島在西元四三年至四一〇年為羅馬行省」，而是必須探討羅馬人在不列顛島的軍事活動、和原住民的衝突、用來統治不列顛的法律、人民的組成、城市的發展、娛樂型態的改變等等，這些都是隱藏在「不列顛島在西元四三年至四一〇年為羅馬行省」短短一句話後面更多不為人知的歷史。

史壯在本書裡盡可能地提供全方位歷史，其將全書分為七十三個章節，從成為羅馬行省前，只有原住民居住的不列顛島開始講起，直到二〇一六年的脫歐，完整地呈現英國作為一島國的歷史。貫穿全書的主題不只是政治及王權的更迭，還包括：經濟的發展、宗教發展、人民階級的變動、女性史、地景景觀及建築變化、娛樂發展、農業發展等等，讓讀者盡可能全面理解過去為何如此發展。以工業革命來說，史壯先鋪陳金融革命的重要性，再講述勞動人口結構改變，再到機械導致的鐵路發展和工會暴動，完整解釋工業革命生成的條件，以及其影響。

史壯不只談讀者已耳熟能詳的主題，例如：工業革命或是殖民主義，他也談人民生活的細節，像是花園的發展、劇院的出現以及休閒娛樂活動的改變，充分地反映生活即歷史。歷史不是環繞紀錄特別多的貴族或中產階級，也不是只關心政治，而是人民生活的面向。史壯談到十八世紀花園發展和人們的財富地位間的關聯；他也談及十七、十八世紀的人們開始懂得「追求幸福」，想要有放鬆的生活，開始旅行（多虧於馬車的再進化）、泡溫泉、上劇院、造訪流動圖書館等等。而這些關於一般人民生活的歷史恰巧反映了英國人的自我認同感是如何被形塑。除了傳統的政治因素外，更重要的是這些被我們遺忘的生活點滴的歷史。史壯的描繪也讓筆者想起自己初到英國進修時的疑惑，我發現英國人把歷史切得好細，除了傳統的歷史，還有各種不同面向，其中最讓我感興趣的莫過於花園史以及肥胖史。這些看似微小的主題，卻牽動著當時人對於社經地位以及身體醫療的認識，而這些都是單一的政治史無法展現的。

史壯談歷史的能力難能可貴，他集中了很多碎鏡，並拼成了一個近乎完整的大鏡子。《大不列顛兩千年》帶領讀者從最早的不列顛一路旅行至曾經的帝國，再到今日似乎站在十字路口的國家。史壯在後記說得好，英國是島國的事實很大部分地塑造了其歷史，而台灣何嘗不是？身為島國的台灣事實上和英國有不少相似處，皆面對來自一大陸的壓力，長久以來有不少民族移居，或許我們能藉由史壯的這本書思考台灣人從何而來。跳出台灣，回到這本書，史壯讓讀者不要忘記自己從何而來，也不要忘記看待歷史必須客觀，戴著名為現代的眼鏡並無法理解過去。作為一本通俗史，史壯成功地客觀呈現歷史，同時顧及大時代下的細節，光是這點，筆者認為此本書絕對是值得收藏在書架上的。

# 二〇一八年版序言

這本書寫於一九九〇年代中期，當時對國家歷史的認識正迅速從國民心理中消失，尤其是在年輕人中間。事後的發展證明，本書成了許多突然湧現之類似著作的先聲，像是諾曼·戴維斯（Norman Davies）的《群島：歷史》（*The Isles: A History*）就是其中之一，後來還有西蒙·沙瑪（Simon Schama）的《英國史》（*A History of Britain*, 2000）及其附屬電視節目，以及更後來的彼得·阿克羅伊德（Peter Ackroyd）的《英格蘭史》（*The History of England*）系列（2011-2014）。我刻意不去碰觸這幾本書。

一九九六年出版的本書是這個國家幾十年來第一部單卷敘述性歷史著作。我上面提到的那些書篇幅都更長、更嚴肅；總的來說，學術性更強。本書不自詡具備這些部分。除了二〇一六年就脫離歐盟舉行的全民公投之外，這本書的內容並未變動，它的寫作前提也沒有改變，目的是向一般讀者介紹我們國家的歷史。

對於那些想知道在我們的歷史上，是什麼導致我們做出如此戲劇性的決定，不讓它加入「首都」在布魯塞爾的那個大陸「帝國」的人而言，這本書再版的時刻可說是恰到好處。要對我們自己自羅馬人離開後的歷史有著全盤理解，我們才能從真確的角度來看待這項決定。至於從長遠來看這項決定是對是錯，只有歷史才能證明。

再一次，我要深深感謝我的編輯喬安娜·斯蒂芬森（Johanna Stephenson）和魏登菲爾德和尼科爾森出版社（Weidenfeld & Nicolson）的編輯團隊。

# 一九九六年版序言

這本書是我的文學經紀人費莉希蒂・布萊恩（Felicity Bryan）的主意。她的女兒愛麗絲對《島國故事》（*Our Island Story*）愛不釋手，這本書帶領了好幾代人認識英國歷史。當我開始動筆撰寫各位讀者面前的這本書時，這本書也立刻開始有了自己的生命。事實上，這種情況在我的寫作生涯中是前所未見的；當我動筆時這本書彷彿直接告訴我它所希望的發展方向。這最終發展為一本企圖適合所有年紀讀者的歷史書，向他們介紹這個羅馬人最初稱之為不列顛的島嶼。我希望，讀者能從中找到自己的定位，它被認為是一種持續的敘述；而且這本書的重點不擺在年代以及詳細過程上，而是將重點擺在事情發生的緣由。

這樣的一本書必然與眾不同。無論作家怎樣努力，都不能完全擺脫自身的嗜好和偏見。我將盡所能地坦白自己的偏好，希望讀者真的讀到筆者的偏見時能夠睜一隻眼閉一隻眼。到這本書出版的時候，我已經六十歲了，這意味著我最早的記憶是關於第二次世界大戰和一個被圍困國家所需要的強烈愛國主義。我會說自己在本能上是個非教條的保守主義者，而我信奉的基督宗教流派，或可稱為進步的英格蘭國教會天主教。我所受的教育最終將我帶到了華堡學院（Warburg Institute），這座學院是以古典傳統之歷史為核心；因此，我在思想背景和政治信念上都是扎扎實實的歐洲人。我也是我這個時代的產物，一個下層中產階級的男孩，透過努力用功和獎學金進入了現在掌握著國家命運的專業階層。

這本書沒有什麼特別具原創性的地方。由於本書的時間跨度如此之大，它因此只可能是融合各家說法的綜述。本書是建立在對於其他學者著作的感謝之情上頭。當學者之間的意見有所不同時（所有學者之間的常態），這樣一本概括性和介紹性的書勢必要找出一個折衷說法。唯有在近代史部分，我才直接指出歷史學家之間存在分歧的觀點。我試圖達到的目標是，透過強而有力的敘述公正而平衡地呈現各個時代的景象，並且鼓勵讀者繼續翻到下一頁閱讀。

在某些時期，有些特殊的人物對於歷史事件產生重要影響；我因此在某些篇章中是以傳記的方式寫作，試圖讓讀者能夠進入這些人物所在的時代。在喬叟的時代之前，除了國王、聖人和政治家以外，要為一般人物寫傳記幾乎是不可能的，而且即使喬叟之後也是相當困難。我也沒有能力寫出我們所處這個世紀中某位人物的傳記，這讓我想起以撒．柏林爵士（Sir Isaiah Berlin）曾經說過：「再也沒有偉人了。」在普羅大眾的時代，這句話也許是對的，但這也同樣反映了我不具備找到他們的能力。寫作傳記是我的決定，因為我試著去尋找那些改變時代趨勢的人。

這是我自上世紀五〇年代讀大學以來首次閱讀英國從古至今的歷史。我在學術研究中始終蟄居在都鐸王朝和早期斯圖亞特王朝的文化牧草地中。英國的歷史研究在我大學畢業後發生了巨大的變化，尤其是它的範圍擴大到政治和經濟之外。這個更寬廣的視野日益豐富。我在本書中試圖納入此視野，而且，確實在這樣做的過程中，我注意到不時加入幾篇傳記是一種極好的做法。這些傳記清楚呈現出，這個國家的文化史和思想史為何與政治事件的潮流如此密不可分。但是我避免列出自己閱讀過和參考過的大量書籍，因為在這種性質的書當中，這種書目必然對於本書讀者閱讀的目的毫無幫助。

在我寫作的過程中，歷史以及歷史教育一直是公眾關注的焦點，但我避免捲入諸如國家課程之類的事情中，而是更傾向於走自己的孤獨之路。同樣地，我也有意避免閱讀任何其他有關英國的通史，以免對我自己的寫作產生任何影響。長久以來指引我前進的信念是：一個對自己的過去一無所知的國家將失去它的身分認同。

這個計畫一直是我與編輯共同的熱情，她一直激勵著我前進。作家一生能遇到傑出編輯實屬幸運，而茱莉亞・麥克雷（Julia MacRae）恰恰是其中之一。我這場穿梭數世紀的旅程並不孤獨。每當我表現出萎靡不振的跡象時，她就把我扶起來，堅定地把我放回英國歷史這艘大船的船頭，敦促我繼續航行。我對她的感激之情溢於言表。出版是一個團隊合作的過程，在這樣一個大計畫中，每個人都有自己的責任和願景，我深深地感激他們。設計師道格拉斯・馬丁（Douglas Martin）和我們一樣，一直致力於確保這本書不僅在設計上看起來體面，而且最重要的是能吸引讀者開卷閱讀。

寫這種介紹性的歷史是一回事，要找到一位博學多才的人，而且還能對這本書的目標表示深有同感則完全是另一回事。我們很幸運地遇到了聖保羅中學的歷史科主任基思・佩里（Keith Perry），他使我避免了許多錯誤和過於籠統的概括。尤其在我一直感到棘手的十八世紀政治史方面，他的建議格外珍貴。我也不會忘記茱莉亞・麥克雷的同事們在編輯方面付出的艱苦努力。

我決定，這個計畫要麼需要兩年，要麼需要二十年。唉，我已經沒有二十年的時間可以用來寫作了。從計畫開始到正式出版，事實上耗費了四年。選擇較短寫作時間的決定可能是魯莽的，但它確保了一種速度感、運動感和活力感。在我寫這本書的時候，我強烈地意識到，何謂英國的這個理念正在被解構。我想，這部介紹性的歷史著作也許能使年輕一代的島民想一想，究竟是什麼把他們聯繫在一起，使他們成為英國人。

# 1 不列顛島

不列顛是一座島嶼，對於要了解它的歷史而言，這個事實比任何其他事實都重要。它只有被征服過兩次，一次是在西元前五五年被羅馬人征服，另一次是在一〇六六年被諾曼人征服。

征服者總是必須與被征服者進行對話，遲早會產生一個由雙方共同組成的社會。然而，從總體上看，這個國家其實是不斷地被那些具備足夠韌性的人們入侵，他們勇敢地面對不列顛周遭海域洶湧波濤的海洋。由於這種困難，無論是來自萊茵蘭（Rhineland）的部落，來自南方地中海的羅馬人，來自日耳曼的盎格魯－撒克遜人，還是來自斯堪的納維亞的維京人，這些人群的數目總是很少。他們一旦到達這裡，就會被吸收到當地現有人口中。

這一簡單的事實，即任何來到不列顛的人都必須乘船經歷風雨顛簸的折騰，解釋了英國人作為一個民族的兩個主要特徵：內向和外向。英國人仍然珍視自己的島嶼，將其作為與世界其他地區分離並且不受侵犯的領土。今日搭飛機抵達英國，也不能消除這地方與外界截斷的感覺。即使是在英吉利海峽下面挖一條隧道，也無法消除一種與外部世界隔絕的感受，這也正塑造出，出了隧道之後，任何東西在態度、風格和理念上一眼就能被認出來是英國的。與其他歐洲國家不同的是，英國的疆域一開始就由它的地理條件所劃定。

與此同時，這也使得英國人成為了航海者和旅行者，他們為了理解外面的世界，不得不離開這個庇護所島嶼。學者和朝聖者穿越了歐洲和中東、上帝的使者跨越全球去改變未信者的信仰，發現者航行到最遙遠的海洋去尋找新的土地，而且成千上萬的英國居民移居海外去建立新的國家。英國四周被海洋所包圍，產生了一個人與人之間不得不相互容忍，但總體而言仍能接受彼此差異的民族。英國人天生就喜愛他們所認為的島嶼安全和由此帶來的生活安寧。這解釋了他們與生俱來的保守主義、妥協的能力、實用主義，以及他們在思想上許多具革命性的突破。我們歷史上出現許多天才，其中的原因之一必然是這座島上的幽閉恐懼症。以威廉・莎士比亞或艾薩克・牛頓為例，他們的思想為了尋求普遍性真理突破了島嶼的限制。

如果作為一個島嶼這個現實是其歷史的核心，那麼不列顛的地形和氣候也是如此。這是一個分為高地和低地兩個地區的國家。北部和西部有山丘和山脈，有些高達四千英尺，土壤貧瘠、雨量充沛且氣候寒冷。即使在今天，這個國家的這些地區仍然偏遠而難以進入，但在早些世紀，它們與外界幾乎是斷絕聯絡的。總的來說，他們很窮，但他們擁有礦產形式的財富：北威爾斯、德比郡、約克郡和安格爾西（Anglesey）的鉛，威爾斯的黃金、康沃爾（Cornwall）的錫，以及迪恩森林（Forest of Dean）的鐵。東部和南部是土壤肥沃的低地，是氣候溫和得多的河谷地帶，交通也更便利。它的財富是另一種類型的，穀物收成豐富的農田以及供綿羊與牲畜食用的茂盛綠地，這裡提供了肉類、皮革以及最重要的羊毛。

從一開始，不列顛的地理便已經定義了其內部歷史的中心主題：高地和低地之間；以及蘇格蘭、威爾斯、中部和南部之間的緊張局勢。這樣的戲碼在好幾個世紀的過程中不斷重演。然而，低地比不列顛其他地方更容易受到移民的影響，因為在地理位置上，低地便正對著幾乎所有移居者抵達時必須經過的海峽。當尤里烏斯・凱撒（Julius Caesar）最終在西元前五五年決定征服該島時，他也帶來了橫跨已知世界的帝國文明。他在海峽對面看到了一種截然不同的、更加原始的文化，這個凱爾特人的文化可以追溯到三十多萬年前長線中的最後一支，不列顛在當時甚至還不是一座島嶼而是歐洲的一部分，有些獵人迷路走到這裡來，後來發現自己被創造了海峽的巨大地貌變化切斷了與歐洲的聯繫。

在長達四百年的時間裡，不列顛一直是羅馬帝國的一部分，直到羅馬人的軍團於西元五世紀初撤出；面對北方野蠻部落的襲擊，這個島不得不設法保全自我性命。在接下來的一千年裡，不列顛與歐洲大陸部分地區的聯盟將成為其歷史上的主要主題。後來，在十一世紀，諾曼人的第二次入侵將英格蘭與現代法國的大部分結合了起來。這個帝國在五百年當中時而擴張時而收縮，直到一五五八年時，最後剩下的前哨點加萊港也向法國國王投降。

在這個時代，美洲已經被發現，而人們第一次開始將注意力轉到西邊。在此之前，位於不列顛島之外西邊被注意的只有愛爾蘭，人們的目光都牢牢注視著東方。在這幾個世紀當中，不列顛處於已知世界的邊緣，羅馬在異教時代時是世界中心，而在隨後的基督教時代，耶路撒冷則是世界中心。然而，其偏遠的地理位置並不代表其重要性不高，它之所以受到侵略勢必是有原因的，也有潛力成為帝國維持其在海外力量的基地。在中世紀，英格蘭國王將統治西歐最先進的國家。但是當羅馬軍團啟航去征服不列顛島時，上述的一切都是未來才會發生的事情。

# 2 大不列顛

西元前三二〇年前後，希臘船長馬賽的皮西亞斯（Pytheas of Marseilles）造訪了康沃爾半島，並且留下了文字紀錄，這正是不列顛這座島嶼首次出現在書面歷史上。他描述了當地人如何開採錫，並且如何用獸皮覆蓋的編織船將其運送到今天的聖邁克爾山（St Michael），並且在這裡將錫出售給主要來自高盧的外國商人。皮西亞斯繼續環繞整個島嶼，這是一項了不起的成就，讓文明的希臘世界瞥見了後來的羅馬人稱其為不列顛尼亞的國家。他記載，當地人住在籬笆或木屋裡，將穀物儲存在地下筒倉（silos）中，喝著由穀物和蜂蜜釀成的啤酒。他們由許多國王和酋長統治，如果打仗，會駕駛雙輪戰車參加戰鬥。

此後，寂靜降臨，不列顛再次成為一片充滿神祕的土地，直到羅馬人到來才被驅散。這些謎團得以被揭開，是因為羅馬人和希臘人一樣具有讀寫能力，而我們之所以能夠講述這個島的歷史，很大程度上是根據他們所寫的內容。從他們的觀點來看，這些文字紀錄就是歷史，因為他們戰勝的那個民族並不識字，因此沒有留下任何書面紀錄。我們只知道故事中的羅馬人觀點。凱爾特人的觀點毫無疑問必定截然不同。

皮西亞斯的說法讓我們瞥見了那個社會的樣子。凱爾特人是來自上多瑙地區的部族，他們從那裡向外輻射擴散，最終定居在義大利、西班牙和不列顛。他們是居住在農場或村莊的農業民族，飼養豬、山羊、綿羊和牛，並透過淺耕耕種來生產穀物。這種聚落的規模可能很大，他們周圍環繞著防禦用的柵欄或土堤，就像至今仍存在於多塞特郡多切斯特（Dorchester）附近的梅登城堡（Maiden Castle）的土堤。事實上，凱爾特人是一個先進的民族，除了熟練金屬工藝外，他們還會紡紗、織布、製作陶器。那些已經出土的工藝品非常美麗，運用了大膽的抽象形式。他們在西元前七〇〇年左右來到不列顛，迅速取代原本居住於此的原始民族。

凱爾特人有著引人注目的外表，個子高大、皮膚白皙、金髮而且有藍色眼睛。他們的日常著裝是束腰外衣，上面還會披上一件用胸針繫著的斗篷。他們喜歡絢麗的色彩和黃金首飾。每個部落都統治著這個國家的某個地區，比如東北部的愛西尼人（Iceni）或者北部的布里甘特人（Brigantes）。每一群人都有自己的國王，其所統治的人民被分成三類。首先是貴族及其家臣，他們的首要任務是戰鬥。他們騎馬或駕戰車參加戰鬥，發出可怕的吶喊聲並揮舞著鐵劍，任何敵人看到他們靠近都會膽顫心驚。凱爾特人聚落中還有德魯伊（Druids），他們來自貴族階層，其扮演的角色是法官和教師，但最重要的是，透過符咒、魔法和咒語與諸神溝通。凱爾特人服從以森林、河流、海洋和天空為形式的各種神靈的超自然力量。宗教儀式和祭典在神聖的小樹林裡舉行，而當眾神發怒的時候，人們就以火焚柳籠裡的活人獻祭。在貴族和德魯伊之下是龐大的群眾，他們不過是在土地上勞動的奴隸。凱爾特人是一個有強大傳統的民族，他們透過口說將傳統一代一代傳承下去。

他們有大約六百年的時間沒有受到侵擾，直到西元前一世紀中葉時，尤里烏斯・凱撒決定要征服他們。激發凱撒征服想法的原因是，他甫在高盧征服的貝爾格人（Belgae）有另一個部落位於英格蘭西南部，而且這個部落與在法蘭西西北部戰敗的弟兄們一直保持著聯絡。西元前五五年八月二十六日，大約一萬名士兵和五百名騎兵從布洛涅（Boulogne）啟航，在多佛（Dover）和迪爾（Deal）之間的某處登陸。軍事能力強大的羅馬軍隊在擊潰當地凱爾特酋長時沒有遭遇到什麼困難。凱撒仔細地記錄了他們的戰鬥方式和投降的速度，並決定在第二年返回。西元前五四年七月六日，一支更大的軍隊啟航，這次軍隊有八百艘船運送的五千名軍團士兵（即步兵），以及兩千名騎兵。他們在與之前相同的地區登陸，並且再次擊敗了布立吞人（Britons），但由於羅馬人的艦隊在暴風雨中失事，被迫返回海灘並且進行維修。布立吞人的部落領袖卡西維拉努斯（Cassivellaunus）趁著這個時候將人民集結起來。後來，羅馬人開始向北推進，越過泰晤士河並征服整個東南部。冬天的來臨意味著他們必須在天氣變惡劣前回到高盧，因此羅馬人與布立吞人首領們達成和平協議，後者交出了人質並且承諾每年支付贖金。

接下來的一個世紀沒有任何紀錄。原因很簡單，因為宛如狂風暴雨接連而來的各種事件，都集中在這段時間爆發，最終導致羅馬帝國的建立。在這些最終造成帝國建立的戰爭打得如火如荼之際，位於其領土邊緣的一個島嶼根本無關緊要。羅馬人於四個世紀後放棄了不列顛，因為此時，軍隊需要前往帝國的心臟地帶支援，就像過去的狀況一樣。在這段期間，各個凱爾特人王國組織也變得更為成熟，阿特雷巴特人（Atrebates）部落的首都是西爾切斯特（Silchester），卡圖維勞尼人（Catuvellauni）集中在聖奧爾本斯（St Albans）附近的普雷伊森林（Prae Wood），而特里諾文特人（Trinovantes）則聚集於卡姆羅多努（Camulodunum，今天的科爾切斯特

〔Colechester〕）。除此之外，在半島西南方以及威爾斯和蘇格蘭的山區，居住著一些原始部落。

羅馬人回來統治這個島嶼只是早晚的問題。對不列顛的征服始終在他們的計畫之中，但直到西元（Anno Domini，「在我們的主年」）四〇年，軍隊才真正做好入侵的準備。不過實際上，四〇年的這次入侵行動，在發動前的最後一刻被取消了，但在四年後，所有的一切都準備就緒，發動了一次大規模的進攻。不列顛內部彼此交戰的各部落要求羅馬人介入，更重要的是，羅馬人意識到該島豐富的礦產資源和穀物產量的潛力。他們也知道，直到德魯伊信仰（Druidism）在不列顛被消滅之前，這個信仰會繼續在高盧蓬勃發展，還有他們所憎恨的那令人恐懼的人祭。最後，同樣重要的是，有一位新登基的皇帝克勞狄馬斯（Claudius），他迫切需要取得巨大的軍事勝利，以確保他對帝國的統治。

在四月下旬或五月下旬，由奧盧斯．普羅提烏斯（Aulus Plautius）率領的四個軍團，總共四萬名士兵越過海峽，在肯特的里奇伯勒（Richborough）登陸。他們從那裡越過麥德威河（Medway），擊敗了布立吞人。為了實現這一目標，羅馬士兵不得不全副武裝地游過河，然後進行了持續兩天的戰鬥。布立吞人撤退，羅馬人繼續前進，越過泰晤士河。然後出現了一個短暫的停頓，以便有時間讓皇帝到來，他將大象帶在部隊中來震懾敵人。然後，戰役便重新展開。羅馬人向卡姆羅多努挺進，對其發起猛攻並且占領下來，使之成為羅馬帝國一個新省的首府，他們稱之為不列顛尼亞。此時，許多凱爾特人國王投降了，克勞狄烏斯皇帝在這個國家停留僅僅十六天，便啟程返回羅馬，他在那裡被授予盛大的帝國凱旋式。羅馬人建造了拱門來紀念這些勝利，其中一道專屬於不列顛的拱門上刻有這樣的銘文：「他征服了不列顛的十一位國王，期間從未吃過一場敗仗，接受了這些國王的投降，他是第一個將蠻族國家帶到大洋彼岸的羅馬統治之下的人。」—

奧盧斯・普羅提烏斯作為第一任總督留在不列顛，其任務是繼續征服。三個軍團向三個不同方向出發：一個向北，一個向中部地區，一個向西。凱爾特人相信他們的力量來自於他們的山崗堡壘和巨大的土牆，但事情的發展證明了他們並不能抵禦羅馬軍隊，因為後者的砲火摧毀了防禦工事並燒毀了城門。在第一次戰役中，羅馬人征服了從埃克塞特（Exeter）到林肯的這條戰線。西元四七年，奧盧斯・普羅提烏斯退役，由普布利烏斯・奧斯托里烏斯・斯卡普拉（Publius Ostorius Scapula）繼任，後者重新發起了羅馬人的進攻，向西部和北部推進。

凱爾特人並非沒有英雄。其中一位是卡圖維勞尼人的國王卡拉塔克斯（Caractacus），他抵抗羅馬人長達九年之久。卡拉塔克斯最初被迫投靠南威爾斯的西魯里人（Silures），然後又轉向北方的布里甘特人，他在那裡被擊敗，並被布里甘特人的女王移交給羅馬人。他和他的家人被送往羅馬，並被迫在城市的街道上遊行示眾。眾人對這位凱爾特國王的勇氣和耐力感到欽佩，卡拉塔克斯和他的家人後來都獲得赦免。

愛西尼人的女王布迪卡（Boudicca）的抵抗要強烈得多。在那個時間點，新總督蘇埃托尼烏斯・保利努斯（Suetonius Paulinus）抵達，羅馬人開始認真地著手殖民這個國家。他們在卡姆羅多努（科爾切斯特）和維魯拉米恩（Verulamium）（聖奧爾本斯〔St Albans〕）建立了城鎮，安格爾西島上德魯伊信仰的神聖樹林也被摧毀。布立吞人淪為臣民，被迫向羅馬人支付大筆款項。就愛西尼人來說，他們的土地被兼併，他們的女王布迪卡被鞭打，她的女兒遭到侵犯。羅馬人的這種舉動引發了布迪卡這位堅強女性所領導的野蠻叛亂。一位羅馬歷史學家這樣描述她：

她身材高大、外表極為可怕，她的目光凶狠，聲音刺耳；一大把黃褐色頭髮垂到她的臀部；她的脖子上掛著一條很大的金項鍊；她如往常一樣穿著一件有著各種顏色的束腰外衣，外面用胸針別著一件厚厚的斗篷。

愛西尼人與特里諾文特人和其他部落聯合起來，奪取了羅馬設立的新都城卡姆羅多努，屠殺了那裡的居民。他們打敗了從林肯向南趕來應對危機的第九軍團部分部隊。維魯拉米姆和倫敦也落入布迪卡手中，總共有七萬人被屠殺。但是，保利努斯最終集結了他的軍團，在考文垂（Coventry）或利奇菲爾德（Lichfield）附近的某個地方擊敗布立吞人，布迪卡服毒自盡。

西元七七年，克耐烏斯．尤里烏斯．阿古利可拉（Cnaeus Iulius Agricola）出任總督，正是在他的領導下，不列顛才真正地成為帝國的一個行省。阿古利可拉的形象之所以栩栩如生，要歸功於他的女婿——歷史學家塔西佗（Tacitus），他寫道：「你會十分相信他是位好人，也會很高興知道他是位偉人。」阿古利可拉出生於高盧，他的父親是羅馬元老。他在馬賽接受修辭學和哲學教育，實際上是在蘇埃托尼烏斯．保利努斯擔任總督期間，在不列顛開始了他的政治生涯。從那以後，他一步步往上爬，在包括不列顛在內的整個帝國的各個地方任職，直到最後，他被任命為不列顛的總督，史無前例地擔任這個職位長達七年。在那段時間當中，他進攻並征服了蘇格蘭。整座島嶼首次處於統一統治之下，他為了慶祝這一勝利，在里奇伯勒（Richborough）豎立了一座巨大的凱旋門；它的地基時至今日依然清晰可見。但是帝國本土的麻煩造成蘇格蘭被放棄，因此，正如塔西佗所寫：「對不列顛的征服已經完成，並且立刻就撤軍了。」

從長遠來看，這次從蘇格蘭的撤退是羅馬不列顛崩潰的主要原因。一直以來，人們都認識到，只有把野蠻部落嚴拒於門外，這個國家才能繁榮昌盛。最初的做法是約克（York）、切斯特（Chester）和卡昂（Caerleon）的三座大型要塞，它們是為駐紮在此的羅馬軍團所建造的，但在西元一二二年，羅馬皇帝哈德良來到不列顛，下令建造一堵八十英里長的城牆，從泰恩河一直延伸到索爾韋灣（Solway）。這是一項巨大的工程，有許多部分至今仍屹立著。這些城牆厚度從不少於八英尺，高度不少於十五英尺。每隔十五英里有一座堡壘，每個堡壘之間有兩座瞭望塔。此外，還有十六個真正的主要堡壘。接近敵方那側有一條壕溝作為保護，在羅馬方這側有第二條壕溝便於物資運輸。長城上所需要駐守的部隊至少需要九千五百人。

透過這種方式，羅馬不列顛得以建立，並且在和平與安全中生存了數百年。塔西佗描述了這是如何實現的：

為了使這群迄今為止分散四處、未開化且好戰的居民能夠安於和平與安逸的生活，阿古利可拉鼓勵個人，也幫助社區修蓋神廟、廣場（fora）和住宅……他使酋長的兒子們都接受博雅教育。他不喜歡高盧人的勤勉，而對不列顛人的聰慧表示特別的嘉許。結果是，這些過去堅決不接受拉丁語的居民們居然學習起羅馬人滔滔不絕的辭令。此外，他們也以穿著羅馬人的衣裳為榮，穿托加長袍之風大為流行。漸漸地，不列顛人被引誘到了誘人的惡習中：拱廊、浴室和豐盛的宴會。簡樸的他們把這些新事物稱為「文明」，但實際上這正是他們被奴役的一種方式。

羅馬人在此留下了許多極具影響力的事物，它們深刻地改變了這座島嶼的面貌和歷史。

# 3 羅馬不列顛

羅馬人將他們的文明帶至所到的任何地方，這種文明是在溫暖的地中海南部發展起來的。儘管羅馬人大多對被征服民族的情感有一定理解，但他們還是把自己的生活方式強加在對方身上。無論位在我們今天仍然可以參觀到的羅馬城市和別墅的廢墟中，它們給人印象最深刻的一點是，無論位處在非洲、中東還是不列顛，其古典建築的規劃和使用上都是一致的。而且，這些並不是唯一具統一性的東西：羅馬人施行於其帝國的政府結構，還有拉丁語的口語和書面語言亦都是統一的。

四個世紀以來，不列顛一直是那個截至當時世界上最偉大帝國中的一個行省。羅馬人之所以能如此迅速地改造凱爾特人，除了因為他們的軍隊，也是因為他們自己的文明不斷地在改變。在成千上萬的士兵中，有些人會讀會寫，會規劃城市，會設計建築。還有一些人能夠修建道路和水道，或者擁有諸如醫學之類的技能。若是沒有這些能力，就不可能發生如此迅速的轉變：一個人口分布疏落的農村社會轉變為一個以城鎮為中心的新社會。

軍隊結合了力量和知識，只要這樣的結合一直存在，羅馬不列顛便能夠不斷地蓬勃發展。該行省需要五萬五千人來維持，這些部隊最初是作為一支占領軍隊，但後來成為了一支保衛羅馬—不列顛社會的軍隊。

這些士兵被分為兩組，第一組由軍團組成，其中所有成員都是羅馬公民。皇帝可以授予任何人公民身分，不僅賦予他某些權利，還賦予他在社會中的地位。軍團來自帝國各地，不僅來自義大利，還來自西班牙和高盧等地區。每個軍團由五千五百人組成，其中一百二十人是騎兵；在帝國初期，每個軍團都由來自政府管理階層的一名羅馬元老院議員指揮，其下有五十九名高級軍官或百夫長。

還有第二批名為支援兵（auxiliaries）的人馬。他們同樣可能來自任何地方，但不太可能是羅馬公民，這項特權要到後來才將他們涵蓋在內。這些人被用於各種特定用途，如弓箭手、投石器手或散兵（skirmishers）。在這兩支陸地部隊的基礎上，還必須加上一支可能駐紮在多佛的艦隊，其主要任務是在海上巡邏，防範任何潛在的入侵者。

羅馬士兵的裝備與被他們擊敗的凱爾特人截然不同。他們頭戴金屬頭盔，身穿鉸接式裝甲，手持木頭和皮革製成的盾牌，腰帶上懸掛著劍和匕首。每個軍團士兵必須攜帶兩支標槍，在戰鬥中將這些標槍投擲到敵人身上，然後以短劍和匕首展開肉搏戰。他們的生活便是堅持不懈地訓練，每天都進行兩次十九英里的行軍。士兵被要求保持極佳體能，以便他們可以全副武裝地跳上馬，或者帶著所有的裝備游過河。

軍團駐紮於分散在不列顛各處的堡壘，藉此達成在戰略上最大的防禦力量。這些堡壘都呈現出統一的格局：面積五十英畝或更大的長方形建物，可容納六千多人。在堡壘基地的中央是將軍的總部，其前方有一條道路將基地一分為二，此外還有第二條路能通往總部。該基地透過這種方式被分為三個區域，包括營房、醫院、糧倉、儲藏室、浴室、馬廄和車間。在堡壘的圍牆之外，有供士兵家屬居住的私人住宅及供崇拜的神廟。

軍隊在最初征服不列顛島之後，大部分時間都在進行承平時期的任務。其中最重要的是治理國家。總督由皇帝直接任命，任期三到五年。總督始終由最傑出的軍團指揮官中挑選而出。總督居住於倫敦，這裡從西元六〇年開始便成為不列顛的行政首都，並且持續至今。總督由另一位督察使（procurator）輔佐，他幾乎擁有相同的權力且獨立於總督，並且一樣是由皇帝任命。他是負責財務的文官，工作是監督稅賦徵收以及軍餉派發。

政府系統不僅由遍布全國的駐軍網絡組成，而且由公路連接的城鎮組成。軍團在征服這國家時修建了道路，這對確保貨物和商業的迅速流通至關重要。這些寬闊的羅馬道路大約有二十到二十四英尺寬，細心地以沙層、礫石層和石頭層，層層堆疊而成，且經常進行維護。今日，在任何連接兩個起源於羅馬的城鎮的筆直道路之上，我們都很容易辨識出羅馬道路的遺跡。這個網絡並非隨意建造的，因為它們最終都聚集在倫敦，這也讓倫敦從此擁有首要地位。

然而，最大的變化是城鎮的出現。對於羅馬人來說，城市生活是他們唯一知道的生活方式，這對凱爾特人則是完全陌生的，因為後者往往居住在山頂上彼此分散的圈地之中。在不列顛的羅馬人從一開始所建造的，便是與他們義大利祖國相同的城鎮。它們的布局都很相似，都是面積在一百到三百英畝之間的矩形街道網格。在中心將會有一組公共建築：被柱廊圍繞著作為市民中心的廣場，其中或是附近會有一個市場；而其中一側會有長方形會堂或市政廳，那裡是市鎮的管理中心和法院所在地。這些建築是一連串具體化羅馬生活方式的公共建築的開端，而凱爾特人徹底地接納了這種生活方式。每個城鎮都有自己的公共浴場，通常有好幾間，其中有精心設計的更衣室、體育館、冷水浴以及溫度分別從溫熱到高溫不等的幾個房間。羅馬人是運用水的大師，從用水道橋將城鎮外的河流和泉水引入城鎮內，再到城鎮內部的排水和汙水處理，無所不包。

每個城鎮的郊區都有自己的圓形劇場，這是一個巨大的橢圓形區域，其中環繞著分層的木質座椅，在那裡會舉行競賽、戰鬥、獵獸和以狗鬥熊和鬥牛（bull-baiting）的活動。有些地方也有類似的戲院（不過是D字形的），市民可以在那裡欣賞戲劇、啞劇、唱歌和朗誦。在建築區域的內外都會有許多神廟供奉諸神，不僅包括像是朱庇特（Jupiter）、朱諾（Juno）和密涅瓦（Minerva）等羅馬人的神，而且還將皇帝視為活生生的神。帝國崇拜的總部位於卡姆羅多努，其中有一間巨大神廟，每年都有來自全島的代表在那舉行儀式。幾個世紀以來，最初由木頭建造在石頭底座上的商店逐漸變成了完全由石頭建造的商店。最初，城鎮是沒有城牆的，但後來隨著被入侵的區域不斷增加，於是加上了城牆。

對於羅馬人來說，城鎮是他們引入的政府模式中不可或缺的一部分。每個城鎮都有所謂的地方元老院，這是最重要的公民大會。每年選出四名政務官（magistrates），兩名擔任法官，另外兩名負責管理財務和建築。皇帝的政令、總督與督察使的命令就這樣從倫敦沿著羅馬道路呈扇形散開，一直延伸到這座島嶼的邊界。

與凱爾特人的小型農村共同體不同，城鎮並不是自給自足的，他們必須依靠鄉村用馬車將食物運到集市。鄉村也經歷了以別墅作為形式的重組，這一變化對土著居民而言遠不具革命性。別墅開始作為一個莊園的主農舍，周圍聚集著原有的凱爾特土著小屋。它們是簡單而舒適的建築物，中央是公共房間以及往兩端突出的兩翼，以及圍繞它們而建的遊廊（verandahs）。只有最壯麗的莊園才有這麼大面積可以形成一個完整的庭院。這些莊園隨著時代推進變得更加豪華，而且有了地板供暖、馬賽克地板和壁畫等舒適物品。它們在某些地方，例如費甚本（Fishbourne），幾乎就像是宮殿。那座別墅占地面積不少於五英畝，其中心是一個柱廊式庭院，牆壁上裝飾著進口大理石。

這些別墅所管理的農業與凱爾特人所從事的農業並沒有太大不同。然而，羅馬人引進了新的蔬菜，如捲心菜、豌豆、防風草和蕪菁，以及新的水果，蘋果、李子、櫻桃和核桃。更好品種的牛隻被進口，家貓也被帶來了。百合、玫瑰、三色堇和罌粟等花卉不僅具有藥用價值，而且具有裝飾性。不列顛的人們第一次建造了花園。

從農場生產的農產品不僅運往城鎮，而且穀物之類還被運往港口，出口到大陸。錫、銅、鉛，尤其是鐵礦石都被開採。石頭被開採來建造房屋。人們製造了磚瓦、珠寶、陶器和玻璃。紡織工業因為豐富的羊毛資源得以發展。

羅馬不列顛是由強大的政府體系聯合在一塊的。城鎮和別墅的建立形成了一個統治階層，這個階層可以而且確實包括了那些被羅馬化的凱爾特人，他們居住在城鎮中並且說拉丁語。凱爾特語則被保存在農村中，作為農民彼此溝通的語言。這個新統治階級在某種程度上也是透過對皇帝的崇拜而團結起來，而且他們藉由這種崇拜向羅馬帝國的整體理念宣誓擁戴。

然而，羅馬人在宗教問題上是寬容的，唯有以活人獻祭的邪教例外，這就是他們將德魯伊連根拔起的原因。除此以外，凱爾特人的神與羅馬人引入的神和平共存。後來出現了新的宗教崇拜，如波斯神密特拉（Mithras）或埃及女神艾西斯（Isis），基督教也傳到了不列顛。早在三世紀初就有這樣的記載：「羅馬人無法到達的不列顛部分地區已經服從基督。」基督教在不列顛的早期歷史鮮為人知，這情況一直持續到四世紀初，當基督教成為羅馬帝國的官方信仰。在西元三九一年，狄奧多西皇帝下令關閉所有異教神廟。在這個時候，不列顛教會已經具備成熟的組織，並且派出主教作為代表參加在歐陸舉行的大公會議。

在三世紀和四世紀初的鼎盛時期，羅馬不列顛一定是相當壯麗的，其繁華的城鎮裝飾著漂亮的公共建築，鄉村點綴著雅致的別墅。生活似乎充滿了確定性、豐富的食物、能夠輕易地四處旅行，以及不斷增加的財富。這時候幾乎沒有人去擔心居住在哈德良長城另一邊的野蠻部落，遑論去擔心那些有能力遠渡重洋前來的部落。雖然這些野蠻民族偶爾會突然進攻而打亂帝國的和平，但是他們通常不久後便被羅馬軍團給驅逐。只要這些軍團駐紮在這裡，一切事情都會如常運作。然而當他們因為狀況而必須撤退時，羅馬不列顛的文明就會面臨旦夕之危。

# 4 黑暗與黎明

羅馬不列顛是位於強大帝國邊緣的脆弱文明。當這個帝國開始分崩離析時，軍團就會被從其邊界召回，來解決帝國核心所面對的威脅。不列顛的生存一直依賴著羅馬軍團抵禦住哈德良長城另一邊的野蠻人，並且仰賴在英吉利海峽巡邏的艦隊來抵禦來自歐陸的入侵者。這個國家的政府、法律和秩序體系也是源自於羅馬，該體系從皇帝通過總督和督察使，再一路延伸到管理全國各地城鎮的官員。一旦軍隊和艦隊撤離，不列顛便失去了保護，沒有任何中央權威。居民們完全沒有受過自衛的訓練，當外部的襲擊開始時，這使得他們更加脆弱。

然而，所有這一切不是立刻發生的。與羅馬征服形成鮮明對比的是，野蠻人的征服是一個漫長的過程，耗時將近兩百年之久。直到六世紀，不列顛才開始出現另一種格局，它由一系列獨立的小王國組成，這些王國與羅馬人所創造的不列顛幾乎沒有關係。這些世紀被稱為黑暗時代，之所以稱為黑暗，除了因為整個文明瓦解之外，也因為我們對於這段時間實際狀況的認識相當零碎。這些認識是由極少數的書面紀錄以及考古挖掘物拼湊而成的，而且這些書面紀錄中的事件，都是在發生了相當久之後方被彙編而成。

來自外部的威脅從一開始就存在，不過從三世紀開始這些威脅開始變得迫在眉睫。突如其來的襲擊偶爾會發生，但隨之而來的往往是一段看似漫長的和平時期，讓布立吞人產生沒有根據的安全感。然而，到了四世紀初，襲擊的頻率加速了，這次顯然不會留給布立吞人喘息空間。入侵者來自四面八方，來自愛爾蘭的蘇格蘭人襲擊了西方，來自遙遠北方的皮克特人（Picts）穿過哈德良長城並向南滲透，而盎格魯—撒克遜人則在東南和東安格利亞（East Anglia）登陸。盎格魯—撒克遜人由來自萊茵河口和易北河口之間的不同部落所組成。長期而言，他們將成為塑造盎格魯—撒克遜英格蘭的主導力量。他們其中的一個部落叫做恩格爾（Engle），英格蘭一詞便是由此而來。

當襲擊開始時，羅馬人的回應方式是沿著他們所稱的撒克遜海岸（Saxon Shore）修建一連串的堡壘，所謂的撒克遜海岸指的是從布蘭卡斯特（Brancaster）到樸茨茅斯（Portsmouth）附近的波切斯特（Portchester）的海岸線。不久，羅馬人便無力維持任何艦隊，而該國的防禦能力也逐漸減弱，只剩下留在島上的軍團。三六七年發生了一次駭人聽聞的進攻，其猛烈程度甚至連倫敦都被包圍了。問題在於，羅馬人根本沒有能力在所有邊界進行作戰。選擇保護東南地區的代價，便是將北方完全暴露在不設防狀態下。確實，北方逐漸被放棄，許多邊境小型王國隨之出現，其任務是抵禦皮克特人。這標誌著羅馬不列顛解體的開始。

四一〇年，霍諾留（Honorius）皇帝告訴不列顛人民，他們現在必須自力更生。羅馬人放棄了不列顛，最後一批軍團隨之撤退。富裕的城鎮和優雅的別墅現在完全不設防，很容易變成每年到來的野蠻人的獵物。他們每年春天會從海洋彼岸來到這裡，掠奪、搶劫、焚燒別墅並且摧毀城鎮。每年秋天便會返回家鄉，後來開始逐漸有人選擇在這裡定居下來。布立吞人面臨著殘酷的選擇：逃離，或是與他們達成某種協議。有些人確實離開了這個國家，把他們的貴重物品埋藏起來，希望能在更太平的時代再回來，不過大多數人選擇留下。他們的解決方案是給予野蠻人土地，代價是野蠻人要擔任保衛他們的軍隊。

到了五世紀中葉，全國各地都有移居者。在這個時候，羅馬人的別墅生活不得不被拋棄，大多數城鎮都在城牆內活動。隨著襲擊變得更加激烈，有時候人們會撤退到更容易防守的山頂。布立吞人看到他們周遭習以為常的生活方式逐漸陷入停頓。例如，陶器和玻璃停止生產，錢幣不再鑄造，而這正意味著貿易和商業的崩潰。當這一切發生時，基督教信仰蓬勃發展，在這樣艱難的時局中，教會仍然派代表參加在歐陸舉行的大公會議。對許多人來說，世界末日似乎即將到來。其中一位是不列顛祭司吉爾達斯（Gildas），身在六世紀中葉的他寫下對於過去的回顧，這讓我們能夠感覺到當時那個時代的氛圍。他描述：「一群令人厭惡的蘇格蘭人和皮克特人急切地從一艘艘載著他們穿越海灣的小圓舟（coracles，一種船）中冒出來，宛如黑暗成群的蠕蟲。」修道院和教堂遭到洗劫，可憐的人們向羅馬求援：「野蠻人把我們逼到海邊；大海把我們趕回野蠻人那裡；在這兩種死法之間，我們不是被殺死就是淹死。」

羅馬人總是將任何非羅馬人都稱為野蠻人。然而，無論盎格魯—撒克遜人多麼暴戾，他們是個擁有自身豐富傳統的民族。他們是異教徒，崇拜諸如奧丁（Woden）、索爾（Thunor）或弗麗嘉（Frig）之類的神靈，祂們的名字便是我們星期三、星期四和星期五的起源。他們對羅馬人的生活方式不感興趣。他們的社會結構亦截然不同。上層是打仗的貴族，再下一層是耕種的下層自由民（ceorls），最下層則是奴隸。盎格魯—撒克遜人不居住於城鎮，而是居住在由一簇簇木屋群組成的村莊中，而村莊的中心是一座大型中央會堂。與布立吞人不同，他們的生存意義全繫於戰爭之上。戰鬥將他們緊密地團結在一起，並且忠誠於他們的領袖。忠誠被認為是人類最偉大的美德，因此，所有罪行中最可憎的便是背叛國王。他們有自己的文明風格，創作出了英雄詩歌和壯麗藝術，七世紀早期一座名為薩頓胡寶藏（Sutton Hoo Treasure）的國王墓葬中發現的輝煌物品可以完整地展現他們的文明成就，而這些物品現存於大英博物館。此墓葬位於一個龐大的土丘下方，國王躺在一艘巨大的船上，周圍擺滿了武器、珠寶、頭盔、盾牌和錢包，所有的物品都精美絕倫且工藝精湛，上頭都鑲滿了鳥類、動物頭部和龍的形象。這艘要將酋長載送到另一個世界的船隻需要四十名划槳手。

這兩組具有截然不同生活方式的人群，終有一天要發生衝突。關於這起衝突如何發生的一種說法指出，當時不列顛低地的大部分地區都在一位名叫沃蒂根（Vortigern）的人的統治之下，而沃蒂根在四四九年時邀請了一群由漢吉斯（Hengist）和霍沙（Horsa）所率領的盎格魯—撒克遜人於肯特定居，並且為他作戰。但是他們不久之後便起而反抗，這引發了一連串漫長的戰爭，並且一直到五世紀末之前都不會停止。在這一時期，出現了一個叫安布羅休斯·奧理安（Ambrosius Aurelianus）的不列顛英雄，他在一個叫巴頓山（Mons Badonicus）的地方戰勝了盎格魯—撒克遜人。但是除了他的名字之外，人們對於這位英雄的任何事蹟皆一無所知，也不知道這場決定性戰役的確切日期。在這場戰役後便是半個世紀的和平時光。這一段時期所發生的事情都籠罩在神祕之中，所以幾個世紀之後，有人為了這段時期發明出一位不列顛英雄，他便是亞瑟王。

雖然不列顛人的勝利延遲了盎格魯－撒克遜人的到來，但到了下個世紀末，羅馬不列顛已經逐漸消失，隨著酋長們登陸不列顛各地並建立起自己的小王國而慢慢受到侵蝕。在東南部有肯特王國和南撒克遜王國，在東部是東撒克遜人（East Saxons）王國、東盎格利亞（East Angles）王國和林賽（Lindsey）王國，在中部有麥西亞（Mercia）王國，在北部有諾森布里亞（Northumbria）王國，在西南地區有威塞克斯（Wessex）王國。這些王國是在一個世紀之中逐漸形成的，它們彼此之間的關係主要是交戰。在五七七年，盎格魯－撒克遜人占領了巴斯、賽倫塞斯特（Cirencester）和格洛斯特（Gloucester）三個大型羅馬城鎮。那些能夠逃到威爾斯或半島西南方的人，建立的王國被稱為杜姆諾尼亞（Dumnonia）王國。

英格蘭現在由一系列相互征戰的小國組成，使他們團結在一起的是以下這種傳統：其中一個國王被認為具有某種凌駕於其他國王之上的至高無上地位；這被以「不列顛瓦爾達」（bretwalda）這個稱號來表達。這是一個動盪的時代，每個占據統治地位的王國在不久之後皆會被下一個王國取代。在七世紀早期，最強大的王國是埃德溫（Edwin）統治下的諾森布里亞王國，直到他在戰鬥中被不列顛人所殺害。接著是奧法（Offa）所領導的麥西亞王國。令人驚奇的是，在這些蠻族國王的統治中，羅馬帝國的記憶和傳統依然存在。奧法的造幣模仿了羅馬皇帝的造幣，更令人吃驚的是，他建造了自己版本的哈德良長城，這是沿著威爾斯邊境所建造的長一百五十英里的大型土方工程（即堤壩）。最終，麥西亞王國於八二五年被威塞克斯王國擊敗。

一個非凡的文明自所有這些混亂和看似無休止的破壞中誕生。到了西元八世紀，父祖輩是野蠻人的這群人們不僅皈依了基督教，還建立了教堂和修道院；而作為藝術和知識中心的教堂和修道院，則宛如一盞明燈照亮了整個西歐。這場革命的起源是，教會領袖教宗大格列哥里（Gregory the Great）在五九七年時，為了要讓盎格魯－撒克遜人皈依所派遣出的宣教團。他多年前在羅馬曾遇到一群金髮青年，他詢問他們是誰，來自哪個國家，這啟發了他的宣教團理念。有人告訴他，他們是盎格利亞人（Engles 或 Angles，拉丁語是 Angli）。據說教宗曾說過，他認為他們不是盎格利亞人，而是天使（Angeli）。

這個古老的不列顛教會令人驚訝之處在於，它並未企圖要入侵者皈依。在五世紀時，聖帕特里克（St Patrick）開始著手要讓愛爾蘭人改變信仰，並且建立凱爾特教會。在接下來的一個世紀當中，派遣傳教士到英格蘭北部傳教的教會是凱爾特教會。聖哥倫巴（St Columba）在愛奧那（Iona）這座小島上建立了一個據點，從那裡向皮克特人傳教。然而，真正的轉折點是由聖奧古斯丁率領前往東南方傳教的教宗宣教團。肯特國王艾塞爾伯特（Ethelbert）娶了一位信奉基督教的法蘭克公主，她將自己的信仰傳遍整個王室。當奧古斯丁登陸時，國王由於害怕巫術，堅持要在露天場所與傳教士會面。他們在這次會面之後被授予了一個場地，他們可以在那裡居住，而且得到傳教的許可。很快地他們就有了許多皈依者，舊教堂開始獲得修復，而新教堂也開始被建造。一年後，艾塞爾伯特本人成為了基督徒。奧古斯丁被祝聖為主教，後來更被祝聖為坎特伯里（Canterbury）大主教。他開始在古羅馬基督教會的廢墟上建造一個新的教堂，後來在原址所興建的建物就是今日的坎特伯里大教堂。

這個宣教團僅僅是盎格魯－撒克遜人皈依的開始，這個宣教任務耗費了整個七世紀的大部分時間才得以實現。它是藉由來自南方的羅馬傳教士往北，以及來自北方的凱爾特傳教士往南移動共同完成的，當中也曾經歷過許多重大挫折。傳教事業在艾塞爾伯特死後幾乎絕跡，但是不知何故，它仍舊倖存了下來。當艾塞爾伯特的女兒嫁給諾森布里亞國王埃德溫時，後者也改信了基督教，但是隨著他後來被殺害，基督教也跟著衰落。後來的諾森布里亞國王奧斯華（Oswald）求助於凱爾特僧侶，要重新讓這個國家基督教化。六三五年，聖愛登（St Aidan）在林迪斯法恩島（Lindisfarne）定居，並開始他的傳教工作。威塞克斯王國大約在同一時間皈依基督教，麥西亞王國隨後也皈依。

隨著凱爾特和羅馬傳教士的勝利，各地的教堂和修道院如雨後春筍般出現，但雙方也發生了衝突。問題是凱爾特教會沿襲了古老的不列顛教會，這個教會在與世隔絕的狀態下發展出不同於羅馬教會的傳統。例如，他們在不同的日子慶祝復活節。他們的主教可以自由移動，而每個羅馬主教則有各自的教區（diocese），即他們負責主持這個國家中的固定區域。他們的修道院也不同，因為凱爾特教會的部分修道院既有男性成員也有女性成員。雙方為了解決這些分歧，在六六四年召開了一次會議，這便是惠特比宗教會議（The Synod of Whitby），代表其他地方普遍慣例的羅馬一方在會議中占了上風。六年後，教宗派來了一位偉大的大主教，塔蘇斯的西奧多（Theodore of Tarsus），他的到來標誌著盎格魯—撒克遜教會的黃金時代之開始。

在此一個世紀當中，教會是人們巨大宗教激情所投注的焦點，吸引了王室和貴族家庭的成員加入修道院生活。盎格魯—撒克遜國王經常去羅馬朝聖。修道士們從英格蘭跨海前往他們祖先的故鄉，去讓那些仍然居住在那塊土地上的人們皈依基督教。除了基督教信仰外，他們還帶來了英格蘭的偉大文化復興的成果，而其根源是羅馬和凱爾特教會。塔蘇斯的西奧多則帶來在黑暗時代倖存下來的古希臘和古羅馬著作中所體現的學識，以及早期基督教學者和神學家的重要著作。坎特伯里和馬姆斯伯里（Malmesbury）等修道院成為教學的中心，在那裡教授的有希臘語和拉丁語，以及所謂的人文七藝（Seven Liberal Arts），這些學科在一千多年以來一直被視為人類知識的總和：三藝（trivium）包括了文法（寫作的技藝）、修辭（說話的技藝）與辯證（理性辯論的技藝）；而四藝則由算術、幾何學、音樂以及天文學組成。這七個主題被結合為一個整體，並被視為解釋《聖經》奧祕的關鍵。

所有這些學者中最著名的是比德尊者（Bede）（約六七三至七三五年），他用以下的方式來歌頌這個時代：

> 當然，自從英格蘭人謀取不列顛以來，再也沒有比現在更幸福的時刻了；因為他們擁有非常強大且信仰基督教的國王，讓所有野蠻國家對他們充滿了恐懼，他們所有人的欲望都集中在最近聽說的天國的歡樂上，任何希望在神聖研究上得到指導的人身邊都會有專家可以請教。

這種文明在諾森布里亞王國達到了最輝煌的成就。我們至今仍然可以看到為紀念信仰而設立的巨大石頭十字架，其上裝飾著葡萄葉飾品以及基督和聖徒的雕像。當時在西歐完全沒有可以與之比擬的發展。更值得注意的是《林迪斯法恩福音書》（*Lindisfarne Gospels*），其於諾森布里亞海岸附近聖島（Holy Island）上的大修道院中寫成，時間點約為七〇〇年。這就是所謂的「彩繪手稿」，其中的書頁是用牛皮紙（vellum）做的，也就是事先處理過的動物皮膚；用顏料畫出的場景和裝飾則強化了文本，而且這些顏料的效果會因泥金而更加豐富。這是主教所製作的作品，在這些書頁中我們能看到複雜交錯的裝飾被織入一個色彩繽紛的網絡，而其中的顏色鮮亮精緻得令人驚嘆。

因此，一個新的社會到了八世紀誕生了，其中的成員們皆深信基督教。這種發展卻是在羅馬不列顛被摧毀後才開始出現的，這也是人類歷史中的一種諷刺。當來自海洋之外的新入侵者維京人開始進攻時，這個社會如今也同樣面臨著要被摧毀的命運。這本奇蹟般的福音書被編纂的所在地林迪斯法恩在七九三年遭到洗劫，一個文明又再次面臨可能被滅絕的處境。

# 5 阿佛烈和維京人

盎格魯—撒克遜人畏懼維京人，就像幾個世紀前布立吞人對盎格魯—撒克遜人的恐懼一樣。位於海另一邊的這個島嶼再次暴露在一波接著一波的侵略者面前，侵略者全力投入掠奪搶劫，並且要摧毀這個脆弱的文明。這段時期的唯一歷史著作《盎格魯—撒克遜編年史》（*Anglo-Saxon Chronicle*）中便記載了這段故事，其中追溯了這些突襲行動在八世紀下半葉中加速發展的過程：

八四三年：〔威塞克斯王國〕國王埃塞爾伍爾夫（Aethelwulf）在卡漢普頓（Carhampton）與三十五艘船的艦隊作戰，而丹麥人（來自丹麥的維京人）握有主導戰局的力量。

八五一年：郡長瑟歐（Ealdorman Ceorl）和德文郡的人一起對抗異教徒……異教徒們肆虐屠殺並且取得了勝利。異教徒們在這裡過冬，那一年有三百五十艘船來到了泰晤士河口；他們摧毀了坎特伯里，迫使麥西亞國王布里特伍爾夫（Brihtwulf）和他的軍隊逃走……

八六六年：〔維京人〕軍隊從東安格利亞越過亨伯河口（Humber）到達諾森布里亞的約克。盎格魯—撒克遜人之間存在著極大內部分歧；他們推翻了國王奧斯布里希特（Osbriht），並選出了與奧斯布里希特沒有血緣關係的國王埃爾（Aelle）……兩個國王皆被殺害，而倖存者則與維京人軍隊談和……

八七〇年：……在這一年，〔東安格利亞〕國王聖埃德蒙（St Edmund）與丹麥人交戰，後者取得勝利後殺死了國王，並且征服了整個地區。他們經過任何教堂都將其摧毀殆盡……

八七四年：這支部隊從林賽（Lindsey）前進雷普頓（Repton），並在那裡度過冬天。他們在王國成立二十二年後，將〔麥西亞〕國王伯雷德（Burhred）驅趕出海，並且征服全境。

這些紀錄告訴我們盎格魯─撒克遜人諸王國一個接著一個被消滅的過程，直到只剩威塞克斯王國。一位名為阿佛烈（Alfred）的年輕人於八七一年登上這王國之王位。在他所統治的近三十年期間，維京人的攻勢被壓制住，而且日後英格蘭王國的基礎也在此時被奠定。

阿佛烈於八四九年出生於伯克郡的旺塔奇（Wantage），是國王埃塞爾伍爾夫和他的第一任妻子奧斯博嘉（Osburh）所生的小兒子。在阿佛烈即位之前，他的四位兄長全都依序擔任過威塞克斯國王。阿佛烈是一個受人喜愛的孩子，儘管直到晚年他都「不識字」，但是他從小就聆聽並且學習盎格魯─撒克遜人喜愛的詩歌，這些詩歌講述了他想成為的那種勇敢君王的英勇事蹟。阿佛烈對教會忠心耿耿，四歲時被派往羅馬，受到教宗利奧四世（Leo IV）的隆重接待。兩年後，他與父親一同再訪，回程時曾在法蘭克國王禿頭查理（Charles the Bald）的宮廷裡停留。

在阿佛烈的早年生活中，威塞克斯王國的王位繼承始終存在著爭議，因為王位並非想當然地由父親傳給長子。誰將成為下一任國王既取決於現任國王的權力，也取決於競爭者的實力和能力，無論是他的兒子還是兄弟。但是，當埃塞爾伍爾夫四子成為國王的時候，大家一致認為他的這個兒子應該被阿佛烈取代。那時，維京人的威脅確實極為迫切，威塞克斯王國正面臨存亡之秋。

《盎格魯—撒克遜編年史》的作者們企圖讓讀者相信維京人全都是異教徒野蠻人，但實際上他們並非全是如此。他們來自斯堪的納維亞半島，主要是挪威、瑞典和丹麥，他們的生活是在土地上勞動並且捕魚，但後來他們向外進攻，並且定居在不列顛、法國北部、俄羅斯、冰島和格陵蘭島，他們甚至被認為已經到達了美洲。他們不停地航行的主要原因之一是，他們的家鄉所生產的糧食已不夠養活他們。另一個原因則是，這個社會在本質上崇尚戰鬥。維京人是異教徒，他們相信戰士是神優先獎賞的對象，戰鬥中的流血和死亡才是通向財富和幸福的真正道路。這個民族擁有巨大的精力，這使他們成為無畏的航海者，在浩瀚的海洋中尋找貿易和掠奪對象。成群的維京人年年出海尋找比自己更富庶的土地來加以掠奪，並且帶回金銀珠寶。他們的領袖要麼是國王，要麼是王侯（jarls），其關鍵角色是確保追隨者都能分配到豐厚的戰利品。

這正是吸引他們來到不列顛群島的原因，他們所到之處如教堂、修道院、城鎮和村莊皆被夷為平地，他們掠奪了所有貴重物品，上至聖器下至馬匹。隨著他們的燒毀和洗劫，這個國家除了土地以外也已沒有任何東西可以掠奪了。他們的領導人於是開始將土地分配給部下，接著便在此定居下來。大體而言，挪威人定居在蘇格蘭、愛爾蘭和西部群島，而丹麥人則定居在英格蘭。起初，他們還安插了盎格魯—撒克遜人的傀儡國王，但是他們逐漸開始自己擔任國王。根據地名的結尾，我們可以很容易地找到丹麥人定居的地方，即所謂的丹麥區（Danelaw）。盎格魯—撒克遜語的結尾是「hams」和「tuns」，這是「家園」和「城鎮」的意思，而丹麥語對應的同義詞則是

「bys」和「thorpes」。

當阿佛烈自其兄長那裡接下王位時，丹麥人已經對威塞克斯王國發動猛烈的進攻。而他們在八七八年時發起了計畫中的最後一波進攻。如果他們贏得這場戰役，便意味著整個島嶼都將落入他們的手中。為了實現這一目標，他們計畫在通常不打仗的冬季發動一次突襲。《盎格魯－撒克遜編年史》講述了這個故事：

〔丹麥軍隊〕在第十二夜之後的隆冬時節祕密地去了奇彭納姆（Chippenham），他們騎著馬抵達威塞克斯王國並且加以占領，首先將很大一部分居民驅逐到海外，然後再削減剩餘居民中的一大部分人數，除了國王阿佛烈；他帶著一小群人在困難中穿過樹林，進入沼澤中人跡罕至的地方。

這裡是薩默塞特郡（Somerset）湯頓（Taunton）附近的阿瑟爾尼島（Isle of Athelney）。得益於周圍沼澤和洪水的保護，國王得以擘畫出他的作戰計謀。他們從薩默塞特郡、威爾特郡和西漢普郡徵召民兵（fyrd），他們全都是「他的崇拜者」。他們在約定好的日期於埃丁頓（Edington）與丹麥國王古思倫（Guthrum）率領的軍隊作戰並且取勝，隨後圍攻了他們在奇彭納姆的要塞並且將其占領。丹麥國王第一次要求停戰，宣誓他將離開威塞克斯，而且古思倫和他的二十九個追隨者都會受洗。這是形勢首次出現扭轉跡象。

丹麥人當然仍占據著北部和東部的盎格利亞地區，但是威塞克斯王國現在逐漸擴展，將南方的盎格魯－撒克遜人全都納入管轄下。八八六年，阿佛烈占領了曾是舊麥西亞王國一部分的倫敦，並將其交給了麥西亞王國的郡長（ealdorman）埃塞爾雷德（Ethelred），他同時是阿佛烈的女婿。有人這麼描寫阿佛烈：「所有未屈服於丹麥人的英格蘭人都臣服於他。」阿佛烈與古思倫在這一年達成的和平協議中記載，英國人和丹麥人被視為平等的雙方，而且這是第一次提到「英格蘭民族所有成員」（all the English race）。維京人的威脅創造出一個共同身分和共同目標，並且體現在一個共同領袖威塞克斯王國國王身上，他現在開始被稱為「盎格魯—撒克遜人之王」。

阿佛烈擁有非凡遠見。他於七世紀偉大時代繼承了盎格魯—撒克遜基督教文明的傳統，並且重振旗鼓，讓其在下個世紀成為英格蘭王國的基礎。他意識到，要建立一個穩定、和平、文明的王國，首先要有良好的法律，這些法律應該適用於所有的英格蘭人，甚至是那些受丹麥人統治的英格蘭人。他先研究了包括過往盎格魯—撒克遜國王在內的偉大國王們（包括麥西亞的奧法〔Offa of Mercia〕）所制定的法律，然後發布了自己的法律：

> 我，阿佛烈國王，把這些蒐集起來，並下令將我所滿意的都抄寫下來，其中有許多是我們祖先所遵守的；而裡面有許多我不認同的，我在聽取顧問們的意見後不加以採用，並且下令人民要以不同的方式來遵守這些法律。

另外相當獨特的一點則是，他認為這個社會除了需要良好的政府，還需要有一種不僅提供給神職人員，也同時可以讓俗人學習的知識。他自己晚年自學拉丁語，並在宮廷中為年輕貴族建立了一所學校，讓他們學習識字，讓他們之後有能力可以在國家中扮演好自己的角色。這是一項偉大的創新。丹麥人摧毀了所有的圖書館以及與知識有關的場所，這是這個國家的災難，同時也是這種需求興起的原因。阿佛烈講述道：

> 知識學問在英格蘭凋零磨滅，以致亨伯河這一側的人很少能夠用英語理解他們的〔拉丁語〕禮拜，甚至無法將一封拉丁語的信翻譯成英語，而且我認為在亨伯河另一側有能力這麼做的人也寥寥無幾。當我繼承王位時，有能力這麼做的人屈指可數，所以我甚至無法想出，在泰晤士河南岸有誰有這個能力。

阿佛烈從威爾斯、法國和愛爾蘭召集學者到他的宮廷，他們一起著手將古代基督教文學中的一些瑰寶翻譯成盎格魯－撒克遜語。國王親自翻譯了四本書，其中包括教宗格里高利的《教牧關顧》（*Pastoral Care*），並將其抄本發送給了每個主教。這本著作描述了神職人員的特質和職責。

法律和學術的進步與保衛王國的新國防措施齊頭並進。阿佛烈意識到盎格魯－撒克遜人必須發展海上力量，因此，他下令建造戰船，「長度幾乎是丹麥戰船的兩倍長，而且更快、更穩定也更高。有的船有六十支槳，其他船甚至配置了更多支槳；它的建造風格既不根據弗里西亞（Frisian）風格，也非參照丹麥風格，而是依照國王本人認為最好、最實用的方式」。

更為重要的是建立了一個由駐防城鎮（burhs）所構成的網絡，人們可以在其中尋求人身以及貨物、牲畜的安全。它們的所在位置饒富戰略意義，若不是在舊城鎮的位置上，便是在經過精心挑選的新城鎮。今天，我們可以在以「自治市鎮」（borough）結尾的地名中找到許多此類地點。

所有的村莊距離這樣的安全避風港都不會超過二十英里。國王還透過輪換制來重組民兵架構，如此一來每次只有一半的人前來擔任民兵，而另一半人留在後方照顧與收割莊稼。

這些改革大部分都是在八九二年時所實施的，也就是北歐海盜軍隊再一次從歐洲大陸登陸不列顛之時。阿佛烈在此之前的十年之間鞏固了他作為「盎格利亞人和盎格魯—撒克遜人之王」的地位。國王的傳記和《盎格魯—撒克遜編年史》都針對這一點加以頌揚。所有盎格魯—撒克遜人在《盎格魯—撒克遜編年史》都被描繪成或多或少擁有共同的歷史，這讓他們得以團結起來對抗丹麥敵軍。

當丹麥人對威塞克斯王國發動新一波進攻後，他們開始明白已經無法像過去那樣順利取勝。無論丹麥軍隊行進到何處，他們都受到「駐防城鎮」和盎格魯—撒克遜軍隊的阻礙，現在後者是一支全年都保持備戰狀態的軍隊。維京人騷擾了英格蘭居民達四年之久，但他們未能取得勝利。最後，他們被迫定居在先前已被丹麥人占領的地區，或者選擇離開。

阿佛烈於八九九年去世，享年約五十歲。人們對他晚年生活知之甚少，但是阿佛烈在最後歲月中毫無疑問地是在鞏固他先前開拓的事業，並且要他的兒子愛德華深刻認識：他必須在其父親的基礎上繼續發展，重新征服現在被稱為丹麥區的那片土地。直到七百年之後，阿佛烈才開始獲得「大帝」的稱號。當時沒有人認為他超越了其他傑出的盎格魯—撒克遜國王。然而，今天的我們可以比阿佛烈的同代人更清楚地認識到，阿佛烈是多麼配得上後來幾個世紀人們所賦予他的這個稱號。

# 6 英格蘭王國

十世紀是盎格魯—撒克遜人統治英格蘭的最後一個世紀，因為阿佛烈的後裔統治者將重新發動征服，並且建立起大一統的英格蘭王國。然而，這個王國不久後便瓦解為一片廢墟。到了西元一〇〇〇年前後，當許多人認為世界末日將至時，一股新的北歐海盜（諾斯人，Norsemen）浪潮席捲了這個國家，而且這一次諾斯人成為了英格蘭國王。在這些勝利和失敗的傳奇故事後頭，我們可以看到有個社會逐漸成形，而且從這個社會的框架中可以看到我們當今社會的雛形。例如，英國所有郡縣都是在這個時期形成的，這些郡縣在下一層又被分成一系列較小的單元，稱為百戶區（hundreds），而每一個百戶區中都有一個「法庭」（moot），由國王任命的人主持，他會與當地居民一起主持司法審判。這便意味著，國家治理方式的正確或錯誤，建立在國王或其代表與一般民眾的對話之上。

統治者和被統治者之間的對話將成為貫穿幾個世紀的一個關鍵，它深刻塑造了這個國家的治理方式和司法制度。這種對話也反映在國家的最高層級之中：盎格魯—撒克遜國王都是從王室的成員中選出來的。這是大貴族和上層神職人員這些重要人物的工作，他們組成了國王會議或是所謂的賢人會議（Witenagemot）。儘管中間發生了一些劇烈變動的事件，王室的地位和神祕感在這個世紀的過程中持續增長。到了十一世紀末，出現了在教堂裡加冕的儀式，這又進一步加深了王冠佩戴者的地位和神祕感。然而，這個儀式最重要的環節並不在於主教為他加冕，而是主教用聖膏油抹在國王頭上，就跟祭司受膏的方式一樣。這個舉動將他與普通人區別開來。然而，一切都取決於國王的人格。一位強大的國王可以樹功立業，一位軟弱的國王則可能一事無成，但這都不會削弱人們對其統治者的尊重。

政府首次開始使用文字的跡象也出現在這世紀，國王們不再完全依靠口頭語言，而是開始將他們的決定以正式文書的形式記錄在紙上。特許狀（charter），即王室授予的土地或特權，是最早出現的此類文件，這些特許狀總是以拉丁文書寫。然後是被稱為令狀（writ）的王家信件，其中記載了國王的命令。相較之下，這些都是用盎格魯—撒克遜文寫的，而且國王的代表可以直接向所有人宣讀。為了證明這些文件是出自國王之手，文件上會加上一個有著國王肖像和名字的蠟印。當時的人們都曉得這種文書只有一個來源：國王的書記官處，又被稱為文祕署（chancery）。這是王室中負責管理王家禮拜堂的部門，其中的成員則是從具備讀寫能力的修道士中挑選而出的祭司。

普遍徵稅制度也在此時代逐漸出現。這是諾斯人襲擊所造成的直接結果。盎格魯—撒克遜人可恥地用所謂的「丹麥金」（Dane-geld）這一大筆金錢收買諾斯人。所有人都必須為此掏錢，這筆錢從全國各地收集起來，並被裝在貨車上，送到溫徹斯特（Winchester）國王的金庫中。儘管這些稅收是這次危機造成的後果，但是它們也樹立起某種先例：為了滿足戰爭等關於眾人的特定需求，政府可以向所有人徵稅。不過，徵稅在接下來的幾個世紀中始終是特例，因為人們期望英格蘭國王「花自己的錢」，因為他們作為不列顛最富有的地主，可從龐大地產中獲得之可觀收入。

上述的種種發展都將成為盎格魯—撒克遜遺產的一部分傳承至後世。然而，當時誰也未曾料到國王阿佛烈死後，他的王朝會以災難和恥辱的方式終結。事實上，在他後面的幾位繼位者的在位表現，恰恰與於災難和恥辱相反。他的兒子長者愛德華（Edward the Elder）、孫子艾塞斯坦（Athelstan）和曾孫埃德加（Edgar，艾塞斯坦的侄子），都是偉大的國王，他們承繼了阿佛烈所遺留下來的任務，也就是建立和鞏固新英格蘭王國。

長者愛德華從即位之初就被稱為「盎格魯—撒克遜人之王」，而這確實是他當上國王後企圖要達成的目標。他父親所採行的被動迎擊策略，在他繼位之後轉為主動出擊。他於九〇九年發動了持續十年的戰爭，最終控制了亨伯河以南的整個國家。長者愛德華是傑出的軍事戰略家。他的軍事活動得到了麥西亞郡長埃塞爾雷德的支持，埃塞爾雷德並且娶了愛德華的妹妹埃特爾弗萊德（Aethelflaed，麥西亞人的女領主〔Lady of the Mercians〕）為妻。他們每一年都步步蠶食丹麥區的領土，並且在每個新獲得的區域都建造起「駐防城鎮」來鞏固戰果。科爾切斯特市於九一七年淪陷，這標誌著整個東安格利亞和東部密德蘭（Midlands）都落到長者愛德華手中。《盎格魯—撒克遜編年史》記載道：

> 在東盎格利亞和埃塞克斯，許多曾被丹麥人統治的人現在都臣服於他；東盎格利亞的所有軍隊都向他宣誓，他們〔同意〕他的一切要求；而且當國王主張在海上和陸上要與哪些人維持和平，他們皆會全盤接受。

愛德華明智地接受了丹麥人作為他的臣民，讓他們雖然服從他的統治權威，但可以生活在自己的法律制度中。

愛德華的姊姊和姊夫的過世是下一個轉折點。愛德華在此後正式當選為麥西亞國王，而「所有在麥西亞定居的丹麥人和英格蘭人都臣服於他」。他於九二〇年時重新征服了英格蘭，其領土擴張到了峰區（Peak District）。

然後是蘇格蘭國王和所有蘇格蘭人……所有住在諾森布里亞的人，包括英格蘭人、丹麥人、諾斯人和其他人，還有斯特拉斯克萊德威爾斯人（Strathclyde Welsh）的國王……選擇他作為他們的領主和父親。

長者愛德華於九二四年七月十七日去世，他把自己打造的偉大成就傳給了長子艾塞斯坦。

艾塞斯坦將與其父親一樣都是戰場上的常勝領袖。他也跟父親一樣都是當時統治北部歐洲的偉大國王之一，其宮廷尤以輝煌聞名。在他的統治期間，諾斯人的入侵再次發生，他們一次又一次地試圖建立起以約克為中心的北方王國。九二七年，艾塞斯坦擊敗了他們，不僅重新確立了自己在這一地區的統治，同時還接收了以班堡（Bamburgh）為中心的前維京時代諾森伯里亞王國的殘餘勢力，以及蘇格蘭、斯特拉斯克萊德（Strathclyde）和格溫特（Gwent）等諸王的剩餘勢力。艾塞斯坦在第二年不得不返回頭再次擊敗諾斯人，此後不久，甚至是威爾斯諸王也向他表示效忠。

艾塞斯坦認為英格蘭國王是自己最尊貴的身分，並且在文件中這樣表述自己：「我，艾塞斯坦，作為英格蘭人的國王，被全能上帝（即耶穌）的右手高舉到不列顛王國的寶座上。」

他的要務是將由西撒克遜人、麥西亞人、東盎格魯人、丹麥人、諾斯人和諾森伯里安人所組成的人民團結起來。他是一名積極的立法者，並透過引入單一貨幣來實現這目標。在他去世的九三七年，他在布魯南博爾（Brunanburgh）戰役中再次取得勝利，擊敗了諾斯人與蘇格蘭與斯特拉斯克萊德諸王組成的同盟。

艾塞斯坦最大的成就，是建立了統治南北的單一國王的觀念。這個國家在艾塞斯坦去世後的二十年當中更替了三任國王，而以約克為基地的諾斯人王國則不斷強化自己的地位。這是困擾艾塞斯坦的兩位弟弟埃德蒙（Eadmund）和埃德雷德（Eadred）的主要問題，這兩人後來相繼繼承了艾塞斯坦的王位。他們兩人都成功地將諾斯人趕出約克，埃德雷德更是與最後一位諾斯人冒險者血斧埃里克（Eric Bloodaxe）進行交涉，而當後者於九五四年去世後，雙方也迎來了二十五年的和平。

在埃德雷德死後，埃德蒙的兒子愛德威（Eadwig）當選為國王。雖然前兩位國王統治時期都很短暫，但是他們都很出色。現在接替王位的國王則暴露出這個制度的弱點，因為他軟弱無力而且目中無人，使他周圍的所有人都感到心煩意亂。他極度缺乏統治者的素質，以致麥西亞和諾森布里亞都叛變了，轉而投靠他的弟弟埃德加。若非愛德威在九五九年去世，那麼革命的爆發只是遲早的問題。然而，他的死亡則迎來了另一位偉大的國王。

埃德加繼位時才十六歲。他在三十二歲時去世，留下了關於他為英格蘭帶來和平黃金時代的傳說。埃德加在實現這一目標的過程中得到了三位極優秀的神職人員協助：坎特伯里大主教鄧斯坦（Dunstan）、約克大主教奧斯華（Oswald）和溫徹斯特主教伊瑟沃爾（Aethelwold）。他們在國家事務中發揮至關重要的作用，同時針對教會進行徹底改革。他們引入一套新的規則來管理修道院，而這些規則是參考自歐洲大陸上克魯尼（Cluny）大修道院所使用的規則。教會與國家的這種緊密關係反映在另一個重要發展中，即國王加冕和膏油儀式的引入。這個儀式是在埃德加三十歲時舉行的，據說在此儀式結束之後，臣服他的國王們也前來向他宣誓效忠。這些國王親自划船將埃德加從宮殿送到切斯特的教堂，埃德加一路上則是掌控著船頭。

當埃德加於九七五年去世時，英格蘭國王已經在西歐重要統治者之中占據了一席之地。但是，他們所取得的一切成就在接下來的四十年當中，幾乎就被全部拋棄了。但事實並非如此，單一王國的理念已經相當根深柢固，因此即便接連有兩位不稱職的國王，單一王國仍然延續數十年。埃德加之後的首位繼位者是他的大兒子愛德華，愛德華登基時只有十五歲。他因為極度暴戾以致在三年內被人蓄意謀殺，這一陰謀背後的主導者是他的繼母、弟弟和他的僕人。不幸的是，繼承王位的弟弟埃塞爾雷德（Ethelred）跟愛德華一樣糟糕。

埃塞爾雷德這個名字的意思是「崇高的忠告」（noble counsel），但是後來他被稱呼為「決策無方者」（unraed）或「不聽忠告者」（no counsel），更糟糕的是，這還可能意味著「邪惡建言」甚至是「奸詐的陰謀」。埃塞爾雷德是靠著犯罪才掌握了權力。他是個始終感到罪惡感和不安的人，也是第一個未能履行帶領部下作戰職責的盎格魯—撒克遜國王。他在三十八年的統治期間僅親自參與過三次戰役。當他繼承王位時，英格蘭是一個富裕、強大和受敬重的國家；到了他去世時，英格蘭四處皆已遭敵軍蹂躪。埃塞爾雷德的在位期間恰逢諾斯人發動新一輪的進攻，除了因為這個國家有值得再次掠奪之處，同時也因為這國家是個簡單獵物，它的國王不僅虛弱無能，而且還將艦隊解散。

埃塞爾雷德統治的最大特色便是懶惰。國王和政府對一切袖手旁觀，任由諾斯人入侵者在這片土地上橫行霸道，完全不採取任何措施來阻止他們。更糟糕的是，他們採行了綏靖政策，以大量的黃金收買了諾斯人，臭名昭著的「丹麥金」始得名於此。埃塞爾雷德在九九一年以兩萬兩千磅黃金為代價換得和平。埃塞爾雷德的政府無能到，國王竟在一〇〇二年下令屠殺長期定居於此的丹麥人，並且認為諾斯人是在他們教唆下前來的，然而實情並非如此。

到了這個時候，諾斯人的攻勢已經有了明確的重要目標，那便是征服這個王國。丹麥國王斯溫（Sweyn）於一〇〇九年率領一支龐大的軍隊登陸，到一〇一三年時，「……全國人民皆已將他視為真正的國王」。埃塞爾雷德逃亡至海外，但是斯溫不久便去世了，埃塞爾雷德則死於隨後的混亂時期，而他的兒子埃德蒙不久之後亦離開人世。賢人會議選出了斯溫的兒子克努特（Canute）來繼承王位。

英格蘭從此一路到十一世紀便成為了龐大的斯堪的納維亞帝國中的一部分，該帝國包括丹麥和瑞典以及一部分的挪威。克努特最初是一個嗜血的挪威戰士，後來自己轉變為人們眼中理想的盎格魯－撒克遜國王。他娶了埃塞爾雷德的遺孀諾曼第的愛瑪（Emma of Normandy）為妻，並且視埃德加國王為自己的榜樣。對於克努特來說，英格蘭是他王冠上的寶石。他成為一名偉大的立法者，並且認識到若要成功執政，他必須忠於與人民的合約。他最大的創新是將整個國家劃分為四個大伯爵領地（Earldoms），每個都由「伯爵」（earl或是jarl）作為領袖。克努特是西歐最有權勢的國王，當他前往羅馬參加教宗為神聖羅馬帝國皇帝舉行的加冕禮時，他在那裡寫信回國，並且描述他們是如何「以尊貴的方式接待我，並且贈送奢華禮物對我表示尊敬」。

然而，克努特並未對自己去世後的情況進行任何安排。他留下了兩個兒子，一個是愛瑪所生的哈德克努特（Harthacanute），另一個是他情婦生的飛毛腿哈羅德（Harold Harefoot）。哈德克努特匆匆趕往丹麥企圖接任，而飛毛腿哈羅德則奪取政權並且宣布自己為國王。飛毛腿哈羅德在位的五年災難不斷，而且他就在哈德克努特即將率領軍隊登陸奪回王國時去世了。哈德克努特取得大權，但是他認為英格蘭只不過是維持斯堪的納維亞帝國的資金來源之一。《盎格魯—撒克遜編年史》總結道：「他在統治期間從未做過一件國王該做的事情。」他於兩年後去世，並由他同父異母的兄長，埃塞爾雷德之子愛德華繼承了王位。

# 7 一〇六六年

一〇六六年四月二十四日晚，一顆彗星劃破了夜空。我們今天知道它是哈雷彗星，但對當時的人類來說，這樣一顆熾熱的凶兆預示著，地球上將會發生可怕且具戲劇性的事件。就英格蘭而言，事後的發展證實這種預期是正確的。因為時至該年底，最後一位盎格魯—撒克遜國王哈羅德（Harold）於戰場上陣亡，諾曼第公爵威廉（William, Duke of Normandy）成為國王。

這是一連串事件所造成的後果，而這些事情最早可追溯到懺悔者愛德華（Edward the Confessor）的統治時期。愛德華於一〇四二年登上王位，他是一位能幹而明智的君主，統治了英格蘭二十四年，且他傳給繼任君主的是個一統的國家。他是極度虔誠的人，其留下的最大成就便是興建西敏寺大教堂。雖然愛德華沒有子嗣，但這對盎格魯—撒克遜國王來說並不是問題，因為他們的繼承方式並不是長子繼承制。他們是由賢人會議這個貴族會議選舉產生的，任何有王室血統的貴族都有資格被挑選出來。被選中的人要透過塗膏聖油和加冕儀式方能成為國王。當懺悔者愛德華於一〇六六年一月五日臨死時，他提名戈德溫家族（Godwin）威塞克斯伯爵哈羅德為他的繼承人。在愛德華去世後，哈羅德經由賢人會議正式當選。

哈羅德宣稱自己擁有王室血統的背景有些牽強，他提出的根據是他母親是斯堪的納維亞的公主。他的姊姊是愛德華的王后。他是一個性格強悍的人，也是一個出色的軍人。威塞克斯伯爵是這片土地上最有權勢的人物，他的父親戈德溫伯爵曾幫助懺悔者愛德華登上王位。但是哈羅德與伯爵之間的關係始終相當緊張。愛德華是在諾曼第的流放歲月中長大的，他為了對於戈德溫家族保有自己的獨立性，於是任命諾曼人來擔任自己政府中的官員。伯爵和他的兩個兒子曾有一段時間被流放，不過他們最終在一支艦隊的支持下返國，並且與國王和解。因此，當哈羅德在愛德華去世後繼位之時，所有條件都顯示出盎格魯—撒克遜王國應該會一如既往地存在下去。

威廉一世後來宣稱懺悔者愛德華選擇了自己作為繼承人，但是這說法很可能是事後的粉飾之詞。威廉在用武力奪取王位後，需要用這種說辭來強調自己繼承王位的權利。威廉聲稱愛德華曾在一〇五一年承諾要將王位傳給他。但是，除了威廉自己的說法之外，沒有其他證據可以證明這點。令人更感神祕的則是，哈羅德於一〇六四年造訪過在諾曼第的威廉。沒人知道他為什麼前去，也沒人曉得詳細的經過，但是威廉宣稱哈羅德之所以造訪諾曼第，是要來向他宣誓效忠，並請他去擔任英格蘭未來的國王。

諾曼第公爵威廉聲稱自己具有繼承權，但在血緣關係上相當牽強。因為他作為懺悔者愛德華王后的侄孫，身分僅僅是愛德華隔了一代的遠房表弟。更關鍵的因素是公爵和他所率領的諾曼人的性格。諾曼第公國的歷史僅僅只有一百多年，是威廉的祖父（征服了法國北部這地區的維京人）創建的。威廉本人是羅伯特公爵（Robert I, Duke of Normandy）與製革商之女所生的私生子。他在只有七歲時就繼承公爵之位，在接下來的二十年當中，他成為一個經驗豐富的幹練統治者、管理者和指揮官。他是一個堅強、殘酷但又不專橫的人，擁有無窮精力，並且被一股強大的野心驅動著。他在戰場上是一個有能力和勇敢的領袖，對於與部下們同甘共苦從未猶豫過。他也是教會的虔誠支持者。這些個人特質都解釋了為何他征服英格蘭如此成功。

不過，這並不能解釋他為何要採取此行動。這個問題需要放到諾曼人民族的這個更大框架中思考。在十一世紀末，他們擁有其他民族所缺乏的活力。他們在征服英格蘭和威爾斯的同時，也征服了義大利南部和西西里島。不久之後，他們在第一次十字軍東征中扮演了重要角色，這場戰爭將聖地從穆斯林的控制下拯救出來。與諾曼第相比，英格蘭是一個富裕的國家，加入威廉這支甫成立不久軍隊的每個成員都能得到豐厚回報。

威廉還是外交和宣傳的大師。他成功地說服了神聖羅馬帝國皇帝和羅馬教宗來背書其作為的正當性。事實上，後者甚至送給他一面旗幟作為支持的象徵。

當威廉正在集結軍隊和建立艦隊時，哈羅德面臨另一名王位競爭者挪威國王無情者哈拉爾（Harold Hardrada）的入侵，後者還得到了哈羅德弟弟托斯提格（Tostig Godwinson）的支持。哈羅德為了應付這種情況，召集了軍隊和艦隊，準備擊退這波來自北方的進攻。他們等待了四個月，但是敵軍始終沒有出現，所以哈羅德把軍隊分散，並且將艦隊派往倫敦。在哈羅德部署完不久後便傳來消息，挪威國王帶著一支由三百艘船組成的艦隊在北方登陸了。挪威人向約克進軍，打敗了麥西亞伯爵和諾森布里亞伯爵。哈羅德的狀況岌岌可危，因為他同時受到雙方的威脅，在北方已經有一支軍隊，此外還有另一支軍隊已準備要跨過英吉利海峽而來。他是否有可能向北進軍打敗挪威人，接著及時返回南方迎戰諾曼人？哈羅德集結了軍隊後向北進發。他在九月二十五日於史丹福橋（Stamford Bridge）取得了這個時代的關鍵性勝仗之一。挪威國王和托斯提格都被殺了，剩餘的入侵軍隊通通乘船撤退，此後再也沒有回到英格蘭。

然而，哈羅德運氣不太好，因為當他人在北方時，風向發生了變化，這使得諾曼人得以啟航，並且在九月二十八日於佩文西（Pevensey）登陸。當哈羅德在北方時，倫敦的艦隊和民兵處於解散狀態，威廉因此沒有遭遇到任何反抗。哈羅德和他的騎兵衛隊不到十三天便抵達南方，他盡其所能地集結所有步兵，目標是要出其不意地襲擊諾曼人，就像他靠快速進軍擊敗挪威人一樣。但這一次他的軍隊已精疲力盡。他確實完成了奇襲，並且藉此選擇了理想的戰場地點：這是一片丘陵地帶，兩側是沼澤溪流，距離威廉軍隊總部所在地黑斯廷斯（Hastings）不遠。

哈羅德把他的士兵組織成盾牌牆，駐紮在小山丘頂上，他們手持斧頭徒步作戰。威廉的軍隊則由弓箭手和騎在馬背上揮劍的騎士組成。威廉將軍隊分成三部分，恰好反映了這次遠征的掠奪本質：左邊是布列塔尼人（Bretons），右邊是雇傭軍，中間則是諾曼人。兩支軍隊的人數大約都是七千人，但入侵軍隊不僅沙場經驗更豐富，而且也比較不疲憊。黑斯廷斯戰役於十月十四日上午九點開始。公爵軍隊往山坡的首波進攻被擊退，如果哈羅德和他的士兵在當時抓住反攻機會，他們有可能贏得這場戰鬥，不過實際上他們並未這麼行動。相反地，接下來是公爵軍隊的第二波，以及緊接在後的第三波攻擊。最後一波攻擊是致命的，因為哈羅德被一位騎在馬上揮劍的騎士擊斃。當盎格魯—撒克遜部隊看到這種情況發生後，便隨之逃之夭夭。哈羅德的屍體被埋在懸崖上一塊未經過教會祝聖的土地上。最後一位盎格魯—撒克遜國王就這麼滅亡了。

黑斯廷斯之戰揭開了盎格魯—撒克遜英格蘭滅亡故事的序幕。不久，整個東南地區都向威廉投降。軍隊向倫敦進發，途中燒搶擄掠。盎格魯—撒克遜貴族在伯克姆斯特德（Berkhamsted）宣告投降，宣誓效忠威廉成為他們的國王，同時釋放了人質。威廉在聖誕節於西敏寺大教堂受膏並被加冕。此後不久，他便返回諾曼第。

征服英格蘭的工作不是短時間可以完成的。首先，威廉宣布他打算在現有制度下擔任國王，尊重盎格魯—撒克遜人及其法律和習俗。但沒過幾年，這個政策就被揚棄，取而代之的做法則是將英格蘭的地位降為諾曼第的一個省。

威廉離開後，他任命了兩名攝政王。《盎格魯—撒克遜編年史》記錄道：

> 奧多（Odo）主教（威廉的同父異母弟弟）和威廉伯爵（赫里福德的菲茨奧斯本〔FitzOsbern of Hereford〕）被留在了這裡，他們在這片土地上到處建造城堡，壓迫不幸的人們，情況變得越來越糟糕。

結果是，全國各地在接下來的四年中不斷發生叛亂。這些叛亂被殘酷地鎮壓，尤其是一〇六九到一〇七〇年在北方的叛亂（當時的北方處於恐怖統治之下）。約克城被洗劫，修道院被劫掠，教堂被夷為平地，大地一片荒蕪。據其記載：

> 威廉怒火中燒，下令將穀物、牲畜、農具和各種糧食成堆地蒐集在一塊，然後放火把它們全都燒成灰燼。這樣一來，整個國家在亨伯河以北的區域，能夠維持生計的東西都被摧毀一空。

可憐的居民在饑荒、苦難和死亡中掙扎了三年。北方要在十年之後才開始逐步復原。到一〇七一年，也就是入侵五年後，威廉無情而高效的軍事組織已經使諾曼征服成為不可逆轉的事實。

# 8 征服：損失與收穫

一切事物在一〇六六年之後都大不相同了。編年史家奧德里卡斯・維塔利斯（Odericus Vitalis）這麼總結了威廉一世征服英格蘭後造成的影響：「……本土居民被鎮壓、監禁、剝奪繼承權、被放逐到自己國家之外四處流浪；他自己的封臣則享盡榮華富貴，並且占滿了所有官位……」此作者的這段描述指出了所有變化中最重要的一個發展，即新統治階級的產生。舊有的英格蘭貴族制到了威廉統治末期時便已經消失，取而代之的是由諾曼人、法國人和佛蘭芒人（Flemings）組成的新外國貴族階層，他們都是跟隨征服者威廉來到英格蘭的。這些人將擁有王國一半以上的領土與財富。這樣做的結果則是，原有居民淪落成受隸屬的臣民。

國王一開始企圖與舊有的盎格魯－撒克遜貴族合作，但是當他看清這種期望顯然不可行的時候，便著手創建由追隨者們組成的新貴族階層。這群人將會對他效忠，並且鞏固他作為英格蘭國王的地位。這樣的安排還因為兩個要素變得更穩固：城堡和騎士。國土全境的戰略要地都有新城堡被建造起來，其目的是要征服當地聚落。這些城堡最初是以木頭建造並且位於被稱為土墩（motte）的山丘上，周圍建有溝渠，而其頂部則會建造起一座高塔。下面還有一個設有防禦工事的區域，稱為「外庭」（bailey）。這些木製城堡逐漸被石頭城堡所取代，其中的許多城堡在今天依然可見，如佩文西城堡和切普斯托（Chepstow）城堡，儘管只剩下斷垣殘壁。其中最著名的城堡是倫敦塔，它的建造宗旨便是要讓這座城市順服新國王的統治。

國王需要五千名騎士來看守這些城堡，後來所謂的封建制度體系之出現便是由這種實際需要所促成。封建制度在後來逐漸演變為正式制度，不過它最初只是要讓威廉能夠在他的據點上部署兵力的手段。威廉將沒收來的英格蘭貴族土地授予自己的追隨者，換取他們忠心地擔任武裝騎士，從而解決了人員配置問題。威廉將土地賜給了他的一百七十名追隨者，這些人因此成為了他的直屬封臣（tenants-in-chief）。有一群伯爵們負責守衛易受外來攻擊威脅的地區（例如威爾斯邊境），唯有他們被賜予的土地是各自相鄰，能夠形成一個整體。不然，每個封臣被賜予的土地通常分散在好幾個郡。每組土地被統稱為一個大莊園（honour），而每個大莊園由幾個莊園（manors）這個較小的單位組成。這些莊園要麼由直屬封臣自己使用，也就是所謂他的「領地」（demesne），要麼這些直屬封臣會授予給其追隨者，藉此換取後者來為他效命，完成特定的要求。結果是，每一個直屬封臣轄下都有兩組騎士能替國王效力，其中一群是直屬封臣的家族成員，而另一群則是為了土地而效命於封臣的人們。威廉是一位強而有力的國王，他恰當地挑選了封臣人選，因此這個制度運作順利。問題在於，當統治者的實力較弱時，這個體系就會崩潰，進而導致私人城堡和私人軍隊的出現。

盎格魯—撒克遜教會也同樣經歷了革命。在諾曼第，威廉控制了所有主教和修道院院長的任命權，因此教會中全是他的朋友和親戚。同樣的情形也發生在英格蘭，一〇六六年之前在職的主教和修道院院長不是死去就是被廢黜。他們被諾曼人取代，而他們與貴族一樣，必須以武裝騎士的形式向國王繳納租金。主教、修道院長跟直屬封臣都是新的統治階級成員，因為受過教育的高級神職人員對政府的運作至關重要。威廉在這些變革中獲得了坎特伯里大主教蘭弗朗克（Lanfranc）的協助，他是被罷黜的盎格魯—撒克遜大主教斯蒂岡德（Stigand）的取代者。他們一起著手重組英格蘭教會，把主教座堂遷移到人口更稠密的地區，如什魯斯伯里（Shrewsbury）、切斯特和索爾茲伯里（Salisbury）。他們都認為神父應該要過獨身生活，過去盎格魯—撒克遜教會對已婚的主教和神職人員的寬容態度日漸消失。專門處理教會案件的特殊法庭之出現，則是對於日後更為重要的發展。

上述所有發展促成了在建築上的一波新浪潮，這種風格以宏偉建築為特徵，一般被稱為諾曼式風格。這是大教堂建築的時代，杜倫（Durham）大教堂的興建始於威廉統治的末期，是這種建築風格的最高傑作。除了建築，諾曼人在文化上並不如他們征服的盎格魯—薩克遜人，後者的雕塑、金屬製品、刺繡和書中彩圖裝飾在歐洲享有盛名。盎格魯—撒克遜文明已走到了盡頭，因為這個曾創造傑出文學的語言現在被視為低劣的語言，這種趨勢對此文明的命運而言更是雪上加霜。新的統治階級使用法語和拉丁語，完全不想學習盎格魯—撒克遜語。

女性的地位也下降了。在盎格魯—撒克遜英格蘭，她們或多或少享有與男性平等的權利。這一點現在已不復存在，聖保羅認為女性低於男性的觀點則成為主流。婦女要服從父親，而在婚後則要服從丈夫。只有當一個女人成為富有的寡婦時，她才能夠獲得某種形式的獨立。

強而有力的政府落實了這些變化，也讓這個國家獲得了秩序與和平。但是，這段時期的歷史無可避免地僅能根據獲勝方所留下的證據來書寫。而在這些留給我們的證據中，有著英格蘭歷史上最偉大的文獻之一：《末日審判書》（*Domesday Book*）。威廉於一〇八五年時由於擔心丹麥入侵，他需要知道王國中財富的具體數額，以便徵收最高額度的稅金，便下令進行這項大規模調查：

> ……派遣他的部下到英格蘭的所有郡去確認：每個郡究竟有多少海得（hides，一種土地單位）的面積、國王自己在王國中所擁有的土地和牲畜數量，以及每年從各郡合法地收取的稅金數字。他還記錄了他的大主教、教區主教、修道院長和伯爵有多少土地……每個在英格蘭有土地的人所擁有的土地和家畜數目以及價值。

這份彙編令人驚嘆，因為它在很短的時間內將多達四百張、以雙面記載的文件編輯整理在一塊，這是後來中世紀的國王根本無法企及的。與此同時，國王將他的直屬封臣和所有大地主召集到索爾茲伯里的宮廷，要求他們宣誓效忠。威廉透過這兩項重要舉動重申了他對新領土的掌控權。

《末日審判書》向我們展示了英格蘭社會在威廉一世統治末期的獨特全景，也就是在他征服之後的二十年。書中所描繪的這個國家，幾乎所有的人都從事農業，工業或商業相當罕見或可說幾乎沒有，城鎮也極為罕見。除了荒地、灌木叢和王家森林（由於國王要狩獵而受到法律保護，這也引起強烈民怨），所有的土地不是耕地就是牧場。耕種農業以農村為中心，農民皆從這些農村出發到周圍田地中勞動；這些田地被分割成條狀，要麼歸地主所有，要麼租給農民以換取他們的勞動。牧羊業集中在分散的村莊，牧羊人便在此養羊。絕大多數的人都過著勉強餬口的生活，人們都必須過著無止境的勞動生活：為了麵包要種穀物、為了啤酒而種大麥、為了羊毛養綿羊、為了羊奶要養山羊，若要吃肉的話便要養豬。

在這些小農村聚落中也有幾個階級的存在，而這群人都屬於以國王為頂點的巨大社會金字塔的底層部分。首先是自由民（freemen），他們擁有自己的土地，不過會被要求前往領主的宮廷，在一年的繁忙季節提供他協助並且繳稅。接下來是占人口五分之二的小農（smallholders），他們擁有面積不超過三十畝的農場，並且要繳納租金。然後是擁有不超過三英畝土地的村民，他們的工作是牧羊人、鐵匠或是養豬人。最低階級則是沒有任何土地或權利的奴隸。受支配的當地居民便是由這四群人組成，而諾曼人則不斷地折磨壓榨他們。

對於入侵者和威廉一世來說，征服英格蘭是一項非凡的成就。而且這次征服將會造成相當長時間的影響力。因為不同於之前幾個世紀的情況，在此之後的入侵軍隊都未成功達成目的，直到一六八八年時另一位威廉從低地國穿越英吉利海峽而來。對在地居民來說，這是一次殘酷而屈辱的失敗，他們的文明被一掃而空。新貴族們所效忠的第一對象不是他們征服的土地，而是諾曼第。英格蘭被徵稅以及剝削，都是為了滿足這個面積更小、更貧窮、文化水準更低的國家的利益。姑且不論好壞，英格蘭國王至此之後也同時是歐陸的統治者。在接下來的四個世紀當中，英格蘭會將財富投入一個歐陸帝國所從事的各種戰爭，其目的包括奪取更多土地、自衛與存續。這個歐陸帝國要直到一五五八年才喪失其在歐陸的最後立足點。

# 9 諾曼第王朝的國王

威廉一世所建立的國家需要有位權力強大的國王來統治。幸運的是，他有兩位相當強大的兒子繼承了王位；不過當他的孫子登上王位後，便是災難降臨的開始。就像盎格魯—撒克遜國王的情況一樣，諾曼第王朝不存在長子繼承制，亦即長子並非為理所當然的繼承者。王冠首先傳給國王的第二個兒子威廉・魯夫斯（William Rufus），下一個繼承者是其三子亨利一世，最後傳給孫子史蒂芬。若按照長子繼承制度，上述第一和第二位的情況，應該由威廉的長子羅伯特（Robert）繼位；而在最後一次的情況中，應該是由征服者威廉的孫女瑪蒂爾達（Matilda）皇后與她的兒子（未來的亨利二世）繼位。

當威廉在一〇八七年去世時，他將諾曼第留給了羅伯特，並選擇了在世兒子中第二年長的威廉來統治英格蘭。後來人們給他起了個綽號叫魯夫斯（Rufus），很可能是因為他長著一頭紅髮。許多貴族在這兩個國家都有土地，因此發現自己同時效忠兩個領主。征服者威廉分割遺產的決定並不受歡迎，威廉・魯夫斯在即位後不久就面臨了由巴約的主教奧多（Bishop Odo of Bayeux）領導的叛亂，主教的目標是要讓羅伯特登上王位。這場叛亂被擊潰。事實上，威廉・魯夫斯比他父親更野蠻。他是位完全為了戰爭而生的君主，並且在沙場上無所畏懼。他既貪婪又缺乏道德，施加他自認的正義，任何違抗他的人都被消滅一空。他想盡辦法從直屬封臣身上榨取一切：對遺產的繼承者徵收巨額罰款、針對未達到法定年齡的繼承人及其土地的監護權，以及代替所有已婚的女繼承人處理遺產的權利。所有這些措施都是為了要徵收更多錢財。

威廉・魯夫斯的最大敵人是教會，他對於宗教毫無虔誠可言，也因此幾乎不上教會，這跟其父親相當不同。當主教或修道院長去世時，威廉・魯夫斯不任命新的人選，而是讓這些職位空懸，王室藉此將其收入納為己有，教會因此譴責他是怪物。不過諾曼人在他的統治下鞏固了對英格蘭的統治。他於一一〇〇年八月在新森林（New Forest）狩獵時意外身亡，很多人都不感到意外，認為這是上帝對邪惡暴君的審判。

威廉・魯夫斯從未結婚，他去世後其王位本應由他的大哥羅伯特繼承，但是現實狀況並非如此。他的弟弟亨利恰巧參與了新森林那場讓威廉・魯夫斯喪命的狩獵，亨利在幾天之內便奪取了王室的國庫，並且讓自己加冕為國王。威廉一世所創立的系統在他任內被發揮得淋漓盡致。此系統之所以如此有效，仍然是取決於國王的性格人品。亨利一世是個殘酷而暴力的人，一生都投入在戰鬥或打獵中。當亨利一世奪取王位時簽署了一份憲章，向貴族們保證他會為其兄長威廉・魯夫斯的作為做出補償，但是這文件毫無規範力量。亨利一世為了贏得英格蘭人的支持，他娶了阿佛烈的後裔，一位盎格魯—撒克遜公主蘇格蘭的瑪蒂爾達（Matilda of Scotland）為妻，不過這同樣不具重要性。亨利一世延續著其兄長的政策，要盡可能地榨取那些服從他的貴族，這主要是為了支付他發動的歐陸戰爭的高昂軍費。當他的大哥羅伯特入侵英格蘭時，亨利一世用一筆津貼收買了羅伯特來換許停戰，但他這樣做只是為了拖延時間，他的目的是要將諾曼第也納入版圖。他於一一〇六年的坦什布賴戰役（Battle of Tinchebray）中打敗了自己的大哥。亨利一世接管了諾曼第公國，並將羅伯特關進監獄直到他離開人世。

儘管亨利一世有諸多缺點，但他是位能幹的施政者。「國庫」（即財政部，exchequer）也是在他的統治期間開始發展的。當時亨利一世經常人在國外，而在他不在國內的時間，有一個委員會聚集開會，負責監督和審計帳目。

然而，亨利一世卻深受一個重大問題的折磨，他的獨生子威廉（William Adelin）在從諾曼第渡海時淹死。他雖然再婚卻沒有兒子，只有一個女兒瑪蒂爾達，而她的丈夫是神聖羅馬帝國的皇帝亨利五世。亨利一世生命的最後幾年，被為了確保其女兒繼承權的各種問題所籠罩。首先，瑪蒂爾達的丈夫去世了，而她沒有孩子。瑪蒂爾達回到她父親的宮廷，亨利一世召集了所有的直屬封臣，要他們發誓承認瑪蒂爾達是他的繼承人。他的心願是獲得一個孫子，於是把瑪爾蒂達嫁給了小她十歲的安茹伯爵若弗魯瓦·金雀花（Geoffrey Plantagenet）。瑪蒂爾達傲慢自大，相當不受國王封臣們的歡迎，現在又多了一位不受歡迎的成員，而他所統治的國家曾經是諾曼第的敵國。安茹人（Angevins）和諾曼人始終征伐不休，然而諾曼人現在要面對的局面卻是，世仇民族的領導人將有可能成為他們的國王。他們並不喜歡這種可能性。

上述種種原因清楚地解釋了為什麼當亨利一世於一一三五年十二月去世時，沒有人反對斯蒂芬（Stephen）奪取王位。這位斯蒂芬是征服者威廉女兒布洛瓦女伯爵（Countess of Blois）阿德拉（Adela of Normandy）的兒子。斯蒂芬一直是他叔叔的寵臣，後者也因此讓他成為英格蘭最大的地主，不過他缺乏作為強大國王的特質。他和藹可親、受人歡迎，慷慨大方，是位理想的騎士，但是他卻不曉得如何採用鐵腕統治，偏巧這對於規範那些不守規矩的貴族至關重要。這樣造成的結果便是英格蘭內亂（The Anarchy）。一些貴族投奔了瑪蒂爾達，另一些則忠於斯蒂芬。更糟糕的是，在強大王權不復存在的情況下，貴族們開始互相進行私人戰爭。一位修道士記錄了這種發展對英格蘭人民的意義：

> 背叛者們看到斯蒂芬性情溫和、和藹可親、平易近人，而且又不執行任何懲罰，於是他們便犯下了各種可怕罪行。他們曾向斯蒂芬致敬並且宣誓效忠，但是他們卻完全不遵守誓言。他們都發了偽誓，而且打破了誓言。每個貴族都修建城堡，並且以其為根據地來對抗國王，英格蘭全境都充斥著貴族興建的城堡。當這些城堡建造完成後，貴族們在其中布滿了魔鬼與邪惡之徒……過去從未有國家經歷過如此深刻的苦難，就連異教徒的行為也從未像他們現在這麼卑劣……

英格蘭在這二十多年之間遭受巨大的破壞，斯蒂芬失去了主導權。

最後，貴族們開始倒向安茹家族，而安茹伯爵若弗魯瓦最終於一一四四年征服了諾曼第。五年後，他把公爵領地傳給了他跟瑪蒂爾達的兒子亨利。新的諾曼第公爵亨利精明能幹，他在父親去世後獲得了安茹公爵的身分；接著在翌年迎娶了一位身分顯赫的女繼承人埃莉諾（Eleanor），亨利也因此繼承了亞奎丹（Aquitaine）公爵爵位。亨利十九歲那年已經是法國西部大部分地區的統治者。接下來，他藉由襲擊英格蘭來威脅斯蒂芬。斯蒂芬的親生兒子去世了，他向這個無法扭轉的現實低頭，將亨利收養為他的繼承人，接著於一年後，即一一五四年去世。亨利登上了王位，即亨利二世，他是金雀花王朝的第一個國王。

征服者威廉的死與斯蒂芬的死間隔了六十多年。這個僵化的國家結構仍被視為運行良好，不過也經常因為國王的性格問題便分崩離析，這種狀況一直到十七世紀都還是會發生。但是很多事情到了一一五四年時都已經不同了，從諾曼征服以來已過了兩個世代，侵略者已經變成了當地人。如今，整個英格蘭都必須要對影響著西歐每個國家的新變化做出反應。

盎格魯—撒克遜人和諾曼人的教會長期以來都是替國家效力服務。國王與神職人員一樣是神聖的存在，這也讓他們與一般人有所區別。國王會帶領民眾向教會貢獻，並且任命主教和修道院長。國王任命他們時會授予一根權杖和一枚戒指，這是他們職位的象徵。被稱為牧杖（crozier）的權杖，象徵著他們作為羊羔牧者的角色。然後，他們會向國王表示效忠並獲得土地，就跟國王的其他直屬封臣一樣，教會在十一世紀末經歷了一場革命，並且確立了對於兩個議題的立場：神職人員具備高貴性，以及教宗是透過聖彼得直接繼承了基督權力。此後，主教和修道院院長之所以受到任命，根據的是他們在屬靈上的領導能力，而不是因為他們擔任王室官員運作政府的能力。他們不再耗費心力要政府授予他們職位。神職人員透過各種抗爭要讓教會脫離國家控制，這種關心最終都集中在國王授予神職人員權杖和戒指這個行為上。

甚至早在一〇六六年之前，教宗就已經禁止了神職人員接受國王的這一行為，不過教宗的決定要被付諸實踐成為事實，還需要好一段時間。這個問題於英格蘭首次浮上檯面是在一〇九三年，當時威廉・魯夫斯以為自己快死了，便要博學又聖潔的諾曼第貝克修道院（Bec Abbey）院長安瑟莫（Anselm）填補懸空的坎特伯里大主教職位。安瑟莫拒絕由威廉・魯夫斯敘任他這個職位，國王和大主教都向羅馬上訴，一場永無休止的爭端於焉開始。當亨利一世在位時，雙方達成了一項妥協：國王不再給予神職人員戒指和權杖，不過國王仍然保有要求神職人員向他宣誓效忠的權利。但是雙方對此都不滿意。當安瑟莫於一一〇九年去世時，亨利一世讓這個職位懸缺了五年。

在神職人員和俗人之間劃清界線的同時，教會正在經歷其他戲劇性的發展，這是修道院時代的黃金時代。從一〇六六到一一五四年之間，修道院的數量從四十八間增加到近三百間，其中大部分屬於尋求改革的新修會。熙篤會是這些新修會之一，我們今日在荒廢的熙篤會修道院中還能見到氣勢恢弘的遺跡，例如丁騰（Tintern）修道院或是噴泉（Fountains）修道院。熙篤會士是改革者，他們會去尋找最荒涼和偏遠的山谷，在那裡耕種土地並且建造素樸的教堂。與本篤會的豐富輝煌相比，他們的修會重視簡約，沒有室內裝飾。修道士們「像天使一樣打扮」，穿著未染色的羊毛，過著一貧如洗的生活。隨著修道院生活的熱情復興，神職人員在這個時代開始也被強制要恪遵獨身主義。神職人員無論是在諾曼征服之前或是之後多半都會結婚，但是現在這行為已被禁止，進而強化了神職人員是與俗人不同的特殊階層這種觀念。

修道院的數目越多，意味著學問更加蓬勃發展，因為修道院是教學的中心。它們是國際性組織，因為他們所屬的修會在歐洲各地都有修道院，而他們說的和寫的是通用語（lingua franca），即拉丁語。十二世紀是一個知識激盪的時代，大學便在此時興起。學識淵博的人像今天一樣自在地四處走動。巴斯的阿德拉（Adelard of Bath）就是其中一位，他所處的是從威廉．魯夫斯到亨利二世在位的這段時期。他在圖爾（Tours）和拉昂（Laon）這兩所法國大教堂學校受教育；然後他在希臘、小亞細亞、西西里、義大利南部等地遊歷，可能還包括了西班牙。他通曉拉丁語、希臘語和阿拉伯語，一生都在翻譯哲學和科學方面的書籍，而這些書籍為人們開闢各種新的思路。不僅像牛津這樣的大學逐漸成為學習的中心，而且俗人可以就讀的文法學校也與日俱增。很快，人們意識到，接受教育不僅能讓人在教會中任職，也能幫助他們在越來越多領域中就業。

國王和他的貴族們都不會閱讀寫字，因為他們有祕書代勞。隨著政府事務變得越來越複雜，它需要受過教育的男性人才。王室的各個部分逐漸開始發展出日後政府部門的特徵。王家教堂為宮廷提供教堂服務，不過由於這些神職人員受過教育，他們也在御前大臣的領導下處理政府的文書工作。內室包括國王的私人房間和臥房，由內務總管和司庫管理。國王仍然會將一些錢放在王床下，但大部分都已存進了國庫。財政部一年會進行兩次會計，而財政部的名字源自於棋盤表（chequerboard），這是一個類似棋盤的表格，其上可以進行加減法。帳目經過計算之後會被抄寫在一大卷羊皮紙上。現存最早的一卷是一一三〇年的帳目，而這個體系將一直延續到維多利亞（Victoria）女王時代。

王家政府以巡迴法官的形式運作在全國各地召開法庭，這是英國巡迴法庭（assize courts）的直接淵源。國王在每一個郡都由一位治安官（sheriff）代表，他的職責是查看稅款是否已繳交，並且是否交付給國庫。英格蘭實際上正變得更加繁榮。集市在王家的資助下開始舉行，城鎮裡隨著貿易和工業的發展也成立了行會。到一一三〇年，倫敦和其他四個城鎮都成立了織工公會，這反映了羊毛貿易的重要性。這些羊毛主要是出口到佛蘭德斯（Flanders）被織成精細的布料。

也正是在這一時期，戰士首次成為了騎士。這是一個以男人為主、以男人為主的社會，在這個社會裡，儘管女人可以受高等教育，但是她們能發揮的影響力卻有限。騎士是出身高貴且受過武術訓練的人，他的角色是將自身奉獻於神聖的教會和正義。戰鬥是他的職業，不過在此時代若要進行戰鬥，必須遵循一套複雜的規則，任何人在四旬期或聖誕節期間都不允許進行戰鬥。在戰鬥中被殺死的可能性很小，因為騎士的目標總是要俘虜對方騎士，然後索取一大筆釋俘的贖金，真正受苦的人是普通百姓。如果騎士們不參加戰役，他們會舉行騎士比武。比武的戰鬥方式宛如戰爭，只是不會取人性命。編年史家奧德里卡斯・維塔利斯描述了一一一九年的一場騎士比武，捕捉住了這個騎士時代的氛圍：

> 由於他們彼此都穿著鐵甲，而且出於上帝的愛以及袍澤之情，因此他們不會取對方的性命。他們也不追殺逃跑的人，而是要俘虜他們。基督徒士兵並不渴望讓他們的弟兄流血，但是若是上帝歡喜的話，他們會為神聖教會的利益和信徒的和平去贏得正當的勝利。

正是這種氣氛讓來自歐洲各地的騎士團結起來參加十字軍東征，共同致力於把聖城耶路撒冷從異教徒手中奪回。在英格蘭，騎士理想也因為亞瑟王和他的圓桌騎士們的浪漫故事所增色，這些故事在這一時期廣為流傳，成為此後五百年之間人們所仿效的行為模式。

# 10 第一位金雀花君主

當亨利二世於一一五四年登基時，一個新的時代就此開始，他是日後十三位金雀花國王中的第一位，而這個王朝將統治英格蘭三百年。王朝之名來自亨利二世之父安茹伯爵若弗魯瓦（Geoffrey of Anjou）戴在帽子上的金雀花，拉丁文為「planta genista」。他們是一個非比尋常的家庭，深愛權力，讓人深感著迷卻又同時缺乏吸引力，而且令人生厭。雖然他們狂暴易怒，卻也擁有非凡的執行能力。他們無論是為惡或是為善，總是會竭盡全力去完成。所有這些特質都清楚體現在亨利二世的生平之中，他也被視為或許是最偉大的金雀花國王。

像亨利二世這樣在歐洲具有聲望的君主，在英格蘭歷史上十分罕見。這除了建立在他所掌控的帝國疆土，更是歸功於他作為一個公正又明智的國王，而受到眾人尊敬。由於他如此德高望重，所以他曾經兩度被請求作為其他統治者之間的裁判者和調解人，一次是在一一七三年的圖盧茲（Toulouse）與阿拉貢（Aragon）的統治者之間，另一次是在一一七七年的納瓦拉（Navarre）與阿拉貢國王之間。藉由他孩子們的婚姻，他的家庭關係遍及整個歐洲。他的女兒們成為西西里、卡斯提爾（Castile）的王后以及薩克森（Saxony）的公爵夫人。神聖羅馬皇帝鄂圖四世（Otto IV）和腓特烈二世（Frederick II）都是他的孫子。在此後的五十年中，英格蘭是自四百年前的查理大帝以來領土最大的西歐帝國的一部分。這個帝國幾乎完全是靠這位國王的人格力量維繫在一起的。

亨利二世無論出生在任何時代都會是非凡人物。一雙灰色的眼睛從一張布滿雀斑、火紅的臉上射出光芒，並且頂著一頭紅色短髮。紅頭髮和暴躁的脾氣常常相伴而生，亨利二世是金雀花王朝一長串國王中的第一位，這些金雀花家族國王皆以其非理性的暴怒而聞名。他的頭很大，這暗示了他具有強大的腦力。他是位著名的語言學家，能夠理解領土中各種人民使用的所有語言：英語、北法語、普羅旺斯語、威爾斯語和拉丁語。他還是諾曼征服後第一位識字的國王，能夠閱讀和寫作。亨利二世對法律知之甚詳，甚至親自擔任法官。他擁有驚人記憶力，對於人的長相過目不忘。他身材結實健壯，飲食簡樸而且穿著樸素。他的精力無與倫比，他來回穿梭在這個向南延伸到庇里牛斯山山腳下，向西延伸到大西洋海岸的帝國之間。現代法國大部分地區都在他的統治之下。對於他的同時代人來說，他躁動不安且狡猾，但是同時又讓人信任和懼怕。

王后祕書布洛瓦的彼得（Peter of Blois）生動地描繪了與國王在一起生活的情景。如果他說他要住在某個地方，那麼「你可以肯定，國王會很早就離開這個地方，用他的匆促行動來打亂每個人原先的打算……但是如果國王宣布他要早起出發前去一個特定的地方，他毫無疑問會改變主意，睡到中午」。如果他明確指出他所要走的路線，他一定會把目的地改到「另一個地方，那裡可能只會有一間房子，而且其他人都沒有食物可吃。我相信我們的困境增添了國王的樂趣」。

在三十五年在位期間，亨利二世將他繼承或透過婚姻得到的巨大帝國維繫在一起：英格蘭、諾曼第、布列塔尼、安茹和亞奎丹。他以祖父亨利一世為榜樣，著手恢復國王的權力，他不僅復興並且恢復了國王的成就，而且還奠定了日後持續數個世紀的政府體系之基礎。這些發展出現的部分原因是出於國王總是四處移動，他需要在各地留下可以信賴的官員，讓他們在他缺席的時候經營各個帝國地區。他這種方式在英格蘭相當成功，以致他能一次離開這國家好幾年，國內的秩序和司法仍能維持不墜。這也要歸功於他有選擇合適人選的天賦，除了湯瑪斯・貝克特（Thomas Becket）這個人選之外。

當亨利二世登上王位時，他的主要目標是將所有一切都回歸到一一三五年的狀態，也就是亨利一世去世那一年。這是一場恢復王權的激烈行動，貴族們非法建造的城堡被拆除，他們從王室奪走的東西都被索回，斯蒂芬授予貴族的城鎮和土地也被國王收回。亨利二世的統治便隨著這種戲劇性的恢復拉開序幕，並接著在此基礎上繼續擴展。一一六六年出現了一項所謂的《克拉倫登法令》（The Assize of Clarendon），其中制定了維持公共秩序的條款，不過其具體實行方式迄今仍不為人知。巡迴王家法庭的權力在此之後的十年之間有了大幅擴張。有六個由三名法官組成的小組，每組分別負責四到八個郡的事務。由王室主管司法自此之後便得以確立，法律和秩序於是取代了無法無天和混亂。

繁榮的和平與安全隨之而來。國王從不向臣民課以重稅，在他的統治期間，王室的收入穩步增長。當時的人們便已意識到了亨利二世成就的偉大。編年史家紐堡的威廉（William of Newburgh）寫道：「在位居國家崇高地位的統治者中，他在捍衛和促進王國和平上最為勤奮；在揮舞寶劍懲罰邪惡者這件事情上，他是上帝的真正僕人。」

如果不是因為湯瑪斯・貝克特這個人，以上說法應該是亨利二世會被後人所記住的模樣。當國王登基時，他已將貝克特任命為御前大臣（chancellor）這個重要的行政職務。貝克特曾是坎特伯里的執事長（archdeacon），也是大主教的得力助手。但是他並非神父。他和國王成了好朋友。貝克特是個聰明的年輕人，風趣、機智、奢侈，甚至可說是浮誇。他既有魅力也具效率。國王在隆冬的某一天騎馬穿過倫敦，發現一個衣衫襤褸的乞丐。國王轉向騎在他身邊的貝克特說：「給這個可憐的老人一件溫暖的斗篷，難道不正是種深具美德的行為嗎？」御前大臣同意了，並未料想到接著會發生什麼事。國王說：「就讓你的東西作為美德吧。」他抓住了貝克特華麗的毛邊斗篷，扔給了那個人。

國王在貝克特身上看到整頓教會與國家關係的諸多可能性。他相信有這位朋友擔任坎特伯里大主教，情況就能恢復到諾曼征服剛結束時的景況，也就是教會尚未擺脫世俗權力的控制之時。一一六一年，現任大主教的去世讓這個機會浮現。國王要求貝克特接下這個職位。貝克特指著自己那件華美富麗的衣服，對國王驚嘆道：「你真的清楚你想任命的這個人是虔誠和聖潔的嗎？」國王堅持這麼做，也因此犯下了他在位最致命的錯誤判斷。

一一六二年六月二日，湯瑪斯・貝克特被任命為教士，他在翌日便被任命為坎特伯里大主教。沒有人能夠解釋貝克特為何當時性情有了一百八十度的轉變。貝克特立刻辭去了他所有的世俗職位，突然將他的生活方式從冠冕堂皇的放縱轉變為克己和謙卑。當亨利二世開始重建自己對教會的權威時，兩股巨大意志的衝突就此爆發。亨利二世不僅沒有看清時代已經變了，也沒有認識到他的老朋友現在已接受了新教會法的訓練。神職人員在新教會法中是無須受世俗干涉的。

一一六四年一月，亨利二世將所有所謂的「王家慣例」（royal customs）整理成一份文件，即

《克拉倫登憲章》（Constitutions of Clarendon），提交給大諮議會（great council）。國王提高司法水準的意圖是合理的，而這次要整頓的對象是教會法庭（ecclesiastical courts）。然而，貝克特認為其中五項規定侵犯了教會的權利。焦點在於其中一個案例，在此案中一位書記官首先被帶到一個世俗法院（lay court）上，他在那裡為所謂的「神職人員的利益」（benefit of clergy）辯護。這意味著此案隨後將被移交到主教法院（bishop's court）。如果該名男子隨後被認定有罪，他將被送回世俗法庭進行宣判。教會法庭所能給的最重判決是剝奪這個書記官的神職，這意味著他可以逃脫其謀殺罪。然而貝克特堅定地主張：「上帝不會在同一件事上審判任何人兩次。」因此，他拒絕在文件上蓋章。

國王被激怒了。貝克特在九個月後因藐視法庭被傳喚受審。亨利二世開始盡一切可能羞辱大主教。在可怕的最後一幕中，當他的判決即將宣布時，貝克特手裡拿著他行進時用的十字架（processional cross）違抗法庭：「像我這樣的人，我是你們的神父，而你們是一般家庭、世俗權力以及非教會人士的大貴族。我拒絕聽取你的審判。」他大搖大擺地走出了房間，並於當晚逃離，乘船流亡。

此後的六年，人們為實現和解進行了一次又一次的努力。亨利二世讓他同樣名為亨利的長子接受約克大主教加冕為自己繼承人，這讓這場爭端變得更加惡化。貝克特已經將許多國王的支持者逐出教會，將他們排除在教會的聖禮之外；現在他威脅要把這個國家置於禁行聖事令（interdict）之下，這意味著關閉所有的教會。因此，在一一七〇年七月亨利二世被迫屈服，貝克特回到了英格蘭。他的第一個作為是將所有參加亨利兒子加冕禮的主教逐出教會。有一個主教這麼對國王說：「陛下，只要湯瑪斯還活著，您就不會有平和、安寧和繁榮。」國王怒不可遏地說：「我在這個國家中所勸勉、提拔的是一群何等懶惰、可悲的人；他們不忠心事奉自己的領主，竟讓一個卑微的教士嘲笑我。」有四名騎士聽了這話便迅速離開房間，並且越過英吉利海峽前往坎特伯里。十二月二十九日下午，他們在坎特伯里大教堂裡謀殺了大主教。當消息傳到國王那裡時，他悲痛欲絕，三天不吃不喝，也未曾開口說話。

亨利二世落敗了，這件事震撼了歐洲各地。貝克特的墳墓成了神蹟發生的聖所，教宗不久之後將他封為聖徒。一一七四年七月十二日，國王親自進行懺悔，他赤著腳走過坎特伯里的街道，之後又被主教和僧侶鞭笞。《克拉倫登憲章》如今看來似乎成了一紙空文，但是實際上，國王所想完成的改革，大部分內容都已經得到落實。

亨利二世和貝克特的悲劇故事給這段統治時期蒙上了一層陰影。其在位的最後幾年發生的另一件事也是如此。由於國王極度熱愛權力，也因此他一絲權力也不願割捨。結果便是一場王朝爭鬥，亨利二世的王后在其中支持自己的兒子。亞奎丹的埃莉諾本身是位了不起的女性，出生自溫暖的南方，性情既衝動又熱情。她在普瓦圖主持一個由吟遊詩人朝臣組成的宮廷。他們建立起一種新文化氛圍，該氛圍的核心是騎士與他心儀女士之間的理想化關係，這讓女性在社會中獲得了更為重要的地位。但是，當她在一一七三年和兒子們一起反抗她的丈夫時，亨利二世將她囚禁了十五年。

國王有四個兒子：亨利、理查（Richard）、若弗魯瓦（Geoffrey）和約翰（John），他們注定彼此不和。若弗魯瓦曾經對父親說：「你不知道嗎？這是我們的本性，是我們從祖先那裡繼承下來的，我們不應該愛護彼此，兄弟之間應該互相爭鬥，兒子之間應該互相爭鬥。」十多年來，他們之間發生了零星的戰爭，所有和解的嘗試都以失敗告終。然後，長子於一一八三年去世，亨利二世重新劃分了他的帝國：理查將擁有諾曼第、安茹和英格蘭，若弗魯瓦握有布列塔尼，約翰則握有亞奎丹。但是理查拒絕讓約翰擁有後者，戰爭又重新爆發。

一一八九年七月六日，亨利二世於戰事中於希農（Chinon）的城堡去世，而他的兒子們在這場戰爭中卻選擇加入他最致命的敵人法國國王腓力二世（Philip Augustus）的陣營。國王的遺言是：「可恥，被征服的國王真可恥。」事實卻遠非如此。亨利二世是金雀花王朝最偉大的國王，他的偉大貢獻是建立了和平、法律和秩序皆十分良好的政府，這樣的政府在當時西歐任何其他國家都無法望其項背。這是一筆光榮的遺產。

# 11 一個帝國的終結

亨利二世留下了一個偉大的帝國，但帝國的領土在二十五年內幾乎完全喪失殆盡。這個損失將會繼續困擾著金雀花王朝國王們三百年。他們一次又一次地試圖奪回它，因為歐陸領土在許多方面都更貼近他們的內心。像他們先前的諾曼人一樣，金雀花王朝的根不在英格蘭，而是在法國；亞奎丹便是金雀花王朝的根，同時也是他們仍握有控制權的地方。不同民族或文化之間在這個時代不存在鴻溝，各國統治階級由共同的語言和文化聯繫在一起，唯一的區別是在封建關係上是臣服英格蘭國王或是法國國王。如果亨利的繼承人更有能力的話，英格蘭可能仍是尚存的安茹帝國之權力中心。不過，實際的狀況則是，他們的能力不足導致了這個帝國崩潰。

諾曼人建立的高度集權政府讓英格蘭的局勢變得穩定，這是極為令人驚訝的成果。它是如此強大以致可以承受這樣一個事實，即統治了十年的新國王理查一世（Richard I）只訪問過該國兩次，一次訪問了三個月，第二次僅兩個月。理查一世是吟遊詩人傳頌的君主，他的冒險經歷讓他成為傳奇故事中的浪漫主人公。他同時具備父親的精明和體力，與母親的偉大和熱情。他生來便是同性戀，既是詩人又是音樂家，甚至指揮著自己的教堂唱詩班。他在戰爭和防禦工事各方面的知識獲得普遍認可。他的「獅心王」（Coeur de Lion或Lionheart）稱號是紀念他勇敢無畏的勇氣，他也被稱為「言必信」（Oce No或Yea-and-Nay）理查，意思是無論他說過什麼都會加以實踐，從不違背自己所說過的話。但是他很自私，他在一一九〇年八月發動了十字軍東征，而英格蘭在他眼中只是資金的來源。他穿越義大利、西西里島和賽普勒斯前往聖地，每一個停靠港都讓他有機會發揮，讓他徹底展現出英勇十字軍騎士的模樣。然而，災難降臨了，因為他在歸途中沉船遇難，並落入敵人手中，首先是奧地利公爵，接著是神聖羅馬帝國皇帝。英格蘭再次成為輸家，因為贖金總共增加到十五萬克朗的巨額稅款。

當理查一世離開英格蘭時，他在這個政府上投入的準備措施並不充足。他的直覺正確地告訴他，不要信任他的兩位弟弟。最年輕的約翰坐擁大片土地，私生子若弗魯瓦被選為約克大主教。他讓這兩個人在同個時間點放逐了三年，希望能就此避免任何挑撥離間。不幸的是，他在自己離開的期間選擇了錯誤的人來統治國家。伊利主教（Bishop of Ely）威廉・倫夏（William Longchamp）被任命為首席政法官（Chief Justiciar，相當於中世紀的首相）和御前大臣，此外還擔任教宗的使節。倫夏是出身卑微的管理者之一，也是後來崛起為管理安茹帝國的高官之一。但是他為人不圓滑，相當不受歡迎。

理查一世後來心軟讓約翰回到英格蘭，造成不可避免的後果：貴族投向了後者陣營。若弗魯瓦於一一九一年違抗遭到放逐的命令，登陸英格蘭。倫夏立刻下令逮捕人在修道院祭壇上的若弗魯瓦，這正好提供了約翰所需要的機會，他要求倫夏前來主教和貴族會議接受審判。倫夏不敢前來，這個會議便立即下令將他逐出教會，而且下令逮捕他。他最終逃離了英格蘭。十月八日，在相同的會議上，約翰基於「國王的臣屬共同商議的結果」被任命為攝政王。

這實際上意味著現在管理政府的是議會。當國王被俘的消息傳到英格蘭時，約翰試圖奪取政權，但失敗了。雖然國王的缺席讓這個亨利二世留下的政府體系遭受巨大壓力，但是這個政府撐過了這場考驗並保持忠誠。一一九四年理查一世返回英格蘭時，他明智地不恢復倫夏的職務；相反地，他這次選擇了能力相當出眾的休伯特．沃爾特（Hubert Walter）。

沃爾特與倫夏一樣都曾在亨利二世的政府中任職。他曾與理查一世一起參加過十字軍東征，並於一一九三年當選為坎特伯里大主教，並且被任命為政法官。當國王在翌年五月最後一次離開英格蘭時，沃爾特被留下作為英格蘭實質上的統治者，直到他於一二〇五年去世。從國王的角度來看，沃爾特的主要任務是籌集資金以支付戰爭費用。但他的真正成就其實在於其他層面。例如，一一九六年，他引入了全國統一的度量衡制。在此之前，英格蘭的每個地區的標準都不同。巡迴法官在他統治之下不只是法官，而是首次被運用作為政府部門。當巡迴法官在各處移動期間，他們將詢問王室政策在各地是否得到執行，並且會回報調查的結果。沃爾特也讓各郡中身為地主的騎士們首次替政府效力。他們被要求協助解決各種形式的地方爭端，例如關於土地邊界的爭執。

不過，當中最重要的革命性措施應該是政府開始保存各種事宜的相關紀錄。到十二世紀末時，越來越多的人具備讀寫能力。政府也變得越來越複雜。由於國王長期不在國內，因此將一切紀錄保存下來也成為必要。作為政府行政總部的文祕署從一一九九年開始，會將其年度活動記錄在羊皮紙上。這些紙張不是作為一本書保存，而是被縫合在一起，以一種巨大卷軸的形式保存下來，這是英國現代檔案系統的直系祖先。此後，文件管理成為政府公認的業務之一。很快地，法官們在法庭上從善如流，主教們也開始保存他們教區的紀錄。從十三世紀初期開始，撰寫英格蘭歷史的人便可以從這些紀錄中取材。

與此同時，理查一世忙於保衛他在歐陸的帝國，與法國國王菲利普・奧古斯都對抗。在南歐存在著一個透過家族關係維繫的網絡。理查一世的王后是納瓦拉的貝倫加麗亞（Berengaria of Navarre），他的一個妹妹英格蘭的艾利諾（Eleaner of England）是卡斯提爾王國的王后，另一名喪夫後再嫁的妹妹英格蘭的瓊（Joan of England）則是圖盧茲伯爵夫人。理查一世的外甥是新的神聖羅馬帝國皇帝鄂圖四世，新的教宗英諾森三世（Innocent III）也是他的盟友。他以這個網絡和自己的軍事才能為基礎，贏得了與腓力二世的戰爭。後來，他在四十九歲的時候，為了某些財寶所有權的爭議而去包圍利穆贊（Limousin）的沙呂（Chalus）小鎮，並且因為這次欠缺周詳考慮的逞強行動遭到殺害。當時有名弩手正瞄準著他，而理查一世停下來嘲笑他，但是由於停留的時間太長，箭就這麼刺穿了他的左肩。他身體因此長了壞疽，這最終導致他於一一九九年四月六日死於敗血症。

這位傳說般的國王沒有子嗣，安茹帝國便傳承給了約翰。但是約翰所繼承的帝國在此早已不是充滿榮耀的大業：與日益強大的法國國王交戰，再加上已故國王的十字軍東征和贖金，早就讓英格蘭財政崩潰、資金枯竭，雪上加霜的則是多年饑荒。無論理查一世有什麼缺點，他終究得到了眾人的尊重和忠誠。然而，沒有人對約翰有足夠的信任。他的父親給他取了個外號叫「無地的」（Lackland）約翰，因為他是最小的兒子，最初不具備家族產業的任何繼承權。他因為被慣壞所以任性妄為，並貪圖美好的生活：金銀財寶、錦衣玉食以及美酒女色。他的父親和哥哥所說的話被視為法律，然而約翰所做出的任何承諾，人們則要訴諸白紙黑字來加以確認。

這個新國王的統治時期完全無一絲好兆頭。約翰破壞了封建社會認為是神聖不可侵犯的行為準則，更是對局勢無濟於事。首先，他迎娶了已經跟其他男人訂婚的女人。一二〇〇年，約翰為了與已有婚約的昂古萊姆的伊莎貝拉（Isabella of Angoulême）結婚，廢除了自己與格洛斯特的伊莎貝拉（Isabella of Gloucester）的婚約。昂古萊姆的伊莎貝拉的未婚夫向他的領主法國的腓力二世尋求幫助。在這個情況中，法國國王同時也是約翰的領主。法國宮廷判決英格蘭國王身為法國國王之封臣而擁有的全部土地都要被沒收，也就是安茹帝國除了英格蘭以外的所有領土。諾曼第、安茹和布列塔尼因此很快都落入了腓力二世的手中。戰爭期間，約翰俘獲了他哥哥若弗魯瓦的兒子亞瑟，後者曾是理查一世指定的繼承人。約翰祕密地謀殺了他，這又一次違反了封建社會的正當行為準則。在公開的戰鬥中殺死敵人是可以被接受的，但祕密殺人則完全是另一回事。安茹帝國的領土現在只剩下了亞奎丹，這個地方因為葡萄酒貿易而與英格蘭有緊密商業關係。

在這一連串災難之後，國王又跟教宗針對坎特伯里大主教的人選展開長達七年的鬥爭。當休伯特・沃爾特於一二〇五年去世時，僧侶們不顧國王的反對，自行決定了新的大主教人選。他們前往羅馬尋求教宗確認他們的選擇。被激怒的約翰強迫留在英格蘭的僧侶們選舉出他屬意的人選，他們接著也前去羅馬。英諾森三世宣布這兩次選舉都無效，僧侶們在他的指揮之下重新選出了英格蘭神學家斯蒂芬・朗頓（Stephen Langton），他是教廷的成員之一。約翰相當生氣，拒絕承認新的大主教。教宗在回信中將國王逐出教會，並對英格蘭處以禁行聖事令。英格蘭的教堂在此後七年之中始終關閉著，除了嬰兒洗禮和臨終懺悔以外。直到約翰準備要發動大規模攻勢以收復失去的歐陸領土時，他才與教宗講和並且接受朗頓進入英格蘭。一二一四年，約翰重新展開對腓力二世的戰爭，但這次軍事行動是場徹底慘敗。

當他返回英格蘭時，要面對的不僅是枯竭的國庫，還有一群憤怒的貴族，他們再也無法忍受國王無止境地找藉口向他們要錢。安茹帝國的政府體制正在瓦解。約翰面臨貴族起而叛亂，他於一二一五年五月被迫承認落敗。一個月後，他簽署了至今仍被視為里程碑的《大憲章》（Great Charter或Magna Carta）。

《大憲章》包含了六十多個條款，自成一個具統一性的法律體系，其內容涵蓋政府事務的各個方面，以及國王與臣民之間的關係。《大憲章》真正代表的意義是，政府機構在金雀花王朝的發展不是經由協商達成的，而是隨著局勢所需一步一步權宜地演變出來的。這種發展方向並未被國王拒絕，只不過其中部分內容被削減，另外還加上雙方都應遵守的指導方針。從此之後，人民之意見應被徵詢的觀念逐漸萌芽。從長遠來看，這最終導致了國會的出現。國王不僅要對上帝負責，在此時則是首度被認為也要對法律負責。

《大憲章》最著名的條款便暗示著這種觀點：「任何自由人不得被捉拿、拘囚、剝奪（產業）、放逐或受任何損害……除非受同等人之合法判決及本地法律所允許。」簡而言之，每個人在判刑之前都應該接受審判。其他條款保證了教會免受王室干預的自由，以及新出現的自治市（尤其是倫敦市）的特權。

不過，要經過好幾個世紀之後，《大憲章》才逐漸成為這樣的里程碑。約翰在協議甫達成後便要教宗宣布《大憲章》無效，國王接著集結軍隊向貴族開戰。貴族則是找來了法國王位繼承人王太子，而約翰在這樣的混亂中於一二一六年十月去世，其王位由他的兒子亨利繼承。

在經歷這些重大變革之後，十三世紀的序幕以一種完全不同的角度開展。隨著於一二一四年幾乎失去整個歐陸帝國的領土後，這是英格蘭君王自一〇六六年以來首次長期停留在英格蘭。一百五十年來，這個王國一直由四處遊走的國王統治，他們往往把多數時間花在英吉利海峽對岸。英格蘭曾經只是一個更大的馬賽克圖中的一塊，這種情況在一二一四年之後就停止了，也因此產生了巨大的影響。英吉利海峽不再是那條比阿爾卑斯山更容易穿越、分割同一個國家的河。相反地，它變成了宛如護城河一般的水體，約翰確實建立起一支海軍，因為他已經注意到以後將會有大規模的海上戰鬥。英格蘭走上了成為一個不可侵犯的島國之路，它與歐洲分離，不再是歐洲的一部分。

# 12 哥德時代

亨利三世登基時年僅九歲。他將統治英格蘭五十六年，其中大部分的時間幾乎都是在十三世紀。十三世紀是這個國家發生巨大變化而且逐漸踏上繁榮的時代，且哥德風格這種從法國北部引進並加以改造的新建築風格，即將席捲全國。英格蘭所有的教堂和大教堂都以新的方式重建，這反映了英格蘭社會的信心和財富。這個社會對基督教信仰和事物的秩序滿懷信心，不僅在人間，也在死後世界。一簇簇的小圓柱高聳入天，形成了尖頂的拱門和鑲嵌著石雕窗飾的窗戶，窗戶上裝滿了彩色玻璃，最終形成了精心裝飾的拱形穹頂。這是中世紀英格蘭的鼎盛時期，它是由共同信仰維繫的基督教世界的一個省，其中心在羅馬，它的領袖是教宗，聖彼得的繼承者。神職人員來回往返於歐洲，歐洲對他們而言並不存在邊界，因為眾人皆使用拉丁語交談與書寫。貴族階層也有許多共同之處，他們都接受封建制度的習俗和騎士禮儀。喪失安茹帝國的大部分領土，並不意謂英格蘭變得孤立。英格蘭國王將自己視為國際舞台上的一員，而貴族們與英吉利海峽對岸的人們擁有相同的語言和生活方式。

歐洲各個地區發生的事件，若是放到這個擁有共同理想以及單一基督教會背景下，將會呈現出不同的視角。國王繼承自父親時代的《大憲章》及其所造成的影響，是英格蘭種種事件所環繞的中心。這種情況在亨利三世在位時變得十分尖銳，因為他的王權觀念十分強大，因此引發了國王與貴族的週期性衝突；這也是因為貴族自然都希望能控制或削弱國王權力，他們會不斷地引用《大憲章》來支持自己。

亨利三世缺乏中世紀國王所必備的最重要特質：他不是武士。因此，他無法做到貴族們最期待的兩件事：帶領他們戰鬥以及在比武場上大放光彩。相反地，他透過藝術和華麗的場面來展示他的王權，在這兩個領域他都是大師。他為人奢侈、暴躁、多疑、頑固且尖酸刻薄，而其心中只有一個目標，就是要確保自己是擁有絕對權威的君主。

亨利三世對君主權力的渴望體現在一座建築物上：西敏寺。一二四五年，他決定重建舊的盎格魯－撒克遜風格修道院，取而代之的是他在巴黎見過的法國哥德式宏偉建築。新的修道院將成為如修士一般的國王的舞台，國王既是上帝在人間的牧師，也是所有人的領主，無論是俗人或是神職人員。王室的聖徒懺悔者愛德華強化了國王的聖潔性，他被授予了一座華麗新神龕，其位於高聳的祭壇後頭，而周圍則是為英格蘭國王準備的王家墓地。王權寶器（Regalia）被保存在新修道院中，這裡也是加冕儀式的場所，每個國王在儀式上被受膏，因此變得與眾不同，凌駕於普通人之上。當時人甚至相信，國王可以透過觸摸來治癒那些患有淋巴結病變的人。

這種顯赫宏偉正是亨利三世對自身地位的看法，儘管他父親喪失了大部分繼承來的安茹帝國領土，但是這並沒有減少亨利三世想要以其他方式加以彌補的渴望。國王發動了兩次要讓金雀花王朝重新成為歐陸統治者的行動，雖然都以災難性結果告終，但是這並未打擊國王的野心。一二五四年，他替小兒子埃德蒙（Edmund）接受了西西里島的王位，但是以失敗收場。三年後，他的弟弟康沃爾的理查（Richard of Cornwall）被選為日耳曼國王，這個安排最後也以失敗落幕。結果，亨利三世在一二五九年終於被迫正式放棄對諾曼第、安茹和普瓦圖的權利，將其轉交給法國的路易九世。

貴族們總是反對這些耗資不菲的糾葛，而且由於他們要承擔巨額債務，所以越來越多貴族都主張，國王應該要受到一定程度的限制。然而，在亨利三世統治的前三十年當中，他或多或少還是能夠按照自己的意願來行事。貴族們心中的不安一部分是源自於國王的傲慢，另一部分則是因為政府事務變得越來越複雜。一個世紀以前，文祕署和財政部都還是王室中處理行政和財務事務的部門。到十三世紀中葉，它們已經搬遷出去並成為獨立的部門，而且各自都有一群組織嚴密的官員和檔案。貴族們對此抱持疑心，開始想要在御前大臣和司庫的人選上有發言權，有時甚至想要在王家政法官的人選上置喙。貴族們透過大議會（Great Council）來企圖獲得掌控權，會議成員包括全國所有的世俗和宗教領袖，不過成員組成並非固定不變。然而，國王反而組成自己的御前會議（Royal Council），成員都是他挑選的人。貴族們對此表示反對。如果亨利三世的選擇更明智，而且他的政府更有效能，他本來可以承受住這些對其權威的挑戰。事實則是他的選擇與政府都缺乏效率而且混亂。

貴族們認為國王的妹夫西蒙・德・孟福爾（Simon de Montfort）是一位真正的領袖人才，他精力充沛、富有遠見。而國王在海外行動的冒險失敗正好給了貴族可乘之機。在一二五七至一二六五年這近十年間，國王和貴族們陷入了一連串爭奪權力的危機中。起初，國王被迫臣服於由西蒙・德・孟福爾領導的十五位貴族組成的委員會。接著局勢不斷地逆轉，國王與貴族之間輪流掌握了政府的主導權。最終的結果是爆發內戰。在路易斯之戰（Battle of Lewes）中，國王被擊敗，而在一年後的一二六五年伊夫舍姆戰役（Battle of Evesham）中，西蒙・德・孟福爾不僅落敗而且陣亡。

亨利三世看似贏得了勝利，但事實並非如此，因為在發生危機的這許多年當中，民眾一次又一次在大議會開議時向他們尋求幫助。除此之外，現在還出現了代表郡的騎士和代表城鎮的議員（burgesses）。在過去的大議會成員當中，從未有那麼多英格蘭王國中不同階層的人。這些會議被稱作「議會」（parliaments），源於法語的說話（parler），因為它們是國王和臣民之間關於國家事務的會議或會談（parleys）。國王應該就某些問題（如稅收）與王國的權貴和代表磋商的這種觀念，逐漸得到眾人認可。在一二七二年亨利三世去世時，沒有人能預見到這些零星的會談最終會演變成英國現代的國會。

這些會議所反映出的是，這個社會已與諾曼征服之後的那個社會截然不同。儘管國王和貴族之間會爆發週期性的戰爭，但英格蘭的局勢非常穩定。中世紀戰爭無論多麼嚴重，始終都只是局部性和偶發性事件，而且僅影響到英格蘭某一小部分地區。當國王開始採行與法國和平共處的政策後，昂貴的高稅收戰爭也因此得以避免。和平意味著繁榮，貿易和農業因此可以在沒有混亂的情況下蓬勃發展。羊毛貿易在這個時代開始大規模發展，成為了國際性的大事業。英格蘭商人學習將羊毛出口到歐洲，其組織隨之開始發生了變化。起初，羊毛業被為了替教宗收稅而前來英格蘭的義大利人壟斷，不過越來越多的英格蘭商人開始掌控羊毛業，特別是在將羊毛出口到法蘭德斯編織成精細布料的這項龐大貿易上。部分羊毛也會在英格蘭編織，這意味著織工、漂布工和染色工人的人數不斷增加。嫻熟商人的數目顯著成長，因為不僅羊毛貿易，其他建立在鉛、錫、煤、鐵和鹽的手工業也在增長。全國四處都有城鎮蓬勃發展：布里斯托（Bristol）等港口因加斯科尼（Gascony）的葡萄酒貿易而繁榮，林恩（Lynn）興起於與法蘭德斯的短距離貿易，紐卡索（Newcastle）則是興起於斯堪的納維亞的出口貿易。最重要的是倫敦，不僅因為它緊鄰宮廷和政府所在地的西敏寺，而且它是國家道路系統的中心，因此也是與歐陸各種交易的主要港口。

從長遠來看，這些企業家將是未來的主導者，但是他們在中世紀社會中卻是格格不入的存在。因為中世紀的社會僅有三類人被承認：聖職者（許下宗教誓言的人）、貴族（包括封建貴族和騎士），最後是辛勞的人或農民；其拉丁語分別是：祈禱者（oratores）、戰鬥者（bellatores）與勞動者（laboratores）。祈禱者是由羅馬教會管轄的國際兄弟會成員，其等級體系遍及歐洲，他們服從教宗並受教會法（canon law）約束。在英格蘭，教堂由坎特伯里和約克兩個大主教領導，各自底下都有一個教區網絡，北部有三個教區，南部有十八個教區。有些教區，如杜倫（Durham）和溫徹斯特（Winchester），是基督教世界中最富有的教區之一。其他如班戈（Bangor）或埃克塞特則相當貧窮。教會贏得了自由，他們甚至在約九千五百個教區中神職人員的任命上擁有最高決定權。他們的生計仰賴於什一稅，也就是各個教區居民土地產量的十分之一。然後是修道院：悠久的本篤會組織之歷史可以追溯到諾曼征服前，它們成立於諾曼征服的前一個世紀。本篤會中約有兩百五十座奧古斯丁會修道院和大約一百座熙篤會修道院。所有這些修道院的財富因它們各自獲得的捐贈而相異。但是整體而言，教會擁有豐富的贊助，不僅供主教使用，也供國王和貴族運用。但是，十三世紀是屬於兩個新修會的時代：阿西西（Assisi）的聖方濟各修會的灰衣修士（the grey friars），以及聖道明修會的黑衣修士（the black friars）。與之前的修會不同，這些修會的成員會出入各地，尤其是在城鎮，進行布道、教導和聽取懺悔。他們培養出一群具有良好學識的成員，為牛津大學和劍橋大學這些新大學增添了光彩。

這時代是教堂建築興建的鼎盛時期，尤其是大教堂，這一運動始於一一七四年坎特伯里大教堂之建造，並且在索爾茲伯里大教堂的興建達到高潮。古老的索爾茲伯里大教堂於一二二〇年被廢棄，我們今天所見到的索爾茲伯里大教堂是在一二二〇年後的五十年間被建造起來的。不論是大教堂或是小教堂，它們都是中世紀建築中規模最宏偉的，很簡單：聖餐禮每天都在教堂裡頭舉行，所謂的聖餐禮是彌撒的禮拜儀式，麵包和葡萄酒在儀式中會成為神之子的血與肉。因此，教堂是為容納神而建造的，此外也是為了容納聖人（即神之聖徒）的骨頭和聖髑。所有這些重建的大教堂，都會將聖人的聖祠（shrine）移到高聳的聖壇後方，這些聖祠將受朝聖者的崇敬和拜訪。聖人有時會為病人求情、治病或消災解厄。每座大教堂都屬於其主保聖人或殉道者所有。

人們普遍相信超自然現象、奇蹟、古怪巧合和無形世界的種種有形證據。人們居住於以木頭、籬笆和泥巴建成的房子，而當他們離開家門進入教堂之時，彷彿跨入了宛如天堂般的耶路撒冷，這個建築物精確反映了那個世界。象徵神聖的光透過布滿聖徒形象的窗戶射入室內。教堂從內到外都是描繪天堂居民的繪畫和雕塑，他們的祈禱治癒了塵世的人們。今天在這些教堂中只有玻璃保持著原有顏色，但是每一面牆和雕像曾經都有精美繪圖與鍍金。每個社群都透過教堂建築來表達自己的身分和財富，因為教堂是人類在世間旅程中重要信仰事件發生的場所：洗禮、堅信禮、懺悔、聖餐和埋葬。教堂同時是聖日遊行、法庭審判和表演的空間，它甚至可以容納一所學校。

就像貴族家族總有興衰和起落一樣，軍人或「戰鬥者」也是一個成員不斷變化的群體。高貴身分是與生俱來的，然而成功則要用戰果來衡量。集體授予年輕貴族騎士地位的活動，會在教會宗教節日以及戰爭中舉行。傳統上，騎士必須擁有一匹馬和完整的騎兵裝備。此外，他和騎士階層所有成員（從伯爵到最底層的郡騎士〔knight of the shire〕）都要受騎士慣例的約束。騎士在教會的詮釋之下變成了神聖教會和弱者的捍衛者。而在世俗世界中，騎士被強調的則是三項重要美德：勇敢、對領主夫婦的忠誠，以及最重要的一點：慷慨。這就解釋了貴族階層日益奢侈的生活方式，他們慷慨地養活了大批侍候他們的隨從。他們的財富來自對於產業的妥善管理；也來自於國王，他既是贊助的源泉，也會以女繼承人的聯姻或是土地的形式來贈送禮物。騎士的職責是戰鬥或者加強自己作為防衛者的能力，他們是透過馬上比武這個最受歡迎的消遣來進行訓練。馬上比武起初是小規模的激戰，但在十三世紀演變成大規模的技能競賽。兩個騎士在競賽中用長矛相互攻擊，比賽的場地則是有柵欄的競技場，參賽者根據他們的技巧表現而獲得不同分數。他們在馬上比武的過程展現了非凡才能，這除了是要向他們的領主表達敬意，也是要向在附近的樓座裡觀看比賽的女士們表示敬意。

這多少呈現出婦女的地位正在逐漸變化，儘管婦女仍然缺乏權力，並且在法律上幾乎沒有權利。婦女發揮了讓人變得博愛的作用，而且成為騎士崇拜的對象，這兩者都有助於人們改變看待她們的態度，逐漸不再僅將她們視為動產。妻子的地位也得到了改善，因為繼承遺產的權利現在取決於合法性。但是，只有婦女成為寡婦時，她們才能完全站穩腳跟地自立，因為具有這種條件的女性是男性們極力追求的理想目標。

在這座金字塔的底部是辛苦勞作的農民或「勞動者」。人口急遽成長，到了一三〇〇年時，全國人口已達四百萬到五百萬之間。農業發展沒有跟上需要養活的新人口，全國各地都出現貧困和近乎饑荒的狀況。農民的生活方式從諾曼征服以降幾乎未曾改變。有些農民是完全自由或半自由的，但絕大多數農民是農奴，他們生來就沒有自由，並且被束縛在他們主人的莊園裡。他們一直是透過勞動，用實物或服務來支付向主人承租條狀田地的費用。他們仍然住在泥土和木頭所建的單室住宅中，房子中間有一個壁爐，而牲畜和人混居在一塊。他們一生幾乎都住在同個地方，這提醒了我們，大多數十三世紀英格蘭人的生活範圍就是眼前所及之景色，只有極少數的人會移動到這些領域之外。

社會上下層級嚴明的觀念是毋庸置疑的，而且似乎是永恆不變的。這種階級觀念被視為是上帝所命定的，因為它反映了宇宙的結構。人們認為，這種觀念是以同心圓的形式從天堂降到人間。頂端是由上帝掌管的天堂，在頂層之下則是層層分明的各個天使階層；在天使之下接著是環繞地球的七大行星，這些行星的運轉影響著地球上的一切，大至政治事件，小至個人的身體狀況。地球是平的，聖城耶路撒冷位於此世界的中心，而英格蘭則位於世界已知範圍的邊緣。當中世紀的英格蘭人看到某個地方時，他們的腦中便會直接投射出這地方與天堂的關係，兩者之間便是這樣不斷地相互作用。無怪乎在亨利三世要接受加冕時，西敏寺的高壇所鋪設的宏偉馬賽克地板，上面便採用了宇宙圖的形式，這裡也成為往後英格蘭國王接受加冕之處。上帝統治宇宙的方式在國王眼中，與他作為祂在地球的代表統治英格蘭領土的方式如出一轍。這種觀點在接下來的三百五十年裡一直都沒有受到質疑。

# 13 不列顛全島走向統一

英吉利海峽的水域一直是條快速道路而非障礙，但是在這個運輸依賴步行、騎馬或是馬車的時代，對於一個王國的治理而言，土地海拔高低的急遽變化勢必是種障礙。諾曼征服的英格蘭領土包括低地、東南和西部以及中部地區，在他們的領土之外是凱爾特人的土地：威爾斯、坎伯蘭（Cumberlard）以及蘇格蘭，這些都是山地區域，其防禦層皆依賴於山脈和山地地形。這些地方不易到達，而這裡的居民都是居住時間悠久的不列顛人。他們具有共同的語言、傳統和貿易；他們過著一種不同、同時更為艱苦的生活方式，例如生產乳品、牧羊，以及較為粗放、分散並且更適合當地土壤的耕種農業。十三世紀末期，由於凱爾特人是被威爾斯大公（譯注：即後來的威爾斯親王）和蘇格蘭國王統治，他們與英格蘭國王的關係因此相當疏遠。然而，當愛德華一世在一二七二年接替父親亨利三世的王位時，他的野心是擴大統治版圖，要將整個不列顛島皆納入領土中。

令人意外的是，過去從未有人這麼嘗試過。如果威廉一世當時也征服了蘇格蘭和威爾斯，不列顛的歷史將會大不相同。如果這種征服確實發生的話，那麼全不列顛將在很早的年代便建立起統一的行政、法律、語言和商業體系，其中不存在任何障礙。這些地區在兩個世紀當中幾乎未與外界接觸，這加深了它們在政治和文化上的自我認同以及獨立性。當愛德華一世開始進攻蘇格蘭與威爾斯時，他的攻擊反而強化了兩地人民對於領導者的忠誠，也造成了至今依然存在的緊張局勢。

到了十三世紀末，英格蘭內部也出現一種新的認同感。國王使用了盎格魯—諾曼貴族不喜歡的英格蘭名稱愛德華，這是為了紀念父親最喜歡的聖徒懺悔者愛德華。自一〇六六年以來，異族之間彼此通婚，一個更加團結的社會在不知不覺中於焉建立，在此社會中不再那麼容易區分出講法語的貴族和講盎格魯—撒克遜語的中產階級和農民。英語開始成為每一個階層都說的語言，它的語句結構和詞彙都深受盎格魯—諾曼法語影響。上層階級都能夠說兩種語言，國王本人則會說法語、拉丁語和英語。

愛德華一世幾乎在各方面都符合中世紀君主的理想形象。他身高超過六英尺（當他的墳墓被打開時，他的骨架測量結果為六英尺兩英寸），外表儀態威風凜凜，而且在戰場上和比武場上都是無所畏懼的勇士。他的童年如田園詩般美好，有著慈愛的父母相伴，他還錦上添花地加上與卡斯提爾的埃莉諾（Eleanor of Castile）的幸福婚姻。當埃莉諾於一二九〇年去世時他悲痛欲絕，當她的棺材從林肯往南運往西敏寺時，他下令棺材在途中停放的所有地點都要立起宏偉的石製十字架，其中有三個存留至今。愛德華一世還完整繼承了金雀花王朝的性情，這讓他脾氣暴躁，有一次他甚至將女兒的皇冠扔進了火裡。

一二七二年父親去世時，愛德華一世正進行十字軍東征；作為英格蘭政府穩定的指標，他直到兩年後才返回英格蘭。愛德華一世和他父親一樣堅信王權的神聖不可侵犯，他曾經在伊夫舍姆

（Evesham）領導保王派軍隊對抗西蒙・德・蒙德福特。一個嶄新的時代在他登基後隨之開展，因為一群新人物跟著他嶄露頭角。他的第一個行動是發起一系列的改革，這些改革是在國會開會後彼此協商達成的，並且體現在所謂的成文法（statutes）中，這成為了制定法律的一種新手段。國王透過這些做法解決了對土地所有權的不滿，並且維持了法治和秩序，也停止贈送教會土地。但是他的最核心政策則是要先征服威爾斯，然後再征服蘇格蘭，將全島置於一個君主之下。

威廉一世沿著邊境（Marches）建立了什魯斯伯里、切斯特和赫里福德（Hereford）等好幾個幅員廣闊的伯爵領地。要征服威爾斯的誘因非常薄弱，因為與英格蘭不同，威爾斯是一個貧窮落後的國家，在地理上被劃分為一系列的諸侯國，它們只有偶爾會被某位統治者集合在一塊。這些諸侯會因為在政治利益的考量選擇是否向英格蘭國王表示效忠，但是到了十三世紀，英格蘭已經全面地滲透到威爾斯公國中。這是英格蘭過去長時間規律地發動軍事行動的結果：在此模式中英格蘭封建軍隊首先會發動入侵，威爾斯境內的王侯們便會撤退到山上，中間不會爆發任何衝突；然後在戰爭季節結束之前，英格蘭便會返回家園。

現在，征服政策取代了這些斷斷續續的攻勢。這涉及三個要素：第一個是從義大利銀行家那裡籌集來的經費，而英格蘭則利用羊毛貿易的關稅來償還。這筆金錢代表著英格蘭能提供軍隊足夠的補給，而且在征服之後有能力建造起巨大城堡來讓威爾斯人臣服，就像盎格魯—撒克遜人臣服威廉一世一樣。最後，按照征服者威廉的先例，英格蘭必須建立一個新的統治階級。事後的發展顯示出，愛德華一世的威爾斯政策是全面性的輝煌成功，而他針對蘇格蘭人制定的類似計畫則是全面性的災難。

當時的威爾斯由魯維林・阿普・格里菲茲（Llywelyn ap Gruffyd）統治，又稱為大公，他拒絕向愛德華一世表達效忠，這正好給了愛德華一世所需要的藉口。愛德華一世於一二七七年集結了一支龐大軍隊，其強大規模令魯維林不戰而降。魯維林於五年後發動了一次叛亂並在其中喪生，威爾斯人完全不是英格蘭騎兵和弓箭手的對手。結果是，威爾斯公國到一二九五年時已不復存在。這裡被規劃成幾個新的郡，並且引入了英格蘭行政體系。英格蘭人被鼓勵移居至此，同時將他們的技能帶到這裡。英格蘭人對征服威爾斯人並不感到羞恥，他們絲毫不認為威爾斯人代表了某種文明。對他們而言，威爾斯人是專門從事謀殺、搶劫和強姦的罪犯。

愛德華一世在此時擁有足夠的資源終結與威爾斯的戰爭，並且讓這個分裂和無組織的民族從此永遠服從英格蘭的統治。這個統治的具體形式是建造許多城堡，並且採用最新的防禦工事技術，目的是要震懾那些坐落在城堡塔樓下、城牆環繞的城鎮。英格蘭總共建造了十座城堡，這些是那個時代軍事工程的奇蹟，在拉丁基督教世界中無處能望其項背。這些城堡都是由專門建造和維護王室住所的國王工廠（The King's Works）建造的，設計者是薩伏伊建築師聖喬治的詹姆士（James of St George）。這些城堡大多數迄今依然矗立著，它們是能夠與同時代哥德式大教堂相媲美的宏偉世俗建築物。城堡不是上帝的房子，而是支配人民的要塞。通常它們都被建築在人跡罕至的海角或河流之上，由一系列精心設計的城門、城牆和通道組成，目的是要抵抗侵略者。抵禦敵人的新方法是透過同心圓防禦：首先是一條外護城河，然後是一道矮牆，後面是第二道更高的牆，上面還穿插著塔樓。在所有城堡中最宏偉的是卡那文（Carnarfon），它是國王統治的據點，據信是建造在君士坦丁（Constantine，首位基督教羅馬皇帝）父親的埋葬地之上。為了強調這個羅馬帝國的繼承，愛德華一世建造了壯觀的多角形城牆和帶有磚石條紋的塔樓，以呼應東方帝國首都拜占庭的城牆。在城堡最大塔的砲塔上放置了三隻鷹的圖形符號，以強調愛德華一世的輝煌戰功。

然而，蘇格蘭戰爭是一個截然不同的故事。與威爾斯不同，到十三世紀末，它已經發展成為一個自己的王國，而且是直接參考盎格魯－諾曼人之體制。蘇格蘭像威爾斯一樣，起初由許多王國組成，但是到了十一世紀末被國王統一，不過這個國王又承認英格蘭國王是他的領主。十二世紀中葉在位的大衛一世（David I）於英格蘭宮廷長大，計畫根據英格蘭模式建立一個王國，其勢力重心在低地的洛錫安（Lothian）地區。他在統治期間建造了城堡，建立了教區，並且將蘇格蘭西北部和西部群島置於控制之下。十三世紀的蘇格蘭與英格蘭關係親密且安定，因為亨利三世的妹妹和愛德華一世的妹妹先後都是蘇格蘭王后。但當沒有直接繼承人的亞歷山大三世（Alexander III）在一二八六年死後，一切局勢都隨之改變。

愛德華一世認為這個繼承權問題是他可以使蘇格蘭屈服於自己意志的機會，並且讓蘇格蘭步上威爾斯的後塵。愛德華一世因為是最高領主，所以他被要求前來主持在十三名王位候選人中決定出誰將是下一位國王的法庭，這就是所謂的大業（The Great Cause）。愛德華一世同意擔任主持者的原因是，他明白無論是誰當選都會向他宣誓服從，蘇格蘭貴族們也會跟隨這個新國王的作為。在約翰・巴里奧（John Balliol）和羅伯特・布魯斯（Robert Bruce）這兩位主要的王位候選人之間，愛德華一世選擇了前者。起初一切都進展順利，但是當愛德華一世想要壓低蘇格蘭至完全臣屬之地位時，蘇格蘭人開始反抗。愛德華一世於是計畫照著威爾斯模式展開征服，他計畫建造城堡並引入英格蘭官員、行政機關和法律。蘇格蘭人起而反抗，但他們在一二九六年被愛德華一世的遠征部隊打敗。愛德華一世取得了徹底性的勝利，因而奪下蘇格蘭國王加冕時坐在其上的「命運石」（Stone of Destiny），將其從斯昆搬到西敏寺。

但是愛德華一世的蘇格蘭計畫並未成功，這有雙重原因。首先，蘇格蘭人比威爾斯人具有更強烈的集體認同感和忠誠度。更重要的一個原因是國王的財政困境，因為歷屆國會越來越不願意讓他予取予求，他甚至淪落到要去動用教堂金庫中十字軍東征的預備經費。缺乏財政資源意味著，例如無法興建石造城堡，而要改建木造城堡。

蘇格蘭人視羅伯特・布魯斯為他們的國王，並在威廉・華萊士（William Wallace）身上看到領袖的特質，他是游擊戰傑出且殘酷無情的人物。當他在斯特靈橋戰役（Battle of Stirling Bridge）中擊敗英格蘭軍隊之後，形勢開始扭轉。從那以後，每年夏天都會進行一場大型會戰。最終威廉・華萊士被捕，被帶到倫敦並且野蠻地處決。隨著戰爭的拖延，愛德華一世的惡意報復心態越來越強。一三〇五年，他徹底廢除了蘇格蘭王國，並宣布它只是一塊臣屬於他的「土地」。蘇格蘭人違抗愛德華一世，將羅伯特・布魯斯加冕為王。次年，即一三〇七年，愛德華一世再次發動戰爭並於期間過世。他命令他的僕人不要埋葬他，而是把他的屍骨帶在部隊中，直到蘇格蘭人被擊潰。然而，他的兒子愛德華無視父親的臨終遺言，將其安葬於西敏寺。

# 14 無能的國王

愛德華二世的加冕儀式預示了即將來臨的災難。在遊行隊伍中，出身加斯科涅（Gascon）地區，英俊年輕的騎士皮爾斯・加韋斯頓（Piers Gaveston）負責保管聖愛德華二世的王冠，這位騎士在不久前甫被封為康沃爾伯爵（Earl of Cornwall），這是為他新創立的貴族頭銜。加韋斯頓身著紫色的天鵝絨長袍，上面繡有珍珠，其耀眼程度遠勝其他在場的貴族。國王讓一個新創建的伯爵在這種場合擔任主要儀式官，這種安排對當時的人而言，很清楚是國王刻意對貴族們的公開侮辱。在場的其他人都穿著傳統的黃金衣物，偏偏加韋斯頓故意穿著會讓他的同儕黯然失色的衣服，這種做法讓這種侮辱變得更為嚴重。嫉妒和怨恨油然而生，他永遠不會被原諒。王室寵臣這個新現象，讓國王和貴族的自然平衡首次遭受嚴重威脅。國王對這個人極為著迷，不僅給予他大量的財富和榮譽，而且往往同意他的說法，甚至到了言聽計從的地步。

雖然中世紀歷史記載了國王和貴族之間的衝突，但是在大多數時間中，他們為了治理國家會和諧地合作。這種和諧是透過國王嚴格控制賞金和利益的分配（一般稱之為「獎賞」〔patronage〕）而實現的。為了得到貴族們的支持，國王會動用大量的資源：授予土地、賜予富有的女繼承人、分配大莊園的繼承權，以及宮廷職位。愛德華一世在這方面非常出色，而且由於他成功地征服了威爾斯，因此他擁有更多的東西可以賞賜給貴族們。他的兒子愛德華二世手中仍然有很多東西可以支配，但問題是他將所有東西給了錯誤的人，這些人貪婪、殘酷且野心勃勃。這種做法最終毀滅了他。

當一三〇七年愛德華二世在一片樂觀情緒中登上王位時，上述的一切發展都是無法預見的。那時他二十三歲，身材高大、英俊、一頭金色鬈髮、肌肉發達，熱衷於室外生活，不僅是狩獵，還有其他形式的運動，如划船和游泳，這些活動後來被人們視為缺乏國王所需的威嚴。然而，這並不是他唯一不體面的特質，因為他喜歡把時間花在農民從事的那種粗活上，比如製作樹籬、挖溝和抹灰泥。他脾氣暴躁，就像他所有的家人一樣，但若是跟他的懶惰和遲疑不定相比，這種暴躁會造成的傷害還相對較低。然而，真正毀掉他的是他對男性寵臣的狂熱。儘管愛德華二世與法蘭西的伊莎貝拉（Isabella of France）這位「最優雅的女士和最美麗的女人」育有四個孩子，但愛德華二世天生就是同性戀，這在當時是被視為與異端一樣嚴重的致命罪惡。所有這一切加總在一起，大大降低了人們對這位君主的敬重。

在國王眼中，皮爾斯·加韋斯頓是不可能犯錯的，他獲得了大量獎賞，這也讓越來越多人嫉妒和厭惡他。他在待人處事上毫無分寸可言。在慶祝加冕禮而舉辦的馬上比武中，他讓許多地位最高的貴族們摔下馬來落敗。他用尖刻的伶牙俐嘴挖苦並嘲笑貴族們。他給每個地位崇高的伯爵都起了綽號：格洛斯特伯爵是「婊子生的」（Whoreson）或「龜公的小孩」（Cuckold's Bird，譯注：諷刺格洛斯特伯爵的母親於一二九七年祕密與已故丈夫的護衛拉爾夫·德·蒙塞美爾〔Ralph de Monthermer〕結婚），林肯伯爵是「腦滿腸肥」（Broste Belly），萊斯特伯爵是「遊手好閒的騙子」（The Fiddler），而沃里克伯爵則是「阿登的黑獵犬」（Black Hound of Arden）。伯爵對此說法大聲叫嚷：「且讓他叫我獵犬吧！這頭獵犬終有一天會咬他的。」

國王與加韋斯頓的關係可以追溯到很久以前。他父親因此十分惱怒其子，氣得從他頭上拔下一大撮頭髮。愛德華二世即位後不久，伯爵們急於遏制國王日益增長的權力，他們聚集在一塊商議如何削弱其寵臣的影響力。他們同意採取行動，務必要將「在此之前種種違反國王榮譽和王權的事情」都撥亂反正。當愛德華二世加冕時，加冕誓詞中還增加了一句短語，他承諾自己會遵守「這個王國共同體所決定的正當法律和習俗」。這兩個舉動都代表了貴族的不安和對皮爾斯．加韋斯頓的不信任。

但是，愛德華二世不能沒有加韋斯頓，後者在不久後又返回國王身邊。他非常不受歡迎，以致國王開始失去那些始終效忠王室的貴族們的支持。更糟糕的是，愛德華二世未能建立起新團體來取代那些加入反對派的人。貴族於一三一一年向他提出一系列稱為《法令》（The Ordinances）的要求，其中包括流放加韋斯頓。國王拒絕接受，和他的寵臣一同前往北方。加韋斯頓在斯卡伯勒城堡（Scarborough Castle）被貴族們包圍脅迫投降，不過由於他具有國王授予的安全通行權（safe conduct），於是被帶往南方。但是加韋斯頓在途中卻遇到另一場更大的災難，他被最想致他於死的敵人沃里克伯爵所擒獲，伯爵過去曾被他謔稱為「阿登的黑獵犬」。沃里克自從被羞辱後，滿腦子想的都是復仇。他把加韋斯頓帶到沃里克城堡，伯爵們在那裡審判加韋斯頓並且將他定罪。這名寵臣在城鎮以北一英里處被處決，現場充滿了暴民般的激情和號角聲。當國王聽到這個消息時，他說：「天哪，他的所作所為像個傻瓜。如果他接受了我的建議，他將永遠不會落入伯爵的手中。」

在接下來的十年裡，伯爵們認為國王的堂兄蘭開斯特的湯瑪斯（Thomas of Lancaster），是位理想的領導人。他擁有巨大的權力，繼承了五個伯爵爵位，擁有龐大的隨從隊伍，麾下的武裝騎士絲毫不遜於國王。不幸的是，他像愛德華二世一樣懶惰、缺乏遠見和方向。貴族們在這段時間當中騎在國王頭上，後者的地位極度脆弱。他也搞砸了挽回局勢的唯一機會。他在一三一四年出兵蘇格蘭，這是自其父親出征以來最大規模的軍隊。六月二十三日和二十四日，英格蘭人在班諾克本戰役（Battle of Bannockburn）中落敗。這個沼澤地帶是蘇格蘭人刻意挑選的，英格蘭的裝甲騎士在戰鬥時因為陷入了泥沼而進退失據。愛德華二世本可以藉由勝利重振運勢，不過戰爭的失利加速了他的毀滅。

這一年同時是雨量充沛的一年，第二年的氣象仍是如此。雨從天空傾瀉而下，彷彿不會停止一般。即使種子發芽，穀物也會在成長的過程中腐爛。這意味著在軍事失利之後，英格蘭要面對隨之而來的饑荒。英格蘭國內僅存的一些糧食價格飛漲。貴族龐大的家族規模急遽縮小，導致窮人的數量更是急遽增加。由於牲口缺乏食物，疾病也從而爆發。牲口減少便意味著能耕田的牛變少，這也意味著肉類、乳酪和牛奶的減少。全英格蘭人口在這幾年當中都飽受痛苦。

在民眾受苦的這段時期中，大部分責任並未被歸咎在國王頭上，而是被歸咎於蘭開斯特的湯瑪斯和伯爵們。愛德華二世開始組織一批新的寵臣們，但是貴族們再次要求把他們趕走。當蘇格蘭人占領伯威克（Berwick）時，人們甚至認為這是伯爵的錯。彼時，愛德華二世有了一個新寵臣休・德斯潘塞（Hugh Despencer），他和加韋斯頓一樣貪婪而野心勃勃。德斯潘塞的野心是要在南威爾斯建立起巨大的莊園，而這項作為惹惱了邊境的領主們。這些領主占領了他的土地，並且要求國王流放他。然而，這一次，國王集結起部隊與貴族開戰，並且在巴勒布里奇戰役（Battle of Boroughbridge）中擊敗了由蘭開斯特的湯瑪斯領軍的貴族們。國王如今終於可以報仇，要他們為十年前對皮爾斯・加韋斯頓的所作所為付出代價。就像加韋斯頓在被處決之前被嘲笑和戲弄一樣，因此蘭開斯特的湯瑪斯也要被戲弄，被迫騎在「瘦弱的女用白馬」上，頭上戴著破爛帽子。當時是冬天，路線兩旁的人群向他扔雪球。據稱他曾向蘇格蘭敵軍求助，因此被迫朝北跪下後被處決。

這是一場規模空前的血腥殺戮即將發生的徵兆。國王聽從年輕的德斯潘塞和他父親的建議，開始了一段旨在消滅反對派的恐怖統治。二十五名貴族被處決，其他人不是淪為階下囚便是流亡。許多人被迫繳納苛刻的罰款來換取自由。一三二一年的《法令》被廢除。德斯潘塞家族現在攫取了他們所能得到的一切金錢和土地，人們被迫向他們支付毫無根據的債務。富裕的女繼承人和寡婦受到騷擾，直到她們遠離自己的莊園。德斯潘塞家族各種心血來潮所耗費的金錢都由王室支付。而反抗這種種作為的人，則令人極為意外的竟然是王后。她現在不再被視為最優雅的女士和美麗的女人，而是法國的「母狼」。愛德華二世早已拋棄了伊莎貝拉。當他意識到她的意志有多麼強悍之後，他發誓說，就算手上沒有武器，他仍會用牙齒將她碎屍萬段。

王后帶著兒子威爾斯親王愛德華離開英格蘭前往法國，接著愛德華被安排與埃諾伯爵（Count of Hainault）的女兒訂婚。伊莎貝拉獲得了許多來自英格蘭的流亡者效力，其中包括曾被判處死刑的羅傑・莫蒂默（Roger Mortimer）。莫蒂默在死刑前夕舉行的宴會上，對倫敦塔的警衛下毒並且逃脫。他成了王后的情人，並且與埃諾伯爵的一小群雇傭兵聯手，於一三二六年九月在薩福克（Suffolk）登陸。國王大失人望，他的家庭成員在此關頭紛紛遠走高飛。倫敦人歡欣鼓舞地打開城門。愛德華二世和老少兩位德斯潘塞面對這種情況嚇得驚慌失措，便逃往威爾斯。造就恐懼的人現在輪到自己要面對恐懼。老德斯潘塞在布里斯托被抓住，這次則是輪到貴族們進行復仇。他在經過審判後被絞死，並且在市民的吼叫聲中被拖去分屍。與此同時，國王和小德斯潘塞從切普斯托啟航，在格拉摩根（Glamorgan）登陸。他們的下場則更加悲慘，因為他們被蘭開斯特的湯瑪斯最年幼的弟弟亨利俘獲。德斯潘塞被帶到赫里福德，並被野蠻地處決。

國王則被帶到肯尼爾沃斯城堡（Kenilworth Castle）。他拒絕出席國會。當國會開會時，坎特伯里大主教在會議布道辭中宣布，在大貴族、神職人員和人民的同意之下，愛德華二世不再是國王。上述這些團體代表組成的代表團，被派往凱尼爾沃思（Kenilworth）通知他被罷黜了。愛德華二世因過度悲傷而暈倒，然後乞求憐憫並同意退位，條件是讓他的兒子繼承王位。

沒有人知道愛德華二世的下場為何，這仍然是英國歷史上最大的謎團之一。羅傑．莫蒂默策劃要殺死他，這件事是可以確定的，但問題是他成功了嗎？有一種說法會讓我們相信他成功了。在這個說法中，國王被刻意囚禁在骯髒的場所，最終在伯克利城堡（Berkeley Castle）被謀殺。另一個說法則相當特別，也有可能是真實的。在這個版本的故事中，愛德華殺死了看門人而成功逃脫。他先是抵達愛爾蘭，然後前往法國，在亞維農（Avignon）受教宗接見，最後在義大利成為隱士。無論他的確切命運為何，格洛斯特大教堂為他豎立起了一座輝煌的墳墓。

伊莎貝拉太后和莫蒂默（即現在的馬奇伯爵〔Earl of March〕）的勝利所代表的絕非正義戰

勝了邪惡。事實上，它意味著新一群無情和貪婪的人取代了過去那一群人。這兩個人統治了英格蘭三年，造成災難性的後果，直到另一股反對勢力出現要將他們拉下台。雖然這股勢力失敗了，不過年輕的愛德華三世最終會結束這兩個人的命運。與他的父親不同，愛德華三世善於挑選適當的合作夥伴。一三三〇年，他和友人們藉由地下隧道進入諾丁漢（Nottingham）城堡，並與太后和莫蒂默當面對峙。伊莎貝拉哀求道：「好兒子，好兒子，可憐可憐溫柔的莫蒂默吧。」但是她沒有得到任何回應。莫蒂默被帶到倫敦接受審判並被處決。太后則被迫隱退，鎮日靠著閱讀騎士故事消磨時光，最終成了方濟會修女。

愛德華三世的真正統治至此開始，但是他要面對前人留下的沉重包袱。二十五年來，這個國家一直由無能的國王統治，同時受到無能貴族的挑戰。在對外戰爭中遭受了失敗，還爆發了饑荒，以前從未出現過這麼多可怕和殘酷的血腥復仇。在這些戲劇化發展的背後，之所以引爆戰爭的真正問題是國王和貴族的關係。貴族們希望限制國王所擁有的權力以及他選擇大臣的權利，也主張要限縮國王可以隨意授予土地給任何人的權力。他們認為王室是罪惡的淵藪，充斥著只想從中撈一杯羹的狡詐和令人討厭的人物。儘管國王相當可鄙，但是他仍然可以辯護自己的權利是治理國家的一種有效手段。當時有個伯爵對他說：「國王，若是你打算摧毀貴族們，那你便是將自己的榮譽當成兒戲看待了。」他回答說：「沒有人會為我感到遺憾，也沒有人會為我對抗他們的權利而戰。」

在這些對抗發生的同時，國會的重要性也意外地逐漸提升，因為雙方都認為國會是可以讓自己看起來得到民眾支持的工具。像是愛德華一世這樣強大的國王，也會利用國會來表明全國都支持他的侵略政策。而像是愛德華二世這樣積弱不振的國王在位時，國會中的成員不再溫順地同意國王的提案，而是開始提出他們自己的方案。由於國王和貴族們都想表明他們代表了整個國家的利益，雙方都急於拉攏各郡和城鎮的代表。國王透過王家令狀召集大貴族（magnates）。郡的騎士和市鎮的議員則是根據令狀選舉產生的。大貴族的任務是為重大政策問題提供諮詢和辯論，騎士和議員們則是負責批准要支付這項政策的徵稅。蘇格蘭戰爭讓他們擁有了越來越多的權力，在他們同意徵稅之前，會運用這些權力作為獲取所需的手段。當他們回到各自的家鄉時，他們的任務便是告訴人們國會做出了哪些決定。越來越多人透過這種方式開始參與國家治理的過程。

在愛德華二世統治期間，君主政體在民眾心目中的地位降到前所未有的低點。國王愛德華二世雖然是個失敗者，但是這絲毫沒有動搖人們心中王權的神聖性，還有王權位於社會金字塔頂端地位的信念。當一個能力過人的新國王登基之後，一切都將逆轉，而王權之榮耀也將回歸。

# 15 百年戰爭

「這位愛德華國王，」編年史家尚．福拉薩（Jean Froissart）寫道，「在世上所有賢明的人中，算得上是鳳毛麟角的仁慈好人。」愛德華三世在半個多世紀的統治當中，一直是位理想的國王。他在晚年時失去他所敬愛的王后，這也使得這位國王之所以強大的各種能力都開始衰退。就像他的祖父一樣，愛德華三世擁有一切中世紀國王的必備特質。他在戰場上是勇敢的將軍，在和平時期是天生的領袖人物，慷慨大方、富有魅力和幽默感，這使所有跟他接觸過的人無不喜愛他。愛德華立志讓自己成為騎士精神的典範，戮力親身實踐亞瑟王及其宮廷的豐功偉績（當時流行的傳奇中記載了亞瑟王的種種事蹟）。事實上，他把溫莎城堡變成了他的卡美洛（Camelot，譯注：卡美洛是亞瑟王傳說中的宮廷和城堡，這座金碧輝煌的城堡是亞瑟王朝處於黃金時代的標誌，也是其政治權力中心）。這裡是騎士精神的避風港，騎士們從歐洲各地蜂擁而來向他的美名致敬。這位統治者是許多建築師、畫家、音樂家的有力贊助者，因此在這個時代，人們日常生活中充滿著華麗與輝煌。在愛德華三世統治下，王冠恢復了曾經消失的光澤。

愛德華三世於一三二八年與埃努的菲莉琶（Philippa of Hainault）結婚，她在接下來的四十年一直站在他的身邊，發揮了讓他安定的影響力，抑制住金雀花家族惡名昭彰的狂怒。就像她在加萊被圍困時，為了此地好公民的性命出面求情一樣。她為國王生下了不少於十二個日後平安長大的孩子，領導著一個既團結又幸福因而格外獨特的王室家庭。

與前幾任國王不同，國王的兒子們都沒有在他暮年時密謀或反叛他。這充分反映了此人的性格，也正是此種性格使他在人民中廣受歡迎。福拉薩所記錄下的一則軼事也捕捉住國王這種個性，這則軼事描述了他在海戰開打前不久在船上的情況：

……國王站在他的船頭，穿著一件黑天鵝絨上衣，頭上戴著一頂黑海狸皮帽；而他當時……看起來一如往常地快樂。他讓吟遊詩人在他面前用小號吹奏一種日耳曼舞曲，這是在場的約翰．錢多斯勛爵（Lord John Chandos）最近引進的。然後，他要這位騎士和吟遊詩人一起唱歌作為消遣活動，國王因此而樂不可支。當國王就這樣自得其樂的同時……守衛叫道：「喝！我看到一艘船駛來，我認為是西班牙的船！然後吟遊詩人們便安靜了下來……

當敵人的艦隊出現時，國王要了一杯酒喝，「然後他戴上頭盔，其餘的人也照做了」。英格蘭人隨後贏得大勝。

愛德華三世的統治時期引人注目之處在於，雖然面臨了一場大規模戰爭和被稱為黑死病的瘟疫，它的政治和社會仍然保持穩定。與其父親不同，愛德華三世在國內之所以取得成功，是因為他理解以下兩點的重要性：首先是要妥善運用贊助權來保持貴族忠誠，其次是要讓貴族忠誠並且滿意自己的統治。

他創建了新的伯爵，授予他們土地，甚至將一些女兒嫁給貴族，從而進一步建立了忠誠於王室的聯繫網絡。不過，將王室與貴族緊緊地綁在一塊的關鍵則是與法國的「百年戰爭」（Hundred Years War），事實上，這場戰爭共持續了一百一十五年。

這場戰爭的原因十分複雜。一三二八年，瓦盧瓦（Valois）這個新王朝繼承了法國王室。法國王位只能由男性繼承，而女性無權繼承，這就是所謂的薩利克法（Salic Law）。英格蘭的情況則非如此，因為英格蘭的婦女可以繼承王位。假設法國的情況也可以讓婦女繼承王位的話，那麼愛德華三世將因為他母親伊莎貝拉的血緣，在法國國王的繼承順位資格上更優先於瓦盧瓦王朝的第一位國王腓力六世（Philip VI）。不過，愛德華三世最初未去深究自己的繼承權，並且確實因其在法國的領地而向法國這位新國王宣誓效忠。

然而，隨著時間的推移，兩國關係開始急遽惡化。它們在邊界、法律糾紛和商業競爭等問題上發生爭執。其中最重要的是在尼德蘭爆發的衝突，因為這對英格蘭的羊毛貿易至關重要。法國和英格蘭的船隻在英吉利海峽上交戰。此外，蘇格蘭與法國的結盟關係則意味著法國可以從英格蘭的後門長驅直入。此外，愛德華三世希望能夠繼承戰士祖父的衣缽。於是，讓一場大衝突引爆的所有因素皆已就位。

據說國王在參加一次盛大的宴會時，一隻蒼鷺（heron）被擺在他面前。這隻鳥是被刻意挑選出來的，因為這是所有鳥類中最膽小的一種。這道菜在宴會主人眼中很適合愛德華三世，因為他從未去力爭自己的合法繼承權。此後不久，愛德華三世便開始主張自己擁有法國王位的繼承權，而且他在一三四〇年公開宣稱自己擁有法國國王的頭銜，在他的紋章上刻上了法國百合花，這個紋章一直被保存到今天。因此，這場戰爭不同於先前所有的戰爭，因為它不再是附庸對抗最高領主，而是真正的國王在對抗篡位者。

英格蘭對於這場戰爭投入了宛如十字軍東征般的熱情。上帝被認為是勝利者的最終審判者，這一點反映在兩位國王一再向對方提出的決鬥挑戰上。雖然兩人的決鬥從未發生過，但是兩人在每一場戰役和戰鬥中總是穿著全副騎士武裝。愛德華三世充分發揮了自己的作用，率領他的軍隊進入戰鬥，並在開戰前夕發表講話以團結軍心。他的兒子，伍德斯托克的愛德華（Edward of Woodstock）甚至比他的父親更負盛名，他可能因為黑色盔甲而被稱為「黑太子」（Black Prince），而且被譽為「全世界騎士精神之花」。他十六歲的時候就已經率領部分英格蘭軍隊參加戰鬥。

這場戰爭將各階級都團結起來支持國王。貴族和騎士們身體力行騎士理想，他們向女士們發誓，在他們完成在沙場上的壯舉以前，他們不會去考慮其他未來的事情。即使在和平時期，愛德華三世也透過舉辦盛大的馬上比武來集結他的騎士，藉此提供舞台，讓年輕騎士們學習如何戰鬥以及遵守騎士規則。他重建了溫莎城堡，作為他舉辦盛大騎士節日的場地。一三四八年，他創立了一個特別的兄弟會（或修會）嘉德騎士團（The Knights of the Garter），其座右銘質問了任何膽敢反對英格蘭擁有法國王冠正當繼承權的人：「心懷邪念者蒙羞。」（Honi soit qui mal y pense.）

對於貴族和騎士來說，戰爭不僅是實踐自己的職責，而且讓他們獲利頗豐。英格蘭軍隊每次獲勝，都能夠收到換取俘虜法國騎士之巨額贖金，金額大到可以支付建造整座城堡的費用。不僅如此，普通士兵、披甲戰士（men-at-arms）和弓箭手都可以分到為數頗豐的贖金。沃爾辛厄姆

（Walsingham）的編年史家寫道：「大多數婦女都擁有來自卡昂、加萊和其他海外城鎮的東西：服裝、皮草、床罩和餐具。在英格蘭的家家戶戶都可以看到桌布和亞麻布，木頭碗和銀碗。更重要的是，這些人的收入和裝備都比過去任何時代都好。英格蘭精英弓箭兵現在因妥善部署而發揮了毀滅性破壞力，他們的箭雨現在是從兩側朝敵人傾瀉而下。盔甲也有長足發展，騎士們因此得到了前所未有的優良保護。大砲也是在這時期出現，這預示著火藥時代的到來。最重要的是，對蘇格蘭人的戰爭使英格蘭人學到了豐富的戰術知識，特別是掠奪式突襲的優點。這種突襲會摧毀整個村莊，讓農地完全荒蕪，並且屠殺其上的居民。對法國為期數十年的戰爭受到社會各階層的集體支持，因為國王同時是位公共關係大師，他透過國會演講辭、教區講壇的布道辭以及新聞的傳播，向人民分享他的追求以及戰爭勝利的正當性。

英格蘭在二十多年之間贏得了一次又一次的勝利。法國艦隊於一三三九年在斯勒伊斯（Sluys）被擊潰。國王既發揮了將軍的謀略，又發揮了弓箭手的實戰能力，帶領軍隊在七年後的克雷西（Crécy）戰役取得了日後更廣為後世所知的勝利。隨後，加萊港被英格蘭圍困並且投降，這個港口在隨後兩個世紀落入了英格蘭之版圖。愛德華三世撤離了飢餓的市民，並在他們離開時給了他們豐盛的一餐，接著讓英格蘭人移居這座城鎮。十年後，普瓦捷（Poitiers）戰役爆發，這是另一場傳奇戰役，年輕的黑太子成為英雄，法國國王被俘。太子在餐桌上招待他的國王俘虜，這是當時騎士精神的清楚展現，法國國王被帶到英格蘭，並且在進入倫敦時受到拋撒金色葉子的歡迎。他被關進倫敦塔中的豪華囚房之中。

英格蘭在戰爭中的輝煌階段於一三六〇年結束，雙方簽訂了和平協定，法國為其國王支付了三百萬英鎊的巨額贖金。英格蘭人現在獲得了加萊，這擴大了他們在法國擁有的版圖，而且對這些領土擁有完全的主權。戰爭在一三七〇年代再次爆發，但是過去那種成功再也不會出現了。愛德華三世在此時已經衰老，而黑太子也病了，他將比他父親還先離開人世。瓦盧瓦王朝的國王們精明地避免戰鬥並且逐漸重建自己的力量，而英格蘭人對待法國人民的各種野蠻行為，對於愛德華三世獲得群眾支持更是毫無幫助。愛德華三世完全無心給予其統治的法國人司法正義以及良好政府。這場戰爭對他的意義在於背後的龐大利益，他完全不想追求亨利二世時代的歐陸帝國。

在這些勝仗的輝煌和壯觀的背後，隱藏著高利貸商人的身影。國王破產了兩次。他要支付士兵薪餉，他們的薪水曾經高達一般工資的兩倍，還有運輸和食物的費用。此外，他要給予派遣軍隊的海外盟友巨額財政補貼。愛德華三世於是陷入義大利高利貸商人之擺布，而這些商人自己最終也破產了，他轉而尋找英格蘭商人。國會不斷地被要求提撥資金，因此對財政的控制權越來越嚴格。儘管國會對戰爭的支出有諸多批評與敵意，愛德華三世總能安然度過。

隨著國王進入暮年，批評變得更加尖銳。當他的王后於一三六九年去世時，限制他的種種約束就此消失。愛德華三世變得越來越懶惰，並且被他貪婪的情婦愛麗絲・佩爾勒斯（Alice Perrers）的意見給左右；即便只是一分錢，佩爾勒斯這個女人也會千方百計拿到手。在史密斯菲爾德（Smithfeld）舉行的一場盛大騎士比武中，她以太陽女神的裝扮出現，並且戴著已故王后的珠寶。據說，當愛德華三世躺在病床上奄奄一息時，她把他手指上的戒指扯了下來，接著便消失無蹤了。

愛德華三世於六十五歲去世，被安葬在西敏寺。在他的墓上，我們會看到他的青銅雕像，其形象不是那位年輕金髮騎士，而是貌似有著飄逸長髮和鬍鬚的舊約先知。愛德華深愛的王后菲莉琵就躺在他身旁，他十二個孩子的墓地則環繞著兩人之墓。這些孩子以及其後代將帶領金雀花家族走向毀滅。愛德華三世的統治在他死後不久便被視為一個黃金時代，中世紀晚期的君主政體的聲望和成就在此時雙雙達到了頂峰。

# 16 黑死病

黑死病是英格蘭前所未有的可怕經歷。羅切斯特（Rochester）的一位修士丹恩的威廉（William of Dene），記錄了他在肯特郡的經歷：

我們感到極為悲痛，瘟疫奪去了許多男女老少的性命，嚴重到沒有人可以將屍體運往墳墓。男人和女人背著自己的孩子到教堂，把他們扔到公共屍坑中。可怕的惡臭從這些坑中發出，幾乎沒有人敢經過墓地。

羅切斯特主教的小家庭死了很多人，「他身旁沒有一位倖存下來的人可以幫助他」；共有四名牧師、五名鄉紳、十名隨從、七名年輕神職人員和六名侍從死亡。全國各地的情況或多或少都與此相同，因為瘟疫奪去了全國四分之一到三分之一的人口。

對於當時的人們來說，這件事情只可能有一個原因：上帝對他們罪惡的審判。全歐洲都觀察到了關於即將降臨之災難的超自然警告。占星家們仔細觀察天空以尋找厄運的徵兆，他們得到的答案是極惡的凶兆。在一三四五年三月二十日，多個星球將彼此相會：土星、木星和火星都將進入黃道帶的水瓶座宮，土星和木星意味著死亡和毀滅，火星、木星與水瓶座在一起則預示著瘟疫將藉由空氣傳播。人們相信，這種疾病透過空氣傳播，像霧或雲一樣從東方天空飄來，接著神祕地下降並吞噬整個城市或整個地區。

當瘟疫在一三四八年到來時，沒有人知道這是怎麼一回事。所有人都被其擴散以及致人於死的速度給嚇壞了。據說，人們只瞥了受害者一眼就倒地而死。人們很快地便熟悉了瘟疫所造成的各種症狀：腹股溝、腋窩或頸部會出現蘋果大小的癤，然後疾病迅速蔓延到身體其他部位，皮膚上隨之出現黑斑。那些吐血的人會在三天內死亡，其餘的在五天內死亡。它在拉丁語中被稱為「pestis atra」或「atra mors」，翻譯成英語的意思是「令人恐懼」、「糟糕的」或「黑色的」瘟疫或死亡。

今天我們知道，這幾乎毫無疑問是鼠疫，一種通常在世界偏遠地區發現的傳染性疾病，如西阿拉伯或北印度。不過，這種疾病可能會而且在歷史上確實不時溢出這塊區域，並且向西傳播。十四世紀中葉正是這種溢出發生的時間點，以英格蘭為例，一直要到一六六五年倫敦大瘟疫之後，這種鼠疫才最終遠離英格蘭。它其實不是由神祕的雲霧帶來的，而是黑鼠帶來的。牠們身上有帶著有病菌的跳蚤，沿著貿易路線從東方穿過巴格達、亞美尼亞和克里米亞，然後乘船穿過地中海進入英格蘭港口，再從那裡流竄往全國各地。鼠疫不僅會造成淋巴結腫脹，還有另外兩種可怕的形式，一種是肺部受到攻擊，導致吐血；另一種讓血液在幾小時內便受到致命感染。這三種形式都是致命的。這些病徵都令人不快，讓人變得骯髒、難看與可憎，每個接觸到受害者的人都感到恐懼和驚慌。瘟疫在歐陸國家引發了大規模的歇斯底里，人們祈求上天結束這些恐怖。

在英格蘭沒有發生如此戲劇性的事件，但是疾病造成的後果一樣悲慘。瘟疫最初似乎是在一三四八年六月底通過多塞特郡（Dorset）的梅爾科姆雷吉斯（Melcombe Regis）港來到英格蘭的。起初傳播緩慢，但到了七月底和八月，它在英格蘭西部迅速蔓延，襲擊了埃克塞特和布里斯托兩個城市。然後它向泰晤士河谷移動，並於隔年三月抵達。到了七月瘟疫開始向北傳播，與此同時它也已經開始由其他港口進入英格蘭。那些認為關上大門就能保持不被感染的城鎮是錯誤的，因為黑鼠是藉由溝渠和下水道進入的。

瘟疫在首都倫敦造成的災難規模遠勝於其他地方。在城牆外為埋葬死者而新建的兩座巨大墓地中，其中一座上頭刻著這樣的銘文：「在我們主後一三四九年，一場大瘟疫肆虐，這座教堂墓地被定為聖地；其中……埋葬了五萬多具屍體……願上帝憐憫他們的靈魂。阿門。」真實的數字應該是這數字的一半，但是不應該責怪他們誇大了數字，因為他們被每天都堆滿屍體的長長車隊嚇壞了。倫敦是適合瘟疫發展的溫床，這座城市十分擁擠，每個人吃飯和睡覺都擠在一起。狹窄的巷子總是泥濘不堪，衛生條件也很簡陋，垃圾和髒水幾乎全部倒入泰晤士河中。

無論是富人、窮人、神職人員或平民，無人能倖免於瘟疫。事實上，神職人員遭受了嚴重的痛苦，因為他們要替病人和垂死者主持儀式，因此他們有更高的機率被感染。但是當時人們的觀點並非如此。窮人認為富人可以輕易度過難關，因為富人可以將家門一關，逃去他們認為這個國家仍然安全的地方。人們心目中的神父不是那些勇敢地留在後方的人，而是那些拋棄教眾逃跑的人。正如一位神職人員所寫的：「在這場瘟疫中，許多神父和雇傭來的教區神父若沒有被支付極高額的報酬，就不會去任職。」但是鼠疫在全國各地的影響不盡相同，有些地區狀況尚稱理想，有些地區則非常糟糕。

一三四九年不是瘟疫肆虐的唯一一年，黑死病肆虐於整個十四世紀晚期，它一次又一次地侵襲奪取人命。它於十多年後的一三六一年再次來襲，這一次被稱為「嬰兒之夭折」（mortality of infants），因為死亡的大多數是兒童和嬰兒。它在一三六九年和一三七五年又再次爆發。每當這種情況發生時，人口就會減少，耕地面積也會縮減。與此同時，少數沒有受到瘟疫影響的人則開始主張，自己的勞動要收取更高的費用，工資因此上漲了。由於勞動力高度稀少，牲畜有時會在未曾耕種的土地上徘徊，而且農作物在收成期會因為無人收割而枯萎。亨利・奈頓（Henry Knighton）的編年史是關於這場傳染病最完整的當時描述，其生動地描繪了英格蘭在瘟疫爆發後的情景：

> 瘟疫爆發後，由於缺乏居民，所有城市、城鎮和行政區中的許多建築物，無分大小皆淪為廢墟。許多小村莊與農村也同樣變得荒涼，不再有家庭居住其中，因為所有居民都死了，許多這樣的小村莊似乎永遠都不會再有人居住了。

然而，教會承受的損失可能是最大的。不僅許多神職人員的行為讓教會失去了人們的敬重，而且幾乎有一半的神職人員死亡。許多在匆忙中被任命填補空缺的人缺乏真正的使命感，教會也因此名譽掃地。因此，牛津和劍橋大學都建立了培訓神職人員的學院，希望藉此來滿足具備高尚品格人員的龐大需求。溫徹斯特主教威克漢姆的威廉（William of Wykeham）於一三八〇年在牛津創立了新學院（New College），並且在這座城市最大的鼠疫屍坑上頭建了一座花園。

黑死病在人們的精神上帶來了危機感，但是當時的教會無法妥善地處理這個問題。在一四〇〇年之前的幾十年當中，死亡形象在世界上舞動活躍，讓人產生深切不安以及極深的陰鬱，它四處索討受害者的性命：包括主教和修道院院長、教區牧師和僧侶、貴族和騎士、商人和工匠、自由人或隸農、富人和窮人、年輕人和老年人。死神那威風凜凜的大鐮刀在所有人頭上盤旋著，隨時準備下手。

即使這個時代的人們將嬰兒夭折和四十歲前死亡視為常態，瘟疫的突然爆發仍然像是將死後審判直接搬到了眼前。在那個年代，人們在教區教堂的聖壇拱門周圍畫上了被稱為「末日」（Doom）的場景，那是可怕的最後審判，人們在世間做出的善惡舉動都將在此接受審判。天使會將那些在人世時行善的人聚集在一塊，接著帶他們上天堂；那些犯了罪的人則會被魔鬼的爪子抓住，被拋進永恆的折磨之中。黑死病便預示著審判的日子確實已經來臨。

# 17 大起義

當亞當在挖土，夏娃在織布時
那時候有鄉紳的存在嗎？

這是祭司約翰・鮑爾（John Ball）向聚集在倫敦郊外的數千名農民布道時所說的對句。他所談論的內容是一場社會革命：「世界之初人人平等，人與人之間的奴役是由邪惡之人的不公正交易（unjust dealings）造成的。因為如果上帝原本打算讓一些人成為奴僕，而另一些人成為主人，祂在一開始就會將他們區分開來。」

在英格蘭的歷史上，社會底層和最貧困的階層從未像這樣起義過。這場起義威脅了中世紀世界認為是上帝所制定的秩序。這個秩序是以金字塔形下降的結構，國王在金字塔的頂端，其下分別是貴族、騎士、鄉紳、市民和自由人。然而，所有這些人都在國會中有代表，他們的聲音可以讓王國政府聽到。在他們下面的是廣大的人民，其成員為沒有發言權的貧窮農奴和勞動者。在一三八一年夏天的幾個月當中，這個下層階級幾乎成功地推翻了統治政權，當時統治階級陷入震驚而手足無措。

叛亂發生在新國王理查二世統治四年之後。理查二世是黑太子的兒子，也是愛德華三世的孫子。他於一三七七年登基時只有十歲，因此許多人引用了《聖經》經文：「邦國啊，你的王若是孩童……你就有禍了！」

理查二世身材高大，五官精緻，有一頭波浪鬈髮和藍色的眼睛。他的一舉一動都深具王者之風，他在加冕典禮的演出宛如一場奇觀，目的是要使每個人都感受到受膏君王的聖潔。不過，真正的權力多年來實際上是掌握在貴族權貴以及他母親肯特的瓊（Joan of Kent）的手中，後者在年輕時被稱為「肯特的美麗少女」。他們所追求的政策是發動毀滅法國的戰爭。

大起義（The Great Revolt）的引爆點便是要繼續對法戰爭所需的經費。一三八〇年，國會對全國所有成年人徵收所謂的人頭稅（poll tax），金額是一先令。當時像馬車夫、農夫和牧羊人這樣的人一年只能掙十三先令四便士，一位男性和他的家庭每月平均工資只有一先令。人頭稅是國會議員貪婪和自私的象徵，因為他們刻意要讓那些沒有投票權的人負擔這筆稅。等到要收稅的時候，許多人紛紛躲避不繳稅。一三八一年春天，由於這樣的財政缺口過大，政府官員被派往各郡強制執行收稅，引發民眾公然造反。這項人頭稅是引爆幾十年所累積之不滿的導火線。

沒有任何一本編年史是從革命者的角度告訴我們這次起義的經過。革命者是文盲，經常連話都說不清楚，他們的命運只能用悲慘來形容。隸農們過的生活只稍微比牲畜好一點而已，他們被束縛在領主的莊園上，所擁有的是分散在幾塊大土地上的狹長土地，和動物、家禽一起住在木架土屋裡。家中的地板是泥土，而且沒有煙囪。他們從早到晚在田間勞作，其中有三天在領主的土地上做工、牧羊剪毛、養豬與撒種收割。他們無法擺脫莊園領主，因為穀物一定要在他的磨房中碾磨，而麵粉若要製作成麵包就勢必要拿到麵包房。有些磨坊主和麵包師並不會公平地對待他們。農奴沒有領主的允許甚至不准結婚，當他死後，領主會拿走他最好的牲畜。

第二好的牲畜則會被教會拿走。實際上，隸農生產的任何東西，有十分之一都會被神職人員沒收，這便是所謂的什一稅。這包括他在田間與在菜園的所有農作物，其中還包括了蜂蜜、牛奶和柴火。英格蘭的隸農與奴隸除了名稱不同，實質上並沒有分別。

但是由於黑死病的影響，情況在十四世紀末發生了變化。隨著人口急遽下降，勞動力變得昂貴，而日益富裕的隸農有時能買到自身的自由。然而，大多數隸農都遭到拒絕，這讓他們極為痛苦與沮喪。一三五一年頒布的《勞工法令》（Statute of Labourers）更加劇了這種挫敗感，該法令規定工資必須與瘟疫爆發前持平。任何農奴若是被發現得到較高或較低的報酬，又或者是離開領主的莊園到別處得到更好的待遇，都將受到罰款、監禁、上枷或示眾的懲罰。他們沒有任何權利。凍結工資的做法不僅在鄉村引起了痛苦，在城鎮中也影響了工薪階層的工匠、織布工、瓷磚工和裁縫等等。這種情況便是雇主與受雇者的對抗。

教會是在所有領主中最保守固執的一群人。無怪乎當一些神父在講壇上譴責神職人員的罪惡時，普通百姓無不聚精會神地聽他們講道。這種講道大多是來自於約翰．威克里夫（John Wycliffe）的追隨者，他們又被稱為羅拉德派（Lollards）。他們主張教會的角色是屬靈的，而不應該是屬世的，大起義的特別之處在於它的速度和突發性，這證明了背後有一個共同運作的大規模網絡。五月的最後一天，肯特郡和埃塞克斯郡同時發生了造反。在肯特郡，農民們發起猛攻，占領了羅切斯特城堡，後來又占領了坎特伯里。在埃塞克斯郡，他們占領了科爾切斯特、布倫特伍德（Brentwood）和切姆斯福德（Chelmsford）。不滿的群眾聚集了成千上萬，不久他們當中便出現了領導人：埃塞克斯的傑克・斯特勞（Jack Straw）和肯特的瓦特・泰勒（Wat Tyler）。他們每到一個地方就釋放該地的囚犯，但是他們最重要的作為是燒毀文件：法庭紀錄和稅單，任何記錄農奴制的文件。地主們被抓起來，被迫給予他們的隸農自由特許狀。人們被要求對「理查國王和真正的下議院」發誓效忠，他們並不責怪國王，而是責怪他的邪惡大臣。

到六月十二日，這兩群人都聚集在倫敦，埃塞克斯人在麥爾安德（Mile End），肯特人在布萊克西斯（Blackheath），他們洗劫了南華克（Southwark）和坎特伯里大主教的蘭貝斯宮（Palace of Lambeth），政府驚慌失措卻也無力反擊。當時軍隊位於普利茅斯（Plymouth），而且即將前往法國，國王和他的母親於是躲進了倫敦塔避難。理查二世只有十四歲，但他同意在泰晤士河畔與瓦特・泰勒見面。六月十三日，他和他的顧問乘坐駁船前往格林威治。國王對叛亂者喊道：「先生們，你們要對我說什麼？告訴我，我來這裡跟你們說話。」反叛者大聲呼喊要求他們靠岸，但是國王身旁的侍從們都嚇傻了，他們下令將駁船調頭划回塔樓。

叛亂分子透過城內叛變者的接應進入了倫敦城，城中有許多支持者。接著便發生一些可怕的事情。他們憎恨國王的叔叔岡特的約翰（John of Gaunt），約翰在薩伏伊的豪華宮殿因此被洗劫一空，並且付之一炬。接下來，他們轉向了律師學院（Inns of Court）的聖殿，那裡是同樣被憎惡的律師們的所在地，一樣也被掠奪了。暴民接著往倫敦塔前進，威脅要殺死塔中的每個人，除非國王出來與他們會面。諮議會當中意見分歧，但是許多人主張先給予叛亂分子他們所要求的一切（這也是後來的實際發展），等到一段時間後再將承諾撤銷，理由是承諾乃迫於叛亂分子的暴力威脅。年少國王同意在城外的麥爾安德舉行會議，這樣的場面需要這位國王展現出非凡的勇氣。

據記載，六月十四日，理查二世像是「狼群中的一隻羔羊」，騎馬前去面對六萬名農民，他身旁只有為數不多的貴族陪伴。他無所畏懼，勇敢地騎著馬來到他們陣營之中，高聲說道：「善良的人們，我是你們的主人和國王。你們有什麼話要對我說？」他們請求取消隸農制（villeinage）：「如此一來，我們就再也不會被稱為農奴和奴隸了。」國王同意用每英畝四便士的年租金來代替他們從前提供給領主的服務性工作，他還下令三十名書記為叛軍起草赦免令。然後他們開始四散回家，國王和他的侍從們啟程返回倫敦塔。

在他離開的時候，倫敦塔發生了無數的恐怖事情，因為有人愚蠢地將吊橋放下。暴民入侵了宮殿，抓住了大主教和其他人並處死他們。肯特的瓊被暴民抬到王后掌袍部（Queen's Wardrobe），這是聖保羅教堂附近的一間儲藏室，國王後來也被送來跟他母親關在一起。接著倫敦便陷入無政府狀態。

第二次會議安排在史密斯菲爾德（Smithfield）的廣場舉行，國王和他的侍從們這次因為害怕發生衝突，在衣服下穿戴著鋼片。國王首先要求倫敦市長威廉・沃爾沃斯（William Walworth）傳喚瓦特・泰勒。泰勒走上前來，但是絲毫不對國王表達敬意，國王問道：「你為什麼不回家呢？」隨後他提出了另一組條件，其中包括完全廢除隸農制和沒收所有教會財產，國王都完全同意。然後，國王隊伍中的一名成員突然譴責泰勒是肯特郡最臭名昭著的小偷。泰勒試圖刺傷那個人，理查二世接著命令沃爾沃斯逮捕泰勒，混戰隨之爆發。沃爾沃斯因為受鎖子甲保護而未被泰勒傷害，而一位鄉紳則用劍刺穿泰勒，殺死了他。

可怕的時刻隨之而來。叛軍對著王室成員拉開了弓，但國王朝著他們走來，並說：「先生們，你們要射殺你們的國王嗎？我將成為你們的首領和隊長，你將可以從我身上得到你們所要的。只要你們跟著我去外面的戰場。」叛軍因此便接受國王率領朝克萊肯維爾（Clerkenwell）進發。與此同時，沃爾沃斯回到城裡，迅速召集了七千名士兵，朝國王和叛軍所去的地方挺進，並且將泰勒的頭串在長矛上頭。然而，理查二世不同意屠殺叛亂分子，下令讓他們離去，叛亂分子對國王的寬大處理深表感激。然後，他們一窩蜂地往農村跑去。國王回到掌袍部時，母親已經含著淚等著迎接他。史家福拉薩這麼記錄下她說的話：「啊！親愛的兒，我今天為你承受了多大的痛苦啊！」國王回答道：「的確，我很清楚。現在你們要歡喜，要讚美神，因為我今日得回我所失的物業和英格蘭領土。」這便是又稱為波爾多的理查（Richard of Bordeaux）的理查二世所具備的英勇氣魄。

但叛亂並非就此結束。全國各地的叛亂都還需要被鎮壓。在倫敦的叛軍，包括他們的領導人傑克．斯特勞在內，都被沃爾沃斯圍捕並處決。在鄉村地區，他們被獵殺、絞死與分屍。國王的新首席法官恫嚇陪審團，要他們判處叛亂者死刑或監禁。但是這種處分在那個時代並不算過分殘忍。大起義失敗了，因為隸農制仍然繼續在運作。這個制度要到下一個世紀才慢慢消亡。統治階級深刻地學到了一課：永遠不要將富人的稅負不公平地轉移到窮人頭上。

# 18 理查二世的命運

理查二世被稱為最後一位中世紀國王，也是最複雜難解的一位國王。他的宮廷樹立起了品味和華麗的新標準。他的王家廚師寫了第一本英語烹飪書《烹飪之法》（*The Forme of Cury*），書名來自拉丁語的「curare」，意思是裝點食物。國王在肯寧頓（Kennington）、希恩（Sheen）和埃爾特姆（Eltham）的宮殿是那個時代的奇觀，這幾座宮殿中有各式奢侈品，在希恩宮殿中甚至有裝設巨大青銅水龍頭的浴室，並能提供熱水和冷水。理查二世是建築、雕塑、書籍、音樂和繪畫的鑑賞家，他喜歡華麗的衣服、刺繡和珠寶。他甚至發明了手帕。人們提供他特殊的織物，讓他可以在上面擤鼻子。直至這個時代以前，從來沒有人會操心這種事情。但以上這一切並不意味著他將成為成功的國王。

理查二世為了統治，需要一些最強大的領主支持他。他的祖父愛德華三世為了與法國作戰，允許各領主招募私人軍隊。即使在和平時期，他們也繼續保留著這些私人部隊。英格蘭由幾個大家族統治，如費茲艾倫家族（FitzAlans）、莫布雷家族（Mowbrays）、比徹姆家族（Beauchamps）、斯塔福德家族（Staffords）、珀西家族（Percys）和內維爾家族（Nevilles），他們擁有大片的土地、城堡和莊園，形成了眾多的國中之國。國王的叔叔們，即愛德華三世的兒子們，則更具權勢，尤其是蘭開斯特公爵岡特的約翰。他傲慢自大，但同時具備巨大的精力和野心。透過他的第二任妻子，岡特的約翰企圖爭奪卡斯提爾的王位。理查二世總是對他的叔叔保持懷疑，但作為國王，他別無選擇，總是必須跟貴族中的某個群體合作。與此同時，他試圖打造出一批完全聽從國王的人；這引起了貴族們和國會的不滿，後者在很大程度上是由前者所控制的。國會只在國王召集時方能開議，而國王往往只有在需要錢時才會這麼做。徵稅從來就不受歡迎，而且下議院受到一些貴族的慫恿，利用國會來批評國王和他的宮廷。每當貴族們看到國王越來越獨立於他們，他們就會開始消滅他的追隨者，將他們流放或處死。理查二世的悲劇在於他孤身一人。

國王因為擔任和事佬而與大貴族們分道揚鑣。他意識到愛德華三世留下來的與法國之長期戰爭正在毀滅這個國家。大領主們總是迫切要求重新發動戰爭，因為他們可以透過掠奪和索取贖金來獲利。理查二世想要追求和平，但是也因此被視為不符合人們心目中國王應有的形象：勇敢的騎士和戰場上的國家領袖。在這一點上，他比不上其父親黑太子，偏偏後者又被視為是國王應該追隨的理想。相反，國王雖然無所畏懼，但身體並不強壯，只參加過一次馬上比武這個宮廷生活的核心活動。他認為國王的正當性並不在於領導軍隊，而是在於他在加冕典禮上受膏，從此跟普通人民分離開來，成為了上帝的揀選。他的宮廷禮儀強調了這一點，一段記錄他統治末期的文字這麼寫道：

> ……在莊嚴的日子和盛大的宴會上，他戴上王冠參加王室活動……他在自己的房間裡建造了

一個寶座，從飯後一直到晚上，他都習慣坐在上面不跟任何人說話，而是俯視著所有人；如果他注視著某個人，那麼這個人無論屬於什麼階層都必須跪下。

而且跪下的次數不是一次而是三次。理查二世終其一生堅持所謂的王室特權（royal prerogative），亦即讓他凌駕於所有人之上的那些權利。

理查二世這個人很聰明，有教養並且忠於朋友。像金雀花家族的所有成員一樣，他也會突然發怒，而且隨著年齡增長，他變得越來越神經質。他從不遺忘也從不原諒，他會將仇恨藏在心中，直到機會出現一舉報復。他忠誠於他的王后波希米亞的安妮（Anne of Bohemia），兩人於一三八二年結婚。她性情溫和，並且跟理查二世一樣對生活中的優雅興味盎然。兩人沒有子嗣對政局穩定不利，因為繼承權總是令人存有懸念。當她於一三九四年去世時，他的第二任妻子法國的伊莎貝拉（Isabella of France）只有八歲，他也相當愛她。

在大起義失敗後，國王從即位初期就開始試圖組建自己的親信顧問群，比如他的導師西蒙・伯利爵士（Sir Simon Burley）和牛津伯爵羅伯特・德・維爾（Robert de Vere, Earl of Oxford），這兩人都和國王一樣熱愛藝術。長久以來，伯利被認為是影響理查二世追求崇高王權理念最重要的人之一。理查二世成功推行了他的和平政策，與法國和蘇格蘭都達成了停戰協議。被排除在國王內部圈子之外的那些人自然而然地逐漸形成了反對派。一三八五年，國王的叔叔之一，惡毒和懷抱報復心的格洛斯特公爵，聯合沃里克伯爵及阿倫德爾伯爵，一齊利用國會來攻擊國王，並要求他的大臣們被撤職。他的回答是：「我不會聽從國會的指揮，就算是最卑微的僕人我也不會撤職。」格洛斯特則是提醒他的侄子可能會跟愛德華二世有一樣的可怕遭遇，年輕的國王因此才被迫屈服。他的朋友和顧問不是被解雇就是被監禁，國會隨後任命其他人代替他們。

但是國王明白自己的王室特權在投降時遭到了侵犯，於是向法官求助，法官也同意了。結果，到年底時雙方兵戎相見。理查二世的朋友羅伯特・德・維爾所領導的王家軍隊被擊敗，羅伯特被迫逃往法國。勝利者們，現在被稱為上議院上訴人（The Lords Appellant），透過所謂的無情國會（The Merciless Parliament）進行報復。國王的顧問一個接一個未經審判就被判有罪，他們被殘酷地處決或流放，王后甚至跪在阿倫德爾伯爵面前乞求放過她丈夫的老導師西蒙・伯利一命，但他仍被無情地處死了。國王最喜愛和信任的人在一次大規模屠殺中幾乎全部喪生。

理查二世永遠無法淡忘這樣的血海深仇，他開始策劃報復大業，並且耗費了十多年的時間來成功復仇。他在上述屠殺後的一年首先採用一個單純的方式來扭轉局面：詢問上議院上訴人他的歲數。格洛斯特回答說他已經二十歲了。於是國王說：「我已經成年，可以管理我自己、我的家和我的王國了……」因此，他解除了格洛斯特的職務，自己掌管政府，任命了自己屬意的官員和顧問。他與法國再次締結和約，接著他把注意力轉向愛爾蘭，花了八個月的時間與愛爾蘭首領們會面，並且命令那些擁有愛爾蘭莊園的英格蘭人將莊園歸還給他們。過去鮮少有英格蘭國王對愛爾蘭的利益採取如此開明的態度。

與此同時，格洛斯特和他的盟友密謀推翻理查二世，但是他們的計謀失敗，並且被逮捕。國會於一三九七年十二月召開，不過這一次參與的貴族對國王充滿著恐懼，因為國王率領著效忠自己的弓箭手軍隊包圍了國會，這些部隊皆佩戴著國王的白鹿徽章。格洛斯特早先已被帶到加萊城堡，並且在那裡被殺害。他被追加判處叛國罪。接著是是阿倫德爾和沃里克。阿倫德爾被判處死刑，而且他在塔丘（Tower Hill）上被處決的地點，正是理查二世摯愛的導師終結生命之處。這一條命已經血債血還了。現在已上了年紀的沃里克，被判處終身放逐在曼島（Isle of Man）上。理查二世此時看似已經大獲全勝。他將自己的徽章改為其父親過去使用的日出徽章來加以慶祝。三十歲的他此時似乎終於真正當上國王了，但是事後的發展證明這只是一時的假象。

國王上述種種行為的問題在於，他讓貴族們感到不安全。如果格洛斯特和他的親信會被這樣對待，那麼所有人都有可能落得此下場。而且另外兩個人的遭遇也證實了他們的懷疑。諾福克公爵和赫里福德公爵鬧翻了，雙方商定應該彼此決鬥解決爭執。這是一場殊死搏鬥，因為輸掉這場戰鬥的人將被處決。兩人都以勇猛聞名。赫里福德，更廣為人知的名字是博林布魯克（Bolingbroke），是國王的堂弟，也是蘭開斯特公爵岡特的約翰之繼承人。他不僅具備文化素養和政治手腕，而且是武藝高超的戰士，運動能力拔群而且健壯，具備了中世紀人民所期盼國王擁有的種種特質。堂兄弟兩人的關係不和。

一三九八年九月十六日，整個宮廷都聚集在考文垂郊外的戈弗斯（Gosforth），要觀看這場交鋒，還有來自歐洲各地數以千計的圍觀者。戰鬥隨著號角吹響便展開了。戰鬥雙方的帳篷被拿開，博林布魯克把長矛放在大腿上，畫了個十字架的標誌後往前衝鋒。突然之間，坐在至高無上王位的國王站了起來，大聲喊道：「嗬！嗬！」在旁觀者的驚駭中，他把權杖扔在地上中止了戰鬥。然後，他將諾福克終身流放，並且放逐博林布魯克十年。諾福克後來終老於威尼斯，但博林布魯克的刑期被減為六年，以確保他能繼承父親的巨額財產。

一三九九年二月二日，蘭開斯特公爵岡特的約翰去世。理查二世打破諾言沒收了公爵的遺產，所有的貴族都因而坐立不安。北方的大領主珀西家族挺身而出反對，理查二世下令逮捕他們，不過他們早一步逃走了。對博林布魯克而言，這是壓垮他的最後一根稻草。他被說服入侵英格蘭，但是他起初並沒有奪取王位的想法。他於七月四日在赫爾（Hull）登陸，距離他的蘭開斯特城堡很近，不久之後所有大貴族都蜂擁前來加入他的陣營。

與此同時，國王犯了一個致命的錯誤。他再次前往愛爾蘭。當他在七月底返回時局勢已經難以挽回。他手下有大批人馬投奔了敵人。當他到達康威城堡（Conway Castle）時，發現甚至連他自己的軍隊也叛變了。他派去博林布魯克的使節也都被劫為人質。然後，博林布魯克向理查二世派出自己的使節。博林布魯克承諾國王他可以保有王位，但是博林布魯克必須得到蘭開斯特家族的土地和王國總管這個職位。國王相信了博林布魯克的承諾，然後騎馬離開了城堡。他在出發後六英里之後就被抓住了。他被騙了。

接下來發生了一連串災難。國王被羞辱和監禁。國會隨之召開，博林布魯克藉由武力征服，再加上作為亨利三世的後裔，得以繼承王位。一群「法律智者」（sages in law）被召集起來，他們解釋國王可以因為他的「偽證、褻瀆神法、邪惡的軍隊、對臣民的苛徵、奴隸人民、統治軟弱」而被廢黜。理查二世未被獲准接受審判。他聽到上述發生的這些事情之後喊道：「我的上帝：這片土地是善良而善變的——有那麼多國王、統治者和偉人曾經流放、殺害、摧毀……」一九月三十日，國會宣讀理查二世被迫放棄王位的聲明，博林布魯克則站了出來主張自己的繼承權。兩週後，他被加冕為亨利四世。

理查二世被往北移送到蘭開斯特的龐特佛雷特（Pontefract）城堡。他自此之後再也沒有露面過，並在一四〇〇年二月十四日死亡，似乎是被故意餓死或是被謀殺。新國王為他舉行了宏偉的葬禮，以確保每個人都知道理查二世已不在人世。

中世紀國王中最傑出同時也最不完美的一位，其統治便以這種方式謝幕。他腦中大部分願景都具遠見卓識。他很清楚與法國的和平是必要的，不過實際上兩國的衝突仍將持續一百五十年。他也深切明白，當國王得要聽命於那些擁有鉅富和私人軍隊的大領主的貪婪時，沒有一位國王可以順利地統治王國。一旦國王被孤立，他就有成為貴族們兩面三刀、殘酷和背信棄義之受害者的風險。理查二世未能克服這個威脅，這也為玫瑰戰爭（Wars of the Roses）埋下了伏筆。

# 19 英語詩歌之父

當四月帶來它那甘美的驟雨
讓三月裡的乾旱濕進根子去……
這時候人們也就渴望去朝聖，
遊方僧也就渴望去異地他鄉，
去各地聞名於世的神龕聖堂。
無論英格蘭各郡的東西南北，
人們尤其要去的是坎特伯里，
去拜謝恩澤萬民的殉難聖徒，
因為人們有病時他給予救助。

這是英格蘭最著名的詩歌之一《坎特伯里故事集》（*The Canterbury Tales*）的開篇，作者是傑弗里・喬叟（Geoffrey Chaucer），寫於理查二世統治時期。喬叟被稱為英國詩歌之父，是第一位被埋葬在後來被稱為西敏寺「詩人角落」（Poets' Corner）的詩人。他的詩歌是時代大變局的結果，英語在這時代首次開始被廣泛使用。在此之前，貴族講法語，教會和法律則使用拉丁語，只有普通人說英語。然而，由於黑死病的關係，沒有足夠的老師能教法語，根據記載：因此「在英格蘭的所有文法學校，孩子們放棄法語，轉而去理解和學習英語」。

喬叟是倫敦人。他的父親是一位有錢的葡萄酒商人，用我們現在的話則是釀酒商。倫敦是英格蘭最大的城市，位於泰晤士河北岸，四周被厚牆包圍，外面的田野就在咫尺之外，一般市民都能聞到乾草堆的氣味。倫敦內部有花園，但街道很窄，兩邊都是高大的房屋，用石頭、木頭和石膏建成，屋頂則是茅草所造。城中的教區數量不少於八十五個，還有一百座教堂，教堂的鐘聲總是不會停歇。最大的是聖保羅大教堂，它聳立在天際線之上。街道上到處都是人群、馬匹和狗隻。在公共廣場上則掛著被鳥啄食、被蒼蠅圍繞的罪犯屍體。倫敦橋是唯一橫跨泰晤士河的橋，橋頭上釘著作為警告的罪犯頭顱。倫敦是英格蘭最重要的城市，它在雄偉的城牆之內相當穩固，而倫敦塔在其東端，西端是通往西敏寺和宮廷的河濱大道。

喬叟的父親約翰住在泰晤士街上的一棟精美房子中。這裡沒有所謂的隱私，每個房間都是共用的。花園裡有果樹和豬圈，雞被養在屋中。房子裡有廚房和用於烹飪的麵包房、儲藏室、食品貯存室和酒窖，以及一間洗衣房。最大的房間是所有人皆在此用餐的大廳。然後是幾間臥室，幾個人要睡在同一張床上。地板上鋪滿了蘆葦和稻草，並且被飲料、唾液、食物以及更汙穢的東西弄得髒亂不堪。當時沒有椅子或桌子，人們坐在長凳或樹幹上，飯菜擺放在棧板和木板搭建而成的餐桌。房子既昏暗又寒冷。由於實施宵禁，每天晚上必須在規定的時間熄滅火堆。人們因為害怕謀殺或搶劫，因此不會有人在熄火時間後出門。

喬叟大約出生於一三四〇年，距離黑死病僅僅八年，當時愛德華三世仍在王位上。他的母親和父親對他的未來有深切期待，所以他自小就被教育講法語，這是宮廷的語言。他七歲時開始上學，學習如何讀寫拉丁語。接下來，他研究了三學科：語法、邏輯和修辭。語法教會他如何正確地閱讀和寫作，邏輯教會他如何辯論，修辭則教會他如何有技巧地說話。喬叟雖然只是商人的兒子，但他日後在國王的三子萊昂內爾（Lionel）之妻，阿爾斯特伯爵夫人（Countess of Ulster）伊莉莎白的家中獲得職位。

伯爵和伯爵夫人過著高級貴族家庭的慣常生活，他們頻繁地從一座城堡移動到另一座城堡，各城堡之間則是他們廣闊的莊園。這是因為他們家中人丁興旺，當食物耗盡之後便不得不繼續搬遷。他們所有家當都伴隨著他們一起移動：掛毯、家具、衣服、銀器、盔甲和狩獵用武器。各個城堡皆坐落在讓人可以跑步追逐的巨大公園中，還有優雅的花園可供步行。他們過著富裕而燦爛的生活。除了狩獵活動之外，還會舉行馬上比武。騎士們在比武中互相爭奪獎品，並且展示他們的技巧，伯爵夫婦會在裝飾精美的包廂裡觀賞。騎士們則在他們僕人的陪同下，穿著華麗的服裝進入競技場。馬上比武這種場合還會有雜技雜耍演員，小丑和舞者也參與其中。

在神聖的日子則會舉行宴會。食物仿照城堡、樹林、河流和田野的模樣製作而成，其外觀彷彿一幅橫跨桌子的風光。在盛宴期間，將有音樂和表演。

有時候大廳彷彿變成了一座森林，四處都是鳴叫的鳥兒，有時會有人牽著馬匹大步走過房間，或者是展示獅子和大象這類被豢養的野生動物。在其他場合，吟遊詩人會唱歌，或者像年輕的喬叟所注意到的，詩人會為設宴者朗讀，讓他們大笑和哭泣。

這確實是詩歌的背景。在王國四處的城堡和房屋中，家庭成員將在漫長的冬季夜晚聚集，要人讀東西給他們聽。書籍在這個時代自然非常稀有，它們以手工謄寫，而且書中會有華麗的裝飾，就像教堂和修道院中使用的《聖經》以及祈禱書一樣。最受歡迎的是騎士精神的浪漫故事以及精彩的冒險故事，尤其是關於亞瑟王和他的騎士的故事。在這些故事中，騎士們不僅會與其他騎士進行致命戰鬥，還會遇到異教徒、怪物和惡靈。對於十四世紀的聆聽者，這些故事反映了該時代人們對於騎士的理想，以及他對於上帝、國王和心儀女士應擔負起的責任。

喬叟在伯爵夫人的家中遇到了另一位國王的兒子，蘭開斯特公爵岡恩的約翰，他們兩人日後成為終生的朋友；喬叟的妻子菲莉琶．洛埃特（Philippa Roet）更是岡恩的約翰最後一任妻子的妹妹。老國王的情婦愛麗絲．佩爾勒斯（Alice Perrers）也是他的朋友。不久，喬叟成為了獲得信任的王室僕人，並且受國王指派負責送信到海外諸國，他也因此接觸到了法國和義大利詩歌中的各種新作品。

但是詩人必須要謀生。寫詩替他贏得了宮廷的青睞，最終為他帶來了一份工作。年輕的理查二世登基時，岡特的約翰任命喬叟為關稅和補貼金的管理人。他的辦公室在倫敦港，負責檢查商人向國王繳納的所有稅款，這是有關羊毛稅的重要職位，因為羊毛稅提供了國家與法國長期作戰所需的資金。他因為這份職位得到了一套免租金的華房，和一筆每年都能領取的津貼。然而，他繼續因為「國王的祕密任務」前往海外，後來在晚年得到更為尊貴的職務，即管理理查二世最鍾愛的埃爾特姆宮殿和希恩宮殿（譯注：日後亨利八世將其重建，並命名為里士滿宮〔Richmond Palace〕）。喬叟事實上變得富有了。

喬叟經歷了十四世紀下半葉所有駭人聽聞的事件，他從未失去朝廷的寵愛，並且會被召見到國王和賓客面前朗讀他的詩歌。他在某些時候一定曾為他們讀過愛情故事，例如《玫瑰傳奇》（*The Romance of the Rose*）或《特洛伊羅斯和克瑞西達》（*Troilus and Cressida*）；在其他場合，他會用《禽鳥國會》（*The Parliament of Fowls*）逗得他們開懷大笑。最重要的是，他會讀他的傑作《坎特伯里故事集》中的段落給他們聽。這首長詩的背景是聖湯瑪斯・貝克特前往坎特伯里神殿的朝聖之旅。那時人們前往朝聖的頻率，就像我們今天去度假一樣。朝聖是為了向上帝贖罪，或是為了感謝自己從重病中痊癒，又或者是為了尋求治癒重病的方法。朝聖者會前往一個聖人的墓前，尋求他的祈禱並感謝上帝。組團共行很常見，因為這樣更安全，而且在路上有人作伴。

在《坎特伯里故事集》中，喬叟描述了他筆下的朝聖者如何在泰晤士河南岸南華克的一家旅店相遇。他挑選故事角色的模式，正好提供給我們那個時代英格蘭的絕佳全貌。其中一些人是從鎮上來的，例如富有的商人；另外一些人來自鄉下，例如貧窮的神父。成員有男有女、有神職人員和俗人，還有高階層與低階層的人群。此外，還有一些比人們既有形象要糟糕的人們，像是來自巴斯結過多次婚的人妻與貪婪的修士。

喬叟在阿爾斯特伯爵夫人家裡遇見貌似鄉紳、留著鬈髮的年輕人：

整天裡他不是唱歌就是吹笛，
就像五月天充滿了青春朝氣。
他穿著短衫，那袖子又肥又大。

他精於騎術，善於駕馭他的馬：
他能文能詩，能作曲又能跳舞，
能繪畫還能騎馬執矛去比武。

而故事中的商人則是從喬叟所知道的倫敦躍然紙上：

這個體面人很會用他那天分；
沒有人知道他還有債務在身，
儘管他又做買賣又向人借債，
但言談舉止還有那麼點氣派。
不管怎麼講，他確實是個人物；
可是說實話，他大名我沒記住。

喬叟還寫了具有各種美德和惡習的人們：

有一位出人頭地的修道士；
考察農場和打獵是他的愛好。
聖本篤或聖莫（St Maur）所定下的規矩

陳舊又過於嚴酷，
這修士就讓陳舊的東西消逝，
他按照當今世界的方式過日子。

他讓這位修士與卑微的教區長形成對比：

他的教區面積大，又有散布四處的房子
但是他不管下雨或雷轟電閃，
也不怕辛苦麻煩或自己生病，
總拄根拐杖去走訪他的教民，
哪怕是住得最遠的富戶貧家。

他也深刻地描繪了女性。有一位修女，她不僅「法語流利」，而且當她：

看到一隻老鼠夾困在捕鼠機上
死去或流血，她就會滿面淚流。
她養著幾條小狗，她給牠們餵烤肉，
或者餵牛奶和精緻白麵包；

書中還有一位富有的寡婦：

她繫得很牢的長襪顏色鮮紅，
穿著一雙新鞋子皮質很柔軟。
她紅潤的臉蛋漂亮而又大膽。
作為女人她一生絕不算虛度：
在教堂門口她嫁過五個丈夫……

喬叟如此為故事背景做了鋪墊，描繪了一幅理查二世時代英格蘭光芒四射之畫面。然後，朝聖者出發了，每個人都承諾在去程路上講兩個故事，在回程再講兩個故事。如果他完成的話，那將會有兩百二十多個故事。但他並未做到。喬叟於一四〇〇年十月二十五日去世，留下了這本尚未完成的傑作。

# 20 阿金庫爾的勝利者

「現在正是時候，因為全英格蘭都在為我們祈禱；因此各位大可放心，讓我們繼續前進。」隨著這些話在他們的耳邊響起，英格蘭士兵向法國軍隊進軍，在阿金庫爾戰役（Battle of Agincourt）中取得了著名的勝利。說這些話的是亨利五世國王，他將曾祖父愛德華三世投射在自己身上，帶領軍隊去征服他的合法遺產，即法國領土。亨利五世要以光榮勝利來團結他的國家，這場勝利到現代仍然是英格蘭民族神話的一部分，但是亨利五世在當時付出了不小代價。

當亨利五世於一四一三年登基時，他非常需要這種團結。他的父親亨利四世在位期間便是個乏善可陳、體弱多病的君主，這整段統治期間都充斥著叛亂問題，無論是在北部或是狀況更惡劣的威爾斯，後者長久以來遭受英格蘭惡劣的對待。相比之下，他兒子短暫的九年統治就像在夜空中掠過的一顆流星。與理查二世不同，亨利五世給了他的臣民們所想要的東西：與法國的戰爭。

國王登基時年僅二十四歲。他是天生的領導者，渾然天成的軍事家與技巧高超的戰術家。他具有強烈的生命力和外表魅力，有著橢圓形的長臉、直挺鼻子、高顴骨、鮮紅嘴唇、深裂的下巴，以及富有表情的淡褐色大眼睛。他對生活充滿了熱情，並且具有高度運動天賦。與此同時，他是一個聰明、細心、善於傾聽的人，受過良好的教育，有讀寫英語、法語和拉丁語的能力。他具有成為完美國王的種種特質，而且他想要徹底發揮這些能力。

在亨利五世即位的那一刻，他對法國表示自己是那些土地的主人，同時還向法國國王的女兒求婚。在英吉利海峽另一邊的人們最初只是認為他是個有趣的人物。法國貴族們說：「因為英格蘭國王亨利還是個孩子，我們會送他可以玩耍的小球，還有可以躺在其上的柔軟墊子，直到他變得有男子氣概的那天。」

法國人很快就後悔說出這些評論，因為國王已經下定決心入侵，並且重奪他作為諾曼第公爵所擁有的土地，這塊法國領土是英格蘭人在兩百五十年前喪失的。亨利五世親自監督了這次遠征的所有細節，他明白一支軍隊需要供應不絕的食物和武器才能成功。它還需要設備來進攻受城牆保護的城市：塔樓和伸縮梯子、用來撞擊城牆的攻城器、槍枝以及火砲。下一個關鍵則是士兵；首先是披甲戰士或騎馬的騎士，他們身邊會帶著四匹馬，由馬夫和侍從照料；其次，騎馬以及步行的弓箭手；最後是砲手、礦工、鐵匠、油漆工、軍械工、帳篷製造者、木匠、製箭匠、製弓匠、馬車夫、車夫和繩索工人。國王也帶著他的大部分家庭成員出征，包括他的吟遊詩人，因為他喜歡音樂。共有一千五百艘船穿越海峽，總人數不少於九千人。這次行動在組織運作上堪稱是傑作，國王親自監督了每一個細節。但它的成本很高，國王必須抵押王室珠寶等物品來籌集巨額貸款以支付軍費。

亨利五世的計畫是占領哈弗勒爾（Harfleur）港，並且把這個港口建立為基地，接著開始要重建起英格蘭對諾曼第的統治。這個時機點正是時候；法國國王查理六世（Charles VI）處於精神錯亂時期，法國貴族分裂為互相爭戰的派系。英格蘭艦隊於一四一五年八月十一日越過英吉利海峽，並且圍困了哈弗勒爾。哈弗勒爾有著堅固城垛、溝渠和塔樓的保護。進攻部隊必須填平壕溝，才能將槍砲移動到可發動攻擊的距離，亨利五世的軍隊在發動攻擊時已因為疾病而陣亡了三分之一。這場戰爭中沒有發生搶劫和掠奪，但是兩千名市民被驅逐離開，以讓出空地給從英格蘭前來的殖民者。亨利五世深信自己是諾曼第公爵，但是後來的發展將會讓他深刻體悟到：試圖逆轉時代的趨勢是無比困難的。

英格蘭在贏得這場勝利之後，似乎不知道下一步的計畫為何，直到國王決定從加萊返回英格蘭。大軍在哈弗勒爾留下了一支駐軍後，便開始了一般認為長達八天的行軍，行程約一百二十英里。出乎他們意料的是，法國人居然摧毀了索姆河對岸的橋梁和渡口。英格蘭軍隊因此被迫要在上游繞遠路而行，所有士兵在十七天內走了兩百五十英里。他們於十月十九日終於能夠渡河，要與對岸的法國軍隊交鋒。第二天，法國人發出戰帖尋求開戰。

十月二十五日，戰鬥在靠近阿金庫爾村莊的一片空地上爆發。法國軍隊人數是英國軍隊的三到四倍，但它主要由重裝甲的騎士組成，只有為數不多的弓箭手。他們希望純粹靠人數優勢取勝，實際上之所以決定開戰也是因為認為勝券在握。但他們欠缺兩個要素：弓箭手以及領導者，後者是最重要的。英軍既擁有天氣優勢，又擁有另一個意外優勢，因為在戰鬥的前夕下了一場大雨，將犁過的田地變成了一片泥濘。

關鍵的因素在於弓箭手，因為他們可以在兩百碼遠就射箭殺死法國人。英格蘭弓箭手為了應付法國騎兵，會在地上插入木樁，而他們布陣的地點恰好就離法軍兩百碼遠，當法軍向前衝鋒時，他們陷入了一片混亂。馬被這些木樁給絆倒，而且法國軍隊人數太多，因此也絆倒了彼此。

其他部隊則是轉頭逃跑，這又引起了另一波恐慌。當敵人躺在泥地裡無法起身時，英軍便割斷了他們的喉嚨。與此同時，弓箭則如雨點般地落在其餘的人身上。這時，國王看到第三波法國軍隊即將進攻，下令屠殺先前擄獲的大批俘虜。這徹底違反了騎士守則，士兵們於是拒絕這麼做，亨利五世只好命令他的弓箭手來執行屠殺。這場戰役雖然不光彩，卻是一場大勝利，法國貴族的精英全被殲滅。

國王和軍隊凱旋而歸。當他們進入倫敦時，這個城市隨之上演了精彩又壯觀的場面。聖喬治、使徒、天使和國王祖先們等眾多雕像歌頌他為勝利者。國王恢復了英格蘭人的自尊心，他計畫再次入侵，不僅打算要以諾曼第公爵的身分返回，同時要以未來法國國王的身分歸來。

英格蘭在第二年再次取得了勝利，這次是戰勝法國艦隊。同時，亨利五世不僅召集了他的軍隊，而且還贏得了神聖羅馬帝國皇帝西吉斯蒙德（Sigismund）和勃艮第公爵這兩位盟友。一四一七年八月，軍隊再次越境進入法國。卡昂（Caen）鎮陷落，然後是法萊斯（Falaise）鎮，最後，在第二年的八月，英格蘭包圍了諾曼第的首都盧昂（Rouen）。這是一場持續六個月漫長而殘酷的圍困。這座城市糧食耗盡，有一萬兩千名老弱婦孺被趕到城門之外。這群人在一般情況下會被允許安全通過英格蘭軍隊防線，但亨利五世卻讓他們在城牆和自己軍隊之間的壕溝裡餓死。盧昂於一月十九日投降，整個諾曼第都落入亨利五世手中。

法國人在這個時刻完全陷入混亂，而一次眾人都預料不到的事件，讓亨利五世得到他所渴望的一切。勃艮第公爵在九月與法國王位繼承人王太子會面時被謀殺。法國人對此事的反應極為強烈，因此向英軍提出停戰要求，法王查理六世同意剝奪王太子的繼承權，並且承認女兒瓦魯瓦的凱瑟琳（Catherine of Valois）的丈夫亨利五世為「法國王位繼承人」。亨利五世風光地進入巴黎，而當他和他的新娘回到英格蘭時，舉國歡騰。亨利五世與王后的孩子日後注定將成為統治法國和英格蘭的雙重君主。從表面看來，過去從未有英格蘭國王能夠如此成功地讓國家返回榮耀。但這只是假象。

雖然英格蘭跟法國簽訂的條約當中規定亨利五世可以成為法國國王，但是最大的困難在於他要為征服此國家付出代價。他於一四二二年六月返回法國，開始了這項漫長且艱鉅的任務。然而，亨利五世的任務提早結束了，因為他在八月三十一日因痢疾而病逝，位於哈弗勒爾的英格蘭軍隊也飽受這個疾病折磨。先前的願景至此已罩上烏雲。這場戰爭的支出龐大，國會也開始對於稅收問題表示不滿。征服諾曼第並未帶來利益，而且後來的發展證明英格蘭無法管理這個地方。就像戰爭將英格蘭團結在亨利五世統治之下一樣，法國人也因為戰爭失敗而團結效忠王太子。聖女貞德在幾年之內激發了法國人重新對王室忠誠，而英格蘭人在亨利五世死後則失去了指揮官。

從很多層面而言，若是亨利五世沒有重新開啟對法戰爭，他將是一位更偉大的國王。他在英格蘭國內恢復了君主政體的聲勢，並且因為他對於正義堅定不移而受到臣民的尊敬。但是他對自己繼承權的信念則將全國帶入了一場永遠無法獲勝的戰爭。他迫使自己的繼承人要去面對失敗，而假設他再多活一陣子的話，這些失敗本來是他要來承擔的。雙重君主制不久便消失了，英格蘭不到三十年後又節節敗退到只剩下它本來的據點加萊。

# 21 玫瑰戰爭

亨利六世登基時只有九個月大，但他三歲時便召開了國會（他在其中「尖叫、哭泣、蹦蹦跳跳」），他十歲時則在巴黎加冕為法國國王亨利二世。儘管幼年國王總是會帶來問題，但是似乎沒有理由害怕會有大災難發生，因為國家是由國王的兩個叔叔，格洛斯特公爵漢弗萊（Humphrey, Duke of Gloucester）和貝德福德公爵約翰（John, Duke of Bedford）所領導。他們都是政治上精明而有教養的人，而且貝德福德擔任法國攝政十分稱職。但他在一四三五年去世了。後來，當國王年滿二十歲時，格洛斯特失寵了。

沒有人預見到亨利六世長大之後是個傻瓜。整個國家能否正常運作，取決於一個強有力而聰明的國王。亨利六世繼承了他父親的名字，卻沒有繼承他父親一絲一毫的才能。國王的專屬司鐸之一卡爾特教團（Carthusian）僧侶約翰・布拉曼（John Blacman）是這麼形容他的：「這位國王是上帝的虔誠崇拜者，他主要心神都奉獻給上帝和禱告，而不關心如何處理世俗事務……」

一位中世紀國王無論是在承平或是戰爭時都要帶頭領導，亨利六世兩種職責都沒有做到。他虔誠、愛好和平、容易受人影響，是一位忠實的丈夫、慈愛的父親，而且還被封為聖人——但卻是位糟糕透頂的國王。他前往戰場卻不參與戰鬥，而是緊握著他的祈禱書，做好被勝利的一方帶走的準備。他在一四五三年精神崩潰，此後他成了每位奪得權力者的人質，也就是所謂玫瑰戰爭中敵對各方鬥爭下的受害者。

假如亨利六世的性格並非如此，這些內戰也就不會發生。當時的法律和司法取決於國王能否有效地指揮他的貴族，因為他手下沒有軍隊或警察。為了使這一制度發揮作用，國王必須要巧妙地在貴族階層中選擇正確盟友，並以頭銜、土地和職務來獎賞他們。國王沒有能力做到這點，這也意味著人們不再指望王室行使法律和司法。他們因此不得不求助於排名第二的人選：大貴族。這些大貴族在其勢力範圍內可以保護人民。作為回報，人們會穿戴該貴族的制服和徽章，並且在必要時為他戰鬥。這意味著整個英格蘭逐漸分裂成效忠於不同大貴族的數個團體。在宮廷上的貴族們也因此分裂成支持不同陣營的派系。此外，還必須將各地世仇以及家族之間的對抗納入考量。例如，北方被內維爾家和珀西家瓜分，西南被考特尼家（Curtneys）和邦維爾家（Bonvilles）瓜分。王權的崩潰意味著法律和正義逐漸被扭曲，罪犯會因為受到了某個大貴族的保護而免於被繩之以法。更糟糕的是，這一切都導致國家一步一步走向內戰。贏得內戰的戰利品便是能夠控制王室和政府，而這也代表著所有的權力和金錢。

英格蘭要解決這個困境的唯一辦法，是除掉國王亨利六世。令人驚訝的是，他們竟耗費了相當長時間才將其付諸實踐。中世紀的人們虔誠地相信國王在加冕禮之後便是一個神聖的存在。貴族們花了三十年才讓新的人奪取王位，但是即便如此，他們仍舊會感到不安。亨利六世直到四十年後方死於謀殺，一個新的、強大的國王愛德華四世也才得以順利統治。

英格蘭不乏王位繼承人，因為國王的曾祖父愛德華三世有許多兒子。亨利六世是他第三個兒子蘭開斯特公爵岡特的約翰的後裔。當亨利六世成年時，他犯了一個可怕的錯誤。亨利六世將一位理應比他更有資格繼承王位的人（這個人同時是愛德華三世次子和四子的後裔）排除在政府之外。這個人便是約克公爵理查（Richard, Duke of York），一個懷抱著巨大野心的人。一四五〇年，理查開始要求在王國政府中占有一席之地。

一開始理查沒能如願以償，後來國王病了，他便成了英格蘭的護國公（Protector of England），開始行使權力。這便開啟了被稱為「玫瑰戰爭」的長期不穩定時期。在這場動盪中，政府成了任何有能力奪取控制權的人的犧牲品。在這些勢力當中，有些人在國王生病以前便握有權力，他們的領袖是意志堅強的安茹的瑪格麗特（Margaret of Anjou）王后。亨利六世於一四四五年與她結婚。她天性暴躁，為了捍衛丈夫和獨生子威爾斯親王愛德華而率先動用武力。在其他勢力方面，有約克家族，還有像是被排除在權力之外的內維爾家族。雙方都召集了軍隊。國王在一四五五年恢復健康之後，約克家族便不得不動武，並在第一次聖奧爾本斯（St Albans）戰役中俘虜國王，重新確立他們對政府的控制。然而，這種控制是短暫的，因為保王派軍隊不久之後又重新掌權。接下來是一段動盪時期，雙方在其中互有勝負，輪流控制這個可憐的軟弱國王。最終的結局是約克家族落敗，他們被迫逃離這個國家。

王位在二十五年的時間當中易手不少於六次。當人們終於決定國王應該被替換，才給這種局勢帶來巨大轉機。然而人們是經過相當長的緩慢過程才轉變了想法。約克公爵理查於一四六〇年在切斯特登陸，眾人都清楚他是要來奪取王位的。他登陸後便進軍倫敦要完成其目標。當他到達倫敦時，大部分貴族選擇承認他為合法繼承人，而放棄擁護亨利六世的親生兒子。約克公爵的勝利是短暫的。公爵在韋克菲爾德橋戰役（Battle of Wakefield Bridge）中被蘭開斯特家族（Lancastrians）擊敗並且陣亡。他的頭顱上被殘忍地戴上紙皇冠，接著被掛在約克城門之上。但他有一位幹練、精力充沛又英俊的繼承人：馬奇伯爵愛德華（Edward, Earl of March）。愛德華率領了約克家族的新軍隊在莫蒂默路口（Mortimer's Cross）取得勝利。在這場戰役的過程中，三個太陽如同預言描述地同時出現。隨後他向倫敦進軍，並被加冕為國王愛德華四世。

然而，他要到十年之後才真正地成為國王。這除了是因為蘭開斯特家族為了讓亨利六世重返王位而不斷有所行動，也是因為愛德華最重要的盟友，被稱為「造王者」的沃里克伯爵理查·內維爾（Richard Neville）在後來成了背叛者。馬奇伯爵愛德華再次被流放，他的復辟則要歸功於他的妹夫勃艮第公爵大膽查理（Charles the Bold）。他於一四七一年三月登陸英格蘭，最終抵達倫敦，該城也向他打開了大門。隨之而來的是一場旋風般快速發展的戰爭。沃里克伯爵在四月的巴內特戰役（Battle of Barnet）中被殺害。一個月後，威爾斯親王西敏的愛德華（Edward of Westminster）在圖克斯伯里（Tewkesbury）被殺。亨利六世在不久之後遭到謀殺，安茹的瑪格麗特最終流亡法國。蘭開斯特家族就此滅亡，這也標誌著玫瑰戰爭實質上就此結束。

今天的我們是透過事隔一個多世紀後，莎士比亞寫於伊莉莎白一世統治時期的戲劇來理解這些戰爭。當然，那個時代的人們很自然地會把上個世紀描繪成動盪不安的時代。伊莉莎白的祖父、蘭開斯特家族的亨利七世便是在這種動盪時代拯救了英格蘭。他擊敗了暴君理查三世，並且迎娶約克家族公主伊莉莎白（Elizabeth of York）。十六世紀的作家重寫了上個世紀的歷史，他們將其呈現為兩個派系爭奪權力的血腥時代。在這時代到處都是數以千計的死者，兩派的徽章分別是約克家族的白玫瑰和蘭開斯特家族的紅玫瑰。然而十五世紀英格蘭的真實狀況遠非如此。一位法國編年史家記載道：「比起所有國家，英格蘭真的備受憐憫。無論是國家、人民、房屋都沒有被荒廢、毀壞或拆毀；戰爭的災難和不幸只落在軍人，特別是貴族身上。」簡而言之，眾人的生活始終都正常運行。城鎮則透過不選邊站或是兩面下注來避免戰爭。城鎮實際上受的影響很小，它們因此很少費心去修復城牆，當然也就無須建造新城牆。貿易照常進行。無論當權者是誰，政府的許多官員始終都留在崗位上。事實上，英格蘭大部分地區根本沒有發生戰鬥。這場戰爭的另一個不尋常之處在於：強奪與劫掠這類事情從頭到尾只發生過一次。

此時期的建築物令人驚訝地反映出一種新的安全感。城堡被改造成帶有大窗戶的房子，讓光線得以射入建築物中，這種設計所關心的重點是舒適而不是防禦。全國各地都建造了許多美麗的教堂，它們精緻的高聳設計被稱為垂直式哥德（Perpendicular）風格。溫莎的伊頓公學禮拜堂（Eton College chapel）和劍橋的國王學院禮拜堂（King's College Chapel, Cambridge）是其中最著名的兩個。

令人困惑的權力不斷更迭，以及漫長無止境的長年戰爭，令人對這時代產生誤解。事實上，在三十二年當中，只有十三週有戰爭在進行；被殺害的死者數以百計，但是未到數以千計的嚴重程度。正如同一位法國編年史家所寫的：「在英格蘭的習俗中，戰鬥中的勝利者不會殺死任何人，尤其不會殺害普通士兵，因為每個人都想拉攏他們……。」

這時代之所以不存在長期戰爭，則是因為提供軍隊長期補給的方式在這個時代尚未出現。此外，軍隊的成員除了職業軍人之外，還有農民以及自耕農。後者需要耕種農田，並且總是急於回家照顧莊稼。而且，此時的戰爭也無法立刻分出輸贏，因為雙方的戰鬥如出一轍。雙方都有騎兵、步兵、弓箭手和火砲。弓箭手會射殺騎兵的馬匹，騎士們接著便下馬手持劍、鎚矛或戰斧步行作戰。即便步行作戰對他們而言也相當困難，因為他們身著盔甲，這在夏天會令人感到沉重和炎熱。貴族的角色便是在戰鬥中作為領袖，這也導致了大量貴族喪生。他們身邊總是帶著舉旗手，這使得他們成為極顯眼的獵殺目標。

所有人都逐漸意識到必須要有一位強大的國王，這才是玫瑰戰爭結束的主因。貴族在玫瑰戰爭的過程中逐漸認知到：這場永不停歇的動盪無濟於事，因為這場動亂不僅讓他們的家庭成員紛紛喪命，而且他們的土地也被敵對的派系吞併。越來越多貴族避免加入任何一方陣營。這種態度的逐漸流行，也確保了後來愛德華四世以及亨利七世的統治成功。

# 22 回歸秩序：愛德華四世

愛德華四世在一四七一年重新掌權後，在位統治了十二年。他是位非常成功和受歡迎的國王，幾乎具備了人們所期待君主的所有特質。他身高超過六英尺，以英俊的外表和優雅的舉止而聞名，但他也擁有「平易近人」這種罕見的稟賦。義大利人曼奇尼（Mancini）這樣描述他：

> 愛德華性格溫柔開朗……朋友和其他人很容易親近他，甚至連那些最不起眼的人物也不例外。他經常把陌生人叫到身邊……他的問候極為親切，如果一個新來的人被他的外表和高貴的氣派給嚇壞了，他便會將手親切地放在這人的肩膀上，讓他有勇氣說話。

令貴族們大為驚恐的是，他還會為倫敦富商們舉辦狩獵聚會。如果說他有什麼弱點的話，那就是食物（隨著年齡的增長，他變得越來越胖）和女人。他的情婦很多，其中最受歡迎的是珍・肖爾（Jane Shore）。珍的出身為倫敦雜貨商的遺孀，這位女士對社會發揮了積極影響。根據湯瑪斯・莫爾爵士（Sir Thomas More）的說法：「當國王不高興時，她會緩和與安撫他的情緒；當某些人失寵時，她會讓他們重新得到國王的肯定。她幫助許多冒犯國王的人得到寬恕……」她顯然深具智慧與魅力，莫爾接著繼續寫道：「她很聰明，讀書寫作皆有一定造詣，與她相處的眾人都很愉快，答覆事情不僅迅速而且妥當……。」

當十五世紀即將結束之時，歐洲的人們越來越重視統治者，認為統治者是團結一個國家的關鍵所在。在他生命的最後十二年當中，愛德華四世使君主制再次成為這個國家生活的中心。他必須要將自己的角色發揮得淋漓盡致，而他也做到了。他無時無刻都穿著華麗，不像亨利六世總是穿著同一件藍色舊長袍。愛德華四世在重大節日會在眾人聚集的宮廷上戴上王冠。王室中的秩序井然，這不僅是為了效率以及善用金錢，也是為了給他的臣民和外國訪客留下帝王氣派的印象。例如，當一位佛蘭德斯大貴族訪問溫莎時，他被帶到三間「令人心曠神怡的房間」。第一個房間中有一張床，床上鋪的是貂皮與金床罩；第二個房間中是白色掛床；第三個房間裡有兩間室內浴室。此外，還有精心設計的遊行、宴會和舞蹈以及豐富禮物。這位貴族的主人勃艮第公爵之宮廷已經是其他貴族的典範，但是這個貴族歸國時仍會向他描述英格蘭的宮廷有多麼輝煌。

愛德華四世對於金錢的重要性更是有清楚認識，他也知道若是請求國會批准徵稅，很容易就會讓自己失去民心。那時，王室的公共收入和私人收入之間沒有區別，當愛德華四世宣布他打算「自食其力」時，他的意思是要用自己的財富來治理國家。愛德華四世要讓國王成為全國最富有的人。他首先建立了新的財政部門，叫做國王宮室（King's Chamber），他透過這個機構可以監督支出。由於他對於監督支出念茲在茲，他在統治期間後期被指責為守財奴。王室的地產被妥善整理，因此創造出更多收入，並且它們的規模也在擴大。當國王的弟弟克拉倫斯公爵（Duke of

Clarence）因叛國罪被判死刑，他的土地便被移交給了王室。愛德華四世的二兒子娶了諾福克公爵的繼承人，當她去世時，她的大部分土地也被納入王室。愛德華四世的統治讓國家進入承平時期，貿易隨之繁榮，而愛德華四世格外留意要讓「精明的人」來徵收金額龐大的關稅。愛德華四世除了鼓勵商人之外，他自己也投身其中。他投資了進出口貿易，並且賺取可觀利潤。他只有出兵過法國一次，重啟了英法戰爭。不過，他同意法國國王提出的停戰條件，接受了一年五萬克朗的津貼。愛德華四世因此成為近三百年來第一位沒有負債的國王。

一個國王必須要有錢，不過他也需要在偏遠地區建立自己的權威，儘管他鮮少造訪這些地區。首先，愛德華四世把尚在襁褓中的兒子威爾斯親王愛德華送到勒德洛（Ludlow），並在那裡成立了一個委員會，以親王的名義管理威爾斯邊境（Welsh Marches）。國王並派他的弟弟格洛斯特公爵理查（Richard, Duke of Gloucester）前往距離約克四十英里的城堡，擔任國王在北方的代表。國王的其他家族成員被派往其他地方。這些措施不僅恢復了秩序，也恢復了司法系統。事實上，愛德華四世本人有時也擔任法官。

他的王后伊莉莎白．伍德維爾（Elizabeth Woodville）生育了不少於十個孩子，這些孩子們是寶貴的資產，因為國王可以透過婚姻來提高約克家族在歐洲的地位。像是後來約克家族中有一位公主便成了法國王后，另一位公主則成了蘇格蘭王后，而其他女兒則被安排嫁入西班牙和低地國家的王室和貴族家庭。事實上，英格蘭與法國的關係在這個時期最為密切，因為勃艮第公爵夫人正是國王的妹妹。

國王和王后都贊助藝術和學術，他們認為這對增添王室光榮能發揮至關重要的作用。溫莎城堡的聖喬治教堂（St George’s Chapel）是愛德華四世時期最著名的遺跡。它的建造目的是要讓一年一度的嘉德勳章（The Order of the Garter）授予儀式更添光彩，同時也是作為約克王朝的陵墓。他是以亨利六世名義建立的劍橋國王學院和伊頓公學的慷慨捐款人，而他的王后則捐款重新成立了劍橋王后學院。愛德華四世喜歡讀書，尤其是歷史和浪漫故事，他在布魯日（Bruges）建立了一座王家圖書館，裡面擺滿了精美的手抄本，其中有很多抄本現在收藏於大英圖書館。

然而，愛德華四世統治的輝煌成功有兩個致命缺陷，一個是他可以預見的，另一個則否。沒有人能預料到他會在四十歲就去世，讓十二歲的孩子來接替其王位，這造成日後的所有問題。他本來應該要替自己婚姻的後果做好準備，這是由情場所引發的風波。

伊莉莎白·伍德維爾是約翰·格雷爵士（Sir John Grey）的遺孀，兩人育有兩個兒子。伊莉莎白與國王的婚姻是祕密進行的，直到國王迫於壓力要與一位外國公主締結門當戶對的王朝聯姻時，這段關係方公諸於世。國王到那時才被迫承認自己已經結婚了。伍德維爾一家並不受歡迎，人們認為他們的地位低下，而且愛德華四世被迫要供養其王后龐大而貪婪的家庭。供養的具體內容有：貴族頭銜、遺產以及與富有女繼承人的聯姻。伍德維爾一家很快就遭到人們的憎恨，更糟糕的是，愛德華四世的弟弟格洛斯特公爵理查對他們深惡痛絕。愛德華四世一定很清楚這一點，但是他對於有朝一日若是早逝將會出現的問題，卻完全沒有費神做出任何安排。當國王於一四八三年四月九日英年早逝，約克家族隨之內部分裂，並且造成了可怕的後果。

儘管如此，愛德華四世還是拯救了這個國家，使它從荒廢和災難中走向繁榮。儘管他發動了一場入侵法國的戰役，並被迫與蘇格蘭交戰，但是他一切出於本能的行為都是要追求和平。君主政體在幾十年來終於再度成為國家秩序和正義的保障，成為政治權力的源泉。饒富悲劇性的是：愛德華四世雖然達成這樣的輝煌成就，但是他卻成為被人們所遺忘的英格蘭國王之一。

# 23 暴戾的過渡期：理查三世

愛德華四世身後留下了一個十二歲的兒子。根據慣例，在國王未成年的這段時間，是由御前會議來管理整個王國。御前會議的成員之間確實存在著一些嫌隙，但沒有人預料到已故國王愛德華四世的弟弟，格洛斯特公爵理查，會不惜一切代價奪取王位。一開始沒有人注意到這一點，人們是後來才逐漸明白格洛斯特的企圖。我們仍不清楚公爵是在何時做出最後決定，但是當他發動行動時，已經沒有人來得及阻止他了，因為他已經安排好讓所有阻礙他的人步上死亡。

理查身材苗條、運動能力強，不過脊柱側彎導致他肩膀略微不平。他具有與其兄長一般的魅力，卻又更具活力。他非常能幹，對朋友慷慨大方而且極為虔誠，但這些特點都無法掩蓋他這個人冷酷無情、野心勃勃而且毫無誠信可言的性格。當他兄長還是國王的時候，理查忠心耿耿地為他統治北方。同時，理查建立起龐大的產業，其手段是對女繼承人施壓，以及說服受驚嚇的老婦人放棄其所繼承的遺產。但是理查這些作為並未讓人起疑他在其兄長死後將會做出什麼事情。

格洛斯特公爵若想取得王位，就必須消滅敵人並確保盟友的安全。他最強大的支持者在北方，他的其他支持者還包括了在前任國王統治期間失寵的貴族們，其中的核心成員是極度憎恨太后伊莉莎白·伍德維爾及其家族的一群貴族。格洛斯特這群盟友領導者為白金漢公爵（Duke of

Buckingham）、即將成為諾福克公爵（Duke of Norfolk）的約翰・霍華德（John Howard），以及格洛斯特的姊夫薩福克公爵（Duke of Suffolk）。他們的第一個目標便是控制國王愛德華五世。

當格洛斯特公爵往南進發的時候，國王愛德華五世和他的舅舅兼監護人——太后的弟弟里弗斯勛爵（Lord Rivers）——離開了勒德洛。格洛斯特旅途中與白金漢公爵會合，他們一起會見了里弗斯勛爵和國王。那是一四八三年四月三十日，三位貴族在狂歡中度過了那個夜晚。這與第二天早上發生的事情大不相同。理查控制了愛德華五世，逮捕了里弗斯勛爵和其他人，把他們送進了北方的監獄。這是他的第一波襲擊。當消息傳到太后那裡時，她和她的女兒以及最小的兒子約克公爵便前往西敏寺尋求庇護。

格洛斯特公爵除去了伍德維爾家族的勢力。根據此時的表面局勢，年輕的國王似乎不會遭遇到同樣的命運。兩位公爵於五月四日護送他進入倫敦，並在一週至兩週後被帶到倫敦塔，這是國王加冕前通常居住的地方。在加冕舉辦之前的這段期間，御前會議任命格洛斯特為英格蘭護國公。

他接著便發動第二波襲擊。太后明智地拒絕離開聖所，但她隨後便被指控密謀對抗格洛斯特公爵。這也是格洛斯特逮捕已故國王最重要的三位大臣的藉口，他們之前未經審判就處決了黑斯廷斯勛爵（Lord Hastings），後者是格洛斯特一生的摯友。有些人認為黑斯廷斯勛爵的處決讓公爵下定決心要篡奪王位，接下來發生的事情證實了這一觀點。三天後，年幼的約克公爵從西敏寺被帶到倫敦塔與他的兄長會合。他們三人在格洛斯特即位成為國王後未曾再出現過，而且在某個未知的日子被殺害，而主使者便是格洛斯特。一般認為，他們是在床上被用窒息的方式殺死。

為了成為國王，格洛斯特公爵仍然必須證明自己比塔中的王子們更有資格繼承王位。某位布道者於六月二十二日聖保羅教堂的一場布道當中告訴倫敦的信眾，王子們並不是具有正當性的繼承者，這位布道者謊稱愛德華四世與伊莉莎白・伍德維爾之婚姻是無效的。兩天後，格洛斯特再次發動襲擊，下令處決他在北方監禁的那些人。反對派看起來已經被消滅了，白金漢公爵公開敦促格洛斯特繼承王位。國會於六月二十六日正式選出格洛斯特繼位，他於幾天後被加冕為理查三世。

理查三世踏過一條浸透了受害者鮮血的道路登上英格蘭王位。當所有人發現他的真正動機時為時已晚，他手下所有受害者都像羔羊般溫順地踏上門送死，這是他成功的主要原因。他是詭詐和欺騙的高手，但是他犯了一個致命的錯誤。當人們從這些可怕衝擊中恢復過來之後，便開始團結起來組成聯合陣線，這是理查三世當初始料未及的。對新國王的憎惡情感在南方十分強烈，這導致了在秋天爆發的叛亂。理查三世在秋天時也已經和幫助他登上王位的那群人撕破了臉。白金漢公爵發動叛亂，他隨後也被處決了。

理查三世所犯下的事情當中，有兩件被當時所有人視為純粹邪惡而深惡痛絕：第一件事是侵犯繼承權，第二件是殺害幼童。他被視為是下令大屠殺無辜者的希律王。理查三世應該要擔任王子的保護者，但他卻殺了他們。所有人都對此憤恨不平。

從那以後，理查三世便開始陷入了困境。理查三世到英格蘭各地巡視，希望能贏得民眾的支持，但是事與願違。他將北方人帶到南方並且授予他們職位，這又引起了許多人的不滿。他失去了英格蘭南部約克黨人的支持，這在日後導致了相當致命的後果。他的王后過世了，而他的繼承人也死了。甚至有人認為他謀殺了妻子，以便能夠迎娶自己的侄女約克的伊莉莎白。一個新的聯盟於是於一四八四年形成，這個聯盟把伊莉莎白和蘭開斯特家族的遠房後裔里奇蒙伯爵亨利・都鐸（Henry Tudor, Earl of Richmond）之間的婚姻視為未來之希望。

亨利被流放到布列塔尼，而所有希望理查三世被推翻的人也都集結在此地。一四八五年八月，亨利在威爾斯的米爾福德港（Milford Haven）登陸，並且穿過什魯斯伯里，在萊斯特（Leicester）附近的博斯沃思（Bosworth）與王家軍隊作戰。八月二十二日的博斯沃思戰役將成為英格蘭歷史上的決定性戰役之一。理查三世的軍隊人數占了明顯優勢，但其中許多士兵都不情願為他效力，有些人甚至跑到了敵方陣營。國王在戰場上陣亡，而繼位為亨利七世的亨利成為勝利者。

理查三世至死都是個獨樹一格的人物，他的罪行被當時人們極端厭惡，因此甚至連他的屍體都得不到傳統上應有的尊重。以下是他死後的結局：

國王理查的屍體全裸地躺在馬背上，胳膊和雙腿分別懸垂在兩側。他被帶到萊斯特方濟會的修道院，這是一幅悲慘的奇景，但是這個人罪有應得。他於兩天後被埋葬，沒有任何排場也沒有舉辦莊重葬禮。

理查三世的死亡迎來了都鐸時代。一個多世紀後，威廉・莎士比亞在最後一位都鐸君主伊莉莎白一世統治時期，寫下了《理查三世》劇本。到了莎士比亞的時代，這位國王的形象已經從他還在世時的無情罪犯，變成了我們今天在舞台上認識的邪惡駝背者。然而，人們至今在針對理查三世進行譴責和辯護時，仍然會激發討論者的強烈情緒。理查三世是少數能夠造成這種爭議的英國歷史人物之一。就像愛德華二世和理查二世最終的命運一樣，沒有人確切知道那兩位被理查三世關在倫敦塔中的王子到底發生了什麼。他們究竟活了多久以及究竟是如何被殺死的，這些問題不斷地引起激烈爭論，許多人甚至認為理查三世實際上不應為他們的死負責。甚至有人懷疑是他的繼任者亨利七世所為。至於理查三世未能聚集足夠支持者來維持自己的權力，則是眾人都同意的事實。即使他殺害孩童的罪名有朝一日被洗刷，他仍然會被視為一名失敗的君主。

# 24 威廉・卡克斯頓：印刷工

印刷術在英格蘭的出現比起玫瑰戰爭期間任何一位統治者的更迭都來得重要。書籍在此時代之前都是由修道院或其他作坊的抄寫員手工抄寫的，整個過程相當漫長而艱苦，書籍數量因此稀少而且非常昂貴。用機器印刷意味著書籍可以變得價廉且量大，書中包含的知識也可以傳播得更廣，可以接觸更多新讀者，因為現在有能力閱讀的人比以前更多了。威廉・卡克斯頓（William Caxton）於一四七六年在西敏寺大教堂周圍地區建立了印刷廠，這是英語、英格蘭文學、日常生活和文化等各方面歷史上的里程碑。

事實上，英格蘭接受新印刷術的時間相對來說十分晚。活字印刷術的發明和使用始於一四三〇年代的日耳曼地區，並且由約翰・古騰堡（Johann Gutenberg）加以完善。印刷術除了向南傳至義大利外，它還從日耳曼地區沿萊茵河擴及到低地國家。卡克斯頓在科隆時向一位不知名的印刷商學習這門工藝，當時他已經五十多歲了。以要在十五世紀開啟事業第二春而言，這種歲數算是相當高齡。他的一生相當鮮明地地呈現出玫瑰戰爭中的一般生活日常。最重要的是，他表現出強悍的韌性。卡克斯頓是位有強迫性格的作家，他的著作恰恰展現出他這種個性。這對於我們而言是幸運的。他是位熱情洋溢的人，在商業往來上十分精明，對於信仰極為虔誠，並且完全忠於約克家族。他的事業成也於此，敗也於此。

他寫道：「我在威爾德（Weald）的肯特郡出生，並在那裡學會英語。」這個時間點一定是在亨利五世統治時期。卡克斯頓來自諾福克郡的一個家庭，他們從事羊毛貿易，因此讓他們搬遷到倫敦和肯特郡。威廉的生活方式便是當時商人和貿易商階層的典型生活。布商同業公會（Mercers）是倫敦城中經營英格蘭羊毛織物業最重要的公會。因此，卡克斯頓在一四三八年之前在布商羅伯特・拉居（Robert Large）之下作為學徒。拉居是向法蘭德斯出口布匹的重要商人，後來成為倫敦市長。布商們也是約克家族支持者。卡克斯頓在此家族中接受了七至十一年的訓練。卡克斯頓宣誓服從主人並且替他效命，保守他的商業機密，而且自己不能從事任何生意。在那個時代的末期，任何有前途的年輕人一般都會代表他的主人被派駐到國外一兩年。卡克斯頓的際遇便是如此，他被派往布魯日。

布魯日在財富、規模和文化上是此時歐洲最偉大的城市之一。它是歐洲北方最優雅、最奢華的宮廷勃艮第公爵領地的一部分。勃艮第公爵所追求的，是要在低地國家區域中建立起自己的王國。公爵好人菲利普（Philip the Good）過著奢華生活，這日後被英格蘭國王愛德華四世和亨利七世所效仿。布魯日是奢侈品貿易的中心：無花果、橘子、檸檬、胡椒、蠟、生水銀、綢緞、地毯、鸚鵡和猴子。這裡本地生產的產品則包括富麗的絲綢、珠寶、蠟燭和彩飾手稿。書商和手抄本繪圖師在布魯日有著高度組織化的作坊，並且發展出出口到歐洲各地的蓬勃貿易。

但卡克斯頓並不是其中一員。他最初居住在英格蘭移民區中的英格蘭街公共住宅，這裡有點像牛津大學。他可能是為了避免國內的內戰而留在此地。他於一四六二年被任命為總督

（Governor），這是一份全職工作，負責照顧布魯日英格蘭商人的利益。他擔任這個職位達九年的時間，不過在蘭開斯特家族國王亨利六世重新掌權後，他便失去了這個職位。身為約克家族忠實成員的卡克斯頓必須尋找新的工作。

然而，他也有一些位居高位的朋友。愛德華四世的妹妹約克的瑪格麗特（Margaret of York）與勃艮第公爵於一四六八年結婚。她是精美插圖書籍創作的重要推手，她會贊助作家、抄寫員或是藝術家。她喜歡閱讀騎士羅曼史，也喜歡探討虔誠信仰的書籍。卡克斯頓成了她的兼職顧問和商業代理人，因為她也涉足羊毛貿易。他已經著手翻譯公爵夫人喜歡讀的那類書，如《特洛伊史》（*The History of Troy*）。他記載了夫人當時要求看他的翻譯：「她很快就發現我英語當中的毛病，並且命令我對此進行修正……」，更重要的是，她命令他完成翻譯。

卡克斯頓最主要的身分仍舊是商人。他在一四七一年九月翻譯完了這本他明白早已在勃艮第宮廷中大受歡迎的書籍。公爵夫人必定會想要幾本，而且在英格蘭也會有龐大需求。他正好在這個時間點代表愛德華四世前往科隆執行任務，而他在這裡也找到了解決問題的答案：印刷機。他在科隆停留了十八個月，學習如何印刷。當他回到布魯日後，便開始著手建立自己的印刷廠。他一定有從科隆帶著一批人回來，因為生產一本書涉及許多工作：排版、印刷與裝訂。一四七四年底或是一四七五年的新年，他終於出版了《特洛伊史》，這是第一本用英語印刷的書。他自豪地寫下這件事的經過：「我耗費了大量的金錢和代價來練習和學習，這本書才能夠以你們眼前所看到的風格和形式印刷出來。這本書不像其他書籍一樣是用筆和墨水寫成的，這麼做的目的便是要讓每個人可以馬上取得。」

他總共印了四百到五百本書。這在過去需要許多抄寫員，而且需要長達好幾年的時間才能全部抄寫完成。不過，卡克斯頓仍然小心翼翼地確保印刷書的品質要盡可能與宮廷使用的手抄書相似。在一幅木刻畫的描繪中，他正在向公爵夫人展示他的書。在畫中他剛被允許進入她的王座房間，跪在她面前。而在夫人周圍聚集著一群戴著精緻頭巾的侍女，侍臣們在旁嘰嘰喳喳，還有一隻寵物猴子。

卡克斯頓所印刷的許多書籍之後將出口到英格蘭。勃艮第公爵於一四七六年戰敗，全法國陷入混亂，卡克斯頓於是決定搬回英格蘭。一四七六年下半年，卡克斯頓在西敏寺分院旁邊開設了自己的商店，這是個理想位置，因為它位於連接宮殿和教堂的道路上。朝臣、貴族、律師、教士、政府官員和那些前來倫敦參加國會的人沿著這條道路熙熙攘攘地走著。卡克斯頓知道愛德華四世和他的宮廷成員渴望閱讀勃艮第宮廷中流行的書籍，因此他開始印刷一系列能反映出王后及其親戚伍德維爾家族興趣的書籍，有些甚至是由她的弟弟里弗斯勛爵翻譯。其中包括浪漫故事、學校教科書、供旅行者使用的短語手冊、聖徒生平、英格蘭歷史，其中最著名的是喬叟的《坎特伯里故事集》。

公司生意興隆，不久他在「紅白招牌」（Sign of The Red Pale）有了新的辦公場所。紅白招牌就坐落在今日維多利亞街商業、能源和工業戰略部（Department of Business, Energy and Industrial Strategy）的玻璃帷幕辦公大樓。但是局勢後來開始變得很糟糕。在理查三世在位時，卡克斯頓的主要贊助人伍德維爾家族失勢了。卡克斯頓盡其所能保持對他們的忠誠，只出版那些靈感來自於王后及其家人的書籍。他在書中隱藏了王后等人的姓名，以免冒犯篡位者。但是，到一四八四年春天，卡克斯頓被迫接受新政權，並且將一本書獻給理查三世。正因如此，當亨利七世在次年登上王位時，卡克斯頓失去了王室的寵愛，而且在後來的許多年當中，他都沒有重新獲得王室青睞。不過幸虧他夠長壽，所以最終還是等到了將書籍獻給新國王及其繼承者的機會。他於一四九一年去世，死後將他的事業留給了首席助手溫金・德・沃爾德（Wynkyn de Worde）。

# 25 秩序的恢復：都鐸王朝

一四八五年八月，當二十八歲的亨利・都鐸在博斯沃思的戰場上取得勝利時，這還稱不上是新時代的破曉時刻。在兩個敵對王朝爭奪王位的漫長鬥爭中，這場勝利不過只是無數轉折中的其中之一。但是對該事件的看法在半個世紀後，也就是他兒子亨利八世的統治期間，發生了極端變化。到了那個時候，都鐸王朝的建立被視為一個新時代的開始。這種轉變是由兩個因素所造成的。第一是都鐸王朝統治的成功，兒子在未經流血的情況下繼承了父親；第二是都鐸家庭本身對這個想法的宣傳。那些希望奉承他們的人自然會去詆毀理查三世、掩蓋愛德華四世的成就，並且放大了玫瑰戰爭的恐怖程度。人們以這種方式創造出玫瑰結合的傳說，也就是蘭開斯特的紅玫瑰與約克的白玫瑰結合成了一朵都鐸玫瑰。

然而，真實情況與上述說法截然不同。因為亨利七世的統治和他兒子的前二十年統治實際上仍然是延續過去的種種作為。亨利七世是愛德華四世的翻版，兩位都是懂得如何運用現有制度並且使之對自己有利的國王。但與愛德華四世不同的是，亨利七世沒有任何個人惡習，這使得他像個缺乏人味、完全沒有性衝動的君主；而性衝動正是愛德華四世和亨利八世的性格讓人如此著迷的原因。然而，亨利七世天生具備作為一位成功國王的特質：勤奮、實踐力、耐心與組織力量，以及對王權榮耀的堅定信念。

他即位之後對於王權榮耀的信念更是不斷增強，因為這彌補了他最缺乏的東西：繼承王位的正當性。亨利家族血緣距離王室繼承順位非常遙遠。這個血統一方面是來自他的祖父和亨利五世遺孀的婚姻，另一方面是源自岡特的約翰與某個情婦所生的私生子。這種出身顯然會被排除在王位繼承順位之外。

在亨利七世統治的大部分時間裡，這種王位繼承正當性之不足感一直縈繞在他的心頭。這種念頭讓他認為自己有必要將都鐸家族牢牢地確立為英格蘭的正當統治者，而且不論是在國內或在國外都要得到認可。同時，他必須確保英格蘭政府回歸到井然有序，並且要恢復人們對王權的尊重。他在即位之時便相當清楚自己的弱點，所以他從不為自己的王位繼承權辯護。相反地，他精明地告訴國會，這是他繼承的遺產，而且從他打贏戰爭可以看出他的繼位是上帝的旨意。他接著便展開消滅王位競爭對手的長期計畫。之所以有許多王位競爭者，是因為王室在上個世紀與許多貴族通婚。都鐸王朝時代在這方面便出現了顯著的變化，王室漸漸地開始刻意疏離貴族，但是這並不是立即發生的。

亨利七世的第一步是迎娶約克家族的女繼承人：愛德華四世的女兒伊莉莎白。她於一四八六年九月生了一個兒子，以傳說中的英國國王亞瑟（Arthur）的名字命名。從這一刻起，亨利心中最為關注的計畫便是約克家族和蘭開斯特家族的玫瑰聯盟。問題在於白玫瑰約克家族還有好幾位具有王位繼承資格的人，這些人既有血統純正的，也有假冒血統的。總之，這群人將在接下來的十七年中試圖奪取王位。其中一位主張擁有王位繼承權的人是沃里克伯爵愛德華（Edward, Earl of Warwick），他早已被關在倫敦塔之中。沃里克伯爵愛德華的父親是愛德華四世的弟弟克拉倫斯公爵。由於亨利控制著具有繼位正當性的成年男性，這意味著約克家族不得不求助於其他不具正當性的頂替者。第一位是名為蘭伯特・西姆內爾（Lambert Simnel）的無辜青年，最初牛津的一位牧師將他假扮成在倫敦塔裡被謀殺的王子之一，西姆內爾後來又被扮成沃里克伯爵愛德華。亨利七世帶著真正的伯爵遊街示眾，但是絲毫沒有說服的效果。接著，西姆內爾被帶到荷蘭，並且在那裡得到了林肯伯爵約翰（John de la Pole, 1st Earl of Lincoln）的支持。林肯伯爵是愛德華四世妹妹伊莉莎白的兒子。然後，西姆內爾航行到愛爾蘭，並在都柏林加冕為愛德華六世，他隨後與林肯伯爵一同在蘭開夏郡登陸。一四八七年六月十六日，他們在斯托克戰役（Battle of Stoke）中被擊敗。林肯伯爵遭到殺害，而西姆內爾成為國王黑色幽默的犧牲品，被貶到王家廚房擔任幫傭。

第二個王位覬覦者珀金・沃貝克（Perkin Warbeck）更為危險，他在八年裡一直扮演著約克公爵理查。理查是塔中兩位王子中較年輕的那位。沃貝克的出身是圖爾奈（Tournai）船夫的兒子，他於一四九一年秋天被說服擔任這個角色。外交形勢對他大有幫助，因為與亨利七世不和的外國統治者很樂意去鼓勵並且承認與亨利七世競爭正當王位繼承權的人。法國國王是首先這樣做的人。但是，當法國希望與亨利七世和平共處時，沃貝克便被迫遷往荷蘭，在那裡他被低地國的統治者馬克西米利安大公（Archduke Maximilian）收留。馬克西米利安帶著沃貝克遊遍歐洲，並在一四九五年資助了一次對英格蘭絲毫不具威脅的入侵：幾百名追隨者在肯特郡附近登陸後，很快便遭到屠殺。沃貝克接著前往愛爾蘭，但是他未能成功攻下沃特福德（Waterford），接著又前往了蘇格蘭。詹姆士四世收留了這位「英格蘭的理查王子」，並且許配一位貴族新娘給他。沃貝克接著嘗試從北部入侵英格蘭，不過結果卻是場災難。他在一四九五年時，又企圖從西南入侵英格蘭，這仍舊是場災難。當保王派軍隊向埃克塞特挺進時，沃貝克便逃跑並尋求新的庇護者。不久之後，他便向國王投降並且任由宰割。他被跟沃里克伯爵一起關在倫敦塔中。故事並沒有就此結束。亨利七世由於擔心又發生陰謀，兩年後將他們兩人都處決了。

亨利七世接著將注意力轉移到愛德華四世的妹妹伊莉莎白仍在世的兒子身上：薩福克伯爵埃德蒙（Edmund de la Pole, 3rd Duke of Suffolk）和他的弟弟理查（Richard de la Pole）。薩福克因為害怕最壞的情況發生，便逃離了英格蘭。不過他最終在一五〇六年被捕獲，移送給亨利七世，並於七年後被亨利八世處決。薩福克的弟弟理查在一五二五年的帕維亞戰役（Battle of Pavia）中陣亡。雖然王位繼承人看似都被消滅了，但是都鐸家族仍然執著要找到所有能聲稱擁有王位繼承權的人，無論這個人與王位之關係多麼疏遠。亨利七世的孫女伊莉莎白統治了四十五年，她在掌權時始終拒絕認可繼承人，更不用說是明確指定。

亨利七世跟愛德華四世一樣堅信強健的財政狀況是成功統治的關鍵之一。當國王在即位二十四年後去世時，某位義大利人寫道他是「當今世界上最富有的君主」。這是一種誇飾修辭，他去世時的實際情形是沒有負債，不過這件事情本身就是項重大且難得的壯舉。亨利七世是透過利用其作為君主應得的收入——來自皇家土地、關稅和與封建權利有關的費用——實現的。亨利七世作為博斯沃思戰役的勝利者，他可以透過剝奪敵人財產的法令，藉此接收他們的財產。不尋常的是，他一直保留著這些莊園，他因此從這些財產中獲得比過去多出三倍的收入。他避免了昂貴的外國戰爭，這意味著貿易蒸蒸日上，而且通過海關進口的貨物數量也有所增加。他還堅持收取各種屬於自己的封建稅，這也造成嚴格徵收這些費用的人非常不受民眾歡迎。他像愛德華四世一樣，嚴加監督這些收入不會被送入那個宛如累贅的國庫，而是被直接送進他的私庫。他親自在那裡參與了帳目的審計工作，小心翼翼地把自己姓名的首字母寫在每一頁的底部。

君王需要富裕，事實上是需要非常富裕，才能成功統治。它還需要從各階層的人群中獲得好的建議，因此也就是在亨利七世統治期間，王權開始以諮議會（The Council）作為權力運作的中心。他的諮議會中有多達一百五十名成員，當中有貴族、律師、王室內廷官員和神職人員。他們很少會全體同時會面，其性質是一個為國王提供協助的機動團隊，體現了政府各個方面的專業知識。隨著時間的推移，其中一些團體開始負責特定職務，如處理窮人請願的顧問，而且這個諮議會逐漸被稱為小額債務索賠法院（The Court of Requests）。

君主制也需要全國各地的支持，因此許多諮議員占據了倫敦以外的關鍵職位，比如北部或威爾斯邊境。但更重要的是鄉紳的地位獲得了提升，他們接受國王任命來履行治安法官（Justice of the Peace）的職責。在都鐸王朝統治的這一整個世紀中，治安法官便是王室政策在農村落實的基本工具。該系統的唯一弱點是他們沒有得到報酬。不過都鐸王朝的君主善於體察基層輿論的脈動，鮮少要求官員執行會遭到強烈反對的政策。

所有這些都標誌著都鐸統治的基調，即權力集中在王室手中。權力性質因此發生了轉變，權力不再依靠武裝侍從的支持，宮廷改為透過財富與政治影響力來施展權力。人們現在都要依附於某位深受國王寵愛的大領主，這被眾人視為獲得晉升的唯一途徑。因此，貴族們所企圖達到的頂峰便是能夠參與宮廷以及在大領主家庭中任職，都鐸王朝的國王們將此作為一種控制手段。此外，國王這身分自中世紀以來便具有神祕色彩，而都鐸王朝則是針對其神祕性的部分再加以精心闡述。到了十六世紀末期，統治者因此幾乎具備神祇一般的地位。所謂的王室特權，即授予國王意志的無限權力，被眾人視為神聖不可侵犯，並且對國家的運作至關重要。所有這一切都是透過君主制的儀式性和壯觀性逐步升級實現的。君王的各種模樣都逐漸被打造出要具備某種無與倫比的華麗外表。在亨利七世的統治下，國王成了「閣下」（his Grace）；但在他兒子的統治下，國王成了「陛下」（his Majesty）。

亨利七世的晚年因他的長子亞瑟不幸去世而愁雲慘霧。亞瑟於一五〇一年與新統一的西班牙王室阿拉貢的凱瑟琳（Catherine of Aragon）結婚，讓這個王朝獲得國際的認可。亨利七世於一五〇九年四月二十一日去世，享年五十二歲，在此之後他年僅十八歲的次子繼承了王位，並且立刻與兄長的遺孀結婚。從表面上看，這是個極為戲劇性的變化，因為亨利八世具有他父親所特別缺乏的外向性格。他是個英俊的金髮青年，受過良好的教育，既是學者又是運動員。他是一個有天賦的音樂家，能夠在神學辯論中堅持自己的立場，並且熱愛藝術和學問。與此同時，他還是一名技藝高超的騎手，充滿了騎士精神，決心不僅在壯麗的騎士比武場中，而且在戰場上成為一名出色的戰士。亨利八世有一個致命的缺陷：他不喜歡政府的事務。在他統治前二十年的大部分時間裡，他找到了可以幫自己解決乏味國事的人，也就是特別勤奮又聰明的湯瑪斯・沃爾西（Thomas Wolsey）。沃爾西為國王統治英格蘭，能夠實現他所有心血來潮的想法，把管理國家的重擔從他身上卸下來，好讓他能縱情享受這個漫無止境的節慶。

國家體制在這樣的發展下並沒有任何改變，只不過它並不是由國王直接控制的，而是由他的重臣來運籌帷幄。這很快引起了人們的不滿，尤其是資深的貴族家庭。沃爾西的父親是伊普斯維奇（Ipswich）的屠夫和牛販，並透過教會迅速上位。他於一五〇七年開始替亨利七世效力，而且在新國王即位之後以流星般的速度晉升：一五一四年成為林肯主教和約克大主教，並於翌年成為御前大臣和樞機（Cardinal）。由於坎特伯里大主教始終健在，沃爾西被教宗利奧十世（Pope Leo X）任命為教廷使節（legatus a latere），這個職位讓他成了一名特殊的常駐使節，而他的管轄權力涵括了英格蘭全境的教會。在此之前，從來沒有一位主教擁有如此強大的權力，以及對於工作如此充滿熱情。但是沃爾西相當自豪，而他的華麗風格（包括建造漢普頓宮）引起了旁觀者的羨慕。他的鄉紳門房湯瑪斯・卡文迪許（Thomas Cavendish）記錄下了沃爾西給他的深刻印象：

> 在他隊伍前頭……首先是英格蘭的國璽，然後某位貴族或尊貴紳士莊嚴地拿著樞機帽子，他本人頭上未戴帽子……就這樣向前走。他的胸前佩掛著兩個銀質大十字架；隊伍中還有兩根巨大的銀柱，他的警衛長手持一根巨大的鍍銀權杖。接著，他的門役們高喊道：「啊，各位大人們！請讓路給樞機大人！」

沃爾西的首要任務是實現國王的願望，使英格蘭成為歐洲政治舞台上的重要角色，這與上世紀英格蘭國王的立場大不相同。歐陸的所有注意力現在都集中在法國瓦盧瓦王朝國王和統治西歐大部分地區的哈布斯堡王朝統治者之間的大規模對抗。沃爾西認為英格蘭在這場對抗中可以扮演重要的調停者角色。遺憾的是，事後的發展證明這是個代價高昂的幻覺。但是這也成為舉辦一系列壯觀外交會議的藉口。其中最著名的是一五二〇年亨利八世和法國國王弗朗西斯一世（Francis I）之間舉行的一場名為「金縷地之會」（Field of the Cloth of Gold）的活動，這場盛事成了後世傳奇。五千多人參加了亨利八世和他王后的宴會，六千多名工人建造了一個臨時的小鎮，上面有華麗的帳篷和涼亭，中心是一座閃閃發光的宮殿，由油漆過的帆布和木頭建成。為了裝飾這座宮殿，英國幾乎耗盡了珍貴的織物和珠寶。

和往常一樣，沃爾西會處理每個細節，然後再擔心是否有足夠的啤酒和葡萄酒、綠鵝、兔子、鸛、鵪鶉和乳酪來餵飽每個人。這是國王和大臣之間的典型關係，在亨利八世各種天馬行空的想法尚未踏上沃爾西無法遵循的危險方向以前，這種關係將不會有任何改變。一五二七年春天，亨利八世認定自己與兄長遺孀的婚姻是有罪的，並且要求廢除這樁婚姻。這個決定推動了英格蘭自一〇六六年以來最大變化的發生，也導致了沃爾西的垮台。

# 26 改革與革命

在亨利八世的時代，人們上教堂的習慣已經有數百年的歷史，而正是在這種背景下，亨利八世告知沃爾西，他希望能讓教宗廢止自己的婚姻。會眾聚集在教堂中殿聆聽拉丁語彌撒。教堂的牆壁和窗戶上掛著明亮的畫作和彩色玻璃，上頭描繪著福音故事和聖徒生平。教堂中有聖母和聖人的雕刻圖像，在他們面前有點燃的蠟燭，代表著祈求在天堂有他們的介入。中殿和聖壇之間隔著一道屏風，俗人不能越過屏風，而且在屏風上方懸掛著一尊被掛在十字架上真人大小的基督像，他的兩側則是聖母瑪利亞和聖約翰，這便是所謂的大十字苦像（rood）。在屏風後方是聖壇（chancel），這是教堂中專屬神職人員使用的區域，在東端有一座石製祭壇。祭壇周圍有時會展示聖人的聖髑，像是骨頭或衣服的碎片，它們被保存在以珍貴材料製成的容器中。祭壇上裝飾著色彩豐富的帷幔，這些帷幔根據教會一年中不同的節期而變化，白色代表復活節，紅色則代表殉道者的節日。祭壇是整個教堂的焦點，因為在每天的彌撒中，基督在十字架上的犧牲就在此重演。神父會穿著繡花法衣，焚香，並在莊嚴的時刻敲響鐘聲。在祭壇上，有名為「祭餅」（host）的一小塊神聖麵包被放在稱為聖餐盒（pyx）的懸空容器中，上頭蓋著紗或布。這樣一來，即使在彌撒時間之外，基督的身體也永遠在場，天堂在此降臨人間。中世紀天主教是一種信徒要透過視覺和感官來接近的生動信仰。

這種做法在半個世紀後將變得截然不同。雖然彩色玻璃可能仍然保留下來，因為要改用普通玻璃要耗費一大筆錢，但是教堂內部將幾乎被剝得光禿一片。所有的畫與雕刻圖像若不是被用顏料覆蓋、被移除，就是被毀損。牆壁被粉刷成白色，其上只裝飾著《聖經》經文。聖壇屏（rood screen）的上方不再是十字架，而是王家紋章。聖壇上的石壇和聖餐盒都被移除，取而代之的是一張木桌子，只有在聖餐禮（代替彌撒的儀式）進行時才會被偶爾使用。而且當聖餐禮進行時，這張桌子上只會鋪上一層亞麻布。神職人員不再穿著法衣，而是穿著短白衣（supplice）。在大多數禮拜天，禮拜會在早晨進行，所使用的語言不是拉丁語而是英語，而且會眾也會參與禮拜的運作。經文現在選讀自英語譯本《聖經》，焦點也不再是聖壇，而是講道的講壇。曾經仰賴視覺刺激的基督教已經被另一種基督教所取代，信徒主要使用的器官是耳朵，他們的追求是聆聽和接受上帝之話語。

這對於英格蘭人民而言將是本世紀最大的變化。當國王婚姻問題在一五二七年出現時，沒有人能夠預見到這個後果。這項巨大的變化還需要放到更寬廣的背景中，也就是席捲整個歐洲、被稱為「宗教改革」的運動。天主教直到十六世紀初仍然是一個大一統的教會，教宗是教會領袖，並且透過他的主教來進行統治。十幾個世紀以來，教會經歷了種種起伏，但始終能設法及時應對改革，防止出現分裂。這種屢次及時成功應對的做法至本世紀終告破功，因為教會在這次所做出的回應太慢，因此不但未能減少，反而還加劇了不同陣營之間的分歧。這樣的結果是基督教世界分裂為天主教和新教陣營，天主教徒是仍然忠於羅馬教會的人們，而新教徒則是拒斥羅馬教會並且接受新教教義的人們。這在整個西歐造成災難性的分裂，不僅影響家庭，而且影響全歐洲的國家，引發了血腥的迫害和戰爭。

當亨利八世想與阿拉貢的凱瑟琳離婚時，這場劇烈的運動在馬丁・路德（Martin Luther）的領導下已在日耳曼地區取得巨大成果，而且他的思想已經傳到了英格蘭。路德的思想預示了在接下來的幾十年將發生的事情：教宗至高地位被否定、宗教修會被廢除、牧師能夠結婚、俗人獲得在彌撒或聖餐禮上領受葡萄酒和麵包的權利、教堂的禮拜改為使用本國語言。此外，對聖母瑪利亞和聖人的崇拜、朝聖和聖髑都被掃除一空。中世紀的教會宣揚七個聖禮：嬰兒期的洗禮、童年時期的堅信禮、婚姻、聖職禮（holy orders）、潔淨和餵養靈魂的懺悔與聖餐禮，以及安慰患病和垂死之人的膏油。路德只宣揚其中兩個：洗禮和聖餐禮。神學家們針對聖餐禮的實際意義爆發激烈爭論，改革派認為這是一種紀念性行為，而不是實際上將麵包和葡萄酒轉化為基督的肉體和血。彷彿上述這一切還不夠徹底，改革者們進一步重新定義了人與上帝的關係。教會所重視的許多東西——善行、朝聖、赦免、懺悔儀式、為死者靈魂舉行的彌撒——因此都變得多餘。改革者直接訴諸聖保羅，用他的話宣告：僅憑信仰就可以使人稱義或得救。這種信念改變了神職人員的本質，他們不再是一個充當上帝和人類之間的中間人的特殊階層。

亨利八世的王后於一五二七年已經四十歲了，並且已經過了生育年齡。她唯一存活於世的孩子是體弱多病的女兒瑪麗（Mary）。國王認為這是對他與他兄弟的遺孀結婚的懲罰，因為這種婚姻是《聖經》明確禁止的，除非有教宗的特別授權，這種婚姻方得以成立。亨利想要一個兒子，而他現在深深地愛上了宮廷中的年輕女子安・博林（Anne Boleyn），她已經到了可以替他生子的年齡。安是個懷抱野心、受過良好教育的女人，她在法國宮廷的日子使她對倡議改革者充滿同情。沃爾西的任務是獲得教宗對離婚的允許，以便安和國王可以結婚。然而，這是他未能成功做到的事情，不僅因為教宗認為沒有理由批准，而且也因為沃爾西在這段時間當中處於王后的侄子神聖羅馬帝國皇帝查理五世（Charles V）的控制之下。樞機的努力持續了兩年，到了一五二九年時，教宗想到讓這個漫長過程再次延長的方法：他在英格蘭建立了一個由沃爾西和一位義大利樞機共同主持的法庭。這個法庭持續了五個月，取得的成果甚少，而在一五二九年夏天時，教宗突然又將案件撤回羅馬。

國王對此極為憤怒。這也是亨利八世首次表現出此種人格特質，憤怒將成為其日後統治的主要特徵。亨利八世可以造就某些人物，但是一旦他們跨越了他的底線，他自然也可以毀掉這些人，沃爾西將成為他毀滅的第一個重要人物。不過由於沃爾西不受歡迎，因此很少引起同情。各個陣營都是沃爾西的敵人，他在這方面相當失敗。這位樞機被指控犯有侵犯王權罪（praemunire），即在英格蘭行使非法管轄權，這個說法所暗指的便是他身為教宗使節的權力。他被剝奪了御前大臣職位，他接著便動身前往自己作為約克大主教的約克教區。他於一年後被逮捕，並被押往南方，但他生病了，並且在萊斯特修道院尋求庇護，然後便在那裡過世，從而避開了劊子手的斧頭。他的最後遺言是：「但是，如果我侍奉上帝像侍奉國王一樣勤奮，祂絕不會放棄白髮蒼蒼的我。」

局勢現在開始發生了急遽變化。國王任命湯瑪斯・莫爾爵士為新任御前大臣，但更重要的是在一五二九年十一月召開的國會，從未來的發展來看，這是國會歷史上的一個關鍵轉折點。亨利八世需要支持。國會成員不僅有貴族，城鎮和郡的代表人數還要更多。國會因此是君主對抗羅馬的一種手段，而透過這種手段也可以讓這種對抗顯得與國家的利益一致。在此後不久所通過的重要法案清楚呈現出雙方的一種新夥伴關係，並且為未來的發展樹立了典範。國王也很幸運地從下議院強烈的反教權情緒中獲益。人們嫉妒教會的財富，因為教會占有全國三分之一的土地。他們不滿要支付什一稅，也討厭教會法庭。他們對許多神職人員的腐敗深惡痛絕，沃爾西的物欲俗氣就是典型代表。在衝突最初階段中對於國王特別有利的是神職人員對羅馬的憎恨，這是因為沃爾西運用自己教宗使節的權力踏在他們頭上作威作福。

這些背景發展讓新的法案得以推動，它們將會推動英格蘭自一〇六六年以來最大的變化，這一切皆從對教會的猛烈攻擊開始。一五三〇年十二月，所有神職人員都被指控犯有侵犯王權罪，就跟沃爾西一樣，他們被指控犯有非法管轄權罪。亨利八世在兩個月後赦免了他們，他們必須要繳納一筆巨額罰款作為回報，並且承認國王是「在基督法律允許的範圍內，英格蘭教會的最高領袖」。這道難題就這樣被拋回給了教宗，教宗對此不予理睬，並且禁止國王再婚。

隨著湯瑪斯・克倫威爾（Thomas Cromwell）於一五三一年十二月進入御前會議的核心圈中，上述的那些第一波交鋒也隨之升溫。他就像自己所服侍過的沃爾西一樣出身卑微。他才華橫溢，但也冷酷無情並精於算計，擁有一流頭腦，而且具備懂得操縱國會的狡猾才能。克倫威爾是少數可以左右亨利八世意志的人，他因此平步青雲不斷地被授與官職。他被任命為財政大臣兼首席祕書。

事態開始迅速發展。國會襲擊了教會法院（ecclesiastical courts）。約克和坎特伯里的主教會議（convocation）在驚慌失措中，同意將自己交付到國王的手中，這便是當時通過的《教士服從法案》（Act for the Submission of the Clergy）之內容。亨利八世現在控制了教會。一五三三年初，他與安・博林祕密結婚，此時的她已經懷孕了。國會於三月通過了《禁止上訴法案》（Act in Restraint of Appeals），斷絕了英格蘭教會與羅馬的聯繫，這實質上是創造出一個對抗英格蘭天主教會的英格蘭國家教會。該法案的序言宣稱「英格蘭王國是一個帝國……由一位最高首腦和國王統治」。在這樣強有力的行動中，英格蘭被從普世教會中分離出來，國王自己取代了教宗。

與此同時，坎特伯里大主教去世了，亨利八世得以任命一位既同情他的困境又同時是改革家的人，這個人便是湯瑪斯・克蘭默（Thomas Cranmer）。他同意國王離婚，亨利八世再婚，九月，新王后生下了名為伊莉莎白的女兒。第二年，《至尊法案》（Act of Supremacy）總結了英格蘭與羅馬之間關係的斷絕，此法案規定所有從前繳交給教宗的稅金，現在都要轉繳給作為「英格蘭教會最高首領」的國王。在這個年代，任何事情都要建立在過去的先例上，國王於是聲稱他所做的不過是將事物倒轉回早期教會的狀況。在他看來，他所行使的新權力是羅馬皇帝在被教宗篡奪之前所享有的權力，即針對教會施以行政管理和徵稅，控制其法律和法院，甚至定義教義以及制定儀式。

令人驚訝的是，這場革命引發的反對聲音相當少。也許人們認為這只是一個暫時性的混亂，不久之後便會被修補完整，但是他們錯了。那些意識到其背後蘊含的全面性意義並提出抗議的人，則受到了野蠻對待。一位修女伊莉莎白・巴頓（Elizabeth Barton）預言，如果國王推行這些政策將會有悲慘的命運，她和她的同夥因此遭到圍捕並被處死。在第一次《王位繼承法》（Act of Succession）通過後有更多受害者出現，因為此法律要求每個成年人必須宣誓承認國王的第一次婚姻無效，而且安・博林的孩子將是他的繼承人。一小群最嚴格的修士，即卡爾特修道會修士（Carthusians），因為拒絕宣誓而被殘忍地折磨、絞死和肢解。羅切斯特主教約翰・費雪（John Fisher）和湯瑪斯・莫爾爵士這兩位聖潔的人被送上了斷頭台。但總的來說，摧毀英格蘭中世紀教會的是一場沒有流血的革命。

然而，事態絲毫沒有減緩的趨勢。甫就任英格蘭教會副監督（Vicar-General of the Church of England）不久的克倫威爾於一五三五年一月派出專員到各地調查，並且向他回報修道院的狀況。在這些專員下筆之前，人們很可能早就猜到他們之後要公布的調查結果。國王需要錢，而修道院占據了英格蘭國土的四分之一。國王還要讓國會中那些支持法令通過的議員們跟自己緊密地綁在一塊。將這些被沒收的土地授予人們，將可以確保他們對目前這種新局面永遠充滿熱情。在一五三六至一五四〇年間，總共約有八百所修道院被解散，終結了這個存在了三個世紀的宗教職業，同時也改變了這塊土地的面貌。一輛輛運貨馬車將修院內的財物搬到國王的寶庫，拆遷隊隨後便進來將屋頂上的鉛剝扯下來，砸碎窗戶，擰斷所有配件，留下接著將被蓄意破壞的東西。修道院中宏偉圖書館的書籍被沒收、賣到國外或銷毀。修道院中的神父們不是退休就是成為教區牧師，只有三位修道院院長頑強抵抗，他們所得到的獎賞便是被絞死在修道院門口。

與此同時，作為朝聖中心的遺跡和圖像也遭到破壞。運貨馬車再次出現，這次是被王家官員們用來將珠寶、金銀送往倫敦。朝聖者所崇拜的一些聞名於世的圖像則被帶到大庭廣眾之下公開焚燒。聖徒的聖所被夷為平地。

這些事件的發生並沒有引發大規模的社會動盪，這不僅證明這些政策得到一定程度的支持（至少在南方是如此），也證明君王的權力之強大。唯有在北方出現了一些反對勢力，首先是在林肯郡出現，不過很快就被平息。在約克郡的反對勢力則更為強烈。南北之間的新仇加舊恨在一五三六年全被搬上檯面：約克人民懷抱著對落敗之約克黨（Yorkist party）無法抹滅的情感，再加上對被強加於身上的宗教變革感到失望。約克市宣布支持叛軍，而當地律師羅伯特・阿斯克（Robert Aske）成為他們的領袖。他指出這不是反叛，而是「聖寵朝聖行」（The Pilgrimage of Grace），他們的行動從那時候開始便被這麼稱呼。叛亂分子把基督在十字架上所受的五道傷當作他們的旗幟圖案。參加者不只有平民百姓，紳士和貴族階層的成員都被吸引到這場反抗之中。如果他們立即向南進軍，政府很可能就被擊倒了。不過他們延遲了行動，並且開始與國王的代表諾福克公爵（Duke of Norfolk）進行談判。諾福克公爵承諾會將他們的要求傳達給國王，其中包括停止關閉修道院，恢復教宗的地位，建立一個不須承受國王壓力的國會，以及要克倫威爾及其親信下台。諾福克讓他們相信，這些要求大部分都會得到批准，於是他們便返回自己的家。當時幾乎沒有人預想到自己不久將面臨的命運。諾福克和國王都不打算屈服於叛亂分子的要求，而一五三七年二月再次爆發的叛亂苗頭，給了他們所需的口實。兩百多人被圍捕和處決，其中包括阿斯克，這些處決是故意在北方各地上演的，目的是要對任何有同樣企圖的人殺雞儆猴。

王室的權力得到了前所未有的伸張。為了確保都鐸王朝在北方的統治，一個由王室官員組成的委員會在約克成立。威爾斯在三年前也有類似的組織成立。威爾斯於一五三六年被併入英格蘭，並且劃分為許多由治安法官管轄的郡，藉此確保政府政策在此能被確實執行。在亨利八世之前，從未有英格蘭統治者那麼像是一位真正的英格蘭國王，能夠將意志落實到王國的每一個角落。

這些改變所帶來的財富，對於王權的伸張有著難以估計的重要幫助。王室的收入增加了一倍，因此需要新的財政部門來處理新的收入來源。克倫威爾確保了政府結構隨之改變，以滿足國王的需要。他所擔任的首席祕書角色從此成為政府的關鍵職位，而他所創立的內部集團——樞密院（Privy Council）——便是今天內閣的前身。國會，尤其是下議院，所被賦予的地位則對日後的意義更為重大。王室建立起了對國會的影響力，例如確保支持王室立場的議員得以當選。議員候選人雖然會受到各種壓力，不過基本上是掌握在當地貴族和鄉紳手中。這些發展都表明國王、貴族和鄉紳之間組成了新的夥伴關係。這種合作關係的具體做法則是由國會通過成文法。

而宮廷在此時也發生了另一變化。安・博林未能生育出男性繼承人，更糟糕的是，她與自己的寵臣過從甚密的流言蜚語甚囂塵上。當安・博林的前任王后去世後，她的命運也就走到了盡頭。一五三六年五月十九日，新任大主教宣布國王的第二次婚姻無效。國王接著迎娶了另一位宮廷女子珍・西摩（Jane Seymour）。安被處死。在恩典朝聖行遭到野蠻鎮壓的同時，珍・西摩生下了國王期待已久的繼承人愛德華，但是她在生產不久後便過世了。

到了一五三〇年代末期，宮廷局勢開始呈現出它在未來將會不斷出現的特徵：那些不希望進一步改變、甚至想要回到過去的人，與那些爭取更多改變的人之間產生了分歧。這兩個敵對派系的起伏興衰都取決於國王的心情，一個由諾福克公爵與加德納主教（Bishop Gardiner）領導，另一個由克倫威爾與克朗默領導。天主教勢力在國外集結起來，國王於是被迫尋求與新興的新教強國結盟，這種結盟由克倫威爾策劃，具體形式便是亨利八世與其第四位王后克利夫斯的安妮

（Anne of Cleves）的婚姻。這樁婚姻是場災難，儘管國王在一五四〇年四月封克倫威爾為埃塞克斯伯爵（Earl of Essex），但是克倫威爾能夠享受這個高位的時間並沒有太長。亨利八世的目光現在注視在挑起其欲望的凱瑟琳・霍華德（Katherine Howard）身上，她是保守的諾福克公爵的侄女。不久之後，克倫威爾被關進了倫敦塔內，接著便被處決。這位被眾多人憎恨的人物的一生就就這樣結束了，他對這個國家日後的發展方向造成了無法低估的影響力。

新王后聲名狼藉的過去，不久後便被公諸於世，她也因此被送上了斷頭台；而在克倫威爾死後，保守派勢力也開始崛起。亨利後來與凱瑟琳・帕爾（Catherine Parr）締結他的第六次也是最後一次婚姻。此時，亨利八世已成為民間傳說中令人厭惡的怪物，但是凱瑟琳讓他與孩子們重新團聚，並且產生了重大影響，因為她特別注意愛德華和伊莉莎白的老師們必須是那些支持改革的人。亨利八世於一五四七年一月二十七日去世，享年五十七歲。

自從近五百年前的諾曼征服以來，英格蘭人民就不曾經歷過如此被強加在身上的劇烈變化。儘管受害者們的遭遇仍然會激起同情心，但與這個時代之成就的巨大規模相比起來，他們顯得微不足道。教會和國家已經被熔接為一體。王權與貴族和士紳們在一同摧毀掉中世紀教會之後，建立了一個新的聯盟。君王的權力被提升到前所未有的高度。英格蘭聯邦（commonwealth of England）這個新政體於焉建立。更令人驚訝的是，這個聯邦竟然可以在接下來充滿災難的十年之中倖存下來。教堂內部在亨利八世去世的時候，大體上仍舊保持著過去的模樣。雖然英語版的《聖經》在王室支持下於一五三六年出版，但是彌撒仍然是以拉丁語進行。在亨利八世剛下葬不久後，都鐸政府就開始以更戲劇性的方式改變英格蘭人的日常宗教生活。

# 27 佐國良相

被捲入宗教改革當中的人群，同時要面對過去未曾出現過的交戰：他們必須抉擇自己要效忠的對象。人們被迫在效忠國王和效忠普世教會之間做出選擇。隨著本世紀局勢的推移，發展成兩種不同信仰之間的對立。但是在一五三〇年代這種情況尚未發生，當時只有第一批受害者必須面臨這種「兩難」。其中最著名的是湯瑪斯・莫爾爵士，他擔任亨利八世的御前大臣，學問高深而且道德崇高。

莫爾出生於愛德華四世在位的最後一年，他是約翰・莫爾（John More）的兒子，約翰是倫敦法律界重鎮之一林肯律師學院（Lincoln's Inn）的律師。他依循慣例被安排住在某個貴族家庭之中，即坎特伯里大主教樞機莫頓（John Morten）的家中。他的早熟立刻就被注意到了。樞機說：「如果你們活得夠長的話，你們必然會見證在餐桌旁侍候的這個孩子將來會成為了不起的人物。」將小湯瑪斯送去牛津就讀的人正是大主教，他期望這名男孩日後能進入教會服務。莫爾終其一生是個虔誠的人，他甚至悄悄穿了一件貼身的剛毛襯衣（hair shirt，又名苦行衣），以此方式來進行永久的懺悔。儘管他曾考慮成為神職人員，但他意識到這不是他的天職，並且於一五〇二年取得律師資格。他此時已經成為這個世代中拉丁語和希臘語造詣最深的古典學者之一，因為他的成長背景正好是在英格蘭——這個位於歐洲遙遠邊緣的國家——響應所謂「文藝復興」這場大規模文化復興的時期。

該運動起源於一個多世紀以前的義大利。它始於被稱為人文主義者的學者，他們開始將注意力轉移到希臘和羅馬的作家身上。這些古典作家的作品在中世紀時往往已毀損或者早已佚失，現在則再度被找回。人文主義者將注意力轉向這些作品，不僅是為了重新建立純正的寫作風格，也是為了找回失去的知識和想法。這是充滿熱情的追求，由此產生了新學問和新藝術。這些新學問和新藝術的關心焦點是：人乃是上帝按照自己模樣所造的。不過，他們對於世間萬物秩序的看法則與中世紀的前人截然不同。人類可透過研究與發現世界的運作原理來發揮自己的新作用，讓自己與上帝所創造的這個宇宙相應。他們同時相信這些基本原理可以用數字和比例來表示。具體做法是研究宇宙物理現象，以及研究自古代世界繼承下來的文字和視覺圖像。回歸古代的這場運動中有一個面向是去尋找古代經典著作的最早版本，因為這被視為是最真實的版本。這尤其表現在《聖經》和早期基督教作家的著作上。他們相信，從希臘語原文中獲得純淨、未受汙染的新約文本，是接近上帝之道的一種方式。在阿爾卑斯山以北，伊拉斯謨（Erasmus）是這種思想最重要的倡議者，並且是莫爾的摯友之一。他們之間的書信往來通常使用羅馬西塞羅（Cicero）等作家的新拉丁語，而不是中世紀的標準化拉丁語。

莫爾二十六歲時娶了出身埃塞克斯鄉紳家族的珍・柯爾特（Jane Colt）為妻。兩人共育有三個女兒、一個兒子，但是她年紀尚輕便過世了。莫爾因為在乎家中幼子的照顧事宜，於是在珍去世一個月之內續娶了寡婦愛麗絲・米德爾頓（Alice Middleton）。當時的人描述愛麗絲「年邁、直率而粗魯」，但是莫爾深愛著她。他們建立了一個虔誠的家庭，同時也是人文學知識中新價值的典範。莫爾是女性教育的先驅者，他的孩子們接受宗教和古典文學的教育，他寫道：「女性的博學是一種新事物，是對男性懶惰的一種譴責。」因此她們被教授拉丁語、希臘語、哲學、神學、數學和天文學。莫爾一家先是住在倫敦城，後來又搬往泰晤士河岸的切爾西（Chelsea），住在由他自己建造的宅第裡。日耳曼著名畫家漢斯・霍爾拜因（Hans Holbein）將人文主義的新肖像畫藝術帶到英格蘭，並且為莫爾及其家人作畫。他說莫爾一家人「莊重而樸實無華」。

莫爾最著名的著作《烏托邦》（*Utopia*）於一五一六年出版，該書描述了一個想像中的國家，故事的講述者為一名遠航美洲的旅行者，而美洲僅僅是在十三年前才被發現。莫爾用《烏托邦》來批評英格蘭社會的貪婪和驕傲，但是書中同時也包含了一些對於未來世界不同尋常的預示：抨擊狩獵、安樂死、宗教寬容、火化死者以及女祭司和女士兵。這是他著作中時至今日唯一仍被閱讀的作品。

莫爾於《烏托邦》問世的前一年開始為亨利八世效力，並且迅速成為諮議會成員。他的魅力和智慧使國王著迷，國王因此不斷地要求他出席諮議會，甚至邀請他到宮殿的屋頂上「一起思考恆星和行星的多樣性、移動和運作」。國王也會前去莫爾在切爾西的家。與莫爾的長女瑪格麗特結婚的威廉・羅珀（William Roper）描述了這樣的拜訪：

> 為了享受與他作伴的樂趣，國王有時會突然到他在切爾西的家中共歡；國王會在無人預期的時間前來與他共進晚餐。然後，在莫爾的漂亮花園裡，國王和他一起散步大約一小時，用他的胳

脖緊緊地摟住莫爾的脖子。

莫爾深受王室寵愛，被授予騎士爵位，並且成為財政部的財務次官和下議院議長。

他不久之後便受命要替教會辯護，對抗一五二〇年代從日耳曼地區傳入英格蘭的那些思想。這種新思想甚至滲透到他自己的家庭裡，當他發現他的女婿羅珀相信「唯有信仰能夠稱義，人的作為對於得救沒有任何益處……」一時極為憤怒。莫爾震驚於錯誤教義的四處傳播，那無疑是異端邪說，當中的主張偏離了普世教會的教義，莫爾並且在一系列的文章中大力抨擊宗教改革者。作為當時的總理大臣，他不得不讓堅信這些主張的異端求仁得仁，並根據法律規定，判決他們必須被燒死在火刑柱上。

他非常不情願地接替了沃爾西的總理大臣職位，他接任的條件是，國王絕對不會要求他去處理國王的離婚事宜。莫爾完全信服羅馬教會的裁決，亨利的第一次婚姻是有效的，阿拉貢的凱瑟琳的婚約不能被拋棄。

隨著一五三〇年代各種事件的發展，他對宗教改革國會（Reformation Parliament）通過的法令感到震驚，因為這讓英格蘭脫離了普世教會。在神職人員承認國王為教會最高首領的第二天，他便交出其職位的官印，這也代表他放棄了自己大部分的收入。他的家人嚇壞了。「我們不能指望躺在羽絨床上上天堂，」他告訴家人們，「這不是正確的路。」國王對這位才華橫溢的大臣不公開支持他感到憤怒，當莫爾拒絕參加安・博林的加冕典禮時，新王后的家人便開始準備要報復他。他們在不久之後便等到了機會。

肯特郡的一位修女曾預言，如果國王拋棄了阿拉貢的凱瑟琳，他就會不得好死，而這位修女曾提到莫爾是她的支持者之一。當她被圍捕時，莫爾也受到了審問，但他成功地為自己辯護。第一部《王位繼承法》於一五三四年三月通過。根據此法律規定，每個成年人都必須宣誓承認國王的第一次婚姻是無效的，並宣誓全心全意效忠亨利八世和安所生子女的王位繼承權。即使只是發言反對這些事情都會被視為犯下叛國罪，而相應的懲罰便是沒收財產和死刑。莫爾在被傳喚去宣誓的那天便明白，這將是自己最後一次見到家人。莫爾沒有讓家人護送他登上泰晤士河上的駁船，過去他經常在那裡與他們親吻道別，這次他將他們留在花園門口，「懷抱沉重的心情」只帶著他的女婿羅珀上船。突然，當駁船沿著水面往前推進時，他轉向羅珀，在他的耳邊說：「吾兒羅珀，感謝上帝，我們得勝了。」

莫爾後來又被給予兩次發下誓言的機會，但是他都拒絕了，並被囚禁在倫敦塔中。他的家人心急如焚，尤其是他的妻子愛麗絲夫人，她完全無法理解他為何拒絕發誓。她前去探望他的時候，責備他為什麼拋棄掉過去所擁有的一切。莫爾的女婿羅珀記錄了這段對話：

在他靜靜地聽著她說話一陣子之後，面帶笑容地對她說：「我的好太太愛麗絲，請妳告訴我一件事。」

「什麼事？」她問。

他說道：「難道這間房子不是跟我自己的房子一樣靠近天堂嗎？」

到目前為止，他面臨的是監禁和財產損失。但是國會晚近通過了新的《叛國罪法案》（Act of Treason），其中規定，如果有人在證人面前否認王權在教會裡的至高無上，必須被判處死刑。

現在只是時間早晚的問題了。四個月後，湯瑪斯・克倫威爾和御前會議的其他成員對莫爾進行盤問，他再次成功地規避了這個問題。不久之後，教宗任命同樣因叛國罪遭到起訴而被關在倫敦塔的羅切斯特主教約翰・費雪（John Fisher）為樞機。亨利八世怒不可遏地說道：「如果教宗願意的話，就讓教宗送他一頂（樞機）帽子吧。當這頂帽子送來時，我會要他把帽子戴在肩膀上，因為到了那時候他便沒有頭可以戴帽了。」

沒過多久，費雪便掉入否認王權至高無上的陷阱，在塔丘上被處決。類似的情況也發生在莫爾身上，他在七月終究得面臨審判。儘管判決結果早已被決定，他仍英勇地捍衛自己的立場，就在宣判之前，他終於打破沉默，高談他對普世教會的信奉，相信基督將教會託付給聖彼得和他的繼任者教宗，並且主張無論君王還是國會都無權篡奪教會的權力。

當莫爾離開西敏寺大廳前往倫敦塔碼頭時，他的大女兒瑪格麗特跪了下來，接受了他的祝福。她推開人群和警衛，「在眾人面前公開擁抱他，摟著他的脖子親吻他」。莫爾在塔裡的牢房裡最後一次寫信給她：「永別了，我親愛的孩子，為我祈禱，我將為你和你所有的朋友祈禱，我們可以在天堂快樂地相會。」

第二天早上，七月六日的九點之前，莫爾在塔丘被斬首了：「他走上斷頭台，但斷頭台架體結構搖搖晃晃幾乎就要崩塌；他歡喜地對著副官說：『副官，我祈禱你可以讓我順利地上去，待會就不須你代勞，我會自己下來。』」他服從國王的命令，在處刑前只說了簡短幾句話：「（他）

是忠實的僕人，但上帝才是最首要的服侍對象。」他的屍體被扔進叛國者的墳墓中，他的頭按照慣例被刺穿後陳列在倫敦橋上。後來他的女兒瑪格麗特把它搶救了下來，並且將其埋葬。

莫爾的處決在整個西歐引起了恐慌。他是英格蘭宗教改革最早的受害者之一。隨著幾十年過去，兩個意見分歧的陣營的成員都呈倍數增長。莫爾深信，亨利八世與妻子離婚違反了上帝的法律，而國會對此律法毫無置喙的餘地。他認為，國王和國會不具備任何權利去撕裂普世教會那件平整無縫的長袍。莫爾在信仰上從未妥協過，這在承擔重大政府職位的人物當中相當罕見。在莫爾死後，所有人都為他的故事所感動，不僅是因為這個人為了堅守自己的原則而死，也是因為他的態度：他既沒有沉默地順從，也沒有虔誠地說教，而是透過開了一個玩笑來迎接死亡。

# 28 動盪的十年

亨利八世身後留下了三個面色蒼白、金髮的孩子，分別是繼承王位的九歲的愛德華、三十二歲的瑪麗和十四歲的伊莉莎白。他們全都繼承了其父親的堅強意志、驕傲和自大，但是三人在宗教信仰上則截然不同。這種分裂深刻地影響了十六世紀中期的發展，因為這三個孩子接續繼承了王位，而每次王位變更都將國家領向不同方向。愛德華有著神學家的道貌岸然，他是新教信仰的忠實擁護者，甚至可以說是狂熱的信徒。瑪麗的信仰深受到母親殘酷命運的影響，她渴望讓中世紀的天主教回歸；而伊莉莎白則位於上述光譜兩端之間，她嚮往的是沒有教宗的天主教，就像她父親去世時的局勢一樣。

但是，宗教的變化並不是這個年代中唯一對所有人產生深刻影響的事情。除了宗教之外，還有其他種種因素導致了社會動盪、騷亂甚至公開叛亂，這種不穩定的程度甚至威脅到了既有秩序。其中之一是通貨急速膨脹。此前一個多世紀以來，物價基本上是穩定的。然後，物價在本世紀上半葉增加了一倍。當時沒有人知道原因為何，於是人們把責任歸咎於貪婪的地主。隨著物價上漲，政府自然需要更多的錢，在亨利八世統治後期，政府決定走捷徑，讓貨幣貶值：也就是減少每一枚貨幣的銀含量，眾人很快就意識到這是個災難性的決定。到一五五〇年，貨幣的銀含量已經只有一五〇〇年的六分之一。最初，貨幣貶值使得政府變得更富有，因為它擁有的貨幣數量變多了；但是眾人很快都發覺貨幣的實際價值越來越低，於是他們提高了售價。

如果人們都將售價提高，那麼每個人自然都需要更多的錢來生活。不僅社會底層的窮人越來越窮，富人也越來越窮。兩者都面臨到需要更多金錢的壓力，這引發了變革。隨著本世紀局勢的發展，在國家頂端的王室變得越來越窮，因為它的收入依賴於固定的地租。因此，它不得不尋找其他方式籌集資金或向國會求助，但是沒有一個統治者喜歡這樣做。地位較低的地主們同樣必須尋找增加收入的方法，一種做法是擴大綿羊飼養的規模。它的勞動力成本很低，只需要一個牧羊人和一個男孩來照顧龐大的羊群。但是畜養龐大羊群所需的牧場區域，與舊有的條狀土地系統非常不同。一些地主開始盡可能地合併他們的土地，驅逐農民，甚至拆除整個村莊，並且開始用圍欄、籬笆和溝渠創造出封閉的田地，形成英國今日看到的農村格局。他們甚至將屬於所有人的公共土地也圈起來，以放牧自己的牲畜。養牛的圈地與養綿羊的數量一樣多。地主盡可能地提高租金，而當租戶無法支付租金時便失去了土地，他們必須選擇成為領工資的勞動者，或者是四處為家的流浪者。農民不再能夠以耕種領主的自留地來換取條狀土地的擁有，這個已存在數百年的制度自此逐漸消失。不過這是個漫長的過程，將在此後的三百年之間持續進行著。從這一切發展中獲益的除了地主，還有那些成為租賃農民、富進取心的勞動者。沒有土地的勞動者成了輸家。這種農村新生活模式便這麼被建立起來，此種模式一直存在到二十世紀，直到機械化時代方隨之消失。

大規模養羊是應對通貨膨脹壓力的一種方式，但是還有其他做法。擁有諸如煤炭或鋅礦等自然資源的土地所有者開始開採這些資源。商人們藉由開拓新市場來應付困境，這經常是透過所謂的股份公司來實現的。商人、鄉紳，甚至是朝臣所組成的一群人集資提供某間公司資金，並且分享利潤。英格蘭商人在這個世紀期間，逐漸在非洲、印度、俄羅斯和黎凡特（Levant）各地尋找銷售商品的市場。這些從商業所得的收益也讓日後成為都鐸時代榮耀的大房子得以出現。

成功的地主便以這種方式成為各方面的贏家。他可以成為貴族，也可以成為紳士；而後者要變成前者的方式則掌握在君主手中，因為君主能夠冊封人成為騎士或是貴族。不過要成為贏家，關鍵字仍然在於「成功」，因為有許多可能性會讓家族步上衰亡，從政治能力不足到不善於理財，都可能是原因。儘管如此，這個時代的地主還是比歷史上任何時刻都要多。他們可以在宮廷和政府中覓職，可以是郡的治安法官，也可能當選為下議院的議員。他們由各種人群組成：貴族、鄉紳、商人、律師，甚至是自由農。

現在，這群人作為一個整體擁有了前所未有的權力。國王為了進行宗教改革曾經尋求與他們結盟，而他們絕不允許往後的君主遺忘這件事情。結果是，直至維多利亞女王統治時期，地主階級都是主導國家政治發展方向的制定者。任何君主沒有他們的支持都無法成功統治。他們在下議院有表達異議的手段，而且他們逐漸視其為他們的權利。

這些深遠的變化在本世紀中葉達到了頂峰，連續好幾年的歉收加劇了變化的程度。一五五五年和一五五六年的收成非常糟糕，有人寫道：「麵包的匱乏極為嚴重，許多普通窮人只能吃橡子以及喝水果腹。」這些年除了饑荒之外，還存在著可怕的流行病。如果政府表現稱職的話，許多負面影響本來是可以避免的，但是現實卻遠非如此。都鐸王朝所代表的一切在這十年中皆岌岌可危。不過，都鐸王朝的早期成就依然卓越，我們可以從以下的事實來加以衡量：這個王朝歷經多年的統治仍倖存下來，並且可以繼續傳位給有能力的人，這一直持續到一五五八年都鐸王朝的最後一位君主登基。

一五三〇年代的種種事件有效地重新調整了國家的權力結構，不過日常生活的節奏實際上並未受到影響。但是，日常生活逐漸也開始頻繁地歷經變化。《倫敦灰衣修士編年史》（*Chronicle of the Grey Friars of London*）記錄了兩起改變了數百年生活方式的事件。第一次發生於一五四七年九月：「同前，國王在九月的第五天開始了在〔聖〕保羅大教堂的視察，所有圖畫都被撤下……英格蘭各地的所有圖像也在此時被撤下，所有教會的牆上都被重新漆成白色，其上則被寫上〔十〕誡。」然後，一年後：「同前，復活節後，在〔聖〕保羅大教堂和其他不同的教區教堂開始用英語做禮拜……」第一件事情改變了全國所有教區教堂的外觀，聖母和聖徒的形象，如果是木頭材質的就會被拿出來燒掉，如果是石頭材質的就會被錘子砸成碎片。那些講述福音書和聖徒故事的五彩壁畫消失在白色塗料的覆蓋下，現在上頭寫的是《聖經》經文。第二則記載表示禮拜改以英語進行，不再是拉丁語。

在愛德華六世統治末期，舊的拉丁語彌撒已經被掃除，取而代之的是在教堂中殿的桌子上進行的聖餐禮。但是聖餐禮只會偶爾進行，因為禮拜的形式變成了主要是在早上進行，而且禮拜的重點是吟唱〈詩篇〉和牧師在講壇上講道。英格蘭宗教逐漸形成了新風格，並將一路維持到二十世紀。

就像一五三〇年代一樣，它是從上而下改變的。人們直到本世紀末都還是渴望恢復原有的禮拜方式。中世紀天主教的祭儀並非是在一夜之間消失。幾乎所有人都順應了這些變化（雖然是不情願的默許），這反映出都鐸王朝統治者在人民之中獲得的壓倒性尊重和恐懼，愛德華六世也不例外，即使他是個孩子，而且是個不討人喜歡的孩子。

愛德華六世如同他的姊姊伊莉莎白，在思想上十分早熟。此外，他的自以為是和徹頭徹尾的殘酷，既像他父親也很孩子氣，因此很容易被操縱。由於他的成長背景使然，他全心全意信奉新教，並且著迷於各種形式的神學辯論。宗教變革在亨利八世統治後期時仍然停滯不前的地方，新國王希望將其繼續推進。國王在替他治理王國的人當中，找到兩位盟友來齊心協心推動宗教上的變革。第一位是他的叔叔，薩默塞特公爵愛德華・西摩（Edward Seymour, Duke of Somerset），一個勇敢而精明的軍人，他曾被任命為護國公（Protector of the Realm）。薩默塞特是一位貧窮的政治家，具備遠見卓識，甚至關心那些在圈地中受苦之人的命運。對窮人和被壓迫者的同情不是都鐸王朝政治家的特質。這種同情最終導致了他的毀滅，因為它疏遠了本應成為其權力基礎的地主。地主們認為由於薩默塞特的幾年統治，使他們受到來自下層的叛亂和暴亂的威脅。

但是，從表面上看，愛德華的統治一開始相當順利，護國公在平其戰役（Battle of Pinkie）中大勝蘇格蘭。關於宗教辯論的禁令被取消，新教徒大量湧入英格蘭，使其成為眾多相互矛盾的宗教觀點匯集的一座巴別塔。替死者靈魂做彌撒的核心機構歌禱堂（chantries）被解散，其土地和財寶被王室沒收。這是日後將震撼所有人的一連串變革的第一槍，因為它消滅了一些簡單明瞭的行為，例如在教堂中點燃蠟燭，這個表示待禱（prayer of intercession）的動作。移除圖像的命令不久後便開始推行，而且這個命令逐漸擴大和延伸，到了一五五一年時，教堂中所有東西都被抹去。教堂一直到維多利亞時代都維持著空無一物、光禿禿的樣子。然後，神職人員被允許結婚，然後俗人在聖餐禮上可以領受葡萄酒和麵包。同時，坎特伯里大主教湯瑪斯・克蘭默編纂了《公禱書》（*Book of Common Prayer*），以取代舊的禮儀書。它是用英語寫的，並保留了天主教的許多習俗，包括儀式和祭衣的使用。一五四九年六月，國會通過了《統一法案》（Act of Uniformity），強制所有教會都要使用《公禱書》。

儘管前一年西南部和中部地區已經發生過動亂和騷亂，但這個新禮拜儀式在康沃爾引發了大規模的暴動。叛軍開始向東進軍，這令政府驚慌失措。然而，對政府而言幸運的是，他們後來改變主意轉而包圍埃克塞特。政府於八月派遣軍隊前往埃克塞特，叛軍隨之被殲滅。與此同時，在東安格利亞發生了一場更嚴重的暴動，由一位名為羅伯特・凱特（Robert Kett）的自耕農領導，叛軍於七月占領了諾里奇（Norwich）城。這一次的不滿不是出於宗教，而是出於社會因素，是由人們對圈地的怨恨所引起的。政府應付這場暴動的最初攻擊以慘敗告終，直到沃里克伯爵約翰・達德利（John Dudley）率領的軍隊出動，反叛者的命運才在慘烈戰鬥和隨後的處決中被終結。

都鐸王朝的統治階級最擔心的是既定秩序遭到推翻，而他們對薩默塞特政府的信心這兩年來已經被侵蝕殆盡。國王從來就不喜歡薩默塞特公爵，而且後者在管理國家的御前會議中也缺乏盟友。十月，薩默塞特公爵被捕，並被送往倫敦塔。權力現在轉移到了一個性格迥異的人——沃里克伯爵——手中，他在兩年後成為諾森伯蘭公爵，並且負責監督薩默塞特的處決如期執行。諾森伯蘭公爵個性肆無忌憚、野心無窮，從他的性格中確實很難找出可取之處。現在的情況又回到了上個世紀的模樣，當時有權勢的權貴們竭力想要控制國王，因為這樣才能獲得政治權力，而他們想掌握這些權力完全是為了個人的貪婪。諾森伯蘭控制住了年少的國王，宗教改革現在執行得空前深刻。第二版的《公禱書》於一五五二年頒布，這次明確規定了不使用它的人所要接受的懲罰。在這個版本中，天主教彌撒之殘餘幾乎被消滅殆盡，教區教堂裡所剩無幾的財寶也被沒收了。新任命的主教們都是新教徒，而且每次對新主教的任命，也成為了剝奪他們土地的藉口。

當人們得知國王得了致命的肺結核時，這種對金錢的掠奪和瀆職行為變得更加嚴重。到了一五五二年夏天時，眾人已經很清楚他存活下去的機會微乎其微。諾森伯蘭意識到自己的權力會隨著國王逝世而消失，因為根據法律規定，王位將由天主教徒瑪麗繼承。因此，國王和諾森伯蘭公爵非法地著手改變繼承權，要方便亨利八世的妹妹薩福克公爵夫人瑪麗（Mary, Duchess of Suffolk）的後代繼承，特別是她的孫女珍・格雷（Jane Grey），諾森伯蘭於是安排她嫁給他的大兒子。御前會議對此明目張膽的行為極為不滿，但他們面對諾森伯蘭「大發雷霆」的舉止只能被迫屈服，而國王則只能「面露怒色地發出帶刺言辭」。

愛德華六世最終在這種局勢下於一五五三年七月六日去世，珍・格雷於四天後被任命為女王。即使是對信奉新教的倫敦居民而言，這也是一個非常不受歡迎的舉動。它違背了兩個根深柢固的信念：繼位人合法繼承的神聖性以及人們對都鐸王朝的尊崇。人們對於兩個信念有著極為強烈的情感，以致瑪麗對於舊信仰的堅持或是其他原因都比不上這兩個信念來得重要。瑪麗先前在聽到諾森伯蘭公爵的政變後便逃到薩福克，她隨後在那裡被宣布為繼位的女王，不久後便有大批群眾湧向那裡支持她。諾森伯蘭率兵要前去對抗瑪麗，不過他在前進的途中發現自己的支持者日益消散。最終，諾森伯蘭本人也被迫宣布支持瑪麗的聲明，靜候逮捕並且以叛國罪名被處死。

瑪麗就這樣乘著一股大眾情緒的浪潮登上了王位，但她卻因為誤判局勢而將這股情緒揮霍一空。根據當時人的記述，「有著無數的篝火」，「而且人們四處呼喊狂叫，再加上敲響的鐘聲，根本沒人可以聽清楚別人說的話」。新女王是一位意志堅強的都鐸家族成員，她因為忠於她的母親和天主教而遭受了二十年的屈辱和虐待。這使她的外表過早地衰老。但是她具有個人魅力和優雅舉止，以及對世事的天真爛漫。她認為人民將她推上王位的這股熱潮，是他們想要英格蘭重返宗教改革發生前的那個時代之渴望。這是極度抽離現實的想法，但她卻帶著典型的都鐸式任性頑固決心要實現這一目標，並且要透過尊敬母親家族西班牙哈布斯堡王朝來實現這目標。她知道三十七歲的自己就快要過了生育年齡，亟需一個男性繼承人。可惜除了哈布斯堡王朝皇帝查理五世的兒子菲利普親王外，她也找不到別人當她的新郎。

儘管遭到了強烈的反對，瑪麗女王仍舊堅持自己的路線，這是一個不明智的決定，因為她的臣民們知道這會讓英格蘭淪為哈布斯堡龐大帝國中的一個省，而他們自己則要被西班牙國王統治。國會透過法律將宗教信仰恢復到一五四七年的模樣，這代表與羅馬重修舊好的第一步，儘管如此，國會還是反對女王與菲利普的聯姻。雖然女王剝奪了新教主教們的職位，但是她要逆轉土地所有權在宗教改革時所經歷的巨大變化，卻始終徒勞無功。瑪麗甚至是在提出這個做法的時候，就因此失去了那些將她推上權力頂峰的階層成員們的支持。

與西班牙人的婚姻引發民眾的強烈不滿，結果引起了反抗。湯瑪斯・懷亞特爵士（Sir Thomas Wyatt）和三千名士兵從肯特郡朝倫敦進軍。瑪麗勉強地集結起倫敦人來支持她，並且鎮壓了反抗，但是她卻未能針對騷亂背後的警訊做出適當回應。更殘酷的後果之一是珍・格雷和她的丈夫雙雙被處決了。瑪麗執意要完成自己的婚事。菲利普於一五五四年七月登陸，兩人在溫徹斯特舉行婚禮。不久後她相信自己懷孕了，英格蘭即將有一個繼承人，這種期待事後被證明是錯誤的。但是當她的表兄、流亡數十年的紅衣主教波爾（Cardinal Pole）於十一月作為教宗公使抵達英格蘭時，她的一切努力似乎都要付諸實現了。國會廢除了宗教改革國會所通過的各種法案，英格蘭正式與羅馬和解。波爾被任命為坎特伯里大主教，代替了被剝奪職務的克蘭默。但是所有這些發展事後看來都是徒有其表的短暫成功。

從整體來看，人們都對瑪麗最初將宗教局勢回歸到一五四七年的狀況感到滿意。如果她當時不再進一步去變更宗教局勢，她的統治可能會更加成功。相反，她把教宗勢力帶回來英格蘭，重新喚起了人們心中強烈的反教權心態，並且讓那些從掠奪教會中獲益的人感到自己暴露在危險之中，擔心他們在過去二十年當中所獲得的東西最終將被奪走。

瑪麗復興了異端法律，這使局面變得更糟。一連串漫長的公開焚燒活動自一五五五年一月展開，這些人都將是未來英格蘭國教會的烈士。在她的所有政策當中，火刑對於本已不穩固的天主教復興大業造成最嚴重的傷害。瑪麗去世的時候，大約有三百名男女因為他們的信仰而被綁在火刑柱上燒死，其中包括一些極為正直的人，比如坎特伯里前大主教湯瑪斯・克蘭默。這種恐懼感再也無法從民眾的腦海中抹去。它強化了日後將占據英格蘭人心中數百年的想法：新教信仰與獨立於外國勢力介入被緊密地聯繫在一起。

接下來是擊垮瑪麗的最後一擊。英格蘭以哈布斯堡王朝的成員之一這個新角色與法國交戰。

這場戰爭不僅不受歡迎，其結果還是一場災難。加萊在幾個世紀以來一直是英格蘭在歐陸的最後一個前哨站，它在一五五八年淪入法國手中。這對英格蘭而言是最徹底的屈辱。瑪麗這位輸得一無所有的女性於十一月十七日死亡，十二小時後，紅衣主教波爾也跟著死去。「倫敦所有教堂的鐘都響了起來，到了晚上，〔人們〕在篝火旁做飯，並且將桌子擺到街上。他們因為有了一位新女王而吃飯、喝酒、享樂來慶祝。」一場悲劇就這樣結束了。

瑪麗的短暫統治是場徹底的失敗，因為她失去了那些把她推上權力寶座的人的合作和支持。她拒絕接受現狀，並且在扭轉時代變化上做得太過火了。但是也因為如此，瑪麗讓英格蘭人徹底相信，讓新教徒來繼承王位將是唯一可以保證他們安全的做法。她對新教徒的迫害和與西班牙的眉來眼去催生了英格蘭是新耶路撒冷的這種神話。在她的統治下，殉道者的鮮血流淌，這個國家被外國統治，不僅是教宗，還有西班牙。因此，一切都為新王后的即位做好了準備，她對新教的同情眾所周知。她的降臨被認為是上帝的拯救。真正幸運的是，注定要扮演這個角色的這位年輕女子接受了這個角色，在將近半個世紀的時間裡，她竭盡全力地扮演這個角色，從而讓自己成為了傳奇。

# 29 新的身分認同

伊莉莎白一世（Elizabeth I）登基時年僅二十六歲，她是個身材高大的年輕女性，有著赤褐色的頭髮和深具穿透力的灰黑色眼睛。她的統治時間比其他任何都鐸君主都要長，共計四十五年，不過這都是未來的發展。一五五八年，人們看到的是英格蘭的命運被掌握在一個不具經驗的未婚女性手上。和她姊姊的情況一樣，伊莉莎白的童年並不幸福，而且充滿危險。由於她是瑪麗的繼承者，因此被懷疑籌劃了陰謀。所有這一切使她以一種模稜兩可的性格來掩飾她那驚人的清晰洞察力。新女王凡事總會留下後路，讓自己得以擺脫最嚴峻的政治困境。不過，她具有高超的判斷力，而且對人的判斷尤其如此。她選拔的官員很少出錯，因此，逐漸出現了一批有凝聚力、受過良好教育、高智商的官員，他們給王國帶來了持續的穩定。他們之中的大多數人是從伊莉莎白母親的家族或其大臣威廉·塞西爾（William Cecil）的家族中選出的。

塞西爾的父親是北安普敦郡的紳士，他曾在薩默塞特郡和諾森伯蘭郡任職，但在瑪麗執政期間失去職位。和伊莉莎白一世一樣，他在宗教問題上也選擇遵奉國教。女王即位時任命他為首席祕書，他在十多年後成為了司庫。伊莉莎白一世統治的歷史，就是一則偉大女王與跟她有著相同保守本能的大臣之間聯盟的故事，這位女王睿智、勇敢且寬容，雖然有時也虛榮又反覆無常。她除了信奉謹慎行事之原則外，也堅信在宗教事務上不應該強迫人們表白自己的真實信仰。這種合作關係持續了四十年，其主要目的不再是革命，而是鞏固局勢，在一五三〇年代伊莉莎白一世的父親奠定的基礎上讓國家保持和平。

毫無疑問，英格蘭將重新成為新教徒國家。問題則是：哪種新教徒？這便是女王的影響之所以如此深刻的原因，因為她希望讓秩序回到亨利八世去世後不久的狀態。她所要面對的問題在於，她需要拉攏的那些人們所追求的新教，在形式上要極端得多。在她的姊姊瑪麗統治期間，這些輿論領袖們曾流亡歐洲大陸，他們在那裡接觸到一種比自己過去在英格蘭所見過都還要更為激進的新教：主教被驅逐出教會，取而代之的是由教會選出的牧師和長老。也正是這群人於一五五九年當選為伊莉莎白一世統治下的第一任國會議員。對女王來說不幸的是，自她父親統治以來，所有的宗教變化都是透過法令來實現的。她別無選擇只能選擇同樣的道路。在此過程中，女王不得不接受比她原先預期的要更為極端的信仰形式。女王在自己接下來的統治期間，都在努力不要讓宗教局面往激進的方向發展。也是由於女王的這種做法，她對於英格蘭國教會誕生的影響力，比起其他君王都要來得深遠。

起初，她希望逐步地進行宗教改革，但在一五五九年春天與法國達成和平後，政府便得以開始底定宗教的大局。伊莉莎白一世無法向姊姊任命的主教尋求支持。這些主教辭職了，她不得不任命那些比她更激進的人。她想要回到一五四九年那本溫和、而且大部分內容與天主教無異的《公禱書》，但她被迫讓步。她重新採用了激進得多的一五五二年版本，儘管她消除或是淡化了其中一些極端的主張。法衣和教堂內部則維持著一五四八年的模樣，人們跪著領受聖餐。女王自己不再是國教會的最高首領（supreme head），而是領袖（governor）。而且，就像以前的情況一樣，強制這些改變付諸實現的法案是由上而下推動的。

英格蘭實際上仍是天主教國家。未來的英格蘭國教會是在伊莉莎白一世時代逐漸成形的。它被政治事件所塑造和強化，而且隨著其內部出現了一些思想家，這個教會逐漸定義出並確立了自己位於天主教和所謂清教之間的中間位置。清教徒是希望「淨化」或進一步改革教會的一群人。女王的立場至關重要，因為她抵制了國會多次試圖干預的行為，也確保了對天主教徒施加嚴厲懲罰的措施不被嚴格執行。儘管雙方都有因為迫害而受害的人，但與海峽對岸的法國和荷蘭對宗教的血腥屠殺相比，受害者數量算是少之又少。

在女王統治的頭十年當中，英格蘭天主教徒被教宗拋棄了。他們中的大多數人會選擇權宜地服從英格蘭國教會，由於他們沒有必須「宣誓女王為最高權威」（The Oath of Supremacy）的壓力，他們此時並未陷入兩難的困境。這正好迎合了女王的執政風格，而且當教宗開始採取行動的時候，為數眾多的天主教徒，早已以默認的方式成為了英格蘭國教會教徒。

所有的局面在一五七〇年突然改變，因為教宗在這一年將女王逐出教會：也就是說，教宗宣布女王為異教徒，她不再適合擔任君主，這同時也免除了她的臣民服從女王的義務。天主教徒現在必須在教宗或女王之間進行選擇，其中大多數的人選擇了後者。那些不這樣做的人，不可避免地被視為國家的敵人，國會要求嚴懲他們。女王拒絕這麼做。在一五七〇年代中期，在專門神學院接受培訓的神父們開始從國外來到英格蘭，那些仍然效忠羅馬的人，現在重新燃起了他們的信仰。一五八〇年代出現了另一群完全不同的神父，他們是被稱為耶穌會士的耶穌會成員，他們接受過天主教復興運動（也就是反宗教改革運動）的訓練。對他們而言，效忠教宗至關重要。儘管這些神父被告知要避免對女王的地位發表任何聲明，但當他們被迫要表態時，他們也無法忽視教宗詔書當中未明說的規定。大多數成員為新教徒的國會，將不服從（recusancy，即不上教會）的罰款提高到每月二十英鎊，並宣布皈依天主教為叛國罪。西班牙是英格蘭當時的最大敵人，並且是天主教陣營的先鋒。伊莉莎白一世政府面對這種情況別無選擇，人們為宗教而殉難的狀況也開始出現。約有兩百五十名天主教徒因信仰而遭到監禁或處決。這是懷抱寬容態度的女王從來沒有打算過的做法。

到她去世的那一年，天主教徒已經安定下來，形成一個小而緊密的團體，儘管仍不時會遭到圍剿。他們因為信仰而被禁止擔任公職以及就讀大學，這種排斥做法直到十九世紀才扭轉。天主教徒幾乎無一例外地效忠於女王和國家，但他們的信仰與英格蘭在海外的敵人在本質上相同，這讓他們吃了不少苦頭。

在女王眼中，清教徒構成了更大的威脅，因為他們在國教和國會的框架內部奮力要改變國教。他們在宮廷中擁有強大的盟友，其中包括女王的寵臣萊斯特伯爵羅伯特・杜德利（Robert Dudley）。

然而，兩極分化是逐漸出現的。隨著時間進入一五六〇年代，女王的新任大主教馬修・帕克（Matthew Parker）開始加強整合，例如堅持應穿戴白罩衫並加上大圓披，並在洗禮時使用十字架的標誌。結果，清教徒開始在教會內建立起自己的團體，並敦促國會進行變革，這一變革不僅將廢除主教，而且將廢除那些會讓人聯想到羅馬教會的殘存儀式。下議院一次又一次地以他們對言論自由的主張為基礎，試圖透過立法來實現變革。女王一次又一次地否決了任何有關這個主題的討論，因為這侵犯了她的王室特權，即君主獨有的神聖權力。因為這一罪行，其中一名成員彼得・溫特沃斯（Peter Wentworth）兩度被關進倫敦塔。女王和下議院之間的這些小衝突，為下個世紀更嚴重的衝突奠定了根基。

清教徒實際上失敗了，而且從長遠來看，他們和天主教徒一樣，被迫離開了英格蘭國教。這種狀況在女王統治後期特別明顯，當時有一個教會法庭成立，專門打擊不服從國教的新教徒。儘管如此，新建立的英格蘭國教會最初頗具包容性，它宣稱自己既是天主教，同時也完成了許多改革。國教會最初便宣稱身為英格蘭國民，就等同於加入了英格蘭國教。教會等級制度仍然存在，與宗教改革之前一樣。但是教會中的成員是由女王任命，並且保留了一定程度的天主教儀式和色彩：使用白罩衫、大圓披、風琴和音樂。國教會的崇拜和信仰主要體現在三部作品中。接下來將近四百年的時間，所有英格蘭人都會非常熟悉這三部作品，它們深刻地影響了英格蘭人對周遭世界的思考和看法。這三本書都是用英格蘭本地語言寫的，其中有兩本著作至今仍是英語的經典之作。它們的重要性值得被不斷強調，因為它們在每個教區教堂和家庭中都被閱讀和使用。

第一本是湯瑪斯・克蘭默的《公禱書》，其中包含英格蘭國教會的禮拜儀式。任何去過教區教堂的人都會相當熟悉。其散文的崇高程度至今仍未被超越，一直到今天仍然有許多人在使用。第二部作品是在伊莉莎白一世的繼任者詹姆士一世（James I）即位幾年之後完成的，此欽定本《聖經》仍然是英語文學的輝煌之作。這兩部作品都影響了一代又一代英格蘭人的思想和心靈，不僅是那些居住在母國的英格蘭人，也包括那些航行到世界各地定居的英格蘭人。這兩者成為了英格蘭國教會敬虔的基礎，並且結合了公眾崇拜中的莊嚴與秩序感與對內心精神生活的追求，而這種對內心精神生活的追求往往最能表現在充滿詩意的篇章中。

這三部作品中的最後一部，除了會讓普通百姓認為英格蘭國教會是改革前教會的真正傳人，也讓他們相信自己的歷史以及歸屬都在其中。它的影響一直持續到我們目前這個時代。約翰・福克斯（John Foxe）所著的《殉教者之書》（*Actes and Monuments* 或 *Book of Martyrs*），不僅講述了新教徒在瑪麗時代所受的苦難，而且還把英格蘭和英格蘭人塑造成英雄角色，亦即是擺脫了羅馬枷鎖的上帝所揀選之民族。整個人類和英格蘭歷史都被描繪成一個戲劇性故事，在這個故事中，光明戰勝了黑暗，新教戰勝了天主教，勇敢的英格蘭君主戰勝了邪惡的羅馬教宗。它的高潮是童貞女王的登基。在福克斯看來，救主伊莉莎白一世的到來是這一切的高峰。隨著時間的流逝，女王的統治實現了這些預言，原本只是虔誠的希望，現在變成了現實。在西班牙派出的無敵艦隊被擊敗之後，情況更是如此。

# 30 無敵艦隊

英格蘭國教會內部雖在宗教問題上存在分歧，不過避免了當時歐洲其他地方天主教徒與新教徒之間所發生的可怕流血衝突。它替一種新的民族認同感奠定了基礎，而且這種認同將因為受外界之威脅而得到進一步鞏固。這種威脅總是會讓對立的黨派聯合起來反對共同的外部敵人。這敵人便是西班牙，這國家直到伊莉莎白一世統治之前都是都鐸王朝的關鍵盟友。它在一五五八年時仍然是英格蘭的盟友，但是它在三十年後派出了一支征服大軍：無敵艦隊，企圖要征服英格蘭，並且廢黜女王，還要將天主教教會在此重新建立。這場侵略是遍布全球的龐大西班牙帝國力量的體現，而它敗給一個小島國的海軍的消息則震撼了全歐洲。伊莉莎白一世此後具備幾乎如宇宙般宏偉的光環，而且這個國家隨後便帶著一股新的使命感和企圖心崛起。

然而，在伊莉莎白一世統治初期，敵國仍然是傳統的法國。法國國王娶了蘇格蘭女王瑪麗（Mary, Queen of Scots），由於她的母親是亨利八世的女兒瑪格麗特（Margaret），因此在伊莉莎白一世沒有子嗣的情況下，瑪麗便是英格蘭王位繼承人。瑪麗同時是天主教徒。對於英格蘭政府而言，幸運的是法國國王過世了，來自法國的威脅因此隨之遽降，瑪麗則被迫返回了她的祖國。蘇格蘭女王瑪麗是一個美麗而熱情的女人，她激發許多人對她投以極度忠誠，但她也很任性，而且在政治上十分無能。她自己的國家正處於宗教改革的痛苦中，而她自己的統治是一場曠日持久的災難，以致一五六八年她被迫越過邊境逃往英格蘭，向她的表姑伊莉莎白一世尋求幫助。

這問題令伊莉莎白一世感到驚恐，不過她很快意識到釋放瑪麗回到法國或蘇格蘭可能會造成更大的麻煩。當蘇格蘭女王逃到英格蘭時，她被指控是謀殺她的第二任丈夫達恩利勛爵（Lord Darnley）的共犯。關於這個指控的調查已經展開，但是證據並不充足，尤其是不足以正當化將瑪麗囚禁在英格蘭中部諸多城堡長達二十年的做法。

儘管如此，作為伊莉莎白一世的繼承人和天主教徒，瑪麗仍然是個永遠存在的威脅。多年來發生了一系列要推翻伊莉莎白一世的陰謀，而蘇格蘭女王始終都是當中的焦點，因為陰謀者都想將瑪麗推上台。其中第一個陰謀是在伊莉莎白一世的政府所遭遇過的唯一一次大規模起義——一五六九年的叛亂——之後立刻發生的。這一陰謀的參與者包括諾福克公爵和北方的兩位伯爵：威斯特摩蘭和諾森伯蘭，他們都是天主教徒，都對威廉·塞西爾和其他組成新政權的人的權力深惡痛絕。諾福克公爵在行動之前就被關進了倫敦塔，但另外兩個人卻企圖煽動整個北方叛亂。這場陰謀是徹底的失敗，隨著北方再次臣服於都鐸王朝的強大力量，策劃者付出的代價不僅是自己的性命，還有其他八百人的性命。叛亂背後的原本企圖是讓諾福克公爵與蘇格蘭女王結婚並且共同統治。兩年後又出現了另一個稱為瑞朵非密謀（The Ridolfi Plot）的詭計企圖推翻伊莉莎白一世，這次參與的則是西班牙大使。諾福克公爵因為參與此次陰謀而被處決，這次密謀成為了之後一系列類似密謀的仿效藍本，而這些陰謀都與蘇格蘭女王有所關聯。

伊莉莎白一世的統治最初幾年非常脆弱，不過她的統治從兩件事情得到不少幫助。首先是其政府的健全體質，這不僅奠定政權的堅實基礎，並且在整個社會中建立起民眾的廣泛支持；此外，還確保了財政在經歷本世紀中期的通貨膨脹後仍能保持穩定。第二件事情，則是英格蘭的歐陸鄰國因陷入長期內戰而分崩離析。在法國，天主教徒和新教徒（或稱胡格諾派〔Huguenots〕教徒）之間發生了三十年的內戰。女王會不時援助胡格諾派，直到西班牙的力量強大到使得法國和英格蘭轉變成為盟友。英格蘭最重要的商業夥伴低地國家，發生了反抗西班牙國王統治的起義。伊莉莎白一世再次謹慎地援助叛軍，但她總是小心翼翼地避免與西班牙發生直接衝突。

這種做法將會在接下來的二十年獲得頗佳成效，伊莉莎白一世也利用這段寶貴時間將政權深深扎根，贏得人民的信任與忠誠。但隨著一五八〇年代一連串事件的發生，局勢發生了戲劇性的變化，這也造成了無敵艦隊的啟航。西班牙當時的確是世界性強權。菲利浦二世（Philip II）統治了整個伊比利半島，不僅征服了葡萄牙，還征服了義大利大部分地區、低地國家和整個南美洲。哈布斯堡家族的其他成員統治著日耳曼地區和中歐。直到一五八〇年代時，菲利普二世這個幅員遼闊之帝國的最大敵人始終是法國人和土耳其人，至於英格蘭人則是突然之間在許多方面都造成嚴重的威脅。以法蘭西斯・德雷克爵士（Sir Francis Drake）為首的新一代大膽海上冒險家，增加了他們對西班牙護衛金銀之艦隊的襲擊，而這些新世界的金銀正是西班牙帝國的命脈。更糟糕的是，西班牙在新大陸的統治地位受到了威脅，因為英格蘭試圖在此建立殖民地，並將其命名為維吉尼亞（Virginia）以紀念女王。最後，伊莉莎白一世在一五八五年與低地國家的荷蘭叛軍簽訂了一項條約，並派遣了一支英格蘭軍隊，由她最寵愛的萊斯特伯爵領導。在同一時期，她支持並鼓勵葡萄牙王位爭奪者襲擊西班牙殖民地。菲利普二世由所有這些發展中做出論斷：他的名譽已經嚴重受損，英格蘭和她的女王應該被消滅，被收服為龐大的哈布斯堡帝國轄下的一個省。蘇格蘭女王瑪麗於一五八七年二月在另一場陰謀的事後清算中被送上法庭並被處決，這個發展更強化了菲利普二世的論斷。

蘇格蘭女王瑪麗死後旋即被宣傳為捍衛天主教信仰而死的殉道者，這觸動了天主教世界的神經。最重要的則是，這促使菲利普二世尋求報復。對於菲利普二世來說，他組建的龐大艦隊和軍隊所要發動的，等同於另一場十字軍聖戰。被徵召參加戰爭的人對於征服英格蘭所做的準備，宛如他們要與異教徒土耳其人作戰一樣。在教宗的帶頭領導下，信奉天主教的大多數歐洲人向無敵艦隊捐獻了船隻、人員和金錢。教宗甚至祝福了其指揮艦上的旗幟。在西班牙修道院中的修士們亦祈求這次聖戰的成功。菲利普二世自始便從未懷疑過上帝站在他這一邊，他堅信廢黜一個信仰異端的女王，並且恢復英格蘭的天主教信仰是他的職責。

英格蘭面對這樣強大的威脅，也必須要拿出同樣的決心。女王是位出色的演員，她扮演著被上帝揀選的器皿，要將其一生奉獻給她的人民；她是一位處女——局勢發展至今，她顯然永遠都不會結婚——不僅神聖，並且被挑選出來領導新教的發展大業，不僅在英格蘭，同時也包括歐洲。到了一五八〇年代時，她的登基週年紀念日十一月十七日已成為國定假日，宮廷和國家會一塊慶祝。隨著時間的推移，人們開始將這一天看待為上帝所安排的，讓英格蘭從西班牙和教宗這雙重枷鎖中解脫出來。君主政體的輝煌和女王的華麗取代了宗教改革前天主教會的壯觀景象，並且為人民的忠誠提供了一個新焦點。當一五八八年無敵艦隊最終啟航時，可以說歐洲未來的命運將會如何發展就將體現在這場衝突的結果了。

菲利普二世的龐大艦隊是他對抗英格蘭戰略中的一部分。不過，這個戰略中的主軸是要讓西班牙陸軍能夠從低地國家和歐陸渡過英吉利海峽登陸。因此，這場戰役從一開始就未被視為一場海戰，而是一場針對英格蘭的入侵，並且要直取倫敦。早在菲利普二世於一五八六年第一次下定決心入侵時，這樣的計畫便一直在他腦中。事實上，無敵艦隊直到兩年後才出航，這不僅反映了計畫的改變和資金的缺乏，更反映了一五八七年四月法蘭西斯・德雷克爵士在加的斯（Cadiz）港襲擊西班牙艦隊所造成的毀滅性影響，當時有三十艘船被他擊沉。次年四月，這支艦隊終於啟航，由一百三十艘船、約七千名水手和一萬七千名士兵組成，還另有一萬七千名士兵將從荷蘭渡海。

當時的英格蘭並不是海上強權。當時有三十四艘王家船隻，另外還有一百九十艘私人船隻被徵用並且準備投入戰鬥。因此，英格蘭在船隻數量上勝過西班牙，而且更重要的是，這是兩種不同的船隻。它們體積小得多，因此比起笨重的西班牙大帆船機動性更高。此外，英格蘭的槍枝和火砲被認為是世界上最優秀的，而且英軍船上的大砲在遭遇敵人時能夠進行遠距離射擊，並且造成致命的效果。一五八七年底，霍華德・埃芬漢勛爵（Lord Howard of Effingham）被任命為艦隊的指揮官，亨利・西摩勛爵（Lord Henry Seymour）為第二指揮官。當無敵艦隊於一五八八年六月逼近時，霍華德和德雷克帶著九十艘船在普利茅斯等待，西摩則率領著另外三十艘船在別處等待。與此同時，在英格蘭陸地上也有類似的軍隊集結來保衛國土。各個郡在十幾年前皆成立了民兵組織，而且每個縣都投入挑選和訓練人們使用長矛和步槍作戰。海岸沿線高地上的一系列烽火台發出了徵召七萬六千名士兵的信號。時間到了七月三十日時，無敵艦隊的蹤跡被發現，康沃爾的海岸閃耀起烽火，警告敵軍的到來。

與此同時，倫敦已經準備就緒，有數以千計的人準備好保衛女王。在不遠處的蒂爾伯里（Tilbury），有一支一萬七千人的軍隊駐紮在那裡，由萊斯特伯爵指揮。伊莉莎白一世像亞馬遜女戰士一樣戴著胸甲，檢閱著她的軍隊，並發表了她統治時期最偉大的演說。她描述自己是人民敬愛的統治者，無畏地領導人民為上帝和國家而戰：

……我來到你們身邊……來堅定我們對抗外敵的決心，讓我們同生共死。為了上帝、為了我的王國、為了我的人民，為了我的鮮血與榮耀，就算化為塵土也在所不惜。我明白我的軀體只是個弱女子，但是我有像國王一樣的決心和氣魄，我是英格蘭的王……

不過，她的演講是在緊要關頭已經過去的時候才發表的，儘管當時在場的人都還不知道戰場上的危機已經過去。雙方在七月於普利茅斯第一次交火，但是這並不是決定性的戰役。無敵艦隊於八月一日向前進軍，在英格蘭艦隊眼中，它就像一彎巨大的新月。隨後雙方爆發了更多的戰鬥。無敵艦隊於八月六日到達加萊，在那裡等待西班牙軍隊的消息，他們計畫要從低地國家渡過海峽。艦隊上的人不曉得這支軍隊已被荷蘭叛軍封鎖住了。然後是英格蘭人的拿手好戲登場。噴火船在夜間航向無敵艦隊的船隻之間，迫使它們起錨向北航行，從而重新開啟戰鬥；同時，這也使他們無法與從荷蘭渡海而來的部隊會合。在格拉沃利納（Gravelines）附近的決定性戰役於此時爆發，西班牙艦隊損失慘重。到那天結束的時候，無敵艦隊陷入了將被風吹到沙洲上的風險，除非它們選擇向北駛入北海。位於遭受重創的船上的西班牙人別無選擇，他們被迫進行繞過整個蘇格蘭的可怕航行。他們損失了大量人員，而且食物所剩無幾；他們對於嚴寒的天氣也根本沒有相應準備。更糟糕的是，一艘接一艘的船隻接連失事，或是失蹤在蘇格蘭和愛爾蘭海岸上。總共超過一萬一千人喪生，最終只有殘餘部隊倖存下來並且返回西班牙。

英格蘭海洋發展事業的記錄者理查・哈克盧伊特（Richard Hakluyt）寫道：「古往今來所有受耶和華祝福的國家在海上的勝利，都不可能超越我們在一五八八年擊敗可怕的西班牙無敵艦隊的榮耀與美好。」在英格蘭和歐洲新教徒眼中，這場勝利是上帝的審判。祂的女僕凱旋而歸，穿過倫敦的街道到達聖保羅大教堂，在子民的歡呼中向上帝表達感謝。伊莉莎白一世在她仍在世時便成為了一個傳奇。從某種意義上說，她成了英格蘭的化身。戰勝西班牙無敵艦隊使伊莉莎白一世政府努力實現的目標成為現實：一群被王室團結起來的人民，信奉新教、愛國，並且無畏地保衛女王和國家。儘管從政治角度來看，這場勝利幾乎沒有改變什麼，在接下來的統治期間，英格蘭仍將捲入一場代價高昂的戰爭，但在道德層面上，這場勝利為一個本質上屬於新文明和新社會的國家——伊莉莎白一世的英格蘭——帶來了信心和創造力。

# 31 「榮光女王」的英格蘭

當伊莉莎白一世於一六〇三年去世時，她留給其繼承人的國家，與她的祖父於一四八五年所接手的那個國家已截然不同。在一五六九年的北方叛亂之後，伊莉莎白一世時代的長期和平就此開始，政府在這段時期的主要目標是維持穩定。這是由秩序、等級和上下次第主導一切的時代，也是個對於任何可能破壞等級次序的人或事都深感恐懼的時代。服從更高的權力是這個時代的格言。這個社會在很多方面都是極端保守和專制，那些沒有按照政府法令思考與行事的人都會被懲罰。令人驚訝的是，這並沒有削弱其無與倫比的能量。這個時代創造出了一個新的和充滿活力的世俗文化，其影響力在數個世紀之後仍然繼續存在。

女王位居這體制的最高點。儘管伊莉莎白一世多年來一直受到外國君主的殷勤追求，但最終她從未結過婚，從而避免了不合適的丈夫所可能帶來的災難性後果。這對她個人而言可能是場悲劇，卻也帶來了某種優勢。因為在過去的幾十年中，人們刻意樹立起對處女女王的崇高敬意，進而將君主提升到半神化的地位。社會中各個階層都向她致敬：年輕的貴族們把自己塑造成浪漫騎士，為「仙后」（Faerie Queene）而戰，詩人讚美她為十四行詩之女，而神職人員大聲疾呼他們相信該國擁有一個能與《舊約聖經》統治者媲美的女王。伊莉莎白一世以同樣的熱情來扮演上述所有角色，在盛大的儀式上向她的人民展示自己。此外，她還具有平易近人的氣質，在公開談話時總是把自己塑造成她所愛戴的人民的化身。君主影響力遍及全國，這是前所未見的。儘管她的大多數臣民從未親眼見過她，但每個星期天在教堂裡，他們都可以在《聖經》的鐫刻標題頁上看到她的登基式圖畫，並且在教堂拱頂上看到她的紋章。在各地的大宅第中，女王的肖像總是優先要懸掛的畫像。這是被珠寶點綴得閃閃發光的肖像，成為了當時流行的長廊（long galleries）之中的焦點。

君主體制基本上是以倫敦為中心，宮廷會沿著泰晤士河的不同宮殿移動：白廳、格林威治、里奇蒙和漢普頓宮。一整年的活動安排有固定的模式，而此模式在伊莉莎白一世死後仍延續下去。一年始於十一月初，每年在慶祝她即位的十一月十七日時，全國各地的鐘聲紛紛齊鳴，女王則會盛裝走進倫敦。在這一天，每個教堂都會舉行禮拜和講道，宮廷也會舉行華麗的化裝舞會。聖誕節在一個月之後到來，這也迎來了慶祝新年的狂歡。宮廷在春天時會搬到其他宮殿，接著在六月宮廷將會出發展開為期幾個月的巡迴。這需要數百輛馬車來運送所有的人員與物品。女王會居住在她臣民新建的大宅第裡，不過這些房子通常空間不足，因此那些無法安置在屋內的人只能睡在外面的帳篷裡。她每到一個地方鐘聲便會響起，人們都出來迎接她。

她所經過的鄉村，模樣已經與她兒時的記憶不復相同。這裡曾經是城堡和修道院點綴的地方，現在則是密布著大房子。當時出現了一股建築熱潮，貴族和紳士們競相建造適合接待女王的住宅。這些房屋控制了周圍的土地，通常位於山頂上。這些房屋不再是為了防禦而建造，而是擁有一大片一大片的玻璃，從遠處看時，在陽光下閃閃發光引人注目。在房子內部，寬敞的房間和長廊反映出一種新的奢華生活，而在房屋外頭是精心設計的花園，人們第一次可以在自己的花園中漫步。從此以後，有錢人不會再將錢揮霍在建造禮拜堂以圖在來世買到一個安身之處，也不會遺贈錢財來換取死後有人為他們靈魂吟誦彌撒。相反地，他們現在改將錢財都用在現世的炫耀和舒適上頭。他們唯一在教堂中建造的設施就是自己的墳墓。他們的墓氣勢磅礡、風格華麗，通常建於中世紀祭壇曾經矗立的地方。

畢竟，教會如今已不再是通往權力頂峰的途徑。事實上，此後再也沒有神職人員擔任國家公職了。現在，晉升上位的道路是由在宮廷中某位得寵的大貴族來決定的。大學的教育不如在倫敦的律師學院學習法律基礎的那幾年重要。現在的理想是成為一位文藝復興意義下的紳士。為此，一個人必須接受教育，廣泛閱讀經典著作和外語著作。此外，他還應該去旅行觀察外國的風土民情。他不僅要像中世紀那樣成為一名戰士，而且還要具備跳舞、演奏樂器和唱歌等所有宮廷造詣的才能。所有這些特徵使紳士與下層社會有所區別，儘管社會本身仍具有流動性。家族的起起伏伏是根據能力和政治偏好而定的，但此時代首次出現了一個持久的、相互聯繫的權勢階層：塞西爾家族（Cecils）、凱里斯家族（Careys）、克諾利斯家族（Knollys）、卡文迪許家族（Cavendishes）、杜德利家族（Dudleys）和德維羅斯家族（Devereux）。出人頭地的關鍵是能力、王室恩寵、官職以及與女繼承人結婚。婦女也發揮了自己的影響力，因為上層階級婦女往往受過高等教育。她們也可以像自由農家出生的伊莉莎白．巴洛（Elizabeth Barlow）一樣，經過好幾次的婚姻成為什魯斯伯里伯爵夫人（Countess of Shrewsbury，也就是臭名昭著的「哈德威克的貝絲」〔Bess of Hardwick〕），這是全王國地位僅次於女王，最尊貴的女性。

這個社會也不會對商人階級關閉大門，因為貴族和鄉紳都將財產投入貿易中，而且會毫不猶豫地迎娶城市中的富有女繼承人。城鎮蓬勃興盛，倫敦以驚人的速度發展，這得益於安特衛普港因為荷蘭的戰事而陷入混亂。到一六〇〇年，倫敦的人口已經超過了二十萬。居民從其城牆滿出，蔓延到了南岸的南華克。沒有其他城市能與倫敦匹敵，大多數城市看上去都只不過像是發展過度的村莊。人口排在第二位的是諾里奇，有一萬五千名居民，其次是約克、埃克塞特和金斯林（King's Lynn）等地方。女王去世時，全國有十分之一的人口住在城鎮中。他們消費的方式也發生了變化，因為現在人群的驕傲不再體現在富裕教區的教堂上，而是表現在精美的市政建築：市場、醫院、市政廳以及為了窮人與老人所設立的濟貧院。

倫敦是出版業的大本營。儘管政府的審查制度很嚴格，但這並沒有妨礙書籍和小冊子的大量湧現。小型圖書館很快成為任何受過教育的人的特權，這在幾十年前仍不為人知。充滿活力的學術中心不是牛津或劍橋，而是倫敦。女王的金融家湯瑪斯・格雷沙姆爵士（Sir Thomas Gresham）的遺囑於一五九六年付諸實行，格雷沙姆學院（Gresham College）於焉成立。學院中教授的課程都是應用科學領域中具前瞻性、實踐性的課程，這些課程包括了在真實商業世界中有用的科目。數學便是其中之一，這個科目對於良好的會計，還有探索新路線的航海者而言，都是必不可少的知識。

伊莉莎白一世時代的社會分歧程度比過去任何時代都要更嚴重，不同社會階層之間的鴻溝不斷擴大。有些階層的地位比起過去則變得重要許多。最高層的仍然是貴族，這個階層成員並不流動，總成員不到六十人，而且其中一半的成員只是男爵。在伊莉莎白一世的控制下，貴族人數只有極少數的增加。她的大多數官員從未被拔擢到高於騎士的地位。這麼一來，貴族階層雖然勢力依然強大，但是權力卻逐漸削弱。到了女王統治末期，貴族擁有大批侍從的情形（這是玫瑰戰爭時代的典型）已經成為歷史。貴族在外表上必須維持他們的社會地位，但是這麼做的開銷十分高，這讓他們負債累累，必須出售土地來籌集財源。最大的變化是，貴族身分本身不再重要，他們唯有得到女王的寵愛才能獲得舉足輕重的地位。

與此形成鮮明對比的是，紳士階級迅速發展。他們的人數在一五四〇到一五八〇年代之間激增。到了一六〇〇年，每個村莊都有在地鄉紳的現象已經相當明顯。土地是衡量一個人是否可以自稱為紳士的真正標準，教育程度則是另一個標準。這些人希望能被授予盾形紋章，並且會在鄉間綠地中建造大型房子供狩獵時使用。

這樣的房子是為了給人留下深刻的印象，當中有私人房間、巨大的壁爐、華麗的石膏天花板、鑲板和富麗的家具。鄉紳靠著地產的租金生活，同時也參與工業，甚至涉足海上事業。不過鄉紳家庭總是來來去去。他們能否存續下去，要靠能與女繼承人結婚來取得財富，並且也要有兒子來繼承。女兒則無濟於事，因為地產會被女婿瓜分。

在他們的下面是另一個階級：鄉村中的自由農，以及城鎮中的大師級工匠（master craftsmen）。這兩類人的富足也表現在建築物上，他們的房屋有許多至今仍屹立存在，反映出過去未曾見的使生活舒適之物品：像是堅固的橡木屋或是磚石屋，當中有許多房間和壁爐，而且有玻璃窗戶。煙囪是他們最高的地位象徵。這群人當中有人建立了大型農場，也有人因為消費社會而成為富有商人。羊毛和布匹製造仍然是主要產業。不過股份公司這種新現象也在此時出現，在股份公司當中，有來自許多方面的資金被用來替企業服務，例如將資金投入外國市場的開拓或殖民，在成功之後可以分得一部分的利潤。

活躍的紳士階層、自由農和商人階層體現了這時代的前瞻性能量、變革的力量和推動力。然而，所有這些活力也都不應掩蓋住這社會其實有許多方面仍未改變。大多數人仍然從事自給自足的農業，並且靠著僅十五英畝的土地來勉強維持生計。他們所從事的是混合農業：牧場需要燕麥作飼料，需要大麥用來釀酒，而且可耕地上所種的穀物田地需要靠牲畜提供肥料。他們為了維持生計，通常還得紡紗和編織，還有一些貧窮的村民要自己種菜與養乳牛。儘管圈地和森林砍伐正在進行，但是這些田地仍以帶狀種植為主，大部分的區域仍都是樹木與綠色植物。鄉村也是在這個時代開始首次被調查並製作地圖。鄉村當中的景象宛如迷人的馬賽克，由矮樹林和公共用地、開闊的耕地和矮小的樹籬牧場、公有草地和精緻綠地所組成。

教區仍然是行政的最基本單位。在宗教改革之前，人們以宗教團體的形式聚會，而現在他們在教區委員（wardens）的主持下聚會，討論如何照顧窮人或修路、任命校長或解決地方爭端。從一五三八年開始，所有的出生、婚姻和葬禮都必須被記錄下來，這是每個共同體首次建立起自己的檔案，這從而建立了一種集體認同感。每個星期天，村民們都聚集在教區教堂聆聽上帝的話語。參加是強制性的，只有非常富有的人才能夠承擔不出席的罰款。牧師繼續收取什一稅，但是現在他們往往都是有妻子要養的已婚男人。比起中世紀的神職人員，牧師接受了更優良的教育，有些牧師上過大學，而且會有一間擺有書籍的書房。他的身分是自由民。

治安法官的職責越來越多，成為地方行政和執行政府法令的主要執行者。特別是一五九七年和一六〇一年的《濟貧法》（Poor Relief Act）便委託他們來管理救濟和福利制度，這持續了兩個世紀。每個教區都任命了兩名監督員來收取窮人救濟金，以此來救濟窮人、照顧病人，並提供失業者工作。然而，人們普遍認為窮人是因為自己的懶惰才陷入困境，所以他們所受到的待遇往往相當殘酷。

我們必須從這幅鄉村圖像的脈絡來思考女王統治的最後十五年。這段期間英格蘭飽受國外戰爭、國內饑荒、瘟疫和通貨膨脹的折磨。一五八八年後的英格蘭始終對入侵保持警惕。英格蘭有一支軍隊駐紮在低地國，在法國也駐紮了另外一支，還有第三支試圖征服愛爾蘭的軍隊，此外還有針對西班牙的艦隊。以上種種都是極大的開銷。戰爭的代價十分昂貴，伊莉莎白一世被迫至少召開六次國會以要求補貼，而國會也批准了她的要求。即使如此，她也不得不出售王室土地，籌集貸款並授予專賣權（對特定商品的專有權）。這些戰爭也給她的繼任者帶來了痲煩。與此同時，這段時間是歉收的年代，有四個夏天是人們有記憶以來最潮濕的夏天。其結果是饑荒和通貨膨脹，而從戰場上歸來的士兵身無分文、生病、受傷和失業，讓這一切變得更糟。

這些烏雲使一五八八年的光輝黯然失色。而開創這個時代的偉人一個接著一個辭世：女王的寵臣萊斯特於一五八八年去世；海上英雄德雷克於一五九六年去世；首席大臣塞西爾則於一五九八年辭世。每個人都感覺到這個時代即將終結，因為女王本人已經六十多歲了，這在那時已是高齡。但是，她的判斷力絲毫未減弱，並且選擇了塞西爾才華橫溢的次子羅伯特作為他的繼任者。

她在晚年時因為迷戀埃塞克斯伯爵羅伯特．德弗羅（Robert Devereux）而心中飽受困擾。他英俊又富魅力，讓年邁的女王為之著迷。然而，她精明地意識到他欠缺政治才能，並拒絕他在政府中爭取一席之地的企圖。德弗羅把自己塑造為「榮光女王」（Gloriana）的騎士，參加了在陸地和海上對抗西班牙的戰役，最後率領軍隊進攻愛爾蘭。英格蘭人整整一個世紀都在努力征服愛爾蘭這國家。如今，愛爾蘭被視為西班牙入侵英格蘭的可能後門，於是愛爾蘭現在看起來造成了加倍的風險。英格蘭在愛爾蘭的控制範圍很少能超過都柏林周邊地區，這個區域便是一般所謂的帕萊地區（The Pale）。除了這個地區之外，野蠻的愛爾蘭部落生活在好幾個世紀以來幾乎沒有改變，充滿部落戰爭、血仇、襲擊和殺戮。但是在一五九〇年代，英格蘭開始認真思考征服愛爾蘭，而且征服事實上在女王去世時也已實現。不過埃塞克斯伯爵在這場戰役中走向滅亡，因為他不聽從女王的指示。更糟糕的是，他恐懼自己在宮廷中的敵人，於是坐船回到英格蘭為自己辯護。他甚至在侍女們為女王更衣時闖進了她的臥室。他的下場是被監禁。隨後局勢迅速急轉直下，埃塞克斯伯爵及其追隨者被迫在一六〇一年初發兵試圖占領倫敦，並且要奪取宮廷大權。那是一場災難，埃塞克斯伯爵被送交審判並被處決。

埃塞克斯伯爵的事件反映出了新一代的所有煩躁不安，他們厭倦了這位年老女王似乎無休止的統治。不過伊莉莎白一世直到死前仍舊保持著不可思議的力量。就在伯爵被送上斷頭台的那一年，她接待了來自下議院的代表團。那場合是她最後一次的公開演講，那次演講非常出名，又被稱為「黃金演講」（golden speech）。她是這個國家活生生的化身：

> 儘管上帝讓我身居高位，但我王冠上的所有光芒都源自你們的愛……儘管你們曾經有過，也許未來還會有許多更聰明的君主坐在這個寶座上，但是你們不會再遇到一個更深愛你們的君

主……

她接著訴說自己對他們的信任以及感激之情，接著做了最後的手勢，叫他們一個一個走上前來親吻她的手。一位柔弱而高貴的老夫人受到臣民們的尊敬，這幅景象恰恰捕捉到了女王精神層面的真正偉大。

她於一六〇三年三月二十四日去世，享壽七十歲。儘管她最後幾年遇到了許多問題，但是這些絲毫不會減損她的成就。英格蘭在伊莉莎白一世即位時是個戰敗、破產、士氣低落的國家；當她於四十五年後過世時，英格蘭已即將成為一個大國。不僅如此，她在位統治的這段期間，更孕育出了一個偉大的文明。

# 32 不朽的莎士比亞

如果說君主制和英格蘭國教會這兩股力量，將英格蘭社會改造為一個具有共同思考框架與理想的新身分，那麼這個時代的文化復興可以說是第三股力量。在宗教改革之前，文化的發展主要是以贊助藝術和學習的教會為中心；在宗教改革後的新社會中，文化重心則轉移到宮廷、貴族階層以及最重要的一點：倫敦。儘管拉丁語仍然是任何受過教育的人都必須掌握的一門語言，但在這個時代，英語鞏固了前所未有的地位。所謂的標準英語並不存在，英語這個語言保持著變動性以及地域特色，同時也成為具有無比美感和豐富性的語言。它有大量來自於拉丁語、法語和希臘語的詞彙。如今每到星期天，教區的教堂裡就會響起英語而不是拉丁語的讀經聲，印刷廠提供大量可供閱讀的材料給教育程度提高的群眾，從實用手冊到布道詞，再從政治小冊子到詩歌。

文藝復興文化中的新人文主義頌揚君王與紳士應擔當贊助者的角色，並且主張這兩類人自己也應該寫作。女王自己寫詩，她的許多朝臣也寫詩，其中包括菲利普・西德尼爵士（Sir Philip Sidney）和沃爾特・羅利爵士（Sir Walter Raleigh）。他們還與當時的偉大詩人來往並資助他們，埃德蒙・斯賓塞（Edmund Spenser）便是其中一員，他在未完成的浪漫史詩《仙后》（*The Faerie Queene*）中將伊莉莎白一世歌頌為「榮光女王」。新文學逐漸創造出屬於自己的經典作品，受過教育的階級都閱讀過這些作品，並且視之為其共同身分認同的一部分。

這是類似於民族文學的作品的第一次出現。與此同時，還出現了一些其他東西，它們都是歐洲其他地區無法企及的：大眾劇場（popular theatre）開始出現，它的演出劇目極受歡迎，從宮廷成員到倫敦的年輕學徒們都趨之若鶩。這是一群傑出劇作家的成就，他們奠定了英格蘭戲劇傳統的基礎，包括克里斯多福・馬羅（Christopher Marlowe）、班・強森（Ben Jonson），而其中的翹楚為威廉・莎士比亞（William Shakespeare）。

莎士比亞於一五六四年四月出生於沃里克郡埃文河畔斯特拉特福（Stratford-upon-Avon），是約翰和瑪麗・莎士比亞的兒子。約翰是附近斯尼特菲爾德（Snitterfield）一個佃農的兒子，他以賣手套為生，同時也從事羊毛生意。他的妻子來自日後成為仕紳的上層自由農家庭：威爾科特（Wilmcote）的雅頓（Arden）家族，這個家族的血統可以追溯到諾曼征服之前。瑪麗帶來的嫁妝讓約翰・莎士比亞的地位迅速提升，當他的第三個孩子次男威廉出生時，他是鎮上的財政人員，四年後成為該鎮的地方長官。

莎士比亞的下面還有四個弟妹，最年幼的一位是在一五八〇年出生，那時約翰由於經濟困難已經不再參加鎮議會。這個家庭雖然服從政府的官方宗教信仰，但是有蛛絲馬跡顯示出他們可能與這信仰格格不入。這在一五六〇年代並不成問題。政府並不去強迫人們順從，而英格蘭的天主教徒接收羅馬任何指示的管道都被切斷。不過隨著伊莉莎白一世統治時代的發展，宗教的界線變得越來越嚴格清楚。在幼時莎士比亞成長的家庭環境中有多種信仰方向，既有具未來性的成分，也有希望回到舊時代的成分。他自己的著作中充滿了對《公禱書》和主教們在每個教堂裡誦讀的

《聖經》的引用，所以我們有理由相信莎士比亞隨波逐流地跟隨大多數人的方向。

人們對於他所受的教育一無所知，但作為鎮上財務管理人的兒子，他理應能夠在國王的新學校獲得免費教育。他在這裡學習字母表、教義問答、《主禱文》（*The 'Our Father'*）以及如何寫字，然後他會繼續學習拉丁語和古典文學。他的下一個確切生平事蹟出現於一五八二年十一月，時年十八歲的他被授予與安妮．哈瑟威（Anne Hathaway）結婚的特別許可。她此時已經懷孕了，因為在僅僅六個月之後她就生下了他們的第一個孩子，名為蘇珊娜的女兒。安妮是霄特里的理查．哈瑟威（Richard Hathaway of Shottery）的女兒，比莎士比亞年長八歲。莎士比亞顯然讓她陷入了麻煩，他除了娶她別無選擇。他們於三年後有了一對雙胞胎，哈姆奈特（Hamnet）和朱迪思（Judith）。按照當時的習俗，婚姻不可以被解除。不過，我們也沒有證據可以看出這樁婚姻有比徒具表象的形式要深厚的感情。莎士比亞的妻子似乎從未離開過斯特拉特福，而她在莎士比亞死後七年才過世。然而，莎士比亞自己的生活卻朝著截然不同的方向發展。

直到一五九二年，人們才聽說莎士比亞的名字，那時他二十八歲，是當時倫敦最著名的劇團之一的演員。我們無從得知這一切的確切發展原因，但是不知何故，他被那個時代最偉大的文化產物之一——大眾劇場——所吸引，並且為之著迷。幕帷劇院（The Curtain）和劇場（The Theatre）等第一批公共劇院於一五七六年在倫敦成立，它們建於城市北方的農田中。其位置遠在城牆之外，因此可以確實地擺脫倫敦市參議會（The City Fathers）的管轄。市參議會成員是清教徒，討厭劇場——「會去這些地方的……通常是輕浮又淫蕩的人們」——並且會用各種藉口將它們關閉。但他們並未成功，劇場不僅非常受歡迎，而且有貴族贊助者和宮廷的支持。戲院極為成功，他們因此在十一年後擴張到泰晤士河南岸，玫瑰戲院（The Rose）便開在南華克的河岸區。

劇院呈圓形或多角形，因為戲劇是在下午演出，為了捕捉每一縷光線，頂層樓座的觀眾從上往下看到的那座舞台面朝著西南方。舞台本身是一個升高的平台，位於中心一樓的觀眾席擠滿了站著的觀眾。瑞士遊客湯瑪斯·普拉特（Thomas Platter）講述了自己前往一間戲院的經歷：

> 因此，每天都是下午兩點開始……會有兩部或三部喜劇在不同的地方上演，人們在那裡一起歡笑，而演得最好的人便會有最好的觀眾。這時代的戲院中都會建起一座高起的平台，讓演員們在其上演出，讓台下所有人都可以看得清楚。在戲院中也有獨立的樓座，在那裡的觀眾可以站得更為舒適，甚至可以坐下來，不過收費當然也較為高昂。

隨著時間的推移，這些露天劇院變得越來越精緻，塗漆裝飾使得柱子看起來像大理石。在舞台的上方還有一道台廊，這麼一來演員們可以不只在一個平面上演出。演員穿著各式各樣華麗的服裝，而且舞台效果變得更加複雜。不過當劇團四處巡迴演出時，這些劇本很容易因應不同的演出場所而調整，例如宮廷的大禮堂、貴族的家中，甚至在旅館院子裡。

這些劇院主要與一些特定劇團有關，而每個劇團各自受某位大貴族的保護和贊助，這一點極為重要，特別是考量到當時市政當局的敵意，後者視劇場為罪惡淵藪。莎士比亞的本事很可能是在倫敦劇院的建造者詹姆士·伯巴奇（James Burbage）身邊學習來的。他的劇團有許多非常有影響力的贊助者，包括女王的寵臣萊斯特伯爵，後來還有她的堂兄漢斯頓勛爵（Lord Hunsdon）。

在伊莉莎白一世的繼任者統治期間，該劇團的發展爬升到頂峰，成為國王劇團（The King's Men）。儘管清教徒當局對演員懷有敵意，認為他們不過是擾亂治安的搗亂分子，但是一般演員必須要過著極度自律的生活。一週內最少要表演六場不同的戲，六個月內最多可以表演三十場戲。演員們必須學習所有劇本，他們在一齣戲中常要飾演兩個以上的角色。他們還需要不斷排練，所有這一切都需要高度的精力和專注力。每個節目都需要有詳盡的管理機制：在服裝和道具製作上，音樂和聲音效果的監督，以及前台工作之職責外，還有票房管理與在演出期間提供茶點銷售。

在莎士比亞確實居住在倫敦的那個時期，他已經開始演戲，甚至已經在創作劇本了。更重要的是，他證明自己有能力寫出票房大賣的劇本，比如創新和受歡迎的歷史劇，故事展現了命運多舛的亨利六世統治時期的全貌。劇團在接下來的十年當中上演了一系列劇目，它們都極為成功，因此在一五九五年聖誕節被邀請於女王面前演出。在宮廷上的那些表演想必頗為成功，因為第二年他們又被召入宮中表演。在聖誕節這個傳統場合上，伊莉莎白一世非常喜歡約翰・福爾斯塔夫爵士（Sir John Falstaff）這個角色，因此她要求莎士比亞寫一部關於他的愛情劇，由之而生的作品便是《溫莎的風流婦人》（*The Merry Wives of Windsor*），一般認為這是在一五九七年春天嘉德勛章授予儀式上首演的。

到了一六〇〇年時，莎士比亞已變得極為富有。他父親申請並獲得了一枚盾形紋章，這意味著他和他的兒子都是紳士，有權被稱為「先生」。莎士比亞隨後購買了他家鄉中第二大的房子：新居（New Place），後來又購買了附近的大量土地。此外，他還擁有一五九八年在倫敦河岸區新開設的劇院環球劇院（The Globe）的股份。

以上所描繪的是表面看來很簡單的一個故事：一位成功的企業家、演員和劇作家的生平，他能夠準確地創造出觀眾想要的東西。但是莎士比亞生命中的其他方面仍是個謎。在戲劇受到歡迎的同時，他確立了自己作為詩人的地位，在一五九四年時將自己的詩作《盧克萊修受辱記》（*The Rape of Lucrece*）獻給了年輕的南安普敦伯爵（Earl of Southampton）。另外在伊莉莎白一世最後的寵臣埃塞克斯伯爵羅伯特・德弗羅的圈子中有一位年輕貴族，一般認為莎士比亞有一系列十四行詩都是在描寫他，但是這無法被證實。篇幅更多的十四行詩則是寫給一位身分也無法被確定的「黑女士」（Dark Lady），有著臭名昭著的黑髮、黑眉毛、黑眼睛。（這些謎團仍然未被令人信服地解開，儘管許多學者都曾嘗試過。）不過人們可以察覺到這個劇團多少屬於埃塞克斯伯爵勢力中的邊緣角色，因為伯爵的一群手下花錢要他們演出莎士比亞的《理查二世》，要他們在伯爵企圖召集倫敦人加入叛亂的前夕演出，其中還包括了被政府禁止的廢黜國王的橋段。莎士比亞的贊助人南安普敦伯爵被判死刑，後來減刑為無期徒刑。但是這一切似乎都沒有影響到該劇團，他們仍繼續在宮廷中演出。

環球劇院取得了空前的成功。在新統治者詹姆士一世（James I）的時代，他對戲劇的熱愛甚至超過了伊莉莎白一世，宮廷上演的戲劇數量多了一倍。所有這些發展在在都意味著莎士比亞需要增加劇目，並且根據新時代的品味來創作。《馬克白》（*Macbeth*）滿足了國王對女巫的痴迷，宮廷也越來越喜歡像《伯里克利斯》（*Pericles*）這樣的視覺奇幻劇。為了回應這種潮流，一座新的室內劇院在黑衣修士地區（Blackfriars）落成，其僅能容納七百人，相較之下環球劇院能容納三千人就座。到這裡來看戲的是一群非常挑剔的觀眾，他們渴望看到運用人工照明的戲劇，這同時也是特效和機器首次被運用在劇院中。莎士比亞為這些觀眾提供了這種變化和奇觀，這些設計使他後期的戲劇作品如《冬天的故事》（*The Winter's Tale*）和《暴風雨》（*The Tempest*）更為動感。

一六一三年六月，在莎士比亞最後一部戲劇《亨利八世》（*Henry VIII*）的一次演出中，環球劇院被燒毀。在那個時候或者是更早，莎士比亞似乎已經搬回了家鄉斯特拉特福，並於一六一六年四月二十三日去世。他在遺囑中幾乎把全部財產留給了他的大女兒蘇珊娜（Susanna），她是約翰．霍爾（John Hall）醫生的妻子。他唯一的兒子幾十年前就去世了，而他的二女兒因為婚姻失敗，幾乎沒有獲得什麼遺產。在遺囑中他甚至完全沒有提到他妻子的名字，只留給她一張床和一些帷幔。

莎士比亞是那些占據了歷史重要篇章卻不留下任何訊息的神祕人物之一。有六個他的簽名現存於世，不過他的手稿則完全沒有被保存下來。儘管我們可以追溯他作為一名成功的商人和作家的職業生涯，不過他內心世界的種種仍然令人費解。他十四行詩中的那個年輕人和那個黑女士究竟是誰？他的宗教信仰為何？他與家人和贊助人的確切關係是什麼？他所寫的各個劇本的先後順序為何？所有這些問題仍然懸而未決，並且在我們這個時代創造出了一個龐大的學術產業。

我們可以確定的是，莎士比亞的作品在他的有生之年便備受讚賞，但是他仍然僅僅是位劇場的平民詩人。幸運的是，他劇團的另外兩名成員在他死後意識到這些是應被傳承下去的遺產，於是著手進行出版他的完整著作。這始於一六二一年夏天，終於在兩年後問世。這個《第一對開本》（*The First Folio*）將「威廉．莎士比亞先生的喜劇、歷史和悲劇」流傳給後代。這三十六部劇作以他的同時代作家班．強森的悼詞開頭：

> 非凡的成就啊，我的不列顛，
> 你有一個值得誇耀的臣民，全歐洲的舞台都應向他表示尊敬。

全世界都必須永遠感激那兩人將這些作品發表出版的決定。

# 33 不值得信賴的王朝

未生育任何子嗣的處女女王，讓位給一位有王后和三個孩子的國王。王位繼承在半個世紀以來首次沒有出現問題。人民熱烈地迎接了國王，衷心期待著經過多年停滯後的變化。伊莉莎白一世提名蘇格蘭女王瑪麗的兒子蘇格蘭國王詹姆士六世（James VI）為她死後的繼任者。她的大臣羅伯特・塞西爾在其統治的最後幾年，制定了所有必要的溝通管道，以確保繼承的順利。詹姆士六世於一六〇三年時成為英格蘭國王詹姆士一世，時年三十八歲。他幾乎在一出生時就繼承了蘇格蘭的王位，他在十六世紀晚期蘇格蘭險峻的政治世界中習得了治國之道。他多年來一直渴望地盯著南方的樂土。當他從自己落後、貧窮的北方王國來到英格蘭時，兩者之間的對比極具戲劇性。因為貴族們爭先恐後地在他不曾見識過的豪華住宅裡接待他。當詹姆士一世擁有已故女王的許多宏偉宮殿時，他一定在思索著自己的極佳運氣。他繼承了伊莉莎白一世所有的榮耀，但實際上這些都是海市蜃樓，掩蓋住了這個政治局面背後的缺陷。這個國家迫切需要的是一位能進行改革的君主。然而，這個國家實際得到的這位國王則是一位耽溺於享受生活中種種舒適的人，這是他在經歷多年斯巴達式的貧困生活後從天而降的奇遇。

詹姆士一世所接手的最大問題是如何負擔政府支出。管理王國變得越來越昂貴，國王仍然被期望「獨立自主」地生活，意思是他必須仰賴在幾百年前封建時代所訂定的王權稅和其他稅收，只有為了支付戰爭費用時方能向國會要錢。到了伊莉莎白一世統治末期，這個體系已經不堪重負。在詹姆士一世和他的兒子查理一世（Charles I）在位期間，壓力達到極限。政府的運行資金有兩個來源，而在此體系崩潰前的四十年當中，這兩個來源都已經被盡可能地壓榨搜刮了。讓國家繼續運轉下去的第一種方法是：讓國會認識到政府在承平時期仍需要定期徵稅，藉此才能支付政府的日常運作、官員薪水以及國家大型機關如法院、國庫的費用，以及陸軍、海軍與王室的開支。作為回應，國王將不再透過中世紀遺留下來的許多過時、不受歡迎的方式籌集資金。例如，當人們拒絕被授予騎士爵位，或者如果人們違反了幾個世紀前制定的森林法令，國王將不再對他們處以罰款。第二種方法是不召開國會，這與當時歐洲其他地區的情況相吻合，並全面發展神聖王權藉此徵收各種稅費。這兩種方法在過去都有先例，因此國王和國會都可以平等地主張自己擁有某種權利。

若是雙方懷著誠意，也許可以達成某種解決方案。然而現實發展並非如此，這反映了新王朝帶來的一項重大變化，即君主與人民之間的信任逐漸削弱。所有都鐸王朝的君主，包括瑪麗，都得到了全國大多數人的信任。即使在伊莉莎白一世統治時期最後的艱難十年中，當無數困境接踵而至時，這種信任也並未動搖。但是現在這種信任開始逐漸被侵蝕了，這可以歸因於最初兩位斯圖亞特王朝（Stuart）國王的性格。

就這兩位國王而言，詹姆士一世的災難要輕得多，儘管信任中的明顯裂痕是從他的統治期間開始出現。他這個人步履蹣跚、舉止粗魯，雖是個聰明的學究，但有時也任性而易怒。他的愛好是神學、狩獵和英俊的年輕人，因為他的性取向是同性戀。他不喜歡公開露面，這與都鐸王朝君主們（實際上他們都是公共舞台上的頂級演員）形成極為強烈的反差。不過，問題來自於更嚴重的病因。雖然到本世紀末，都鐸君主們幾乎被賦予了半神的地位，但他們從未公開宣稱過這一點。與之形成鮮明對比的是，詹姆士一世在他的著作和公開演講中都聲稱國王是上帝在地球上的副手，這種信念體現在所謂的「國王的神聖權利」（The Divine Right of Kings）中。如果詹姆士一世沒有持續以神聖權利來教訓國會，或者如果他的宮廷保留了其前任君王輝煌的清醒，這種洋洋得意或許不會造成那麼糟糕的後果。現實則是朝相反方向發展，國王為自己的寵臣提供官位、頭銜、土地和金錢，宮廷隨之成了奢侈和腐敗的代名詞。這種揮霍無度使得國王很難說服國會投票通過常規稅收，因為在他們眼中這些錢始終都是被虛擲浪費掉了。宮廷與國家的關係則是更嚴重的問題。伊莉莎白一世會將意見大相逕庭的各種官員環繞在自己身邊。她有自己的寵臣，但她總是小心翼翼地只提拔那些真正具有能力的人。這在詹姆士一世的統治下發生了變化。他也有自己的寵臣，長得當然很漂亮，但在政治上毫無能力。儘管如此，他還是把他們推上了官職和權力的寶座，因此造成了不可抹滅的損害。但是跟伊莉莎白一世一樣，詹姆士一世實際上是保持住了各種利益的平衡，因而維持著全國各地的廣泛支持和溝通網絡。

因此，儘管有上述種種發展，都鐸王朝的舊體制還是得以搖搖欲墜地進入了新世紀。詹姆士一世透過與西班牙和解來開始其統治，這立即讓需求孔急的經濟活動復甦。同年，一六〇四年，他在漢普頓宮召開了一次神學會議，以便清教徒能夠表達他們對英格蘭國教進一步改革的要求。儘管這次活動本身是失敗的，但詹姆士一世和伊莉莎白一世一樣仍維持著國教會包容四方的性質。的確，在他的統治下，情況在某些方面變得較為和緩一些，因為他是喀爾文主義者（Calvinist），也就是說，他是改革者約翰・喀爾文（John Calvin）的追隨者。喀爾文在日內瓦實行的極端新教主義是英格蘭清教運動的基礎。在詹姆士一世統治時期，越來越多的神職人員是大學畢業生，他們有能力成為活躍的「敬虔的牧師」，傳道、讀經、講解經文。清教徒的生活便是種付諸實踐的信仰，他們在公共道德和秩序上有著不可妥協的標準。在這個時候清教徒還可以跟英格蘭國教會信徒和平共處，儘管兩者關注焦點截然不同，而且後者保留了中世紀天主教會的許多信仰和做法，例如將自己視為具有階層等級的機構，尤其是主教制度，並保持體面的禮拜儀式的重要性，其信仰的主要源泉是將基督視為榜樣。只有在詹姆士一世統治期間快要結束時，這種和平共處才開始受到干擾。

儘管火藥陰謀（The Gunpowder Plot）造成的後果看似對天主教徒而言是個重大打擊，不過他們還是跟以前一樣繼續在這個國家中生存。一六〇五年，一群天主教徒密謀在國王主持國會開幕式時炸毀國會。若是事成，上議院、下議院和大多數王室成員在這個大爆炸中都將消滅殆盡；然後國王的一個孩子將被推上王位，並且與一位外國的天主教君主結婚。不過，一位忠誠的天主教貴族背叛了這一陰謀，這一事實表明，該計畫沒有得到那些仍然忠於舊教的廣大群眾之支持。天主教徒在一段時間之內遭受罰款和監禁，不過隨著風波過去之後，一切又回歸正常。與西班牙的和平共處，以及詹姆士一世想要成為歐洲和平締造者的強烈願望——一個孩子與新教徒聯姻，另一個與天主教徒聯姻——讓天主教的處境變得較為緩和。火藥陰謀的不幸之處在於，國王決定把它變成每年十一月五日的紀念活動，每個教區的教堂在這天都會舉行特別儀式，這種做法一直持續到維多利亞女王統治中期。這個活動從瑪麗在位時開始每年都會舉辦，其深深烙印在大多數人的腦海中，而且這個活動在戰勝無敵艦隊後變得更加穩固：國王對抗教宗、新教對抗天主教在這種活動中變成了詮釋公共事務的基本觀點。它營造了一種恐懼和猜疑的氣氛，而且日後的發展證明了這種氣氛很容易被加以操弄。

詹姆士一世很幸運地從前任政府那裡獲得了羅伯特．塞西爾，並且封他為索爾茲伯里勛爵（Lord Salisbury）。索爾茲伯里著手進行大規模改革，試圖透過國會使政府的財務狀況恢復正常，這也是唯一一次的嘗試。他做的第一件事是改革王家土地，對幾十年來固定不變的租金進行了調查，並透過新租約提高了租金。接著，他向國會提議要清除王家所有舊的封建收入來源。他向一六一〇年的國會提出這項提議，而作為回報，國會將給予王室六十萬英鎊用來償還現有的王室債務，同時保證王室每年二十萬英鎊的固定收入。最後，這個所謂的大合同（The Great Contract）談判破裂了。國會拒絕接受政府運作必須要有經費支出的現實。國王現在別無選擇，只能從別處尋找收入。早在一六〇六年其他收入的可能性便已出現：法院於這一年裁定對商業管理徵收的關稅是外交政策的一部分，而外交政策的所有一切都屬於王室特權。詹姆士一世以及查理一世兩人都是根據這個裁定努力搜刮財源，其中查理一世尤其著力於此。

索爾茲伯里與國王的長子亨利都在一六一二年去世。這兩個人死後，情況急轉直下。索爾茲伯里的能力無人能替代，詹姆士一世的次子也無法取代充滿活力的亨利。宮廷開始因醜聞而蒙上陰影，尤其是湯瑪斯．奧弗伯里爵士（Sir Thomas Overbury）被謀殺這件臭名昭著的案件。奧弗伯里爵士是詹姆士一世早期的寵臣羅伯特．卡爾（Robert Carr）的政治顧問，卡爾被詹姆士一世封為羅切斯特子爵（Viscount Rochester）。羅切斯特自一六一一年開始與年輕的埃塞克斯伯爵夫人佛蘭西絲・霍華德（Frances Howard）有染。她很美麗，其天真無邪的孩子氣特徵掩蓋了內心的惡毒。佛蘭西絲是霍華德家族的一員，這家族的其他成員在宮廷中擔任最重要的職位，他們把她看作是進一步確保對國王影響力的手段。為了與羅切斯特結婚，佛蘭西絲必須與丈夫埃塞克斯離婚，這種做法在當時幾乎是前所未聞的。然而，她有一個敵人，那便是反對她的奧弗伯里爵士。詹姆士一世也不喜歡奧弗伯里，他被關進了倫敦塔，不久後就在那裡去世了，這為兩人的離婚鋪平了道路。一六一三年十二月，羅切斯特在一場盛大的宮廷盛宴中與佛蘭西絲結婚。勝利是短暫的，因為奧弗伯里其實是被毒死的消息不久就甚囂塵上，所有的指控和證據都導向了佛蘭西絲和她的同夥。結果，她和她的丈夫成了轟動一時的審判中的被告。儘管她的同夥被絞死，但由於國王的緣故，佛蘭西絲和羅切斯特僅被送進倫敦塔，之後允許他們過著隱居生活。但是這整起骯髒的傳奇故事暴露了宮廷之腐敗，以及國王對於司法的扭曲。

宮廷裡反對羅切斯特和霍華德家族的一派人有心地加速了羅切斯特的倒台。他們知道要把羅切斯特黨人攆走，唯一的辦法就是找出另一個人來取代國王對羅切斯特的喜愛，而這任務落在萊斯特郡一位紳士的貧困小兒子喬治・維利耶斯（George Villiers）身上。他被認為是同齡人中最英俊的男人。反對派刻意精心打扮他以吸引國王的注意，他們成功了。維利耶斯的崛起如流星般迅速：一六一六年被封維利耶斯子爵、一六一七年被封白金漢伯爵、一六一八年被封侯爵，最後是一六二三年被封公爵。白金漢比他之前的那位寵臣更為危險，因為他既在政治上充滿野心，卻絲毫不具政治能力。但是詹姆士一世不斷賜給他職位，詹姆士一世隨著年齡的增長變得極為痴迷白金漢，以至於詹姆士一世若是沒有白金漢，便無法做出決定。白金漢敏銳地意識到國王已經老了，如果他想生存下去，他還需要用他的魅力來俘獲王位的繼承人。白金漢在這方面相當成功，因此他在橫跨兩個君主的十年中占據了宰制地位，直到他於一六二八年去世。

白金漢的悲劇和國王的悲劇相同。他不是改革者，但和詹姆士一世一樣，他知道如何讓現有的體制繼續運轉下去，儘管他一路上樹敵甚多。樹敵是因為白金漢是一個大家族的成員，而大家族中的每個成員都必須要能被獲封貴族頭銜，要有輝煌的婚姻，還要有被賞賜的金錢和土地。然而，這麼做只是加深了人們認為宮廷是罪惡淵藪的看法。假如詹姆士一世當初沒有發動將帶來嚴重財政問題的戰爭，後來的災難原本還有機會可以挽救。他當初即位時極力想要達成和解。他的女兒伊莉莎白嫁給了神聖羅馬帝國的新教徒領袖帕拉丁選侯腓特烈（Frederick, Elector Palatine），腓特烈被選為波希米亞國王，從而威脅到天主教哈布斯堡王朝對中歐的統治。

英格蘭派了一支軍隊前往波希米亞。腓特烈戰敗後被迫流亡，這一事件引發了一場被稱為「三十年戰爭」（Thirty Years War）的歐洲戰火，這是一場可怕而血腥的政治與宗教權力鬥爭，幾乎所有的歐洲列強都被牽扯在其中。

英格蘭有許多人，特別是清教徒，都希望加入新教陣營，但詹姆士一世相信可以透過外交手段達成和解。他繼續推行自己的和解政策，與西班牙談判其兒子與西班牙公主的婚事，這相當不受英格蘭人歡迎。詹姆士一世被迫召集國會要求他們提供發動戰爭的補貼。下議院同意了，但條件是這場戰爭必須要針對西班牙，並且要中止婚姻談判。詹姆士一世怒不可遏，他告訴議員們：他們之所以能夠存在完全是出於他的慈悲。國王的這種舉動讓下議院發表了一篇抗議書，藉此來定義他們自己的地位。抗議書中聲明由選舉產生的國會是每個英格蘭人「古老而不容置疑的與生俱來權利」。國王被激怒了，將抗議書從下議院記錄會議過程的日誌中撕去。在同一屆國會中，上議院恢復了十五世紀的彈劾手段，對他們眼中腐敗的大臣們採取行動，目的是將御前大臣法蘭西斯・培根（Francis Bacon）掃出政府。如果詹姆士一世的行事更為謹慎明智，這兩個事態發展本來都是可以避免的。因為就後來的發展而言，這兩件事都造成了危險的後果。

與西班牙聯姻的計畫以災難告終，隨之而來的則是對西班牙的戰爭，希望藉此來彌補王位繼承人受損的榮譽。這意味著國王要在英格蘭處於本世紀最嚴重的經濟蕭條時向國會要求撥款。在歐陸上的戰爭導致了寬幅棉布出口的大幅下滑。當時英格蘭農作收成欠佳，而且接著還發生了饑荒。儘管如此，於一六二四年再次開議的國會投票同意撥款三十萬英鎊，要用於聯合荷蘭對西班牙進行海陸聯合攻擊。

國會懷疑詹姆士一世，甚至懷疑白金漢公爵對他的影響，規定這筆錢必須由他們任命的司庫負責。詹姆士一世卻無視承諾，他將錢花在資助外國軍隊上，並計畫透過這些軍隊來讓腓特烈和伊莉莎白重新奪回在帕拉丁的領地。但是這些軍隊失敗了。

詹姆士一世於一六二五年三月二十七日去世。從一方面而言，大局並未因為詹姆士一世的逝世而改變，許多事情仍然受白金漢公爵的掌握，他的影響力極具支配性，但是同時將導致毀滅。從另一方面而言，詹姆士一世的死亡確實改變了大局。因為其子的性格加速了與國會關係的破裂。在詹姆士一世的統治下，國家這艘船逐漸開始進水，但它還是勉強保持了航行的方向。在他的繼任者統治之下，這艘船則將在一片相互指責的聲浪中沉沒。

# 34 國王的世外桃源

新國王和他父親有相同的信仰，但沒有他父親的惡習。對查理一世來說，君主確實是一個神聖的存在，他嚴肅和矜持的態度強調了這一點。此外，當查理一世拜訪西班牙宮廷問候親王，他在這裡見識到的嚴格儀式也強調了君主的神聖性。他的父親可以忍受公開露面，但查理一世很少公開露面，他的宮廷變成了一個封閉世界，他將那些與他的觀點不一致的人都排除在外。王室也因此逐漸遠離了民眾的支持。查理一世羞澀、膽怯，說話結結巴巴，這更是無濟於事。不過對他而言，國王的身分便將神聖性賦予到他的每一個行動和決定上頭，無論這些行動和決定有多麼糟糕。他的坎特伯里大主教威廉・勞德（William Laud）曾這樣描述他：「他既不知道如何成為偉人，也不知道如何讓自己變得偉大。」這一切特質在他於一六二五年繼位時都像是不祥的預兆，因為他所繼承的王國比他父親繼位時要糟糕許多：皇室的信用在這個時候幾乎已經破產了。

但是這個國家仍在進行一場它負擔不起的戰爭。國會不信任王室，而且認為白金漢公爵對國王有邪惡的影響力，因此查理一世的第一次國會僅批准了為期一年的關稅，即所謂的桶稅和鎊稅（tonnage and poundage）。在此時代之前，國會都會給予每位君主終身的關稅收入。下議院接著開始抨擊白金漢公爵，因為後者所領導的戰爭結果宛如一場災難。國會拒絕為那些他們既無權掌握，而且指揮失當的戰事埋單。國會拒絕撥款的傳統就從此時開始出現。這造成了雙方的痛苦和相互指責，並且導致了兩極分化。查理一世於一六二六年典當王冠上的珠寶，而且他在次年將剩餘的王室土地移交給倫敦市來償還王室的舊債，並且延遲償還另一筆貸款。這個做法代表了中世紀王權的實質終結，因為當土地被剝奪時，國王不再有任何「自己的」東西來支付政府的費用。如果國會拒絕合作，唯一的出路就是動用王室特權提高稅收。

查理一世再次召開國會。那些當選的議員對國王滿懷敵意，帶著對戰爭的不滿從各個郡前來倫敦，而且這場戰爭已由原本的災難變成另外一場災難，國王資助戰爭的方式同樣是災難一場。查理一世透過所謂的「強迫貸款」來籌集資金。五名騎士因拒絕付款而被逮捕。總之，他們之所以這樣做是要質疑國王的作為，但是查理一世不願意接受審訊，也不願接受這種貸款的合法性在法庭上接受檢驗。法官們支持國王，因為他們都認為國王必須擁有逮捕人的權力。這一切發展的結果是促使下議院編纂了一份申訴（grievances）清單，即《權利請願書》（The Petition of Right），譴責他們眼中國王資助政府的創新方法。下議院渴望回到過去伊莉莎白一世時代的狀態，他們在此過程中逐漸承擔起捍衛自己理想中古代自由的角色。事實是，國會想要的是一個不花錢的政府，而國王的政策事實上較具前瞻性。不過，悲劇在於國王籌集的錢，是被拿來紓解其財務破洞。

一六二八年八月二十三日，白金漢公爵被暗殺，國王因失去了最親密的朋友而悲痛欲絕。民眾和下議院都為之歡欣鼓舞。查理一世和國會之間的緊張關係不僅沒有緩解，反而更加惡化了。因為白金漢公爵就像詹姆士一世一樣精明，他與多個陣營的成員皆有聯繫。白金漢公爵不在之後，國王便踏上了一條沒有任何妥協可能的固執之路。他非常不情願地被迫接受了《權利請願書》，然後立即忽視其中的要求。國會再次開議，但結果是再次陷入僵局。

查理一世明白只要自己避免戰爭，他可以在沒有國會的情況下進行統治。這是他在一六二九年所下的決定，就此踏上了被稱為「個人統治」（Personal Rule）的十年。

從國王的角度來看，這一決定是明智的。國會在他眼中已經變成了一個討人厭的舊式機構，它妨礙了有效率的好政府。國會未能與時俱進。在英吉利海峽對岸，類似的代表機構正在消失。當統治者不再需要面對民選代表議會這種阻礙，他便能夠更有效率地管理國家。無論如何，英格蘭國會的召開必須仰賴國王的恩賜，國會的行動若是缺少國王的同意，就失去具約束力的法律地位。國王只有在必要的時候才會召開國會，而詹姆士一世統治時期有十年都沒有召開過國會。當時沒有人抱怨，因為漫長的國會會期對議員開銷甚大，他們還需要居住在倫敦，無法處理地方的各種事務。如果不是因為兩件事，國會很可能就此被暫時擱置，接著逐漸消失。首先，由於戰爭已經持續進行了好幾年，國會幾乎成了一年一度的活動，議員們得以互相熟識，進而產生了一種共同歸屬感。此外，國王的行為迫使他們前所未有地以明文制定了國會的權利。歸屬感和明文權利並不容易被忘記，但確實還是有被遺忘的可能性存在。第二個因素是戰爭的再次爆發。國會最終之所以再次召開的原因是國王始料未及的，那便是他自己王國內部的戰爭。

不過，查理一世在沒有國會的情況下，在這十年中以個人統治的方式成功地治理著這個國家。他與法國和西班牙都講和，此後將英國的國外影響力限制在外交領域上。在白金漢公爵死後，他對來自法國的天主教王后亨利埃塔・瑪麗亞（Henrietta Maria）的感情成為他統治的核心，他們攜手努力使宮廷成為全國各地效仿的美德和良好秩序的典範。與他父親先前那不道德的宮廷相比，查理一世的宮廷則是以持重著稱的典範，例如嚴格禁止出售官位。古老的樞密院恢復了活力，巡迴全國各地的法官們也被指派為國王改革的代理人，紳士們被鼓勵留在領地履行他們在地方的義務。和平帶來了商業繁榮，查理一世以自己的權利所徵收的關稅也隨之增加，從而為王室帶來了收入。國王將他在財政上的特權擴張到極限：對那些拒絕被封為爵士的人罰款、施行古老的森林法，以及動用王家徵稅權，以便在有危險的時候建立艦隊和海軍防禦設施，這種稅被稱為「船稅」(Ship Money)。

自塞西爾時代以來，政府從未像現在如此穩定。此外，國王有兩位能幹的大臣，一位是湯瑪斯．溫特沃斯（Thomas Wentworth），他有效地管理了北方，後來擔任愛爾蘭的副總督；另一位是倫敦主教和坎特伯里大主教威廉．勞德，他有力地貫徹了王家宗教政策。和國王一樣，他們都醉心於服從和良好秩序。問題是，追求這樣的願景會樹立許多敵人，也會讓不願按照國王指令行事的人被排斥在外。在查理一世即位之前，一切都還存在著緩衝餘地，特別是在信仰的問題上，模稜兩可的態度能讓宗教分歧暫時相安無事。但是，這個迴旋餘地現在已不復存在，而後來的發展也證明了，這個模糊性是讓君主制度得以穩固存在的基石。

查理一世不同意父親對宗教的立場。對他來說，清教徒是必須被割除的畸變。他認為英格蘭國教會便是在宗教改革前的天主教會。不同的地方在於，國教會接受了改革，將職權濫用和迷信都清掃出去了。伊莉莎白一世也曾有過這種想法，但從未付諸實施。這種想法現在在查理一世任內則成了現實。這種主張的追隨者被稱為阿民念派（Arminians），以荷蘭神學家阿民念

（Arminius）命名。但整體而言，這是一場發生在英格蘭國教會內部的獨特運動。在伊莉莎白一世統治時，英格蘭國教會的信條被編纂成名為《三十九條信綱》（Thirty-Nine Articles）的文件。儘管他們對清教徒的解釋持開放態度，但他們的新教思想絕不是極端的。信仰在這個時代充滿激情和狂熱，若是那些以不同方式詮釋《三十九條信綱》的人保持緘默，問題也就不會爆發。然而，這種情況在詹姆士一世統治末期開始改變。新一代的神職人員宣稱英格蘭國教會信奉的神學與眾不同，不僅獨立於羅馬也獨立於日內瓦。這些國教會成員開始重新伸張以下信念：人在此生所實踐的種種，實際上對靈魂救贖有幫助；清教徒對這種態度極為厭惡與恐懼，因為他們堅信每個人在出生時便被已被注定該上天堂或下地獄。聖禮的重要性被重申，特別是聖餐禮。過去被移到中殿進行聖餐禮的桌子，現在為了強調它的神聖性，被移到宗教改革前祭壇的位置，並用欄杆圍起來。「祭壇」（altar）一詞再次出現。隨著運動的發展，秩序和祭儀以及藝術之美被重新引入教堂：彩繪玻璃、耶穌受難像、燭台、向祭壇鞠躬以及穿著祭衣。此外，這波運動還承諾要停止剝奪教會的資產，並且恢復其先前獲贈的財產。

新一波的英格蘭國教運動與清教運動很像，因為它不僅充滿熱情，還很激進。更重要的是，它先是得到了白金漢公爵的支持，然後又得到了國王的支持。查理一世幾乎撤換了所有主教和高級神職人員，只任命那些能夠推行改革的人。他的主要執行者是一六三三年繼承坎特伯里大主教位置的威廉·勞德。勞德處事不圓滑又愛好爭辯，他無情地推行宗教改革，並且鎮壓清教徒。在國王施行個人統治之前的幾年當中，下議院對這場運動的攻擊與對王室財政的攻擊齊頭並進。國會議員絕大多數是清教徒，因此國會若是不開議，他們就失去了發聲的空間。

然而，國王的長期和平從表面上看來就像是世外桃源（Arcadia）。這個國家與上個世紀相比發生了很大變化。倫敦這個港口不斷地擴張，南方在全國占據的主導地位越來越強，而其他地方性港口逐漸被淘汰。倫敦成為宮廷（不再巡迴各地）、政府和司法的所在地，對於各地區的鄉紳而言，現在訪問倫敦成為義務，他們因此開始購買聯體別墅（town houses）。結果，倫敦成為了從食品、煤炭到奢侈品等各種商品的最大消費地。倫敦到了一六四〇年已有約三十五萬居民。第二大城諾里奇僅有兩萬人。其他地方的城市與市鎮看起來就像是大型村莊，而且這些村莊的街道很快就會被農田與田園風景所取代。

儘管英格蘭的道路系統粗製濫造，但它是一個高度商業化的國家，只有義大利北部和低地國家能與之較勁。儘管經歷了一場毀滅性的經濟衰退，許多人的境況還是比過去好得多，這反映在人們的遺囑中。即使是非常卑微的家庭，現在也用錫製餐具吃飯，用黃銅廚具做菜。從都鐸王朝繼承下來的社會階層流動仍在繼續。英格蘭在這方面開始與歐陸有所不同，因為歐陸的貴族開始變成一個封閉的社會階級。在英格蘭，貴族必須繳稅、與平民通婚並從事商業投資。因商業活動而致富的人能夠從王室那裡獲頒爵位，這也促進了這種流動性。貴族、紳士和自耕農階層都以王室為榜樣，努力將能從土地中獲得的利潤最大化，從遍布各地的莊園中可以看出他們的成功。商人們也生意興隆，並且逐漸建立起將財富用來購買土地、取得鄉村紳士身分的模式。由律師和神職人員組成的職業階層第一次有了獨立的身分。神職人員現在具有富裕自耕農的特徵：受過大學教育、能夠結婚，並且是建立王朝的功臣。神職人員地位提升，也使得教區牧師開始成為紳士階層安排其幼子出路的理想職業。

這一切的發展形成了一種鮮明的對比：繁榮的階級和那些人數勢必膨脹的貧窮階級之間的差距越來越大。無地的貧民越來越多，一般估計他們約占人口的三分之一。他們之中越來越多的人湧向城鎮尋找工作。政府開始強力徵收貧民救濟稅，藉此因應迅速增長的貧困人口。由於徵收的力道太強，它同時成為導致一六二〇年代第一波移民新英格蘭的動力。

這就是斯圖亞特王朝初期社會的弊端，不過在其他方面，這個社會具備高度的活力與流動性。那些頭腦聰明的人在社會上可以往更高的方向發展，到了一六四〇年時，大約有三分之一的男性能夠讀寫。受教育的推動力來自新教，而清教徒的動力尤其強烈，因為一個人需要閱讀才能學習《聖經》。清教是具備讀寫能力的人的宗教。社會底層成員向上爬的途徑是接受學徒訓練，以及在文法學校受教育。有天賦的人不會缺乏獎學金。到了本世紀中葉，大多數城鎮都有一所文法學校，許多城鎮還有好幾所。推動教育需求增加的除了宗教因素，同時也因為商業程序的變革，商業程序現在需要有複雜的書面合約和簿記。

人們不再一生都待在同個地方。家庭不再依附於土地，而是因為婚姻或工作之故在社會的各個層面上流動。儘管這時代沒有節育措施，但由於嬰兒死亡率高，一個家庭的成員很少超過五個人。它仍然是由男性占主導地位的社會，有地位的婦女僅限於擁有財產的寡婦。婦女的職責是管理以及操持家務，也因此抹煞了婦女接受教育的需求。她們的生活飽受限制，除了工作，她們情緒唯一的宣洩管道就是信仰。

然而，此時的不列顛並不是一個統一的國家。儘管詹姆士一世恢復了古羅馬時的名稱，自封為大不列顛國王，但是他和他的兒子統治的是三個截然不同的王國，每個王國都有各自不同的傳統。蘇格蘭和愛爾蘭都是貧窮、落後和被忽視的國家，它們是遠方白廳王宮政務的受害者。詹姆士一世和查理一世都未曾去過愛爾蘭，蘇格蘭則只是在脅迫之下才被迫前往的。如果查理一世沒有執意將自己對秩序和統一性的痴迷擴展到其他王國，這種現狀可能會繼續下去。就愛爾蘭的情況而言，國王很幸運有著湯瑪斯・溫特沃斯這號人物，他高效地進行了行政和宗教改革。然而，當查理一世將注意力轉向蘇格蘭時，他卻沒有這樣的盟友，處在白日夢世界中的他也因此被粗暴地直接打醒。

蘇格蘭人理所當然地感到自己在社會的各個層面都被邊緣化了。蘇格蘭有著激進新教的傳統，其源自偉大的蘇格蘭改革家約翰・諾克斯（John Knox），而最早則可以上溯到日內瓦的喀爾文。蘇格蘭教會不存在英格蘭國教會在神學上的模稜兩可。儘管如此，查理一世對於他所選擇的統一王國道路的心意從未動搖，他於一六三七年出版了一本蘇格蘭語《公禱書》供蘇格蘭使用。它甚至不是一五五二年的版本，而是一五四九年那個天主教色彩更濃厚的版本。查理一世在沒有與蘇格蘭議會或教會協商的情況下，就強行推出這部《公禱書》，暴動和叛亂於是爆發。查理一世的作為，使得蘇格蘭貴族和平民團結起來反對他，蘇格蘭人簽署了一份誓約來保衛他們的教會。他們仔細觀察南方英格蘭的狀況，深信他們目睹到教宗制度已透過不正當的祕密途徑被引入。王后公開信奉天主教，而且不少人確實皈依了天主教，國王甚至在宮廷裡接待了一位教宗代表。英格蘭國教會在勞德領導下所發生的轉變，向蘇格蘭人釋放出了一個信號：反基督的時代無疑已經到來。蘇格蘭人於是武裝起來，越過邊界。

國王的一切努力都是為了避免戰爭。但是現在戰爭仍舊出現了，不過不是來自外部，而是從國內爆發。在不召集國會的情況下，查理一世對付入侵的唯一辦法是中世紀國王號令戰爭的古老做法：召集他的直屬封臣。由此而結集的軍隊完全不像支現代軍隊。一群衣衫襤褸、裝備簡陋、訓練不足的雜牌軍團向北挺進，接著在與蘇格蘭人的交戰中潰不成軍。一六三九年六月查理一世被迫為了拖延時間而簽署了《貝里克條約》（Treaty of Berwick）。蘇格蘭人擁有的優勢不止於此，因為在南方有一場重大危機正在逐漸逼近，蘇格蘭人明白這場危機對他們而言有利無弊。在這場危機中，查理一世求助於一位可能知道該如何處理此種狀況的人：湯瑪斯・溫特沃斯。現在已被封為斯特拉福德伯爵（Earl of Strafford）的溫特沃斯回到英格蘭，告訴國王現在必須要召開國會，儘管這是國王過去不惜一切代價要避免的事情。

# 35 陷入危機的三王國

就某種意義而言，內戰早已開始了。這戰爭從表面看是一個王國反抗它跟其他兩個王國共同擁有的國王，但是蘇格蘭人明白他們在邊界以南也有盟友。人們的怨氣堆積如山卻無處宣洩，特別是清教徒。他們認同誓約派（Covenanters）的觀點，認為國王的宗教政策是反基督教的。他們在英格蘭國教會的新儀式和華麗擺飾中看到了向羅馬屈服的跡象。這些憤恨不平的人深深浸淫在《聖經》的世界中，因此他們不需要太多想像力，就會看待自己正活在〈啟示錄〉預言開始實現的過程中。

於是，當一六四〇年四月國會召開時，國王被鋪天蓋地的抱怨嚇壞了。這些抱怨不僅源自宗教層面，同時也源自財政層面。這些抱怨批評國王利用特權來提高稅收，他們認為這是缺乏法律基礎的不正當手段。他們最強烈反對的便是船稅。一六三七年蘇格蘭人起義，國王徵收此稅的權利在同一年於法庭上受到挑戰，但大多數法官宣布支持國王。然而，有五位法官未表示支持。這個看似王室特權的勝利，卻也成了三年後反對派攻擊船稅時所需要的彈藥。

查理一世被鋪天蓋地的抱怨壓得喘不過氣來，不到三週，他就草率地決定解散國會，也就是後來所謂的短期國會（Short Parliament）。國會沒有通過任何補貼。解散國會從事後發展來看是極為短視的舉動，因為國王在這個時候只消做出一些讓步，便能獲得應付蘇格蘭挑戰所需的撥款，但是他反而解散國會，因而加深了國會對他的不信任。他此時又像封建領主一樣號召武裝者，並在塞爾比（Selby）集結了裝備更差的第二批軍隊。誓約派在途中為了表達他們對清教徒的同情，洗劫了所有按照大主教規定的方式重新被設計過的教堂。英格蘭軍隊中則是興起了一股反對教宗制度的聲浪，這是由對天主教陰謀的恐懼所助長的。誓約派軍隊於八月跨過邊境，英格蘭軍隊第二次被擊潰。

國王又一次企圖繞過國會，他從中世紀的歷史中恢復並且召開了上議院的大諮議會。這次大諮議會在約克舉行，並且與誓約派達成停戰協定，不過這是以金錢作為代價的：每天八百五十英鎊。國王破產了，上議會貴族們強烈要求召集國會，國王現在已別無選擇。

在一六四〇年十一月三日時，沒有人會預料到自己將成為英格蘭歷史上最長國會的成員，也就是所謂的長期國會（Long Parliament）。當國會議員聚集開議時，他們只關心一件事情，那便是確實讓榮光女王的黃金時代得以回歸。統治者和整個國家在那個黃金時代是一體的，議員們想將勞德的新做法和船稅一起掃進灰燼中。在查理一世滿足國會的要求之前，他們不可能給他一分一毫來支付他與蘇格蘭人約定的款項。國王不僅疏遠了下議院，也疏遠了現在團結一致的上議院。

由約翰・皮姆（John Pym）領導的下議院處於狂熱狀態，他們對天主教陰謀的恐懼被清教徒傳教士煽動起來。他們此時通過了一條法令，要求兩屆國會之間的間隔不得超過三年。《三年選舉法》（The Triennial Act）確保了之前那種十年的個人統治不會再度出現。隨後，國會提出彈劾，要將國王特權統治的爪牙掃除出門：斯特拉福德、勞德和支持國王的法官們。國王的諮議會在這輪猛攻下幾乎崩潰了，為了避免遭到報復，查理一世開始用貴族填補政府的空缺職位，這些貴族先前因為觀點與國王不一致，因此被排除在宮廷之外。然而，國王仍然深信自己的正直，並且相信自己要追求的目標可以正當化自己所採取的任何手段。他試圖在國外籌集資金，然後試圖利用軍隊的剩餘力量來解放被囚禁於倫敦塔中的斯特拉福德。這個陰謀於五月三日傳到了國會，對國王的憤怒達到了前所未有的程度。倫敦的清教徒暴民往白廳宮進攻，國王開始擔心自己和王后的性命安全。他違背了對斯特拉福德的承諾，簽署了處決令。五月十二日，斯特拉福德被斬首。

國王曾經計畫使用武力，而且他一旦有機會還是會訴諸武力。國王企圖動武的事實，讓國會忍無可忍。國會開始如潮水洶湧般通過許多法案，將國王在個人統治的十年所建立的一切掃除殆盡。船稅、森林權和騎士罰款都被廢除了，然後國會把注意力轉向了維持特權規則的機構。星室法庭（Star Chamber）和宗教事務高等法院（The Court of High Commission）也被廢除。當清教徒們看到末日迫近時，他們的宗教熱情變得沸騰高漲：下議院掃除了勞德宗教政策的所有殘餘，然後開始鼓動廢除主教制度。

這些舉措是革命的縮影，並且直接挑戰了現有的社會秩序。上議院議員們在此便收手了，因為他們支持同是上議院成員的主教們，而且他們也擁護《公禱書》，儘管這顯示出階級之間存在著矛盾，不過上議院和下議院在此時仍然保持著團結一致。國王宣布了他去北方的打算，下議院中籠罩著更多的恐懼，不知道他會做些什麼，但是他到了八月便出發往北方前進。王室至此已經不具任何控制力，國會則從通過法令的機構，轉變成為政府的實際控制者。

國會在休會後於十月下旬重新開會，社會對於這些事件的種種反應開始出現。倫敦騷亂已經蔓延到全國各地，許多教堂遭到暴力洗劫。曾經有很短的一段時間，事態看似有可能朝有利於國王的方向發展，因為既得利益階級對國家朝無政府狀態發展的趨勢感到沮喪。查理一世沒有這麼幸運，儘管蘇格蘭軍隊在得到國會的撥款後便解散了，但愛爾蘭爆發了反對新教定居者的天主教起義，這是最為致命的一擊。漫天謠言再次引發了騷亂，這是第二個叛亂的王國，政府需要派一支軍隊來平息叛亂。鑑於最近發生的事件，國會毫無可能撥款給國王建立軍隊，況且國王極可能會用這筆錢來對付他們。因此，國會決定自行承擔起行政職責。

一旦國會跨過了這條界線，一場不一樣的兩極分化就此展開。皮姆和他在國會中的追隨者們不顧一切，起草了一份批判國王統治弊病的長篇控訴：《大抗議書》（*The Grand Remonstrance*）。它僅以些微的多數票獲得通過。查理一世否定了《大抗議書》，並且支持在《公禱書》中被奉為神聖的英格蘭國教會。國王幾乎就像是對對峙求之不得，卻又繼續尋找逃離的途徑，若是需要使用武力，他也在所不惜。倫敦人徹底反對國王，而且倫敦政府已被清教徒激進分子控制。他們認為查理一世不值得信任，而且他的宮廷是天主教信仰的溫床。

一六四二年一月三日，國王認為國會侵犯了他的神聖權利，於是下令彈劾以皮姆為首的五位最具革命精神的下議院議員。查理一世於第二天親自前來國會，身後還帶著一群專程來逮捕議員的士兵，不過就像查理一世自己所說的，議員們已經是飛走的鳥兒了。在這樣戲劇性的對抗中，國王已經到了無法回頭的地步了。他於一月十日騎馬離開了白廳宮，直到七年後被處決時才再度踏上此處。他首先前往漢普頓宮，然後去了約克，竭力搜集武器並且徵募軍隊。當極端派動員民兵來對抗他們眼中「邪惡且信奉教宗」的敵人時，留在下議院的溫和派陷入絕望。國會的傳統角色是作為國王和人民之間的調解者與橋頭堡，宗教狂熱的爆發則將這個角色徹底打破。溫和派很自然地轉向國王，仍留在國會的清教徒成員則要讓國會扮演一個前所未見的角色：國會要成為上帝的工具，由聖徒領導。

這位不屈不撓的國王，抗拒任何與敵對陣營改善關係的嘗試，並且拒絕做出任何妥協，這便是他垮台最主要的原因。對於那些深陷其中的人而言，世事的發展就像是與耶穌第二次降臨緊密相關的災難性事件。那些從未想要打仗的迷茫人群，逐漸被迫按照他們的宗教信仰選邊站。印刷廠不再受政府控制，它們印製出大量小冊子，把這些事件描述為光明對抗黑暗、真宗教對抗假宗教，以及基督與反基督的鬥爭。那些生活在國王世外桃源幻象中的人們，誰都未曾預料到會有如此可怕的報應。整個世界確實陷入天翻地覆。

# 36 英國的維特魯威

從另一個意義上而言，國王離開倫敦也象徵了一個時代的終結，因為這標誌著歐洲最文明的宮廷解體了。查理一世是有史以來對於藝術贊助最為熱情的君主。義大利文藝復興的所有成果，像是建築、雕塑、繪畫和戲劇，都在他統治期間傳到了英格蘭。這場革命由一個孤立、內斂的國王和宮廷領導，它的意義與取代君主制的那場革命同樣重要。所有事物在此革命之後都不復相同，因為它改變了英國文明的方向。具體而言，房屋、城鎮、劇院、雕塑和繪畫的外觀都改變了。這些事物之所以有如此劇烈變化，不僅是出於國王的支持，同時也是建立在一個人的天才上。這個人是國王的藝術顧問，並且擔任測量師（surveyor）一職（此職務負責王家所有的建築事業）。伊尼戈·瓊斯（Inigo Jones）具有極為重要的影響力，也因此為他贏得「英國的維特魯威」（British Vitruvius）稱號。瓊斯被人與一世紀的羅馬人維特魯威相提並論，而且他的建築學著作是新文藝復興風格的基石。

由於宗教改革，英格蘭在十六世紀時與義大利（文藝復興的源頭）的直接聯繫被切斷。在十五、十六世紀，人們熱情地研究古代建築，這造成了古典建築風格的復興，當時的人們按照他們心目中古希臘和古羅馬的風格來建造劇院，雕塑則直接模仿那些被保存下來的古典作品，以及在繪畫中結合了重大創新，比如將空間在平面上定義的透視法。亨利八世與教宗的爭執，再加上教宗最終將其女兒伊莉莎白一世驅逐出教會，這兩者使得英格蘭遠離了這一切發展。很少有英格蘭新教徒可以平安順利地訪問義大利，這因此讓英格蘭發展出非常特殊的文化。在此文化中，古典元素雖被使用但未被吸收，因此這些元素其實是被放在本質上仍處於中世紀的框架中。伊莉莎白一世時代的宏大鄉間別墅與中世紀的大教堂更為相近，它們重視的是人們從遠處所看到的異國風輪廓和形狀。沿著別墅的屋頂則裝飾有護牆和尖頂，而牆壁本身則是閃爍發光的玻璃板。

在古典建築規則中，精確的數學比例主導了建築的內外形狀。隨著古典建築的引入，有紀律、有約束的規則便取代了上述的舊有風格。異想天開的做法則失去了存在空間。這種嚴謹、克制的建築風格被一位全心追求國家秩序和紀律的國王刻意採用，這絕不是巧合。

伊尼戈．瓊斯生於伊莉莎白一世時代。他於一五七三年在倫敦出生，其家族從事布匹貿易，人們對他在一六〇三年之前的生平知之甚少。他很可能曾擔任過畫家的學徒，可以確定的是他曾在一五九〇年代造訪義大利。由於歐陸的宗教戰爭已經結束，當時新教徒前往義大利旅行已變得較為容易。他可能是作為某位大貴族家族的成員前往的，不過他在那裡待了好一陣子，也因此精通了義大利文。瓊斯接下來替丹麥國王克里斯汀四世（Christian IV）工作，國王當時必定將他推薦給了自己的姊姊，即詹姆士一世的王后，丹麥的安妮（Anne of Denmark）。一六〇五年，瓊斯為了她將自己的第一部革命性作品搬上舞台。

他與詩人兼劇作家班．強森共同實現了這一目標，後者撰寫了《黑之宮廷舞劇》（*The Masque of Blackness*）的文字，以便在主顯節前夕時於宮廷上演出。這是強斯在往後四十年的時間裡為斯圖亞特宮廷創作出的一系列宮廷舞劇（masques）中的第一部。宮廷舞劇是精心製作的娛樂節目，王室成員和貴族們都參與其中。宮廷舞劇糅合詩歌、啞劇與舞蹈於一體，以壯觀的布景和服裝將這些元素結合在一起。此種公式未曾改變過。每齣宮廷舞劇會被均分為兩部分。在第一部分中，演員們打扮成怪物、惡魔或社會弊病的象徵，而他們出場的背景則充滿種種混亂：地獄之口、廢墟或波濤洶湧的大海。接著出現的則是一個轉變場景，上述的混亂都會被魔法掃除一空，原先被混亂淹沒的假面演員隨之現形，他們穿著華麗的服裝和珠寶飄浮在雲上、神廟中或船上，並且散發出耀眼的光芒。假面演員從來不說話：事實上，他們戴著面具隱藏自己的身分，儘管所有觀眾都知道在面具下的就是那些地位最崇高的人。在第一部分令人讚嘆的戲劇性場面結束後，這些演員慢慢地移動到舞台下，然後通過階梯下到一個圓形舞台上，開始連續跳起好幾首的芭蕾，然後邀請觀眾上台加入舞蹈行列。瓊斯的工作是設計服裝和風景，指導舞台上的演出以及打光，後來還參與了劇情設計。

這些娛樂活動的主旨是要讓觀眾清楚認識王室的神性，難怪查理一世不僅在裡面跳舞，還和伊尼戈．瓊斯一起構思戲劇情節。宮廷舞劇在內戰時消失了，但是它們所造成的影響與一場劇院革命無異。宮廷舞劇引入了鏡框式舞台（proscenium）：這種舞台位於房間的一端，四周被宛如畫框的結構所環繞，而在舞台後方有著可以沿著凹槽推上推下的彩色百葉窗，舞台背景因此可以改變多次景色，從而讓觀眾想像出不同的地點。這些設置利用了透視法，這同樣是新的東西，旨在創造出遠景的距離。此外，還有一種舞台裝置可以使雲下降或山上升。伊尼戈．瓊斯透過這種方式將視覺奇觀帶進了劇院，這也終結了莎士比亞時代的露天劇場。到本世紀下半葉，劇院已成為一種室內體驗，觀眾可以透過坐在一個有座位的馬蹄形末端的框架中，凝視著場景的變化。

但這只是瓊斯的革命之一。第二個是建築。他於一六一三年與一位貴族阿倫德爾伯爵（Earl of Arundel）一起出發，再次訪問義大利。那年他已經四十歲了，但這次的旅行讓他可以前往世界各地，他因此不僅可以飽覽所有細節，還可以帶著威尼斯文藝復興時期最偉大的兩位建築師帕拉第奧（Palladio）和斯卡莫齊（Scamozzi）的建築圖紙回到英格蘭。他於一六一五年返國，擔任測量師一職，負責整個皇家建築工程。

瓊斯的獨一無二也展現在另一個層面上。他有繪圖才能。更重要的是，他是第一個利用素描和設計的繪圖來傳達自己思想的英格蘭人。他的第一座建築將引發另一次革命，這是位於格林威治的王后宮（The Queen's House），是英格蘭最早以古典風格建造的義大利式花園住宅，這是要為王后丹麥的安妮修建的，工程於一六一六年起造。這將是數以百計的鄉村別墅（country houses）的始祖。宮廷舞劇所在地的白廳宮宴會廳三年後被夷為平地。為了取代這座建築物，瓊斯打造了英國歷史上首座堪稱典範的古典建築傑作。這座新的宴會廳是一座仿照古羅馬長方形廊柱的雙層立方體建築，在當時一定創造了一種高聳於都鐸王朝雜亂、不對稱的紅磚宮殿之上的氣勢。

查理一世從來沒有擁有足夠的金錢建造出他理想中的房子。伊尼戈·瓊斯為建造這座巨大的新宮殿制定了無數的計畫，但從未付諸實施。不過，國王至少有錢為聖保羅大教堂修建了宏偉的新門廊。它也是採取古典風格，高達五十六英尺，巨大的圓柱俯視著這座城市，象徵著王室對英格蘭國教會的虔誠，而這正是這座城市的清教徒市民所憎恨的。這座城市正在迅速發展，瓊斯也在這裡留下了自己的印記，他設計了倫敦的第一個廣場，即柯芬園（Covent Garden）廣場，這是一個典雅的柱廊式建築，其焦點是另一項創新，即第一座以古典神廟風格建造的教堂：聖保羅教堂。

伊尼戈・瓊斯藉由旅行熟悉了文藝復興時期大師們的作品。他因此與英格蘭最早一批藝術收藏品的形成有著密切的聯繫，這些收藏者包括了亨利王子（Prince Henry Stuart）、阿倫德爾伯爵和查理一世等人。擁有藝術收藏品的想法本身就十分新穎，而在這種收藏念頭中，那些出身高貴的人的品味和知識，被視為反映在擺滿了繪畫、青銅器、古錢幣和獎章、微型畫和各種稀有物的房間裡頭。查理一世收集的藝術收藏品，比過去任何英格蘭君王都要多。他的宮殿牆壁上擺滿了傑作，從而使人們第一次見識到文藝復興的成就。這反過來又使查理一世去資助那些享譽國際的畫家。阿爾卑斯山以北最偉大的畫家彼得・保羅・魯本斯（Peter Paul Rubens）收到委託，要他在白廳宴會廳的天花板繪上讚美詹姆士一世的畫。他的學生安東尼・凡・戴克（Anthony van Dyck）為查理一世、他的王后及其孩子們畫了一系列肖像畫，這些畫繼續散發出一種虛幻的魔法魅力，使畫中的他們永垂不朽。

虛幻或許是這裡的關鍵詞，因為伊尼戈・瓊斯將自己對英格蘭文明的革命性貢獻，以藝術的形式來替政治權力服務。難怪後來的清教徒賣掉了王家收藏品，而裡面所充斥的天主教宗教繪畫，也證實了他們的看法，即宮廷是教宗的巢穴。這些假面舞會由於把國王和王后裝扮成神，因此被視為是狡詐的視覺騙術，而宴會廳則被視為「女王跳舞的穀倉」。對他們而言，任何形式的表演和舞蹈都是罪孽。

內戰爆發時，伊尼戈·瓊斯已年近七十，這在當時是相當高的歲數。瓊斯在一六四五年貝辛宮（Basing House）遭受圍攻中時被俘虜，在這場猛烈的交戰中，貝辛宮遭受到殘酷的蹂躪，其屋頂被燒毀，最終成了一片冒煙的廢墟。當時七十二歲的瓊斯被士兵剝去衣服，僅僅披著毯子被帶離現場。他人生的最後幾年籠罩在愁雲慘霧之中。他六年後於倫敦去世，雖留下豐富身家，但他在人生最後階段也親眼目睹自己出力打造出的文明被摧毀。

# 37 戰爭

當人們意識到這個國家即將陷入一場沒人希望發生的戰爭時，所有人都嚇壞了。地方各郡的人們竭盡全力試圖保持中立，避免一觸即發的衝突。然而，所有人遲早都會被迫要選邊站。國會軍的一位重要司令官的妻子露西．哈欽森（Lucy Hutchinson）寫道，「每個郡……都發生了內戰」，因為全國各地都有兩個陣營各自的擁護者。內戰直接割裂了社會，將貴族、鄉紳、商人和專業匠人等階級從內部分裂開來。它甚至造成家庭破裂，並導致悲劇性的衝突。驅使人們選擇其中一方的動機五花八門，但是最主要的分歧之處在於宗教。這是英格蘭唯一的一場宗教戰爭，這場戰爭不像歐陸的天主教和新教之間的戰爭，而是新教當中兩種詮釋之間的戰爭。

國會軍認為自己之所以要戰鬥，是要維持這個機構的權力不受威脅，也要讓此機構脫離危險境地。下議院的清教徒議員把自己塑造成虔誠教徒，並且投身於對抗反基督勢力的戰鬥中。這種反基督勢力具體體現在一些可怕的天主教徒陰謀中，他們企圖藉此占領英格蘭。清教徒生活在強烈的宗教熱情氛圍中，全心全意想要進一步改革教會，並掃除任何他們認為是教宗制渣滓的痕跡。至於改革的具體形式在此時尚不明朗，這在日後將導致分裂，不過這在戰爭的最初階段是無法被預見的。他們渴望回到過去：國王和國會在那個時代攜手體現了國家的統一，榮光女王時代的英格蘭散發著金色光芒。事實上，在整場戰爭中，國會議員們都堅持認為自己是在為一位受邪惡顧問所蠱惑的國王而戰。

保王派同樣是為了國王和新教之存續而奮戰，英格蘭國教會是在伊莉莎白一世統治時建立的，其體制和禮拜儀式被記載在神聖的《公禱書》中。他們同時是在捍衛現存的事物體系。在這個自君主向下延伸的等級制度中，每個人都清楚自己的定位。保王派同時認為，任何對等級制度的威脅都對社會秩序有害，並將導致無政府狀態。

這是一場與玫瑰戰爭截然不同的戰爭，後者只影響了一小部分人和一小部分地區。內戰則是一場影響幾乎國土全境的戰爭，其中有無數的小規模衝突、戰役和圍攻。這也是場現代戰爭，戰鬥中使用許多火藥武器，凶猛的煙霧幾乎蒙蔽了士兵們的雙眼。到一六四三年，百分之十的男性人口都加入了軍隊。超過百分之三・五的人口因為各種不同原因而死亡，幾乎所有家庭都受影響。在鄉下什羅普郡（Shropshire）的米德爾（Myddle）教區，有二十一個人前往了戰場。最終有十三個人沒有歸來。在戰鬥中被殺害只是眾多命運之一，因為隨著戰爭出現的還有疾病和瘟疫。曾身陷於被圍困的城鎮或城堡的人很難將以下種種經歷從腦海中抹去：受困挨餓、城牆被攻破、城中居民被屠殺，然後是洗劫以及縱火。事實上，「掠奪」（plunder）一詞便是在此時開始出現在英語中的。格洛斯特的五分之一以及陶頓（Taunton）的三分之二被摧毀，伯明罕、博爾頓（Bolton）和萊斯特遭到殘酷的掠奪。各地都陷入了混亂，進而導致租金下降、產業下滑，人們生活艱難。這些並非唯一的副作用，因為農村還必須面對前來掠奪的軍隊。他們毀壞莊稼，搶奪牛馬，襲擊那些從事日常工作的人。雙方陣營的稅收和財政雜稅均十分嚴苛。大多數郡在一個月內支付的費用跟他們先前一年所要繳交的船稅金額相同。

財力和籌集資金的方式是戰爭的關鍵。能夠有效籌集到最多資金的一方最終一定會獲勝，因為它不僅能保證士兵的薪餉，還能保證充足的補給供應。國王最初因為擁有軍隊而占有優勢，但是國王為了經費而必須仰賴富人支持，這種做法長期而言對他不利。國王是唯一的權威和命令源頭，這似乎是他額外的優勢，但是他舉棋不定，而且更糟糕的是，他可能同時遵循兩種恰為相反的指示。保王派內部也出現了分歧，一派主張在一六四一年的基礎上早日恢復和平，另一派的主張則與王后一致，認為只有消滅國會議員才能解決問題。

戰爭開始時，國王的軍隊由林賽伯爵（Earl of Lindsey）率領，但引人注目的人物是國王英俊的侄子，萊茵河的魯珀特親王（Prince Rupert of the Rhine），又稱馬將軍（General of the Horse）。魯珀特是查理一世姊姊——喪偶的波希米亞王后伊莉莎白・斯圖亞特（Elizabeth Stuart）——的兒子，他將指揮騎兵的最新技能帶到保王派陣營，並且在戰場上是位勇敢而浪漫的人物，但是他很自大。保王派日益開始被統稱為「騎士黨」（Cavaliers），這個詞源自於一些人嘲笑保王派只不過是一群假裝成軍人的鄉紳。

反對派被貼上了「圓顱黨」（Roundhead）的標籤，這同樣是一個用來毀謗人的用語，這指的是那些認為透過剪短頭髮就能戒酒的虔誠信徒。國會陣營中有一位軍隊組織的天才：下議院領袖約翰・皮姆，他對戰爭機器的重要性有深刻理解。在他的領導下，國會在各地區建立了委員會，其任務是收稅和沒收保王派的土地。不久，國會引入了銷售稅（即消費稅），這做法相當不受歡迎，但它意味著士兵能夠拿到薪餉。儘管國會軍在戰爭初期的軍隊僅有埃塞克斯伯爵所領導的民兵，但是他們控制了倫敦及其巨大財政資源，從日後的發展來看，這對其勝利至關重要。海軍對國會的支持也至關重要。然而，國會陣營從一開始就受到地方主義的困擾，某個地區的部隊不會去援助另一個地區的部隊。此外，戰爭上的指揮也無法順利進行，因為其權力被分散到許多委員會當中。隨著戰爭的進行，最引人注目的發展是，國會迫於必要性，必須有效率地承擔起國王的角色，開始處理行政事務。

儘管查理一世於八月二十二日在諾丁漢升起了王家戰爭旗幟，但第一場戰役直到兩個月後才開打。十月二十三日，雙方軍隊都進軍倫敦，而雙方接著在沃里克郡的埃吉希爾（Edgehill）誤打誤撞地遭遇彼此。這場戰爭的模式將在日後許多戰役中重複。保王派成員們從一開始就為戰術問題爭吵不休。戰鬥開始時，魯珀特親王率領一支精銳騎兵衝鋒，離開戰場去追擊敵人，卻沒有意識到他留下的保王派軍隊其他成員處境艱難。林賽伯爵受了致命傷，國王本人也處於危險之中。儘管如此，國會軍還是未能獲勝，結果打成平局。但是國王在當時錯過了許多機會。保王派在向倫敦進軍時，在特南綠地（Turnham Green）又一次遭遇了國會軍，但他們選擇不開戰。相反，國王選擇莊嚴地向牛津邁進，他於戰爭期間在那裡建立了宮廷。

埃吉希爾一役使國會軍士氣低落，而且力量被削弱。在沒有戰鬥的冬季時節，則出現了另一種常見的狀況：雙方會進行始終無法達成的和平談判。國會方面要求要伸張其具備的特權，國王的陣營同樣也要求要行使自己的特權。結果往往是雙方陷入僵局。因為查理一世永遠不會屈服於國會的要求，他不會廢除主教制度和對軍隊的控制，也不會放棄他選擇自己的大臣和否決立法的權利。當戰爭結束後，雙方之間無法妥協所造成的後果開始全面浮現。

國會將目光投向北方的蘇格蘭，寄望誓約派組成的軍隊能夠成為解決僵局之方法。誓約派提出了相應的條件，他們不僅要求國會支付軍隊費用，還要求英格蘭國教會轉型，要像蘇格蘭教會一樣，由牧師、選任長老和集會來管理，完全不受世俗權威之控制。於是，下議院中希望採取這條路的人與堅決不願走這條路的人之間開始產生了分歧。風雨欲來的分裂在此時被巧妙地迴避，這個問題被轉移到一個名為西敏會議（Westminster Assembly）的組織上頭。這個會議於一六四二年由國會成立，其職責是提出改革教會的建議。國會隨後與蘇格蘭人簽訂了《神聖盟約》（Solemn League and Covenant）。

在一六四二至一六四三年的冬天，英格蘭開始分裂，各郡究竟屬於哪個黨派，視該郡境內何者的勢力較大而定。國會派鞏固了對東安格利亞和東南地區的控制，而保王派控制了北部和西南部。魯珀特親王於一六四三年占領了布里斯托，這讓保王派擁有了一個重要港口。然後，在紐伯里（Newbury）又發生了一場與大局無關的戰鬥。真正的變化直到第二年才出現，當時有兩萬名誓約派軍隊越過邊界進攻北部的保王派軍隊。七月二日，內戰中最重要的一役在約克郡的馬斯頓荒原（Marston Moor）爆發。兩支保王派軍隊面對三支國會派軍隊。就像之前一樣，保王派騎兵隊在勝利就在眼前時，為了掠奪戰利品而奔離戰場，戰場上剩下的部隊則被殲滅。東部聯盟（Eastern Association）之部隊是國會贏得這場勝仗的關鍵，而其中的先鋒騎兵隊領導者是亨廷頓郡（Huntingdonshire）的一位紳士，名為奧利弗·克倫威爾（Oliver Cromwell）。與保王派的騎兵不同，他們沒有離開戰場，而是重新集結後再次衝鋒。克倫威爾生動地描述了保王派士兵被殺的情景：「上帝讓他們成為我們刀劍上的殘株。」約克城於兩週後投降了，地方長官爭取到了他能力所及的最好條件。他寫道：「我們就這樣愁眉苦臉地行軍，被迫離開我們的國家……不敢看我自己的房子，也不敢跟我的孩子們告別……」國王失去了北方。

一六四四年的戰役就沒那麼戲劇化了，保王派在西南部的羅斯特威瑟爾（Lostwithiel）取得了勝利，而埃塞克斯伯爵的部隊則吃了敗仗；至於保王派在紐伯里第二次會戰的勝利則對大局沒有影響。但是保王派的整體氣勢已經搖搖欲墜。保王派的落敗命運將在下一年的春天底定，這便是國會創造出新模範軍（New Model Army）的時刻，這個軍隊在當時被保王派諷刺為「新腦袋軍」（New Noddle）。在此之前，國會軍一直以地區為基礎，軍人對地方有著強烈的忠誠。一支新的國民軍現在即將成立，指揮官是湯瑪斯・費爾法克斯爵士（Sir Thomas Fairfax），奧利弗・克倫威爾則被任命為騎兵中將。這支強大的軍隊在六月十四日於北安普敦郡的納斯比（Naseby）戰役中擊敗了保王派。從數量上講，保王派軍隊幾乎是對手的兩倍，但是他們慘敗到國王幾乎就要在此戰役中被對手抓住。從國王的角度而言，他的信件被截獲是其中最災難性的事件。他與天主教徒和愛爾蘭人的談判因此曝光，這種行為也使他成為國會眼中背信棄義的負面典型。一位顱黨人記錄了這場戰鬥：「我看見田野中到處都是馬和人的屍體，綿延了有四英里長，而國王所在的那座山上屍體最為密集。」一個月後，新模範軍在薩默塞特郡的蘭波特（Langport）殲滅了保王派的殘軍。克倫威爾將勝利視為上帝的判決：「目睹了這一切的發生，不正就是見證了上帝嗎？」

布里斯托於九月投降。而在蘇格蘭，由蒙特羅斯伯爵（Earl of Montrose）領導的保王派起義亦被擊敗。戰爭結束了。國王意識到他在軍事上已經無路可走，因此不得不投降，但該向誰投降呢？在倫敦，國會對他與天主教徒的交易感到憤怒，這證實了他們對反基督者就在自己人之中的恐懼。一六四六年四月，國王假扮成僕人帶著兩名男子溜出了牛津。遊蕩了一個星期後，他轉朝北方前進，選擇了向兩害中較輕的一方投降，把自己交到蘇格蘭人的手中。

一個全新的階段從現在即將開始，因為戰爭非但沒有解決任何問題，反而使局面變得更糟。每個人都目睹了既有秩序至今已天翻地覆。鄉紳們淪為一個個被趕出莊園的普通逃犯，牧師們被趕出自己的住所，許多莊園已被徵用來安置軍隊，商品也被沒收。所有地方的人都會看到等級和階級遭到挑戰，財產權也不受尊重。人們與地方的聯繫已被連根拔起，他們被轉變為一支國家軍隊中的士兵。這支軍隊在行軍中擊敗一路遭遇的敵軍，並且被告知他們都是反基督部隊。他們相信自己的勝利標誌著聖徒時代的到來，為基督再臨做了準備。審查制度消失了，過去聞所未聞的說法開始得以流傳。這預示著在不久之後，這個社會不僅沒有國王存在的空間，也沒有私有財產的空間，而且不再需要向任何人脫帽致敬。

# 38 天翻地覆的世界

政府的崩潰意味著審查制度隨之崩潰。直到內戰之前，所有印刷品都必須通過官員的審查，從而確保不會出現任何攻擊君主或教會的內容。如果英格蘭出現這種內容的印刷品，要麼是國外的印刷品，要麼來自非法的印刷廠。伊莉莎白一世統治時期的清教徒就有這樣的印刷媒體，對官方教會進行了一系列尖銳粗俗的攻擊。但是和一六四〇至五〇年代各類印刷品如洪水般的氾濫相比，伊莉莎白一世時期的攻擊便不值一提。毫不誇張地說，成千上萬的報紙和傳單就是鋪天蓋地般地湧現。這些印刷品傳達出社會上某一群聲音從未被聽過的人的意見，他們通常是全國人口中那沉默的一群人：如工匠、手工業者和一般工人。這些印刷品的作者是有閱讀能力，因此可以研讀《聖經》的人們。他們發現《聖經》中的世界，與自己實際所生存的這個世界有天壤之別。文盲階層的觀點也是首次被付諸文字印刷。兩派人都處於高度宗教狂熱的狀態，常常陷入狂喜，並相信聖靈直接對他們說話。這樣的願景激發了他們對不同社會形式的強烈渴求。在他們對社會的這些不同形式願景中，國王、貴族以及階層分明的教會皆無容身之地。

當戰爭在一六四六年結束時，那些為國會而戰的人現在分裂成兩個大團體。有些人雖已按照長老派（Presbyterian）路線進行了改革，但仍然希望保留一個國家教會，而另一群則已經放棄了這個想法，後者被稱為獨立派（Independents），他們認為國家的成員資格應該與教會的成員資格分開，宗教應該可自由地採取任何形式，只要不是天主教或是英格蘭國教即可。國會很快廢除了在一六四二年之前存在的英格蘭國教會。一六四五年，勞德大主教被送上斷頭台，這預示著摧毀英格蘭教會的諸多法令即將出現。主教們被廢除並被流放，忠誠的神職人員被迫離開他們舊有的生活。主教座堂和禮拜堂遭受暴力的聖像破壞浪潮，大量的彩色玻璃和裝飾都被抹除；勞德的所有創新措施，比如把聖壇隔開的欄杆，都被砸得粉碎。一六四七年，國會決議將《公禱書》之使用，還有慶祝聖誕節、耶穌受難日、復活節和聖靈降臨節等等行為視為刑事犯罪。

把一個機構掃除殆盡是一回事；至於用什麼來代替它，則完全是另一回事了。國會在這個問題上產生了分歧。宗教團體門派眾多。獨立派（後來被稱為公理會〔Congregationalists〕）的成員組成了他們自己的教會，不再根據舊的教區體系，而是自發地聚集在一起崇拜上帝，以這種他們認為合適的方式建立新的體系。他們相信宿命論，而且明確地相信那些注定要被上帝拯救的人在現世中就能被辨識出來。這些被選中的人，被稱為「選民」（The Elect）。唯有他們才被認為配領聖餐，而其餘的會眾只能坐在一旁觀看。被揀選的人被視為聖徒，而他們的降臨，根據《聖經》，便是基督第二次來臨的信號。耶穌要與他們共同統治的時刻即將降臨。

有一群人把這種信仰推演出合乎邏輯的結論，認為政治權力現在應屬於聖徒，而不再像過去那樣屬於國王、貴族和紳士。他們被稱為第五王國派（Fifth Monarchists），認為自己生活在基督和反基督力量之間最終戰鬥的末日之中。在這種價值體系中，作為現存社會基礎的地位和財產是毫無價值的。因此，第五王國派者反對現行法律制度，並且主張對諸如盜竊等侵犯財產罪嚴加懲處，並要求對任何違反道德守則的行為判以重刑。

另一個更重要的團體平等派（Levellers）引領了一場運動，他們吸引了自耕農，小商人和手工業者加入。最重要的是，平等派不久之後吸引了新模範軍中的普通士兵成為追隨者。他們也質疑以擁有財產為基礎的社會，希望「平抑」極端的財富，並要求投票權不再局限於那些擁有財產資格的人，而是擴大到除了僕人和乞丐以外的所有人。他們認為自己是諾曼征服的受害者，當時威廉一世讓土生土長的英格蘭人淪為奴隸，淪入外國貴族之支配。平等派還反對過度注重侵犯財產罪的那種法律體系。他們敏銳地意識到，現有的社會結構是靠法律維持的；他們因此發起了變革法律的行動，主張廢除上議院、支付給神職人員的什一稅，以及可憎的消費稅。他們所要求的許多事物，事實上，都是中產階級在十九世紀和二十世紀才能得到的。

這些團體在一六五〇年代之後都沒有存續下去，不過有另外兩個教派則倖存下來，形成充滿活力的不服從國教的新教徒傳統，並且在二十世紀時與社會激進主義結合在一起。浸信會教徒（Baptists）並不認為教會是一個組織。他們認為教會是那些受過洗禮的人的集合，是一種有意識的奉獻。他們就這樣組成了分散在全國各地的社群。貴格會教徒（Quakers）最為關注的也是屬靈世界，但是他們的情況與浸信會不同。由於貴格會教徒遭受到令人髮指的迫害，他們在社會和宗教層面上的激進主義主要是為了生存下去。他們否認所有的世俗權威或等級制度，這體現在他們拒絕向任何人脫帽致敬。

這些並不是全部的團體。除了他們之外，還有浮囂派（Ranters）、挖掘派（Diggers）、尋求派（Seekers）和麥格爾頓教派（Muggletonians），他們各自皆有解決英格蘭困境的辦法。在內戰結束後的幾年當中，人們對過去理所當然的一切，進行了前所未有的顛覆、質疑和重新評價。舊的價值觀、信仰和制度，受到未曾有過的質疑。所有這一切騷動都將繼續下去，直到那些捲入其中的人因為基督始終沒有與他的聖徒們一同前來統治而醒悟過來。相反地，英格蘭陷入了無政府狀態、紛爭和混亂。與此同時，社會上仍然存在著一股強烈的輿論力量，渴望恢復既定的社會秩序。

國王身為能夠解決國家問題的關鍵人物，卻似乎認為至今一切的發展都還不夠嚴重。他仍然深信自己那套關於信仰和社會的願景，沒有任何東西能動搖他的想法。他認為保王派之所以輸掉了戰爭，是上帝懲罰他違背對斯特拉福德的諾言。在他看來，王權和教會反而變得更加神聖不可侵犯，他從而認為自己獲得赦免，並且隨時都可以再執行重新恢復王權和教會的各種措施，無論過程會有多麼艱辛。

面對國王如此堅定不移的立場，國會始終無法達成某種形式的停戰也就不足為奇。英格蘭陷入了危機。雙方都必須支付軍隊的薪餉。此時代的經濟陷入大蕭條，物價上漲、食物短缺再加上瘟疫肆虐，大雨毀壞了收成，人們開始拒絕納稅。現在每年要徵收的稅額相當於十八種戰前補貼的金額。這種種因素堆疊在一塊，使人們深切渴望和平。查理一世的個人統治時期現在在人們的回憶中，肯定像是世外桃源而不是暴政。

如果說國王那宛如石頭般堅硬的立場於事無補，那麼國會內部的分歧也無濟於事。有些人願意在長老派成為英格蘭國教會的基礎上與國王講和。另一群人，即獨立派，則拒絕相信國王，要求保持軍隊的存在以及信仰的自由。一股嶄新的政治力量最終填補了權力真空，這個僵局終於結束。而這股力量便是奧立佛・克倫威爾領導的新模範軍。

這支軍隊與過去以及未來的任何軍隊都截然不同，人數約為兩萬兩千人，其中騎兵六千六百人，騎射步兵一千人，普通步兵一萬四千四百人。這是一支在和平時期存在的龐大軍隊，而且其全部成員都是虔誠的信徒，不同於一般由傭兵、義務兵組成的雜牌軍。部隊中的將軍們都是虔誠的清教徒。軍隊生活在由布道所激發的宗教熱情和積極虔誠之氣氛中，其重心在於定期祈禱、齋戒和學習《聖經》，並且服從嚴格的道德規範管理。它把自己塑造成神意的神聖工具，是上帝派來消滅反基督的部隊。其領袖奧立佛・克倫威爾和國王一樣，視自己為上帝意志的代言人。在克倫威爾的眼中，各種事件的發展都是上帝意志的證據。他經過思考後得出結論，國會中有些人正阻撓在他眼中的上帝旨意。

國會和軍隊就此決裂。國會開始採取行動要解散軍隊，軍隊則反過來抓住了國王，他們認為這是解決問題的關鍵所在。新模範軍於一六四七年六月起草了一份莊嚴的契約，聲明在正義得到伸張之前不會解散。此後不久，他們又起草了另一份文件《代表》（The Representation）[1]，要求國會剔除掉那些他們眼中腐敗的議員們，同時訴求國會應該只有在固定時間開議，並且鼓吹信仰自由。

如果說一六四七年是逐漸陷入混亂的一年，那麼接下來的一年則更為糟糕。國王的信念仍

1 譯注：作者指的是《建議要點》（Heads of Proposals），其標題最後一行為or necessary Pursuance of their former Representations and Papers appointed to be treated upon。

舊堅定，毫不猶豫地與蘇格蘭人達成了祕密協議。為了回報英格蘭引入長老制度，他們同意從北方出兵入侵。這次入侵是席捲全不列顛的大規模動亂的一部分。此時保王派也因為不滿倫敦政府未能達成協議憤而起義。這些動亂很快被國會軍鎮壓，蘇格蘭人也在普雷斯頓戰役（Battle of Preston）中被殲滅了。克倫威爾始終仔細觀察來自天堂的徵兆，他將這場勝利視為上帝的旨意。

獲勝軍隊現在掌握了政治權力，他們也有了自己要推動的行動綱領。到了春天，他們舉行為期三天的齋戒，並商定，在軍隊最終擊敗敵人之後，他們將「要求查理．斯圖亞特，那個滿手鮮血的人，對他造成的流血和所做的壞事做出解釋」。這個戲劇性的決定意味著他們拒絕相信國王是上帝在世上的代理人。相反地，他們相信國王的權力不是來自上帝，而是來自人民，這是一種神聖的信任，而查理一世違反了這個契約。對於奧利佛．克倫威爾及其軍隊而言，國王是他們在《舊約》中所見的那種暴君，也就是上帝呼籲要加以懲罰的暴君。在克倫威爾看來，查理一世是「耶和華所見證的罪人」。

為了實現正義，軍隊需要清除那些他們歸類為國會腐敗成員的人。這些人包括與國王打交道的人、解散軍隊的人或反對信仰自由的人。軍隊在十一月包圍了下議院，並將所有反對其政策的議員趕出去。現在只剩下九十六名議員，他們被稱為「殘餘」國會（The Rump）。十二月二十九日，他們通過了一項審判國王的法令。由於法庭本來的存在意義是要以國王的名義伸張正義，對國王加以審判這件事便已顛覆了現狀。現在，下議院或殘缺下議院已經篡奪了君主的角色。現在正在發生的革命，也是在決定究竟哪個社會階層擁有權力。

一六四九年一月六日，法庭開庭審判國王。查理一世當然拒絕承認這個法庭的合法地位。現在他已是一個疲憊的、白髮蒼蒼的、過早衰老的人，但他卻站起身來全力扮演自己的角色。現在輪到他來將自己呈現為捍衛英格蘭人民自由和權利的鬥士了。審判結果早已成定局，一月二十七日他被判處死刑。但是，只能找到五十九個人來簽署他的死刑執行令。

三天後，倫敦市民目睹了一件前所未聞的事件，國王被處決。對於那些相信君主制的人來說，殺害上帝的受膏者是種褻瀆行為。對於國會軍及其追隨者來說，這是對暴君的神聖審判。絞刑架便豎立在伊尼戈·瓊斯建造的白廳宴會廳，這正是查理一世過去以神之身分，在自己假面劇粉墨登場的地點。如今看來，那些假面劇宛如是他為最終的神化——自己遭受處決——所進行的預演。由於擔心公眾騷亂，絞刑架被士兵團團圍了起來。國王在倫敦主教的陪同下走了出來，說道：「朕將從肉身轉變為不朽，不復蒙塵。」即使到了最後，他也從未懷疑過自己理想的正當性。這是關於他自己死亡之假面劇的最後一幕，他自己扮演起了一位升入天堂的殉道者。當他的頭一下子從身體上掉下來時，圍觀人群發出了可怕的呻吟，這意味的不是君主制的結束，而是它回歸的必然性。

# 39 失敗的共和國

英格蘭國教會不復存在。國王也死了。對於清除這些機構的帶頭者而言，這些作為預示著新信仰時代之到來。〈但以理書〉和〈啟示錄〉之中的預言在此時此地被實現了，基督在人世上的王國也即將來臨。但是，祂的道路需要政府的作為來加以預備。政府要創建一個敬神的社會，也就是一個正直、道德和虔誠的社會。極端的新教教派在這幾年當中激增，他們的生命始終籠罩在期待耶穌再臨之氛圍，也就是所謂的「千禧年主義」（Millenarianism）。全國各地的平民百姓都被捲入宗教狂熱的浪潮中，這個社會變得與半個世紀前的伊莉莎白一世統治時截然相反。伊莉莎白一世確保了教會和國家的穩定和秩序，其中每個成員都明白自己在秩序中的角色。

因此，這十年非但未充滿希望，反而滿是恐懼。舊社會結構的支柱（國王、貴族和紳士共享權力和官職）已經崩塌。最下層的一群人自農民起義以後首次抬頭，並且對有財產和地位的人們造成威脅。每個人所熟悉的日常生活舊有架構已經或即將被掃除。單純的鄉村娛樂活動，例如五朔節（May Day）和聖誕節的十二天（Twelve Days of Christmas）狂歡活動，都被禁止。

全國各地都陷入了混亂，暴動和騷亂層出不窮。本世紀最嚴重的商業衰退和暴雨導致的農作物歉收，更是無助於抹去人們普遍的絕望感。許多人感到沮喪、幻想破滅而且無家可歸，這段時間移民至新英格蘭新成立殖民地的人數，是十九世紀以前數目最多的時期。

但是，對於那些處於事件中心的人來說，這個時刻值得歡欣鼓舞，因為他們正在迎接新時代的到來。國會現在可以按照自己對聖徒統治的深刻理解，隨著自我意志建造任何形式的政府。剩下的國會議員，即所謂的殘餘國會，自從他們在一六四一年首次開會以來，已經任職相當長的一段時間了。然而，他們仍然保留著對自己階級——鄉紳——的忠誠，並且對於各教派對社會改革提出的各種要求感到憂心忡忡，並且擔心選舉的不確定性。他們的態度早在鎮壓平等派時就已顯露出來，後來他們又重新引入了新聞審查制度，以遏制他們眼中具有顛覆性的思想四處氾濫。如果說他們有參照的模式，那就是威尼斯的模式。威尼斯是穩定存在了數個世紀、並且十分獨特的共和國，它確保了投票權和執政權只限於富商家族組成的封閉圈子。

一六四九年二月，君主制度和上議院被廢除了。由下議院選舉產生的國務委員會（Council of State）於二月十三日成立，負責管理英格蘭。英格蘭在五月被宣布為上帝統治下的「共和國和自由國度」（a commonwealth and free state），一部新憲法已經制定完成，此時最需要的便是對政局發展方向有明確政策的政府。

克倫威爾的新模範軍似乎已經完成其政治目的，他們在這段期間沒有任何行動。新模範軍到了七月越過海峽，前去與愛爾蘭天主教徒作戰。對軍隊來說，這就是在親身經歷〈啟示錄〉。他們便是基督派來打擊反基督的軍隊。他們沒有一絲一毫的憐憫或同情心，德洛赫達（Drogheda）和韋克斯福德（Wexford）的居民都被狠心地殺害。這場災難並沒有就此停止，因為軍隊在亨利・艾里頓（Henry Ireton）的領導下繼續摧毀了所有建築物，並焚燒了田地裡的農作物，讓愛爾蘭陷入饑荒。全愛爾蘭有幾乎一半的人口死亡，克倫威爾讓自己成了一個活生生的恐怖傳奇。

第二年春天，國會開始著手通過能打造出聖徒社會的法案。亂倫、通姦、咒罵和褻瀆此後皆會被處以死刑。但是法院從未實際採用這部法律。國會隨後要求所有成年男性宣誓效忠新政權，即「承諾服從」（The Engagement）。這是個巨大錯誤，因為英格蘭各地都有人群拒絕宣誓因而失去官職，這也促成了一個反對新政府的強大團體出現。

從某種意義上說，國王從未死過，因為他的繼承人查理二世現在成了兩群人眼中的關鍵人物，一是恢復王權的擁護者，另外一群人則是將查理二世視為推翻共和國的手段。另外還有蘇格蘭的誓約派，他們希望查理二世在英格蘭推行他們那種嚴格的長老會主義。查理二世如自己的父親一樣痛恨他們，但是他為了達到目的可以不擇手段。克倫威爾和他的軍隊剛從愛爾蘭回來，就再度出發前去與蘇格蘭人作戰。他們在鄧巴戰役（Battle of Dunbar）中獲勝，殺死了三千名誓約派，俘虜了一萬名步兵。蘇格蘭人的領袖亞歷山大．萊斯利（Alexander Leslie）足智多謀，撤退到高地的防禦陣地。查理二世接著被加冕成為蘇格蘭國王，次年，他率領一支蘇格蘭軍隊向南越過邊境。沿路上遇到許多厭倦戰爭的群眾，他沒有得到什麼支持，在群眾眼中這不過是另一支蹣跚南下的蘇格蘭軍隊。由於他所期望的保王派起義沒有發生，查理二世放棄了對倫敦的進攻，轉而向西往保王派過去的大本營進發。克倫威爾也迅速南下，在鄧巴戰役週年紀念日，於伍斯特（Worcester）擊潰了保王派軍隊。國王僥倖逃脫了追捕，最終流亡國外。

從殘餘國會政府的組成成員和外界對它的期望來看，它注定要失敗。殘餘國會政府由擁有財產的鄉紳和律師組成，他們不太可能熱情地接受激進的改革，因為這種改革將激烈地威脅和改變自己的地位。選民人數的些許增加都會削弱他們的特權。儘管法律改革委員會提出了許多建議，但同樣未被落實。舊有習慣的慣性也同樣出現在宗教方面。重新劃定教區邊界的計畫被制定出來，以確保每三英里內就有一座教堂，但是這些新做法同樣影響到太多既得利益。殘餘國會的唯一成就是成立了一個委員會，該委員會的目的是要在威爾斯以及北部地區，這些傳統上被視為保王派和天主教地盤傳布福音。即便如此，這一計畫還是在幾年內失敗了。而這次做法在威爾斯地區獲得的部分成功，則應該用那裡歷史悠久的不服從國教傳統來解釋。那麼，實際上唯一有實際效果的重大改革，其實是出自軍隊在鄧巴戰役後施加的壓力。當時便因此有一項確立信仰自由的法案通過，並且廢除了每週日的強制教堂禮拜。

資金短缺則是政策乏善可陳的另一個原因。儘管賦稅很重，但政府的財務困境仍舊像場災難。它所有的資金都被用來支付內戰和軍隊。所有能賣的東西都賣出去了：大教堂、王家宮殿、國王驚人的藝術收藏品、僅存的少數國王領地，以及曾屬於修道院、修會、主教和被驅逐的保王派成員之土地。財政狀況極為糟糕，因此消費稅必須提前四年徵收。

這一切的惡化都源自於與荷蘭的海外戰爭。除了農業之外，與海洋或航運有關的一切事務是英格蘭最龐大的產業。荷蘭人用他們龐大的艦隊逐漸控制了波羅的海和美洲殖民地的運輸貿易。國會通過了一項法案，規定今後所有的進口貨物必須是英國船隻或原產國船隻。戰爭於一六五二年爆發，英格蘭軍隊獲得勝利，但是代價不菲。儘管破產迫在眉睫，統治者們仍然相信自己正站在浪潮的頂端。

他們沒有將軍隊納入計算之中。儘管殘餘國會態度轉向保守，特別是在宗教事務上，但是軍隊的核心成員仍然保持著激昂的熱情；他們相信耶穌王是被揀選出來的領袖，並且從末世論的角度來看待世局變化。因此殘餘國會越來走受到軍隊鄙視及不信任，認為他們不僅沒有進展，反而阻礙了聖徒的統治。克倫威爾在結束為期數週的例行「靜候上帝」（Waiting on the Lord）後，憤怒地召集軍隊並於一六五三年四月二十日解散了殘餘國會。

政治真空再次出現。人們在這個真空期間，產生了各種各樣的想法，思考這個國家在為基督的到來做準備時應該前進的方向為何。克倫威爾的解決方案是組成一個成員全是軍隊軍官的國會。它的任務是去執行被視為必要的改革，以確保人民的敬虔。這個由一百四十四人組成的團體被諷刺為「瘦人國會」（Barebones Parliament），其名稱源於一位皮革商人兼激進議員普雷茲—古德・巴爾本（Praise-God Barebones），他是這群人的領導者。國會首次有來自蘇格蘭和愛爾蘭的成員參與。這個機構在一六五三年七月四日召開時充滿了千禧年狂熱的氣氛。克倫威爾告訴他們，他們的職責是重塑社會道德結構，為回歸正常國會做準備：「上帝召喚你們同祂一起執政，為祂而治。」

新國會精力充沛地開展工作，隨後通過了一系列立法將這三個國家團結起來，引入公證婚姻、法律改革，並且質疑什一稅制度以及教會接受平民奉獻財富的權利。隨著工作的進行，這些改革開始剝奪了部分國會成員原先長期享有的權利。溫和派開始對於改革行動感到恐懼，擔心既有的財產權與社會瀕臨消失。在一六五三年末，各郡的治安法官成員發生了變化。支持殘餘國會的治安法官被驅逐下台，而自由農與小店主首次成為治安法官。當長久世襲紳士階級的特權落入社會底層成員的手中時，人們便意識到情況開始不對勁了。瘦人國會中還有一些第五王國派制成員，他們的平等主義同樣也敲響溫和派人士心中的警鐘。在這種情況下，一批溫和派人士在十二月十二日凌晨掌握了大局，他們投票贊成把權力交還給軍隊及其領袖奧利佛・克倫威爾。英格蘭對共和主義的簡短實驗就此結束。

# 40 失敗的護國公體制

奧利佛．克倫威爾在五十四歲時出任護國公（Lord Protector）。他出生於一五九九年，是亨廷頓郡一名紳士的兒子，在很年輕時便被清教運動所吸引。他的家庭經濟狀況並不寬裕，在他於一六二八年首次當選國會議員的前一年，他的父親被迫出售了部分家產。克倫威爾和當時其他虔誠的清教徒紳士沒有什麼不同。對人類原罪的強烈關注是清教徒精神中的普遍特質，不過在克倫威爾身上，這似乎透露出許多躁鬱症的典型症狀。在長期國會期間，他參與了旨在撤銷勞德大主教政策的各項行動，不過他仍然未有突出表現。事實上，他是到戰爭最終爆發時才加入國會軍。直到他擔任埃塞克斯伯爵麾下的上尉後，人們才開始評論他並非泛泛之輩。然後，他成了一個眾人「樂意聽命的人」。菲利普．沃里克爵士（Sir Philip Warwick）在回憶錄中這樣描述他：「穿著非常普通……他身材魁梧，臉色紅潤，聲音尖銳而刺耳，滔滔不絕且充滿熱情。」

克倫威爾很快就在作戰以及戰略上嶄露頭角，當新模範軍成立時，他被選為湯瑪斯．費爾法克斯爵士（Thomas Fairfax）手下的中將。克倫威爾是一個極其複雜的人，他的動機和目標至今仍備受爭議。在某一時刻，他似乎是一個無情的爭奪權力者，為了目標可以不惜一切代價；而在另一時刻，他又像是一位高尚的理想主義者，會去保護受迫害的少數群體。他強烈的宗教信仰激勵他迅速地做出判斷，彷彿接受到了神的啟示。但是，這同樣也會讓他陷入精神上的折磨，他需要好幾週方能從痛苦中走出，來宣布自己的決定為何。他完全贊同絕大多數清教徒思想中對於千禧年的激情，相信在每一個事件的發生中都能看出上帝的旨意。在克倫威爾的魅力號召之下，狂熱的清教徒與地主鄉紳攜手合作，不過從事後的發展來看，這樣的聯盟十分不穩固。隨著時間的推移，維持兩者和平共處的壓力開始浮上檯面。克倫威爾所信奉的是清教主義中的獨立派，這將他引向了政治激進主義：要求變革一切事務，從擴大選舉權到改革法律。他是鄉紳階級的一員，這樣的出身與背景讓他必須去維護現狀；而且他在面對變化時，會展現出與生俱來的保守和謹慎態度。最重要的是，財產是社會的基礎，是這個階層根深柢固的信念。

克倫威爾身上的這種二元性從未得到徹底解決，軍隊中的保守派（亦即所謂的「大貴族」〔grandees〕）與信奉平等派信條的人於一六四七年秋天在普特尼（Putney）進行了一系列重要的辯論，而克倫威爾的立場在辯論之後逐漸朝鄉紳一方靠攏，並且反對清教徒的主張。在這些辯論中，克倫威爾站在大貴族的一邊，這群人反對任何形式的民主，除了基於財產資格的選舉之外。事實上，在短命的共和國時期，克倫威爾參與了追捕殘餘軍隊，即平等者，並於一六四九年在牛津郡的伯福德（Burford）射殺了他們。

軍隊起草了《政府文書》（The Instrument of Government），這是英格蘭第一部成文憲法，而克倫威爾在此體系中自命為護國公。此憲法規定，未經國會同意，不得徵稅或立法，而民兵則是由克倫威爾與國會聯合控制。而且，在某些事情上，克倫威爾必須先與國務委員會協調之後才能行動。無論對這項規定如何解釋，都無法否認它是向君主制倒退的第一步，而且護國公接著就建立了相當於宮廷的機構。為了贏得國民的忠誠，「承諾服從」（人們先前被強迫要認可廢除國王和上議院）被廢除了。護國公這種姿態效果有限，因為他與其任內的每屆國會始終存在著難以被掩蓋的緊張關係。某些議員之所以支持他，多少是因為他與他們一樣忠於地主的利益，但是他另一方面又代表著這些議員最討厭的機構：軍隊。克倫威爾最大的缺點是他的權力基礎，因為這阻礙了他爭取平民支持其政權的各次嘗試。

他在軍隊問題上與國會分道揚鑣，在宗教問題上也是如此。因為寬容對他而言是根本原則。他說：「我寧願我們的國家當中允許伊斯蘭教之存在，也不願上帝的任何一個孩子受到迫害。」麻煩之處在於，各種教派的氾濫不僅帶來了各種各樣的宗教經驗和崇拜，而且在某些情況下，例如貴格會，也引入了挑戰現有社會秩序的態度。克倫威爾從未試圖採取瘦人國會的做法，他選擇不去攻擊什一稅以及信徒任命神職人員的權利（lay patronage of livings）。但是，他對每一個教派的寬容，無論那教派多麼古怪，也讓議員們目瞪口呆。長老會的《紀律書》（Book of Discipline）取代了《公禱書》，但是各個教區教堂的禮拜形式實際上是由牧師和會眾來決定，不再由政府統一決定。除此之外，還有各種各樣的教派，它們跨越了各教區邊界吸引到那些有興趣的人，並且形成它們自己的網絡。面對越演越烈的混亂局面，神職人員團結起來，試圖阻止事態惡化為無政府狀態。難怪到了一六五〇年代中期，懷疑和幻滅情緒開始出現。伍斯特郡協會（Worcestershire Association）的成員於一六五六年報告說：「我們從悲慘的經歷中發現，人們無法吸收我們對他們的教育，儘管我們努力學習盡可能說得簡白，但是在多年的說教之後……許多人幾乎無法重複他們聽過的任何內容。」清教徒運動很快就失去了動力與熱情。

但對護國公來說，軍隊和宗教寬容是不可侵犯的。因此，當他的第一屆國會於一六五四年秋天開始攻擊這兩者之後，他便解散了國會，這在日後造成了永久的裂痕。《政府文書》事實上規定的是護國公在獲得國會批准後該如何統治，但是國會現在拒絕加以批准。因此，護國公在一六五五年這一整年的統治都是基於不具任何正當性的權威，這個問題在法庭上漸漸開始受到質疑。保王派在同一年的起義導致克倫威爾犯下了他最災難性的錯誤，將國家劃分為十一個地區，每個地區皆由一位將軍統治。地方動盪並非克倫威爾這麼做的唯一動機，另一個動機是因為末世數字「六」在一六五六年中出現兩次。此外，一六六六年即將到來，這預示著有更多〈啟示錄〉中的預言在那一年將成真，在主要將領們的支持下，克倫威爾對不道德的行為進行了大規模的打擊：星期天的運動被禁止、酒館被強制關閉，而且鬥雞和賽馬也被禁止。光是在蘭開夏郡（Lancashire）的布萊克本（Blackburn），就有兩百家酒館被迫關閉。

但讓人們感到憤怒的不僅是這些令人不快的政策，也許更關鍵的是，他們對西敏寺直接統治的怨恨。這個統治背後的主導者是軍隊，而軍隊成員往往被視為來自下層階級的外人。各地區的既得利益階級被激怒了。向保王派徵稅的決定也不恰當，因為它揭開了舊傷疤，一個更明智的政府應該設法治癒這些舊傷。因此，一六五六年九月召開的國會針對將軍們以及軍隊和稅收的負擔表達了極度的痛恨，也就不足為奇。克倫威爾首先被迫在宗教寬容的問題上讓步，允許約翰・內勒（John Nayler）被殘酷懲罰。內勒先前宣稱自己是新的彌賽亞，並在布里斯托重演了基督進入耶路撒冷的故事。重要的將軍們被撤職，但是要向保王派課徵的稅仍然存在。隨後，國會將注意力轉向憲法，將《政府文書》廢除，並制定了自己的憲法。該憲法的具體內容是一份名為《謙恭請願與建議》（Humble Petition and Advice）的文件。這份文件又將整體局勢推回到了一六四〇年。最初國會要將王位授予克倫威爾，但是他拒絕了。不過，他建立了第二上議院，成員都是由護國公任命的貴族和軍官。雖然他拒絕被加冕為國王，眾人雖未明說，但也心知肚明護國公職位將會是世襲的。這個新國會於一六五八年一月開議。它又一次和護國公撕破了臉，於是護國公也再次將其解散。

雖然憲法經歷了這一連串的修改，但是沒有一個有具體成效，儘管如此，政府還是得找出某種方式運作下去。蘇格蘭和愛爾蘭的問題，以及英格蘭在更寬廣的歐洲政治舞台上的位置都必須得到解決。蘇格蘭和愛爾蘭因為憲法的修訂而失去了各自的國會，取而代之的是兩國在英格蘭國會各獲得三十個席位，這種做法並不受歡迎。克倫威爾在蘇格蘭扶植獨立派（Independency）來對抗長老派同樣不受歡迎，甚至引發叛亂。在愛爾蘭，他延續了早先所建立的殘酷做法：四萬名天主教地主被迫移民到崎嶇多山的西部。此後，所有天主教徒都直接被剝奪許多權利，他們不再能夠成為學徒、不再能從事任何城市貿易、不再能加入行會，同時被排除在公職之外。愛爾蘭天主教徒被刻意打壓成為下層階級。

在歐陸方面，克倫威爾的腦海中充滿了對無敵艦隊時代的懷念。他有一個新教聯盟的願景，它將擊敗天主教的哈布斯堡王朝，並且用錘子砸開反基督羅馬教宗之城門，可惜後來發展的事態卻完全不是如此。一六五四年四月，政府與荷蘭達成停戰和約。在羅伯特・布雷克（Robert Blake）的領導下，英國艦隊確保了對「狹窄海域」（The Narrow Seas）的控制，歐洲統治者因此開始敬重護國公。他重啟了伊莉莎白一世時代對西班牙的政策，對西班牙發動戰爭，但結果是場災難。在戰爭中唯有對牙買加的征服讓他稍微挽回了顏面。然而這項政策所費不貲，護國公政體因此陷入了一波未平一波又起的金融危機之中。

時光沙漏中的沙已經流光了。克倫威爾於一六五八年九月三日逝世，這也是他最偉大的兩次勝仗——鄧巴和伍斯特——的週年紀念日。他的統治是場失敗，這是個無法被掩蓋的事實。該政權在全國各地幾乎沒有支持者，人們對軍隊和沉重的稅收負擔深惡痛絕。儘管如此，中間又經過了一年，輿論才最終徹底地轉向支持斯圖亞特王朝的復辟。

克倫威爾的兒子理查（Richard）繼位成為護國公，過程從表面上看來一切順利，然而他既缺乏其父親的精力，也缺乏其父親對權力的欲望。更糟的是，他對軍隊沒有任何控制能力。最終的結果是一連串幾近荒謬的事件接踵發生。國會於一六五九年一月開議，他們開始著手逐步剝奪軍隊權力。軍隊見到這種即將發生的情況，強迫理查．克倫威爾解散國會。此後，軍隊決定重新召集殘餘國會，諷刺的是，這群人當初於一六五三年就是被軍隊自己驅逐的。而當國會再次開議時，其情況也未能讓軍隊滿意。軍隊被他們毫無建樹的辯論所激怒，於是在十月第二次廢止了殘餘國會，建立了自己的臨時政府。

倫敦的軍隊沒有預料到的是，它在蘇格蘭、愛爾蘭和約克郡的弟兄們會支持殘餘國會。結果，軍隊被迫解散了臨時政府，殘餘國會於十二月二十四日又再次開議。與此同時，領導蘇格蘭軍隊的喬治．蒙克將軍（George Monck）向南進軍。三個星期後，他意識到局勢已經完全陷入了僵局。殘餘國會不受歡迎，而且軍隊分裂了。理查面對日益混亂的局勢，他得出結論：剩下的唯一出路便是恢復舊日的體系與做法。一六六〇年二月二十一日，在一六四八年被軍隊清洗的國會議員獲准再次進入國會。他們過去因為同情保王派的溫和態度而被排除在外，如今他們的回歸，或者更確切地說，那些還活著的人的回歸，意味著共和派在投票中必然落敗。長期國會在三月十六日開議並且宣布解散，他們第一次開議早在一六四一年，這也是他們被稱為「長期」國會的原因。將近二十年來的政治和憲政動盪就此結束。

在一切都塵埃落定後，那些經歷過危機的人們必然捫心自問道：過去二十年發生的風風雨雨究竟帶來了什麼（如果有的話）？戰爭爆發的主要原因之一是國王透過自己的特權徵稅，這正反映了政府經費應該如何被支付的核心問題。與此相關的一切層面都沒有改變。然而，無論是共和國還是護國公政體，狀況都和前兩個斯圖亞特國王期間一樣，收入僅夠勉強糊口，而且債台高築。

那麼宗教問題呢？在過去，人們的信仰至少在表面上是一致的；而現在則分裂成許多教派。在這段狂飆歲月當中，男男女女真的相信他們正生活在〈啟示錄〉中描述的災難性對抗中，其中居住著奇異的怪物，天空中有大量的徵兆和異象。但是這一切到了一六六〇年都蕩然無存了，因為所有的預言實際上都沒有發生。基督和祂的聖徒從未前來統治他們的國度。多年的宗教爭論使人們精疲力竭，整個國家的情緒急遽轉向一種更注重秩序、更平靜的信仰和虔誠。

一六四二年時，下議院的鄉紳和律師認為，君主運用特權來統治將對他們的財產構成威脅。然而，與來自社會底層的多頭怪物之怒吼，跟質疑財產制度、既有階層的教派相比，王室的上述侵權行為到了一六六〇年時看起來簡直無傷大雅了。宗教改革後的英格蘭，是個國王與有產階級結盟以共享政治權力的國家。君主制如今被視為讓國家存續的唯一保證，而且可以壓抑來自下層的威脅。這個國家現在準備好要大幅度逆轉過去二十年所發生的一切。統治階級必須服從國王，這是確保他們對國家的控制的唯一途徑。這種觀點將持續盛行到維多利亞時代，直到那時候的改革者們重新發現了克倫威爾時代遺留下來的豐富思想遺產。維多利亞時代改革者重新復興克倫威爾時代的思想，要藉此來證明新中產階級分享政治權力的主張是正確的。

# 41 尋求穩定

一六六〇年五月二十九日，一支壯觀的遊行隊伍進入了倫敦市。遊行隊伍前頭是十多輛搖晃向前行進的鍍金馬車，並且由身穿銀色雙層裝甲的騎士護送。接下來是一千名士兵，後頭是身穿金質花邊衣裳的城市治安官，以及身穿黑色天鵝絨和金色布料的喇叭手。這彷彿是支永無休止的騎兵隊伍，總數約兩萬，其中最突出的一號人物便是剛過三十歲生日的查理二世。查理二世身材苗條，一頭黑髮，表情抑鬱，除了帽子上飄動的深紅色羽毛外，他的衣著十分樸素。他以「前所未有的莊嚴姿態」向「所有人」舉起帽子。遊行隊伍花了七個小時才穿過倫敦街道抵達白廳宮。日記作者約翰・伊夫林（John Evelyn）站在河岸街看著隊伍經過，他寫道：「……這是耶和華的作為。自從猶太人從巴比倫被擄之地回來以後，無論是古代或是現代歷史，當中從未有人記載過這樣的復辟。」

但並不是每個旁觀群眾都像他那樣興高采烈。國王騎著馬經過時，一個婦女喊道：「所有國王都該死！」

這種異議之音所捕捉到的現實，也反映在國王對在白廳等待著他的那群奉承貴族的講話中：「我懷疑自己之所以這麼久都無法回來是自己犯了錯，因為我看到所有人都堅稱，他們其實從未希望我歸來。」事情的真相是，查理二世的回歸是人們嘗試重新建立局勢平衡的最後一搏，這一次他希望將一切都倒轉回一六四二年的狀態，試圖抹去過去十八年種種混亂的事件與思想。人們不久後就意識到這是一項不可能完成的任務。共和主義，尤其是宗教激進主義，是不可能被消滅的。他們要麼轉入地下，要麼勢必被容忍，無論是在體制內或是在體制外。儘管如此，在經歷了多年的無政府狀態、混亂和軍事統治之後，鄉紳階層對和平和社會秩序的深切渴望極為強烈，以致所謂的「復辟協議」（Restoration Settlement）維持了穩定的表象。但是這個協議相當脆弱，國王和國會在十年之內又再次爆發嚴重衝突，而且這次衝突與引爆內戰的衝突有許多共同之處。

但在一六六〇年，國王、政府和社會精英聯合起來，重新確立了他們對政治權力的控制。君主的性格再一次成為確保其能夠順利統治的重要因素。查理二世在斯圖亞特王朝君主中是個擁有平易近人氣質的異數，而且都鐸君主們之所以深受人民愛戴正是來自於這種氣質。他是一個和藹可親、富有魅力而又隨和的人，是許多女人的情人，他有著臭名昭著的成群情婦，同時是美好生活的信徒，並且再也不想流亡了。儘管他很懶惰，但在政治上相當精明。雖然有些憤世嫉俗，但他對人的判斷相當精準。然而，在這樣的表面之下，他內心隱藏著更神祕的思想。這只會隨著統治的發展而逐漸浮出水面。至於有多少想法是從他即位時便已經存在，這便無從而知了。查理二世在流放期間曾在法國度過一段時間，在那兒路易十四以絕對君主的身分統治著西歐最偉大的國家。他最著名的一句話便總結了這種地位：「朕即國家」（L'état c'est moi）。為了確保自己的意志能被確實執行，國王擁有龐大的官僚機構和一支強大的常備軍。路易十四的專制統治體現在他位於凡爾賽的宏偉宮廷。他對天主教信仰的堅定忠誠，又與專制統治相輔相成。查理二世欽佩他的法國堂兄以及這個制度。他的妹妹英格蘭的亨麗埃塔（Henrietta of England）不久後將嫁給路易的弟弟。相比之下，查理二世發現自己統治的這個國家，是那個時代的歐洲（除了荷蘭）的一個例外，這個國家的官員都是沒有報酬的業餘人士，而且沒有適當的常備軍；除此之外，王室處於貧困狀態，國內有各式各樣的信仰並存，而不存在大一統的教會。

然而，為了重新登上王位，查理二世不得不接受這些限制，並努力推動構成《復辟約法》（Restoration Settlement）的種種法案。這是他前兩屆國會所要進行的主要工作，即一六六〇年四月召開的公約國會（Convention Parliament），以及一六六一年五月召開的騎士國會（Cavalier Parliament）。公約國會主要是邀請查理二世回國，而騎士國會開會的時間則占據了查理二世統治時期的大半時光。騎士國會的成員有一半以上都曾為了保王派打仗或是受苦。這群議員與國王共同成功地（從另一種角度來看則是未成功地）確立了復辟後各項爭議之解決方案。

國會所通過的法案中，有許多都是相當務實和謹慎的。舉例而言，空位期法律裁決的有效性獲得承認，又或者是赦免了弒君者以外共和國的所有成員。但是，他們在重大的問題上卻是無甚作為。掌握行政角色近二十年的國會，現在又恢復了原來的諮詢性質，並且再次回到上議院和下議院的架構。但是，過去十八年所發生的一切不可能輕易被遺忘。那些已成形並具組織性的反對黨觀念，最終也會在現代政黨的前身中重新出現。要回復到一六四二年的狀況，便意味著要去處理那些未解決的灰色領域，這也是當初國王與國會之所以爆發衝突的原因。王室重新擁有特權。國王也因此有權執行外交政策、控制行政部門、維護國家安全以及可以暫停或解散國會。此時對君主的統治有制衡作用者，只剩下規定每次國會開議間隔期不得超過三年的《三年選舉法》，但是查理二世在其統治的最後幾年，甚至也能夠忽略這個規定。

財務層面的協定並未讓狀況有所改善。事實上，財政一直是導致內戰的主要原因之一，因為國會無法正視政府支出預算的存在必要性。儘管國會現在對這筆預算納入考量，但是始終未能滿足政府的需求。即使加上舊的消費稅和新的壁爐稅（hearth tax，每個家庭都要繳納），這筆錢仍遠遠低於政府所需金額。事實上，國會擔心讓國王在財政上獨立，因為這將會削弱他們自己的權力。債務於是激增，最終迫使查理二世成為路易十四的祕密津貼領取者，從而貶低了英國在歐洲的地位。

王室和國會團結起來解散了新模範軍，因為這部隊被視為激進社會思想的溫床。但是它被過時的做法所取代，回歸到由仕紳控制的地方民兵組織，這種保衛王國的手段過時得令人絕望。由於一次小型叛亂的出現，國會勉強同意成立一支小型常備軍，但是與法國的軍事機器相比，這根本微不足道。

宗教仍然是最為棘手的問題。國王本人懷抱著開明觀點，而且他急於達成妥協，企圖讓長老派信徒（他們在他的復位過程中扮演重要角色）融入已恢復的英格蘭國教會之中。其結果是再次失敗。長老派信徒和英格蘭國教徒無法達成協議，全國上下對英格蘭國教會的效忠如浪潮一般地高漲。騎士國會（成員多半是保王派英格蘭國教會信徒）通過了《單一法令》（Act of Uniformity），重新引入了《公禱書》，所有拒絕遵守這一做法的牧師都會被剝奪其生計。結果，有九百多位牧師離開國教會。他們加入了不服從國教的新教徒的行列，國會針對他們通過了一系列名為《克萊倫登法典》（The Clarendon Code）的法案，這名稱來自國王首席大臣克萊倫登伯爵。這樣的宗教協定與一六四二年的狀況毫無相似之處，英格蘭首次正式承認了新教內部的分裂。儘管較為寬容的主教們努力想把長老派教徒留在國教會中，或者為他們的回歸敞開大門，不過終究還是造成宗教意義上的新下層階級出現。天主教徒也是此階級中的一員，他們遭受迫害、騷擾，並在社會上受到種種限制，例如不得擔任公職及不得就讀大學。

地位較高的鄉紳們重新確立了舊地位，他們再次擔任起國王和人民之間的調解人。他們也重新扮演慣有的角色：在地方上無償地服務人群、擔任維持和平與秩序、執行司法以及控制民兵的官員。作為回報，他們不僅在地方獲得特權，而且在宮廷中取得了榮譽、職位和庇護。但這是一個什麼樣的社會呢？一六六〇年後的英格蘭也不可能回到過去，因為這個國家即將進入重要的變革期，它將變得與一六三〇年代的英格蘭徹頭徹尾地不同。

這種變化在很大程度上是由所謂的商業革命引起的，此革命造成的影響要比王朝復辟本身深刻許多。商業革命帶來新的繁榮景況，這種繁榮主要建立在《航海法案》（Navigation Acts）上，因為這項法律針對外國船隻進入英格蘭港口設置了許多限制。到一六六〇年代末，英格蘭迅速發展出歐洲最大的商船隊，並且也逐漸成為歐洲大陸的轉口港，即再出口貿易的中心。北美和西印度等發展中殖民地的產品，連同東方的產品，特別是印度的產品，被帶回英格蘭與國內的製造業產品交換。然後英格蘭再將進口的貨物重新出口到整個歐洲。金屬或紡織品被出口到非洲以換取奴隸，這些奴隸接著被帶到巴貝多（Barbados）或牙買加的種植園幹活，而這些種植園生產的糖則運回英格蘭。北美洲的維吉尼亞和馬里蘭殖民地生產菸草，然後再透過母國進行貿易。服裝業也在小亞細亞、西班牙和葡萄牙，還有新世界的殖民地中找到新的市場。在本世紀即將結束之際，在資本資源和潛在投資方面，西歐沒有其他國家可以與英格蘭匹敵。英格蘭的商人和大貿易公司（如東印度公司、王家非洲公司和黎凡特公司）的財富十分驚人。到了一六八〇年代，織物僅占該國出口的百分之六十左右，這在一六〇〇年是不可想像的。

農村的生產活動有所增加。為了滿足發展中城鎮對鮮肉、蔬菜和水果的需求，農業耕作方法進行了改良，煤炭工業的大規模擴張也滿足了城鎮居民對供暖的需求。來自國外的新教難民帶來了新技能和技術，不僅讓紡織品的種類變多，而且引入了全新的製造業：瓷器、蕾絲、絲綢、高級亞麻、鐘錶和樂器製品。

即使是被認為是「較窮的人」（the poorer sort），在這個時代開始，他們的鞋子上也開始有扣子，帽子上也有緞帶。大多數階層的人們的生活水準在十七世紀後期穩步上升。英格蘭正迅速發展成為一個消費社會，國內市場也有了巨大的增長。比起過去的任何時代，有更多人享受到舒適的生活，並且可以追逐時尚。結果是，社會金字塔變得較為扁平。儘管查理二世創造了四十個新的貴族頭銜，但大約百分之五十的土地由紳士階級所擁有，他們的人數因為包括了如「城市紳士」等新形式紳士而成倍增加。紳士階層中原有的分層方式因此需要再劃分得更加仔細，其中最高的是「從男爵」（baronets），這是詹姆士一世在一六一一年所引入的新頭銜，是用來回應勛爵和騎士之間必須要有一種新頭銜之需求。在從男爵之下是騎士，然後再接著是沒有頭銜的紳士，他們當中的某些人在所擁有的土地上可能還比擁有爵位的較高階層者要富有得多。

對未來更重要的是，許多職業開始以更為清晰的形式出現：法律、醫學、軍隊、教會、大學和教師。那些在政府部門工作了一輩子的人（日後被稱為公務員），首次成為了一個可以被清楚辨認出的群體，例如著名的日記作者塞繆爾．佩皮斯（Samuel Pepys）。此外，音樂家、畫家、建築師，甚至文人們都獲得了新地位。所有這些職業成為了下層社會往上爬的途徑。他們的出現反映了：這個社會變得更加複雜，而且文化程度更高，因此需要這些人所提供的服務。沿著社會階層之階梯往下走一級，我們將見到同樣發展迅速的「中間階層」（the middling sort），其成員有手工業者、店主和旅館老闆，他們生動地反映了商業革命的現實，所有人從新獲得的繁榮景氣中分得一杯羹。

所有人都有改善，唯獨最高位的君主不然。政府的地位從一六六〇年代便不斷地惡化。英格蘭無法負擔運作外交政策所需要的經費。與荷蘭的戰爭在一六六五和一六七二年再次爆發，但是並未取得真正的勝利。雙重災難接著爆發，一六六五年爆發大瘟疫（十四世紀黑死病的最後一次出現）導致數千人死亡，次年倫敦發生大火，整座城市被大火徹底摧毀。在英國的商業活動中，荷蘭人是主要的敵人，摧毀荷蘭人便是英國外交政策的首要目標。查理二世於一六七〇年與法國祕密地簽署了《多佛條約》（Treaty of Dover），這是他日後與法國簽訂的一系列條約中的第一份。查理二世從此成了領取路易十四津貼的人，儘管金額不多，而且條約當中的說法是，雙方要共同努力「打擊荷蘭國會的傲慢」。在一六七〇年時幾乎沒有人能預見到，法國在二十年後將成為英國的敵人，而且雙方將展開一場持續一個多世紀的權力鬥爭。《多佛條約》中的祕密條文是要寬容天主教徒，還有查理二世宣布自己皈依天主教。沒有人能確切解釋國王的動機，甚至連路易十四也持保留意見。查理二世事實上直到臨終前才皈依天主教。

這種外交政策與國內日益高漲的反法情緒相衝突，也與人們針對宮廷中王后、國王的情婦和一些大臣誇耀自身天主教信仰的敵意背道而馳。隨著這一切的發展，國會對國王的懷疑日益加深。國王於一六七二年發布的《寬容宣言》（Declaration of Indulgence），是他緩解天主教徒處境的措施。國王中止了針對他們的刑法（包括臭名昭著，針對所有非國教會信徒的《克萊倫登法典》）、允許天主教徒能夠祕密地進行禮拜，並且同意不服從國教的新教徒能在獲得許可之處進行禮拜。騎士國會中保王派的英格蘭國教會成員對此極為反彈，以致第二年開議時他們便威脅要削減王家財源。國王被迫撤回《寬容宣言》。國會隨後通過了《檢覈法》（The Test Act），該法規定，任何擔任任何形式公職的人都應宣誓效忠國教會，並且重申其對天主教的憎惡。這樣做的結果不僅造成天主教徒逃離公職，而且還揭露出了國王弟弟約克公爵詹姆士（James, Duke of York）皈依了天主教。由於查理二世的妻子，身為天主教徒的葡萄牙布拉干薩王朝的凱瑟琳（Catherine of Braganza）未能生育，詹姆士便成為王位的繼承人。儘管天主教徒只占全國人口的百分之一，但恐懼將其扭曲成一種許多人都懷抱的信念，亦即宮廷上所發生的事情是某種國際性陰謀的一部分。這種陰謀企圖在必要時透過武力讓全英國轉信天主教，並且引入法國式的統治。

這種逐漸升溫的氛圍正好提供了那些炮製所謂的「教宗陰謀」（The Popish Plot）的人了極為適合發展的環境。這個陰謀毫無事實根據，其完全是狡猾和善於欺騙的前英格蘭國教會教士提圖斯・奧茨（Titus Oates）所捏造出來的。他的幻想所帶來的政治後果相當駭人，因為它們喚醒了英格蘭人對天主教的各種非理性恐懼，這種恐懼可以追溯到瑪麗統治時期燒死新教徒的事件，一直延伸到無敵艦隊和火藥陰謀，以及國王之父親查理一世宮廷過去與羅馬往來所引起對羅馬的恐懼。奧茨與另一位聲名狼藉的教士伊斯雷爾・湯奇（Israel Tonge）合作，他們共同編造了一個陰謀的細節，其中包括火燒倫敦城、讓法國和愛爾蘭軍隊入侵英格蘭（他們會將任何拒絕改變信仰的人處決），以及謀殺國王，好讓他的天主教弟弟繼位。按照陰謀者聲稱，整個計畫是由教宗資助，並且是由耶穌會主導籌劃。

查理二世和政府中許多成員從一開始就意識到，這一切都只是徹頭徹尾的幻想。確實如此，若是世事機遇中沒有連續發生兩次陰錯陽差，原先根本什麼事情都不會發生。奧茨曾向地方法官埃德蒙・戈弗雷爵士（Sir Edmund Godfrey）發誓說他所說的故事屬實，但他卻被人用劍刺死，民眾則立即將他的死歸咎於耶穌會士頭上。接下來，約克公爵前祕書的一些信件被發現，而他在信中期待著天主教在詹姆士即位後的復興。不幸的是，這個人的名字是奧茨列出的密謀者名單中的其中一員。

這兩件事情同時發生是極為災難性的巧合，因為看在人們眼中便證實了奧茨和湯奇的說法。「教宗陰謀」引發了大規模歇斯底里的反天主教，並導致沙夫茨伯里伯爵（Earl of Shaftesbury）發起運動，要將約克公爵排除在王位繼承之外。反過來，這又促使了具有清楚輪廓的政黨開始在國會中出現。政府原先已經栽培出一個支持其立場的團體，被稱為「宮廷」派，他們是要對抗另一群人，也就是一群由鄉紳們組成的鬆散團體，被稱為「鄉村」派。但如今，這些團體面對危機之時局各自的立場變得更加明確，名字也越來越響亮：一群人是托利黨（The Tories），成員是主張王室是神聖以及不可褻瀆的英格蘭國教會信徒；另一群人是輝格黨（The Whigs），他們主張主權是來自於人民的信託，若是天主教徒獲准能夠繼承王位，就等於人民遭到背叛。

所謂的「王位排除危機」（The Exclusion Crisis）是一六七九到一六八一年之間最為重要的事

件。如果沙夫茨伯里伯爵和輝格黨獲勝，這就意味著國會可以決定王位的繼承，實際上便建立起了由選舉產生的君主制。這同時也代表著對王權的限制。當騎士國會於一六七九年開議，其中最初的討論便是在攻擊國王的首席大臣丹比伯爵（Earl of Danby）。查理二世解散了國會後召開新國會，藉此來應對這場猛攻。這一行動是他最大的錯誤，因為重新當選的國會是在反天主教情緒高漲的時候被選出的。查理二世在這三年中依靠他的唯一武器承受住了攻擊。這武器便是王室特權，他能夠暫停或解散國會。這也是每次當國會即將要通過《王位排除法案》（Exclusion Act）時所發生的情況。此外，他試圖透過邀請盡可能多的輝格黨人加入政府來削弱反對黨。第三次也是最後一次試圖將詹姆士排除在外的嘗試是在國會進行的，而這次國會被刻意地移到保王派的大本營牛津召開。國王在一週之內便解散了國會，而後在他有生之年也未曾再召開過國會。

國王表面上贏得了勝利，但這次交鋒對後世留下了重要的影響。這場鬥爭催生了規模龐大的政治組織，其規模之大等同於一個政黨就此誕生。輝格黨有自己的領袖沙夫茨伯里伯爵，他與一個委員會一起從中央指揮，不僅在首都而且在全國各地組織宣傳活動。該聯盟以全國為範圍開展活動，其目標在於讓或多或少對其政治藍圖表達支持的參選人能夠當選。對托利黨而言，王室特權是神聖的；他們認為國家主權位於君主身上，王權來自於上帝而非來自於人民，人民的唯一角色便是服從，或者說至多也只能出於被動來反抗。輝格黨則截然不同，他們主張主權乃歸屬於人民（他們所指的是約二十萬名有權投票的成年男性）；而主權最終則是建立在統治者與被統治者之間達成之協定或協議背後所體現的彼此同意。如果這個協定未被遵守，那麼人民就有權進行抵抗。

由於商業繁榮、法國津貼的展延以及財政部的改革，國王第一次獲得了前所未有的獨立性。因此，「人民抵抗」這種對權威極具挑戰性的思想騷動一時之間無法繼續下去。許多輝格黨成員流亡國外。事實上，沙夫茨伯里自己也逃到了荷蘭，並在那裡過世。與此同時，英格蘭的王權則走上了許多人擔心的方向。

# 42 意外的革命

查理二世於一六八五年二月六日早上去世，留下十四個私生子，這是查理二世與一群放蕩情婦們的後代，但是他的妻子並未生下繼承人。君主的權力在他生命的最後幾年重新恢復。雖然國會每三年必須召開一次，但是一六八四年的國會並未召開，也沒有引發抗議。前一年，輝格黨中極端的一派人參與了「黑麥屋陰謀」（Rye House Plot），計畫暗殺兩兄弟，引發了另一場效忠王室的浪潮。當約克公爵詹姆士登基為國王時，當時人們幾乎看不出這將標誌著國家方針的重大轉變。確實，為了要通過新國王財政經費，因此必須召開國會，而其中的成員幾乎都是托利黨議員。

然而，詹姆士二世與他的兄長截然不同。查理二世的黑暗之處，恰好是詹姆士二世光芒四射的地方。查理二世有一種討人喜歡的平易近人的氣質，而詹姆士二世卻缺乏熱情，流露出一種冰冷的、帝王般的傲慢。在他的畫像中，他俯視著觀眾，而不是平視。作為軍人和海軍上將，他相信鐵的紀律，而下級的首要任務就是毫無疑問地服從。此外，他和他的父親一樣，對國王的神聖性有著堅定不移的信仰。當他作為約克公爵時，他娶了克萊倫登伯爵的女兒安妮·海德（Anne Hyde）為妻，兩人育有兩個女兒，瑪麗和安妮。她們從小就是新教徒，但是她們的母親在去世前一年變成天主教徒，隨後不久她的丈夫也成為天主教徒，這件事一經曝光之後，便引發了王位排除危機。詹姆士二世最終讓路易十四為他選了一個新娘：義大利天主教公主摩德納的瑪麗（Mary of Modena）。

詹姆士二世毫不遮掩他對天主教的信奉，這也將導致他的毀滅。如果他仍然是英格蘭國教徒，歷史將會朝向截然不同的方向發展，因為一個與信奉英格蘭國教、持保王立場的托利黨緊密結盟的君主政體，很可能能夠成功地帶領這個國家，沿著法國君主政體的路線轉型成一個專制國家。但是，這種轉變必須依賴其他人的支持，不過由於詹姆士二世的宗教信仰，其支持度與日受到侵蝕。令人驚訝的是，到目前為止，他都還能按照自己的喜好執行政策，一直要到一六八八年春天，事態才達到了瀕臨衝突的臨界點。延遲的原因是恐懼，人們害怕一六四二年後那幾年的事情重複。君主制於一六六〇年回歸，這是維持社會秩序和確保土地紳士階級權力的唯一手段。直到詹姆士二世為了支持天主教徒和不服從國教的新教徒而無情地將他們趕下台，這個禁咒才被打破。

縈繞國王心頭的最重要的問題是：如何讓英格蘭成為天主教徒的安全之地，以及長遠來看，如何讓這個國家回歸羅馬天主教。要將事情導向那個方向發展，需要非凡的機智和耐心。不幸的是，國王兩者都不具備。更重要的是，在五年前教宗陰謀的餘波中，曾爆發了一次極不理性的反天主教暴動。在法國，路易十四為了建立一個完全的天主教國家，驅逐了五十萬新教徒。他們中的許多人來到英格蘭，不僅帶來了受歡迎的商業技能，同時也讓人們更加擔心如果詹姆士二世奉行類似政策會造成的後果。

為了實現他的目標，詹姆士二世必須確保自己選擇的人不僅能夠控制中央和地方政府，還要當選國會議員。查理二世在他統治的最後幾年已經開始滲透國會，但是在詹姆士二世的統治下，這種做法明顯地加速了。這種政策是朝著絕對統治的方向邁進的，並且導致了英格蘭國教會特權地位的縮減。此外，他為了實現自己的宗教目的，便開除了那些幫助他登上王位的托利黨員，即信奉英格蘭國教會的保王派成員。詹姆士二世這種目光短淺的作為，事後證明是致命的。

一開始他很走運。查理二世的私生子蒙茅斯公爵詹姆士（James, Duke of Monmouth）於一六八五年挑戰了他的王位權力，成為失勢的輝格黨所支持的人選。他在西南部登陸，吸引了大批害怕國王皈依天主教的追隨者。儘管蒙茅斯奪取了湯頓（Taunton），但政府將軍隊規模擴大了一倍，並在塞奇莫爾（Sedgemoor）擊潰了叛軍。他們被野蠻地鎮壓，蒙茅斯被處決。這場勝利被詹姆士二世解讀為上帝的審判。

軍隊並沒有解散，而是變成了常備軍。總數為兩萬人。龐大的常備軍隊是每一位專制君主的重要靠山之一，這種軍隊的長期存在引起了緊張不安。《檢覈法》禁止天主教徒擔任王室職務，因此若不是國王免除了六十多名身為天主教徒的軍官無須服從該法律，軍隊本來是有可能就直接蒸發不見的。這個權利在某一次的官司中必須接受法庭的審判。為了應付這種意外情況，詹姆士二世繼續執行其兄長的政策，即罷免所有反對王室意志的法官。結果，國王打贏了官司，但每個人都很清楚法律被曲解了。

中央政府逐漸開始將溫和派清洗出去，並且引入一個由大臣和顧問組成的天主教內部圈子。白廳宮中興建了一座壯觀的天主教教堂，而且國王和王后都在此以盛大的儀式前往聆聽彌撒，這在人民看來一定是相當震驚的。在那之前，斯圖亞特王后的天主教禮拜堂一直是被小心翼翼保持隱祕不宣的存在。如今，天主教信仰在其豐富多彩、巴洛克式的輝煌擺設中被視為宮廷生活的核心。儘管查理二世多次試圖利用他的王室權利來試圖給予天主教徒和不服從國教的新教徒宗教寬容，但他失敗了。詹姆士二世將更頻繁地使用此權利來達到這個目標。一六八六年時，國王用它來禁止神職人員傳播任何有爭議或煽動性的言論，他的確切意思是禁止任何對英格蘭國教會以外的人士的攻擊。當時有位神職人員違反此規定，但倫敦主教亨利・康普頓（Henry Compton）拒絕將他停職。國王成立了一個處理教會事務的特別委員會，並且將這兩個人都停職。詹姆士二世相信國教會現在已經被壓制下來了，且他們將繼續在講道壇上宣揚服從王權。

將天主教徒引入軍隊和中央政府後，詹姆士二世的下一步行動是將他們安置在地方。一六八七年一月他新任命了五百名治安法官，其中百分之六十以上是天主教徒。國王再次利用自己的特權，讓天主教徒無須宣誓效忠，也無須宣誓君主是教會的最高領袖。三個月後，他發布了一項《信教自由令》（Declaration of Indulgence），中止了針對天主教徒和不服從國教的新教徒的刑法和《檢覈法》。越來越多人對事件的變化感到震驚，但是尚未有組織性反抗的跡象出現。

國王聲明自己將爭取國會對《信教自由令》的批准，這意味著他必須確定絕大多數議員會投下贊成票。為了實現這一目標，他不僅肅清地方政府，還要對城鎮進行清洗。到了一六八八年三月時已有約一千兩百人被撤職，由天主教徒和不服從國教的新教徒取而代之。不過到了這個時候仍未出現群起抵制的跡象。國王眼中的默許，事實上是眾人對他的疏遠。這意味著，如果有人出來挑戰國王，無論發起者是誰，這個人都可以仰賴多數人的消極態度，因為他們都不會挺身保衛國王。

服從和不反抗王室是托利黨的信條之一，詹姆士二世失去了他們的支持，他侵犯了本來會維持他繼續掌權的那些人。在《信教自由令》通過後，英格蘭國教會淪為眾多彼此競爭的教派之一而已。更糟的是，詹姆士二世透過求助於君主制和國教會之外的人士（天主教徒和非國教徒），解散了王權與教會之聯盟。他運用王權來執行這一切，國會的權力因此被削弱到無足輕重的程度。全國各地都重複著英格蘭聯邦時代所發生過的事情：每個郡當中最有權勢的人：像是騎士和男爵，也就是過去的騎士黨鄉紳都被撤職，其權力被轉移至天主教徒和不服從國教者，這些人原先的社會地位往往較低。

可以一舉扭轉局勢的眾多要素都已成熟，但是此時要將國王詹姆士二世拉下台的想法尚未成形。他的妻子摩德納的瑪麗仍然沒有孩子，他的繼承人是他的長女瑪麗，堅定的英格蘭國教徒，嫁給了荷蘭的新教統治者奧蘭治的威廉（William of Orange）。在一六八八年春天時，沒人能預料到詹姆士二世會在年底逃離英國，也不會想到威廉和瑪麗會取代他成為共同統治者。當英格蘭貴族首先向威廉示好，要他出面干預時，也沒有人能預料到之後的發展會是那樣。

貴族對於威廉的請求在夏天方達到高潮。國王於四月發布了第二份《信教自由令》。以坎特伯里大主教威廉・桑克羅夫特（William Sancroft）為首的七位主教拒絕指示他們的神職人員在講壇上宣讀此《信教自由令》，並且進一步質疑其合法性。國王於六月八日下令逮捕他們。他們接受審判，並於六月三十日被宣告無罪釋放。倫敦城當時是新教堡壘，全城欣喜若狂。就在那天晚上，奧倫治的威廉收到了一封正式的邀請信，請求他入侵英格蘭。即便如此，值得注意的是，真正簽署該條約的貴族寥寥無幾。威爾斯親王於六月十日出生，這同時也是促成這封信寄出的原因之一。人們第一次清楚地認識到，詹姆士二世的在位有可能不是一種偶然畸變，他很有可能是開啟一個天主教王朝的首位君主。

在海峽對岸的荷蘭，一支龐大的部隊和艦隊開始集結。直到八月中旬以前，詹姆士二世和他的大臣們都沒有想到這支艦隊是要朝英格蘭開來的。他們認為這是荷蘭人在為反抗路易十四的另一個階段做準備。從某種意義上來說，這種想法是正確的，因為威廉對英格蘭之所以感興趣是出於以下原因：英格蘭必須重新扮演起查理二世和詹姆士二世所廢棄的角色，也就是要領導歐洲對抗法國。威廉在九月三十日的宣言中，公開列出了他干預的理由，而背後未明說的考量則是，聯軍需要英格蘭的財富和力量的加入。這些理由包括要剷除「邪惡」，還有最重要的一點是，選舉出一個自由和合法的國會。這種種的理由背後所暗示的便是以下的聲明：統治者應該盡速被更替。在沒有任何可信證據的情況下，威爾斯親王被宣布為冒充者，他是被偷偷運進王后臥室的。

恐慌最終在英格蘭爆發，但為時已晚。在整個秋天發生的一連串奇異事件中，幸運之神幾乎一直站在威廉這邊。詹姆士二世拒絕了法國人的幫助，而且法國完全錯誤地判斷了形勢，當他們的津貼領取者失去王位，而且王位被傳給了最為致命的敵人時，他們卻袖手旁觀。詹姆士二世也相信威廉不會攻擊自己的岳父，更不用說去相信威廉會在冬季即將來臨、海上波濤洶湧的時候派遣一支軍隊和一支艦隊穿越海峽。國王直到九月底才接受英格蘭將要遭到入侵的事實，因此倉促地做出一連串讓步。諸如教會委員會之類的機構被廢除了，而透過新的特許狀獲得城鎮控制權的運動也沒有明確的進展，甚至連舉行大選的令狀也突然被撤回。雖然國王力量依然強大，但是政府已經失去了對抗的勇氣，這一點非常致命。儘管軍隊中有部分成員叛逃，但是大部分的部隊仍然完好無損，各地區也沒有任何明顯的叛亂跡象。

威廉的入侵行動由於天氣原因而受阻。原本的計畫是在約克郡登陸，然後向南進軍，但艦隊卻在西南部的托爾貝（Torbay）登陸。王室軍隊與此同時則向索爾茲伯里推進。但是詹姆士二世沒有帶領他的部隊直接投入戰鬥，而是拖延時間。這導致更多的士兵投奔敵營。三年前，國王還認為上帝是站在他這一邊的，不過現在的他崩潰了。他的身體因為一次劇烈的鼻出血而疲累不堪，他最終意志消沉陷入沮喪，連一場仗都沒有打就返回倫敦。他這麼做導致了災難性的後果。

詹姆士二世返回倫敦後方得知，他的二女兒安妮已經拋棄了他。他派遣特使去與威廉談判，威廉要求將所有天主教徒官員逐出政府，而且國王應該召集一個不受操縱的國會。與此同時，詹姆士二世已經開始思考逃跑了。他的王后和兒子最先成功逃離英格蘭，然後在十二月十一日，他透過一條祕密通道逃離白廳要前往海岸，不過他在海岸被人認出並且被押送回倫敦。此時倫敦已經向威廉敞開了城門。詹姆士二世拒絕了所有解決方案，於是被押運送到羅切斯特。他於十二月二十二日第二次試圖逃離這個國家，這次成功了。這主要是因為在威廉的默許下，沒有人試圖阻止他。奧蘭治的威廉此時還不是國王，也沒有任何文件提到他是國王；不過隨著詹姆士二世的逃離，現在他已經將確保人民生活和財產之穩定的大權握在手上。簡而言之，這是英格蘭自一〇六六年以來第二次被外國軍隊征服。這次的不同之處在於，這次的征服沒有流血。

隨後倉促舉行了一場選舉，復辟之前的事件在許多方面又重新上演。非常國會（Convention Parliament）再次召開，這個名稱是因為該國會不是由君主所召集的。這次國會於一月二十二日召開，輝格黨和托利黨在會上皆在討論國王逃亡的影響。緊接著又是對暴力和叛亂的恐懼，沒有人希望一六五〇年代的景象再次出現，問題在於要怎麼將威廉透過武力奪取政權這件事合法化。二月六日，國會投票決定國王因為逃亡而退位，王位因此目前處於空缺狀態，輝格黨在王位排除危機時期的主張現在又重新浮出水面。信奉天主教的國王和他的繼承人被排除王位繼承之外，國會將王位共同授予瑪麗和威廉，儘管威廉除了基於婚姻和軍事勝利之外，沒有任何權利要求得到王位。威廉在這個時候全盤接受國會的提議。新的國王和女王一起作為國家的救世主，將英格蘭從教宗制度和專制統治中拯救而出。

這是一場不流血的政權更迭，不僅是因為詹姆士二世無能在戰場上開戰，還因為英國國教派的托利黨貴族們的袖手旁觀；他們可能不歡迎外國國王，但必定認為這位國王是保證他們能繼續掌握政治權力的唯一選擇。執政精英們在一六六〇年時重新發揮了自己的影響力。他們在一六八八年時又再次發揮了自己的影響力。儘管一六八八年也標誌著詹姆士黨人（Jacobite）威脅存在的開始，但是執政精英們的權力在接下來將近一個半世紀的時間當中並未遭受任何衝擊。索爾茲伯里主教吉爾伯特·伯內特（Gilbert Burnet）在奧蘭治的威廉入侵時隨侍其側，伯內特正確地稱這次行動為「意外的革命」。

# 43 一個大國的誕生

威廉三世從來都不是位受人民歡迎的國王。他冷漠孤僻，而且待人生硬拘謹。他不具備任何能受到新臣民喜愛的特質。但他是位令人敬畏的政治家和將軍，這些特質也正是將他帶到英格蘭的主因。威廉三世從歐洲的角度看待這個島嶼，也因此改變了它的地位。自從伊莉莎白一世時代與西班牙的戰爭以來，英格蘭不曾在歐洲政治中發揮如此重要的作用。在查理二世統治下，這個國家已淪為宛如法國的附屬國。在詹姆士二世統治下，它選擇了孤立主義。現在這一切都要改變了，因為英格蘭與其商業、金融和海軍等龐大資源，全都要用來投入反對法國的龐大聯盟中，目的是要遏制法國的擴張政策，並且恢復權力平衡，在此體系中不會有某個國家可以支配其他所有國家。當戰爭剛爆發時，人們認為這只會是短暫的投入。沒有人能夠預料到它會將英格蘭捲入兩場大規模的戰爭，以及十九年的大規模戰鬥。沒有人能想到不列顛將會就此崛起成為世界大國。

有兩件大事深刻影響了這國家，而且影響力將會一路持續到十八世紀末，而這場戰爭便是其中之一。另一件大事則是革命協議，該協議從根本上改變了王權的性質。威廉三世之所以擁有王位繼承權，是因為他妻子是具合法性與正當性的女王，而女王之所以繼承王位的部分原因則是當時沒有其他的選項存在。他們兩人共同統治，但實際上威廉三世掌握了所有權力。正如一位貴族所觀察的：「我認為今日我們的所作所為毀滅了英格蘭君主制度，因為我們是以投票的方式選擇君主。」威廉三世從未承認他的地位與他的前任有任何不同，但事實上兩者確實有所不同。國會通過的《權利法案》（The Bill of Rights）闡明了以下觀點：目前這個君主制度的存在是要遵守一些條件的。王室中止國會的權力現在被宣布為違法。沒有國會的同意，國王不能在承平時期維持常備軍。從此以後，所有天主教徒都被排除在王位繼承人選之外。人們希望這場革命能夠使得英格蘭國教會具備更大範圍的包容性，但這一希望最終以破滅告終，就像一六六〇年發生的情況一樣。一六八九年五月通過的《寬容法案》（The Toleration Bill）只給予不服從國教者有限的信仰自由，對於他們二等公民的地位絲毫沒有改善。

輝格黨歷史學家將一六八八年呈現為有限君主立憲制演變的里程碑。令人意外的是，其實沒有太大的改變發生，君主與政府仍然密不可分，大臣們繼續由君主選任。事實上，大臣們只有在得到王室寵信的情況下才能留任，他們也要依賴國會中受益於王室贊助的那些議員的支持。國王手上有大量的官職、養老金和其他津貼可供支配，這情況會一直持續到十九世紀。他對外交政策的控制權，實質上仍然不容他人置喙。

這兩次戰爭跨越了兩個統治時期，但與過去不同的是，新君主的上台並不預示著政策就將改變。威廉和瑪麗沒有孩子，在威廉三世於一七〇二年去世後，王位傳給了威廉的小姨子安妮（Anne）。她是一個身材矮胖、心胸狹窄的三十七歲女人，特別喜歡閒聊和打牌，但是她並不欠缺政治敏感度。她全心全意地盡責與承擔起英格蘭國教會，並且沐浴在他人成就所散發出的光輝中。安妮和她的姊夫一樣，認為王室特權崇高無比，並堅決抵制任何侵蝕它的企圖。

然而，不列顛陷入了一場將近三十年的戰爭之中，不列顛在這場戰爭要與自羅馬帝國以來歐洲最強大的軍事機構對抗。有多達四十萬人做好了被武裝的準備，並且能夠在多個戰線上同時作戰。從一六八九年持續到一六九七年的九年戰爭，以及從一七〇一年持續到一七一三年的西班牙王位繼承戰爭，這兩場戰爭都是在削弱法國主宰歐洲的野心。這個野心尤其表現在：法國在哈布斯堡王朝最後一任國王查理二世駕崩的時候，宣稱擁有西班牙及其帝國的主權。一六八八年，路易十四入侵日耳曼地區，翌年年初，荷蘭對法國宣戰，這揭開了神聖羅馬帝國皇帝、英格蘭、薩伏伊和日耳曼許多邦國組成大聯盟的序幕。一直到詹姆士二世入侵愛爾蘭，英格蘭的激情才被激發。

那次入侵引發了愛爾蘭天主教民族主義的高漲，導致長老派教徒逃往倫敦德里（Londonderry）和恩尼斯基倫（Enniskillen）避難。英格蘭軍隊在五月解救了倫敦德里，但在八月派遣的第二支軍隊卻以慘敗告終。次年，威廉三世本人入侵愛爾蘭，並在博因戰役（Battle of Boyne）中獲得大勝。即使這場大勝之後，威廉三世也需要一年多的時間完成對愛爾蘭的重新征服。英格蘭對愛爾蘭起義的報復，則是在此地展開將延續數個世紀之久的殘酷統治傳統。國會對所有公職人員重新執行了《檢覈法》，所有天主教徒和長老派信徒因此都被禁止參與政治活動。天主教徒尤其遭受了殘酷的法律懲罰，這實際上是將他們從地主階層中清除出去。愛爾蘭改由信奉愛爾蘭國教會的少數地主階級實施高壓統治，悲慘地淪落到宛如殖民地的附庸地位。

直到今天，在北愛爾蘭的新教徒中，威廉三世仍然是一個受人崇拜的人物。但是對威廉三世而言，整個事件只是一個距離遙遠且令人討厭的插曲，迫使他轉移了在歐陸上對抗法國人的精力。歐陸的戰場在西屬尼德蘭（現在的比利時），而戰爭往往是在每年夏季展開，其中包括小規模戰役以及長時間的圍攻。威廉三世的軍事行動並未特別順利，但在一六九五年他奪下了納穆爾（Namur）。路易十四在此戰役之後便準備談和，並於一六九七年簽署了《里斯維克條約》（Treaty of Ryswick）。除了史特拉斯堡（Strasbourg）和阿爾薩斯（Alsace）的一部分外，路易十四放棄了自一六七八年以來他所取得的一切。更重要的是，路易十四承認威廉為國王。

這份和約只解決了一些小問題，因為西班牙王位的繼承權仍然懸而未決。在隨後的幾年中，威廉三世和路易十四達成了兩項協議，即所謂的《兩份瓜分條約》（The Partition Treaties，一六九八－一七〇〇）。當這些內情於一七〇〇年被公諸於世時，輿論極為憤怒，而外交政策作為王室之特權的傳統也就此開始被削弱。威廉三世的聲望降至谷底，人們對他長期人在海外、戰爭的代價和軍隊的長期存在感到深惡痛絕。王位繼承的不確定性加劇了這種不滿，因為安妮唯一的兒子於一七〇〇年去世了。結果，一七〇一年的《王位繼承法》將王位授予漢諾威選侯（Electors of Hanover，詹姆士一世之女伊莉莎白的後裔）。同年，病重的西班牙國王查理二世最終去世，把西班牙的王位留給了路易十四的孫子安茹的菲利普（Philip of Anjou）。法國國王立即毀棄《兩份瓜分條約》，而且也無視自己先前已承認威廉三世為國王，轉而答應要在詹姆士二世死後承認他的兒子為詹姆士三世。

這喚起了不列顛重新開戰的欲望，但這一次不是由威廉三世來領軍，他在此時已不再踏足沙場了。約翰・邱吉爾（John Churchill）被任命為英格蘭軍隊總司令，他後來被封為馬爾博羅公爵（Duke of Marlborough）。威廉三世不喜歡邱吉爾，儘管他很清楚後者所具備的潛力。然而，國王並未活著親眼目睹勝利，他在一七〇二年初就去世了。他辭世時既不受人愛戴也無人哀悼。邱吉爾多年來一直在伺機而動，而新任女王的來臨（她的閨密是邱吉爾的妻子），讓他的地位扶搖直上。這位英軍有史以來能力最強的指揮官，將在西班牙王位繼承戰爭這個舞台上大展才能。這位英俊的男子天生優雅、有魅力、有禮貌，是位完美的朝臣。他也有缺陷，他會為了自身利益不擇手段，而且對名利貪得無饜。然而，他是出色的軍事指揮官和戰術家，整場戰爭的節奏在他的領導下發生了巨大變化。馬爾博羅相信打仗的必要性，並開始調動他的部隊出其不意地襲擊法國軍隊，迫使後者開戰。他隨後取得了一系列傳奇般的勝利，這使馬爾博羅成為歐洲的英雄。法國軍隊於一七〇四年在布倫海姆（Blenheim）遭受了兩個世代以來的首次敗戰，兩萬三千人傷亡，一萬五千人被俘虜，而且元帥也在其中。女王封邱吉爾為馬爾博羅公爵，並授予他伍德斯托克（Woodstock）的王家莊園，並在該莊園上興建了布倫海姆宮（Blenheim Palace）以紀念他的榮耀。

布倫海姆戰役開啟了後來一連串的勝利。一七〇六年的拉米利斯（Ramillies）戰役導致了西屬尼德蘭的投降。兩年後是奧德納德（Oudenarde）戰役，而一七〇九年則爆發馬普拉蓋（Malplaquet）戰役。在西班牙的戰爭就沒那麼順利了，英軍在阿爾曼薩（Almanza）被擊敗，但是那時法軍已經筋疲力盡了。馬爾博羅知道，只有箝制住法國的許多邊界——西班牙、日耳曼、荷蘭和義大利——才能徹底擊敗法國。他在箝制法國邊界的這件事情上發揮了重要作用，不過盟國在獲勝之後便陷入爭吵。此外，國內開始出現厭戰情緒，這是對馬爾博羅不利的發展。安妮女王聽到奧德納德戰役的消息後說道：「哦，主啊，這一切可怕的流血何時才能停止？」馬爾博羅後來因莫須有的罪名被解職，而和平談判在一七一三年四月於烏特勒支（Utrecht）圓滿結束。

這是英國歷史上的一個轉折點，這要歸功於那位不受人歡迎的國王，他看到了英國在歐洲舞台上的重要性。在安妮女王去世的那一年（一七一四），英國已成為國際強國，這是英國在最偉大的中世紀國王之後便不曾達到的國際地位。任何歐洲大國都無法忽視她，英國也不再能夠對歐洲大陸置之不理。在整個十八世紀，維持各國勢力平衡確實成為了英國外交政策的重點任務。這種情況的發生並不僅僅是由於威廉三世或政治家們的心血來潮，而是由於人們日漸意識到英國在歐洲所占據的重要地位。這在很大程度上要歸諸於媒體之發展。《出版許可法》（Licensing Act）於一六九五年被廢止，這意味著各種支持和反對戰爭的著作都能被印刷問世，供所有受過教育的人閱讀；這讓公眾意識到英國對於歐洲無法置身事外，而且也因此方能確保自己的商業財富、海上力量或新教王位繼承不會受到威脅。

《烏得勒支條約》對路易十四有著具備實質效力的限制，他在一個祕密條款中保證，他將不再援助被流放的斯圖亞特家族。各國還一致同意，法國和西班牙的王位永遠不會合併。英國透過取得各地的特許貿易權開始形成一個新生的帝國：哈德遜灣、紐芬蘭、新斯科細亞（Nova Scotia）、阿卡迪亞（Arcadia）、聖克里斯多福島（St Christopher）、米諾卡（Minorca）和直布羅陀（Gibraltar）。英國藉此累積了巨大的商業優勢，特別是與西班牙帝國的貿易。

兩次戰爭都對國家產生了巨大影響。英國已經有兩個世紀沒有經歷過這種局面了。這是自十五世紀以來，英國軍隊首次連續好幾年在歐洲大陸上作戰，戰爭漫長而昂貴。第二次大戰牽涉到的地理範圍更是前所未見，包括在西班牙、荷蘭、日耳曼、義大利和西印度群島的作戰。在一七〇六至一七一一年之間的最高峰時，英國軍隊（不包括軍官）約有十二萬人。曾令統治階級驚恐萬分的詹姆士二世軍隊，相比之下只有兩萬人。如同陸軍的擴張，海軍不僅在艦船數量上而且在品質和性能上都在提升。到了戰爭結束時，王家海軍已是歐洲規模、戰力最為強大的海軍。兩次戰爭的總成本為一・四億英鎊，這個事實多少可以作為衡量該國財富增長的指標。

如此大規模的戰爭需要國家基層人民力量的支持。輝格黨和托利黨在外交政策上都沒有太大的分歧，真正的排外團體只有偏遠地區的托利黨貴族。戰爭可能是在荷蘭國王的倡議下開始的，但是隨著戰爭的進行，戰爭越來越成為民族情感的一種表達方式。因此，外交政策不僅必須得到內閣和國會的認可，而且還必須得到全國國民的支持。當這種情況減弱時，就像一七一三年之前的幾年一樣，政策便必須改變而且要與他國談和。

# 44 不穩定性與變化

實際上，「意外的革命」並未解決任何問題。它導致了三十年的政治不穩定，讓人訝異的是，不穩定的規模之大居然沒有引發內戰。社會從上到下都存在分裂：輝格黨與托利黨、宮廷與鄉村。這場革命無疑激化了兩極分裂。輝格黨人支持所謂的新教繼承（Protestant Succession）。輝格黨還支持宗教寬容，他們也自然得到了不服從國教者社群的支持。他們堅定地支持威廉三世的戰爭政策，認為有必要抗衡法國的力量，在歐洲內部實現勢力平衡。托利黨也是由那些被迫接受一六八九年協定的人組成的。但他們認為詹姆士二世才是具有正當性的國王，儘管他們並不願意效忠一位天主教徒。他們相信古老的事物秩序：國王是上帝在地上的副手，教會與國家是聯合在一塊的整體。此外，他們捍衛英格蘭國教會的壟斷地位，並且反對不服從國教者的侵蝕。他們不願意看到英國被捲入一場耗盡人力和財力的歐洲戰爭。

即使之後沒有更進一步的惡化，這種程度的尖銳分歧也已經相當嚴重。戰爭的壓力，還有不斷需要國會同意撥款，迫使威廉三世於一六九四年接受了《三年選舉法》，這意味著國會現在必須每三年重新選舉一次。但是，國王保留了解散國會權。因此，在接下來的二十二年中將會出現不少於十次的大選。選舉的狂熱甫一消退就又被重新點燃。輝格黨和托利黨在這種情況下始終處於活躍狀態。

當《出版許可法》在一六九五年失效後，這種永無休止的鬥爭的感覺被強化了，從而引發了一場規模巨大的政治辯論，因為兩黨都沉溺於一場口水戰。更重要的是報紙的出現，一七〇〇年時大約有二十份報紙存在，這意味著選民比起過去任何時代都對內政和外交事務有著更多認識。

但是到目前為止，還沒有出現過一個政府是完全由輝格黨或托利黨組成。威廉三世和安妮會將此認為是對王室權力的侵犯，所以讓一小撮代表他們的貴族扮演了「管理者」的角色，並且以某種方式組建了不完全屬於單一政黨的政府。每任內閣都是在混亂中繼承上一屆內閣。然而，在每一次內閣中，都有某些大臣繼續任職，這維持了一種乍看之下似乎不存在的連續性。用我們今日的話來說，在這段期間，英國的政府是一任接一任的聯合政府。

從表面上看，這種管理國家的方式似乎只可能導致國家全盤崩潰。不過這些行政當局的頻繁交替並未導致崩潰或更糟的結果，這不僅是因為兩個政黨中的溫和派擁抱相近的觀點，也是因為在這時代正發生的某些深刻變化，使得英國得以在整個十八世紀擁有獨特且令人羨慕的穩定性。儘管由於戰爭的壓力，大臣們可能迅速更迭，但是兩黨都意識到政府必須延續下去。要做到這一點，就必須有一個龐大而高效的體制，其中的成員由公務員組成。無論誰當政，他們都會一直在崗位上繼續工作。在一六八九年後的三十年當中，政府公務員人數增加了兩倍。有新的公務員出現，例如職業外交官；另外全新的政府部門也出現了：郵局、海軍局（Navy Office）以及海關（Customs and Excise）。這些新發展增強了王室的力量，國王擁有的官職不斷地增加。在這些部門工作的人都是專業人士，通常是領著體面薪水的官員，不像他們的前輩們那樣靠規費和津貼維生。他們也開始以反映當時科學進步的方式來讓政府運作，例如統計數據便在此時首次被使用。

在政府工作因此成為一種新職業。如果說在政府任職可稱為變化，那麼金融革命這個更大的變化則可以促進國家穩定。在整個十八世紀中，人們始終保有一種古老的中世紀觀念，認為國王應該「自食其力」。國會不願意投票同意給予君主足夠的收入，因為他們認為這會削弱國會的權力。這個觀念最終因為與法國的戰爭改變了，為政府效力的人員必須要有薪水的基本原則終於獲得接受。一六九八年，國會廢除了區分普通開支和特別開支的古老規定。取而代之的是，國會投票通過國王終身可運用的王室專款（The Civil List），這包括他的家庭開支和政府的開支。所有其他費用則必須由國會籌措並且表決通過的稅款支付。為了應付每年五百萬英鎊這種史無前例的戰爭費用，英國引入了土地稅這個英國歷史上的第一個高收益稅，這是針對土地和房地產的租金和生產所課的稅。

與此同時，王室的債務被轉換成國家債務，即國會從民眾那裡籌集資金來貸款給國王的政府。籌集的方式則是發行彩票、出售年金並且向主要貿易公司貸款。這些做法成為了提供戰爭資金的一種方法，另一種方法則是成立於一六九四年的英格蘭銀行。那些支持銀行建立的人承諾將銀行一半的初始資金借給國王，以換取王家特許狀。商業革命的成果便以這種方式支持了戰爭，最終也確保了戰爭的勝利。戰爭的勝利是建立在英格蘭的信貸之上。

兩種發展皆反映了倫敦崛起為英國的金融中心，就像我們今天所認識的樣貌。倫敦在十八世紀的主事者與政府一樣是新的專業人士：金融家、銀行家、經紀人和證券公司職員。這群人採取新的方式來處理與計算金融事務，如火災保險和匯票。

然而，公眾尚未學會辨別合理投資和不合理投資，這個教訓只能透過經驗來學習。這樣的學習機會於一七二〇年出現，也就是所謂的南海泡沫（South Sea Bubble）事件的發生。南海公司所放出的巨額資本收益誘餌，吸引了大量股民的湧入，其結果是一場金融狂熱：當外國投資者在秋天撤出資本後，便引發了一場突如其來的股市崩盤災難。公司因恐慌蔓延而倒閉，數百名投資者要麼蒙受巨大損失，要麼宣告破產。

城市的出現標誌著人們對財產（property）的看法有所轉變。財產一詞在過去便意味著能產生收入的土地。當然，這種定義仍然繼續存在，不過財產的含義逐漸擴張，擔任公職或領取年金也都開始被納入其中。對於軍官或是城市專業人士而言，這兩者便是他們收入的保證。一六八八年革命確立了財產所有者的神聖權利。由於這種重新定義以及國家日趨繁榮，到一七二〇年時，擁有財產的人數與日俱增。這也意味著選民正在擴大，現在大約有三十四萬人，占成年男性人口的四分之一或五分之一，但是這個數字在一七二〇年之後開始下降。實際上，選舉在一七一六年以後便很少舉行，而且競爭激烈的選戰更是少見。人們對財產極為著迷，也因此侵犯財產的罪行以及保護財產的法律皆與日俱增。其中有某些法律若是被違反的話，犯人最重會被處以死刑。因此，像是盜竊僅價值五先令的商品就有可能會被判處絞刑。儘管被判處死罪的數量增加了三倍，不過到了一八〇〇年時，死刑實際執行的數量卻有所下降。

從長遠來看，有產階級人數的增長是促成穩定的潛在因素之一。社會結構內的其他變化強化了人們的團結，而非激化對抗。與過去不同的是，土地所有權發展導致了大地主制的捲土重來。這些大地主的數量眾多，現在公爵的人數必須要增加到二十五人才能反映新的現實狀況。他們的生活風格變得越來越氣派，鄉間別墅就像是輝煌宮殿，這是過去不可能出現的；而且其中擺滿了珍寶，這些房子便是要用來炫耀，並且讓人來過一種氣派的生活。

與此同時，貴族和自由農宰制了各行各業：教會、法律、陸軍和海軍，以及公務員。此外，人口下降消除了其他層面的壓力。人口減少再加上農業方法的改進，這兩者確保了下層階級的生活水準比過去任何時代都要更好。英國只有小規模的佃農，這與西歐其他國家（低地國家除外）相當不同。

對於稍早之前出現的商業革命而言，戰爭既是阻礙也是助力。因為戰爭破壞了貿易路線和市場，而且阻礙了原材料的流通。然而，英國也由於戰爭的勝利，與西班牙、葡萄牙、義大利和黎凡特的貿易都是前所未有地強勁。與西班牙殖民地的貿易也是如此。法國所割讓的加拿大部分地區現在也成為了英國商品的市場。此外，商船隊規模大幅增長，而且地中海水域中從此以後都有常駐的王家海軍，這些發展都為英國商業的支配地位奠定了基礎。

戰爭也催生了涵蓋範圍更加廣闊的工業基地。伯明罕因為要為軍隊生產槍枝和刀劍，產業也隨之發展。隨著造船業成為主要產業，查塔姆（Chatham）、樸茨茅斯和普利茅斯的造船廠迅速擴張。下一世紀工業革命的基礎在這幾十年中已經牢牢地打下。湯瑪斯・紐科門（Thomas Newcomen）在十八世紀早期使用的蒸汽泵，是所有技術改進中最重要的一項，其標誌著機器時代的到來。不久之後，貴格會的煉鐵大師亞伯拉罕・達比（Abraham Darby）發現了一種用煤冶煉鐵礦石的方法，從而生產出耐用且可加工的鐵。這是一項具有巨大發展潛力的突破。全國的工業都變得更具組織性，不同階段之生產流程過去分散於民眾家中以及作坊，現在開始被整合在一塊。

這造就了以特定產業或活動而著稱的專業城市出現：布里斯托、利物浦和懷特黑文（Whitehaven）是港口；普利茅斯、士嘉堡（Scarborough）和桑德蘭（Sunderland）則是造船業；利茲（Leeds）和哈利法克斯（Halifax）是服裝業的新中心；沃爾夫漢普頓（Wolverhampton）、沃爾索爾（Walsall）、達德利，尤其是伯明罕和謝菲爾德（Sheffield）則是金屬加工中心。這些城鎮共同體現了地理上的轉變，工業遷離東南地區，並且移往中部和北部地區。

這些工業將成為新世紀的主要推動力量之一，這恰與宗教的命運形成了驚人的對比，因為在上一個世紀占據了主導地位的是宗教。英格蘭國教會在這幾十年中變得無所適從，並且在一七二〇年在政治上被邊緣化。《寬容法案》正式承認了英格蘭國教會不再是唯一的合法教會，它允許不服從國教者首次可以在獲得許可的情況下建造自己的禮拜場所。到了一七〇〇年時，這樣的建築物已經有三千多座，這使得教派分裂的現象完全呈現在公眾眼前。英格蘭國教會信徒感到不服從國教者的威脅似乎在四面八方蓬勃發展。審查制度的取消是國教會的另外一個威脅，因為這打開了先前管制各教派之間辯論浪潮的閘門。更為嚴重的則是，這讓那些宣揚異端和反基督教思想的文學作品得以四處流傳，這些作品是在這個致力於追求科學和理性至上的時代所誕生的。革命本身也撼動了英格蘭國教，因為這個教會的核心信念之一是教會和國家應該是同時並存的一體兩面，而且國王是上帝的受膏者。那樣的世界已經一去不復返。相反的，英格蘭國教會所面對的是一位被選舉出來的國王，他是喀爾文主義者；而且國王認為他們眼中那位上帝的受膏者，不過是個信奉天主教的被流放者。約有四百名神職人員，包括七位主教，無法接受威廉三世為國王，離開了教會。即使是那些仍然留在教會中的人，他們對流亡的斯圖亞特家族之忠誠也幾乎從不掩飾。英格蘭國教會（尤其是職位較高的那群人）不可避免地與托利黨結成聯盟，這個合作關係從未來的結果來看是致命的。威廉三世沒有多餘時間去處理教會事務，這是可以理解的，而且他拒絕召開教牧人員代表會議（Convocation，也就是召集坎特伯里和約克兩個教區神職人員的大會）。而反對輝格黨霸權的教牧人員代表會議，最終在第一位漢諾威王朝君主喬治一世（George I）時被廢止。傳統信仰受到攻擊，對於平信徒的控制急遽削弱，再加上無法應對變化，英格蘭國教會感到沮喪和四面楚歌。國教會強烈反對在本世紀具有重要影響力的各種形式之宗教熱情，這對國教會之發展同樣有著負面影響。儘管如此，國教會在各地的情況並不一致。許多教區的國教會仍保持活力，而過去某些國教會牧師自滿的、無效率的、缺乏屬靈激情的做法都被淘汰。英格蘭國教會在漢諾威時代同樣有虔誠的聖徒。對於大多數民眾來說，鄉紳和牧師是支撐起其世界觀的兩大支柱。

蘇格蘭的宗教情況則大不相同，因為作為革命協定的一部分，長老會被公定為國家的官方信仰。即使君主可以稱自己為大不列顛國王，但事實是他仍然是三個不同王國的國王：英格蘭、蘇格蘭和愛爾蘭。最後一個王國必須要打折扣，因為它實質上更接近一個附屬省分；不過蘇格蘭則保留住了自己的法律和政府體系，包括仍在運作的國會。蘇格蘭的分裂和派系因為一六八九年的宗教協議而變得更加嚴重，這讓威廉三世決心要讓蘇格蘭與英格蘭在政治上完全結合起來。雖然他失敗了，但是這個計畫仍然被保留在政治議程上，後來當蘇格蘭國會拒絕批准有利於漢諾威家族的《繼承法案》（Act of Succession）時，這個想法便又重新被搬上檯面。蘇格蘭國會於一七〇三年提出更激烈的主張，聲明他們要等到安妮女王去世後才會決定未來的統治者人選。這樣的行為讓邊境以南的人感到錯愕，因為這不僅意味著王位有可能被其他王國所繼承，同時也代表在歐洲戰場上的蘇格蘭軍團有可能就此被撤出。然而，在蘇格蘭有個政黨支持漢諾威家族，這最終促成了英蘇的談判。兩邊的國會最終通過了《聯合法案》（Act of Union），一七〇七年十月，大不列顛國會首次開議。

這並不是蘇格蘭的末日，它保留了自己的法律體系，而且國會的一項法案也無法消滅幾個世紀以來獨立的政治和文化發展。促成一七〇七年雙方順利聯合的壓力來源是經濟。蘇格蘭當時的經濟狀況十分惡劣，與英格蘭的聯合從長遠來看是為了扭轉了這一局面，因為透過廢除兩個王國之間的邊界，一個新的國家被建立起來，它將成為整個西歐最大的自由貿易區。

若是綜合觀察社會和經濟中所有這些不同的趨勢，它們都顯示出未來的發展將相當穩定，不過當時的人們並不是這麼認為。在整個十七世紀，人們一直在尋找一種彼此如何合作的新關係，一方面是王室及其大臣之間的關係，另一方面是王室與國會之間的關係。在都鐸王朝政府體制崩潰後的八十多年當中，英格蘭內部內戰、革命、叛亂和陰謀接踵而來，國外的其他國家相較之下似乎更具秩序、穩定和安寧。另一方面，人們則珍惜這些衝突所留下的遺產：自由，代議制度以及普通法下的法治至上，這是在歐洲其他地區幾乎不存在的。為此付出的代價是政府的不斷更迭以及輝格黨與托利黨的激烈鬥爭。

當一七一四年安妮女王去世時，兩黨的分歧和以往一樣尖銳和根深柢固，然而繼承事務仍舊進行得相當順利。這背後一部分是因為《繼承法案》和輝格黨，另一部分是因為反對派托利黨的內部混亂。詹姆士二世的兒子（被路易十四承認為詹姆士三世，也被稱為老王位覬覦者〔Old

Pretender」）曾被敦促皈依英格蘭國教會，但是他拒絕這麼做。他的拒絕讓托利黨內部分裂，也使得大部分托利黨在喬治一世登基為英國國王時毫無作為。然而，這位老王位覬覦者於一年後登陸蘇格蘭，並且與他的支持者一路向南挺進直到普雷斯頓（Preston），而最終被擊潰瓦解。漢諾威家族直到擊敗了這個對於新王朝的嚴峻挑戰之後，其統治才算是真正地開始。

喬治一世即位之後也迎來了政黨惡鬥的解決之道。新國王的前兩任君主都認為，一旦自己完全倒向某個黨派，自己的權力就會受到侵蝕，但是新國王則截然不同，他毫不猶豫地與輝格黨結成聯盟。於一七一六年通過的《七年會期法》（Septennial Act）是另一個里程碑，將國會的任期從三年延長至七年。這項法案有助於輝格黨人牢固地穩固自己的權力，卻也使政黨之間的辯論不再充滿激烈交鋒。一切都已準備就緒，羅伯特・沃波爾爵士（Sir Robert Walpole）將完善這一有史以來最複雜的獎掖體系，以確保輝格黨中的元老們（Old Corps）能繼續掌權。在一六八八年以降三十年的動盪中背後的各種穩定要素，現在終於形成了一套明確的政治做法。寡頭政治的時代也即將到來。

# 45 從魔法到科學：艾薩克·牛頓

所謂的科學革命帶來了極大變化，前面幾章所描述的各種相比起來宛如小巫見大巫。艾薩克·牛頓爵士（Sir Isaac Newton）的一生徹底地體現了這種轉變。他生於內戰爆發的那年，死於喬治二世登上王位的那年。牛頓的偉大著作《自然哲學的數學原理》（*Principia*，一六八七）和《光學》（*Optics*，一七〇四）被視為現代科學的兩大奠基之作，兩本書最終都改變了人們看待周圍日常生活以及頭上天空的方式。這些極其淵博的著作將影響人們對宇宙的看法，並將為即將到來的實用發明的偉大時代做出貢獻。在這個時代，人們將見證運河和道路的建設改善了交通狀況；也將見到農業方法的革命，以及標誌著工業革命的蒸汽機之發明。

這些發展後來在現實世界中具體實現，而其最初發展的動力則要歸功於十七世紀人們在與世隔絕的書房中的思想探索之旅，而且牛頓的思想旅程比任何人都宏大。作為一個目不識丁的自由農家族的後代，他逐漸被公認為是他那個時代最偉大的知識分子。他是一位尤其純粹的知識分子，他也因此成為一位孤獨、痛苦、自私、沒有朋友的人，隨著年齡的增長，他這個人的特徵只能用「令人不快」來形容：對任何形式的批評都心懷憎恨，並有著支配一切、為所欲為的鋼鐵意志。牛頓受到同時代人的尊敬和欽佩，但從未受到愛戴。他具人性的那面形象幾乎沒有留下，然而他的博學頭腦所留下的成就，則為我們開闢了一條至今仍有影響力的道路。

儘管他現在被稱為科學家，但是這個詞直到十九世紀才出現。十九世紀人是用這個詞來描述一種新的職業。科學的起源可追溯到古典科學文獻，特別是古希臘的科學文獻。人們對古典科學成就重新提起興趣和恢復研究，這引發了文藝復興，在某種程度上也推動了宗教改革。因此，也可以說這促成了科學革命的到來。就科學而言，這個故事要複雜得多，因為至少有三條截然不同的線索，每一條都以自己的方式推動了今天稱之為科學的東西。當時沒有人能判斷其中哪一條道路會比其他道路來得正確，這種判斷只能是後見之明。但是，牛頓站在時代的灘頭堡上，被視為現代科學的奠基人。他深受其出身時代的影響，雖然他的許多思想和發現都屬於未來（也就是我們所處的現代世界），但是他也有一些想法屬於過去的世界：那個現代人視為充滿魔法和迷信的世界。

三種傳統中的第一種是有機論傳統，起源於希臘哲學家亞里斯多德。這個傳統是中世紀世界觀的框架：地球是平的，而太陽和行星圍繞著地球旋轉。在地球上，萬物都會發生變化和衰變，而在天上世界的萬物則永恆不變。每一種現象都有其自然過程，無論是由橡子變成橡樹，還是因其重量而向下墜落的石頭。星星主宰著人類的命運，而上帝是主宰一切的原動力。這幅景象很容易與《聖經》中描述的世界相結合，因此有機論傳統受到神學家的強力捍衛，在宗教觀點上分歧的天主教徒和新教徒都擁護此傳統。事實上，挑戰它被視為對基督教信仰的威脅。在直至十七世紀末皆被宗教狂熱籠罩的歐洲，有機論傳統得到了復興，並且在所有重要的大學中獲得了堅定的擁護。這也不是一個毫無成果的傳統，因為它確實帶來了偉大的發現，像是醫生威廉．哈維（William Harvey）關於血液循環的發現。

第二種傳統是魔法，這是典型文藝復興的一種傳統，因為文藝復興時期同時是個相信魔法的時代，當時人們發現了據信是古埃及聖賢的著作，因而讓魔法復興。宇宙的景象在這個傳統中完全不同。地球在其中不再是位於宇宙中心，也不再是扁平的，並與其他行星一起圍繞太陽公轉。在這個體系中，上帝被認為是透過數字來揭示宇宙的奧祕。由哥白尼開創的這個理論，在十六世紀產生了巨大影響，因為它推動了數學的發展。當時人們認為數學的發展與上帝的思想運作（如果不是實際上）是相似的。堅持這些觀點的學者被稱為「麥琪」（magi）或「智者」（wise men），他們對於宇宙知識有深厚造詣，並且只與少數特權者分享宇宙的祕密。由於他們的觀點與《聖經》中所記載的世界相矛盾，麥琪經常被人們投以懷疑的眼光，其中一位麥琪佐丹奴・布魯諾（Giordano Bruno）於一六〇〇年因異端邪說的罪名在羅馬被燒死。

這種魔法傳統也開闢了新的探索領域，並且對於像是天文學的巨大進步有所貢獻，因為對星象具備準確的了解，也意味著能夠繪製出更準確的天宮圖。總的來說，這是一個完全不同於有機論傳統的宇宙觀。人們認為，魔法師可以透過他們的數字知識以及在數學和幾何學方面的著作，實際掌握自然和超自然的力量。對他們而言，上帝是所有魔法師中最偉大的一位。

牛頓屬於這一傳統，但他也跨越到第三個傳統：機械論；這個傳統在十七世紀末期取得了勝利，並且一路流傳至維多利亞時代的科學家。機械論傳統既不像有機論，也不屬於魔法傳統。它源於對希臘數學家阿基米德的重新研究。對於這種傳統的追隨者而言，上帝是偉大的工程師，宇宙被視為一台巨大機器，有規律、永恆存在並且可以預測。他們與那些相信魔法傳統的人共享了對數學的痴迷，這不是因為數字有任何神奇的力量，而是因為數字是機器運作的關鍵。同時，機器運作的關鍵也可以透過實際的實驗與發現來理解。因此，他們的許多偉大貢獻都是在機械和工程領域，例如機械鐘的發展，就一點都不讓人意外了。這一傳統在十七世紀逐漸得到認可，並從魔法傳統中繼承了對日心說，即地球繞著太陽轉的堅定信仰。

這些新思想的傳播得益於能夠運用數學這種新語言的人數之增加。那個時代所有偉大思想家都對它著迷，因為這使得一種智力上的複雜性成為可能，這種複雜性很快就被視為超越了人類其他所有形式的推理，開闢了知識的新領域。人們對宗教狂熱的反動，直接導致了機械論和機械論世界觀於一六五〇年代時在英格蘭大受歡迎，牛頓正是在那個時代長大成人的。

一六四二年聖誕節，牛頓出生在林肯郡格蘭瑟姆以南七英里的伍爾索普（Woolsthorpe）。父親在他只有六個月大的時候就去世了，母親則是在他只有三歲時也跟著去世。但是他們留下了一筆錢來支付他的教育費用。他是一個非常早熟的孩子，沉默寡言，與其他孩子不同：簡而言之，是個書呆子。當他離開當地的文法學校時，校長稱讚他是該校有史以來最出色的學生。一六六一年六月，也就是查理二世回國的一年之後，他前往劍橋，從此告別了鄉村生活，並開始了一生的求知之旅。內向孤僻的他很快發現這所大學是一潭死水，他不得不替自己設計課程。

牛頓的思想非同尋常，因為它同時朝著許多方向發展，這在我們看來似乎是矛盾的。但是這在那個時期稱不上極不尋常。他有段時期潛心投入尋找一種普世通用的語言，而他在另外一段時期則是將自己深埋於《聖經》預言的歷史之中。宇宙是一座機器的觀點越來越吸引他。由於這種痴迷，他自學了一年的數學。然後，在二十四歲再次隱居的時候，他發現了微積分學。這個發現便已讓他超越了歐洲其他所有數學家的成就。

次年，他成為劍橋三一學院的研究員，在那裡待了二十八年。兩年後的一六六九年，他成為盧卡斯數學教授（Lucasian Professor of Mathematics）。然後，他在一六九五年前往倫敦擔任王家鑄幣廠管理人（Warden of the Mint），接著又升任為廠長（Master）。在新世紀（十八世紀）初，他成為王家學會的主席，該學會是在查理二世的贊助下建立的，並被封為爵士。他於一七二七年三月二日去世，被安葬在西敏寺大教堂的輝煌顯赫之中。

牛頓的智慧將主宰他的時代達半個世紀之久，但他的一生只能用枯燥乏味來形容。關於他在劍橋講課的大部分內容都被總結為：「很少有人去上課，也很少有人了解他，因為沒有聽眾，他常常以一種對著牆壁朗讀的方式來上課。」簡而言之，牛頓是典型心不在焉的教授，他常常錯過用餐時間、埋頭於論文之中，而且外表蓬頭垢面。他從未結婚，看起來沒有親密的朋友，並且不願與人來往。然而，他的作品對於下一個世紀的影響力，比起所有其他人都還要大。

他在《光學》中證明了幾個世紀以來被尊崇為神性象徵的光，實際上是由不同顏色的光線組成的，因此受到機械定律的支配。更具有劃時代意義的是他的《自然哲學的數學原理》，本書首次證明了宇宙中的所有事物都受機械定律的約束。他在書中闡述了萬有引力定律，即兩個物體的相互吸引力與它們之間距離的平方成反比。這是一個普遍的規律，不僅適用於地球，也適用於天體。有機論傳統就這麼被摧毀了。與此同時，他調和了現存的兩種傳統：一種認為上帝是創造藝術作品的藝術家，另一種則認為上帝是操縱機器的工程師。牛頓使上帝成為一位具有美感的工程師。

在接下來的一個世紀當中，牛頓將被尊崇為打破魔法傳統，並且把宇宙變成一部機器的人。

事實上，牛頓仍然認為宇宙籠罩在深邃的奧祕之中，而知識精英們則是可以透過敏銳地偵察上帝留下的線索，來揭開其背後的神祕面紗。對於牛頓來說，宇宙仍然被神無所不在的存在滲透，就像魔法傳統的追隨者的看法一樣。但是到了十八世紀中葉，牛頓的這種主張已被遺忘了，他反而被視為是將上帝與這個世界分離開來的倡議者。

有機論傳統的崩潰不可避免地抹去了亞里斯多德的權威。這一點極為重要。古代希臘和羅馬的作品，或者所謂的「古代人」（Ancients），被證明是錯誤的，而「今人」（Moderns）是正確的。在整個中世紀，西歐人一直在追尋失去的古代知識。文藝復興便是在強化這種過程。真理被視為埋沒在過去之中，而且這個觀點因為古代在時間上更接近上帝創世而受到強化。古代如今被棄之不顧了，這是先前從未發生過的。關於世界的新知識體系必須透過人類的觀察和實驗來建立，它也帶來了醫學、農業和工業的黃金時代。人們對於當代充滿了信心和自豪，因此他們不再追崇古典，甚至連寫作風格也一併拋棄，開始模仿當代以方言寫作的偉大作家。魔法傳統消失了，像是占星術和煉金術這些在此之前一直受人尊敬的學科。因為人們認為巫術是不真實的，所以也不再有女巫被燒死。

這是一場人類思想的革命，其影響之大堪比文藝復興和宗教改革。這種機械宇宙的勝利恰好發生在西班牙走向最終的衰落之時，權力重心相當清楚地向北轉移到法國、荷蘭；並且隨著十八世紀的發展，越來越以英格蘭為重心。在英格蘭，牛頓和同代人之著作中的成果會被加以應用，而且這些應用變得越來越重視對現實的實際效益；這從而有助於工業革命將會在英國發生，而不是在其他西歐國家。

# 46 精英統治

一七一四年的巨大變化，是出現了在政治上忠於單一政黨（輝格）的國王。新王室是漢諾威選侯，他是日耳曼地區北部一個小國的統治者。儘管漢諾威王室幾乎是在偶然的情況下登上了這個迅速成為歐洲最富有國家和大國的寶座，不過漢諾威君主對國家大事的考量，在很大程度上仍然是從漢諾威選侯的角度，而不是從英國國王的角度出發。他們的心思始終擺在漢諾威上，直到第一位國王的曾孫於一七六〇年登上王位才有所改變，截至此時他才是第一位在英格蘭長大的漢諾威君主。

喬治一世這個人誠實、沉悶且漫不經心。當他繼承王位時，他既不具個人魅力，也缺乏威嚴的風度。他的全部心思都放在醜陋的日耳曼情婦（後來成了英格蘭的公爵夫人），還有漢諾威上頭。就像他所有的家族成員一樣，他憎恨自己的長子，這導致了一種新的政治模式，而此模式的中心便是國王和威爾斯親王各自宮廷的相互對立。他的兒子喬治二世於一七二七年繼位，雖然他嫻熟英語，但是他與其父親相比並未好多少。喬治二世是一個嚴肅而拘謹的人，他對於規則和細節吹毛求疵，但偶爾也會突然爆發怒氣以及無法控制的強烈情感。他在戰場上則是驍勇善戰。然而，兩位國王都敏銳地明白自己所擁有的特權，並將其發揮到極致。過去曾有一種說法認為，作為統治者的喬治二世被妻子安斯巴赫的卡羅琳（Caroline of Ansbach）所操縱，而卡羅琳考量的總是羅伯特．沃波爾爵士的利益。這種說法現在已站不住腳，因為喬治二世在位期間為三十三年，而卡羅琳只有在其中十年可能發揮影響力。喬治二世仍然具有自我主見，並且對於誰具有才能有著敏銳判斷力。

羅伯特．沃波爾爵士是那個時代最偉大的政治人物和協調者。四十四歲的他於一七二一年四月時出任首席財政大臣（First Lord of the Treasury）與財政大臣（Chancellor of the Exchequer），直到二十年後的一七四二年二月才被迫卸任。過去從未有人在這個位置上掌權這麼長的時間，但是，對於這個已經厭倦了意識形態無休止衝突的時代而言，沃波爾是一個極適合的人選。他是位肥胖粗鄙的諾福克鄉紳，五官粗獷，面色紅潤。他的出身背景是他所鍾情的打獵場，而不是宅第中的會客室，因為他缺乏社交上的優雅，而且在粗俗下流的環境中怡然自得。他的世界觀是務實、功利和不帶感情的。沃波爾的兒時朋友湯森德子爵（Viscount Townshend）是諾福克的輝格黨領袖，後來娶了他的妹妹。沃波爾自己則娶了倫敦市長的孫女，這給他帶來了倫敦城的人脈關係。這一系列家庭關係具體而微地體現了十八世紀泰半時間中政治的實際樣貌：這是一門管理和維持龐大的人脈網絡的藝術，並且要藉此來支持當時執政的政府。這是由精英階層統治的時代，沃波爾洞悉人類的弱點，以及如何討好、哄騙和統治他們，這也使他勢必要具備高度耐心、膽量、勇氣、自制力、幽默和無情。對他而言，政治是可能性的藝術。經過幾十年的革命、戰爭和內亂，他給貴族和紳士階層帶來了他們最想要的東西：和平與繁榮。

英國在這一時期顯著的特徵是，在經歷了近一個世紀的動盪與不時爆發的革命之後，政府始終能夠維持著至少是表面上的穩定。前一世紀的動盪革命，先是廢除了君主制，然後又將其恢復，接著又接受了碰巧與斯圖亞特家族聯姻的武裝征服者作為其君主。最終，又徹底放棄了那個王朝，轉而支持一位日耳曼小國的統治者，而這個選侯正好是詹姆士一世唯一倖存的新教徒後裔。所有這些都清楚顯示出君主制將被進一步削弱，但這並不是立即發生的。喬治一世和喬治二世仍處於政治舞台的中心，他們是榮譽和司法的源頭、擔任王國的最高行政長官，以及和平與戰事的主導者。他們站在自己創造出的社會和政治等級之頂點，因為他們控制著所有主要官職的任命權，包括公務員、教會、陸軍和海軍。他們還保留了任命和解雇大臣的權利，但是現在有一個新條件：國王選擇擔任其首席大臣的人選必須要能夠在下議院中取得多數席位。一般來說，國王的人選總是可以獲得多數席次，因為下議院中許多議員都接受國王的資助。

這種新局面始於喬治一世時期。沃波爾為贏得國王的尊敬而努力工作，他們之間的關係極為密切，以致當喬治一世於一七二七年去世時，每個人都認為沃波爾將被免職，但是這並未發生。沃波爾意識到爭取新國王的關鍵在於王后，並且為了讓國王與王后都滿意自己，他替兩人都爭取到了可以增加他們王室經費的大筆資金，遠遠超過了在他們之前的任何君主。

喬治二世沿用了沃波爾的做法，但他們在外交政策上漸行漸遠。國王於一七四一年甚至透過佩勒姆（Pelhams）家族向反對派成員示好，這個家族是輝格黨的權力核心，主要成員是亨利・佩勒姆（Henry Pelham）和他的弟弟紐卡斯爾公爵（Duke of Newcastle）。實際上，最終把沃波爾拉下馬的是一七四二年的戰爭，因為他是個糟糕的戰時大臣，而且失去了在下議院的多數席位。國王現在必須在兩個輝格黨集團中做出選擇，一個以卡特萊特勛爵（Lord Carteret）和威廉・普爾特尼（William Pulteney）為中心，另一個以阿蓋爾公爵（Duke of Argyll）和威爾斯親王為中心。喬治二世選擇了卡特萊特，不久後便封他為格蘭維爾伯爵（Earl of Granville），但是佩勒姆家族以他對戰爭的處理方式為藉口趕他下台。然而，亨利．佩勒姆已經被任命為首席財政大臣，並在一年後，即一七四四年，被任命為財政大臣（Lord of the Exchequer）。起初，喬治二世對佩勒姆家族感到不安，因為在「四五年」的詹姆士黨叛亂之後，佩勒姆家族堅持讓國王所憎惡的威廉．皮特（William Pitt）擔任戰爭大臣。國王召集格蘭維爾和現在已被封為巴斯伯爵（Earl of Bath）的普爾特尼組成內閣，而這引發了佩爾姆派的成員們集體辭職。格蘭維爾和巴斯因此被迫辭職，佩勒姆兄弟重掌權力。皮特也被任命為官員，不過是較低的職位。國王重新主導了大局。喬治二世很快發現，佩勒姆家族能夠達成自己期待的目標，在他們的協助下，政府運作得十分順利。從此之後，人們普遍認為一個大臣若是沒有得到國王和下議院的信任，其政府便無法維持下去。

因此，未來政治體系的一部分已經成形，不過國王還要面臨其他的限制條件。其中包括同意國會定期開議，以及下議院在財務上的控制。國王和大臣們會在所謂的王家密室（Royal Closet）會面；但另外還有一個內閣會議（Cabinet Council），國王則不會參加。這是英國目前內閣的源頭，但是這之間還有漫長的發展過程。今日政治模式中的許多特徵在此時已經逐漸成形，其中最重要的是首席大臣控制下議院的能力。

不過，確保下議院多數支持的方法五花八門，羅伯特．沃波爾爵士和亨利．佩勒姆都深諳如何讓這個體制運作，將每屆國會任期延長至七年的法案對他們也大有幫助。這意味著掌權者能夠待在國會中相當長的時間，因此足以牢牢地鞏固自己的地位。掌權者運用所謂的獎掖體系或是權勢來鞏固地位，而其運作的過程冷酷無情，有時甚至近乎腐敗。

政府之所以保持穩定，是出於有足夠多的國會議員基於各種原因加入了該網絡，他們支持當時執政的內閣，就能夠讓自己得到好處。例如，在由各地市鎮選出的大約四百名議員當中，有超過一半的人受政府控制或是接受私人贊助。此外，國會中最多有到三成的議員同時擔任政府的公職。這些事實表明，琴弦都已經就位，就等待一個有能力的演奏者出現。這並不是說在上個世紀沒有人去撥動這些琴弦，只不過沃波爾充分地發揮了它們的潛力。他清楚體認到首席大臣的政治權力所在地往後都集中在下議院。因此，他拒絕去上議院並留在下議院，從而創建了一個新職位：國王在下議院的大臣（the minister for the king in the House of Commons），這也就是目前首相一職的始祖。沃波爾是第一個扮演這角色的人，在一七四〇年代則由亨利・佩勒姆接任。

在下議院中，擔任重要行政職務的議員坐在一側，而那些不具行政職務的議員則坐在對面的長椅上。這兩個團體都來自幾個重要政治家族，任何激烈的辯論都是在他們之間進行的。這些擔任行政職務的議員，責任是確保能獲得足夠的選票以取得多數優勢。在一七四二年以前，這些擔任行政職務的議員，能夠肯定獲得一百八十名議員的選票，因為這些人直接替政府工作，任職於法院、行政部門或是閒職（sinecures）。問題的核心在於，如何說服其餘三百多名的議員中足夠的人數對他們投下贊成票。其中潛伏著「元老派」（old corps）輝格黨人，他們曾是沃波爾的支持者，他們真誠地反對昂貴的海外戰爭、高稅收、中央集權的發展；他們也非常不放心宮廷的影響力。但政府有眾多管道取得這些成員的支持，從實質地去操縱選舉到給予官職等獎勵方式。

國家的運行越來越依賴於指揮幾百個緊密聯繫的精英之操縱能力。真正的權力只集中在少數人手中，即國王和少數幾個地主貴族家庭，他們要麼是輝格黨，要麼是從別的政黨投靠過來的人。這些人之間會不惜手段用各種方式來鬥爭。那些失去權力的人會扮演某種虛構的鄉村（country）反對派，其成員混雜了輝格黨中的「在野派」（outs）和托利黨成員。儘管他們全心要把國王從邪惡大臣的惡毒影響中拯救出來；不過若是他們當中有人被授予官職及其附帶的津貼，這個人絕對會毫不遲疑立刻接受。這個反對派的成員不斷地來來去去，而且反對派會去親近歷任的威爾斯親王，將他奉為有名無實的領袖。

元老派輝格黨人之所以能夠長期掌權，也得益於長期的相對和平狀態，使得政治舞台十分平靜。政府由這個彼此關係緊密的圈子所掌握，而政府職能便被縮限在：維持法律和秩序、執行外交政策，以及施加最低限度的經濟控制。權力核心的運作模式對下層政治圈有輻射狀般的影響。各郡的富人皆被國王任命為郡尉（Lord Lieutenant），作為他在該地區的代表。地方治安法官由總理大臣（Lord Chancellor）任命，他們不僅要審理刑事案件，而且還負責處理道路、橋梁、監獄和其他地方事務。除了教會執事的任命外，地方治安法官主宰著教區一級的所有官員的任命。唯有城鎮才能逃脫這種壓力。城鎮的政府通常由市長、議員和自治市議員組成，並且由自治市鎮的自由民選舉產生。

一切都進行得很順利，不過政府的某些企圖則是連下議院中通常親政府的浮動議員都會強力反對。在沃波爾在位期間，這種情況只發生了兩次。他於一七三三年曾試圖在《消費稅法案》（Excise Bill）中增加商品稅，但是他後來很明智地撤回了法案。在奧地利王位繼承戰爭中，沃波爾作為戰時大臣的表現一塌糊塗，這是他第二次遭到反對的原因，不過他本來在那時候就已經開始失去影響力了。沃波爾信奉和平，而他也與法國講和，從而避免了巨大的開支，以及由此導致的貿易混亂。對他來說，漢諾威王朝的統治與斯圖亞特王朝不同，後者是建立在神祕的基礎上，而前者是建立在健全的政府財政和商業繁榮的基礎上。倫敦的金融家們信任沃波爾，而他也利用了這樣的支持基礎。為了減少國債，他成立了償債基金（Sinking Fund）以償還債務。到了一七三〇年代，人們對政府債券充滿信心，相信其乃是萬無一失的。他信奉低稅收政策，寧願對土地課徵間接稅而不課徵直接稅。他因此留給後代許多令人敬仰的施政成就。

亨利・佩勒姆在一七四八年以後的和平年代試圖效仿這種做法。他與沃波爾性情迥異，他缺乏後者的狂妄自大和熱情。他在眼光上要公正和自由得多，最重要的是，他擅長貨幣事務、重組公共財政和恢復信心。和平、穩定與和解是他執政的核心價值。當他於一七五四年三月六日去世時，英國也即將進入一個截然不同的時代。輝格黨長達數十年的統治精神可以用當時最偉大的評論家之一霍勒斯・沃波爾（Horace Walpole）的話來概括，作為下議院議員的霍勒斯是這麼描寫下議院的生活：「鳥兒可以在議長的椅子上築巢，也可以在他的假髮上築巢；這裡沒有會打擾牠們的辯論。」

到目前為止，所有這些都可以被稱呼為來自權力中心的觀點。統治精英及其制度也有其弊端。因為這個體制體現在這兩個島嶼上，英格蘭人獨占了在經濟，社會和軍事上的統治地位。它對蘇格蘭的控制有賴於與蘇格蘭長老派的結盟，而在愛爾蘭則仰賴與愛爾蘭國教徒之結盟。在這兩個國家中，絕大多數的人民不具備任何政治權利。英格蘭對於蘇格蘭的控制往往相當脆弱，最終都必須仰賴其動員軍隊的能力來維持蘇格蘭人民的服從。

在漢諾威統治的前五十年中，心懷不滿的人們視被放逐的「詹姆士三世」為他們野心的現實化身。詹姆士三世又被稱為「海峽對岸的國王」，他是「老王位覬覦者」詹姆士二世之子。直接或祕密地關注詹姆士三世的人，數量非但沒有減少且不斷增加，因為隨著輝格黨執政的時間越長，出於各種原因而遠離新政權的人就越來越多。假使「詹姆士三世」成功地回歸，新教徒的歷史將會有截然不同的發展。在愛爾蘭，斯圖亞特家族可以吸引當地遭到殘酷對待的大多數民眾的支持，而在蘇格蘭，他們則可以吸引那些目睹國家獨立被《聯合法案》消滅的人們。在英格蘭，輝格黨的霸權沒有終結的跡象，因此斯圖亞特家族期待托利黨會為了重新執政，而選擇參與詹姆士黨的陰謀。但是托利黨從未選擇退出現有政治體系，他們對詹姆士黨人復辟的支持始終是模糊且不透明的。在英格蘭北部、西部和威爾斯的舊保王派地區，對斯圖亞特王朝的支持仍然很強烈。這情緒也延伸到倫敦、布里斯托和曼徹斯特等城鎮的中產階級。總體而言，他們也會在各種入侵嘗試中尋求法國的支持。在一六八九和一七五九年之間發生了不下十五次的詹姆士黨人陰謀，其中有些還頗具規模。一七一五年，在英格蘭發起的陰謀在萌芽狀態被扼殺，但在蘇格蘭和英格蘭北部有一場嚴重的起義爆發。兩次最嚴峻的挑戰出現在三十年後。第一次是在一七四四年，當時英國受到法國艦隊與大型軍隊的威脅，儘管他們從未真正啟航；第二個是詹姆士的兒子「小王位覬覦者」（Young Pretender）查理・愛德華・斯圖亞特（Charles Edward Stuart），他於一七四五年七月二十五日登陸蘇格蘭，迅速集結軍隊占領了珀斯（Perth）和愛丁堡。小王位覬覦者於十一月初向南方進軍，因為英格蘭承諾將會暴動，而且法國承諾會派來援軍。這兩件事都沒有發生，但值得注意的是，北方群眾仍然保持中立。蘇格蘭人被迫撤退，並最終在庫洛登（Culloden）慘遭屠殺。在撤退後，小王位覬覦者淪落到過著放逐與貧困的生活。法國人在一七四八年撤回了他們對斯圖亞特家族的支持，這是該年和平條約中的一部分，而這也實質上終結了斯圖亞特家族的最後一絲希望，儘管他們對復辟的策劃一直持續到一七五〇年代。在蘇格蘭，高地遭受了殘酷的報復，而低地則成為英格蘭文明的前哨站。

這展示出英格蘭南部對於英格蘭與蘇格蘭的壓倒性宰制力。隨著詹姆士黨人的最終失敗以及一位被譽為道地英國人的國王於一七六〇年登基，政府開始做出更多的努力將不滿的人拉攏到體制中，並建立新的集體身分認同。喬治一世和喬治二世名義上是大不列顛的國王，但實際上他們安排了子女與許多貴族聯姻。這些做法到了世紀末逐漸消失。取而代之的新想法是：不列顛是個單一國家，有著不列顛人這個單一民族。

# 47 首富之國

正如沃波爾失勢之後的混亂局面，亨利・佩勒姆的逝世也引發了一段動盪時期。威廉・皮特很清楚他是下議院領袖的繼任者，但是，跟佩勒姆的情況如出一轍，喬治二世討厭皮特，認為他這個人熱衷於從事派系鬥爭而且不負責任。另一位候選人是亨利・福克斯（Henry Fox），他是沃波爾和佩勒姆的朋友。福克斯深受國王喜歡，但不幸的是，福克斯過去曾得罪了國王指定負責組建新一任政府的哈德威克伯爵（Earl of Hardwicke）。由於過去的這些新仇舊恨，哈德威克最終建議國王讓紐卡斯爾公爵湯瑪斯・佩勒姆—霍爾斯（Thomas Pelham-Holles）擔任首相，他是亨利・佩勒姆的兄長，也是輝格黨中的貴族大老。但是哈德威克的建議也讓國王踏上一條災難性的道路，因為在一七五四年的時空背景下，這項任命基本上是在拒絕面對現實：首相若在下議院無法控制多數，便沒有執政的可能。

紐卡斯爾公爵是一個偉大的政治調停者，其令人欽佩的特質包括精明的常識、無私、慷慨和對外交事務的廣泛了解。但這個國家正迅速走向與法國的重大全球衝突，而這是紐卡斯爾所無法領導的，因為他飽受抑鬱症、嫉妒和過度敏感所苦，而且原已嚴重的偏執狂變本加厲。任命他的這個做法很快就被認為是行不通的，這使皮特和福克斯越走越近。他們對紐卡斯爾發動了惡毒的攻擊，以致不到一年，後者被迫要去籠絡福克斯，讓他進入內閣擔任大臣；並讓他擔任下議院領袖，以此作為阻止皮特進入內閣的最後一招。

英國於一七五六年五月十五日向法國宣戰。戰爭的最初階段進展並不順利，法國人占領了米諾卡。後來，隨著普魯士腓特烈大帝（Frederick the Great）入侵薩克森，所謂的「七年戰爭」（Seven Years War）就此爆發，這場衝突蔓延到了歐洲大陸。戰事持續惡化，以致國王最終被迫將皮特找進政府。皮特以其一貫的傲慢態度指出，只有在紐卡斯爾公爵和福克斯都被免職的情況下他才同意任職。戰事並未因此扭轉，所以一七五七年四月，喬治二世解雇了皮特，並再次召集哈德威克伯爵組建新一任內閣。皮特的公眾聲望在被解職後更是水漲船高，尤其是在倫敦。現在的局勢顯而易見，沒有皮特的話，新內閣根本無法運作，因為他既能在下議院獲得多數席位，又能吸引外部民眾的支持。同樣，如果沒有紐卡斯爾公爵，皮特也就無法發揮作用，因為公爵掌握著輝格黨政治體系的所有運作手段。哈德威克充當了兩人和事佬。「我若不將敵人皮特先生帶進政府，我自己也無法就職。」紐卡斯爾向國王哀嘆道，「他先前把我趕出去過。但若是缺少這個敵人，我的政府也無法運作。」

這樣的組合成形後，英國便準備好要迎接一連串的大勝。皮特接管了戰爭的指揮大權，而紐卡斯爾則負責確保國會的支持，並且為在全球各地的軍事和海軍行動籌集資金。英國的戰爭政策相當明確：用物資和資金，還有人數有限的部隊支援歐洲大陸上的外國軍隊。大量的英國陸軍和海軍被用來破壞敵人的經濟和殖民地。新內閣廣納各方意見，甚至得到了許多托利黨人的支持。到了年底，歐洲大陸的戰況開始改變。腓特烈大帝先後擊敗了法國和神聖羅馬帝國軍隊，然後擊敗了奧地利部隊。一七五八年，布倫瑞克的費迪南德親王（Prince Ferdinand of Brunswick）被任命為盟軍的新領導人，他將法國人趕回萊茵河的對岸，並且在克雷菲爾德戰役（Battle of Krefeld）中擊潰他們。

然而，對英國來說，更重要的戰場分散在全球各地，因為這是一場決定誰能夠享有海外市場商業統治權的戰爭。英國在戰爭爆發時已經擁有了大量的殖民地，但到了一七六三年和平實現時，它已成為自羅馬以來世界上最偉大的帝國。這個帝國的基礎是上個世紀遺留下來的領土，北美東海岸的舊殖民地總共有十三個州，其中最後一個建立的是喬治亞州，它是在一七三二年才建立的。然後是西印度群島：百慕達、聖基茨島（St Kitts）、巴貝多、安地卡島（Antigua）、蒙哲臘（Montserrat）和牙買加。這些地方是製糖業的發源地，而其經濟基礎是從非洲輸入的奴隸勞動力。成立於一六〇〇年的東印度公司在印度的孟買和加爾各答設有基地。這些都是英國產品快速增長的消費市場。儘管紡織業仍占主導地位，但對金屬產品的需求正在迅速增長。對美洲殖民地的出口增加了一倍，但東非和亞洲的出口同樣增長，歐洲的出口也繼續增長。到一七六〇年，英國海外屬地消費了四成英國國內生產的產品，凸顯了它們在母國不斷發展的經濟中所發揮的關鍵作用。來自殖民地的進口也有所增加，這反映出對茶、咖啡、糖和菸草的需求增加，其次是稻米、瀝青、焦油和木材，這些商品又轉口到歐洲大陸。

因應這種發展，商船隊的運輸量從一六九五年的二十八萬噸增至一七六〇年的六十．九萬噸。布里斯托、格拉斯哥（Glasgow）、利物浦（Liverpool）和懷特港（Whitehaven）等為西部航線提供服務的港口也有所擴張。它們同時也反過來刺激了其腹地，如塞文河谷（Severn

Valley）、西米德蘭茲郡（West Midlands）、約克郡和蘭開夏郡等地的工業發展，增強了英國工業基地從南部和東部轉移的趨勢。

到一七五〇年代，每個人都意識到了這些殖民市場的重要性，以及將法國人排除在外的必要性。人們認為，未來英國的繁榮取決於阻止法國在美洲和印度的發展，而這恰恰是七年戰爭的成果。在印度，羅伯特．克萊夫（Robert Clive）在一七五七年的普拉西（Plassey）戰役中擊潰了西拉傑．烏德．達烏拉（Saraj ud Dowlah），使孟加拉和奧里薩（Orissa）落入了東印度公司的控制。兩年後，沃爾夫將軍（James Wolfe）奪取了加拿大的魁北克。瓜達羅普（Guadaloupe）也被占領，而法國對英國的入侵則是因為其艦隊在利哈佛（Le Havre）受到轟炸後而挫敗。博斯卡文上將（Admiral Boscawen）在八月摧毀了一支法國艦隊，霍克上將（Admiral Hawke）在十一月摧毀了第二支艦隊。同年，費迪南德親王在明登戰役（Battle of Minden）中擊敗了法國人。一七六〇年蒙特婁淪陷，法屬加拿大落入英國手中。雖然離和平降臨還有三年的時間，但實際上第一個大英帝國已經建立了。威廉．皮特是背後的最大功臣，他以驚人的能量、遠見和能力鼓舞了整個國家，帶領這個國家走向了夢想不到的勝利。這與托利黨的解散、輝格黨的團結以及對法國人強烈的集體仇恨同時發生，帶來了一種新的國家團結感。儘管皮特才華橫溢，但他是一個受恐懼而非感情支配的人。他也是一個令人討厭的人：冷酷、傲慢、反覆無常，他具有我們現在所知躁鬱症的所有症狀。在皮特的狀況中，他的才華始終伴隨著好運氣。英國海軍擁有出色的指揮官，例如喬治．安森（George Anson），並且即將進入黃金時代。皮特也不必去應付仍未消失的詹姆士黨的衝動之舉。

皮特在某種程度上是一個新的政治現象，因為他在下議院之外建立起了輿論。他吸引外界支持的能力非常強大，他因此被稱為是第一個「由人民交給國王的大臣」，儘管事實上國王仍保留了選擇和解雇的權利。而且事實也證明民眾的支持經常如同流水。從此以後，外部世界對下議院的影響力非但不會減少，反而將與日俱增。任何忽視這一點的政治家都必須擔起風險。更為危險的是，那些旨在破壞現有社會穩定的人也可以去培養這種力量，而這正是新國王即位後所發生的事情。一七六〇年十月二十五日喬治二世的意外去世，開啟了一個截然不同的時代。

在輝格黨寡頭統治的幾十年當中，社會開始以比以往任何時候都快得多的速度變化。當然，變革始於十六世紀，但是十八世紀的特別之處在於發展速度於此時加快。所有人都感覺到自己的生活處於一種不斷變化的壓力當中，這是過去未曾發生過的。這標誌著現代的到來。

儘管如此，從表面上看，許多事情似乎並沒有改變。英國社會仍然是個農村社會，百分之七十五的人口生活在農村。農業發展在這個時代處於矛盾階段。一方面，它經歷了長期的蕭條，另一方面，這種蕭條恰恰刺激了創新，並在一七六〇年後為農民帶來了新的繁榮。新技術的實驗從上個世紀末就開始了，但是現在實驗範圍變得更加廣泛。傑瑟羅·圖爾（Jethro Tull）和「蕪菁」子爵湯生（"Turnip" Townshend）等英雄是這場全面性運動的象徵，此運動發展了土地管理的新技能、引入了新的金屬工具、試驗了作物輪作和新施肥方式，並且種植了新作物。這些做法是在該國南部和東部較貧瘠的土地上率先進行的，這些土地過去被用於放牧，但現在透過引進輪作則轉向混合耕作。這些變化得益於圈地的急遽增加。圈地不僅使土地價值增加了一倍，並且創造出更加密集的農場，從而提高了效率，並在耕種和牧場農業之間取得了更好的平衡。與此同時，由於工業化初期城市人口的迅速擴張，對食品的需求不斷上升，導致了區域專業化：格洛斯特郡的乳酪和培根、東安格里亞地區的火雞和鵝、肯特郡的啤酒花和水果、西郡（West Country）的蘋果酒。

在這一時期，英格蘭中部和北部日後的未來工業城鎮迅速成形：伯明罕、沃爾夫漢普頓、謝菲爾德、利茲、曼徹斯特、諾丁漢、德比（Derby）和萊斯特。工業革命在不久後便即將發生，但是工業生產的模式在一七八〇年代已經存在，煉鋼、金屬加工、羊毛、精紡和棉布的生產量名列前茅，其次是襪子、陶器、釀造、亞麻和絲綢。從一七四〇年代中期開始，每年都穩定維持著小幅增長。政府堅信不干涉主義，只尋求透過將產業從舊式行會保護主義、內部收費或階級壁壘的負擔中解放出來，從而為擴張創造合適的條件。人們對能夠提高品質或生產效率的各種形式的技術創新都懷抱濃厚興趣。一連串的發明徹底革新了紡織製造業：約翰·凱（John Kay）發明的飛梭（一七三三），增加了手織機織布工的產量；詹姆士·哈格里夫斯（James Hargreaves）發明的珍妮紡紗機（一七六八）；理查·阿克賴特（Richard Arkwright）發明的水力紡紗機（一七六九）；和塞繆爾·克倫普頓（Samuel Crompton）發明的走錠細紗機（一七七九），所有這些發明都從根本上改變了紡織業的紡紗流程。詹姆士·瓦特（James Watt）於一七六九年為其節能的蒸汽機申請專利。在這種活力刺激之下，很快就出現了一批從新的創業精神中獲得財富的人。馬修·布爾頓（Matthew Boulton）在伯明罕以北建造了他的索和（Soho）工廠。這工廠雇用了五百名工人，使用水力機械生產各種各樣的鐵、青銅、銅、銀和龜甲製品。理查·阿克賴特（Richard Arkwright）曾是理髮師，對發明有敏銳的洞察力，並且在組織能力上獨具天賦，他在德比郡、蘭開夏郡和諾丁漢郡建立了紡織廠來運作他的水力紡紗機。到一七八〇年代時，他已經為數百人提供了生計。

在現在這個以消費者為導向的新時代，必須要有一個效率更高的交通網絡，以滿足客運和貨運的需求。道路管理過去一直是地方政府的責任，但在一七三〇年以前，已經出現了一些被稱為收費公路信託（turnpike trusts）的機構。這些機構接管了特定區段的公路並對其進行了維護和改善，但是唯有支付一定費用（即過路費）才能通行。這一運動在本世紀中的四十年間加速發展，並引發了一場通信革命，旅行的實際層面已發生了翻天覆地的變化。在一七二〇年代，從倫敦到約克或埃克塞特需要三天的時間。到一七八〇年，從倫敦出發可以在二十四小時內到達這兩地。四年後，王家郵政的馬車開始提供全國性的郵政服務。運河於一七七〇年代出現，提供了另一種貨運網絡。

人口到一七六〇年時又開始增長。從一六六〇年到一七四〇年，人口數一直處於靜止狀態，但隨後它突然開始急遽上升，在該世紀的最後十五年達到頂峰。這是各種複雜情況所造成的結果：生育率提高、早婚、死亡率下降和沒有重大流行病爆發。更便宜、更豐富的食物讓人口得以迅速增長，而且人群開始在全國範圍內流動。受益最大的地區是未來將發生工業革命的那些地區：蘇格蘭的低地、約克郡、蘭開夏郡、英格蘭的中部地區，以及威爾斯的東北部和南部。城鎮中的居民越來越多。倫敦有五百萬居民，是西歐最大的城市。其他地方的擴張則反映了經濟發展。例如，布里斯托的人口到一七六〇年時已從兩萬增長到十萬。實際上，像利物浦、曼徹斯特和伯明罕這樣的新城，人口迅速增長至兩萬到五萬之間，而像諾里奇這樣的老工業中心卻只剩下兩萬人口。

來自歐洲大陸的遊客非常欽佩他們所看到的英國社會。英國社會具有一定程度的流動性，但是整個社會結構仍然等級森嚴、以男性為主、世襲制，而且整個結構建立在對上位者的順從。從教育到普遍的社會風氣，種種一切都是要鞏固現狀，不使其發生變化。這並不是說沒有上下流動的空間，有進取心、有智慧、精力充沛的人仍然可以向上攀登，而那些軟弱無能或運氣不好的人則會往下滑。不過人們的根本觀點並未改變，還是認為要擁有土地和財產才能獲得地位。因此，那些透過貿易或商業致富的人自然會購買土地，藉此在既有的社會階層中取得一席之地。

站在社會金字塔頂端的是四百名大地主，他們的年收入都在三千英鎊以上。這些人中有一半是鄉紳，因為這個國家許多紳士都比貴族富有。事實上，喬治一世和二世統治時期，貴族的規模幾乎沒有增長。加入貴族階層的新成員都來自政治界、陸軍和海軍，以及法律界。那些來自工商業界的人，除了獲得爵士或男爵爵位以外，無法進入更高一層的政治權力世界。這個彼此相互關聯的四百人團體共同宰制了政治舞台。他們是上議院的成員，並且透過所謂的「口袋選區」（pocket boroughs），亦即透過控制這類選民為數不多的選區，來確保他們長子以外的年輕兒子們能進入下議院。他們的收入不僅來自自己的地產，還來自擔任公職、與富有的女繼承人結婚，以及城市房產的租金。到了一七八〇年，這些家庭的年收入在五千英鎊到五萬英鎊之間，比一六八八年的平均收入增長了百分之八十。當然，他們也將這些財富用在各方面的消費上。全國各地的鄉村別墅都被重建，其規模變得十分宏大，當中會有四十個或是更多的房間，周圍的土地也被改造成了有著田園詩般景觀的公園。這種奢侈的生活方式仰賴許多僕人加以維持。他們是炫耀性消費的顯眼人物，其在社會頂層的地位似乎不容置疑。

當然，整個鄉紳階層的人數要多得多，大約有一萬五千到兩萬人，年收入在兩百英鎊到三千英鎊之間。他們根據自己擁有的資源來模仿更高階層的生活方式。排在他們之後的是，人數約有十萬至十五萬的自由土地保有人，其年收入不到一百英鎊。這些人是教區的行政管理中堅力量，他們負責擔任教會執事、檢察官、窮人的救濟委員和巡警。這群人都從普遍的經濟繁榮中獲益，進而擴充並改善了自己的宅第。簡而言之，地主階級變得更加富有，因為能讓社會內部重新分配財富的稅收制度當時還未出現。

鄉紳與位居其下的階層「中間等級」有所重疊，因為他們那些較年輕的兒子們在中間等級人數增加一倍的時候成為了專業人士。其中包括律師、事務律師（solicitors）、測量師、藥劑師、醫師和服務業人員，以及從事文化職業（例如畫家或音樂家）的人。對專業人士的需求不斷增長，這不僅生動地反映了休閒活動的來臨，而且還反映了日常財務和行政管理的日益複雜化。英國社會在這個時代比過往任何時代都要更為成熟、更注重身分地位，人們的生活更加舒適並且更富文化氣息；專業人士便是在為這樣的社會服務。此類專業人士會收取高額費用。「中間階層」也包括了富有的資本家和小商人，他們把勞動力和利潤投入創業活動中。這個階層沉迷於探索科技，此時全國各地都湧現了專注於科學發展和研究的俱樂部和社團，他們在生活中重視務實以及實用。他們有自己的教育機構，而不是老式的文法學校和怠惰的大學。透過這些人，我們接觸到了喬治時代社會最具活力的一面。

在上述各個階層之下的是其餘的另一半人口，他們當中許多人甚至不具任何政治權利。他們被上層的人看作是目不識丁的烏合之眾。文盲現象確實很普遍，尤其是婦女群體和農村地區。這個階層的成員繁多、不斷流動、狡猾而且得過且過，由農業和工業勞動者組成。農舍工人、家庭傭人、普通士兵、海員以及窮人都是當中的一分子。他們的生活條件差異頗大，但往往都非常落後。新的階級流動性由於通訊的改善而得以實踐，這也意味著貧富之間的巨大差距已經相當明顯。因為下層階級的生活依賴於他們的雇主，他們的工作有可能是臨時性的、季節性的或計件的，不可避免地會受到經濟變化的影響。然而，到了本世紀中葉時，他們也受益於國家經濟財富的總體上升趨勢。生活成本在一七五〇年以後不斷上升，這開始威脅到下層民眾生活之改善。但總體而言，飲食、衣服和住房都得到了改善，而且經濟繁榮意味著不只有男性，婦女以及兒童都能找到工作。

這個社會還沒有警察的存在，而人們對於各種事物的恐懼往往不會加以遮掩。大多數人迷信而且帶有偏見。每隔一段時間，暴民們就會將憤怒發洩到不受歡迎的群體身上：羅馬天主教徒、猶太人，而最嚴重的則是針對不服從國教者和衛理公會教徒。這被視為是一種社會常態，不過大多數騷亂都相當有組織而且並未踰矩，這反映出人們對權威的尊重，以及基督徒對權威的崇敬。法國大革命以暴力的方式摧毀了貴族社會，而英國的上層階級是在此之後，也就是這個世紀末才開始對暴民抱持著警戒之心。此後，暴民開始被視為具危險性，特別是在受到煽動者的影響時，上層階級召集軍隊來處理的次數越來越頻繁。

在沒有警察的情況下，輕微犯罪，尤其是盜竊，在這個首次出現的消費社會中日益猖獗。這個社會確實就是有更多物品會被偷竊。由於犯罪行為越來越多，政府增加了判處死刑與流放刑的人數。實際上，截至一七七五年，大約有五萬名罪犯被運送到北美洲。在失去了北美十三個殖民地之後，澳大利亞新殖民地成為了流放罪犯之處。但是，這些處罰是種自欺欺人。因為與受審的案件數量相比，真正被定罪的人數微不足道。

儘管十八世紀的社會有種種缺點，但其本質仍是高度受道德約束。畫家威廉・霍加斯（William Hogarth）那些暢銷的版畫大多致力於描繪頌揚美德和譴責惡行的故事。這是一個堅定的新教社會，其共同身分認同在很大程度上仍然是建立在伊莉莎白一世年代所通過的《公禱書》、欽定版《聖經》以及為慶祝君主制度而舉行的節日這種種事物上：像是五月二十九日的橡癭節（Oak Apple Day）是慶祝查理二世的復辟；八月一日的節日標誌著漢諾威繼承；而十一月五日則是慶祝火藥陰謀的失敗。人們仍經常閱讀福克斯的《殉教者之書》，該書將不列顛島上的人民描繪成一個新以色列的國民；這也是宮廷作曲家喬治・腓特烈・韓德爾（George Frederick Handel）在他的清唱劇中所歌頌的景象。外國人仍然飽受懷疑。他們大多數（如果不是全部的話）是羅馬天主教徒，這就讓他們被視為敵人，而且這個現實也因為英國與法國斷斷續續打了一百三十年的仗而進一步加劇。這場戰爭，以及建立起一個帝國，對於將大不列顛這個新身分逐漸疊加到這兩座島嶼之上至關重要。這反映在英國人在這幾十年當中開始強調，本國的一切事物與國外相比絲毫不遜色。對於本國的各項成就開始出現一種新的自豪感，並且首次在制度層面上有所體現，無論是旨在鼓勵「大不列顛的藝術、商業和製造」的藝術學會（Society of Arts，一七五四）還是作為「促進設計藝術之學會」的王家學院（一七六八），這是一種無處不在的樂觀、自信和富成就感的氣氛，但是隨後便殘酷地被美國革命粉碎。

# 48 追求幸福

從最高貴的公爵到最卑微的勞動者，幾乎每個人都因身為首富之國的公民而受益。大量湧入的財富必須要拿去消費，而英國今天舉目所及的一切，都是這種現象的證據。在鄉間，優雅的房屋拔地而起，周圍是花園和綠地。城鎮中出現了莊嚴的廣場和整齊的露台，諸如劇院和集會廳（assembly room）的公共建築也如雨後春筍般出現。大量留存至今的手工藝品也是這些財富的證據，這些手工藝品的數量遠遠超過上個世紀：家具和紡織品，銀器和瓷器，樂器和插圖書籍。這些都是巨大社會革命的有力證據。這些事情不僅傳達出對舒適的渴望之情，而且它們是新興的中產階級的地位象徵。這個中產階級仿效上層階級，信奉貴族式的文雅準則，並且視文雅為約束人類行為的重要元素。這不僅是英國首次出現消費社會的證據，而且還代表著另一種新出現的事物：休閒。

不過這時候的悠閒生活，其中總帶著一絲罪惡感。當然，一切形式的不道德、墮落和放蕩都受到嚴厲的譴責。透過努力工作和進取而獲得的金錢，被視為至少應要被用於提升自我。在上個世紀，人類主要是在與上帝的相遇中尋求幸福，並且或許在天堂可能真正得到；如今，幸福已包含在人類學習和享受上帝在世上種種創造物的過程中。充斥在斯圖亞特英格蘭時代的清教徒道德觀念讓位給在咖啡館和俱樂部的社交聚會、舞會、音樂會、演講、劇院或是賽馬聚會上的歡樂。這種與人作伴的強烈相互喜悅並不局限於家庭外的世界，也包含了家庭內的世界。它使富裕和小康家庭中充滿生氣，丈夫對妻子和孩子的嚴厲父權態度被家庭生活樂趣的讚頌所取代，而交談畫（conversation piece）這種新繪畫形式便捕捉住了這種樂趣。在這些交談畫作品中，整個家庭的兩代人（有時是三代人）會聚在一起，從事各式各樣追求幸福的事情：閱讀、刺繡、音樂創作、寫生、騎馬、放風箏或釣魚。

所有這些都反映了另一個變化。這時代的人們會與更廣泛的社會各階層接觸與碰面，這種頻繁性在過去任何時代都是前所未見。上議院和下議院的議員一年當中需要在首都停留幾個月。他們買下了城裡的房子，把家人也帶來城內。一種全新的社會生活模式就此出現，大量新的聚會場所也由此產生了，像是在林蔭路（The Mall）散步，或是去戲院看戲。

在倫敦以外的地方，同樣的狀況隨著礦泉浴場（spa）的發展而發生，人們為了健康而飲用礦泉，並且把身體浸泡在水中，以治療因為暴飲暴食和不良飲食所導致的皮膚疾病，並且減緩因為寒冷所引發的慢性風濕病。巴斯在美男子納什（Beau Nash）的推動之下迅速建立起時尚界中心的名聲。沒有一個男性敢穿長靴或佩劍出現在富麗堂皇的客廳，也沒有一個女性敢穿著圍裙出現於此；事實上，納什曾經拉扯過昆斯伯里公爵夫人（Duchess of Queensberry）圍裙上的帶子，藉此譴責她的這種行為。在他的指導下，舞會和娛樂活動體現了一種新的社交生活方式，在全國各地的其他礦泉浴場——從坦布里奇維爾斯（Tunbridge Wells）到巴克斯頓（Buxton）——都有類似的活動。十九世紀後期，人們發現了海水浴的好處，南部沿海的布萊頓（Brighton）

和馬蓋特（Margate）的南海岸度假勝地如雨後春筍般出現。未來的喬治四世在布萊頓建造了他所謂的「濱海別墅」，吸引了整個上流社會的注意。英格蘭的富裕階層便是這樣以「提升」（improvement）的名義聚會，說長道短並且從中獲得樂趣。

這意味著人們旅行的方式出現了前所未有的改變。在該世紀初，每週有一輛公共馬車從倫敦出發，前往約克或布里斯托等各主要地區城市。這段旅程十分不舒服而且緩慢，有時甚至是危險的，這不僅因為道路的狀況，也因為有攔路強盜的存在。這種情況在一場革命中發生了翻天覆地的變化，其重要性絲毫不亞於汽車的問世，這便是馬匹的革命。幾千年來，馬一直用於旅行、工業和農業用途。現在，牠們不僅被大量繁殖，而且在精心培育之下，出現了具有更大力量和耐力的馬匹。這些馬車和車廂被設計成流線型，重量更輕，而且乘坐起來更舒適。到了一八〇〇年時，倫敦可以藉著每週幾次的定期馬車，在一天之內抵達特倫特（Trent）以南和塞文河（Severn）以東的任何城鎮。

因此，旅行不再是一種人們不喜歡卻得忍受的必要之事，而成為了生活的樂趣之一。大大改善的公路網不僅加快了各種人群的移動速度，也加快了文化和時尚的發展：演員、音樂家、畫家和舞蹈大師，都在全國各地傳播這種對於休閒之新崇拜的不同面向。

劇院獲得了新的地位。直到十八世紀，倫敦以外的地區都沒有劇院。在此時代之前，戲劇都是在莊園的大廳或鎮上旅店的院子中上演。一七〇五年，倫敦以外第一家專門建造的劇院在巴斯開業，這是席捲全國建築熱潮的先驅，大大小小的城鎮不久之後都有了劇院。事實上，很多城鎮都有好幾家劇院。在倫敦，當時兩位偉大演員大衛・加里克（David Garrick）和薩拉・西頓斯

（Sarah Siddons）的出現，塑造了明星體制的問世。加里克憑藉他在公關上的天才，提升了劇院和演員的地位。劇院裡塞滿了歌劇、芭蕾舞、啞劇和戲劇節目。更便捷的交通和更多的劇院結合在一塊，意味著劇團能夠四處巡迴表演，而且當時確實已經有劇團這麼做了。

劇院並不是唯一迅速發展起來的新型公共建築。集會廳也是其中之一，它使人們能夠以前所未有的方式聚在一起，並透過支付會員費，在此跳舞或聽音樂會。跳舞過去要麼是宮廷裡莊嚴的舞步，或者是鄉下人放蕩不羈的嬉鬧；不過跳舞現在在社交聚會上找到了新的出路。諸如小步舞曲（minuet）這樣的新舞步，在聚會中成為社交互動與為女兒安排婚事的一個新舞台。樂器和樂譜的大量生產與印刷，則將創作音樂是種成就的想法加速傳播到許多家庭之中。韓德爾是那個時代最重要的作曲家，成群的唱詩班在各地的大教堂中向擁擠的聽眾吟唱著他的〈彌賽亞〉（Messiah）。倫敦成為歐洲音樂之都之一，莫札特和海頓都認為有必要前往造訪。音樂在各個地方都蓬勃發展，還會舉辦音樂節，例如在赫里福德、伍斯特和格洛斯特三地之間輪流舉辦的三郡唱詩班聯合音樂節（Three Choirs Festival）。

閱讀的需要則推動了另一種新形式公共建築的出現，即流通圖書館（circulating library）。書籍過去一直是少數人的特權，收藏在莊園、神職人員或學者的家中，或者是在大學和學校裡。流動圖書館的出現改變了這一切。流動圖書館始於倫敦和一些時髦的礦泉浴場。這個社會致力於透過獲取知識來提升自身，而這種需求則透過提供可以借還的流動書籍讀物來加以滿足。中產階級的孩子被認為應該在五、六歲時要能閱讀，而且第一次有了專門為他們而寫的文學作品。他們年紀再稍大一點就可以開始閱讀各式各樣的材料，這是這個階級的人過去根本沒有機會做到的事情。以報紙為例，這時候每個大城都有自己的週報，上面充斥著國家和地方新聞以及文化活動的廣告。人們也會閱讀小說。這基本上是一個全新體裁，由於故事設定在讀者自己所處的時代，因此讓人更感刺激。無論讀者的身分為何，他只需要翻開勞倫斯・斯特恩（Laurence Sterne）、塞繆爾・理查森（Samuel Richardson）或珍・奧斯汀等作家的作品，浪漫、恐怖、愛情和冒險等各種世界便都向他敞開。

有些人的旅行僅限於這些心靈上的航行，但對於另一群人而言，旅行則是活生生的現實體驗。到本世紀末，人們不僅去溫泉，而且還開始探索自己的國家，這等於是在重新發現英格蘭。在這些旅程中，他們在對大自然的讚美中表達了對上帝造物的喜悅，以及對他們自己歷史的歸屬感。大自然以及歷史在他們眼中都充滿了浪漫色彩。以前被視為是荒涼障礙的山脈現在被看作是上帝傑作的證據，它們令人敬畏和謙卑。廢棄的修道院，曾經被看作是羅馬教宗罪孽消失的紀念碑和方便的採石場，現在卻被珍視為英國歷史英雄事蹟的神聖證據，它們見證了英勇的騎士和蒼白的女英雄。兩者都激發了不列顛島上的愛國自豪感。參觀埃特魯里亞（Etruria）的約書亞・韋奇伍德（Josiah Wedgwood）工廠以及伯明罕蘇荷區的博爾頓（Boulton）與瓦特（Watt）等工廠，同樣激發了這種熱情。在這些工廠裡，從花瓶到鞋扣，從肖像圓徽（portrait medallions）到蒸汽機，新潮製造領域的所有新事物都令參觀者驚嘆不已。所有這一切讓他們充滿了驕傲，也讓他們更加堅信大不列顛的光榮。

當貴族的馬匹和馬車在歐洲大陸上飛馳時，他們的這種自豪感延伸到了英吉利海峽外的另一邊。這是一個「壯遊」（Grand Tour）的時代，所有道地的統治精英都必須要經歷過。第一站是法國，最初的行程是先在一個省城學習法語這個歐洲的通用語言，然後前往巴黎，去品味遠超於英國的精緻奢華和優雅生活。但是真正的聖地始終是義大利和羅馬。所有與現代旅遊業有關的隨身用具開始興起：導遊書、短語手冊、地圖和匯率換算表。此外，當英國紳士到達義大利時，身邊必定會有導遊、導師和商人，以確保他不會錯過任何一個景點或任何購買藝術品帶回家的機會。儘管他們參觀並欣賞了文藝復興時期和巴洛克式義大利的成就，但他們的真正注意力則是集中在羅馬帝國這個時期。

這種激情體現出一種以希臘和羅馬經典著作為核心架構的古典教育。在英格蘭，精英階層尋求創造出他們在古代廢墟中所讀到和看到的理想：這表現在他們建造的建築，以及他們在周圍所重塑的景觀中。此時是鄉村別墅（country house）的黃金時代，它被視為一座古色古香的古典別墅，卻擁有現代的種種舒適用品。從一六八〇年代的佩特沃斯（Petworth）和查茨沃斯（Chatsworth）開始，鄉村別墅的建設熱潮持續了好幾十年，這大幅改變了鄉村的面貌：貴族和紳士們根據新古典主義的理想建造或重建了他們的鄉村宅第。這些房屋將成為文雅生活的典範，當中有優雅的接待室、圖書館、畫廊和書房。它們不是封閉的堡壘，因為它們開放給文雅階級的人們來參觀。最令這些訪客興奮的是所有新的事物。

這些宅第證實，英國上層階級仍牢牢扎根於鄉村之中，這讓他們與歐洲大陸的貴族階級不同，後者的主要角色是出現在宮廷之中。嚴苛的打獵法律是對鄉村生活狂熱崇拜的另一種呈現，這種崇拜特別體現在對野外打獵的痴迷上。射擊和新發明的獵狐成為地主階層不可或缺的活動，由於槍枝製造技術的改進讓射擊飛鳥成為可能，這種運動也變得更加令人興奮。而且因為圈地，樹籬也首次出現，馬匹和騎士在追逐過程中不得不跳過這些樹籬。

大多數其他運動則沒有那麼顯著的階級差異。射箭、滾球、拳擊和賽馬吸引了整個社會的各個階層。到了一七〇〇年，紐馬克特（Newmarket）、唐卡斯特（Doncaster）、約克、埃普索姆（Epsom）與阿斯科特（Ascot）都已成為頂級的賽馬場。不久之後，這項運動的各項關鍵元素皆已到位：無論是賽馬會，又或者是德比（Derby）這樣子的大型經典賽事。像名為「月蝕」（Eclipse）的著名馬匹成為了明星，而賽馬也逐步發展成為大規模的娛樂活動。

與當時的歐洲其他地區不同，這是一個重視社交、自由放任的社會。言論審查法律的廢除帶來了一股社會和政治諷刺的洪流；這些諷刺所批評的對象涵蓋社會中所有階層，這是前所未有的獨特現象。此外，這社會出現了如此大量又傑出的視覺藝術，也是第一次初見。英格蘭在文藝復興和巴洛克時期處於邊緣地帶，不過現在它成為了舞台中心；到了一八〇〇年，英格蘭開始引領新古典主義和浪漫主義等新風格，並且即將風行歐洲。威廉・肯特（William Kent）、威廉・錢伯斯爵士（Sir William Chambers）和亞當兄弟（Adam brothers）等建築師以及霍加斯（Hogarth）、蓋恩斯伯勒（Gainsborough）、雷諾茲（Reynolds）和斯塔布斯（Stubbs）等畫家獲得了國際聲譽。它們象徵了一個事實，即藝術不僅僅是人才的問題，還是對消費者需求的回應。

這個文明是都市文明，其活動以城鎮為中心。古老的都鐸王朝和斯圖亞特王朝的城鎮，其街道狹窄、房屋擁擠雜亂，並且是用木材、板條和灰泥建成。它們現在被新的房屋取代，後者的最主要特色是秩序、對稱和寬闊空間。現在的新建築物由磚頭、石頭、方石、瓷磚和板岩等材料建成。這些建築物坐落於排屋（row）、廣場、新月形街道之中。房子的正面則有氣派相符的立面

（façades）、門道（doorway）和窗扇（sash windows）。房子開始出現自來水和排水系統，而且各個房間寬敞通風，由通道和樓梯相連。這些建築物在外觀上有所分級，藉此反映出屋主的不同地位。不過它們同時也具有一致性，這表現在房子外都有鋪設良好的寬闊道路，而且房子在通往公共廣場或建築物的路上都有燈光照明。當地的公共建築如大廳、教堂、市政廳、橋梁和監獄都讓市民引以為傲。此外，還有新修建的公園和人行道，居民可在此散步或騎馬。一些人甚至模仿倫敦建造了沃克斯豪爾（Vauxhall）這樣的娛樂花園，作為戲劇、音樂、外出用餐、舞會和煙火表演等活動的場所。鄉紳家庭因此經常在冬季搬到在地方城鎮的居所，他們主要便是要去集會廳參加各種活動。

休閒活動成為一種將社會凝聚起來的新力量，因為各種階級的人們都共同參與，無論是在劇院的觀眾席或者是賽馬場上。人們無論在人世或天堂都看到了幸福，生活處處煥發出新的光彩。他們的思想、心靈和身體因為一系列活動以及工藝品而獲得徹底發揮，這些活動與工藝品在這之前不曾出現，或是僅限於少數特權階層可以接觸到。不過，還是有超過半數人口的生活仍然是在艱苦條件下不停地勞動。他們的時代尚未到來。但是對於那些富裕的人而言，生活中的時時刻刻都在嘗試著享受新的體驗：無論是沉迷於最新時尚或是乘坐熱氣球。喬治時代的人們盡其所能地品味這些生活。

# 49 理性與激情

一七三八年五月的一個傍晚，一位名叫約翰・衛斯理（John Wesley）的年輕牧師在倫敦的艾德門街（Aldersgate Street）參加了一場英格蘭國教會教徒的集會。在閱讀偉大的日耳曼宗教改革家馬丁・路德的著作時，一件不尋常的事情發生在他身上：

> ……大約在八點四十五分，當他描述上帝藉著基督信仰來讓人類的內心改變時，我的心中感到一股奇異的溫暖。我感受到，自己確實已信靠基督，藉著基督得著了救恩；並且祂向我保證已除去我的罪，救我脫離了罪和死……

衛斯理的話描述了改變其一生的事件，這同時也改變了全英國成千上萬人的生活；衛斯理和他的追隨者所傳授的福音形式基督教信仰，正是英格蘭國教會所欠缺的。衛斯理上述說法中的關鍵字是「感受」。因為正如坎特伯里大主教在十年後承認的那樣，英格蘭教會已經「失去了影響心靈的力量」。

英格蘭國教會在十八世紀當中會眾日益衰退，並且遭受多方壓力。隨著新的優掖制度的確立，羅伯特・沃波爾爵士毫不猶豫地任命了由自己提名的人選來填補教會的職位，這些人都是服從他的輝格黨人。這並不是說他們當中沒有好牧師，也不是說窮人失去了往上爬的機會。然而，整體趨勢便是長期、迅速而災難性的衰退。這種下滑趨勢將一直持續到十九世紀初期。到了一八〇一年時，復活節領受聖餐者的人數已降至總人口的十分之一。十八世紀的大多數發展面向，對於英格蘭國教會擺脫屬靈上的麻木都不太有利。農業在此時的繁榮代表神職人員的什一稅大幅增加，這使得地主精英家族首次對此有興趣，要安排舒適的神職職位給年幼的諸子；而他們的兄長們就住在附近的莊園裡。結果，越來越多的神職人員來自紳士階層，甚至來自貴族階層，這也導致他們與教區居民在社會階層上的距離越來越遠。這些人中有許多都是為教區盡心盡力的神職人員，但他們的回應基本上是針對中上層階級的屬靈需求，他們是用受牛頓影響的觀點來看待周遭世界，與衛斯理那種高度情感化的回應截然不同。對他們來說，理性是一切的主宰。他們希望神職人員宣揚的是一種「自然宗教」（natural religion），在這種宗教中，上帝啟示和奇蹟的地位微乎其微；相反的，他們把重點放在讚美體現於許多事物中的造物主上帝。而且在一個無憂無慮、鍾情看戲和玩牌的社會中，過於虔誠的神職人員也不受歡迎。

教會的基本信仰現在受到前所未有的攻擊。它已經失去了在思想上的領導地位，並且面臨著一波波猛烈的攻擊，基督教的既定信條不是受到毀謗就是被全盤否定。英格蘭國教會沒有發動反攻，而是在攻擊中低頭屈服。它面對理性和科學的懷疑論浪潮，陷入了日趨混亂的狀態。一位名叫理查・班特利（Richard Bentley）的神職人員捕捉住了這種氛圍，儘管他過分誇大了。他說，有些牧師甚至認為「靈魂是物質的，基督教是騙人的，《聖經》是虛假的，地獄是寓言，天堂是夢想，我們的生活沒有上帝，我們的死亡沒有希望——這些都是那些福音傳道者榮耀福音的道具而已」。

克制、正派和得體（restraint, decency and seemliness）是十八世紀基督教的座右銘。最重要的是，上流社會的習俗和禮儀容不下他們所稱的「狂熱」（enthusiasm），即任何過度的宗教虔誠、激情或神祕主義，在他們眼中這些都是胡言亂語，而且與理性無法調和。然而，這樣直接針對人們心靈而發的訊息，是讓新興工業城鎮的廣大群眾接受信仰的唯一途徑。英格蘭國教會在這些地區根本沒有建造足夠的教堂，更不用說調整中世紀的教區體系。舊系統完全沒有跟上人口增長的變化，難怪衛斯理會相信在一七三八年五月晚上「上帝開始了祂在英格蘭的偉大工作」。

但衛斯理並不是唯一也不是第一個如此鼓吹的人，因為像是這樣的聚會便已經反映出英國國教會中早已有那些堅定地致力於自己信仰的團體存在。衛斯理將成為許多獻身於福音事業的人中的傑出人物。他自己是牧師之子，並跟隨他的父親也獻身教會。後來被稱為衛理公會（循道宗）的教派要追溯到他在牛津的日子，當時他是神聖俱樂部（Holy Club）的創立者之一。另一個成員是喬治・懷特菲爾德（George Whitefield），後來也成為著名的傳教士。在當時，衛斯理將「循道者」（Methodist）定義為「按照《聖經》中規定的方法生活的人」。衛斯理在社會和政治上都非常保守，對於「狂熱」其實興趣缺缺。但他無法逃脫這個標籤，因為他的救贖福音經常在他的聽眾中產生與狂熱無異的反應。這源於他自己的皈依歷程，這個歷程是建立在他對十六世紀宗教改革者之信仰的重新發現。這些改革者認為「唯獨因信稱義」，而當時大多數神職人員宣揚的則是，個人必須要在信仰與善行的合一中尋求救贖。

對於以因信稱義方式皈依的人而言，這種信仰上的轉變便是一種啟示，也因此促成了他們在信仰上的強烈投入。這與當時大多數布道壇上所傳播的信仰背道而馳。衛斯理和懷特菲爾德要傳達的訊息在教會中不受歡迎，所以他們開始在露天場地向廣大的會眾布道。衛斯理的訊息旨在戰勝罪惡，而不是去消除社會剝奪。它是與心靈對話，而不是訴諸理智。因此，衛理公會在上層階級不開墾的土地上播種，並且在工業化的新城鎮及其周邊區域贏得了許多成為信徒的勞動窮人和工匠。衛斯理終生都是英格蘭國教會的成員，不過由於他拒絕領取俸祿，所以他得以騎馬在全國各地移動，總里程約二十五萬英里，即平均每年八千英里。他無論走到哪裡都會在當地留下一個組織，而這些組織逐漸形成了一個遍布全國的網絡，這群人全心投入虔誠、勤奮工作和堅守道德的典範生活。這些團體得到了那些管理他們的人的支持，並且開始建造禮拜堂供他們做禮拜。衛斯理找不到幾個願意加入他的神職人員，於是開始任命平信徒來主持儀式，最後還任命了一些人到國外傳教。衛斯理的這種做法，在他於一七九一年去世後成為教會分裂的主要因素。

平信徒傳教者的地位早在一七七九年就受到了質疑，衛理公會的教堂在這種質疑之下，被迫要跟不服從國教者的聚會所一樣，必須從官方取得許可。英格蘭國教會和整個社會都會設法將狂熱者拒之門外。被衛理公會吸引的平民被排擠。那些表現出任何衛理公會跡象的人在尋求聖職時會被阻擋在門外。上流社會和國教視衛理公會為潛在的顛覆性社會力量。衛理公會被投以懷疑眼光，這不僅因為衛理公會吸引了城市的工匠和工人，還因為它將他們組織起來，讓這些勞動階層能夠發出自己的意見，儘管是以傳教士的身分。衛理公會讓婦女能夠擔負某些角色，這也被視為威脅到了現狀。所有這些都引發了人們對現存社會等級制度可能被破壞的深刻不信任感。衛理公會的神職人員和他們的布道者都過著自我克制的生活，這是對於官方教會的活生生告誡；同時國教會已經成為崇拜財產的負面典範，其具體形式表現在：什一稅、閒職、兼職和世俗資助。更糟糕的是，它們的存在暴露了許多神職人員缺乏在屬靈上的領導能力。

但是，衛理公會從一開始就被其領導層內部的不和所分裂。其中最著名的是亨廷頓伯爵夫人賽琳娜（Selina, Countess of Huntingdon），她於一七三九年追隨衛斯理，畢生都致力於在上層階級之間宣揚衛理公會。為此，她建立了自己的小教堂，而且這些教堂中有專屬於她的牧師。當衛斯理和懷特菲爾德最終在教義問題上發生爭執時，她站在後者的陣營。在衛斯理去世時，衛理公會已經脫離了英格蘭國教會。他們自己任命教會中的牧師，並且管理著現在已經遍布整個美國社會的組織。但是在英國，成為衛理公會教徒的人口比例很小，不過他們所傳布的福音影響的人則遠遠超過這些人數。一七七六年，他們的信徒人數總共僅有三萬人。儘管如此，在一個整體而言缺乏信仰活力的世紀裡頭，這些人體現了屬靈上的活力。

福音派的復興公然反對理性時代所代表的一切價值。理性時代試圖用理性解釋萬事萬物，並且去除任何用理性無法解釋的東西。宗教並不是唯一被試圖消除的對象。巫術和迷信也受到了同樣的對待。《巫術法》（Witchcraft Act）於一七三六年被廢除，結束了上個世紀可怕的迫害女巫行為。對任何有理智的人來說，巫術是一種反常的現象，是一個黑暗時代的原始產物。在這時代教育和經濟發展的影響下，這樣的黑暗時代將完全消失。受教育階層對於巫術在這個時代居然沒有滅絕而感到惱火。民間信仰和大眾迷信左右了大多數普通鄉村居民的世界觀，這兩者所構成的網絡也頑強地持續留存。所有這些都將繼續存在著。

當然，英格蘭國教會也會繼續存在。儘管教區制度有多麼地保守與僵化，它仍舊是國家運作中的一股強大力量，因為這個制度是喬治時代英格蘭大多數人生活中的一部分。絕大多數人在生命的不同階段都有一位白衣牧師參與其中：受洗、證婚和安葬。英格蘭國教會的組織結構在此時代保持完好無損，靜靜等待著在維多利亞時代方會出現的復興。

# 50 復樂園：「萬能的」布朗

英國今天看到的鄉村景觀是喬治時代的產物。這是同時追求利潤和快樂的結果：透過新耕種方式獲得利潤，透過改造景觀來獲得快樂。這是有財富與地位的人第一次透過大規模改造鄉村結構來展現他們的地位、權力和影響力。他們之所以能夠做到這一點，不僅是由於七年戰爭後英國擁有巨大財富，也是由於大部分土地集中在大莊園中。這些土地的主人若不是在下議院任職的議員，就是他們的友人，因此他們能夠讓批准圈地的法案通過，因為這通常是新農業技術和打造壯麗景觀花園的必要前提。一七五〇到一八二〇年間，國會通過了成千上萬的這類法案，極大程度地改變了鄉村的外觀。

這是一種自上而下的變革，並且將特定模式強加在農村社會中，這種模式直到該世紀才解體；此變革的焦點是莊園中的大宅（great house），此房子的功能到十八世紀時與早期相比已經有了劇變。它在中世紀曾是地方的聚落中心，是領主款待佃戶的地方，也是主持司法的地方及當地的行政中心。從十六世紀開始，隨著王家宮廷和國會的地位越來越突出，這類大宅的功能逐漸發生了變化。由於這個時代旅行方便，鄉間別墅已成為上流社會生活的一種常態，所以建造這些別墅首先是為了給同階層的人留下深刻印象。這些大宅現在被設計成許多組的套房，他們在這些房間裡接待王室成員，也可以在富麗堂皇的氣氛中款待他們的同僚。僕人們不再像過去那樣與家庭成員一同生活起居，而是被分配到房子的不同區域。即使是在農舍，僕人現在也不再居住在裡頭，而是被分配到附近的小屋。

在大房子周圍散布著綠地（parkland），這是一個完全人工設計的景觀，旨在將居住者與外面的世界隔離開來。要實現這樣的極樂世界，通常意味著整個村莊要被拆除並且搬遷。哪怕是最簡陋的貧苦人家的茅舍，莊園主人都會給它們加上棚架和攀緣植物，讓它們在主人和他的客人騎馬經過時顯得格外漂亮。綠地外是一片農田，中世紀的條狀耕作制度最終消失了，取而代之的是被樹籬或圍牆圍起來的新型長方形田地。由於這種變化，佃農們可以採用新的輪作制度。蒙受損失的人是最貧窮的那些人。他們現在連能幫助自己勉強維持生計的公用土地都不再有機會使用。

這些正是革命性的花園風格出現的社會背景脈絡。而這種起源於英格蘭的花園風格，不僅會傳遍歐洲大陸，而且還將傳到美洲。

這些綠地是財富和地位的象徵，但它們也深刻傳達出擁有者如何看待其周圍的自然世界。這體現出過去存在許多世紀的信念已經被逆轉：自然世界不再被視為是人在伊甸園時因受誘惑而犯罪所造成的後果。在人類墮落之前，上帝曾命令自然與樹木完美協調，例如，以規則的幾何圖案生長，土地會自然產生果實，而且動物皆十分溫馴。由於墮落和人類的過失，一切都改變了。人類現在與過去相反地要在充滿敵意的大自然中辛勤勞作，而且這樣的自然環境是由茂密森林、危險野獸以及無法通行的危險山脈所組成的。只有在創造一個花園的過程中，人類才能按照上帝的神聖意志重新安排自然。

因此，最早的花園被劃分成幾何形狀：正方形、圓形和長方形，這都是要反映上帝對宇宙結構的安排。正規花園的時代便從此時展開，並在路易十四的凡爾賽宮達到了頂點。在凡爾賽宮裡，由運河、花壇、池塘、噴泉、大道和林園組成的巨大網絡構成了一個從宮殿向外輻射的網格。英格蘭在十七世紀下半葉採取了這種風格，這些花園自景觀園林中被創造出來。這形成了一塊塊彼此之間有籬笆隔開，又具鮮明對比的花園，它們散布在宅第周圍。

這種花園風格在這個時代將被掃除一空，不僅是由於時尚的改變，而且出於對舊自然觀的否定。然而，取代它的景觀也同樣是人造的。新的設計刻意模仿古典時代詩歌中描繪的風景：心滿意足的牧羊人和牧羊女們居住的世外桃源，他們在樹葉繁茂的林間空地上放羊，遠處還能瞥見異教神靈的廟宇。更重要的是，這是畫家們重新創造的景象，最有影響力的是偉大的法國藝術家克勞德・洛林（Claude Lorraine），他的風景畫是貴族收藏的對象。這些人想要讓自己在這些圖畫中見到的景色成為現實，因此著手改造他們的綠地；這與他們所受到的古典教育相輔相成。更重要的是，他們在文化上都擁有壯遊這種新體驗，他們希望在自己的莊園裡重現自己曾在義大利看到的羅馬遺跡的回憶。

上個世紀的花園逐漸地被視為畸形之物。僵硬的線條被蜿蜒的線條所取代，人們開始崇尚蜿蜒的步道。花園和綠地外的鄉村地區不再被視為蠻荒之地。遠景開始向裡面敞開，房子周圍的綠地和周圍的東西之間的界線由於界溝（ha-ha）的發明而模糊了。帶有擋土牆的乾燥溝渠，將牛群拒之門外，但使目光從綠地一直延伸到遠處的景觀。偉大的作家約瑟夫・艾迪生（Joseph Addison）在為《旁觀者》（*Spectator*）雜誌撰寫的一篇文章中捕捉到了這一變化。「……農田的景色宜人……而且……如果草地上的自然刺繡能加上一些技藝來加以改善的話，一個人便可以為自己創造出一幅美麗的風景畫。」這的確是當時所發生的現實情況。

威廉・肯特（William Kent）是這場革命的首位重要人物，他最著名的花園位於牛津附近的羅舍姆（Rousham），大約在一七四〇年建成，至今仍然存在。查爾維（Cherwell）河與莊園邊界之間的區域中被劃出了道路，這個區域讓人想起了古典詩人所描述的那些地方——例如這裡的一個山谷被布置成至福樂土（Elysian Fields），這裡還有布滿樹木叢的金星谷（Vale of Venus），而粗面石工所做的小瀑布則令人聯想到古代的輝煌景象。這個地方周圍的鄉村景色現在可以一覽無遺而且被加以裝飾，例如，遠處的小屋被改建為哥德式磨坊。在這樣的花園裡，主人可以和客人們一起散步，觀賞那些重新布置和裝飾過的自然美景，這些美景喚起了人們對古典時代的遐想，並使人們將昔日光輝與國家今日之輝煌聯想在一起。

這一類花園的最偉大創造者是蘭斯洛特・布朗（Lancelot Brown），他於一七一六年出生在諾森伯蘭郡偏僻的小村莊柯克霍爾（Kirkhole），是某個貧窮家庭的五個孩子之一。他與其他孩子的不同之處是，他一直接受教育直到十六歲，這表明他可能是當地地主威廉・洛蘭（Sir William Loraine）爵士的私生子，而且他一離開學校後便開始替洛蘭工作。洛蘭家族正在創造一種新的自然風格花園，而布朗已經證明自己是個有天賦的年輕人，開始深入參與花園的規劃工作。他早年生活的具體事蹟仍然十分神祕，我們不得不假設他是自學成才的。

當他二十三歲時，布朗透過洛蘭夫人親戚的人脈前往南方，並在牛津郡的基丁頓（Kiddington）打造了他的第一座花園。這個早期作品已經包含了他獨特風格的基本要素。接著，他又去了輝格黨地位最高的貴族科伯姆勛爵（Lord Cobham）的莊園工作，該莊園位於白金漢郡的斯托（Stowe），是當時最宏偉的莊園之一。布朗在那裡工作了八年且精進自己的技術，包括發明了一種移動樹木的機器，可以連根拔起並移動二十五到三十英尺高的樹，這意味著他隨時都可以提供他的顧客們成堆的樹木。他早已開始幫朋友們美化他們的綠地，他也獲得了新地位，這反映在人們開始稱呼他為「先生」（Mr）。

他於一七五一年在哈默史密斯（Hammersmith）成立了自己的莊園，並取得了巨大的成功，十三年後，他成為王家花園的管理人，並搬進了漢普頓宮中的一棟房屋。他在長達三十五年的職業生涯中為大約一百座綠地設計園林景觀，藉此賺了一大筆錢，並且為自己買了一座莊園宅第，當起了鄉村紳士。他成為劍橋郡和亨廷頓郡的郡長，並把他的兒子送到伊頓公學就讀。他不僅為國王工作，而且也為公爵和許多貴族工作。他的事業於一七六〇年代上半葉時如日中天。大約在一七六〇年，他打造了查茨沃思（Chatsworth）莊園、阿什里奇（Ashridge）莊園和阿尼克（Alnwick）莊園，接著在一七六四年為布倫海姆宮、盧頓胡（Luton Hoo）和里奇蒙宮（Richmond Palace）設計花園。光是他的傑作之一布倫海姆的綠地便占地三千英畝，這足以說明他所完成的工作規模之巨大。

他的工作程序總是一樣。首先，他將參觀某個地方來確定計畫的概要，每日收費十基尼。他會帶著一名測量員和一名繪圖員四處走動，他們會把要做的每一件事都記錄下來並繪製成圖紙。他在很短的時間便完成這些訪察，以致他被暱稱為「萬能的」。不過，布朗有識人的天賦，他仰賴一群工頭來完成現場工作。

如果必要的話，重建房屋的規模可以大得令人難以置信。他的風格與肯特（Kent）的風格不同，他沒有時間參觀古典神廟和偽造的廢墟。他發展出來的公式從未改變過。他總是透過築壩或引水來形成一個大湖或一條蜿蜒的河流，設計的方式是把源頭隱藏在一座橋或一道小瀑布後面，以此來呈現出水彷彿是從遠處流過來的。草坪從起伏的地形一直延伸到水邊，如果需要的話，可以藉由搬移成噸的泥土來製造草坪。草坪周圍會被細心點綴上一叢叢的樹木，不同的品種確保了不同季節的色彩對比。這些樹木放置的位置都經過巧妙思考，因此可以創造出設計好的視角，既考慮到構圖中心宅第觀看這裡的角度，也思考從這些樹木觀看宅第的角度。入口的車道經過精心設計，也因此遊客在經過一連串精心安排的景象之後，從遠處便能瞥見這座宅第。茂密的林帶環繞著整座綠地，一輛馬車能從林帶裡駛過，這樣主人就可以帶客人去欣賞他親手創造的自然美景。

布朗在二十年當中廣受歡迎，因此引來了一大批模仿者。然後，他在一七七〇年代開始受到攻擊。人們的品味改變了，他的作品被評價為「孤寂淒涼」，更糟糕的是，由於人們開始珍視鄉村的原始樣貌，所以開始對布朗矯飾的做法產生反感。詩人威廉・考珀（William Cowper）於一七八〇年代總結了這一轉變：

> 進步，這個時代所崇拜之偶像，
> 手下有許多受害者。瞧！他來了，
> 無所不能的魔術師布朗出現了……

他發號施令。前方的湖泊變成了草坪，
樹林消失，山丘下沉，而山谷上升，
溪流，彷彿是為他而造，
追逐著他的魔杖揮舞之軌跡而移動……

但是，萬能布朗（Capability Brown）所代表的風格即將橫掃歐洲，過去的正式花園將被英格蘭花園取而代之。這首先發生在法國，然後是義大利，再來是德國，最後則是俄羅斯。布朗的作品是少數完全源自英格蘭的藝術形式的巔峰之作。

# 51 瓦解與戰敗

一七六〇年，一名二十四歲的男子繼承了王位，他是已故國王的孫子喬治三世。雖然他有著漢諾威人的外貌（突出的眼睛和厚實的下巴），但他認為最能代表自己的身分是不列顛國王，而不是漢諾威選侯。當他首次與樞密院開會時，他稱英國為「我的祖國」（my native country）。不同於他的父祖輩，他討厭漢諾威，在英國長大受教育，而且英語是他的母語。他在這方面與父祖輩形成了強烈對比，不過這還只是一部分，因為他同時還是虔誠的英格蘭國教會信徒以及忠誠的丈夫。他的統治最初是採取理想主義，而這使他無法應對政治世界的艱難現實。更糟糕的是，他從前任國王手上接手的首相是他所憎恨的威廉・皮特。

喬治三世對驕傲自大的蘇格蘭人布特勛爵（Lord Bute）言聽計從，而布特勛爵最聞名於世的是他的一雙美腿。他在政治上的表現宛如一場災難。國王企圖在自己即位之後將權力結構徹底洗牌，讓布特勛爵爬升到最高職位。在喬治三世的成長過程中，他一直相信他的祖父和曾祖父都是輝格黨寡頭政治集團成員的傀儡，輝格黨寡頭政權也才得以宰制整個政治舞台長達四十年之久。儘管這不是事實，但是這種信念始終深植於國王的想法之中。喬治三世登基時，所有國民都渴望和平。皮特相信（日後的發展證明他的想法無誤）法國和西班牙即將達成共同進攻的聯盟，因此他希望先發制人，向西班牙宣戰。沒有人支持他，於是皮特在十月辭職，國王至此終於擺脫了他。

第二年，英國正式對西班牙宣戰，並且贏得輝煌勝利，因為英國占領了馬提尼克島（Martinique）、格瑞那達、聖露西亞和聖文森。布特並不是戰時部長的料，他驚慌失措並且開始與法國進行和戰談判。年邁的紐卡斯爾公爵因放棄與普魯士的同盟而辭職，這因此使國王得以提拔布特登上頂峰，任命他擔任財政大臣。但是這提拔也付出了代價：政府因此失去了在過去數十年元老派輝格黨統治時期中的關鍵人物。紐卡斯爾是輝格黨家族及其關係網的中心，這對任何一任政府的工作都至關重要。這是自喬治一世以來，他們第一次失去了權力。

《巴黎條約》（Treaty of Paris）於一七六三年二月十日簽訂，英國從法國那裡獲得了帝國的大規模擴張：整個加拿大、密西西比河以東的路易斯安那、布雷頓角（Cape Breton）和聖勞倫斯灣的諸島，多巴哥（Tobago）、多米尼克（Dominica）、聖文森、格瑞那丁（Grenadines）、塞內加爾和佛羅里達。英國現在統治著自羅馬以來最大的帝國，然而這場偉大勝利也揭開了日後悲劇性發展的序幕。悲劇首先開始於國內，當時的政治局面進入了一個相當不穩定的時期。

這其中的大部分錯誤可以歸咎在喬治三世頭上。在他之前的兩位國王在本質上都足夠精明，能與長期在位的大臣們保持密切關係，而且在老紐卡斯爾公爵的幫助下，他們能夠與輝格黨建立聯繫，維持下議院的多數席位。這種模式在一七五四年便已經被打破了。到了一七六〇年代，紐卡斯爾已經老了；而皮特，用最正面的話說，也越來越靠不住了。舊的體制已經瓦解，喬治三世不得不花上十年的時間才找到一位他喜歡的大臣。他與這位大臣可以順利合作，進而在下議院中獲得多數席位。輝格黨寡頭們的辭職促成了反對黨的出現，而這恰恰發生在舊反對者衰亡的時刻。托利黨的衰亡肇始於詹姆士黨人復辟事業的消亡，不過托利黨實際上究竟投入多少心力在這項事業中，至今尚未有定論。托利黨後來轉而效忠喬治三世的父親，即威爾斯親王腓特烈（Frederick, Prince of Wales），但他也去世了。托利黨的立場在七年戰爭期間發生劇變，他們甚至支持輝格黨政府，這進一步侵蝕了他們在政治立場上的一致性。當新國王於一七六〇年任命了幾名托利黨人擔任朝廷和政府的職位後，這個政黨便幾乎消失了。此外，他們在新君主身上發現了托利黨最核心的原則：保守的英國國教會和對既定秩序的崇敬。

元老派輝格黨員在過去數十年之所以始終能團結在一起，是因為要努力將托利黨擋在門外。當他們失去權力之後，他們便裂解成許多成員不斷更迭的聯盟，也就是圍繞著幾位領袖所聚集的不同政治集團：例如貝德福公爵（Duke of Bedford）或羅金漢侯爵（Marquess of Rockingham）。隨著一任又一任政府不斷更替，其造成的必然結果便是秩序混亂。布特很快就暴露出自己只是個傀儡。接任的喬治・格倫維爾（George Grenville）是個傲慢的惡霸，而緊隨其後的是羅金漢侯爵，他幾乎沒有嘗試過要做些什麼。最後是格拉夫頓公爵（Duke of Grafton），與政府事務相比，他對自己的賽馬更有興趣。當政府因為大臣的狂妄自大而崩潰時，國王最終被迫要去找他所憎恨的皮特。這些宛如萬花筒的政客爭權奪利之戲碼，對於高層制定出具有一致性的堅定政策毫無幫助。然而，當英國日益接近那場導致北美殖民地喪失的大災難時，這種堅定政策卻正是他們所亟需的。

到《巴黎條約》簽署時，北美已有十三個殖民地。有些殖民地建立於一個多世紀前，有些則成立於晚近，而它們都得到王家特許狀。自威廉三世統治以來，它們在實務上要對國會負責。儘管殖民地在政府制度、宗教信仰和社會結構上存在很大差異（尤其是在寒冷的北方和溫暖的南方之間的差異），但它們實際上都是由在國外定居的英國人組成的，他們的穿著打扮和十八世紀英格蘭的其他人沒什麼不同。他們說英語，閱讀倫敦印刷的書籍，購買英國商品，使用自己模仿祖國的風格和時尚所製作的手工藝品。他們中的絕大多數是極為虔誠的新教徒，對國內宗教形勢的不同立場是他們祖先最初移民的原因。英格蘭只有十分之一的人口是不服從國教者，而在殖民地，不服從國教者的人數比例上升到四分之三。

今日回顧起來，對英格蘭而言不幸的是，當初在建立這些殖民地時，國內並沒有人詳加考慮建立這些殖民地所將帶來的長期後果。每一個殖民地都有自己選舉出的地方議會以及由王室任命的總督，總督的薪水由殖民地人民支付，但是在最高決定權方面，總督必須聽命於一個要對倫敦國會負責的政府。因此，英格蘭的行政控制相當薄弱，沒有任何正式機構，包括國會在內。這並沒有立即出現問題，因為在上個世紀的大部分時間當中，英格蘭始終陷入國內的危機，隨後又陷入了與路易十四的戰爭。沃波爾於在位期間對殖民地沒有任何興趣，但到了十八世紀中葉，情況發生了變化，這是由於英國於一七六三年從法國手中奪取了加拿大。在某種程度上，它消除了來自北方的任何入侵威脅，但它也引起了人們對七年戰爭期間保衛北美殖民地巨大成本的強烈關注，而且英國人很清楚在戰爭時這些殖民地與敵人有貿易往來。保衛北美殖民地的錢是由英國納稅的紳士階級支付的，他們逐漸開始感到殖民地居民至少應該為自己的防禦做出一些貢獻。殖民地居民不同意這一觀點，他們認為由於自己在國會中沒有代表，國會因此沒有權利向他們徵稅。

就國會而言，他們並不認為殖民者的地位與英格蘭的大多數人口有任何不同，英格蘭的大多數人也沒有投票權，但仍按照國會的規定繳稅。

因此，此時的局面就像是導火紙被點燃後緩慢地悶燒，最終則引爆了戰爭以及殖民地的脫離。英國與法國停戰之後，將一萬名士兵駐紮在北美以保衛殖民地，國會於一七六五年決定針對殖民地徵收有史以來首次的直接稅，來部分負擔這筆費用。徵收的金額僅為費用的二十五分之一，但是金額並不是人們在乎的重點。殖民地議會怨聲載道，波士頓發生了騷亂。當地民兵拒絕鎮壓他們，因為他們這麼一來便是在傷害自己的同胞。在大西洋彼岸的國會，認為自己的主權受到了被他們視為傲慢反叛者的一群人挑戰。

殖民地議會認為自己的權威受到威脅，於是於秋季在紐約集會，並宣布英國國會無權對其施加稅收：「無代表，不納稅。」《印花稅法》（Stamp Act）成功地將以下的事實帶到了政治舞台的中心：殖民地議會有能力管理兩百五十萬人民，幾乎完全獨立於母國，而議會現在不打算放棄這種狀態。儘管《印花稅法》引發的動盪最終迫使該法案被廢除，但是在國會中沒有人同情殖民地議會的觀點。隨之而來的是《公告法》（Declaratory Act），該法明確規定了國會對殖民地進行立法的權利。人們對《印花稅法》的廢除毫無感激之情，而且實際上，殖民者現在強烈要求自治的權利，並且開始否定國會的立法。國會現在面臨到的問題是，該如何設法由外部向殖民地居民徵稅，讓他們支付部分自己的防禦措施。國會想出的解決辦法是對紙張、油漆、玻璃、鉛和茶葉徵收關稅。

這在殖民地引起的反應是開始抵制英國商品，殖民地議會認為這能夠對母國經濟施加必要的壓力。反對者組成了愛國團體，如麻薩諸塞州協會（Massachusetts Association）。一七六八年一月，麻薩諸塞州以「無代表，不納稅」為理由向國會請願。英國的態度變得強硬起來，並且下令解散該協會。英國派遣了兩個軍團前去維持秩序。波士頓於十月禁止了英國貨物的進口，這一禁令隨後在全部十三個殖民地都被採行。次年五月，英國內閣再次被迫做出讓步，暫停了除茶葉以外的所有關稅。

正是在這個時間點，經過十年來不斷變換的政治聯盟和變化的內閣，國王終於找到了他的沃波爾。腓特烈・諾斯勛爵（Frederick North, Lord North）是伯爵爵位的繼承人，同時是下議院的議員。他的外表缺乏吸引人之處，臃腫的身體上那張浮腫臉龐突出著一雙大眼睛。他的能力非常出色，機智過人，並且具備仁慈的氣質。議員們對他心存警惕不是沒有道理的，因為他之前雖然都像是在前排長凳上打盹，卻能夠在重要時刻及時「醒過來」擊敗對手。就國王而言，他找到了一位可以順利共事，並且能維持下議院多數席位的大臣。諾斯在短短時間當中便吸引了來自各個團體給予的支持，藉此贏得了勝利。然而，他所面臨的現實情況是，他注定要承擔起英國史上最慘痛的撤退，其規模與程度一直要到英國在一九三九至一九七九年間在各地的撤軍才被超越。

更糟糕的是，國王對諾斯的痴迷導致了某種類似反對黨的團體首次出現。它的核心是羅金厄姆侯爵（Marquess of Rockingham），因此被稱為「羅金厄姆輝格黨」（Rockingham Whigs）。羅金厄姆吸引了一群忠心耿耿的支持者，並得到了在該世紀早期享有權力的幾個老輝格家族成員的大力支持。他們當中還有一位擁有宣傳者的天才：埃德蒙・柏克（Edmund Burke）。柏克將這個新生的政治「政黨」定義為「一群人聯合起來，透過他們共同的努力，在他們都同意的某一特定原則上促進國家利益」。他們提出的政治主張是前所未見的。在過去，那些反對國王的人的立論基礎是：君主需要被從腐敗和邪惡的顧問之魔爪中拯救出來。羅金厄姆輝格黨則主張，這些顧問是受國王和宮廷的影響而腐化。這些顧問必須被撤職，而國王必須接受政策的轉向。羅金厄姆輝格黨認為殖民者的困境是他們可以認同且奮鬥的目標，而他們在採取這種立場之後，將國家一分為二。

喬治三世個人支持《印花稅法》的修改，只是後來他對殖民者的態度更加強硬，但從一開始他就把捍衛國會權利視為自己的責任。大西洋兩岸的衝突局勢已經一觸即發。一七七三年十二月十六日，麻薩諸塞愛國者們將三百四十箱東印度公司的茶葉倒入波士頓港，後人稱他們為「波士頓茶黨」（The Boston Tea Party）。這在英格蘭激起巨大波瀾。《波士頓港口法》（Boston Port Act）下令關閉該港口，直至東印度公司獲得賠償。更糟的是，殖民地特許狀被撤銷，議會被解散，除了最高法院的法官外，總督被授予了所有人事的任命權。殖民地目睹了自己的自由被他們眼中專橫的獨裁政權所剝奪。

《魁北克法案》（Quebec Act）進一步加劇了他們對於可能出現的後果之恐懼。這個法案為英國新近獲得的加拿大建立起政府機構，而該機構的形式是由一名總督和直接從英國任命的理事會所組成。其中一項規定是給予羅馬天主教徒宗教上的寬容。殖民地居民，其中絕大多數是不服從國教者，認為這個法案非常類似於詹姆士二世當初追逐絕對統治的手段，以及要讓英格蘭回歸羅馬天主教。加拿大因此被認為是要將教宗式專制施加在十三個殖民地的第一步。一七七四年秋天，殖民地代表在費城召開的大陸會議（Continental Congress）上要求廢除自一七六三年以來的所有立法。試圖與英國國會達成和解的努力失敗了，大陸會議現在由激進派接管。大陸會議頒布了所謂的《薩福克決議》（Suffolk Resolves），主張直到麻薩諸塞州的特許狀被恢復以前，將暫停支付所有稅款。同時還通過了《大陸盟約》（Continental Association），致力於杯葛進口與消費英國商品。

一七七五年四月十八日，首次衝突於萊辛頓（Lexington）和康科特（Concord）爆發，他們被認為是北美居民追求自由大業中的第一批「烈士」。英國國內尋求改革的人群中也不乏同情反叛的人。然而，人們直到一年後才對這實際上是場內戰的爆發做出反應。在這場內戰中，雙方都把對方描繪成冷酷無情，就像過去英國內戰中的情況一樣。英軍的遲鈍反應有利於叛軍迅速將自己從民兵變成一支國民軍。邦克山（Bunker Hill）爆發了一場戰爭，雖然不具決定性，但是英軍在其中損失慘重。指揮官豪威將軍（General Howe）隨後被迫撤出波士頓。喬治三世於八月二十四日發表了《反叛宣言》（Proclamation of Rebellion），但是他的首相諾斯勛爵就像先前的沃波爾一樣，無法應付戰爭。英國的反應既緩慢又混亂，最終派遣了兩萬三千名日耳曼雇傭兵，然後是五個愛爾蘭軍團，最後還有來自直布羅陀和米諾卡島的軍隊。但是，這些行動的規模都微不足道，且已錯過時機。一七七六年七月四日，各殖民地發表了《獨立宣言》（Declaration of Independence），正式宣布放棄對國王的效忠，確立各殖民地為獨立於大不列顛的國家。

英國於一七七七年發動的報復性大型戰役以慘敗告終。英軍兵分二路，豪威將軍從南部推進，伯格因將軍（General Burgoyne）從北方推進。豪威決定將他的軍隊轉移到費城，因此未能與從加拿大發兵的伯格因會合。一七七八年十月，他在薩拉托加（Saratoga）被擊敗。英軍的局勢到那時已經惡化。法國於一七七八年宣戰、西班牙於一七七九年宣戰，然後荷蘭於一七八〇年宣戰。但是，這些行動的規模都微不足道，且已錯過時機。這意味著衝突現在蔓延到全球各地，而英國開始提出和談的協議，而其中的核心條件是給予北美英國人以及帝國其他成員自治權和英國公民的身分。但是對於美國人而言，這些做法都太遲了，他們現在唯一要的便是獨立。一七八一年十月十七日，康沃爾利斯將軍（General Cornwallis）領導的英軍在約克鎮投降。諾斯勛爵中肯地哀嘆道：「哦，上帝！一切都結束了。」一年後，國王被迫接受了他的辭呈。英國最終於一七八三年與後來的美國達成了和平協定。

這是英國自一七〇七年以來唯一吃過的一場敗仗，它讓統治階級深受創傷，大英第一帝國在這個打擊下就此結束。法國人對美國的援助加速了舊體制的崩潰。英國犯下了一連串的可怕災難和管理不善，人們至今對於究竟是哪些人犯了錯誤都沒有一致意見。但是，一旦訴諸武力，這樣的結果始終是無法避免的。這場內戰中充滿了與同胞相互廝殺的不安情緒。在北美洲的這群人是信奉新教的英國人，而不是信奉天主教的法國人。英軍在戰爭初期的不作為加速了這場災難的發生，而且戰場在三千英里外，再加上戰場上樹木茂密、河流縱橫交錯不利通行，這種種一切都讓這場災難更加嚴峻。殖民者對於自己的祖國瞭若指掌，並且對於游擊戰越來越熟練。補給品花了三到六個月才經由海路抵達，此外，新英格蘭可怕的冬天也造成了他們許多麻煩。

英國人也發現自己缺乏盟友。當法國宣戰時，英國也必須保衛本島以及提防所有運兵船。到了一七八〇年，英國在美國獨自與殖民者作戰；在印度、西印度群島、北美和非洲與法國作戰；在巴利阿里群島（The Balearics）、直布羅陀、西印度群島、中美洲和佛羅里達與西班牙作戰；

在錫蘭、東印度群島、西印度群島以及北海與荷蘭作戰。

這是一次巨大的恥辱。指揮不力和戰爭敗北都是統治階層一手造成的。這是極為丟臉的恥辱，英國人因此開始著手努力創造出一個包容更多成員在內的不列顛認同，將蘇格蘭人和愛爾蘭人納入其中。在接下來的幾年當中，他們將要開始學習聯合在一塊效忠王室和第二個大英帝國，這個帝國的基礎是重建之後的陸軍與海軍，並且由新的傳教士精神維繫在一起。現在回顧起來，這場敗戰或許來得正是時候。因為英國在六年之後即將面臨持續超過二十年的戰爭。在這場戰爭中，英國統治階級將看到，在被稱為「法國大革命」的大災難之中，歐陸的貴族們被剝奪了一切。

# 52 世界性大戰與不列顛的誕生

諾斯勛爵的倒台讓政治混亂捲土重來，這讓人回想起一七六〇年代的混亂，當時內閣一任接著一任不斷更迭。輝格黨主要分為兩派，一派是聚集在羅金厄姆勛爵周圍的人，一派是追隨謝爾本勛爵（Lord Shelburne）的人。兩個派系中皆有冉冉升起的新星，在羅金厄姆勛爵陣營中是亨利・福克斯之子查理・詹姆士・福克斯（Charles James Fox），而在謝爾本勛爵陣營中則是小威廉・皮特（William Pitt the Younger）。在經歷了美洲戰爭的災難之後，兩人都擁有帶領國家前進的新政治願景，但是福克斯和小皮特的願景並不同，這兩人是死對頭。然而，當福克斯鞏固了與他昔日敵人諾斯勛爵的邪惡聯盟後，福克斯搶先一步取得他眼中的大權。羅金厄姆勛爵於一七八二年夏天去世。福克斯的勝利是短暫的，因為喬治三世當時已是一個老練的政治人物，他和小皮特一起密謀要將福克斯拉下台。而皮特和國王是在等待福克斯提出一個法案後，便以要詢問全國對於此法案的意見為藉口來舉辦選舉。這個法案的具體內容是提議徹底重組東印度公司，國王下令上議院否決。小皮特被要求組建政府，並且於一七八四年春天舉行了大選，福克斯的人馬在選舉中落敗。此時上任的小皮特開啟了一段長期且穩定的首相任期。

小皮特是此時已被封為查塔姆伯爵（Earl of Chatham）的老皮特的次子。小皮特自此時開始

（除了中間短暫的中斷之外）便一直擔任首相直到他於一八〇六年去世，從而主宰了政治舞台二十年。像他這樣對自己的力量和命運抱有如此堅定信念的人可說是鳳毛麟角，這些都讓他對自己充滿使命感，也使他成為這個國家歷史上最偉大的戰時首相之一。他本質上是一個實用主義者，同時是出色的組織者和管理者，他針對公務員制度進行改革，例如開始廢止舊的閒差職位和規費，轉而採用發給適當薪資的職位制度。他對政府財政的改革也對戰爭的勝利有著重要貢獻。很少有政治家能像他如此迅速地掌握了國會，儘管他的個人追隨者從未超過五十人，但是他仍然掌握了對獨立議員的控制，以確保自己的多數優勢。喬治三世非常依賴小皮特，就像他最初依賴布特，然後依賴諾斯一樣。不同的是，這次他遇到了一個真正值得他完全信任的人。

一七八九年七月十四日開始的事態證明了這一點，當時巴黎暴民席捲了巴士底獄，這座堡壘般的監獄是法國國王低效統治的象徵，具體表現了「舊政權」（ancien régime）一詞。這一事件是席捲整個西歐的大災難的開端：法國大革命。法國被捲入了一波血腥的暴力浪潮，被摧毀的不只是一個具有幾百年歷史的政府體系，還有具有幾百年歷史的貴族社會結構。這個史詩般的故事之起始階段在英國引發了人們的熱情，尤其是像查理．詹姆士．福克斯這樣的政客，他們認為將會出現類似於英國議會制度的東西。當後來事件開始出現駭人聽聞的轉變後，人們的態度迅速發生了變化，特別是當斷頭台的大規模公開處決開始進行後，甚至連法國國王的頭都落在斷頭台上。這事件分裂了輝格黨，也催生出尚未有實際名稱而且形象模糊，但確為下個世紀政黨的先祖；這群人之所以聯合起來，並不是因為他們作為家族聯繫與影響力網絡的代表，而是因為他們是共同效忠於某些原則的一群人。小皮特把維護貴族政府傳統的那群輝格黨拉進他的政府，他們這群人都認為貴族傳統受到了威脅，也因此在實質上形成了擁抱保守價值的政治聯盟。福克斯及其擁護者仍然支持革命，反對與法國的戰爭並支持改革，這樣的立場體現出了自由主義的先驅角色。但是雙方基本上都按照十八世紀的方式行事，認為政府和政策的控制權集中在王室及其權力上。

英國人對革命的普遍反應是極度的恐懼和反感。貴族和資產階級看到自己所代表的一切都遭受威脅。一七九三年二月一日，法國對英國和荷蘭宣戰，這標誌著一場持續了將近二十五年的戰爭的開始。法國軍隊在入侵各個國家之後，會提供在地下層民眾兄弟般的援助。法國人聲稱自己在幫助這群人擺脫君主制和貴族社會的枷鎖。隨著戰爭逐步升溫，英國統治精英才徹底認清法國大革命對自己的全面性威脅，戰爭的性質也因此宛如追求自我保護的十字軍東征。

這不可避免地促使英國急遽趨於保守，以致哪怕提出些變革或改善的要求，都會立即被懷疑具有革命意圖。但是在一七八九年的事件之後，時代浪潮已經無法倒轉。政治辯論終於走出了由特權階層獨占的封閉領域。激進運動於一七九〇年代出現，這些運動的成員包括了下層階層，特別是城鎮中的熟練工匠，這些人組成了通信協會（Corresponding Societies）要求普選。他們的基石是湯瑪斯・潘恩（Thomas Paine）的《人權》（*Rights of Man*，一七九一），此書譴責一個建立在繼承特權和財富之上的社會，呼籲機會和權利平等，包括男性普選權。有鑑於英吉利海峽對岸的事態翻展，英格蘭的這些發展便引發了一系列壓制性的措施：一七九四年人身保護令（Habeas Corpus）的中止、一七九五年頒布的《叛國行為和煽動性會議法》（Treasonable Practices and Seditious Meetings Acts），以及一七九九年和一八〇〇年頒布的《結社法》（Combinations Acts），這些措施日漸走向極端。例如，任何批評國王或政府的人都會被判處叛國罪，禁止任何工人協會的組織。總的來說，這些措施是雷聲大雨點小。實際上，很少有人受到起訴，被判處有罪的人則是寥寥可數。然而到了一七九五年，這些激進運動很快地便被鎮壓，並且轉入地下。

這場戰爭持續了很長一段時間，而且其地理範圍也是空前的，涵蓋了歐洲、亞洲、非洲以及南北美洲。英國曾多次受到入侵的嚴重威脅，事實上，在戰爭中征服英國，確實一度成為法國議事桌上的首要任務。這場戰爭的性質也與之前的戰爭不同，因為它見證了公民軍隊的誕生，法國在這場戰爭中動員了大量男性人口。作為回應，英國不得不逐漸改變其軍事結構，從一支由受雇的專業人士和雇傭軍組成的軍隊，轉變成一支由全國各地各階層、各宗教派別的士兵組成的軍隊。一七八九年，英國軍隊只有四萬人。到一八一四年，軍隊人數達到了二十五萬。加上志願者和兼職人員的話，大約有五十萬男性被武裝起來。不列顛群島的人民從未像這樣被團結在如此之大的軍隊規模之下。他們也因此有能力先對抗法國共和政府的軍隊，然後再與拿破崙的軍隊抗衡。

這場戰爭規模巨大，為數眾多的軍隊縱橫交錯在從伊比利半島到俄羅斯的整個歐洲。對英國而言，戰事的重點在於新大陸，因為這裡攸關英國的「貿易帝國」，是英國利益之所繫。戰爭首先在歐洲爆發，法國人占領了奧地利低地國和荷蘭，並且成立了一個新的共和國。英軍的主力是海軍，一七九四年，豪威勛爵（Lord Howe）在一場名為「光榮六月一日」（The Glorious First of June）的戰役中擊敗了布雷斯特艦隊（Brest Fleet）。數年後，一位天才軍事領袖拿破崙・波拿巴（Napoleon Bonaparte）崛起，掌控了法國對義大利的征服。法國軍隊所到之處，舊秩序都崩潰了，這進一步加劇了英國國內的恐慌。西班牙於一七九六年加入法國陣營；而在此之後的那一年，雙方的戰爭出現了短暫休兵，亦即《坎波福爾米奧和約》（The Peace of Campo Formio）。

這給了法國人喘息空間，讓他們得以為入侵英格蘭做好準備。幸運的是，英國海軍於十月成功摧毀了駐紮在坎珀當（Camperdown）的法國艦隊。拿破崙和法國軍隊入侵了埃及。那時，英國艦隊中有一艘戰艦是由能力非凡的霍雷肖・納爾遜（Horatio Nelson）所指揮。一七九八年八月，他在尼羅河戰役中摧毀了法國的土倫艦隊（Toulon fleet），迫使拿破崙放棄了在埃及的戰役趕回法國，並且在政變中被任命為第一執政官（First Consul）。俄國和奧地利參加了戰爭，在英國海軍的幫助下將法國人趕出義大利。但是拿破崙在一八〇〇年六月的馬倫哥（Battle of Marengo）戰役中擊敗了奧地利。奧地利於六個月後再次戰敗後，便與拿破崙談和。奧地利正式承認了由橫跨義大利、荷蘭、瑞士和萊茵蘭等地的附庸國組成的龐大法蘭西帝國。然而，納爾遜在一八〇一年於哥本哈根取得了進一步的勝利，同時出現了另一位天才指揮官亞瑟・威爾斯利（Arthur Wellesley），他摧毀了法國在印度的最後殘餘勢力。交戰雙方於一八〇二年於亞眠（Amiens）簽署了和平協議，英法兩國在下一次戰爭爆發之前暫時停火。《亞眠條約》（Treaty of Amiens）讓開始厭戰、過度課稅且飽受通貨膨脹之苦的英國得以喘一口氣。

一八〇三年五月十七日，英國重新投入戰爭。第二階段的戰爭則造成了更多英國人的犧牲。較早時候引入的所得稅急遽上升。小皮特在短暫下台一年後重新掌權。他意識到，面對現在已經加冕為法國皇帝的拿破崙，英國必然要在歐陸上擊潰他。在拿破崙這方，他明白自己的成功取決於征服英國，因此他將全部注意力轉向準備在布洛涅（Boulogne）集結的大約十萬人的大規模入侵部隊。一八〇四年的入侵之所以沒有發生，是因為俄國、奧地利，最後是瑞典等國在戰爭中加入英國陣營。這意味著法國軍隊必須向東進軍，他們在烏爾姆戰役（Battle of Ulm）中大獲全勝擊敗奧地利軍隊，拿破崙凱旋進入維也納。奧地利和俄國在奧斯特里茨（Austerlitz）戰役中第二次被擊敗。在海戰方面，英國艦隊取得了一系列的成功，而此艦隊在一八〇五年十月二十一日的特拉法加之戰（Battle of Trafalgar）取得傳奇性的勝利，它們摧毀了法國和西班牙艦隊的主力。在這場戰役最激戰的時刻，現在已被封為納爾遜勛爵（Lord Nelson）的霍雷肖受了致命傷。特拉法加戰役的結果意味著拿破崙不再可能入侵英格蘭，同年小皮特在倫敦市長的宴會上發表了著名的演講：「我感謝你賦予我的榮譽，但是，歐洲不是靠一個人的努力就能被拯救的。英格蘭已透過自身的努力拯救了自己，我相信，歐洲也會因為英格蘭的榜樣而得救。」

小皮特因戰爭而疲憊不堪，並於一八〇六年一月二十三日去世，享年四十七歲。這是一個巨大的損失，其後再也沒有能繼承其位置的偉大領袖。接下來的時代中是一連串不斷更迭的內閣：首先是賢能內閣（Ministry of all the Talents）的格倫維爾勛爵（Lord Grenville）和查理・詹姆士・福克斯；然後是波特蘭公爵（Duke of Portland），接著是斯賓塞・珀西瓦爾（Spencer Perceval），他在一八一二年被暗殺，最後是利物浦勛爵（Lord Liverpool），他一直掌權到一八二七年。

然而，戰事絲毫沒有減緩。拿破崙於一八〇六年在耶拿（Jena）打敗了俄國，占領了柏林。次年，他再次將其擊退，他與俄國沙皇隨後簽署了一項劃分歐洲的條約。皇帝此時做出了判斷：他征服英國的唯一機會是透過經濟手段。他於是關閉了所有與英國有貿易關係的歐洲港口，這是首次出現的大規模經濟戰。（第二次是在一八一二至一八一四年與美國的貿易戰。）出口因此暴跌，也造成了工業動盪、破產和物價下跌。英國因此被切斷了歐陸的穀物進口，進而導致了糧食暴動。但最終英國經受住了風暴，拿破崙被迫放寬禁令，因為物資短缺也對他產生了不利影響。那時，他將注意力轉向了伊比利半島，要讓他的弟弟成為西班牙國王。但是這一次，他遭遇到西班牙全國強力抵抗，而且西班牙還可以透過葡萄牙獲得英國海上力量的補給。

一八〇九年四月，亞瑟・威爾斯利作為總司令率領了兩萬五千名士兵返回葡萄牙，並在塔拉韋拉（Talavera）擊敗了法軍。他由於這場勝利被授予貴族爵位。他撤退到托列斯維特拉斯（Torres Vedras）山脈的防線後方，並且耐心地在此等待時機。法軍最終因為所有補給線都被切斷，只好被迫撤退。威爾斯利隨後占領了他們所有的堡壘，並在薩拉曼卡（Salamanca）再次擊敗了他們。拿破崙現在轉而進攻俄國，他於一八一二年夏天率領七十萬人的軍隊入侵俄國。俄國軍隊不斷撤退，當拿破崙到達莫斯科時，他沒發現任何可以交戰的俄國軍隊。可怕的冬天來臨了，法國人因為沒有任何補給品而被迫撤退，造成了五十萬名部隊喪生。

與此同時，戰事在西班牙仍在繼續進行，威爾斯利在維多利亞（Vittoria）擊潰了法國軍隊，掃除了他們對西班牙的控制權。拿破崙返回法國後在德勒斯登贏得了一場戰役，但在萊比錫輸掉了第二場戰役，被迫撤出萊茵河。反對他的歐洲強國聯盟至此已經成形：英國、普魯士、俄羅斯、瑞典以及後來的奧地利。這支盟軍向巴黎挺進，而巴黎於一八一四年三月三十一日投降。拿破崙退位，並被流放到名為厄爾巴（Elba）的小島上。戰後，獲勝的盟國聚集在維也納，重新劃分歐洲版圖。英國與法國於五月正式講和。但這還不是故事的結局，因為拿破崙從厄爾巴島逃脫，並於一八一五年三月一日在法國登陸，他迅速集結了一支軍隊。威爾斯利（此時已是威靈頓公爵（Duke of Wellington））離開和平談判會議，前去指揮盟軍。英國軍隊有三萬人。普魯士承諾出兵，奧地利和俄國也答應出兵。一八一五年六月十八日，這場戰爭的最後一役在滑鐵盧（今日的比利時境內）打響。威靈頓的軍隊頂住了拿破崙軍隊的多次進攻，直到普魯士軍隊及時趕到，最終將他們徹底擊潰。戰爭終於結束了。

在維也納進行的外交將會確立歐洲日後四十年的版圖。英國的卡斯爾雷勛爵（Lord Castlereagh）在談判過程中發揮了主導作用。他擘劃的歐洲藍圖是法國不會遭受羞辱，不過所有其他國家領土的完整將會得到尊重，並透過謹慎地維持勢力平衡來實現穩定。在英國方面，領土上的擴張看起來規模可能不大，但對於推進其貿易帝國而言，這些新領土具有極大的價值：馬爾他、圭亞那、多巴哥、聖露西亞、好望角、新加坡和馬來亞。英國在印度的地位現在已經無法被動搖。

在這一切戰爭結束之後，英國似乎是唯一一個舊制度依然完好無損的國家。在其他地方，王位已經被推翻，沿襲數百年的秩序都被廢除了。得益於海軍和經濟實力，以及小皮特、納爾遜和威靈頓等好幾位偉大的戰爭領袖，英國取得了勝利。英國當中的許多民族在面對法國這個敵人時找到了共同的身分認同。一八〇〇年，〈天佑吾王〉（God save the King）被正式採用為國歌。儘管這場戰爭以維持現狀的十字軍東征般熱情爆發，不過在現實狀況中，一八一五年的統治階級以及國家，已經與一七九三年的情況大不相同。

這些戰事是英國跨入十九世紀的重要分水嶺，這些戰事中所發生的變化從根本上改變了君主制和統治精英的性質，他們可以說得上是重新塑造了自己：首先是為了回應戰敗美國的創傷，其次則是為了回應對本國發生革命的恐懼。就君主制而言，喬治三世和他的家人已經為王室樹立了榜樣，他們是家庭禮儀的典範。國王的瘋狂（遺傳性紫質症〔porphyria〕造成的病痛，在一八一〇年轉變為永久性）舊病復發，不過這讓國民對被他們稱為「農夫喬治」（Farmer George）的這位男人之尊重有增無減，並且被人民視為父親。他的兒子威爾斯親王喬治（後來成為攝政和喬治四世）的墮落頹廢更是進一步提高了他的聲望。慶祝戰爭勝利的活動將焦點擺在象徵民族團結的君王身上。這些活動不再局限於宮廷，而是在全國各地組織進行。在一八一〇年喬治三世登基五十週年紀念日那天，整個帝國都舉行了各種儀式。如果國王扮演的是英國第一公民的角色，那麼他的王后梅克倫堡—施特雷利茨的夏洛特（Charlotte of Mecklenborg-Strelitz）所扮演的便是女性典範。當喬治三世於一八二〇年去世時，舉國哀悼。

君主政體要強調自己值得獲得效忠，所以開始將自己重塑為一個體現了美德和愛國主義的制度。此外，變動的局勢對於統治精英階層中發揮的滲透性影響則更為劇烈。他們目睹了精英階層在歐洲大陸上被消滅，並且意識到在英國對於這個階層已經存在著一種敵對和批判的態度；英國的作家們已經開始質疑精英階層純粹基於血統和財產來行使政治權力的權利。在一七八〇年以降的三十年當中，地主階級重申了自己的這個權利，同時將自己塑造成應該得到下層人民尊重的一群人。

關於貴族的首本標準參考書的初版於一八〇二年發行，書名為《德倍禮貴族》（*Debrett's Peerage*），該書至今仍在發行。這本書的新穎之處在於，英國的不同貴族階層在此書中首次被全體放在一塊討論，並被視為一個統一的社會階層。這反映了十八世紀下半葉的情況，當時貴族之間的婚姻，特別是英格蘭和蘇格蘭貴族之間的通婚，創造出一種新的統一體。這種復興得益於有一批新貴族被冊封，這讓戰爭中的精英分子加入這個階層，這些成員包括了海軍將領、陸軍將領和行政官員。上層階級的人數不僅增加，而且他們也十分幸運。人口在這時代的激增造成了對穀物的需求大增，這也讓土地收入快速增加。

其他的變化也改變了上層階級的本質，把他們前所未有地融合成為具有相同心態的一群人。過去的教育方式是在家中由導師來教學。這種方式在現在則被取代。教育方式現在改為將孩童送去伊頓公學、溫徹斯特（Winchester）公學、西敏寺公學或哈羅公學（Harrow）等學校就讀。到了一八〇〇年時，上層階級男孩中約有七成就讀於這四所學校中的其中一所。在這些學校中，這些男孩在年紀尚輕時便與其他上層階級結識，並形成了將持續一輩子的人脈。他們在那裡學習希臘語和拉丁語的經典作品，因此被灌輸了重視英雄崇拜的愛國主義，而英雄在這些古代經典中正是那些在戰場上英勇作戰的強壯戰士。與這些同時發生的還有外表穿著的根本變化。革命前的法國時尚強調階級性：男性穿著華麗的繡花華麗面料，並裝飾有花邊和珠寶。這種招搖的展示到了一八一五年時被兩種風格所取代，一種是傳遞出安靜優雅新風格的米色、灰色和黑色的民間服裝；另一種則是穿著宣揚愛國主義的軍隊制服。

除此之外還有別的變革。一七七〇年代被認為是一個令人震驚的頹廢時代，包括鋪張浪費、賭博和性墮落。與之相對的是，人們重申傳統觀點，即財富和地位意味著義務，無論是在從事公共事業還是在個人廉潔方面。那些像詩人拜倫勛爵（Lord Byron）一樣，觸犯了清教徒新倫理的人，則尋求浪居外國。人們認為，上層階級的地位不僅建立在他們的出身和財富，更取決於他們為他人服務的勤奮和家庭道德。他們所體現的，並不是那些要面對革命的舊政權精英的惡習，而是中下階級可以效仿的美德。

這些人主要是商業階層，他們在社會中的地位開始得到統治精英的充分認可；不過精英們不允許政治權力朝著對商業階層的方向有大規模的移轉。畢竟，貿易占了政府收入的六成，並且在一場耗資十五億英鎊的戰爭貢獻良多。這兩個階級相互需要，因為國家的統治階級維持著貿易蓬勃發展所必需的秩序，這也包括了他們指揮著強大的海軍。商業階層的網絡遍及各地，從倫敦城及其港口一直延伸到鄉村地帶，一路再到蘇格蘭（本世紀下半葉的貿易量成長了三倍）；而且階層當中有各種各樣的人們，從製造商、中間商、店主，一直到小販。戰爭的成功意味著帝國的擴張，而隨擴張而來的便是英國商品有了新市場。愛國主義和商業在此時攜手並進，而且雙方都從中得利。

這種新的英國集體認同感對工人階級的自我意識造成衝擊，他們當中大多數的人都直接或間接地參與了戰爭。此外，諸如報刊、流行印刷品和慶典等種種事物一起建立起了一種民族感，到了一八〇〇年時，愛爾蘭被刻意地融入其中。蘇格蘭早在一七〇七年就已被同化，但愛爾蘭仍保留著自己的獨立議會，儘管該議會要服從倫敦國會的管轄。（威爾斯則是早在好幾個世紀前就被以法律手段同化了。）北美殖民地的反抗則是激起英國人對愛爾蘭潛在危險的關注。要求變革的呼聲在這時代首次來自逐漸接受共和主義的盎格魯—愛爾蘭新教徒，而不像是過去總是來自被壓迫的天主教徒。這些要求包括國會改革和恢復羅馬天主教徒的公民和政治權力，即所謂的天主教解放（Catholic Emancipation）。推動天主教解放的運動加劇了該國的宗教分歧，導致了北部尋求分離的游擊戰。一七九八年，愛爾蘭的共和主義新教徒在北方起義而遭到了野蠻鎮壓；南方天主教共和黨人的起義也被鎮壓下去。小皮特認為，解決愛爾蘭問題的唯一辦法，就是將蘇格蘭於一七〇七年所經歷的一切移植到這個國家。愛爾蘭國會於一八〇〇年被解散，在倫敦的國會則迎接一百名愛爾蘭議員、二十八名貴族和四名主教。由於國王的堅決反對，小皮特未能兌現解放天主教的承諾。從表面上看，上述種種措施的結果是出現了一個統一的大不列顛和一個單一的立法機構。但對於日益兩極分化的社會當中的潛在緊張關係，政府卻沒有做出任何解決措施。

儘管愛爾蘭的問題日趨嚴重，但是不列顛在一八一五年這個時間點上是世界上最偉大帝國的母國。新大英帝國，當時包括了澳大利亞這個新大陸，取代了先前丟失的大英第一帝國，並在面積上超過了它。這一次，大英帝國被用各種制度牢牢地控制住，以防止北美洲的災難再次發生。一七八四年的《印度法案》（India Act）在印度建立了一套政府制度，並且由東印度公司來運作，這情況一直維持到東印度公司的權力於一八五八年為王室接管。一七九一年的《加拿大法案》（Canada Act）建立了上加拿大和下加拿大（Upper and Lower Canada），兩者各自擁有自己的民選議會，這種制度一直持續到一八四〇年。詹姆士・庫克（James Cook）船長於一七七〇年宣稱澳大利亞東海岸的新南威爾斯州為英國領土。英國到一八二〇年代時統治了世界四分之一的人口。

這個重生的國家需要共同的標誌和共同的文化。這些標誌與文化也是在這些年被努力打造出來的。越來越多地主階級資助和鼓勵英國藝術家，而這些藝術家回過頭來又稱頌英國的歷史和戰爭英雄。沃爾夫將軍在魁北克的陣亡，以及納爾遜在特拉法加的殉職，都成為激發出民眾愛國熱情的素材。透過版畫，這兩人的形象幾乎讓所有國民都看見。英國學會（British Institution）於一八〇五年建立，這是一個展覽英國藝術家作品的畫廊。它還被用來展示貴族和紳士所收藏的藝術品，這從而開啟了日後的一種傳統：作為私人財產的藝術作品仍可以讓整個社群共同觀賞。

所有這一切構成了一場驚人的復興。統治階層在一八一五年時比以往任何時候都更富有、更強大以及更具影響力。各式各樣的問題在過去因為與法國的戰爭而被延遲處理，如今隨著戰爭結束，這些問題開始浮上檯面。許多問題都是英國在這些年正經歷的另一場截然不同的革命所造成的結果，我們往往稱此革命為工業革命。它所造成的影響將深深影響著新的世紀。

# 53 新人：威廉・威伯福斯

如果必須選出一個人來代表一七九〇至一八二〇年間對統治階級既有狀態的挑戰以及變革，那人選便會是威廉・威伯福斯（William Wilberforce）。到一七九〇年，他已經具備了我們現在認為是典型的維多利亞時代的許多特徵：深刻的基督徒敬虔、對家庭生活的熱愛，而且財富和社會地位對這群人而言是從事公益事業的有利因素。他的私生活無可挑剔，他所有行動都是受追求公平正義的態度所驅動。對他來說，基督徒的生活就是堅持不懈的紀律和奉獻。但這也是一種永恆的快樂，他把這種快樂感染給遇到他的每一個人。威伯福斯的生命以他的皈依為中心展開，從某種意義上而言，這讓他脫離了十八世紀的氛圍，而向前跨進了十九世紀的精神中。宗教「狂熱」在早期曾被局限於社會中的邊緣位置，但是狂熱現在則感染了社會最高階層的某些成員，並產生了深遠的影響。

威廉・威伯福斯於一七五九年八月二十四日出生在赫爾河畔金斯頓（Kingston-upon-Hull）的商人家庭，這家庭靠著波羅的海貿易發了大財。他小時候身材異常矮小，從出生開始便飽受健康狀況不佳的困擾，包括視力不佳，但是他卻擁有強大的心理素質、非凡的氣度魅力和自發的慷慨大方。威伯福斯所受的教育遵循了富裕階級成員的常軌：首先是當地的文法學校，然後是寄宿學校。威伯福斯所就讀的寄宿學校位於倫敦附近的普特尼。他的父親在他九歲那年去世，他被送去和在溫布頓擁有別墅的叔叔嬸嬸同住。他在那裡首次接觸到「狂熱者」，他們是偉大的福音傳教士喬治．懷特菲爾德的朋友。年少的威伯福斯一定受到了影響，因為他的母親後來便乘坐馬車南下，把他送到約克郡的一所寄宿學校。當時若是與衛理公會教派扯上關係，便意味著社會地位的毀滅。

十五歲時，威伯福斯前往劍橋大學就讀，成長為一位機智敏捷、嗓音優美、舉止從容的迷人青年。他同時非常富有。此時的大學更像為他身處的那個階層的年輕人開設的精修學校（finishing schools），他們將這段時間用在享受生活的美好事物上，包括賭博；並且在此建立起友誼網絡，將他與這個國家的統治精英聯繫在一起。其中一個是小皮特，他們倆將成為終生朋友。兩人都想從政，並於一七八〇年同時當選為國會議員。威伯福斯成為了皮特派的成員，這群人過著悠閒的社交生活，縱情於聚會、跳舞、造訪劇院、歌劇院以及倫敦遊樂園。從某種意義上說，威伯福斯是個異類，因為他是出自商人家庭，但是他精明幹練的風格彌補了這一點，讓他打進了每個地方，包括最為精英的俱樂部。一七八四年，他再次當選為國會議員，而這一次他因為代表自己的郡因此更具聲望。

威伯福斯那時已經二十五歲了，他和母親、妹妹一起出發，並且帶著一位循規蹈矩的神職人員艾薩克．米爾納（Isaac Milner），到法國東南部與義大利西北部的里維耶拉（Riviera）海岸地區過冬。透過米爾納，威伯福斯童年時與福音派教徒相遇的餘燼被重新點燃，他開始用希臘語學習《新約》。然後，在一七八五年十月，發生了他所謂的「巨變」（great change），即一場皈依危機，他被屬靈上的痛苦吞沒了。他每天都早起禱告。他寫道：「我充滿了悲傷。」但他明白，要改變生活方式，就意味著要退出他所處的上流、追逐名利的圈子。

他認為自己之所以沒有這麼做是出於一位福音派老牧師約翰・牛頓（John Newton）的建議。牛頓在給威伯福斯的信中寫道：「人們希望並且相信：上帝是為了祂的教會以及國家的利益才讓你重生。」牛頓所說的這段話帶有預言性質，因為對於任何一位變得「狂熱」的人來說，通常都是在一個志趣相投的朋友小圈子中活動。牛頓給威伯福斯的建議是：要他繼續保留他的公職，並在此基礎上追求提升。這個決定不僅影響了威伯福斯，而且不少上層階級成員的行為也因為威伯福斯而有所改變。

威伯福斯除了過著基督徒的禱告和自律的生活外，還開始自學以彌補所有虛度的歲月。他仍然是國會議員，不過至今還是缺乏志業方向。但是，他的使命很快便將降臨了。他在下議院的朋友是另外兩個福音派成員，查爾斯・米德爾頓爵士（Sir Charles Middleton）和理查・希爾爵士（Sir Richard Hill）。威伯福斯在前者的家中遇到了當地校長詹姆士・拉姆西（James Ramsay），他在一七八四年曾發表過一本關於在西印度群島殖民地蔗糖種植園上運輸和使用非洲奴隸的針砭書籍。這是一項規模龐大、利潤豐厚的貿易，奴隸們在西非海岸被抓起來，透過惡劣的海上交通來運輸，以致很多人在途中死亡。然後，他們被組織成種植園裡一群又一群的奴隸勞工，受到最野蠻、最不人道的虐待。拉姆西在書中質問道：被這樣對待的人們怎麼可能會去聽將他們陷入悲慘奴役中的那些人所傳的上帝話語？這本書引起了那些靠奴隸貿易為生的人的猛烈抨擊，但是也有一些人對此表示同情。拉姆西隨後出版了第二本書，這本書不僅使威伯福斯，而且也使他的朋友小皮特改變了立場，支持廢除奴隸貿易。

威伯福斯在一八一九年回顧時寫道：「我之所以強烈責難奴隸貿易這個可憎和有罪的行為，是因為它造成了地球上有人居住的區域中，有三分之一被桎梏在黑暗和鮮血之中。」一七八六年，他搬到上議院附近的一所房子，並逐漸有一群人聚在一起支持這項事業。但是真正決定的時刻是一年後（一七八七）五月二日，當時他、小皮特和威廉・格倫維爾（William Grenville）在一個溫暖的春天夜晚坐在橡樹下，小皮特說：「威伯福斯，你為何不提出一項有關奴隸貿易的動議？……不要浪費時間，否則國會將會被其他議題所占據了。」

一七八七年十月二十八日，威伯福斯寫道：「全能的上帝在我面前設置了兩個偉大的目標，即制止奴隸貿易和風俗改革。」這裡的「風俗」是指道德，因為他開始對上層階級的墮落發起了攻擊。簡而言之，威伯福斯決心讓善良成為風尚。他辭去了俱樂部的職務，並且與一群志同道合的夥伴組成一個協會，這群人都規範自己的行為舉止應該要體面合宜。其中一位是劇作家漢娜・莫爾（Hannah More），她發表了《關於大人物們行事處世之思考》（*Thoughts on the Manners of the Great*）一書，她在書中主張唯有富人被改革之後，窮人才能夠得到幫助。一七八九年，她和威伯福斯創辦了學校，教導農村窮人閱讀。她敏銳地對他寫道：「我主張，你可以透過讓自己和藹可親，來侍奉上帝……那些有能力的世俗人們，就算他們迷失方向了，也永遠不會被嚴肅、嚴厲的神職人員吸引而進入宗教之中。」

廢除奴隸貿易將是他要耗費一輩子來努力的工作。它開始於一七八七年五月二十二日，一個委員會於當時成立。兩年後，小皮特提案應該對奴隸貿易進行調查，而且威伯福斯雄辯地講了三個半小時，但是他們受到反對派的阻擾，後者要求他們提供更多證據。而當證據都準備就緒時，法國大革命於此時爆發，人們對任何會造成改變的想法都深感不安；因此，下議院於一七九一年四月在這個問題上出現分歧，廢奴主義者以八十八票對一百六十三票的結果落敗。一年後，小皮特通過了一項決議：「奴隸貿易……應該被廢除。」小皮特所表明的這個企圖，耗時了十五年方付諸實現。

威伯福斯一七九三年搬遷至巴特西山（Battersea Rise）一座低矮的安妮女王風格房子，這裡位於克拉珀姆（Clapham）的一個小莊園，在當時是個徹底的鄉村。現在，他奔波於下議院的工作、在克拉珀姆跟朋友們致力於社會改革，並且因為健康因素而前往巴斯。威伯福斯的轉變使他超越了黨派，並將一系列的事業推入政治主流：改革公共絞刑、使監獄環境人性化、為窮人提供醫療援助，以及透過慈善和主日學校運動為窮人提供教育。一七九六年，「改善協會」（The Bettering Society）成立，旨在調查由貧困所引發的問題。未來總理羅伯・皮爾爵士（Sir Robert Peel）的父親成為改善協會的強力支持者。而且皮爾的父親於一八〇二年在威伯福斯的幫助下通過了一項管理工作條件的法案，並且限制兒童在新工廠勞動的時間。這個學會後來成為了英國王家科學院（British Institution），旨在「傳播知識，促進有用的機械發明和改進的普及；並且教導……人們將科學應用到日常生活上」。漢弗萊・戴維（Humphry Davy）展示他的礦工燈的對象便是改善協會，而麥克・法拉第（Michael Faraday）也向改善協會展示了他的電磁學。

所有這些活動都促成了統治階級內部氣氛的變化，威伯福斯在一七九七年出版的《有關本國中上層社會掛名基督徒強勢宗教體系族群和真正基督教對比的實際觀點》（*A Practical View of the*

*Prevailing Religious System of Professed Christians, in the Higher and Middle Classes in the Country, Contrasted with Real Christianity*）一書加速了這一變化。這本書賣出了七千五百本，在六個月內印了五刷，以當時的標準來看是本暢銷書。這本書帶著讀者踏上了一段旅程，展示了基督教應該並且能夠如何引導這個國家的政治、習慣和態度。這本書影響了維多利亞時代風氣之形成，在往後的數十年之間，每個英國家庭中都有這本書。威伯福斯在書中概述了重生基督徒的生活，這是透過個人品格和公共服務來實現的。懺悔和屬靈之受苦所對應的成果便是歡樂以及屬靈之幸福。關於威伯福斯本人，他的一位朋友寫道：「他的存在能消滅人的遲鈍和不道德，他的喜樂就像童年的首次笑聲一樣不可抗拒。」

在這本書出版的前一年，他與伯明罕一位銀行家的女兒芭芭拉・斯普納（Barbara Spooner）結婚。巴特西山逐漸地發展為年輕家庭們的新興家園，而且這裡的常規生活習慣逐漸成為了上流社會的規範：家庭祈禱、辛勤工作和遵守禮節是其中的關鍵。廢除奴隸制的努力在這些年之間始終在進行，但是法案直到一八〇七年時才最終以兩百六十七票的多數獲得通過。副檢察長（Solicitor-General）發表了詳盡的講話，將威伯福斯幾近聖潔的身影與海峽對岸的那頭怪獸拿破崙進行了對比。當他的演講結束時全場歡呼起來，而威伯福斯低著頭坐著，淚流滿面。

倫敦的老主教波蒂厄斯（Porteus）這麼描寫那一天：「經過了十八年的光榮奮鬥，這個國家中最可惡、最不人道的暴行，有史以來最讓基督教世界蒙羞的作為終於被宣導要結束了。」一八〇七年三月二十五日，奴隸貿易之廢除成為正式法律。這個法案獲得通過是一回事，法案的具體實施則完全是另一回事。此外，後來的發展可以證明，那種認為種植園主不久將解放奴隸的樂觀想法是毫無根據的。不久之後，威伯福斯和他的家人搬到了肯辛頓戈爾（Kensington Gore）的一間房子。那時，他已經成為了一個傳奇人物，成為了國家的良心，房子裡擠滿了來訪者，他們都是要來諮詢這位象徵改革的人。他所支持的各種改革讀起來就像是在點名新時代的價值觀：國會改革、對伊莉莎白·弗萊（Elizabeth Fry）監獄改革的支持、刑法的人性化、受託人儲蓄銀行（Trustee Savings Banks）的建立、國家美術館（National Gallery）的建立、參與英國與外國聖經協會（British and Foreign Bible Society）、支持天主教解放、反對流放犯人造成的弊端，並參與後來的王家防止虐待動物協會（Royal Society for the Prevention of Cruelty to Animals）的成立。

他飽受視力不佳、肺部虛弱和結腸炎困擾，隨著年齡增長，他出現了脊柱彎曲的症狀，他的頭因此一年比一年向前傾得更為嚴重，最終甚至落在他的胸口上。為了阻止這問題繼續惡化，他穿戴著一件「用皮革包裹的鋼腰帶」，不讓任何人知道。他們腦中所記住的威伯福斯，只會是那位臉上總是帶著微笑而且給人們帶來歡樂的人。威伯福斯於一八三三年七月二十九日逝世，享壽七十四歲，他在去世時是位受到全國尊敬的人物，在西敏寺為其所舉行的喪禮極盡哀榮。他開創的新時代已經來臨：改革的時代。

# 54 倖免的革命：一八三二年改革法案

戰爭是變革的預兆。三十萬士兵和水手在突然之間湧入就業市場，造成大規模失業。貿易蕭條而且農業收成欠佳。英國在一八一五年之後的五年，比歷史上任何時期都更接近平民革命的爆發邊緣。這是社會動盪不安的年代，具體的表現則是：大規模遊行、大型露天集會和不時爆發的叛亂。在法國大革命後和長期戰爭中被壓制的激進派呼聲再次浮出水面。在英國新興的工業化地區，工人協會如雨後春筍般出現，它們被稱為漢普頓俱樂部（Hampden Clubs），這名字是紀念挑戰查理一世絕對統治的漢普頓。就在一八二〇年不久之前，這些協會被不同的政治聯盟（Political Unions）取代。政治聯盟會舉行露天會議，並且向國會遞交大量請願書，有成千上萬的人曾在請願書上簽名。城鎮的工匠和工人要求國會改革、實行男性普選、降低稅賦和減輕貧困。在曼徹斯特郊外的一次大型集會上，當地的義勇騎兵隊（yeomanry）驅散了人群，十一個人在其中喪生。他們在當時就立刻被封為「彼得盧大屠殺」（Peterloo Massacre）的殉道者。鞋匠和絲綢織布工組成的另一群人則策劃炸死內閣成員，這被稱為「卡托街陰謀」（Cato Street Conspiracy）。他們失敗了，但這一切都證明革命的地下組織顯然十分活躍，全國各地的零星起義也都證明了這一點。這是一個激進媒體氾濫的時代，其中最重要的是威廉·科貝特（William

Cobbett）的《政治紀實報》（*Political Register*）。諷刺漫畫家毫不留情地嘲笑他們眼中奢侈和腐敗的統治階級，而且這個階級的領導人墮落到宛如倒退回上個世紀：攝政王和未來的喬治四世。在彼得盧大屠殺之後，國會於一八一九年通過了《六項法案》（Six Acts），這是好幾條旨在壓制煽動叛亂和誹謗的法律，並藉由向報紙徵收高昂的印花稅來壓制所有革命運動。沒過多久，主要的鬧事者都被關進了監獄。

革命未曾發生。這些激進組織形式多樣，並且彼此意見分歧。不過更重要的是，一八二〇年經濟突然出現急遽好轉，而且在接下來的十年中經濟狀況幾乎都是如此。認為改革，尤其是國會改革，是值得追求的信念可能已經趨於緩和，但是絕對不會消失。這個議題仍然一直是公眾不斷討論的對象，只消等待適當的時機便會再次開展。

這不足為奇，因為到了一八一五年，可以追溯到中世紀的國會制度已經變成了一個巨大的反常事物。國會已經不再能夠反映出這個快速變化的社會的現實。下議院共有六百五十八名議員，但他們的當選方式及是否具備代表性皆受到越來越強烈的抨擊。例如，曼徹斯特、伯明罕、利茲和謝菲爾德等新興工業和商業中心都沒有專屬自己城鎮的民意代表。與之形成鮮明對比的是，久已廢棄的中世紀舊薩魯姆區（Old Sarum）還是能選出兩名議員。更糟糕的是，此選區只有七個選民，他們非常容易遭到賄賂。一八三〇年，康沃爾的二十八個席次中有十八個由特定人士控制，其他十個則可以被購買。究竟是哪些人擁有投票權，在各地的情況也各不相同。有三十九個自治市鎮規定，投票者必須要擁有一定財產，有四十三個自治市鎮的選舉人是當地議會，而在另外六十二個自治市鎮的自由人則都擁有投票權。而在各郡當中，四十先令土地完全保有人（fortyshilling freeholders）自然會依照當地地主的意願投票，因為若是不這麼做，地主就會收回給予他們的優惠。國會依然像是一個彼此皆有聯繫的大家庭，貴族們是上議院成員，而他們的兒子、兄弟和堂、表兄弟，還有一些鄉紳則共同組成下議院。

儘管如此，這一體系一直運轉良好，直到十八世紀中葉以降，才有人開始主張這體制無論如何都需要修改。「改革或許可取」這種想法，可以追溯到臭名昭著的流氓和煽動家約翰・威爾克斯（John Wilkes）的政治生涯。儘管威爾克斯是在貴族的庇護下成為國會議員，但他發現自己的晉升之途受到阻撓，於是轉而發動論戰，猛烈抨擊喬治三世的大臣布特勛爵，結果被關進了王座法庭監獄（King's Bench Prison）。威爾克斯透過讓他的朋友們申請人身保護令，藉此來暗示自己是被蠻橫地逮捕。「威爾克斯就是『自由』」的這個等式也就此誕生。威爾克斯以群眾憤怒代言者的身分當選米德爾塞克斯（Middlesex）的國會議員，儘管他一再被驅逐出下議院，但始終能夠再次當選。他會帶來高度危害的這種說法根本無法被事實證明。從局外人的角度來看，選民的意願似乎被腐敗的精英們給推翻，國會的某些層面需要被改革。結果，國會改革運動應運而生，並在一七八〇年代達到頂峰，這與人口的增長同時發生。國家的人口越來越多，而且當中有許多人失去了父執輩曾經擁有的投票權。所有這些發展後來都降溫了，這首先是因為北美戰爭後的經濟復甦，但更具影響力的原因是對於法國大革命爆發的反動。

在戰爭年代，儘管採取實際行動的可能性被排除，但是仍然有改革運動，而且思想層面上的辯論仍繼續進行。傑瑞米・邊沁（Jeremy Bentham）是抨擊以下情形的眾多人士之一：「少數統治者」支配了「多數臣民」，而少數統治者所積累的影響力與優掖關係控制了國會、軍隊與教會。這種抨擊當然吸引了越來越多人，因為他們被排除在權力體制之外，所以渴望加入其中。這些人不僅包括不服從國教者和羅馬天主教徒，還包括一些新的商業和工業階級。上述所有事情都是在一八一五年之後的幾年間爆發的，並於一八二〇年達到頂峰，接著又突然下降。一切都等待著在適當的時候重新煥發生機。這樣的時間點不久之後便來臨了。

利物浦勛爵於一八二七年辭職，不久就去世了。他任內最大的成就就是讓政府長期執政。他的繼任者喬治・坎寧（George Canning）在被任命後不久就去世了，而其接任者為高德瑞克子爵（Viscount Goderich），他僅在幾個月後就辭職了。喬治四世隨後要求滑鐵盧英雄威靈頓公爵籌組新政府。事實上，威靈頓是托利黨多年執政瓦解的主要原因。因為他把這個政黨從內部一分為二，首先是在一八二八年廢除了禁止不服從國教者和羅馬天主教徒擔任公職的《檢覈法》與《地方公職法》（Test and Corporation Acts），然後在第二年，實踐了極端托利黨人眼中的最終背叛：天主教解放。這意味著天主教徒貴族可以再次進入上議院，天主教徒可以當選下議院議員。儘管這一措施是為了避免出現像是愛爾蘭這樣更糟糕的局面，但教會和政府這兩大支柱似乎遭受到了攻擊。隨後發生了一系列戲劇性的事件，使國會改革突然再次成為焦點議題。

一八三〇年代以一場嚴重的經濟危機拉開了序幕，這場經濟危機引發了工廠動盪和農村暴動，即所謂的「斯溫暴動」（Swing Riots）。在國外，法國發生了一場革命。激進主義再度出現。全國工人階級聯盟（National Union of the Working Classes）於一八三一年四月成立，而且所有重要的製造業和商業城鎮都開始有政治性聯盟成立。在某些情況下，中產階級開始指望工人階級的激進派能幫助他們獲得政治地位。長期而言，這個臨時性的合作聯盟有可能促成底層民眾革命的爆發。

一八三〇年，喬治四世去世，無人愛戴他，也無人為他哀悼，英國全國上下投入了選舉之中。托利黨處於混亂狀態，威靈頓因此無法組成政府。新國王威廉四世發現自己別無選擇，只能求助於輝格黨的格雷伯爵（Earl Grey），他只有在一個條件之下方答應就職，那便是國會改革。輝格黨貴族格雷具有非同尋常的洞察力，他意識到，只有進行重大改革才能延長貴族政府（精英統治）繼續存在的時間。修補現有系統是不夠的，因為貴族的統治權還是會遭受威脅。為了要強化改革，不僅要改善農村地主的利益，而且要強化對新興工商業中產階級利益的重視。

此時有一個新委員會成立，其成員絕大多數為輝格黨大臣。此委員會起草了《改革法案》（Reform Bill），並且於一八三一年三月由約翰・羅素勛爵（Lord John Russell）將其提交給下議院。議員們對這個法案的激進內容幾乎不敢置信，不過它仍在下議院通過了二讀，儘管是以一票之差的差距通過，而且過程相當戲劇化。反對黨在委員會階段時要對法案做出修改，這違背了政府本來的預期目標。因此，格雷說服國王解散國會，並且舉辦大選：這場選舉實質上就是場關於改革的全民公投。這種做法的不同尋常之處在於：這個政治體系透過表決投票贊成把自己消滅。而當輝格黨在重新選舉中大獲全勝後，舊體系便被徹底推翻。第二份《改革法案》於七月通過二讀，這次是以贊成票多於反對票一三六票的優勢通過，但仍然需要上議院的同意。上議院的成員絕大多數為托利黨，他們於十月否決了該法案，導致城鎮爆發騷亂。該法案於十二月第二次提交，並再次被否決。法案若是之後再被否決，一定會爆發嚴重的暴動與叛亂，這時候的政府對於自己能否加以鎮壓感到極度憂慮。越來越多的上議院與下議院的成員們開始相信，若是再否決此法案的話將引發街頭革命。

在這種緊張的氣氛中，格雷於一八三二年五月辭職，威廉四世再次求助於威靈頓，由他來組成新政府。威靈頓失敗了，國王被迫再次召來格雷組閣。格雷這次的條件是：如果上議院未能通過該法案，國王必須冊封足夠多的新貴族，讓贊成派的票數多於反對派。上議院投降於這種威脅的壓力。《改革法案》於六月七日獲得了國王同意。在這幾個月當中，許多人都擔心整個社會之穩定會受到攻擊。此法案所取得的成就確實無比非凡：一個未經改革的國會決議消滅自己，由另一個國會來取代自己，從而重新繪製了英國的政治版圖。《改革法案》的通過仍然是英國歷史上最重大的事件之一。維多利亞時代的政治平靜與歐洲大陸的動盪形成了鮮明的對比。唯有在事過境遷回頭省視時，方能看出這些成就的偉大之處。

正如格雷勛爵所說：「我改革的原則是，避免革命發生的必然性……改革是為了保存，而不是推翻。」恐懼當然是法案通過背後的動力之一，但並非是唯一的動力。法案背後有一種真正的改革精神，亦即認為不能再忽視新興中產階級的信念。以財產和「情報」（intelligence）作為標準的話，中產階級有必要獲得投票權，這裡的「情報」指的是資訊（information）。下議院的根基將因此變得更為深厚，因為這些議員能夠代表新的商業和工業階層的關懷來與當局對話。格雷還將這些新選民視為潛在的輝格黨成員，他們將能夠幫助長期在野的輝格黨重返執政。這些改革的支持者甚至來自一些意料之外的群體，比如反動的托利黨人，他們認為改革後的下議院絕不會允許天主教解放這樣的事情發生。每個人都相信，改革後的下議院將能遏制原先那放肆無度的政府。然而，最重要的是，這是精英階層為了讓這個階層存活下去所採取的行動，這種做法可以讓所有批評者都噤聲，此外，還確保了國家不受底層人民的任何革命性訴求的困擾，並且保障了貴族權力的延續。就此方面而言，貴族們做得極為成功，因為這個制度直到一八七〇年代才開始崩潰。

但是該法案究竟改變了什麼？男性普選的問題此時完全未被提及。若是採行普選的話，不僅上層階級將會被淹沒，而且社會普遍對於選票所代表的意義也將受到侵蝕。投票權是賦予那些被認定有行使此權利能力的人，而且只有男性才被賦予此特權（婦女投票在此時尚無可能）。這群人的既得利益與國家之穩定密切相關，這種既得利益體現在財產上。在城鎮中，那些房產被估算每年要繳十英鎊稅額的人都有投票權，這讓小店主獲得了投票資格。在郡的層級，擁有投票權的仍然是四十先令土地完全保有人，不過後來投票權延伸給下列這些群體：年租金高於十英鎊的公簿地產保有人（copyholders）、租地保有人（leaseholders）以及每年交付五十英鎊以上租金的自由佃戶（tenants）。在英格蘭和威爾斯，每五個人中就有一個人擁有選舉權。針對蘇格蘭和愛爾蘭的法案也分別通過了。在愛爾蘭，選民人數只增加了百分之五，而在蘇格蘭，選民人數突然從四千五百人躍升至六萬五千人。

該法案導致席次的重新分配。這種重新分配是從人們對口袋選區的猛烈攻擊開始的。一些選區選民不到兩千人的議員席次被取消，而另一些選民人數在兩千到四千的選區，議員席次則從兩名減少到一名。那些因此被空出來的席次獲得重新分配，當中有二十二個被分配給過去沒有議員席次的城鎮。這些城鎮之所以被分配到代表不是基於它們的人口，而是基於它們所代表的利益，如棉花或航運。而六十五個席次則分配給郡，許多郡在此時被分割為二。即使這一切作為都被認為是要根除舊的腐敗根源，但是仍然有七十個席次由貴族贊助者所控制。這種制度確實有其優點，因為它使政治上的優秀人才，從很年輕時便能開始從政。在紐卡斯爾公爵的支持下，在改革法案通過後所進行的選舉中，就有一名這樣的二十三歲年輕人獲選為國會議員，他的名字是威廉・尤爾特・格萊斯頓（William Ewart Gladstone）。

然而，唯有某些族群能夠成為國會議員的情況並沒有變化。地主階級的權益仍然相當穩固，因為要參加自治市國會議員選舉的財產資格為三百英鎊，而參加郡級國會議員選舉的財產資格則是六百英鎊。這份工作直到一九一一年之前都是無薪的。既有的階級和財產制度因此獲得了鞏固，與工人階級激進主義曾經過從甚密的中產階級。也轉變為貴族的堅定追隨者。他們的本能始終是傾向保守，而且他們已經實踐了他們最渴望的追求：獲得承認。他們在體制內被賦予了一種無法被忽視的輔助性角色。選民在這段時間的大量增加便意味著，現在的國會議員候選人比起過去任何時代都更需要聽取選民的意見。下議院從改革法案危機中崛起，它們的地位就此大大提高。因為儘管它仍然像是上議院的延伸機構，但在危機的最後關頭，上議院被迫屈從於它。當然，在這些發展中有一群人輸得更慘。工人階級早些時候的示威曾是點燃國會改革大業的火花，但是現在工人們卻空手而歸。此外，一八三二年的法案造就了一種新的兩極性，因為它把國家一分為二：擁有財產和政治權利的一部分人，與既無財產也無政治權利的另一部分人。

一八三二年《改革法案》不能被孤立地看待，而應該將其視為，在一八三七年維多利亞女王即位之前所通過的一系列法案所累積起來的無比榮耀。最初的措施包括了廢除《檢覈法》與《地方公職法》以及解放天主教，在一八三二年《改革法案》之後，又通過了其他深刻影響整個社會的重要法案。一八三三年，大英帝國廢除了奴隸制，頒布了第一部規範童工的《工廠法》（Factory Act），並引進了工廠督察員（factory inspectors）。國家對公共教育的第一次補助也是在一八三三年。《濟貧法修正案》（Poor Law Amendment Act）於次年通過，其對伊莉莎白一世時代的濟貧制度進行重組，並且建立了更大的濟貧機構，由納稅人選出的監理委員會來負責管理。一八三五年通過了《市議會組織法令》（Municipal Corporations Act）解散了歷史悠久，被寡頭團體主宰的城鎮議會。原先的寡頭集團主要是由托利黨和英格蘭國教會組成，取而代之的是由納稅人選舉產生的市議會，從而開啟了地方改革的時代。最終，一八三六年的《什一稅折現法》（Tithe Commutation Act）掃除了另一項古老習俗，即給予神職人員實物報酬。這是教堂委員會主持下，英格蘭國教會的一系列重大變革之一。

一八三二年《改革法案》通過的重要性再怎麼強調都不過分。我們今日仍深受此法案之影響，因為它表明了國會可以藉由和平的憲政手段來實現變革，而不須訴諸暴力。雖然貴族的權力也因此法案得以延續，但沒有人能否認，貴族階級確實違背了自己的既有利益，只為了保全另一個更為重要的利害關係：為了避免內戰或革命爆發而去改革憲法。

# 55　由鄉村變為城鎮：工業革命

一八五一年五月一日是個陽光明媚間或下著雨的日子。到了十一點時，超過五十萬人聚集在倫敦的海德公園周圍，周圍是鐵和玻璃製成的巨大結構體，後代稱其為水晶宮（Crystal Palace）。道路兩邊都是熙熙攘攘的人群，而道路上有一千輛馬車疾馳而過，載著大約三萬名客人參加「萬國工業博覽會」（The Great Exhibition of the Works of Industry of All Nations）的開幕式。他們聚集在一座龐大的玻璃教堂裡，其內部空間大得足以容納公園裡的巨大榆樹。這座建築本身深具革命性，是約瑟夫．帕克斯頓爵士（Sir Joseph Paxton）的工程傑作，而擺放於其中的展品同樣深具革命性。賓客們身著宮廷盛裝，身穿鑲滿珠寶和勛章的制服，等待著年輕的維多利亞女王到來，隨行的還有她的丈夫亞爾伯親王（Prince Albert），他是此次展覽的策劃者之一。當女王到達時，她身穿鑲有鑽石和銀質刺繡的粉紅色襯裙，華麗的鐵門被打開，人們唱著國歌，接著是祈禱、演講和合唱，最後以管風琴的隆隆聲、小號的喇叭聲和大砲的轟鳴聲達到高潮。萬國博覽會就此宣布開幕，吸引了六百多萬名參觀者。

在當時的展場中有來自全世界的十萬件物品，不過建築物的西半部分則全都保留給英國商品。那裡最吸引人的是機械展場，女王在日記中寫道：「我們去參觀機械展場，在那裡停留了兩個小時，實在是太有趣了，也很有啟發性……過去需要幾個月才能手工完成的工作，這最漂亮的機器現在只需幾分鐘就可以完成了。」這裡有印刷機、打穀機、液壓泵、鐵路車廂、火車頭還有蒸汽錘，這僅僅是其中的數例。那些在這重要日子前來參觀的人，在離開時會對兩件事情有深刻印象：一個是令人驚嘆的機器，另一個則是人類被徹底擊敗。這兩個課題在拿破崙戰爭結束後的數十年時光中始終是人們最關心的。

在滑鐵盧戰役和「萬國展覽會」之間的三十六年，發生了一件改變一切的大事：工業革命。工業革命是二十世紀發明的一種說法，被用來解釋當時經歷過的人都明白的事情，不過當時人並未用此名稱呼這種變化。為什麼這場在整個世紀時斷時續地進行的革命會在英國發生，從來沒有人能夠給予滿意的解釋。它的根源可以追溯到幾個世紀前的都鐸王朝，當然，前工業化的產業發展步伐在十八世紀加快了，那時許多基礎已經奠定：蒸汽和水力發電開始被使用、農業的巨大進步，以及透過收費公路和運河建設所造成更有效率的交通發展。但是人們從這些發展中並無法預料到人口將會出現爆炸性成長，而人口的巨幅成長也是促成工業革命出現的最令人費解的因素。

英國人口在十九世紀上半葉增長了百分之七十三，十年間增長了兩百萬。這背後有許多層面的原因：人們更早結婚、生養更多的孩子，而且吃的食物越來越好，平均預期壽命也上升到四十歲。人口的急遽增長意味著必然有更多的人去消費，但他們只有在有工作的狀態才能獲得可用來消費的收入，也才能買到東西。為了找到有足夠收入的工作，越來越多人從他們出生的農村來到城鎮，那裡的新興產業提供了更好的就業前景和更高的工資。在一八〇〇年，有二成五的人口居住在城市；到了一八八一年，這數字達到了八成。萬國工業博覽會舉辦的這年也是城市居民人數首次超過農村居民人數的一年。此時在人員流動和工作上所發生的轉變幅度，是自從三百年前修道院被解散以來，都未曾出現過差可比擬的情況。

英國幾乎所有城鎮都在增長。其中某些城鎮的人口幾乎呈現爆炸性增長。新興快速發展的城鎮包括了：曼徹斯特、伯明罕、利物浦、里茲、謝菲爾德和布里斯托。一八〇一年伯明罕的人口為七萬一千人，一八三一年時為十四萬四千人；曼徹斯特在相同兩個年分的數字分別是七萬五千人與十八萬兩千人。當時沒有應對這種前所未有的增長的機制，這種人口增長因此造成了許多駭人的事態。人們建造起了成排緊密相連的小房子，還有空氣不流通的廉價公寓。這些房子欠缺合宜的衛生設施，這又導致了疾病爆發和高嬰兒死亡率。在過去，城鎮是上層人士與下層人士混居在一塊的合宜環境，現在開始急遽地劃分為工人居住的糟糕內城貧民窟，以及舒適通風的郊區。在郊區，高級工匠和中產階級住在獨立的別墅裡，遠離新工廠帶來的汙垢和汙穢。然而，這樣的隔離反映的是地位，而不是敵意，那些有才能的人總是有機會跨越這種隔閡，向上發展。

人口的不斷增加不僅給城鎮政府帶來了巨大壓力，而且由於人人都需要食物，農業也因此承受了巨大壓力。當時糧食之所以沒有出現短缺，則完全要歸因於上個世紀農業的持續改進。圈地意味著耕作方式將變得更先進，這種進步讓所有的耕地彼此緊密相鄰，租戶農因此能夠採用新的輪作系統，並且進行科學育種實驗。以前擺放廢棄物的地以及公地都改為投入生產。圈地的費用相當昂貴。因為必須支付國教會款項，以取代古老封建制度的什一稅，要種植新的樹籬與修建圍牆，還必須支付法律費用。由於新的交通便利意味著可以將食物運入不斷擴大的城鎮市場，藉此獲得豐厚的利潤。勞動力並不缺乏，這也是農業機械化發展緩慢的一部分原因。雖然機械打穀機在一七八六年就已經被發明了，但是在英格蘭東南部仍然十分罕見，甚至到了一八五〇年代也是如此。勞動力在一八五〇年代之後變得供不應求，也唯有到了這個時候才開始使用機器來從事多數農事工作。

農民因此變得富有，有能力可以支付不斷上漲的租金給地主。反過來，他們又把錢投入到改善自己的房地產上，直到十九世紀後期，他們才發現，銀行、商業和工業的財務回報要高得多。貴族和地主階層在工業上的投資使他們有別於歐洲大陸上那些輕視貿易的貴族和地主階層。農業革命使地主致富，工業革命則讓他們更富有。他們充分利用自己莊園裡頭的自然資源：鉛、鐵、煤和錫。除了這些地主之外，還有越來越多的企業家也有所貢獻，這些人往往出身卑微，他們的決心、雄心和徹頭徹尾的貪婪是這場革命背後的主要動力。這些都是白手起家的人，他們開辦了小企業，發明了新的製造方法，並且有能力單槍匹馬地完成一個計畫中的所有層面，這在今天需要一個龐大的管理團隊才能做到。他們發了大財，並將其重新投資在工業上，同時又購買土地成為地主，確保他們的孩子接受與他們在社會中的新地位相符的教育。

工業革命帶來的巨額財富使得金融服務必須多元發展：銀行、保險公司和證券交易所如雨後春筍般湧現。倫敦證券交易所的業務在一八六〇年代增加了一倍，反映出其作為國內和國際業務中心的新地位。它的開放性吸引了不少投資者，以致到一八七五年，它每年要處理的海外投資價值達十億英鎊。

英國不僅有國內市場不斷擴大，而且作為世上首先大規模生產廉價商品的國家，英國商品逐漸征服了世界。到一八五〇年，英國超過九成的出口為製成品，而全世界國際貿易總量的四分之一都是透過英國港口（主要是英國船隻）進行的。當時最興盛的產業是棉花業，一八二〇年打入拉丁美洲市場，並在一八四〇年代打入印度市場。在十九世紀後期，紡織品取代了金屬和煤炭。

所有這些行業都相互關聯。機械是由鋼鐵等金屬製成的，這些金屬又需要煤來冶煉並經常用煤當作燃料。即使如此，當時若是沒有鐵路的發明和蒸汽船的出現，這些發展也會化為烏有。鐵路和蒸汽船都需要大量的金屬來建造，以及大量的煤炭讓其運作。一個完整的依賴循環就此形成。的確，新鐵路需要大量的鐵，到了一八五一年，鐵的產量有兩百五十萬噸。鐵的產量從此之後便不曾下降，因為英國是世界上最早的鐵路建設者，而且他們隨後繼續在歐洲和美國建造鐵路系統。船舶數量為應對出口貿易激增的需要而成長，英國船舶的總噸位在一八四〇至一八七〇年之間增加了百分之一百八十以上。造船業因此成為一個大型產業，在克萊德賽德（Clydeside）和東北部都有重要的造船廠。作為蒸汽動力基礎的煤成為重中之重，因此到一八六〇年代，每年為供家庭消費和出口而生產的煤達到一億噸。

儘管如此，機械化的進度仍然非常緩慢。人口爆炸意味著不缺乏人力，工人們自然憎恨引進任何會使他們失業的機器。即使到了一八七〇年，人工仍然占據大部分的基本製造過程，機器只處理部分工作，而那些確實將機器引入的產業，產量則不可避免地激增。然而，工廠並非是龐大的建築物，大多數工廠從事的是小規模的生產活動，大約有一百名工人，而且大多數人根本不在工廠裡，而是在作坊中分組工作。鐵路、煤礦和工廠在十九世紀興起，隨著時間推移，它們對鄉村的破壞也愈發明顯。像英格蘭中部地區（The Midlands）變得面目全非，但從整個國家的角度來看，這種破壞是局部的。

這種發展並不意味著舊鄉村和新城市在生活方式上朝兩極分道揚鑣。土地和工業仍然緊密相關，而且農業實際上在勞動和市場方面都因為鄰近工業城鎮而獲益。婦女也從中受益，因為她們在工廠中具有全職受雇工人的身分，儘管工作時間可能又長又辛苦。商店經營和街頭交易的普及給了婦女新的機會，這提高了她們的地位和獨立性。剝削性地使用童工就是另一回事了。當然，童工並不是什麼新鮮事，因為自古以來農村經濟就依賴他們，但現在他們被轉移到了工廠。和女性一樣，兒童的收入只有男性的六分之一到三分之一。令人恐懼的是，他們被迫過度勞動並遭到虐待。直到一八三三年一系列工廠法案通過，而且教會和工廠學校開始提供兒童教育後，這種情況才開始得到改善。

大規模生產所須採取的工作方式與農村截然不同，農村的工作往往是不定期和季節性的，有足夠的時間來適應當地慶祝的節日。相比之下，工廠的工作需要紀律、固定的時間、良好的守時和眾人齊頭的工藝水準。中產階級在長期的清教傳統中培養出的美德推動了這種心態，而且新福音主義進一步強化了這個傳統。在這種思考架構中，節儉、勤奮、節制和自我提升與接受生活中的困境是相輔相成的。要懶惰的下層階級接受這些價值觀，必須花費一段時間方能讓這些價值觀扎根，不過這些價值觀後來確實逐漸茁壯。

與土地階級和中產階級不同，那些構成工業革命勞動力的人非常多樣化，形成了一個結構複雜的社會性階梯。最頂層是裁縫、木工、印刷、馬車製造和鐘錶製造等行業，這些行業的收入都很高，而最底層是農業工人、手搖織布機和骨架編織工，在機器的新時代，這些行業變得越來越顯多餘。各行各業的技術工人們嚴守著自己的地盤，他們自認為與人數眾多的非技術工人沒有任何相似之處。不過，非技術工人之人數到一八七〇年時已占勞動力的百分之八十。

製成品以及供顧客購買的市場，與把這些製成品送到市場的運輸網絡，這兩者的性質完全不同。運輸技術在上個世紀便已經十分優良，到了這個世紀則繼續不斷改善。湯瑪斯・特爾福德（Thomas Telford）和約翰・麥克亞當（John McAdam）在道路建設方面取得了巨大的進步，他們製造出了光滑的碎石路面，這意味著馬可以用更快的速度拉動自身體重三倍的重量。但與維多利亞時代英國的鐵路建築相比，這些都顯得無足輕重。斯托克頓和達靈頓鐵路（Stockton and Darlington Railway）於一八二五年開通，這個里程碑式的工程與其說是發明，不如說是實現了蒸汽動力的經濟潛力，因為其原理早已廣為人知。煤炭改用鐵軌運輸的成本較過去下降了四分之三，那些投資鐵路建設的人獲得了巨額分紅。到一八五〇年，已經鋪設了超過六千英里的鐵軌；到一八七〇年達到了一萬三千英里。煤礦雖然已經耗竭，但是鐵軌至今仍在使用，這是對塞繆爾・莫頓・皮托（Samuel Morton Peto）和湯瑪斯・布拉西（Thomas Brassey）等人的工程天才之禮讚。他們在全國各地修建鐵路、爆破隧道、修建橋梁和高架橋，更不用說修建數百座車站了。新的鐵路意味著工業革命的原物料和製成品都可以在全國範圍內高速運輸，並且被運到港口出口到國外。出口轉而依賴於航運，而當風帆被蒸汽動力取代時，另一場革命也隨之發生。到了一八七五年時，英國的海運量規模已經與世界其他國家的海運總量相當，蒸汽動力船也因此占據了主導地位。

鐵路意味著增加了另一種通信方式，首先是鐵路郵政，其次是電報（電報桿沿著鐵軌駐紮），這可以讓新聞幾乎即時傳播。人潮與錢潮越來越多，交通工具也隨之發展，商家與商店也因此成倍增加。一個小鎮在前個世紀中只有幾家小商店，而現在則有許多店家，因為商品和服務的專業化已開始發展：裁縫店、瓷器店、書店、藥店、女帽店、美髮店都紛紛問世。第一家百貨公司於一八七〇年開張。十年後，傑西・布特（Jesse Boot）於一八七七年在諾丁漢開設了博姿藥房（Boots the Chemist）的第一家分店。如今，許多人的口袋裡都有了錢，不用像過去幾個世紀一樣只能購買生活必需品，而是可以把錢花在別的東西上。到了一八七〇年，廣告和促銷已成為商品銷售的一部分，每個領域都有領先的品牌，並且會雇用代理商與旅行商來進行銷售。

即使在這個熙熙攘攘的繁榮社會當中，當商業貿易不景氣時，生活可能也會突然跌入谷底。與以前不同的是，由於現在的繁榮使得經濟規模盛大，因此可以讓更多人能為糟糕的時刻做好準備。到了一八五〇年代時，各種互助會（Friendly Societies）總共有超過一百五十萬名的成員。互助會在以前就已經存在，只不過在規模上大不相同。因為互助會現在成為了代表技術工人的組織，其所從事的業務遠遠超出保險範圍，他們也負責與雇主在勞動時數和工資上討價還價，並且確保專業技術的獨占性。它的重要性遠遠超過了早期的工會，而後者同樣也代表了技術工人的利益。工會在十九世紀初是非法的，不過它們當時便以互濟會（Benefit Societies）或互助會的名目悄悄地發展，它們代表了技術工人日趨團結以對抗非技術工人。但是技術工人的處境也很脆弱，因為新發明的機器可能會使某些技能變得多餘，而且可以用來生產更便宜、更劣質的商品。工人們總是受到經濟波動的影響，其中拿破崙在一八一二年企圖對英國進行經濟封鎖時最為嚴峻。十九世紀的前二十年是工業動盪時期，在這段期間罷工和暴力事件頻傳，工人搗毀了奪走他們工作的新機器。那些參與這項活動的人被稱為盧德主義者（Luddites）。沒有人能確知這群人當中有多少人懷有顛覆既定秩序、挑起社會革命的雄心壯志，但是過了十年之後，盧德主義者便逐漸走到了強弩之末。抗議的力道相當巨大，也因此政府於一八二四年廢除了《結社法》。政府接著於第二年通過了新的法案，賦予工會合法地位和募集資金的權利。但是，有一項附帶條件：他們必須服從普通法，其中有針對陰謀和脅迫的罪名。

一八三三年十月，托爾普德爾（Tolpuddle）多塞特村（Dorset）的一群農場工人加入了「農業勞工友好協會」（The Friendly Society of Agricultural Labourers），其宗旨是確保對他們的工作給予公正的對待。不幸的是，他們入會的儀式和祕密宣誓違反了有關政治顛覆的法律。在這個臭名昭著的、又名「托爾普德爾烈士」（Tolpuddle Martyrs）案件之中，有六名男子被起訴並且被流放。最後這些人被赦免並帶回了英國，但是這種彌補做法為時已晚。在當時工會力量不斷增強的背景下，這個案件最令人驚訝之處在於政府居然真的起訴了他們。

事實上，在一八二〇和三〇年代，工會開始聯合起來，組成地區性和全國性的網絡。他們自己印刷期刊，發表激進的政治觀點。工人之間的團結是藉由創造出雇主這個共同敵人來實現的。此外，工會提出了一種關於社會的新觀點。在此觀點中，雇主所代表的那種依賴企業中個人投資的資本主義制度將被一種合作制度取代。在後面這種制度中，工人將集體擁有並管理這個屬於自己的企業。這些想法是由富有大亨和模範工廠老闆羅伯特・歐文（Robert Owen）提出的。工會運動在他的支持下團結起來，於一八三四年成立了全國工會聯合會（Grand National Consolidated Trade Union）。但是，要將敵對派系團結在一起超出了歐文的能力，整個組織在幾個月內就垮台了。不過在此之後，工會又回歸到了它們各自的行業和地區組織，致力於向雇主施加壓力以提高工資。直到一八七〇年後，這種情緒才有所改變。一八七一年的《工會法》（The Trades Union Act）試圖給予它們明確的法律地位。工會的成員人數和組織規模至今已大幅增長，因此必須要有會讀寫、有計算能力，以及見多識廣的專職人員來管理運作。這些由技術工人組成的工會，控制著原物料和運輸這兩個工業的核心層面，它們漸漸地意識到手中握有巨大的潛在力量。

不斷壯大的工會是贏家，不過當時也有輸家，其中農業工人的處境尤其悲慘。這樣的人太多了，一八一五年後的勞動力市場充斥著從戰爭中復員的士兵，工資因此下降了。原有的那種讓工人與農民一起生活的制度被季節性的兼職工作所取代，導致人們必須不停地往有工作的地方遷移。住在新城鎮附近的人發展狀況最好，他們的妻小都能夠找到工作。圈地則讓情況變得更糟。一開始，圈地因為需要設立樹籬和溝渠、築牆和修路，所以帶來了工作機會，不過最終人們還是要面對殘酷的現實。這些權利已經存在了數百年，是農村生活方式的一部分，而現在他們被剝奪了這些權利，而且得不到任何補償。他們再也沒有機會在收穫季節去採摘作物、沒有共同的牧場能夠放牧、沒有免費的燃料來源，也沒有池塘能捕魚。盜獵因此成為一種求生的方式，藉此補充家庭的微薄飲食。國會通過了一套嚴酷的狩獵法，規定只有地主可以狩獵土地上的鳥類和動物。一八〇三年，盜獵被定為死刑。這一切最殘酷的地方在於，許多地主都不住在當地，所以他們從未在此打獵，但是卻也拒絕讓那些時運不濟的莊園工人在此打獵。

隨著機器的普及，農業工人也受到威脅。結果是，在一八三〇和一八三一年，英格蘭南部和東部發生了一系列被稱為「斯溫暴動」的叛亂，工人們摧毀了新的脫粒機，接著襲擊了農村共同體的領導人。他們這樣做是在發自內心地呼喚一種失落的生活方式，即英國工業革命前的那種家父長式作風。暴動遭到鎮壓：五百人被流放海外，六百人被監禁，十九人被處決。直到大約一八五〇年以後，農業工人的困境才開始好轉。

他們是這場大規模且不可逆轉的革命失敗者和悲慘受害者。但是到該世紀最後二十五年時，生活條件比過去好的人數越來越多。變革的最初階段很艱難，讓人得到慰藉的事物寥寥可數。不過在這種時代背景下，居然奇蹟般地沒有發生大規模的饑荒。總體而言，窮人並沒有變得更窮，他們只是看起來變得更窮了，因為富人的確變得更富了，中產階級中的各個階層的財富也都有顯著增長。家政工作和工廠工作為大部分人口提供了穩定的全職工作，假設工業革命沒有發生，那麼便會造成極度貧困和退化的發生。真正一無所有的是那些技術被機器取代的工人，以及那些在土地上勞作的工人。除了他們，還有許多在所謂血汗產業（sweated trade）中勞動的工人，例如絲帶製作業（ribbonmaking）。人們生活和工作的自然環境也消失了。大規模汙染也於此時首次出現，降低了公共健康的水準。對於經歷這些變化的那些人來說，這種新生活方式必然給他們造成心靈創傷。但是時代的改變是永遠無法被逆轉的。

# 56 資訊與干預

工業革命和人口爆炸引發了過去任何世紀都未曾面對過的問題，迫使中央政府必須採取行動，儘管這有違它的直覺。從上個時代繼承下來的民族精神仍然充滿活力，而其核心價值是對任何形式的國家干預或中央政府的恐懼。儘管人們對政府的作為感到擔憂，但自一八三〇年代以來，政府主導的措施則是逐年增加。國家在解決社會問題上發揮作用，這樣的想法本身便是新穎的，並且只是基於消極的前提在運作：也就是認為政府若不干預的話，事情將會惡化為混亂狀態。有人認為，透過這種干預，國家確保了人民的個人主動性和企業可以不受阻礙地繁榮發展。這種論點來自政治經濟學家傑瑞米．邊沁的著作。對他而言，檢驗國家是否應該干預的標準是效用（utility），而那些信奉他的信念的人被稱為效用主義者。國家干預也獲得了舊貴族精英的支持，他們將其視為家父長社會角色的延續。然而，一旦國家干預的大門被推開，它就會持續越開越大，到了下個世紀時，幾乎日常生活的各個方面都已在它的控制之下。管理人民從出生到死亡一切事務的現代政府便這麼誕生了。

在維多利亞時代末期，憲法史學家梅特蘭（F. W. Maitland）寫道：「我們正在成為一個在更多層面受政府統治的國家，受到各種形式的議會和董事會、各種中央和地方政府，高層和低層政府的管理；這些人是根據現代法律所賦予他們的權力來行事。」所有這些都是在維多利亞女王漫長的統治時期萌芽而生的，它們主要是為了回應工業革命所造成的各種顯而易見的影響。除此之外，它們的出現也是得益於另一個巨大變化：也就是那些基於研究與統計而出現的大量資訊。從一八三〇年代開始，最大的變化來自新形式調查機構：王家調查委員會（Royal Commission of Enquiry）。王家調查委員會提供了實地蒐集的大量證據，這些證據在當時的人看來一定是無從質疑的。人們有可能忽視的是，調查中所提出的證據很可能已經被詳細地編輯過，如此方能符合委員們（實際上是政府）想要的方向。但是，王家調查委員會並不是唯一能提供資訊的新組織。政府還設立了人口普查局（Census Office），每十年公布一次有關人口數量、性質和所在地的數字。一八三七年，即維多利亞登基的那一年，開始進行出生、死亡和婚姻的登記，儘管直到一八七四年才開始要求強制登記。這又引發了另一波的資訊洪流。國會面對這些詢問則制定了新的法案，因此也催生了新的官員，即監察員（inspector），而這又是提供了更多資訊的另一個來源。監察員的職責歷經了一段時間後方逐漸成熟，但他從一開始就要執行的一個任務，便是要提交調查結果報告。因此，更多的資訊被堆積起來，這不可避免地導致了政府加強干預。

　　這方面的影響可以從政府雇員數量的穩步增長中看出。一七八〇年大約有一萬六千名雇員，他們主要負責徵收關稅與消費稅。雇員人數到了一八七〇年達到五萬四千人，這反映出政府角色發生了根本性的變化，因為其承擔了越來越多日常生活方面的監管、協調和主管職責，還要處理監獄、學校、工廠和精神病院等不同領域的事務。公務員人數的增長直到一九五〇年代為止都一直呈螺旋上升趨勢。聘用這些公務員以及他們所代表的國家干預必須付出薪水，下面的數字便生動地講述了這一點。到一八三〇年，全國稅收總額為五千五百萬英鎊，到了一八六〇年為七千萬英鎊，到二十世紀初為兩億英鎊。儘管最初的政府運作成本是由地方稅來支付，但是由於維持這些新的政府服務之運作需要更多資金，這也意味著自一八四二年重新引入的所得稅額也不斷地上升。到了十九世紀末期，政府也開始課徵死亡稅，即繼承稅。地方稅的增長幅度甚至更大。於一八五〇年，達到了一千萬英鎊；到一九〇五年，它已飆升至近一億零八百萬英鎊。在地方政府中，也出現了一支小規模的公務員體系。

政府在一開始並未因公務員人數的巨大增長感到棘手。這些職位對他們來說是優掖攏絡人脈的資源，即是用工作機會來回報親朋好友的一種方式。反對派自然要求削減和改革這些職位，但這是一個漫長的過程。儘管一八五三年的一份報告已建議採行統一性的公務員制度，並且要經過競爭性考試才能擔任公務員，但是其落實速度非常緩慢。初級職位在兩年後引入了競爭機制，但直到一八七〇年，所有職位才都引入了競爭機制，這才逐漸為真正高品質的行政專業奠定了基礎。在十九世紀的大部分時間裡，公務員體系的大多數上層職位仍然作為當時政府的優掖之用。

公務員人數之所以持續壯大，其中一個重要的原因是為了解決中央政府在說服地方政府執行法規時所遇到的困難。一八三五年的《市議會組織法令》創建了由納稅人選舉產生的自治市議會，並要求任何大筆資本支出都必須提交給財政部批准，以杜絕腐敗。但是，納稅人對任何會增加地方支出的事情都不滿意。因此，政府為了實現其目標，在該世紀中葉被迫以提供補貼作為誘因。中央政府任命了地區審計員來檢查地方政府的支出。正如梅特蘭所描述的，各地的委員會和理事會逐漸增多。民選的郡議會於一八八八年成立，倫敦郡議會亦於同年成立，市區（Urban

District）和鄉區（Rural District）的議會則於一八九四年成立。這些有效地取代了以郡尉（lord lieutenants）和治安法官來管理的那套舊式管理農村的方法。到了一九〇〇年時，中央政府已經控制了一個遍布全國的統治網絡，而這種做法過去在一八〇〇年時必定會引起恐慌。

政府機構的這種大幅度增加是工業革命所產生的長期結果。此革命造成了一個以城市為主的社會首次出現，而不少問題從中衍生而出，這些問題只能透過擴展國會的職權來解決。《改革法案》之通過推動了這種擴權，國會自此開始成為了變革的推動者。最早的干預措施之一是針對工廠的童工問題。人們普遍憂心年幼的兒童居然必須在糟糕的條件下每天工作十二至十四個小時。一八三三年，皇家委員會建議對此採取行動，其理由乃是根據當時流行的效用主義觀點：因為兒童不是自由能動者，因此國家應介入干預以保護他們。該年通過的《工廠法》禁止九歲以下的兒童工作，九歲至十三歲的兒童每天只能工作九小時，十四歲至十八歲每天十二小時。針對十三歲以下兒童開始施行每日兩小時的義務教育，並首次任命了督學。十年後，婦女同樣被歸類為工作場所的非自由能動者，該論點被用來禁止她們在礦坑工作。關於工廠勞動條件的法案從未從國會議程的檯面上完全消失。

進入二十世紀時，仍未改革的英格蘭國教會也成了政府干預的對象。另一個委員會則確認了國教會的糟糕狀況：在擔任有俸聖職的一萬人之中，只有一半是常駐於地方的神職人員。而且最富有的主教和最窮困的牧師的收入存在著巨大差距。那些不屬於國教會的人（大多是不服從國教者）被迫支付教堂維修費，這也加劇了批評聲浪。由政治家和主教所組成的教會職責與收入委員會（The Ecclesiastical Duties and Revenues Commission）於一八三五年成立，展開了姍姍來遲的改革計畫。這促成了大約兩千座新教堂的建立，以符合人口的巨大增長和變化。政府於第二年通過一項法令取消了歷史悠久的什一稅（也就是向教會繳納十分之一的生產物），並且規定由繳納現金來取代之。自一六五〇年代的聯邦以降，英國政府從未如此大幅度地干預教務，藉此根本性地改變教會。這種介入不可能不受反抗。一八三三年，由約翰・亨利・紐曼（John Henry Newman）領導的一小群英格蘭國教會牧師開始抗議，後來演變為所謂的牛津運動（Oxford Movement）。這讓教會重新煥發了活力，但也讓早期的福音派和被視為與羅馬天主教親近的新高教會運動（The New High Church Movement）之間產生了尖銳分歧。（事實上，紐曼成為羅馬天主教徒，並且最後成為紅衣主教。）但是，這對政教關係這個核心問題並沒有什麼影響，這一問題可以追溯到十六世紀，而且從十六世紀開始政府便正當化這種干涉是合理的。教會強有力地體現了其是傳統社會價值觀的基石，因此政府認為應將自己與教會牢牢地聯繫起來。

在一八三〇和四〇年代，這類干預措施極具創新性。政府接著改造監獄系統，重整為精神病患安排的設施（均在督察的陪同下進行），將新的鐵路系統納入政府法規之內，確立英格蘭銀行紙幣的優先地位，並引入便宜的郵政系統：便士郵局（The Penny Post）。這些只是國家機構突然延伸去干涉的眾多領域中的一小部分。然而，其中的三個領域將具有最深刻的長期影響：窮人、公共衛生和下層階級的教育。在這個世紀的末期時，這三個領域都已經有了完整的國家官僚機構。

一八三〇年的窮人所能得到的政府救濟仍舊與伊莉莎白一世時期一樣。許多人認為這種制度只是在以公共開支作為代價來助長不負責任的行為以及鼓勵大家庭。效用主義者則呼籲建立濟貧院，以確保至少身體健全的人能夠工作。農村的「斯溫暴動」首先迫使政府成立一個王家委員會，然後在一八三四年則迫使國會通過《濟貧法修正案》。該法案是作為現代社會新特徵——「專家」——出現後的第一個實際例子。委員會蒐羅了證據，但由於其成員是效用主義者，其調查結果早已經有了定見，因此證據被按照他們希望的方向加以修改。國家被劃分成多個區域，每個區域都有一個由納稅人選出的監護人委員會（Board of Guardians），在該委員會的主持之下，濟貧院將被建起並且提供其他形式的救濟。中央政府成立了一個濟貧法委員會，這標誌著又一個新的內閣部會之出現，其轄下有成群的監察員所組成的行政架構。這個部門的反應緩慢，直到一八五〇年代才開始興建大量的濟貧院。當某些濟貧院當中的實際狀況在一八六〇年代被揭露後，其內部條件才開始有所改善。到了一九〇〇年時，濟貧院內部甚至有娛樂活動以及郊遊。這個系統具備成本效益性，而且當時其他歐洲國家都尚未開始關於對窮人的照料。在濟貧院裡男性女性是分開的，成員穿著制服，且需嚴格遵守紀律。然而這樣的生活方式象徵著最終的墮落，也就是失去了在社會中的任何地位。

貧困並非總是與骯髒和疾病劃上等號。骯髒與疾病之間的聯繫在一八三〇和一八四〇年代就已經為人所知，但是英國一直要到數十年之後才進行干預。一八四二年，艾德溫·查德威克（Edwin Chadwick）撰寫了他著名的《衛生報告》（*Sanitary Report*），證明疾病和過早死亡與環境有關聯，並且可以透過政府立法予以改變。他提供的統計數字無法被反駁，在人口稠密的城鎮中，因發燒、天花，肺癆、肺炎和其他致命疾病引起的死亡是鄉村地區的兩倍或三倍。然而，政府沒有採取任何行動，公眾對於任何形式的政府干預抱持強烈反對之態度，因為這在本質上被視為是當地事務。一八四八年通過的《公共衛生法》（Public Health Act）中設立了衛生委員會（General Board of Health），人們對此感到驚愕，且該法於十年後被廢除。一八六六年的《衛生法》（Sanitary Act）規定，政府可以在健康問題上推翻地方當局的作為，但是直到王家公共衛生委員會制定了一八七一和一八七二年的《地方政府和公共衛生法》（Lord Government and Public Health Acts），國家最終才願意承認他們在預防疾病爆發過程中可以發揮作用。政府一如既往不情願地承擔起這個角色，而且按照英國政府的慣有思維，不採取行動將比干預造成更大傷害。但是，政府花費了三十年的時間才真正開始有所作為，其間有不為人知，數以千計的人因為官方的怠惰而死亡。

教育方面的發展則是一個複雜得多的故事。在工業革命之前，國家沒有在教育中扮演任何角色。事實上，對下層階級的任何教育形式，只要給予他們認為自己有可能超越自身地位的想法，都被認為是種潛在的危險。到了一八三〇年代，在面對新興工業城鎮中殘暴的、無宗教信仰的工人階級聚居社區時，過去的教育觀點發生了轉變。教育開始被視為馴服他們的一種手段，確保他們了解自己在社會中的地位，從而避免任何革命發生的可能性。教會學校被認為是實現這一目標的理想學校，對於這看似能夠在新工業城市擴大其影響力的手段，教會很自然地做出回應行動。英國政府於一八三三年首次以實支實付的方式向宗教團體撥款兩萬英鎊，用於修建學校。這個數額在一八四〇年增至三萬英鎊。除了這些補助金外，政府還設立了一個視察團。這些種子日後將茁壯為一棵棵大樹。

政府關於教育的每一項決定，從一開始便是以階級劃分為考量基礎。國家對提供教育援助的目的是，要確保人們在社會體系中保持自己的地位。教育在這個時候從未被視為促進社會流動的方式，要到下個世紀，人們才會將教育視為讓下層社會的人可以往上爬的方式。相反，這個時代的學校分類方式是按照社會地位的高低來安排的。名列前茅的是著名的公學，如溫徹斯特公學和伊頓公學。當時政府中有一個委員會專門調查這些公學是否具有能力培養出這個國家的領導人。在本世紀中葉，公學進行了許多改革，特別強調宗教和紀律。學習古典以及強健的運動能力是他們辦學的根本目標。與工業革命時代相關的學科，如科學和技術，被刻意排除在學校課程之外，因為這些機構的首要目標當然不是要培養知識分子，而是要培養上層社會的紳士。

中產階級自然而然會去仿效他們的上層階級，而為了滿足這個欲望，有許多新的公學紛紛成立，它們是以古老的貴族學校作為模板。不過這些新學校並不是完全與舊公學相同。因為在十九世紀當中，學歷事實上變得越來越重要，而且學習以及好成績也被格外重視。來自這兩種不同體系的學生都可以升入牛津或劍橋這兩所歷史悠久的大學，儘管這兩所大學已不像十八世紀那樣聲名狼藉，但直到一八八〇年代以前，它們仍未有所改革。大學對他們來說主要是在培養紳士氣質，學習始終是次要的。那些想要認真求學的人可能會去蘇格蘭的某所大學，而在一八七〇年代，他們或許會去利茲、曼徹斯特、杜倫（Durham）或倫敦等地區新成立的大學。格頓學院（Girton College）於一八六九年成立，女性在劍橋獲得了一席之地。

英國政府在一八七〇年以前只關心下層的教育，而這種重視又被英格蘭國教會和不服從國教者之間的分歧所困擾。不過，情況緩慢地發生了變化，這主要是來自於越來越多的證據以及督學的壓力。師範學院（teacher training colleges）於一八五〇年代出現，同時基礎教育的經費迅速增加。到一八六二年，它已達到八十四萬英鎊。然而，上學的重要性仍然排在在家幫忙以及從事臨時工之後，許多孩子只接受了三到四年的學校教育。但是識字率在穩步上升，一八七〇年出現了重大分水嶺。福斯特（Forster）的《教育法》（Education Act）規定，國家有責任在足夠的地點提供學校，使每個孩子都能接受教育。此外，在某些情況下，一所學校的建設和營運費用可能由公眾來承擔。隨之而來的是董事會學校（Board School），其辦學品質逐漸超過了由非營利教會組織所營運的學校。一八八〇年學校實行義務教育，一八九一年開始實行免費小學教育，八年後規定學童應接受義務教育直到十二歲。教育至此時已成為國家預算中最大的項目，並且隨著二十世紀的到來，它已經發展成為一個重要的政府部門。

國家干預已經成為人們生活中的一部分。到維多利亞時代末期，國會的角色已經徹底轉變為要透過立法促進變革，以面對一個新的社會。政治舞台上的變化也同樣具有重大意義。

# 57 貴族統治的最後十年

一八三二年通過的《改革法案》實現了它當初設定的目標，延長了貴族統治，但它無法將其無限期地延續下去。一八七〇年以後，它終於開始呈螺旋形下降，直到今天還呈現出驚人的下降趨勢。但是這種下降是漸進的。總而言之，貴族統治著政治、社會和經濟領域，同時也掌握著諸如軍隊和警察等權力，而權力正是貴族統治的基礎。只有五分之一的人口擁有投票權，他們對事物的看法也是基於土地和財產。在當時看來，似乎沒有發生任何改變，而那時的現狀確實暫時變得更加鞏固。但從長遠來看，這只是一種幻覺。

一八三二年之後的四十年，由於首相快速更迭，讓人覺得這時期極為錯綜複雜。雖然兩黨制正在逐漸出現，但即使直到一八六〇年，也沒有人會認為兩黨制將是未來的政治模式。輝格黨、保守黨、皮爾派（Peelites）、愛爾蘭民族主義者和激進分子之間的合縱連橫令人困惑且不斷變化。然而，儘管有這些不同結盟關係，大多數人的想法並不會有太大差異。人們針對政府的性質和目標有某些共同的前提，並且對於國家和帝國安全的重要性格外注意，這是整個政治圈的共識。政府最重要的目標是要節省開支。儘管政府還是對人民進行了某些干預，但是官員在執行時並不情願，而且這些干預仍然只有在相當少的層面上發生。無論哪個政黨執政，政府的首要目標都被視為確保個人行動自由不受國家干涉，並創造出條件讓私營企業努力蓬勃發展。為了實現這一目標，不同派別的歷任內閣通過了一系列漫長的社會和政治立法，最終敲響了貴族權力的喪鐘。

在這幾十年當中發生了一個接一個的變化，這些改變逐漸累積起來，不可逆轉地改變了國家的權力結構。喬治四世和威廉四世都不受人尊重，王室地位的下降速度日益加快。儘管政府的一切行為仍然以君主的名義進行（直到今天仍是如此），但這只是因為其提供了一個方便的框架，給人一種連續性的錯覺。王室特權一個接一個地悄然消失。政府日益增長的專業性逐漸邊緣化了國王在國家中的政治角色。雖然君主仍然負責選出首相，並且要求他組建一個內閣，但他的選擇範圍被限縮到一位獲得國會，尤其是下議院信任的人。一八三四年，威廉四世批准了首相羅伯特·皮爾（Robert Peel）爵士解散內閣的請求，首相的這種要求從此以後再也未曾被否決過。儘管皮爾得到國王的支持，但是他未能贏得下議院多數席位，也因此被迫辭職。這標誌著王室權力的另一次削弱：再也沒有哪位首相能再被君主留任。當年輕而沒有受過良好教育的維多利亞於一八三七年登上王位時，王室權力將再進一步下滑。她對墨爾本勛爵（Lord Melbourne）和對輝格黨的公開偏愛讓君主制度受到了威脅。這種偏愛甚至影響了她對宮廷中女性的選擇。女王於一八四〇年與亞爾伯親王結婚，從而挽救了女王的命運。亞爾伯親王替王室開闢了一種新的角色：王室不再只是順從各政黨不斷變化的各種需求，而成為了超越所有政黨，將眾人凝聚在一塊的力量。從此以後，無論個人喜好多麼強烈，君主在內政事務上頂多只能提出建議和警告。君主在外交政策上的權力緩慢地被削弱，直至一八六〇年代方才消失。

國會也從過去數個世紀以來的干預角色，變成了改革的推動者。直到一八五〇年左右，大多數的法案仍然像過去一樣基於地方考量或個人考量。不過在那個時間點之後，國會的重心就大幅度地轉向制定大量的公共法規，而且這些法規的數量隨著時代進入到十九世紀下半葉而成倍增加。它們所涉及的往往影響到全體人民，因此需要細緻的起草工作，而相關的專門知識只能逐步累積。儘管上議院議員仍然擁有巨大的政治優掖權，甚至在一八八〇年代仍控制著某些選區，但是他們的影響力正在下降。這個影響力最終在一八六七和一八八四年的兩次深化改革的法案中被大幅削弱，因為這兩項法案將投票權擴展到了他們控制之外的那些階級。政治權力現在牢牢掌握在下議院手中，其中大多成員仍然來自各地較富裕的階層，而且有越來越多議員的財富不是來自土地，而是來自工商業。隨著選民人數的擴大，選舉的整體特徵發生了變化，從而導致了團結選民的政黨機器之發展。這反過來又逐漸導致了在前個世紀作為下議院骨幹的獨立議員的式微。獨立議員到了一八七〇年已經消失，議員們現在則是堅守著兩黨制度進行投票。

大臣們仍然必須是富有、有頭有臉、有社會地位的人。他們要麼是貴族出身，要麼是在很年輕時就被封為貴族。這一制度的有利之處在於它涵蓋了廣泛的年齡範圍，再加上它是新貴族和舊貴族的混合體，此外由於他們的財產分散在全國各地，因此體現出對於基層社會的深刻認識。最後，所有貴族大臣們仍然忠於將國家利益置於自己所屬階級上頭的信條。這反映了統治精英的深刻自覺：雖然只有五分之一的人投票，但他們有責任要保護那些沒有選舉權的人，並且為他們的利益採取行動。當皮爾於一八四六年廢除《穀物法》（Corn Laws）時，他便是用這種角度來解釋自己的行動，也就是說要避免普通民眾挨受飢餓和饑荒，儘管他因為這樣做而將自己的政黨一分為二。必須要獲得政黨批准後才會嘗試立法的情況，在這個時代尚未出現。選民人數的逐漸擴大和識字率的提高，意味著人們對政治問題的了解和興趣比過往任何時代都要深刻，這也使得像是格萊斯頓和班傑明・迪斯雷利（Benjamin Disraeli）等人成為家喻戶曉的人物，這在不久以前都還是完全無法想像的。

羅伯特・皮爾爵士是本世紀最偉大的政治家之一，他在一八三二年的衝擊之後，透過賦予托利黨一種新樣貌——即未來的保守黨——來重振其命運。皮爾工作勤奮並且對政治事業具奉獻精神，加上卓越的智力敏捷性和對細節的掌握，確保了他能夠藉由自己的知識和才智主宰下議院。皮爾在一定程度上仍是深受古老的貴族模範影響的政治人物，但是他做出了一個大膽的決定：復興托利黨命運的唯一途徑就是接受《改革法案》。《塔姆沃思宣言》（Tamworth Manifesto）是他於一八三四年對選民發表的一篇演說，也是首次有一個政黨向全國選民宣布一項方案，從而成為今日政黨政綱的先行者。它不僅是寫給托利黨成員，而且是寫給所有接受一八三二年法案的保守派人士，該演說闡明了他們一旦掌權將依據哪些原則行事。在他的信仰中，教會和王室是神聖不可侵犯的，但是他也承認，這個國家的古老制度應該接受審查和改變。簡而言之，要與時俱進而不是革命。制定出一則國家宣言來作為行動綱領是種全新的想法，而為了要確保選票而建立組織的行動也是種新現象。它的中心是地方協會，它們四處蒐羅選民登記冊，並且以在一八三二年之前從未聽聞過的規模來招募選民。

由於在選區的此類工作，以及地主們對廢除《穀物法》的擔憂，皮爾於一八四一年大獲全勝上台，成為本世紀最能幹的政府之一。皮爾重新引入所得稅，以獲得降低關稅的自由，並逐步取消出口和進口關稅，從而為一八五〇年後自由貿易的鼎盛時期鋪平了道路。他被尊為偉大的首相。在黨內，他透過讓舊的傳統主義者與適應工業新時代的人們之間建立起聯盟，從而將托利黨重塑為保守黨。即使他在廢除《穀物法》後承受了重大打擊，但是對政黨的重新定位仍然持續。

自拿破崙戰爭結束以來，農業一直受到《穀物法》的保護。這些措施阻止了外國廉價穀物的進口，藉此確保了國內穀物的價格。這些法律讓商業和工業階級越來越不滿，他們相信自由貿易，並且憎恨給予有土地的農村階級的特殊地位。反穀物法聯盟（Anti-Corn Law League）於一八三九年成立，並且贊助全國性的集會、會議和演說的舉辦。支持它的人主要是城市居民和中產階級，而這個群體也吸引了不服從國教者、激進派以及反對既得利益者。而這群人的對手則可以被描述為地主、農村居民、英格蘭國教會以及保守派。該聯盟是一種新的抗議運動形式，既不缺錢，也不乏組織動力。人們從一開始就體認到，在一八三二年後的世界裡，實現他們目標的唯一途徑是透過投票。他們必須爭取選民的支持，因為要透過他們才能當選為國會議員。他們在這一過程所樹立的先例，在往後會被其他抗議團體所效仿。具有諷刺意味的是，實現他們的目標不是靠他們自己，而是一種貴族式的家長式作風。皮爾於一八四六年獲得在野黨輝格派的支持廢除了《穀物法》。此後不久，輝格黨迅速與皮爾的後座議員（backbenchers）結盟合作將皮爾趕下台，這些議員認為皮爾背叛了當初選舉時的承諾。

反穀物法聯盟的運動模式與另一場全國運動憲章運動（The Chartists）形成鮮明對比，後者的抗議手段是仿效先前一八一五年時候的做法。然而，憲章運動是該世紀最重要的政治運動，這深刻地反映在他們的六項要求中有五項在一九一八年得到了批准。所謂的《人民憲章》（People's Charter）是在一八三八年由一名倫敦櫥櫃製造商和激進派的裁縫師法蘭西斯・普雷斯（Francis

Place）所起草的。它呼籲實行男性普選、廢除國會議員的財產資格、國會每年都開議、統一各個選區的規模、支付國會議員薪資，並且採行無記名投票。這些都不是新主張，不過它們這次是強而有力地捲土重來：這些主張跟著倫敦和伯明罕的工匠和中產階級激進主義之復興一塊進行。在一八三〇年代後期，這些要求被視為是革命性的。憲章運動的全國性代表大會於一八三九年在倫敦召開，接著又在伯明罕召開卻引發了騷亂與暴動，而被軍隊和警察鎮壓。國會收到為數眾多的請願書，不過國會隨後迅速將其否決，一八三九年的第一份請願書上有一百三十萬個簽名；而一八四二年的第二份請願書則有三百三十萬個簽名。全國憲章協會在菲亞格斯・奧康納（Feargus O'Connor）的主持下於一八四〇年成立。會議和示威遊行在一八四〇年代不斷持續進行。一直在一八四八年於肯寧頓公地（Kennington Common）舉辦的大規模集會之後，這股運動方逐漸消失。這場運動、示威和罷工最終沒有取得任何成果，但它們確實在工人階級中留下了痛苦而深刻的影響，這些影響的具體成果要在該世紀晚些時候才會浮上檯面。

一八四八年在歐洲是革命之年，整個歐洲大陸的政府都面臨到對其權威的挑戰。而那一年正是英格蘭迎接十年繁榮光景的第一年，全國現在進入了維多利亞時代的巔峰。憲章運動者從運動甫開始時就注定要失敗。憲章運動者認為自己是在與那些富裕而懶惰的貴族階級以及中產階級鬥爭，後者背信忘義出賣了他們，轉而去跟貴族階級結盟。憲章運動者的想法在某種程度上是對的，因為改革法案已經把中產階級與貴族牢牢地綁在一塊。但憲章運動者內部已經分裂，更糟糕的是，他們沒有錢、沒有武器，甚至不曉得如何運用選舉。他們唯一的施壓手段是請願，他們造成的任何動盪也很容易被遏制。在這個時代，警察和部隊已可以透過新鋪設的鐵路四處移動。政府精明地避免讓任何憲章運動者成為烈士。憲章運動在一八四八年之後仍在繼續，但它已被維多利亞時代的繁榮景氣所削弱，而呈現出強弩之末的態勢。憲章運動在工業最為蕭條的年代達到頂峰。激進主義在這次失敗後向北轉移到工業城市，憲章運動的強大平等主義思想在這些地方被工人階級的勞動政治所吸收。

在皮爾辭職後的十多年當中，一任又一任的內閣如萬花筒般地快速更替。在這段期間，這些內閣的政黨為何沒有太大的重要性。一八五〇年代最重要的問題是克里米亞戰爭（Crimean War）。在拿破崙戰爭之後，大眾民族主義席捲歐洲。英國這個建立在自由神話上的國家，自然得到了民眾的強烈認同。英國群眾支持加里波第（Garibaldi）統一義大利的使命，但與此同時，他們又想要維持阿爾卑斯山以北的奧匈帝國的存在，讓這裡作為抵禦俄羅斯擴張主義的緩衝地帶。巴麥尊勛爵是這個時期的偉大外交大臣，他認為自己的責任是確保英國在海上和商業方面的世界領導地位。但即使在這個全盛時期，英國也沒有能力阻止普魯士在歐洲建立一個龐大的日耳曼國家。這樣的發展態勢在下個世紀將造成嚴重後果。但是，俄羅斯的擴張主義政策讓近東的鄂圖曼帝國瓦解，這確實值得帕默斯頓嚴加注意，因為它對英國在該地區的貿易產生了影響。

一八五三年夏天，俄羅斯入侵了現在的羅馬尼亞。那年秋季，一支英法聯合軍隊被派往黑海，隨後於第二年二月宣戰。戰爭得到了群眾的廣泛支持，而他們卻不知道這個國家的陸軍和海軍正處於衰敗的狀態。在接下來的兩年當中，除了慘不忍睹的指揮無能和災難故事之外，什麼成果都沒有取得。軍隊包圍了塞巴斯托波爾（Sebastopol），並且爆發了血腥的戰鬥。這場戰爭與其他戰爭的不同之處在於，國內的民眾首次在報紙上便能閱讀到戰爭的實況報導。他們感到十分震驚。儘管塞巴斯托波爾在一八五五年九月被攻下，次年三月戰爭結束，但是這場戰爭在英國國內造成強烈迴響。由阿伯丁勛爵（Lord Aberdeen）領導的內閣被認為都是無能的貴族，而這場戰爭導致了它的垮台。繼任的帕默斯頓勛爵被迫同意針對戰爭的詳細情況進行調查。民間百姓對半吊子貴族們任由國家軍隊和戰爭機器陷入混亂，發起陣陣冷嘲熱諷，這正傳達出他們對能力不足的貴族感到幻滅。

在克里米亞戰爭結束三年之後，內閣不斷更迭的時代終於結束。此時羅伯特·皮爾爵士（於一八五〇年去世）的追隨者皮爾派與輝格黨、自由派和激進派一起組成了未來的自由黨；帕默斯頓勛爵擔任首相，而威廉·尤爾特·格萊斯頓成為這個新政黨中的一股重要力量。帕默斯頓於一八六五年去世後，約翰·羅素勛爵（Lord John Russell）接替了他的職位，而在一八三二年就不再被討論的選舉改革現在又被擺回到檯面上。到了一八六〇年代，隨著人口的不斷增長和中產階級的不斷壯大，英國社會發生了深刻變化，擴大選舉權的呼聲高漲。投票權在此時仍被視為一種特權，而不是一種自然權利。問題便在於，要如何在不將投票權授予那些可能危及現有體制的人們之前提下實現這個目標。當時人們普遍認為，在經濟普遍繁榮、沒有壓力的情況下做出調整，而不是等待抗議升級，是更為明智的做法。但是，自由黨提出的法案在一八六六年被擊敗，以班傑明·迪斯雷利為首的保守黨被要求組成新內閣。自從皮爾在通過《穀物法》時將保守黨人分成兩派之後，保守黨有整整一代人的時間未曾執政。迪斯雷利意識到，只要保守黨始終被視為只關心地主的政黨，他們就會一直待在在野位置上。因此，他先發制人，從格萊斯頓（他最大的競爭對手）和自由黨手中搶走了改革者的地位，也藉此戰勝了他們。他認為，這種做法將能夠讓保守黨順利踏上重新執政之路。保守黨所起草的法案，內容是東拼西湊而成的，而且是一次欠缺思慮的行動。迪斯雷利將自己的政黨往這個方向推進，但是他們完全沒有意識到之後將會發生的嚴重後果。該法案於一八六七年通過，這一次將投票權賦予所有城市居民和繳納十英鎊地租的人。在各個郡，投票資格從每年需繳交地租五十鎊降低到只需十五鎊。選民因此增加了一倍，現在有五分之二的男性擁有投票權。但是，根據人口變化而進行重新分配的選區數量很少，這因此大大減少了對現狀的威脅。雖然這法案不像一八三二年法案那樣富里程碑意義，但它仍是一個重要的標誌。由於投票者的數量大幅擴張，現在已沒有任何人有辦法操縱選舉結果，尤其是在一八七二年祕密投票被引入後更是如此。從表面上看，許多令人熟悉的現象仍然存在。席次的重新分配保持了有利於農村地區的平衡，其中八分之一的席次繼續由貴族支持的人選控制。但這只是海市蜃樓般的錯覺。《一八六七年改革法令》（The 1867 Act）敲響了精英統治的喪鐘。現在選民有好幾百萬人，因此政黨機器的規模之擴大勢在必行，它們現在開始設立中央辦公室，以及在各地區積極活動的政黨組織。如今，選民的結構已經清楚地反映了維多利亞時代英國在經歷了工業革命之後的不同本質。這個時候的英國已成為都市文明，而且社會中最多的一群人是工人階級。無論保守黨喜歡與否，如果他們希望在未來繼續執政，他們便必須去討好自己新創造出的選民們。自由黨人也被迫面對相同困境，不得不面對來自中產階級越來越大的壓力，後者要求他們分享自由黨的主導權。由於選民眾多，那些希望成為國會議員的人，如果沒有來自某個主要政黨機器的支持和忠誠，當選的機會微乎其微。在一八七〇年時，君主已經失去了對政府的控制。現在則輪到貴族要開始失去對政府的掌控了。

# 58 提燈女士：佛蘿倫絲・南丁格爾

除了女王，佛蘿倫絲・南丁格爾（Florence Nightingale）可以說是維多利亞時代最著名的女性。她出生於一八二〇年，即喬治四世統治時期的第一年，一九一〇年在愛德華七世統治時期去世，享年九十歲。無論在思想還是生活上，她都走在時代的尖端，開創並且挑戰了維多利亞時代女性的既定模式，讓自己在男性世界中能夠被視為與男人平起平坐。儘管她出生在一個富裕的家庭，在上層階級中有著廣泛的人脈，但這並未縮減其打破時代規矩的成就。她為了挑戰關於這個階層的女性應該與不該做什麼的既有認知，在個人生活上付出巨大犧牲，包括無法享受結婚生子的幸福。

佛蘿倫絲・南丁格爾得名於她出生的義大利城市，她是謝菲爾德銀行家的兒子威廉・愛德華・南丁格爾（William Edward Nightingale）和法蘭西絲・史密斯（Frances Smith）的十個孩子之一。她的父母在性格上形成了鮮明的對比，父親性格安靜而勤奮好學，母親活潑而堅強。其家庭信仰屬於威伯福斯福音派傳統，這體現在家庭中面貌一新的虔誠信仰以及致力於道德生活的強烈責任感。南丁格爾一家會在兩座房子之間移動，一座在德比郡，另一座在漢普郡，偶爾會去倫敦。

從某種意義上說，南丁格爾的童年和她那個階級的其他女孩沒有什麼不同，因為她的家庭教師教導她那些被認為是年輕女子必備的才能：讀寫、縫紉、作曲能力，以及最重要的社交禮儀，因為這可以確保她可以嫁給一個好人家。在另外一個層面上，她的成長過程與眾人極為不同。因為她從十二歲時開始和姊姊帕特諾普（Parthenope）一起接受父親的教育，他教導她們一些女性鮮少能夠接觸到的科目，如希臘語、拉丁語、寫作和數學。

問題是，這只會加重一個天性孤僻、孤獨和害羞的女孩的挫折感。作為一個年輕的女士，她被認為應該待在家中，然而，正如她所寫的那樣，她渴望「有一個固定職業，做一些有意義的事情，而不是把時間浪費在無用的瑣事上」。如果她被允許這麼做，那麼這將打破一八三〇年代的所有慣例。她在十七歲時記錄道：「上帝開口了，召喚我為祂做工。」但這種召喚要在十六年後才成為現實。在這期間，佛蘿倫絲成長為一位機智、風趣、優雅的年輕女子，很快就吸引了許多追求者。其中最重要的是一位英俊的詩人理查德·蒙克頓·米爾恩斯（Richard Monckton Milnes），兩人墜入愛河。他等待她接受求婚等了足足七年，但是她最終拒絕了，這讓她的家人非常憤怒。她的理由會引起現代人的共鳴：「在社交活動與安排家務中與他共度一生，這種生活無法滿足我的本性……」

到了這個時候，她已經開始踏上將會讓自己在歷史上留名的那條路。有人發現她在照護患病的村民，這讓她母親大為驚恐。更糟糕的是，她的家人不得不出面干預，禁止她在索爾茲伯里的當地醫院學習護理。他們的強烈反對並不令人驚訝，因為那時的醫院與我們今天所認識的醫院幾乎完全不同。病房相當大，而其中的病床全都擠在一起。環境汙穢不堪，像是地板上沾滿了手術留下的血跡，感染了蝨子和害蟲的病人被安置在鮮少清潔的床單上。外科醫生們走來走去，身上的衣服浸透了手術留下的血液，有時這些衣服甚至因為血液凝固而僵硬。受過訓練的護士在當時尚未出現。正如南丁格爾所寫的，那些擔任護士的是「失去性格的女性」，她們要麼睡在病房裡，要麼睡在外頭的木製籠子中。

家庭的這項決定導致她精神崩潰。一八四八年，佛羅倫斯的兩個朋友帶她去了羅馬，她在那裡遇到了政壇的一顆新星西德尼・赫伯特（Sidney Herbert），這場邂逅從事後的發展來看是一個轉折點。他們兩人都擁有那種充滿熱情的社會正義感，這使她擺脫了自己所居住的那個鄉間別墅封閉世界：「……一切痛苦的東西都被小心翼翼地移到三英里外的村子裡，藏在那些美麗的樹木後頭，眼不見為淨。在倫敦，無論如何，只要你睜開眼睛，你就一定會看到，下一條街上的生活並不完全像你自己所經歷的那般。」

她重新下定決心，不顧家人的阻攔，於一八五一年前往日耳曼，向一群女執事學習護理。這與她以前的生活形成鮮明對比，她每天早晨五點起床開始工作，六點鐘吃一碗黑麥粥，接著工作到十二點。她會空出十分鐘喝肉湯，接著繼續工作到七點。每天的最後皆以《聖經》課作結，然後上床睡覺。然而，她給家裡的母親寫的信中卻是這麼說的：「現在我知道了什麼是生活，什麼是熱愛生活。」

兩年後，她有機會成為位於倫敦的婦女療養院（Institution for the Care of Sick Gentlewomen）的負責人。她的家人再次試圖阻止她，但她接下了這份職務。她只有十天的時間來建立新醫院，她將自己腦中積累的有關護理技術的一切在那裡付諸實踐。這源於當時的一個新想法，病人和護士都應該處在舒適的環境。所有的東西都要一塵不染，病人要得到適當的營養。由於沒有受過訓練的護士，佛蘿倫絲開始以身作則。從那時起，她不僅是名出色的護士，而且成為了一位出色的組織者。

一年後，克里米亞戰爭爆發，幾個月內不僅有數百人受傷，霍亂也爆發了。關於戰爭的各種報導揭露了戰場可怕的處境，那裡一間醫院也沒有，遑論照顧士兵的護士。西德尼・赫伯特是戰爭大臣。在派遣護士這個議題上，他知道英格蘭「只有一個人……有能力組織和監督這樣一個計畫」。

當南丁格爾帶著她的三十八名護士啟程時，她年僅三十四歲，其中許多護士是需要南丁格爾在抵達時當場訓練的。一切條件都對她不利，她的家人強烈反對，軍醫不想要她來。在此之前，從來沒有任何女性被雇用來照護受傷的士兵，所以她正在開創一個全新的領域。所謂的醫院是在斯庫塔里（Scutari）村的土耳其舊軍營。這裡骯髒不堪，牆上濕漉漉地滲出水，排水溝中積滿了腐爛的淤泥，到處都是老鼠，也沒有東西可以開伙。在醫院裡頭有數千名士兵躺在地板上的木頭床鋪上，許多人因為傷勢過重而死。但是軍醫們拒絕讓她進入。南丁格爾和她的夥伴們只好耐心地等待，直到巴拉克拉瓦（Balaclava）的大戰結束後，傷兵們潮水般地湧入，醫生方被迫讓步。接下來是一場完全不同的戰鬥，因為兵營必須改成符合標準的醫院。她的組織能力和精力極為驚人，她不斷地撰寫，包括報告、信件、改善醫院營運方式與改革軍隊醫療服務的計畫，還有任何可以改善她工作環境的計畫。她直到深夜仍不停地寫，因為她白天在病房裡忙得不可開交。每天晚上，她手裡拿著提燈慢慢巡視病房。她有時會停下來，彎腰安慰處於痛苦或沮喪當中的士兵。

「提燈女士」的傳奇就這樣誕生了。

她打贏了一場又一場屬於自己的戰鬥。她請士兵的妻子們把床單洗乾淨，於是他們第一次有了乾淨的床單。一位來自倫敦的廚師負責組織廚房，建造新烤爐，為病人烹煮食物。骯髒的牆壁被漆成白色，老鼠孳生的木製平台床被換成了鐵製平台，而且現在有了乾淨的飲用水。不誇張地說，有成噸的灰塵和垃圾被運走了。佛蘿倫絲．南丁格爾首先將她的軍人患者作為一個人看待。她協助他們將錢寄回給家人、安排講座，並且提供他們可以讀書或寫字的房間。這些都是全盤革新的措施。

這些重大成就是在艱鉅環境中達成的，因為她不得不在一個男性世界中奮鬥，並與反對她的高層人士爭辯。她可能很自大，但是沒有人可以否認她作為行政領導者和請願者的非凡能力。到一八五五年，她已成為國家的女英雄，第二年，政府授予她管理醫院的全部權力。兩週後宣布停戰。

多年的嚴寒、不適感、疲勞和無休止的工作使她變得憔悴，頭髮也剪得很短。當她啟程坐船歸國時，全英國上下都希望向她致敬，然而這是她最不感興趣的事情。南丁格爾以「史密斯小姐」（Miss Smith）的身分和她的阿姨史密斯（Mrs Smith）一同返國，不誇張地說，她們是偷偷溜進這個國家的，兩人最終搭乘上了回到德比郡家人身邊的火車。一八五六年八月七日她從車站步出，在沒有事先通知的情況下便突然出現在家人面前。

她雖然受疾病所苦，不過還會繼續在世半個世紀，並且致力於改變體系：「我站在被殺士兵的祭壇上，有生之年，我將為他們伸張正義而奮鬥。」她成功地爭取到政府成立一個關於軍隊醫療的王家委員會（Royal Commission on the Sanitary），也成功地爭取到女王和亞爾伯親王的支持。她的工作體現了一場革命：預防醫學首次被正視。克里米亞戰爭中只有七分之一的人因受傷而死，其餘的人則死於可預防的疾病，這些疾病是由細菌透過不良的通風、過度擁擠、缺乏排水系統和不遵守適當的基本衛生而引起的，此外，為病人所提供的衣著和飲食也不衛生。軍隊與她針鋒相對，不過最後是她獲勝。陸軍醫學院於一八五九年根據她的指導方針成立了。

南丁格爾坐在沙發上戰鬥，被人從一個房間抬到另一個房間。她躺在沙發上，周圍都是貓，但手邊總是有紙筆和墨水。她著手改革醫院的設計，位於倫敦的聖湯瑪斯（St Thomas）醫院在她的支持下興建完成，此醫院中的設計體現了她的改革，例如需要獨立的病房，從而防止傳染病擴散；鐵製床架取代木製床架的重要性，或者是陶杯比起錫杯要來得重要。沒有一個細節能逃脫她的注意。她開始著手創建我們所認識的現代護理，並且在一八五九年寫下了她最知名的著作《護理札記》（*Notes on Nursing: What it is, and what it is not*）。這本書充滿了個人經驗，並且觀察到情感和人際問題對病人會造成影響，其深刻性遠遠超越同時代的其他人。書中提到了某些小事情可能會影響病人康復的意志：「我永遠不會忘記發燒的病人對鮮豔花束的狂喜。我記得在我自己生病時〔她在克里米亞時發燒了〕，有人給我送來了一束野花，從那之後我的身體便迅速好轉了。」

第一所培訓護理技術的護士學校於一八六〇年開設。這株樹苗日後生長成一棵大樹，全球各地都開始出現護士學校，而且也促成了紅十字會的成立。

南丁格爾處理各種事情的態度，預示了許多在下個世紀將對婦女產生重大影響的事情。她寫道：「在已婚婦女擁有自己的財產之前，愛或正義不可能存在。」一八六七年，她宣布爭取婦女選舉權。她的與眾不同之處在於，她利用自己的特權地位來挑戰自己出生時社會普遍接受的既有規範。這需要不小的勇氣，而且她在爭取選舉權上的成功更為重要。因為她不僅為護理革命奠基，並且更成為了婦女在社會中占有一席之地的先驅者。

# 59 維多利亞時代：一個沒有階級的社會

維多利亞女王在一八三七至一九〇一年間統治了六十多年，她的名字在人們的腦海中留下至今仍舊不可磨滅的印象。然而，她留下獨特印記的時間點，正好是在王室的政治權力消退並且永遠不會再恢復的時期。長期而言，這讓王室顯得似乎是多餘的。女王之所以留下這種印記的原因，與其說是由於婦女的天性，不如說是當時的環境之故。君主制度在這時代變得對於政府和人民都有存在的必要性。

維多利亞年輕時任性並且充滿熱情，而且不具備政治意識。她在教育上的成熟要歸功於她的配偶亞爾伯親王，後者在英國始終都不受人民歡迎，但是他開始替君主開創出一種新的角色。在喬治三世時代，王室再次成為私人操守廉潔的典範；事實上，王室在致力於提升自我的追求上跟中產階級幾無二致。現在，對藝術科學、國家成就以及良好行為的參與及興趣已成為皇室標準活動。君主制在未來之所以受到民眾歡迎，都是建立在這些活動上頭。不過這些活動在最初時並未帶來立竿見影的成效。而且當親王於一八六一年死於傷寒時，他的遺孀那二十年陰鬱的隱居生活，使得他的成就被籠罩上厚重的陰影。維多利亞變成了人們熟悉的那個穿著黑色衣服、圓滾滾婦女的形象，並且因為沒有履行她作為女王的公眾角色而受到批評。這個權力被移交給了威爾斯親王，即和藹可親的未來愛德華七世，他總是擺脫不了風流韻事以及醜聞，這在實質上損害了王室形象。但是到維多利亞女王去世的時候，這一切都發生了逆轉，君主政體成為了神聖不可侵犯的國家象徵，就像在伊莉莎白一世時代一樣強大。

具有諷刺意味的是，這種復興之所以能夠實現，正是因為君主在政治上不再扮演其過去的角色。到了一八七〇年代時，由於女王此時在位的時間已經相當悠久、加上她所實踐的家庭美德、她因為眾多子女的婚姻而扮演起了歐洲女家長的角色，再加上她身為世界上最強大帝國的核心，人們開始以不同的眼光看待女王。確實，她於一八七六年被加冕為印度女皇。由於選舉權的擴大和不斷增長的城市人口，英國國內亟需一種團結象徵來將國民凝聚在一塊。君主政體那出人意表的復興便是要擔任這個象徵，而且這個復興將在往後的一百年中持續發生。在工業革命所創造出的灰色陰鬱世界裡，王權現在注定要為人們提供華麗壯觀的場面，而且這些場面背後都是經過精心打造的。整個過程始於一八八七年維多利亞女王的登基金禧紀念（Golden Jubilee），然後是一八九七年的登基鑽禧紀念（Diamond Jubilee）。這兩次場合都是在倫敦舉行的盛大馬車遊行，她的子孫後代也都繼續效法這種遊行。這些成功與像是《每日郵報》（*The Daily Mail*）這樣發行量龐大的報紙的出現相輔相成，而這些報紙所針對的讀者便是晚近出現的識字群眾。由於鐵路和有軌電車的出現，人們首次能夠從遠處前來欣賞這些盛典，還有為數更多的人們得以閱讀關於王室壯觀場面的記述。此外，由於攝影技術的出現，人們能夠看到許多藉由新複製技術沖洗出來的相片。媒體界和王室的這種聯盟直到一九八〇年代才瓦解。

君主已經幾乎完全失去了政治權力，不過貴族和紳士對權力的掌握要在一八七〇年之後才會減弱。這兩個階層在財富和權力方面的地位仍舊無法被撼動，而且其中成員透過共同的教育和文化，還有互相聯姻而緊緊團結在一塊。土地所有權仍然是地位和社會地位的基礎。從各個專業、軍隊、法律和商業領域晉升到這個行列的人們都認同這個信念，他們因此大量投資房地產和鄉村住宅。英國於一八七三年時總人口為三千兩百萬，其中八成的土地由七千名精英所擁有。這些精英們不僅統治著政治和政府，還主宰著人們生活的所有層面，並且引領藝術和時尚領域的品味和風格。但是，精英們也迅速地接受重視家庭價值、公共職責和慈善事業等新風氣，從而贏得了下層階級的掌聲，他們認同這樣的精英階層有權統治他們。貴族紳士與下層中產階級之間之所以能牢牢地綁在一塊，是因為他們都擁有財產，並且在工業資本投資上相互合作。上層階級活躍在各式各樣的投資領域，如礦山、磚廠、港口和房地產開發。然而，他們的生活方式與上個世紀相差無幾，主要是以鄉間的一幢大房子為中心，房子周圍有花園以及開闊草地。此外，他們在倫敦都擁有一棟會在適當季節造訪的房子。鐵路使這種房屋成為週末聚會的場所，且屋內的舒適度遠遠超過了喬治時代的房屋。有些人，例如西敏公爵，在伊頓莊園有三百名僕人。倫敦的大房子中的富麗堂皇以及極其奢華的娛樂活動，會讓每一個造訪英國的人感到驚奇。

貴族、鄉紳和中產階級共同體現了擁有財產者的意志。因此，中產階級順理成章地應該享有投票權，因為他們現在對於國家安全已有重要影響力。然而，與貴族和紳士不同的是，中產階級宛如一個不斷變化的、無法定義的萬花筒，它包容了從企業家到技術工人的各色人群。他們有某些共同點，其中的兩個特質分別是妻子不工作，並且家中至少有一名僕人。大多數的中產階級是城市居民，他們參與製成品、原物料和消費品的生產和銷售：一八五〇年代至一八七〇年間，小店主的人數增加了百分之五十四。這個成員不斷變化的族群占全國人口六分之一至五分之一，他們共同掌握這個國家的命運，而這個國家的未來在相當程度上則仰賴於其專業人才的素質。這確實是專業人士的時代，他們所成立的組織在此時如唱名般紛紛成立，例如：英國王家建築師學會（一八三四）、機械工程師學會（一八四七）或是英國醫學協會（一八五六）。這些機構反映了一個日益複雜的社會的需求，也因此需要更多的醫生、律師、藥劑師、土木工程師、建築師和許多其他有特殊技能的人來滿足。

專業人士和中產階級住在城鎮郊區數以千計的獨立式和半獨立式別墅裡，每棟別墅都有前庭和後花園、地下室和供僕人使用的閣樓。在這個消費者時代，他們的房子內部會有各種大量生產下的產品，這在過去的時代絕對是前所未見的，而且這些房子當中有更多令人生活更加舒適的設備：不同的房屋則反映了中產階級當中又更加細分的無數階層。再稍微往下一層的中產階級的房子則是排屋（terraced house）、凸窗和門廊等元素，還有房子正面的裝飾數量清晰地定義了這類房子所代表的地位。

雖然貴族、紳士和中產階級之間的共同點越來越多，但是中產階級則堅決地要與下層階級劃清界線。工人階級也是由一群彼此存在明顯差異的人群所組成的，而且他們會激烈地去維護在此階級中複雜又森嚴的上下等級。在這個極複雜的等級制度中，技術工人位居頂部，而底層則是非技術工人。他們之間不具備團結一致的情感；事實上，他們彼此分歧的理由遠多於彼此團結起來的動機。技術工人渴望能實踐努力工作和自律等中產階級美德，具有諷刺意味的是，政治激進分子也多是出自技術工人這個階層。工人所從事的許多工作都是嘈雜、危險、單調並且艱辛的。從礦井事故到機械事故，意外層出不窮。工人階級的婦女在生下第一個孩子後無法再繼續工作，從這個時間點到這個孩子可以掙錢的這段時期，對於他們是最為艱苦的。他們住的房子都是「兩上兩下」（two up and two down，譯注：指樓下有兩間主要的房間，樓上有兩間臥室）的連棟房屋，裡面往往住著不止一個家庭。房子內沒有什麼裝飾品，雖然在該世紀末可能會有自來水，但是廁所都是位於室外。在房子裡頭，人們靠煤取暖，照明則是使用蠟燭、油或石蠟。廉價壁紙和油氈的問世逐漸為黯淡的室內裝飾增添了一些家庭的舒適感。有時工人們會住在被稱為「模範住宅」（model dwellings）的公寓裡，但無論他們住在哪裡，都必須離工作地點在步行可及的範圍內。

在所有這些人當中，最底層的是一群騷動，為數眾多的窮人、失業者和無法就業者。沒有人知道當時這群人的確切數目，但在一八五三至一八八〇年之間有三百萬人往國外移民，這一事實表明，當時有一大群人在社會等級制度中沒有立錐之地，而且他們希望擺脫貧困與依賴國家和私人施捨的生活。維多利亞時代的每個城鎮中都有貧民窟，這些人在生存線邊緣掙扎。沒有警察的保護，任何有頭有臉的人絕不會進入這樣的貧民區。維多利亞的下層社會雖然粗野，但是人們在現實生活中，由於擔心自己安危並不會接近這群人。用武力驅散罷工或示威的不守法群眾在上個世紀是軍隊的任務，並且一直延續到一八三〇年，但是這只是在情況危急時才會祭出的最後手段。在此之後，這樣的事情變成了只佩帶警棍的警察之任務。城鎮中出現按照不同階級所劃分出的不同居住區域，這對於警察的工作而言有極大的幫助。窮人無論以何種形式進入較好的社區，都會被嚴格地禁止。富人安全地生活在有門禁和圍欄的街道和廣場上。中產階級則居住在郊區。因此，社會中動盪和貧困的因素被牢牢地隔離起來了。

每個時代都有贏家和輸家，這是那個時代精神所造成的結果；而無論是幸運的人或是時運不濟的人，都會因為自己努力工作或是怠惰而改變輸贏的結果。嚴密的階級區分乍看之下天衣無縫，然而在此表面下的殘酷現實是，以年齡和性別為考量的歧視仍舊存在著，並且是所有階級的普遍現象。維多利亞時代的英國在根本上是一個嚴格的父權社會，在這個社會裡，各個階層的婦女都處於從屬地位。在低下階層的況狀中，婦女被視為廉價勞動力的來源，她們的收入僅為男子收入的三分之一至三分之二。婦女的就業機會直到一八八〇年代仍然受到限制，幾乎完全被局限於家政、紡織，以及在家做零工。除了這些職業之外，還可以在商店、裁縫店任職，或是擔任女帽商、家庭教師或是學校老師。絕大多數的女性都需要勞動。事實上，在一八八一年時，英格蘭和威爾斯的人口中每二十二人中就有一人是僕人，占整個勞動力的百分之十六。中產階級以上的女性不需工作，她的角色是操持家務，做一個盡職的妻子和母親、導揮僕人，偶爾從事慈善工作。

到一九〇〇年，參與勞動的婦女越來越少，這標誌著越來越多人實現了她們渴望達到的目標，因為這個現象反映了她們丈夫收入的提高，讓她們沒有必要工作，這也代表她們已上升到中產階級的地位。

但是變化不久之後便要發生。離婚於一八五七年成為可能，儘管當時的規定對男方有利。《已婚婦女財產法》（Married Women's Property Act）保障婦女在財產上享有一定的獨立性，這標誌著她們的法律地位在未來將出現巨大變化。到了一八八〇年代，婦女可以上大學、成為醫生，參加諸如網球和高爾夫等競爭性運動。有些婦女可以在地方選舉中投票，也有資格成為學校董事會成員或是濟貧法監護人。婦女選舉權運動已經展開，全國婦女選舉權協會於一八九七年成立。婦女雜誌和報紙中的婦女專欄也反映出一種新的集體身分認同。

越來越多聰明的婦女可以獨立生活。然而，對於社會各階層的兒童而言，情況並非如此。他們要面對剝削或身體虐待，幾乎得不到政府的保護，而且各行各業仍然在使用童工，這有時會造成孩童的健康嚴重受損。他們最終之所以從工廠消失，不是因為政府的干預，而是技術的進步使他們的工作顯得多餘。一八七〇年的《教育法》首次規定，所有兒童在十歲之前都應接受義務教育。工人階級相當不滿意這種規定，因為他們會因此失去一個收入來源。在社會階梯的另一端，上層社會的孩子在出生後就被當作展品交給一小群護士、女傭、保姆以及家庭教師養育成人，他們與父母住在不同的房子裡。但是，正如婦女的情況一樣，孩童的情況也在發生變化。全國防止虐待兒童協會（National Society for the Prevention of Cruelty to Children）於一八八九年成立，這具體證明了人們對於孩童脆弱性的新認識。

在十八世紀的思想和寫作裡，用來指稱社會階層的稱呼是「下層等級」（lower orders）與「中間等級」（the middling ranks），但到了一八五〇年，已經改成「中產階級」（middle class）和「工人階級」（working class）。然而，這些名詞所傳達的兩極對立與壁壘分明，實際上並不存在。在維多利亞時代並未出現階級之間的集體對抗。等級制的觀念被普遍接受，而且下層階層是最強烈支持的一群人。工業革命的影響使人們團結在一起，也使人們之間產生了分裂。這個快速變化和充滿活力的社會（在女王去世的那一年，全國人口為四千一百六十萬）之所以保持著某種的凝聚力，而沒有任何危險的分裂跡象，工業革命並不是唯一的凝合劑。

對於上層人士的敬重使社會團結在一起，這意味著每個等級的人都接受自己在社會階梯上的位置，君主便位於這個階梯的最頂端，而君主本身便是國家團結的象徵。政府不能奉行任何非百分百基於基督教教條的道德政策，這種信念同樣束縛著社會。基督教的基本教義被社會各階層所接受，甚至包括那些從不上教堂的人。基督教被納入了國家機構的組織當中。這個收編過程並不受各教派之間的激烈對抗的影響。英格蘭國教會分裂為兩派，一派是福音派或低教會，另一派是新出現的重視儀式的高教會運動，兩派都充滿傳教的熱情。不服從國教者的教會和羅馬天主教徒也是如此，後者在一八五〇年重新建立了主教制，這引起了新教徒的警覺。隔一年的人口普查顯示出，四成的民眾從未上過教堂，這個震撼消息推動了各個教會開始努力要向他們眼中的城市居民異教徒傳教。這樣的傳教行動沒有發揮太多效果。與此同時，查爾斯．達爾文的《物種源始》（*On the Origin of Species by Means of Natural Selection*，一八五九）對創世論提出了挑戰，並且讓受過教育的階層內部分裂。然而，以上種種發展都無法抹煞以下現實：這個時代的盛行風氣是一種根深柢固的宗教氛圍；這種氛圍體現在人們每天祈禱與讀經，而且會在週日準時出席教堂禮拜。政府透過立法加強了表面的樣貌，營造了週日普遍的死氣沉沉，這讓外國遊客感到驚訝，因為所有的商店和商業、娛樂場所都閉門休息。宗教上的激情要到一八七〇年之後的幾年才開始平息。

如果說基督教是社會的共同基礎，那麼維多利亞時代的人的共同渴望就是受人尊敬（respectability）。受人尊敬具體呈現在：透過自己的努力、自律和自助而實現的財務獨立。這種對於受人尊敬的追求，同時帶來了一些價值觀：尊崇工作、勤奮工作，以及將家和家庭視為聖地一樣來崇敬。成為一個善良、受人尊敬的人是所有社會階層共有的概念。這種人樂於助人，從不欠債，不惹麻煩；他會從容地承擔起生活的許多重擔。奢侈、無能、不可靠、酗酒、淫亂和貪圖政府施捨的人便不值得受人尊敬。但是在某些層面上，受人尊敬還是只有那些具有一定經濟能力的人才能做到。中產階級和技術工人為了要努力保持其身分並且不下滑，而擔負起沉重的負擔。事實上，窮人被排除在值得受人尊敬的人之外，這種做法同時是種偽善和雙重標準。在維多利亞時代背景下，追求受人尊敬之價值觀帶來了許多優點，因為它一定讓許多人得以度過艱難的生活，給予他們一套可以堅持下去的價值觀和標準。

這些價值觀在家庭中被奉為神聖。全國上下到處出現了過去未曾見過的小型集體住宅，為遠離工作場所的居民們生活中唯一的庇護、舒適和歡樂之所在。對於中產階級來說，家是神聖的，是一個男人統治的領域，是他的家人學習受人尊敬的美德和道德準則的地方。家庭是由宗教維繫在一起的，也是由共同的生活維繫在一起的，包括吃飯以及不醉酒的娛樂活動，以及令人眼花撩亂，標誌著消費時代到來的各種家庭用品。

如果說女王、恭敬、宗教和社會地位把不同階層拉到了一起，那麼慈善和善行也發揮了同樣的作用。當時人們普遍對由國家來施加規定感到恐懼，因此慈善是一種透過習俗來施加的責任，交由那些有餘裕的人來捐獻。在農村，地主為佃戶提供了生計；在城鎮裡，新醫院、孤兒院和收容所不斷增建。到十九世紀中葉，隨著英國王家動物保護協會（Royal Society for the Protection of Animals）（一八二四）的成立，動物保護也開始發展。維多利亞時代的英國慈善事業規模超過了任何其他歐洲國家，不過，這個慈善事業有其限定的範圍，因為能夠接受救濟的人選是經過仔細篩選後決定的，以求幫助到真正有需要的人。此外，這種慈善事業也不應該讓人忽視，它在某種意義上暗示了受救濟者在社會上的從屬地位。到該世紀末，有越來越多人都獲得某種形式的國家退休金支持。

以上是激勵社會向上的節制價值觀，不過還是有一些原則是在鼓勵人們有時應該遠離憂慮。休閒在上個世紀還是少數人的特權，但現在已擴展到多數人，儘管人數還是不多。這是工業革命的直接結果，工作時間與其他時間的劃分界線變得越來越分明。至一八五〇年，一週工作五天半、週六上半天班、週日放假、一年一次假期的固定模式已經形成。在一八七〇年代初期出現了銀行假期，到一八七五年有了節禮日（Boxing Day）、復活節星期一，聖靈降臨節星期一（Whit Monday）和八月的第一個星期一等假期。當然，這在鄉村地區造成的影響不大，劃分一年之中各個時期的仍舊是那些日子：古老的節慶、剪毛季晚宴（Shearing Suppers）、聖神降臨週的遊行（Whitsun walks）、什一奉獻節（Tithe Feasts）、集市和市場。但在城市裡，情況就完全不同了。最初，那些遷移到城鎮的人們帶來了許多中產階級恐怖的殘酷消遣：鬥雞、鬥牛、拳擊或是前去觀看處決。此外，還有飲酒、賭博和賣淫。由於擔心這種種享樂行為可能造成無法控制的暴力，中產階級開始以惡習為由壓制集市，並對諸如營業時間等方面實行限制。更具體地說，他們提倡了所謂的「合理娛樂」。

在每個城鎮中都建立了公園，供人們漫步和研究自然風光、供人閱讀的圖書館、在博物館裡學習藝術和歷史；以及各種可以提升心智的展覽。工藝講習所（Mechanics Institutes）會舉辦會議和講座，提供中下階級基本的科學指導。工廠郊遊開始出現，雇主擺出家長式姿態來鼓勵忠誠的員工們。殘忍的運動被迫轉入地下，新的運動應運而生，尤其像是板球和足球。足球總會（Football Association）成立於一八六三年。足球最初受到各階層的歡迎，但到了一八八〇年代它變得特別具備工人階級的色彩；從日後的發展可以看出這種健康而無害、又能激發人們熱情的運動，輕易就能激起城市暴民不受控的性格。球迷被灌輸了對於所屬地域的愛，而鐵路意味著他們能夠跟著球隊前往「客場」比賽。相比之下，板球運動則保留了上層階級的支持者，這是一項適合紳士的運動，但也吸引了來自各個階層的觀眾。

新法律規定工廠在規定的日期必須休息，這也導致假期這個新鮮事物的出現。從工廠老闆的角度來看，這比員工決定不來上班要好得多。鐵路意味著可以去更遠的地方度假，而轉折點出現在一八五一年時人們以廉價旅行方式紛紛前往倫敦參觀萬國博覽會。此後，前往倫敦、海邊或其他有趣景點的廉價旅行，讓數百萬維多利亞時代的人們四處移動，這是過去所不曾有的。到海邊度假最初是中產階級風尚，後來迅速擴展到社會的各個階層之中。工人階級占領了莫克姆（Morecambe）、布萊克浦（Blackpool）和拉姆斯蓋特（Ramsgate）等地，並且將這些地方變成了他們的專屬景點。然而，在新成立的旅遊公司湯瑪斯・庫克（Thomas Cook）的協助下，這個時代有越來越多上層社會人士開始前往探索歐洲大陸。

大多數階級都能享受到新興的城市娛樂。劇院歡迎各種階級的觀眾，而在其中人們則是被票價與不同座位分隔開來。音樂會和合唱團也對社會各階層都具有吸引力。在亞爾伯音樂廳舉行的逍遙音樂會（Henry Wood Promenade Concerts）始於一八九五年，中間的大區域站滿了許多只需要付出便宜票價就可以參加的聽眾。音樂廳（music hall）是工人階級文化的一種具體形式，它在一八七〇年代和一八八〇年代開始成形，吸引了跨越社會各個階層的聽眾。對工人階級來說，那裡有金碧輝煌的酒吧和舞廳，還有男性專屬的娛樂場所工人俱樂部（Working Men's Club）。

隨著大部分人口識字率的提高，出現了《聖經》和祈禱書以外人們普遍都會閱讀的文字作品。到了一八五〇年代，中產階級渴望閱讀各式各樣的作品。廣告稅與報紙稅逐步被取消，最終在一八六一年時紙張稅也被取消。其結果是印刷業的爆發性成長，以及報紙、書籍和期刊的大量湧現。到一八八〇年，地區性的日報不少於九十六家，而全國性的報紙也迅速地普及於全國各地。經典著作和當代小說都有便宜的版本。這的確是連載小說的全盛時期，查爾斯・狄更斯（Charles Dickens）筆下人物的命運一週又一週地不段發展，讓整個國家都處於懸念之中。狄更斯、特羅洛普（Anthony Trollope）、特克雷（W. M. Thackeray）、喬治・艾略特（George Eliot），以及稍晚的哈代（Thomas Hardy）、梅勒迪斯（George Meredith）和亨利・詹姆士（Henry James）的小說在很大程度上代表了一種各階層的共同文化。直到一八八〇年代，受到評論界好評的作家與像是薇達（Ouida）這樣的作家之間才出現了巨大的分歧；後者的眾多著作是廉價小說興起的具體體現，而這些小說是為了迎合大批尋求浪漫和刺激的讀者所書寫的。

奠基於本世紀初的英國神話是另一種具有約束力的力量，因為一個民族神話是透過暢銷的歷史書所展現出來的。麥考利（Macaulay）的《英格蘭史》（History of England，一八四九至一八六一年）和約翰・理查・格林（J. R. Green）的《英國人民簡史》（*Short History of the English People*，一八七五）是兩本不斷被再版的著作。一八三〇年代，公學和一些文法學校開始教授歷史，目的是讓新獲得選舉權階級的孩子為承擔政治責任做好準備。一八七〇年以後，歷史教學擴及到工人階級，目的是要鞏固國家認同。歷史被描述為一種進步，是對源自盎格魯─撒克遜人的政治自由的頌揚，此自由在《大憲章》中重新獲得保障，在內戰中被廢除，並且在他們自己的時代中開花結果。歷史被用來作為新一代識字群眾的集體祖譜。或者，正如歷史學家約翰．林加德（John Lingard）在一八四九年所寫的：「我們的歷史中充滿了國家榮耀的生動場面，充滿了虔誠、榮譽和決心的光輝榜樣，以及對君王、政治家和人民最深刻和最有教育意義的教訓。」

確實有很多因素將維多利亞時代的英國人團結在一起，讓他們安於自己的社會階級，但是流動性並沒有被完全排除。然而，流動性是複雜的，而且其流動的路徑並不平等。例如，有技術的體力勞動者會嚴加防範任何來自更下階層的人想要入侵他們的隊伍。中產階級以各種途徑不斷擴大。人們有許多方式往上爬升：教育、家庭關係、金錢、才能或是成為某個組織的成員。這些因素導致了那些進入中產階級的人出身背景的變化。不過，真正不容易跨越的障礙是從中產階級進入上層社會。這群中產階級努力地追求要被視為紳士，然而光是要摸清紳士的定義為何就讓許多人痛苦不堪。直到一八八〇年代以前，一個人究竟算不算得上是紳士，要看上層階級的決定。財富、土地、才能以及社會成就這些特質對於要進入上層階級都有所加分。有些人永遠也達不到這個標準──即出身自工廠、商店或農田的那些人──但在一八八〇年代，這種情況發生了改變。當時人們達成了某種共識，即任何在公學受過教育的人都是紳士。這就消除了衝突的可能根源，因為這意味著即使一個人自己無法成為紳士，他也可以讓兒子們成為紳士。這項協議創造出了一種冥頑不滅的精英主義，一直要到一九四五年之後才真正被削弱。

當我們考慮到當時的壓力和變化時，維多利亞時代的各個社會群體能夠團結在一起仍然是非常獨特的現象。英國是西歐第一個經歷如此徹底轉變的國家，其他國家要到一八八〇年代才開始踏上這條發展軌道。令人驚訝的是，這個島嶼上發生如此大規模的爆炸和人口遷移，但是卻沒有爆發嚴重的社會對立。而且，經濟和社會實際上雙雙都出現了顯著進步。到了一九〇一年，英國社會變得更加多樣化和不穩定，但它仍然維持住成員之間的歸屬感，儘管人們在生活中會接觸越來越多不知道對方名字的人。在過去的時代中，人們認識那些滿足他們日常需求（例如交通、燃料和飲水等方面）的供應者。現在，人們的生活必須仰賴那些他們永遠也不會碰上面的勞動者。一八七〇年以後，這些工人團體越來越意識到這一事實，並且開始意識到他們不僅可以對政府施壓，而且可以對社會其他成員施壓。一旦地位不再只能憑藉出身或財富，而是可以透過公平競爭的考試來獲得時，上位者所獲得的敬重也逐漸開始被攻擊。

# 60 查爾斯・達爾文與《物種源始》

如果說競爭性考試這個推動進步的手段破壞了舊有等級制度，那麼基於天擇的演化論則造成更大的破壞性影響。〈創世紀〉中敘述的人類起源故事至這個時代為止，大體而言沒有遭受太嚴重的挑戰。人是按照神的形象被創造的，就像是上帝意志的火花。上帝的確是以耶穌基督這樣的人類形象出現的。西歐文明的整個道德和形上框架都由此而生。它將人類從野外和森林中的野獸中分離出來，作為一個獨特的、獨立的物種，共同信仰並且渴望上帝。所有這些都在十九世紀最重要的著作──查爾斯・達爾文的《物種源始》（一八五九）中遭到抨擊。達爾文在書中主張各種物種──植物、動物和其他生物──最初便是完全不同的生物。然後這些物種經歷漫長時間以及各式各樣的變化之後，逐漸演變成新的物種。實際上，達爾文從未在書中使用「演化」這個詞，也沒有討論過人類，唯獨他在此書最後部分寫道：「此書將讓讀者對人類的起源及其歷史有更明確的理解。」當然，受過教育的閱讀公眾明白這句話的含義。如果建立在天擇上的演化理論獲得接受，那麼人類似乎瞬間就不具備在萬物體系中的獨特地位了。這麼一來人類變得與動物平起平坐，其神性的火花也就熄滅不存在了。這種說法被指控為墮落和唯物主義，而且達爾文確實成為了主宰二十世紀的共產主義等唯物主義運動的鼻祖。

這位有偏見的業餘生物學家和地質學家也許從來沒有預見到這些後果。這本著作於一八五九年問世，不過他當初幾乎是被迫出版的。他在那個時候已經是一位隱居者和終身殘廢者，不過他早年的生活狀況並非如此。查爾斯・達爾文是十八世紀的兩個大家族的後裔，他的祖父是醫生暨生物學家伊拉斯謨斯・達爾文（Erasmus Darwin），外祖父是企業家約西亞・韋奇伍德（Josiah Wedgwood）。查爾斯是芒特莊園（The Mount）羅伯特・達爾文（Robert Darwin）和蘇珊娜・韋奇伍德（Susanna Wedgwood）的兒子，這座莊園是他們在什魯斯伯里郊外建造的房屋。他出生於一八〇九年。母親在他十一歲的時候就去世了，他對她沒有任何深刻的記憶，不過他崇拜父親。這種崇拜的原因從來沒有人可以解釋，因為羅伯特・達爾文似乎是一個令人厭惡的人。他完全稱不上是位慈愛的父親，而且性格乖戾專橫，管理家人的方式既嚴格又令人恐懼。

查爾斯八歲時被送往什魯斯伯里的一所日間學校，他在那裡發展出對自然史和標本的愛好。一年後，即一八一八年，他前往什魯斯伯里文法學校就讀，但他憎恨這所學校，他寫道：「這所學校的教育對我而言完全一無是處。」而他也就提早被帶離了這所學校。他的父親決定兒子應該追隨他的腳步成為一名醫生，所以查爾斯被送到愛丁堡大學攻讀醫學。他對此也沒有興趣，他在二年級的時候告訴父親自己不想成為醫生。在他這個階級的家庭中，對於庶子的唯一替代選項便是成為神職人員，於是他打包行囊被送往劍橋大學基督學院。

查爾斯此時已經成長為一位高瘦的年輕人，有著淡藍色的眼睛，帶有充沛的幽默和活力，性格溫柔而安詳；他偏愛鄉村生活，尤其是野外運動、打獵和射擊。這便是他在劍橋度過的大部分時光，一八三一年他從劍橋大學取得了學位。他在那裡結識了植物學教授約翰亨斯洛（J. S.

Henslow），亨斯洛讓他閱讀日耳曼博物學家亞歷山大・馮・洪堡（Alexander von Humboldt）和約翰・赫歇爾爵士（Sir John Herschel）的著作，尤其是後者的《自然史研究導論》（*Introduction to the Study of Natural History*），激發了他的興趣。亨斯洛必定已經注意到這位學生的潛力，所以在達爾文離開劍橋後的幾個月後，亨斯洛幫助他爭取到英國王家海軍小獵犬號（HMS Beagle）上的無薪自然學家職位。他的父親要他婉拒這個職位，但是韋奇伍德家族親戚們的介入改變了羅伯特・達爾文的心意。查爾斯・達爾文於一八三一年十二月二十七日從法爾茅斯（Falmouth）起航，經過五年於一八三六年十月二日返回。他記錄說，這次環球航行最初估計要持續三年，「這是我一生到此為止最重要的事件，並且對我的職業生涯產生了決定性的影響」。

這次航行的目的是「完成對巴塔哥尼亞和火地群島（Tierra del Fuego）的考察……考察智利、祕魯海岸和太平洋的一些島嶼，並在世界各地進行一系列測定時刻學測量。」與達爾文一同進行這次探險的是英俊的貴族查爾斯・菲茨羅伊（Charles FitzRoy）船長，他是抱持極端威權主義與保守主義思想的一個人，但他是一個傑出的舵手。令人驚訝的是，達爾文對這個難以捉摸的人產生了真正的感情。

達爾文於一八三九年出版的《小獵犬號航海記》（*Journal of Researches*），成為偉大的經典旅行書籍之一，記錄了他在史詩般的航行中釋放心靈的過程。一八三四年，他寫信給他的妹妹說：「地質學真是無與倫比。第一天獵鷓鴣或第一天打獵的樂趣，都無法與找到一組精美的化石骨頭相比，它們幾乎是栩栩如生地講述自己的故事。」達爾文在經歷這些歸來後變了一個人。他變得令人敬畏、對大自然的各個方面都充滿了熱情，並渴望發現它們的根本原因。這種渴望集中表現在他一生的追求上：解釋生物的起源。

一八三五年九月，小獵犬號停泊在加拉巴哥群島附近，這是厄瓜多附近的火山群島。這個群島以其巨大的陸龜和豐富的動植物種類而著稱。達爾文熱情洋溢地列出了他發現的許多新物種，有人向他指出，每個島嶼上的鳥類、昆蟲和植物都各不相同，儘管它們都很相似，但有所不同，而且都與大陸上的物種有同等的親緣關係。演化論就在此時開始占據了他的思想，他認為是氣流將這些物種帶到每一個島嶼，而各個物種開始適應新環境，並且在這樣做的過程中出現了改變。

演化的觀念並不是特別具原創性。達爾文的祖父伊拉斯謨斯就有這樣一個理論，這是他在《動物法則》（*Zoonomia; or the Laws of Organic Life*，一七九四－一七九六）一書中所提出的；他認為，行為導致了動物結構和形狀的改變。當達爾文開始對這個課題感興趣時，當代人們關於這主題分成了兩個對立陣營。所謂的災變論者（Catastrophists）堅持《聖經》上的說法，認為在過去發生了一系列的洪水，當時陸地全被淹沒在海底，所有的生物因此都淹死了。這就解釋了乳齒象（mastodon）這樣已經滅絕的特殊物種的存在，而它們的骨頭在當時已經被發現。均變論（Uniformitarians）者反對上述說法，而他們的信仰源於詹姆士．赫頓（James Hutton）的《地球理論》（*The Theory of the Earth*，一七八五）。該理論認為我們所知道的地球是在很長一段時間當中逐漸形成的。赫頓的著作隨後被查爾斯．萊爾（Charles Lyell）所接受，他的《地質學原理》（*Principles of Geology*）甫一出版，就在達爾文航行期間送到了他手上。在萊爾的世界觀中，上帝沒有任何地位。水、土地、山谷甚至是氣候，是在沒有任何災難的情況下發生了變化。達爾文的偉大突破是將這些原理應用到動物的生命之中。他在南美大草原的底層發現了一個巨大的墓地，裡面埋藏著許多奇怪、世人所陌生的已滅絕怪物，他把這些怪物的骨頭挖了出來，裝箱運送回國。他開始思考這些是否可能是無法適應環境變化並最終滅絕的生物的骨骼。然而，其他物種真的會以新的形式出現並成為新的物種嗎？

一八二七年七月，他「開始了第一本有關物種演變的筆記本」，這最終的結果是二十多年後出版的《物種源始》。雖然中間有數年時間他是在寫一本關於藤壺的書，但這二十多年的延遲還是個不尋常的現象。造成這種延遲的主要原因一定是達爾文性格的改變。回國後，他與接受良好教育的表姊愛瑪·韋奇伍德結了婚，並在倫敦住了一段時間。達爾文一家於一八四二年搬到了肯特郡韋斯特漢姆附近唐恩村的一棟房子裡，在接下來的四十年當中，查爾斯很少離開這裡。他現在不僅是一個全心投入思考的知識分子，而且還是一位慮病症患者。他總是生病，從濕疹到手抖，從關節炎到嘔吐，從白內障再到心悸。他本能地仔細記錄了他的所有症狀，這為後來對此有興趣的人們有了大作文章的材料。關於他的病情有很多解釋，現在認為最有可能的解釋是他患上了查加病（Chaga's disease），這來自於在阿根廷被一種叫做騷擾錐椿（Triatoma infestans）的蟲子攻擊。這個解釋與達爾文大多數已知的身體狀況相符，但是它難以被證明。對他而言，這一切病痛也有便利之處，讓他可以像早衰的老人一樣，躲在書房中潛心鑽研：「在我的餘生裡，除了幾本著作的出版以外，沒有什麼值得被記錄的。」這種說法並不完全屬實，因為他後來又有了不少於十個孩子，而且被孩子視為是最慈愛的父親。

他已經開始研究演化論，但適者生存的天擇理論尚未出現。這是因為閱讀了馬爾薩斯（Malthus）的《人口學原理》（*Population*）一書的結果，該書追溯了自然世界中為生存而進行的鬥爭：「令我驚訝的是，在這種情況下，對於生存有利的變異多會保留下來，而對於生存不利的變異則會被消滅。」到了一八四八年時，達爾文基本上已經寫出了《物種源始》一書，而且雖然他繼續蒐集材料，但是他拒絕發表。然後，在一八五八年，一個名叫阿佛雷德・羅素・華萊士（Alfred Russell Wallace）的人寄給他一篇得出相同結論的論文。這是個令人震驚的消息，幸運的是達爾文的兩位朋友萊爾和偉大的植物學家約瑟夫・道爾頓・胡克爵士（Sir Joseph Dalton Hooker）的介入解決了這個問題。一八五八年七月，他們兩人安排這兩份論文在倫敦林奈學會（Linnean Society of London）上宣讀。這兩篇論文並未造成任何迴響，但是華萊士的出現迫使達爾文將著作出版。

《物種源始》第一版在出版當天就銷售一空。在這本書中，我們發現了一些今天已經司空見慣，但卻是從達爾文的書中首先使用的用語，例如「失落的環節」（missing link）、「適者生存」（survival of the fittest）和「生存鬥爭」（the struggle for life）。即使按照維多利亞時代的標準，達爾文使用的方法也令人驚奇地像是業餘人士。他對待證據的態度是高度選擇性的，只挑選那些能加強他的理論的證據。但是他具備提出正確問題的強大獨特能力，這些問題通常都簡單到看似十分天真，例如「什麼是物種？」或「物種是如何開始的？」雖然他在書中只有含蓄地論述了人類的起源，但他在一八七一年的《人類的由來》（*The Descent of Man*）中繼續論述了這個問題。

他全部的著作不只這兩本書。還有其他一些書，包括關於珊瑚礁性質的重要研究，但是《物種源始》是最具開創性的，以及引起最多爭議的作品。它使達爾文一夜之間成為全國的偶像。它在維多利亞中期對於新教信仰造成毀滅性的影響，儘管在一個世紀後，這本書已經不會引起任何神學上的爭議。事實上，當時英國的天主教領袖紐曼樞機（Cardinal John Henry Newman）並不拒斥演化觀念，因為上帝作為靈魂創造者的角色始終被保存下去。但在一九〇〇年前的這幾十年當中，這種關於人類起源的觀點所造成的後果，被正確地視為對既定社會秩序的威脅。《泰晤士報》寫道：「如果我們的人性僅僅是禽獸改良能力後的自然產物，那麼許多虔誠的人們將被迫放棄自己試圖實踐高尚且正直的生活，因為其背後的動力是建立在一個錯誤之上的……」二十世紀的種種發展可以說證實了這種觀點。

達爾文忠於自己的原則，放棄了任何一種「人格神」（personal God）的信仰，他在發現了天擇的法則之後，成為了一個不可知論者。他於一八八二年四月十九日死於心臟病，並被埋葬在西敏寺大教堂中，距牛頓僅有幾英尺。具有諷刺意味的是，他的發現戲劇性地影響了所有他不感興趣的主題：宗教、社會、道德和政治。今天我們很大程度上生活在不可知論的唯物主義世界中，這個事實直接源於達爾文著作所引起的影響。

# 61 逐步適應民主

在一八六七年選舉權首次大規模擴展後的半個世紀中，選舉權逐漸擴大，越來越多的人擁有了投票權。經過一八八四和一八八五年的進一步改革後，每三名男性中就有兩名有投票權。儘管這仍然意味著選民僅占約四千五百萬總體人口中的八百萬，但在一九一四年時（第一次世界大戰爆發的那一年）工人階級也已經具有投票權了。然而，經歷了這場革命的政治體制表面上卻保持了幾個世紀以來的原樣：君主、上議院和下議院在國會中並存。各陣營人士雖然擁抱不同理念，但是在他們內心深處仍是舊精英統治的忠實擁護者。他們的問題是要盡可能地挽救這個舊精英統治體制，讓這個體制維持運作，使其對這個已經截然不同的社會還具有吸引力。令人吃驚的是，此後無論政府是由自由黨還是保守黨執政，他們都把精力投入到社會立法中，姑且不論這種投入是出於熱情還是勉為其難。

隨著大量選民的出現，各政黨為了當選必須提出未來行動方案，這意味著自由黨和保守黨都需要盡其所能澄清各自在選民眼中所代表的立場。雙方都很幸運，能夠在兩個政治巨人的領導下進入這個新時代，他們的性格極為黑白分明，因此可以將人們分成兩個陣營。也正是這些領袖主導了他們各自政黨所擁護的價值觀。自由黨領袖威廉・尤爾特・格萊斯頓的祖先是蘇格蘭人，其為人正直，是個虔誠的國教徒，同時卻有著不服從國教者的道德熱情。他也有足夠的精力和動力，可以將黨內各派系凝聚在一塊，不僅是自由派，還有輝格黨和激進派。總的說來，格萊斯頓並不是一個革命者，因為他崇敬從過去歷史繼承下來的君主和貴族制度。自由黨成員標榜自己是經濟自由和自由市場的信奉者，他們也相信社會的真正基礎是人的能力，而不是人的家庭出身。致力於使個人擺脫束縛的信念便意味著，對於大多數自由黨成員而言，國家在控制經濟和社會政策方面沒有任何作用。這個黨的命運最終會被發現是建立在這兩個不相容的目標上，不過這在最初幾年尚不明顯。格萊斯頓和自由黨共同組成了成功地跨越社會各領域的一個團體，其成員包括了輝格黨貴族、中產階級商人甚至工人階級。

格萊斯頓的對手與他的氣質迥然不同。善變的班傑明・迪斯雷利——後來被封為比肯斯菲爾德勛爵（Lord Beaconsfield）——最初是一名受洗的猶太人，財務狀況不穩定，但他是一位天才，而且自己相當清楚這一點。他同時是位花花公子和小說家。迪斯雷利野心勃勃不講道德，是一個偉大的表演家。他像格萊斯頓一樣，對於英格蘭及其古代貴族懷抱著浪漫情懷。事實上，對過去事物的敬畏日後成為了保守黨的重要特徵，他們自視為王位、祭壇和帝國所共同組成的現存秩序的捍衛者。保守黨是一群既得利益者的政黨，他們最初依靠的是土地與財產，不過很快變得只依靠財產。因為他們之所以能贏得選舉，越來越不是依賴於鄉村地區，而是越來越倚重維多利亞時代新興郊區的「別墅選票」（villa vote）。保守黨的權力基礎一直保留在鄉村地區，但它的中產階級支持者越來越多，在某些地區，比如蘭開夏郡，它也吸引了工人階級的選票。

英國確實已經完全地告別了以利益為考量的時代，進入了以政黨掛帥的時代。一個政黨要想在民主制度下獲得權力，就必須確保選票。幾年之內，兩黨都創造了政黨機器，以利在選舉到來時召集選民參加投票。選民人數的擴大也催生出一種與過去完全不同的政治家，一種具有公眾演講能力和人格魅力的人。如今，海報、傳單和會議成了在全國各地為維護支持者的忠誠而進行宣傳的工具。保守黨全國聯盟和憲法協會（National Union of Conservative and Constitutional Associations）於一八六七年成立，中央辦公室（Central Office）於三年後在約翰・戈斯特（John Gorst）堅定不移的領導下成立了。他帶頭爭取中產階級的選票，具體做法便是建立起保守黨協會，在下議院內部出現了黨鞭（Chief Whip）這個新職位，其職責是確保所有保守黨議員都遵守黨的路線。獨立議員的年代已不復返。反對黨於一八七七年成立了全國自由聯盟（National Liberal Foundation），在約瑟夫・張伯倫（Joseph Chamberlain）的支持下，同一年於伯明罕舉辦了實際意義上的第一次政黨會議。他擔任伯明罕市長時改變了這座城市，他同時在這座城市組織起自由黨的政治機器，而且自由黨接著將這種組織方式推行到全國各地。

讓日後三項社會法案得以通過的環境至此已經成熟，而這段時期正好也是兩黨輪流執政的三個時期。首先是自由黨，再來是保守黨，第三次又是自由黨，一共涵蓋了五十多年的時間。在這段期間困擾歷任政府的一個重要議題（之後有專章單獨討論）便是日益嚴重的愛爾蘭問題，每一屆的政府也因為愛爾蘭發生的事件而起起落落。但是，在國內問題上，沒有任何事件能夠阻擋不斷增長的社會改革浪潮。

格萊斯頓的第一次內閣（一八六八—一八七四）針對公務員制度引進了競爭性考試，並且廢除了軍隊出售軍官委任狀的做法。一八七〇年的《教育改革法案》（Education Reform Bill）允許教育部門在任何辦學效率不高或是不理想的地區建立學校。他的第二次內閣（一八八〇—一八八五）則沒有那麼明確的目標，但在一八八四年擴大了投票權，而翌年的《再分配法案》（Redistribution Bill）則在城鎮中創建了單一議員選區，從而進一步侵蝕了地主階級剩餘的利益。他接著又出任了兩次內閣（第三次內閣〔一八八六〕與第四次內閣〔一八九二—一八九四〕），但他的精力都用在愛爾蘭，而對上議院的批判最終以失敗告終。然而，自由黨的確在一八九四年引入了遺產稅，從而確立了國家可以對資本徵稅的原則。

格萊斯頓於一八九八年去世，並被給予國葬。他在那時已經是屬於舊時代的人物了。當選舉權被擴大時，沒有人會想到兩黨制會成為常態，也沒有人會想到雙方會成功地吸引不同階層的選民，從而避免兩極分化的狀況發生。這一切之所以沒有發生，可能在很大程度上要歸功於生活水準的提高和廉價食品的供應，但也肯定在一定程度上要歸功於GOM，這是格萊斯頓經常被稱呼的綽號「大元老」（Grand Old Man）。他的政府執行了具有前瞻性的社會立法，該立法積極地回應了當時的公眾情緒。但與此同時，上議院卻未受影響，英格蘭國教會並沒有瓦解，儘管他承諾將新法律引入地方政府，但這從未落實。他賦予新政治一種強烈的道德層面，這種道德層面在他身後仍繼續存在。

迪斯雷利於一八七四年出任首相時已七十歲。保守黨在上台之初並沒有明確要執行的計畫，但他們在執政後還是進行了社會改革。《雇主與工人法案》（Employers and Workmen Act，一八七五）首次將雇主和雇員置於平等的地位。一八七五年通過的《共謀與財產保護法》（Conspiracy and Protection of Property Act）解放了工會，使罷工不再被視為共謀犯罪。保守黨廢除了《刑法修正案》（Criminal Law Amendment Act），因此讓罷工工人勸阻工人上工（picketing）的和平手段合法化。《工匠居住法》（Artisans' Dwelling Act）授權地方當局能強制購買土地，建造房屋並且以合理的租金讓居民移住新居。這些和其他措施都是老精英階層為爭取「別墅」和工人階級選票而提出的手段。由於當時經濟蕭條，迪斯雷利在一八八〇年的選舉中失敗，一年後去世。

他的繼任者是老派貴族第三代索爾茲伯里侯爵羅伯特・加斯科因・塞西爾（Robert Gascoyne Cecil），他這個人機靈而睿智，其使命是確保舊體制盡可能地延續下去。不過即使是他也無法阻止社會改革的呼聲。《地方政府法》（Local Government Act）於一八八八年通過，六十二個民選的郡議會跟著成立，它們接管了道路、收容所和當地警察的指揮權。第二年，倫敦郡議會成立，它具有全面的權力來處理已經發展成為世界上最大城市的規劃問題。有一些立法反映了提高教育水準的必要性，在這個識字和技術技能正迅速成為必要的時代，這些法律是必不可少的。免費基礎教育於一八九一年推行。五年後，地方議會獲得了建造公共房屋的權力。當索爾茲伯里於一八九五年第三次擔任首相時，他更加抗拒實施進一步的變革。在這個時候，保守黨內對於改革的呼籲具體體現在約瑟夫・張伯倫身上，他已因為愛爾蘭的問題離開了自由黨。索爾茲伯里成功地阻止了張伯倫要引進老年退休金（Old Age Pensions）的計畫。

維多利亞的兒子愛德華七世即位後不久，索爾茲伯里侯爵便於一九〇二年退休了。他的外甥阿瑟・詹姆士・貝爾福（A. J. Balfour）接替了他的職位。貝爾福被人們暱稱為「漂亮姑娘」（Pretty Fanny），他是一個令人著迷但又枯燥乏味的單身漢。他是勇氣和慵懶的奇怪結合體，他甚至比索爾茲伯里更討厭民主。不幸的是，他將這種態度付諸實際行動。不過，他同樣也落實了進一步的社會改革。一九〇二年通過的《教育法》把教育交給了新成立的郡和自治市議會，目的是提高教育水準。儘管比起自由黨，保守黨尚未具備一套嚴格的意識形態，但他們不得不與時俱進，雖然採取的是一種零星、邊做邊學的方式。他們聲稱自己是各種歷史悠久的制度之捍衛者，但他們的作為則展現出，這種捍衛並不必然要將適應和變革排除在外。巴爾福之所以下台，並不是因為他本人的行為，而是由於張伯倫的行為；後者公開支持保護主義，也就是降低帝國與殖民地之間的進口商品的關稅，也就是所謂的「帝國特惠制」（Imperial Preference）。巴爾福因為這個問題而辭職，保守黨在選舉時遭到壓倒性的挫敗，因為自由貿易是選民獲得財富的神聖圖騰。

自由黨重新掌權。他們在上台之初並未制定出總體計畫，但在十年的統治中，他們逐漸制定出新世紀的整體發展基調，這體現了他們在態度上的根本轉變。在維多利亞時期，政府通過了大量關於社會的法律，不過當它將其執行權委託給地方政府時，各地的反應各不相同。國家現在自己一點一點地承擔起了這些任務。到一九一四年時，公務員人數已增至二十萬。人們開始認為國家可以以某種方式奇蹟般地治癒社會上的各種疾病，此種信念逐漸變得根深柢固，直到一九八〇年代才受到質疑。

這些自由黨人與格萊斯頓時代的自由黨人截然不同。他們不是地主，而是一群擁有私人財產的人、工會成員和出身自法律或新聞等行業的專業政治家。事實上，自由黨最重要的舉措之一就是授予國會議員每年四百英鎊的薪水，從而使工人階級渴望從事政治事業。工黨在這段時期有著充滿智慧與活力的人才，比起他們的首位首相亨利・坎貝爾─班納曼爵士（Sir Henry Campbell-Bannerman，一九〇五─一九〇八），他的繼任者赫伯特・亨利・阿斯奎斯（Hebert

Henry Asquith，一九〇八—一九一六）更能體現這一點。雖然阿斯奎斯是個酒鬼和花花公子，但他有一顆文雅且自律的頭腦，機警、準確、高效，他是一位出色的辯論家。年輕的溫斯頓・邱吉爾（Winston Churchill）擔任貿易委員會（Board of Trade）主席，威爾斯人大衛・勞合・喬治（David Lloyd George）擔任財政大臣。阿斯奎斯精力充沛、魅力十足，充滿新鮮的想法，其中許多想法都來自另一顆冉冉升起的新星：公務員威廉・貝佛里奇（William Beveridge）。

本屆政府通過的法案細數起來，就像是在點名英國目前所處的社會中的重要基石。《貿易爭端法》（Trade Disputes Act，一九〇六）賦予工會完全的法律豁免權，這一地位在歐洲其他任何地方都是無與倫比的，直到一九八〇年代才受到挑戰。同年，《學校膳食法》（School Meals Act）使地方政府能夠提供免費的學校膳食。對罪犯的緩刑於一九〇七年被引入。然後一股洪流於一九〇八年到來：政府給予七十歲以上的人養老金和每週五先令的津貼、規定礦工每天工作時間為八個半小時，這是國會第一次管制工人的勞動時間、十四歲以下的兒童不再被送進監獄、設立了少年拘留感化院（Borstal system）來處理少年犯，並且設立了勞工介紹所（Labour Exchanges），作為替失業者尋找工作的一種機制。在所有這些法案中，最重要的是《國民保險法案》（National Insurance Bill，一九一一），在奠定後來福利國家形式的基礎方面，該法案比其他任何法案都要來得關鍵。這項法案的第一部分規定了工人生病時的工資，政府、工人和雇主必須一起分擔這項費用。第二部分規定了失業期間的工資，這是專門為解決季節性裁員問題而設計的。然而，失業已經被公認為是新世紀最大的社會問題之一，這將成為困擾往後每任政府的一個問題。

除了這些成就，自由黨還做了另一項直接影響中央的舉措，那便是去削弱此時仍有權力阻止下議院通過法案的上議院。在勞合・喬治於一九〇九年提出的預算中，除了增加菸草和其他商品的關稅外，還對年收入超過兩千英鎊的人徵收附加稅。上議院否決了這筆預算。阿斯奎斯意識到他需要舉行兩次選舉才能遏制上議院的權力。第一個是針對「與人民作對的貴族」。當自由黨以優勢大幅減少的多數票重新當選時，阿斯奎斯提出了一項議案，要限制上議院能夠反對任何財政法案的權利。此外，任何通過下議院三讀的法案，儘管被上議院反對，也都能夠成為法律。議員的任期也從七年縮短到五年。老國王在危機期間去世並由他的兒子喬治五世接任，新國王被說服，如果有必要的話，他會同意讓自由黨貴族大量加入上議院，藉此來讓法案通過。阿斯奎斯於一九一〇年十二月舉辦其首相任內的第二次大選，並且再次當選。上議院面對多達五百名自由黨貴族加入的可能性而做出了讓步。上議院現在無權否決財政法案，而且在其他法案的情況中，上議院的權利被減少為頂多要求法案延期兩年。這場對抗所代表的，不僅僅是上議院在憲政上服從於下議院。在更深的層次上，這場對抗正面承認了政治權力不再以土地所有權為基礎，而是改為根據實際上的種種成就。對貴族和上層階級來說，這都是一個沉重的打擊。

所有這些舉措都是在回應公眾的情緒，並體現出人們觀念上的轉變，也就是過去在一八七〇年可以接受的做法，在一九一〇年便不再適用。這些改革法案還避免了投票方式迅速極化成按階級來投票，並在一定程度上延緩了新工黨的崛起。然而，自由黨政府最終還是失敗了。一九一二年發生了罷工潮，迫使它走上了工資管制這條致命的道路。一九一四年戰爭的爆發，最終促使阿斯奎斯與博納・勞（Bonar Law）領導的保守黨結成聯盟，以尋求出路。

儘管發生了這些變化，但在第一次世界大戰前夕的英國社會從外表看起來似乎完全沒有改變。百分之一的人口仍然擁有全國百分之六十六的財產，只有一百萬人須繳納所得稅。愛德華時代一直被大眾想像為黃金時代，這特別是因為這時代與後來的時代形成了強烈反差。愛德華七世和他美麗的王后亞歷山德拉（Queen Alexandra）統治著一個金碧輝煌的宮廷，復興了君王的富麗堂皇與輝煌。上層階級沉溺於一種浮誇的炫耀排場，這種炫耀建立在由低收入僕人組成的成群隨從。維多利亞時代的舊等級制度及其對體面的崇拜似乎仍然根深柢固地存在。但是在這種表象之下，這個社會步向毀滅的種子早已萌芽。例如，現代管線、電燈和中央供暖系統的出現，使僕人階層的許多工作變得多餘。藝術、戲劇、文學、繪畫和雕塑領域的先鋒派已經造成了衝擊。像電話這樣的發明正在徹底改變日常通訊，而打字機則宣告了現代辦公室和祕書的到來。

最大的變化或許正是女性角色的變化，這一變化影響了幾個世紀以來的觀念，無論是關於家庭、性的本質和兩性在人類活動的各個領域中的作用等方面。早在一八九〇年代，就已經有越來越多的女性從事護理、教學或辦公室工作。與此同時，對婦女政治權利的呼聲也在加速，首先是全國婦女選舉權協會聯盟（National Union of Women's Suffrage Societies，一八九七），後來是埃米琳・潘克赫斯特夫人（Mrs Emmeline Pankhurst）領導下的激進得多的婦女社會和政治聯盟（Women's Social and Political Union，一九〇三）。自由黨成員支持女性選舉權，儘管他們把這種措施看作是對男性選舉權進一步改革的附屬物。婦女參政運動於一九一二年開始進入暴力階段，雖然實際上對她們事業的推進弊大於利，不過她們獲得投票權只是時間早晚的問題。

儘管三分之一的人口仍然生活在貧困中，但人們在放眼所及的每個地方都能看到未經過革命或流血就被樹立起來的新城市文明之切實證據。有自來水管線的家庭，有照明的街道，有軌電車而不是馬匹拉的公共汽車，高效的警力確保公共安全，圖書館、公園、美術館和博物館提供了每個人免費的資訊和娛樂。總的來說，英國似乎是以勝利的姿態進入了二十世紀。可悲的是，事後的發展證明這是在崩塌之前的驕傲。

潰瘍從一開始就潛伏著。英國的獨特之處在於，工業化帶來的巨大變化既沒有帶來社會的兩極分化，也沒有引爆革命。新舊階級之間的摩擦到本世紀末消失了，雙方達成了妥協。英國二十世紀所面對的許多衰退都與此妥協有密切關聯。貴族和紳士可能已失去了他們的政治甚至社會主導地位，但他們仍然保持著在文化上的主導地位。事實上，他們不止是保持在文化上的主導地位，他們還把這些文化強加給本應取代他們的那些階級頭上。公學是一座大熔爐，新舊精英階層的年輕人在此讀書，學會了共同的行為和心態準則。維多利亞時代企業家的特質——勤奮、賺錢、創造力和強烈的生產熱情——必須被摒棄，取而代之的是那些被視為適合紳士的特質、培養自己的風格並且追求休閒，以及種種適合從政的特質。這意味著放棄大規模城市化社會的現實，轉而擁抱鄉村文化的理想，這具體表現在鄉間別墅、射擊、狩獵、花園以及對過去習俗的尊崇和對它的保護，相信這些習俗體現出純正的英格蘭精神。這將在新世紀產生致命的後果，使該國的經濟主導地位受到侵蝕，而這種主導地位的基礎恰恰就是被精英階層所拒斥的那些美德。技術、新事物和變化都受到質疑。英國的特有氣質在於其固有的保守主義和謹慎態度。然而，這些態度卻也正是導致該國經濟大幅衰退的主因。

# 62 愛爾蘭的脫離

即使在維多利亞時代末期，大英帝國的疆域已遍布全球，但英國本身仍是由效忠王室的各個國家所組成的聯合體。在羅馬人所稱的不列顛尼亞的島嶼邊界內，文化、宗教和語言上的差異依然存在，並保持著它們的活力，這讓威爾斯和蘇格蘭都具備清晰的自我認同，無論是亨利八世在一五三六年以行政方式同化威爾斯，還是一七〇七年與蘇格蘭的《聯合法案》都無法根除。在威爾斯公國，這種認同反映在威爾斯語及其禮拜堂的強烈不服從國教傳統上。蘇格蘭保留了自己獨立的法律、教會和教育傳統。不過這兩個國家還基於其他歷史脈絡與英格蘭連結在一塊，也因此讓不列顛全島保持統一狀態。這兩個國家都有人爬升進入管理國家和帝國的高級官職。兩國都採用了英格蘭的政治制度。最重要的是，擁有土地的上層階級彼此通婚，形成了一個有凝聚力的精英階層。隨著新的公路和鐵路延伸到島內最遠的邊界，工業革命使全島更加緊密地相連。這場革命還帶來了繁榮，避免了可能助長獨立運動的貧困。

這種情況本應也出現在愛爾蘭島，但是卻從未發生。愛爾蘭人繼續被當作臣民對待，被強迫接受一個外來的統治階級和宗教。與蘇格蘭的《聯合法案》不同，一八〇一年生效的《聯合法案》（Act for Ireland）沒有給愛爾蘭帶來任何好處。事實上，情況正好相反，它正是在強烈的民族主義衝動開始湧動的時候，取消了愛爾蘭議會（Irish Parliament）。這非但沒有緩和這場運動，反而使它越演越烈。新教徒在這社會中只是少數族群，而且絕大多數時間都不居住於此，他們幾乎擁有全部土地，而耕種這些土地的人則是天主教農民，他們對於自己所耕種的土地不具有任何所有權的保障。土地租戶可以被隨意驅逐，並被收取更高的租金，而且租戶對房屋所做的任何改善有可能無法得到任何補償。一八四〇年代，丹尼爾・奧康奈爾（Daniel O'Connell）領導了一場廢除一八〇一年法案的運動，但英國政府派軍鎮壓了這場運動，逮捕了奧康奈爾和其他主謀者。英國歷屆政府一再使用武力，只是讓它強占異族土地的臭名更加昭彰。然後，從一八四五年開始，馬鈴薯年年歉收。馬鈴薯是愛爾蘭人飲食的主食。可怕的饑荒使人口數目因死亡或移民而減少了一半。在愛爾蘭人看來，儘管《穀物法》被廢除了，但是不列顛本島似乎已經拋棄了他們。

愛爾蘭人的這種解釋角度並不令人驚訝，因為英國政府的態度前後矛盾，愛爾蘭人並不確定其究竟是把愛爾蘭視為威爾斯和蘇格蘭來對待，還是把它當作殖民地來管理。這種猶豫不決的結果便是，英國對於愛爾蘭從未採取過一致的政策。英國的政策始終出於被動，而不是主動去解決問題。政策所處理的都是零星瑣碎的問題，同時往往都拖延過久。這樣的做法助長了愛爾蘭最終要求自治（Home Rule）的運動，此運動在二十世紀達到高潮，但假如英國政府在此之前的年代便持續推行協調一致的改革和一體化政策，這種情況便不會發生。然而，一直以來，任何對某種自治的要求都被西敏寺的掌權者阻撓，因為他們認為這吹響了聯合王國和帝國解體的序曲。

這個問題之所以會對英國政治體系的運作產生如此深遠的影響，正是因為愛爾蘭議員在倫敦國會中占有一席之地。只需要有某一位領導人出現，這群人就能夠被凝聚成一個團體，並且有癱瘓國會的能力。這正是一位精明而又頑強的愛爾蘭新教精英查爾斯·斯圖爾特·帕內爾（Charles Stewart Parnell）於一八七五年進入下議院時發生的事情。

格萊斯頓於七年前上台，當時他宣稱自己的使命是讓愛爾蘭平靜下來。愛爾蘭教會於第二年即被解散，從而消除了一個主要的不滿來源，天主教徒不再需要向他們不想要的新教牧師支付什一稅。次年又頒布了《土地法》（Land Act），該法似乎提供那些被不當遷離的租戶們補償，但是由於實際施行狀況極為複雜，因此人們被遷離的情況幾乎沒有改變。接下來，格萊斯頓試圖建立一所愛爾蘭天主教大學，這讓新教徒大為吃驚。他的第一次愛爾蘭政策以失敗告終。致命的是，他曾燃起愛爾蘭人的希望，結果卻又將其擊碎。

對自治的呼聲日益高漲。愛爾蘭土地聯盟（Irish Land League）於一八七九年成立，並由帕內爾擔任主席。聯盟的目的是要爭取租戶擁有公平的租金和租期保障，而且最終要讓租戶獲得所有權。帕內爾是一名革命者，土地聯盟與被稱為「費尼安兄弟會」（Fenian Brotherhood）的民族主義運動合作結盟。一八七〇年代的農業蕭條加劇了抗議活動，這些活動開始激化，除了租戶開始拒繳租金以及做出阻撓行為之外，而且開始出現縱火、公然暴力和襲擊地主等更嚴重的作法。

這就是格萊斯頓在一八八〇年第二次接任首相後所要面臨的情況。第二年，愛爾蘭通過了第二部《愛爾蘭土地法》，目的是確保公平租金、買賣自由和明確的土地使用年限。儘管這項法案確實是項成就，但它的效果反而強化了將北方和南方分隔開來的新興差異。在阿爾斯特（Ulster），不服從愛爾蘭教會的新教徒占多數。此外，愛爾蘭的這一地區是唯一享受到工業革命好處的地區，這再次使它與蕭條的天主教農業南部區分開來。格萊斯頓的《土地法》在北方頗有成效，但在南方卻導致了大量的訴訟和暴力。儘管做出了讓步，由帕內爾領導的土地聯盟仍然反對這項法案，帕內爾也因此被關入監獄。

然後，在一八八一年五月六日，新任愛爾蘭國務大臣（Scheif Secretary for Ireland）腓特烈・卡文迪許勛爵（Lord Frederick Cavendish）和副大臣湯瑪斯・亨利・柏克（Thomas Henry Burke）在都柏林的鳳凰公園（Phoenix Park）被謀殺。這項暗殺行動使帕內爾停止了與革命者的合作，並成立了一個新組織，即國家聯盟（National League）。英國對這起謀殺案的反制措施是，通過了一項高度強制性的《預防犯罪法案》（Prevention of Crimes Bill），要以暴力來解決暴力。就這樣，在一八八〇和九〇年代，兩極分化非但沒有被避免，反而加速發展。嚴重的農業大蕭條意味著，有半數的成年人移民了，主要是移民到美國，在那裡他們經常可以過上昌盛的生活，但是他們永遠不會忘記自己悲慘的出身地，會將資金寄回家鄉資助獨立運動。透過這樣的幫助，他們逐漸展開一種關切愛爾蘭的模式：即使到了今天，美國也總是以某種方式參與解決愛爾蘭問題。

當時沒有人預料到的是，一八八五年對選舉權的進一步改革在未來將讓帕內爾領導的愛爾蘭民族主義議員在下議院中掌握舉足輕重的地位，從而能夠支配英國國會的運作。格萊斯頓就在這個時刻轉而支持愛爾蘭自治，即在大英帝國內部恢復愛爾蘭議會，他認為這是一種道義上的責任。這對自由黨造成了災難性的影響。這種做法讓自由黨分裂為二，認為這種轉變是背叛的那些自由黨人迅速地與在阿爾斯特快速湧現的反對者結盟起來，而後者往往又被稱為統一派（Unionists）。對北方的統一派來說，愛爾蘭自治便象徵著他們心中天主教統治的第一步。格萊斯頓戲劇性的轉變為愛爾蘭的政治分裂鋪平了道路，自由主義成為愛爾蘭民族主義的盟友，而保守主義則成為阿爾斯特聯合主義的盟友。

儘管如此，格萊斯頓在一八八六年六月提出了第一份《愛爾蘭自治法案》（Home Rule Bill for Ireland），但這份法案遭到否決，並導致他的辭職。格萊斯頓於下次選舉中落敗，新首相索爾茲伯里勛爵任命貝爾佛為愛爾蘭事務大臣。雖然貝爾佛加快了土地出售的速度，但是他的統治既嚴厲且高壓，不過他對土地出售的鼓勵實際上加快了地主階級的和平滅亡。與此同時，下議院的愛爾蘭議題領袖帕內爾因醜聞下台。偽造的信件暗示他在鳳凰公園謀殺案之前便已經知情，他在法庭上花費了兩年的時間才得以澄清這個指控。帕內爾與已婚婦女基蒂・奧謝（Kitty O'Shea）長期私通，這關係要在她的丈夫於一八九〇年將帕內爾列為離婚案件的共同被告時才被公諸於世。在維多利亞時代的英國，這種事情對於男性政治生涯的影響只有一個可能：毀滅。他在一年後便去世了。

格萊斯頓於一八九二年再次掌權，試圖通過第二次《愛爾蘭自治法案》，但再次失敗。那時，他已經將自由黨的立場牢牢確立為支持愛爾蘭自治，從長遠來看，這導致該黨失去了英國選民的基層支持，而且轉變為威爾斯的少數凱爾特族群、蘇格蘭和愛爾蘭的代言人。多年來，自由黨由於愛爾蘭問題一直處於在野。在這段期間，人們一直在盤算，若是這個法案通過的話，將會對於局勢造成什麼變化。這種擔憂導致北愛爾蘭基於他們的新教信仰而確立一種身分認同；他們並且認為，一旦與英國的聯盟瓦解，他們的工業繁榮景況將不復存在。然而，保守黨政府通過了一項法案，即一九〇三年的《土地購買法》（Land Purchase Act）。土地問題終於被解決了。政府提供長期低息貸款來鼓勵租戶買下土地。到一九二〇年代，三分之二的土地已經歸租戶所有，地主制度已成為歷史。

但這仍然沒有給予愛爾蘭自治權。實現這一目標的一大障礙是上議院，它堅決反對給予愛爾蘭自治權。瓦解上議院的否決權將有助於自由黨政府通過這項法案，而這正是之後的發展實況。阿斯奎斯領導的自由黨於一九〇九年與上議院發生衝突，這場衝突最終因為一九一一年的《國會法》（Parliament Act）通過而得以解決，上議院的否決權被該法案所剝奪。在約翰・雷德蒙德（John Redmond）領導的愛爾蘭民族黨議員支持下，下議院通過了該法案。他們的回報是一九一二年五月提出的《地方自治法案》（Home Rule Bill），但一直要到第一次世界大戰爆發後才正式成為法律。該法案規定：愛爾蘭的任何地區在一定期限的時間中都可以透過公民投票選擇退出。但是該法案在戰爭期間的效力始終停留在一紙空文。

這個法案是英格蘭即將讓愛爾蘭實施自治前的最後措施，這讓在阿爾斯特的愛爾蘭北部居民更加緊密地團結在一起，而且他們得到了英格蘭支持統一的保守黨的支持與鼓勵。當時有大規模的公眾示威，並且有一支國防部隊被組織起來——即阿爾斯特志願軍（Ulster Volunteers）。雖然一九一四年的一切都表明愛爾蘭正朝向內戰爆發的方向發展，不過，大多數愛爾蘭人都參與了在歐洲大規模的聯合作戰。但是，並非所有人都抱持這種態度。愛爾蘭民族主義叛亂分子羅傑・凱斯門特（Roger Casement）與德國人展開談判，期望在一九一六年復活節發動反抗英國政府的起義。凱斯門特在耶穌受難日（Good Friday）登陸。這之間有一段時間，起義看起來可能會胎死腹中，但是在不久之後的復活節星期一，民族主義者占領了都柏林的郵政總局，宣布成立愛爾蘭共和國。四天後，在四百五十人死亡、兩千多人受傷的情況下，他們投降了。凱斯門特和主謀者都被處決了，政府實施了戒嚴。在這次慘烈衝突之後，兩個島嶼之間出現了一道無法逾越的鴻溝。英國軍隊給了愛爾蘭民族主義者他們所缺乏的東西，一個強有力的愛國神話和一長串的烈士名單。事已至此，愛爾蘭人不可能再回頭了。

在一九一八年的選舉中，由埃蒙・德・瓦萊拉（Eamon de Valera）領導的七十三名愛爾蘭國會議員當選，其中有三十四人在獄中服刑。他們都是共和運動新芬黨（Sinn Féin，「我們自己」〔ourselves〕之意）的成員，這是在十多年前（一九〇五）所創立的政治認同，其成員希望愛爾蘭完全獨立。這反過來又反映了另一種加劇分裂的因素，即蓋爾文化（Gaelic）的復興，其目標是將愛爾蘭去英國化。次年（一九一九），新芬黨贏得了阿爾斯特以外的所有席位，完全取代了愛爾蘭民族主義者，並在都柏林建立了實質上的愛爾蘭國會（Dáil），由德・瓦萊拉出任該國首任總統。與此同時，舊的行政機構仍然在都柏林城堡，這意味著這個國家現在實際上有兩個政府。愛爾蘭共和軍（IRA）的成立加速了這場顯而易見的內戰。愛爾蘭共和軍發起了一場針對當前政府、愛爾蘭王家警察和英國軍隊的恐怖主義運動。英國首相勞合・喬治授權招募從第一次世界大戰中復員的士兵組成臨時特遣隊，以應對危機。這群士兵被稱為「黑棕部隊」（Black and Tans），他們沉迷於報復性的戰術策略，而這種策略至今對於英國軍隊傳統而言仍是一個恥辱。

一九二〇年九月，英國政府在《愛爾蘭政府法案》（Government of Ireland Act）中承認了這個無法迴避的現實。愛爾蘭被一分為二，南部為二十六個天主教郡，北部則為六個新教郡。愛爾蘭國會議員繼續於倫敦國會任職，但還有另外兩個議會，一個在都柏林，另一個在貝爾法斯特（Belfast），由愛爾蘭理事會（Council of Ireland）來協調兩者之間的聯繫。在隨後的選舉中，新芬黨贏得了一百二十八個席次中的一百二十四個席次，然後他們拒絕就職或與該法案的落實有任何瓜葛。暴力衝突接著爆發，勞合・喬治明白，任何以武力強行解決的做法都會造成內戰。到一九二一年時，南部的二十六個郡實施了戒嚴。

雙方於七月達成了停火協議，年底，愛爾蘭獲得了自治領地地位，地位與加拿大相當，被稱為「愛爾蘭自由邦」（Irish Free State）。它仍然承認英國王室的主權。隨著西敏寺於一九二二年春天正式移交權力，新憲法全面生效。結果南北之間爆發了內戰，次年春天阿爾斯特脫離了聯邦。旨在將雙方定期召集在一起的愛爾蘭會議（Council of Ireland）只是一紙空文，並於一九二五年被廢除。

愛爾蘭的歷史就是英國本土不當管理的漫長故事。在英國管理愛爾蘭的長久歷史中，這個多數人口被視為從屬者的國家，其實在某些時刻看似有可能被納入英國的體系之中，就像跟英格蘭在宗教與文化上同樣有高度差異的蘇格蘭與威爾斯一樣。愛爾蘭之所以不是朝這個方向發展，主要是因為政府一連串措施的重大失誤，特別是在維多利亞時期的歷任內閣從未能夠解決愛爾蘭的根本問題。儘管愛爾蘭從來不是不列顛的一部分，但它曾經是聯合王國的一部分。現在，其中一部分已經脫離聯合王國，這更加劇了不列顛本島的分裂主義傾向。威爾斯黨（Plaid Cymru）於一九二五年成立，推廣威爾斯語並呼籲自治，並且制定了激進的社會和經濟計畫。三年後，蘇格蘭民族黨（Scottish National Party）也成立了，要求在邊境北方建立自治政府。這兩個政黨在此時都不具重大影響力，但是它們會讓那些處於權力中心的人覺得麻煩，並且從中得到有益的啟示：英國始終是由幾個國家組成的聯盟（alliance），而不是幾個國家合併成的單一國家。在愛爾蘭的例子中，自治邦的地位從事後發展來看是個折衷方案。然而，愛爾蘭自由邦的創立，成功地暫時掩蓋了表面之下那顯而易見的裂痕。

# 63 不列顛治世

一八九〇年，維多利亞女王統治著地球五分之一面積的四億人口。事實上，由於英國統治著如此遼闊的疆域，世界上發生的任何事情都會影響到它。當時似乎處於鼎盛時期的大英帝國，對當代的想像力產生了強烈的影響。人們相信，正是這個帝國，使英國肩負起一項全球使命，作為正直良善的傳布者。這種愛國自豪感的高漲是一個相對晚近的現象。帝國一直到一八七〇年代以前都是個以商業利益為中心考量的行政組織。殖民地被認為是昂貴且累贅的必要存在，最好是透過允許它們自治來化解這種麻煩，而且自治的成本更為低廉。這樣的政策在一八六七年加拿大聯邦（Confederation of Canada）成立時就被整體性地體現出來了。但是在那之後，隨著超級強權時代的到來，氣氛開始發生變化，在這個時代，幾乎每個歐洲國家都試圖建立殖民帝國。就英國而言，一八七五年迪斯雷利收購了蘇伊士運河的控股權，從而引發了新一輪的擴張。蘇伊士運河對印度至關重要，是印度的生命線。這樣決策的結果導致英國開始介入埃及的命運，並且隨之逐漸介入整個非洲的命運。但是英國從未有詳細擘劃的兼併計畫，因為這是個零碎而且基於現實狀況考量的過程。但是，一旦開始，各種各樣的動機就無情地推動了領土兼併的潮流：聲望、愛國主義、傳教士的熱情，而對新市場和貿易路線的需求僅僅是眾多動機之一。

迪斯雷利開始頌揚帝國的美德，女王於一八七六年被封為印度女皇。隨後是一八八七年和一八九七年她統治時期的偉大金禧和鑽石禧年，當時英國民眾見證了帝國騎兵穿過倫敦，這讓他們看到了自己現在統治的許多民族的真實面貌。在報紙大規模發行的新時代，這樣的盛況有種令人陶醉的效果。

帝國與經濟緊密相連，其為世界上工業化程度最高的國家提供了新市場和原物料來源。在該世紀的最後三十年，即所謂的大蕭條時期（Great Depression），其工業霸主的地位受到了威脅。大蕭條這個名稱其實是個誤導性的名字，因為出口總額實際上仍在上升。它所反映的是另一件事：其他國家正在高度工業化。英國在一八七〇年代被美國超越，然後在一九〇〇年之後被德國超越。從一八七〇到一九一〇年，英國在世界貿易中所占的分額從百分之二十五下降到百分之十四。人們提出了各種各樣的理由來解釋這種萎縮，像是英國教育體系的不完善，或者是社會認為從事貿易的人在某種程度比不上專業人士的這種態度。儘管如此，帝國仍然是英國市場的基石。

殖民地與母國之間的連結，可以展現在非常個人的層次上。在一八六一到一九〇〇年之間，有七十五萬人移民到澳大利亞和紐西蘭，有八十萬人移民到加拿大。這些地方和非洲一起被稱為「無主領土」（vacant territories），彷彿它們的土著居民不存在一樣。一七七〇年，庫克船長宣布澳大利亞歸英國所有。從十八世紀末開始，澳大利亞就被用作流放囚犯的地方。人們到了一八五〇年代開始用不同的眼光看待它，首先是因為羊毛，然後是因為黃金，這對英國經濟至關重要。澳洲與地球另一端的英國保持牢固的聯繫，兒童會被送回去接受教育，而英格蘭國教會開始在此殖民地建立教會，並仿照母國的組織結構不斷發展。這些國家都實行自治，其自治程度往往已經發展到可以派遣自己的「大使」，即指定的高級專員到倫敦，在那裡建立總部，如加拿大之家（Canada House）或澳大利亞之家（Australia House）。

印度的狀況截然不同，而且這裡的狀況總是特例。帝國四分之三的居民都居住在這裡，它在維多利亞時代對英國的影響比其他任何國家都要大，儘管一八五七年發生了印度叛變（Indian Mutiny）。導致當地居民起義的動機很多，而且大量的軍隊也牽涉其中，而英印雙方都犯下了駭人聽聞的暴行。英國因此對印度政府重新評估，也因此終結了東印度公司的政治角色。從此以後，印度有了總督，他要對印度辦事處和英國政府負責。印度人首次獲准進入司法和公務員體系。但是英國人仍然堅信，他們注定會永遠統治這個國家。英國人自認若是沒有他們，印度將因為其人民、語言和宗教的巨大差異而分崩離析。儘管隨著教育和讀寫能力的普及，印度的知識分子開始意識到他們被剝奪了政治權利，但似乎並沒有能動搖英國統治的跡象。

一八七〇至一九〇〇年之間，大英帝國人口增加了六千萬，土地增加了四千五百萬平方英里。其中大部分是來自於非洲，在一八五〇年代和六〇年代時，透過像大衛・李文斯頓（David Livingstone）這樣的探險家的作為，非洲開始向歐洲人開放。殖民化是以偶然的方式展開的：從沿海貿易基地開始，然後逐漸向內陸蔓延。只有當一個正在建設帝國的國家與另一個國家發生衝突時，這些新領土的邊界才會被劃定。蘇伊士運河標誌著對北非的吞併。英國過去曾暫時占領埃及，但在一八八二年將其變成永久領土。為了保護埃及，便必須征服鄰國蘇丹。儘管一八八五年英國救援軍隊未能及時趕到喀土穆（Khartoum）以拯救查爾斯・戈登將軍（General Charles Gordon，他因為馬赫迪起義〔Revolt of the Mahdi〕而被困在這裡），但蘇丹最終還是被基奇納將軍（General Kitchener）率領的軍隊接管。英國在一八九〇年代，則殖民了尚吉巴、奈及利亞、黃金海岸（迦納）、甘比亞和獅子山。然而，最大的問題在於非洲大陸的南部，那裡的兩個英國殖民地（開普殖民地和納塔爾〔Natal〕），與兩個荷裔南非人（Afrikaner）所建立的波爾人國家（Boer States）：奧蘭治自由邦（Orange Free State）和川斯瓦共和國（Transvaal）相鄰，這兩個國家是荷蘭殖民者於許久以前所建立的。英國人於一八七七年吞併了這些地方，並於兩年後擊敗了敵對的祖魯人。波爾人（Boers）於一八八〇至一八八一年起義，並且獲得獨立，但是不到幾年之後，川斯瓦共和國便發現了黃金和鑽石，這樣的發現改變了一切。英國人和外國人（波爾人的說法是Uitlanders）湧入川斯瓦，約翰尼斯堡幾乎是在一夜之間崛起。性喜掠奪的英國開普殖民地總理塞西爾．羅茲（Cecil Rhodes）對此興奮不已，他的願景是建立一個橫跨全非洲的大英帝國。一場不光彩的政變在他的庇護下於一八九五年爆發，由詹姆遜（Jameson）所領導的對川斯瓦的入侵行動，正好與外國人的起義同時發生。這是一場慘敗，英國殖民地部（British Colonial Office）參與其中的任何證據都被巧妙地掩蓋起來。這嚴重地破壞了與波爾人建立和平關係的可能性，兩個波爾人國家在克魯格總統（President Kruger）的領導下團結在一起。

戰爭最終確實是因為波爾人對待這些外國人的方式而爆發，當中有很多英國人。波爾戰爭持續了三年（一八九九至一九〇二年），耗資三億英鎊，有三萬人喪生。英國在戰爭一開始死傷慘重，直到一九〇〇年六月占領了普勒托利亞（Pretoria）後才逐漸取得上風朝勝利邁進；但隨後又進行了兩年的游擊戰，直到最終在弗里尼欣（Vereeniging）簽訂和平協議。波爾人被正式征服，兩個波爾人國家被併吞，日後的南非聯邦（Union of South Africa）就此成形。但是這場戰爭對英國政府來說是個打擊。他們用了五十萬人才擊潰僅僅六萬人的敵軍。這清楚說明了英國軍隊令人錯愕的實際狀態。

戰後，人們清楚地認識到，需要用一些協商機制來維繫龐大而笨重的大英帝國。儘管帝國日（Empire Day）這個年度慶典在一九〇四年成立，但帝國的權威已在衰落，人們的熱情也在減退。英國人從未完全放棄過以下態度：帝國是不必要的負擔和開支。英國只有在印度特別重振了自己的帝國角色，尤其是在一九一一年的大杜爾巴（Great Durbar），新繼位的國王喬治五世在此慶典上，以英國國王兼印度皇帝的身分接受了印度各地君王的朝拜。殖民地會議和帝國會議開始舉行，在這些會議中，「自治殖民地」被稱為「自治領」（dominion），而帝國一詞開始與「國協」（Commonwealth）互用。這些自治領紛紛開始要求與母國平起平坐的地位。由於它們的防禦費用是由英國支付的，它們因此無法控制自己的外交政策，大英帝國也就隨之捲入了第一次世界大戰。但是在此之後，殖民地爭取平等的呼聲越來越強烈。在一九二六年的帝國會議上達成了一個方案，後來被納入一九三一年的《西敏法令》（Statute of Westminster）當中。將這些國家定義為「大英帝國內部的自治共同體，沒有從屬關係……共同效忠於英國王室」。但這個新定義將重點擺在一個已經被剝奪所有政治權力的機構，它的效力仰賴於敬意以及壯麗場面的魅力，不過這些特質將逐漸失去它們的魔力。

# 64 光榮孤立和戰爭

作為一個日不落帝國，英國人在世紀之交沾沾自喜也不足為奇。這個國家受眷顧得以擁有成功、穩定和豐富的財富，以致在歐洲大陸發生的一切似乎都無關緊要。它的人民放眼的是全球而非英吉利海峽對岸。人們心照不宣地認為，那裡的一切都無法影響這場看似還會延續久遠的光榮傳奇。但是，就像帝國本身一樣，事實證明這是種幻想。巴麥尊勛爵（Lord Palmerston）及其繼任者所犯的最大錯誤是在普魯士逐漸發展成為德意志帝國時袖手旁觀。一八七一年，中歐突然出現了一個新的大國，最終有能力宰制整個歐洲大陸。自都鐸時代以降，英國的外交政策始終受到一個信念的影響：也就是沒有一個國家可以被允許掌握歐洲霸權。在伊莉莎白一世時代，擁有全球性力量的西班牙所造成的威脅，在無敵艦隊戰敗後受到壓制。在隨後的兩個世紀裡，法國的擴張主義政策，先是在路易十四時期，然後在拿破崙時期，分別被馬爾博羅和納爾遜、威靈頓的勝利所遏制。英國在二十世紀的歷史便是重演這些大規模遭遇戰，就像過去的先例一樣，這些戰爭將整個國家再次團結起來要捍衛這座島嶼。

在該世紀最後幾十年對英國外交政策產生重大影響的索爾茲伯里勛爵認為，「越少事情發生會對我們越有利」。這一政策可以用這個詞來概括：「光榮孤立」（Splendid Isolation）。但正是這種孤立讓年輕一代越來越不安。英國與歐洲的這種關係使它失去了歐陸上的盟友。由於英國對自由的崇拜，其歷屆政府往往對來自歐陸的革命運動提供庇護或援助，這導致了歐洲列國對英國的不信任。就英國而言，其對法國長期以來的懷疑並未改變，而且在北非針對蘇伊士運河控制權的衝突更是強化了這種懷疑。英國在一八八〇和一八九〇年代優先考慮的兩個重要問題是：第一，當仍控制著巴爾幹半島的土耳其帝國最終崩潰時，東歐會發生什麼變局？其次，新德意志帝國的長期企圖究竟是什麼？

起初德國似乎並不構成威脅。德國皇帝的繼承人娶了維多利亞女王的長女。強大的中歐國家將有助於阻止俄國進入歐洲，也有助於遏制法國。這種態度直到一八九〇年代才開始改變，因為德國經濟趕上並超過了英國。兩國在世界市場上仍有足夠的發展空間，但後來德國人突然開始建立一支龐大的海軍。英國的海軍仍然是世界上最強大的，這支軍隊對維持帝國的穩定，以及保護國家賴以生存的大量食物和原物料的進口至關重要，這些食物和原物料既養活國民，又維持了經濟。當鐵甲船取代帆船時，海軍不得不進行重建。它還需要與日本和美國創建的新式海軍競爭。但德國海軍則有所不同：它的規劃是要成為一流的戰鬥艦隊，從長遠來看，這只意味著一件事，那就是與英國對抗。自拿破崙一八〇五年的入侵企圖以來，這個國家第一次在打擊範圍內面臨潛在的敵對力量。英國需要和平來維持其龐大的商業帝國，而當時在外交方面的各種努力正是為了完成這個目標。愛德華・格雷爵士（Sir Edward Grey）在一九〇五至一九一六年這段導致戰爭爆發的關鍵時期負責外交政策，他知道這樣的衝突將不同於以往，並且有可能會使一個文明被徹底消滅。

為了避免戰爭，英國在一九〇四年的《英法協約》（Entente Cordiale）中修復與法國的關係。更重要的是，陸軍和海軍都處於良好狀態，陸軍始終排在第二位，因為對於歐陸會進攻這座島嶼因此要加以防禦的想法似乎太過不切實際。雖然陸軍不再享有特別待遇，但是它並未變得更為專業。它的訓練已經過時，但就算是波爾戰爭的衝擊都沒有刺激政府要對其進行改革。直到霍爾丹（R. B. Haldane）於一九〇五年成為戰爭部長後，才開始著手進行改革。由於霍爾丹的努力，總參謀部（確保了更好的指揮線）與陸軍被建立起來，並在許多公校和中學設立起了軍官訓練團。結果，當戰爭最終爆發時，英國擁有一支達十萬人訓練有素的遠征軍。在海軍中與霍爾丹旗鼓相當的人物是費希爾海軍上將（Admiral Fisher）。無畏號（The Dreadnought）於一九〇五年下水，這艘戰艦超越了過去所有曾被建造的戰艦。英國到了一九一四年時在各國的海軍競賽中勝出，擁有最大的海軍。在戰前沒有人預料到的是新技術發展的影響力，例如地雷和潛水艇，以及在陸路運輸方面的摩托車、卡車和坦克。到戰爭的最後一年，即一九一八年，有了進一步的重大發展：王家空軍成立了。

外交政策是由外交部的一個小官僚機構制定的，該機構也負責處理帝國事務。愛德華．格雷爵士是判斷英國應該參戰的最關鍵人物。德國人押注於這樣一種信念：英國會希望置身局外，如果英國政府準備好接受德國對歐洲的統治，那麼該國就可能置身局外。然而，一九一四年六月二十八日，奧匈帝國王位繼承人在塞拉耶佛（Sarajevo）被暗殺，從而引發了戰爭。然後德國軍隊入侵比利時，這裡正是歐陸距離英國最近的地方。八月四日，格雷發出了最後通牒，但德國沒有回應。英國在突然之間就進入了戰爭狀態。

戰爭遲早會爆發，但當它終於到來時，仍舊讓人大吃一驚。公眾認為這一切將在聖誕節前結束，但是戰爭部長基奇納勛爵（Lord Kitchener）從一開始就意識到這將是一場漫長的戰爭。沒有人對於接下來空前的可怕屠殺有心理準備，他們不曉得這是場全新的戰爭，其中已經不存在任何迅速或是英勇的進攻。取而代之的是，這種戰爭的特點是兩軍在狹長的土地對峙，面向彼此挖出壕溝；而這個戰場因為無休止的炸彈轟炸，變得越來越像月球表面。部隊要忍受寒冷和孤立，並且感覺自己被困在一個似乎無法逃脫也看不到盡頭的地方當中。

英國陸軍於八月六日前往法國，並與法國第五集團軍會合。德國人的計畫是在一次大規模進攻中擊潰他們，但他們失敗了，盟軍在馬恩河（River Marne）堅守了戰線。這條戰線從比利時海岸線蜿蜒而下一直延伸到瑞士，而且整條戰線幾乎從戰爭開始到結束都一直存在著。協約國雖然占領了伊珀爾（Ypres），不過代價是英國遠征軍死傷慘重。局勢很快就出現顯著變化：國家現在必須徵召數以百萬計的男性。基奇納那張上頭有「你的國家需要你」（Your Country Needs You）口號的海報，有助於英國在一九一四年聖誕節前募集了一百萬名志願兵。在戰爭期間中接下來的每一年都有相同規模的士兵被徵召。但是徵召來的士兵最初不可避免地未經訓練，而且缺乏適當的營房和裝備，更重要的是，缺乏必要的彈藥。

這場戰爭是在兩條戰線上進行的，因為德國也入侵了急需補給的俄國。土耳其加入了德國，義大利於一九一五年四月加入了英國和法國一方。同月，四萬多名帝國軍隊在加里波利（Gallipoli）登陸，希望打開通往俄羅斯的補給線。他們最後被迫撤離，損失慘重。與此同時，在法國的伊珀爾地區發生了另一場戰爭，德國人第一次使用毒氣，並造成了可怕的後果。傷亡人數不斷增加。

一九一六年一月，英國開始對十八至四十一歲的成年男性進行徵兵。因此，婦女開始從事男性所空出來的工作。從事家庭服務的婦女人數突然減少了四分之一。一場重要的海戰於五月爆發，即日德蘭海戰（Battle of Jutland），雙方都損失慘重。德國艦隊逃脫了，但再也沒有挑戰過王家海軍。然後是索姆河戰役（Battle of the Somme）的「大推進」（big push），這一攻勢持續了七月至十一月，除了死於德國機槍掃射之下的五十萬人之外，幾乎沒有達成任何成果。這也是首次陣亡於戰場上的人數，多於因疾病或是疏於照護而死的人數的戰爭。基奇納勛爵在前往俄羅斯的途中溺水身亡，這導致了人事的重組，勞合・喬治接任軍需大臣，後來又擔任首相。

一九一七年四月，他們試圖對敵人進行致命一擊，但是又失敗了。七月，向伊珀爾附近的帕斯尚爾（Passchendaele）村的進攻又讓三十萬人喪生。這場戰役是在一片宛如海洋的爛泥中進行的，最後的成果只是得到一條四英里寬的狹長地帶。德國在那時開始了潛艇戰，這威脅到了英國商船隊，而這些船隊對英國的食品供應和原物料進口至關重要。勞合・喬治因而建立了護航船隊（convoys）的制度。一九一七年，美國參戰，而俄國爆發了革命，俄國皇室和沙皇的統治被消滅。

這場革命讓東線的德國軍隊得以轉而向西挺進，並在一九一八年又發動了一次進攻，但是德國人沒能堅持下去。福奇元帥（Marshal Foch）被任命為盟軍的總指揮，八月贏得了亞眠戰役。強大的德國戰爭機器在那時已經崩潰，德國前線開始瓦解。德國國內處於危機之中，封鎖使其補給線被切斷，導致德國人民開始因營養不良而死亡。德國人已經筋疲力盡，無力撐下去，停戰協定於一九一八年十一月十一日達成，戰爭結束了。

在英國，儘管人們精疲力竭，但是戰爭以一種過去所未知的方式影響著所有英國人。直到戰爭的最後，人們的情緒仍然是堅定的。和平帶來了一種勝利的感覺，夾雜著復仇的呼聲。但是人們後來才逐漸意識到戰爭的實際狀況有多麼駭人，以及軍人們在佛蘭德斯的泥巴堆中實際經歷了什麼。第一次世界大戰給一代人帶來了創傷。正如愛德華．格雷預言的那樣，從那以後所有一切都不一樣了。然而，沒有人懷疑他們是否做出了正確的決定：參戰。德國的統治企圖被粉碎了，而英國投入歐洲的努力也就到此結束。

英國似乎沒有從這場大屠殺中記取什麼教訓，希望在政策上回到「光榮孤立」時期。帝國再一次成為了最重要的關注焦點，而且現在與美國之間有了新的關係。在一九一九年的《凡爾賽條約》（Treaty of Versailles）中，英國向法國提供了軍事保證，但條件是美國必須參與。當影響整個大陸的巨大後果發生時，英國袖手旁觀，這標誌著短命的德意志帝國和建立數個世紀的奧匈帝國兩者的終結。一直要到一九二〇年代，紛亂的許多變化才逐漸被釐清。伍德羅．威爾遜（Woodrow Wilson）總統提議建立一個國際聯盟，這個聯盟的建立是為了避免「結束所有戰爭的戰爭」的重演。在一九二五年的洛迦諾會議上（Locarno Conference），法國、德國和比利時相互保障了彼此的疆界，並且這一保證由義大利和英國擔保。到了一九三〇年時，英國已經成功地重回它在該世紀初所處的位置，它的目光堅定地避開了歐洲大陸，而轉向了它的帝國。在那一年，法國提議歐洲國家應該建立某種聯邦關係，主要是基於經濟性質。這個想法在當時被堅決拒絕。

# 65 充滿不確定性的二十年

對於大多數人而言，和平意味著恢復正常，而當時所認為的正常是指恢復到一九一四年的模樣。當時多數人尚未體認到，戰爭已經使得一切都回不去了。許多事情已經發生了劇烈變化，因此根本無法回到舊時光。這樣想要扭轉時勢的渴望，反而延誤了英國跟上變化空前迅速的世界之迫切需求。民主作為一種治理國家的手段，從種種歷史發展中可以被清楚看出是種既能加速變革，也能阻礙變革的手段。一九一八年的《選舉權法》（Franchise Act）響應了戰後民間的期望，將投票權賦予二十一歲以上的男性和二十八歲以上的女性，從而使選民數增加了三倍，達到兩千兩百萬人。十年後，婦女的投票年齡資格與男性平起平坐，這從而使選民數目增加了五百萬。投票權不再是那些被認為在英國具有既得利益的人被賦予的特權，而成為一種與生俱來的權利。一九一八年以後，工人階級首次具有左右選舉結果的關鍵地位。吸引這個龐大新選民群體的選票，開始成為主導所有政黨的因素。為此，政黨不僅發展了它們繼承的維多利亞時代政黨機器，而且也接受了新媒體，首先是大規模發行的報紙，然後是一九二〇年代中期的廣播。這類選民自然歡迎對他們有利的社會改革。但政府的行動並沒有讓人感到溫暖，因為這些行動讓人們認識到了殘酷的現實。因此，民主在某種程度上比過去的君主制和貴族制更難駕馭，同時也是種行政效率更低的政府形式。此後的政府只能去進行輿論能夠容忍的事情。

在第一次世界大戰結束和一九三九年第二次世界大戰開始的二十年間，這些殘酷的事實很快就浮上檯面。在世界第一次工業革命所引發的兩個世紀的擴張之後，衰退和頹敗已經開始。這一趨勢在一八七〇年代的農業最早出現：到一九三八年，只有百分之四．二的勞動力留在土地上。但在一九一八年之後，情況變得更加嚴重，煤炭、棉花、造船、鋼鐵等曾經是維多利亞時代生產力主力的產業也開始衰落。這是不可避免的，因為像德國和瑞典等國家，現在已經自力造船，印度開始生產自己的紡織品，加上中國和日本等國現在開始進入世界市場。英國的衰落不僅沒有得到內部正視，而且由於效率低下，無法應對新產品要求，現代技術和管理使工業本身陷入困境。此外，英國極力抵制變革和創新。工業衰退的結果使失業率上升至維多利亞時代會認定的危機時刻。在過去的二十年中，失業人數一直超過一百萬，而且此數字在一九二〇至一九二一年和一九三一至一九三三年再次飆升。失業率的長期一致性是一種新現象，因為在上個世紀，失業是在繁榮與蕭條的輪轉中週期性出現。此種新現象同時也是不可逆轉的，是英國進入後工業化時代的最初跡象。但是，失業的人在二十世紀擁有投票權，因此不能再忽視他們。全國各地所受的影響絕非一致，主要受衝擊的區域是北愛爾蘭、克萊德賽德（Clydeside）、東北部和蘭開夏等等孤立的悲慘地區。戰爭的年代也見證了東南部崛起，讓一系列全新的工業領域隨之出現：汽車製造、機床、電器、飛機和新的合成材料（如：塑料和人造絲）。問題在於，沒有人願意接受舊工業已落入窮途末路的處境。

政府也沒有回應這些新興產業的要求：接受過良好教育的勞動力。相反地，當國會在一九一八年將義務教育齡提高到十四歲之後，官方在接下來的二十年怠惰不作為。儘管有一份重要的報告建議學生受教年齡應在一九二六年提升到十五歲，但舊的制度仍被保留下來。此原定於一九三九年實施，但是戰爭在此時爆發了。教育政策上的這種失敗是由於人們擔心，如果對工人階級進行教育，他們就不會想要長期投入那些乏味的工作。確實，人們相信這會削弱工人的工作意願。而且，從過去的歷史來看，給予他們教育只會加劇上層階級雇用不到僕人的問題。

在一九二〇年代，政府介入工業都還是種新奇想法，遑論制定經濟政策。戰後，每個人都相信，只要回歸到金本位制（以一英鎊兌四．八六美元的匯率來衡量），就能恢復健全的貨幣體系；剩下的問題將會被合理的預算平衡和自由市場解決。至於解決蕭條的唯一辦法就是削減政府支出。這做法實際上並無法打平，因為它導致了進一步的失業，這時候就需要國家以福利的形式投入更多資金。在兩次世界大戰之間的那些年當中，各國政府越來越傾向於採取保護主義，透過徵收關稅來保護國內市場。這不僅標誌著自由貿易長期統治的結束，而且還具有其他重要意義：國家越來越頻繁地參與經濟運行，而且這種做法將隨著時間發展與日俱增。

這種參與是從戰爭期間開始的，當時政府被迫首次接管整個經濟領域，並且預先展現出了一九四五年後國有化之後將發生的情況；但諷刺的是，播下種子的是保守黨。一九二六年，政府收購了英國廣播公司（British Broadcasting Company），使其成為實際上由國家壟斷的公司。中央電力委員會（Central Electricity Board）在同一年設立，其目標是要在全國各地建立起電網。這兩者在日後成為了其他機構爭相仿效的先例。

但是，將這種觀念推向舞台中心的則是一個新誕生的政黨，將生產工具國有化將成為這個政黨的基本宗旨。這個新政黨自一九一四年起迅速崛起，自由黨同樣災難性衰落，這兩者是一九一八至一九三九年間最重要的政治現象。工黨現在成為了正式的反對黨，然後接著在一個新的兩黨制體系中取得執政黨的位置，其速度之快令人震驚。

工黨的歷史可以追溯到上個世紀。在一八八〇年代以前，存在著各式各樣的工會，而且它們彼此分裂；雖然它們之中可能窩藏了一些懷有政治動機的革命團體，不過大多數的工會關心的是如何保護貿易還有手工藝。這種變化是跟著一種新型工會之誕生一同出現的。這種新工會的大部分成員是非技術勞工，但是他們可以透過集體罷工來讓一個城市化和工業化的社會停擺。在同一時期，還出現了為這種新政黨提供意識形態框架的知識分子團體。民主聯邦（Democratic Federation）在馬克思學說的啟發下於一八八一年成立，致力於摧毀資本主義。三年後，它們與另一個組織勞工解放聯盟（Labour Emancipation League）合併，組成社會民主聯盟（Social Democratic Federation）。西德尼（Sidney）和碧翠絲・韋伯（Beatrice Webb）於一八八四年創立費邊社（Fabian Society），其宗旨是國有化：「將土地和工業資本從個人和階級所有制中解放出來，以及為了普遍利益而要讓其歸屬於共同體。」費邊社成員多是紙上談兵的空想家，而不是革命家，他們與威廉・莫里斯（William Morris）領導的藝術運動有著共同的特點，後者渴望回到浪漫的中世紀烏托邦的工匠時代生活。這些團體普遍支持的做法是：用集體所有制和對生產和分配工具的合作管理，來取代唯利是圖的資本主義。

在一八九〇年代之前，工人階級選民一直支持自由黨，但是一八九一年時，一場特別激烈的罷工刺激了一個獨立勞工政治組織的出現，其與費邊社有所聯繫。一年後，包括基爾・哈迪

（Keir Hardie）在內的三名成員當選國會議員，獨立工黨（Independent Labour Party）隨之於一八九三年成立。基爾・哈迪是一位自學成才的社會主義思想家，他領導著一個小型、貧窮且脆弱的政黨，不過這個政黨所追求的目標成為未來進入國會的工黨所同樣追求的目標；而且獨立工黨從根本上影響了英國的國家與社會在往後一個世紀的發展方向。它們提出了一長串的社會改革清單，包括取消加班、零工和童工；每天工作八小時；提供福利給病患、殘疾人、老人、喪偶者和孤兒；以及發放失業救濟金。它們還要求進一步擴大投票權、廢除間接稅、「對非勞動收入（unearned incomes）課稅直到其消失為止」，以及「分級所得稅」。所有條款中最重要的條款是第四項條款（Clause 4），該條款要求國家「確保生產、分銷和交易工具均為集體所有」。

自由黨未能回應工人階級所懷抱的許多新思潮，這預示著它終將走向滅亡。到一八九五年，已有六百名工黨議員；一八九八年，第一個工黨執政的地方政府出現。但是，任何真正的政治權力之爭都需要更廣泛的支持和財政挹注，而這只有在工黨與工會結盟之後才能落實。一八九九年，英國工會大會投票決定增加工黨議員的人數，並於次年成立了工黨代表委員會（Labour Representative Committee）。然而，真正的變化是在一九〇一年的塔夫谷判決（Taff Vale judgment）之後發生的。塔夫谷判決規定，如果工會官員在損害賠償的訴訟中被判有責任，他可以使用工會的資金來支付。一百二十個工會在短時間內決定加入工黨代表委員會，而且工會開始向其成員徵收政治稅用以資助其議員。

自由黨與工黨於一九〇三年達成了一項祕密協議，自由黨承諾將在三十個選區中禮讓工黨，作為後者支持某些自由黨措施的回報。在一九〇六年的國會中，首次以工黨的名義當選議員的人有三十名。自由黨推翻了《貿易爭端法》中的塔夫谷判決。一名法官於一九〇九年裁定工會不應利用資金資助國會議員，隨後自由黨在一九一三年的《工會法案》（Trade Union Act）中推翻了這一裁定，而該法案繼續批准徵收政治稅。儘管工黨進展甚多，但是即使到了一九一八年它仍然是少數黨。

同時，保守黨設法適應了新的民主時代，這也加速了自由黨的消亡。一九一八年選民人數增加了三倍，這不僅是一場災難，而且帶來了保守黨勝利的時代。儘管像索爾茲伯里勛爵等首相們對民主的到來感到恐懼，但到了一九一八年時，保守黨已經走上了成為郊區不斷壯大的中產階級政黨的道路。它在利物浦和伯明罕等地也不缺乏工人的支持。總而言之，保守黨以驚人的輕鬆姿態成功地適應了二十世紀。保守黨已不再是地主鄉紳的政黨，而變成了一個由商業和工業人士主導的政黨。與工黨不同的是，它沒有一個主導意識形態，更願意簡單地把自己描述成一個高效、捍衛產權及傳統道德，並且為國王和國家培養愛國主義的政府。保守主義憎惡任何大規模財富再分配的社會主義思想。而且，隨著俄國革命的暴行逐漸為人所知，保守主義吸引了那些擔心任何形式的布爾什維克主義在英國立足的人。

戰爭結束後，勞合・喬治為首的聯合政府上台執政，他們隨後舉行大選並且重新當選。在戰後短暫的商業景氣之後出現了可怕的經濟蕭條，造成了大規模的失業。聯合政府解體了，一九二二年又舉行了一次選舉，選舉結果清楚宣告了自由黨的瓦解，因為該黨分裂為支持勞合・喬治和仍效忠阿斯奎斯的兩大陣營。這種分裂使工黨第一次成為最大在野黨，這是保守黨的勝利。首相博納・勞於一年後辭職，由斯坦利・鮑德溫（Stanley Baldwin）繼任。鮑德溫是新保守主義的代表人物。他出身自米德蘭的製鐵業家庭，他透過雄辯的天賦而非智慧而崛起。他是一位平庸的財政大臣，而且人們普遍認為他怠惰職務。但是，在工人罷工時期，他也許具有最不可或缺的人格特質：緩解緊張局勢的能力和意願，以及對中間立場的堅定信念。這種人格特質讓他以一種高度浪漫化的眼光來看待英國，把它描繪成一個植根於鄉村風景的國家，這顯然與現實相矛盾。

這位平易近人的首相掌握了廣播這個新技術，藉此向公眾施展他的魅力。他的長期政治目標是用工黨來取代、消滅自由黨，尤其是勞合・喬治。他的目的是建立一個兩黨制度，而且這兩個政黨之間的共同點大於分歧。

由於鮑德溫希望實施保護主義政策，他感到有必要就關稅改革問題再舉行一次選舉，以尋求民意授權。儘管保守黨贏得了選舉，但他們在人數上被自由黨和工黨的聯合力量所超過，結果是國王喬治五世邀請工黨領袖組建政府。詹姆士・拉姆齊・麥克唐納（James Ramsay MacDonald）是蘇格蘭農民的私生子，但他天生就有強大的演講能力和追求權力的意志。第一任工黨政府只執政了十個月，但在選民的眼中，這段時間已經足夠讓他們認識到，工黨並沒有採取革命性的措施，而是以負責任的態度行事，並能在既定的框架內治理國家。自由黨和勞合・喬治的政治生涯已經終結了。工黨的主要問題是如何與布爾什維克極端主義劃清界線。導致他們下台的原因是，他們試圖與俄羅斯簽訂一項條約，另外再加上要將共產主義推行到世界的共產國際（Comintern）致英國共產黨人的一封信被公開，信中內容要求他們推翻工黨政府。鮑德溫和保守黨獲得了絕大多數選票，但工黨的選票也有所增加。

鮑德溫又當上了首相，而拋棄自由黨的溫斯頓・邱吉爾當上了財政大臣。金本位制和四・八六美元兌一英鎊的舊匯率被恢復，這導致了失業率急遽上升。在隨後的經濟情勢急遽下滑之中，礦工揚言要罷工。為了爭取時間，鮑德溫給予礦工九個月的補貼，直到王家委員會能夠提供他調查結果。不過當調查結果公布時，礦工和雇主都不願認同。工會號召在一九二六年五月四日舉行大罷工。儘管政府為階級緊張局勢的劇烈爆發做好了準備，但鮑德溫竭盡所能地將其潛在的分裂可能性降到最低；他拒絕使用武力，並且始終還是想將他眼中兩種不同的爭端分開處理。他認為大罷工是對民主的挑戰，四百萬名工會成員的意志被強制加在四千兩百萬人口身上。他提出的建議破壞了聯盟，全面罷工於五月十二日被取消。持續了十五年之久的工人階級鬥爭之不斷循環就這樣結束了。但是，礦工繼續罷工了九個月，直到他們被迫屈服。次年，《貿易爭端法》宣布全面罷工和同情罷工（sympathy strikes）違法。所有這些都掩蓋了保守黨最大的成就，那就是一九二八至一九二九年對地方政府的重組。舊的《濟貧法》最終被廢除，現在濟貧事宜，連同醫療和道路的責任，都轉移到了各個市鎮與郡政府。保守黨在一九二九年的選舉中因失業問題而落敗。儘管如此，新的兩黨制已經就位，某種接近共識政治的狀態也已經出現。

工黨政府重新執政，它很快便被迫要放棄理想面對現實。在它執政的三年中，世界經濟價值縮水了一半。工黨政府所做的正是保守黨政府若執政的話也會做的：增加稅收與削減政府開支，這進一步加劇了失業。到一九三三年，英國百分之二十三的勞動力處於失業狀態，面對國際上紛紛拋售英鎊的情況，英國內閣開始想方設法削減七千八百萬英鎊的開支。內閣於八月二十三日投票贊成大幅削減開支，不過拉姆齊·麥克唐納認為他有責任向國王遞交辭呈。當他從王宮離開時，他同意籌組聯合政府（National Government）。沒有人知道詳細的發生過程，他事先未諮詢過任何內閣成員，而工黨則認為他的行為是種背叛。由於公務人員的工資遭到削減，王家艦隊爆發了兵變（譯注：即「因弗戈登兵變事件」〔Invergordon Mutiny〕）；英國亦於此時脫離了金本位制，英鎊也隨之貶值。

為了應對如此駭人的金融危機，聯合政府舉行了一次大選，並獲得了五百五十六個席次。拉姆齊・麥克唐納繼續擔任總理，而保守黨的內維爾・張伯倫（Arthur Neville Chamberlain）擔任財政大臣，經濟在他的主持下逐漸復甦。政府推出保護主義關稅，這標誌著自由貿易，這個引導維多利亞時代繁榮和進取精神發展的基石之終結。拉姆齊・麥克唐納於一九三五年為保守黨鮑德溫所取代，但後者現在年事已高並不適任。他的最後一舉是圓滿解決愛德華八世的退位風波。在這個民主時代，喬治五世成功扮演了君主的新角色：私人廉潔與公共服務和莊嚴被結合在一塊。然而，王位於一九三六年傳給了一個完全不適合擔任這種沉悶角色的人：愛德華八世。更糟糕的是，他幾乎沒有掩飾自己對德國的同情，同時愛上並且打算迎娶一位離過婚的美國女性。愛德華八世退位，鮑德溫在愛德華八世的弟弟喬治六世加冕後辭職，喬治六世之所以使用「喬治」，是為了要反映出君主已回歸到他父親為其所賦予的職責。

與人疏離且冷漠的張伯倫接替了和藹可親的鮑德溫。張伯倫為人冷漠，是一位出色的衛生大臣和財政大臣，但在整個注意力都集中在導致與德國開戰的事件上的時期擔任首相，是他的不幸。當戰爭最終於一九三九年八月爆發時，這動盪的二十年終於落幕。但是，沒有人能夠解決最根本的問題：失業。

但在這些錯綜複雜的政治情勢背後，正在發生著其他更深遠的變化。一九一八至一九二一年之間所發生的土地所有權轉變，是自四百年前修道院解散以來最激烈的一次。土地不再是政治權力的基礎，而且隨著農業的衰落，土地也不再有利可圖。面對百分之四十的遺產稅（自一八九四年開始徵收）和不斷上漲的稅賦，上層階級把在各地的不動產脫手，只留下在城市中的住處。成員不斷增長的商人和專業人士買下了土地，這強化了鮑德溫對於鄉村生活是英國理想生活方式的願景。貴族的權力雖然消失了，不過貴族的外殼仍然保留著。引起舊貴族們大為驚恐的是，勞合・喬治將授予富豪和實業家貴族頭銜變成了一門活躍的生意：最便宜的爵士頭銜為一萬英鎊，更高級的頭銜則隨之越高價。

在一九一四年以前，不同階級的生活方式有著極為顯著的差異，不過這在現實中正在迅速消失。擁有僕人的人越來越少，這消除了最大的社會鴻溝。服裝的流行和飲食的改善，意味著人們比以前更難根據外表來劃分階級。儘管階級之間收入差距並未減少，但是這種差異越來越難從外表中明顯看出。每個人買的東西都是相同的，而富人買的只是更高級的版本。英國廣播公司的出現加快了這種平等化的速度，其首次向公眾介紹了一種能被普遍接受的講話方式。由於不斷擴張的中產階級成員仍持續增加，平等化不只發生在上層社會，當然也發生在底層社會。

在郊區出現的這個時代，真正擁有政治權力的是中產階級。建築業空前繁榮，人們第一次享受到了電力和現代管線系統的舒適。一九一四年，僅有百分之十的人口擁有住房。到了一九三九年，這一數字上升到百分之三十一。家庭規模變小了。出生率從一八七〇年代開始下降，但是到了戰後時期，透過避孕措施控制家庭規模已成為中產階級的習慣。預期壽命大幅增長：一九二一年，男性是五十六歲，女性是六十歲。這是由於醫學進步以及數百年的致命疾病被一一克服，加上飲食的改善。過去許多使普通百姓生活黯淡無光的東西，現在都由國家來處理。撫卹金的發放範圍自一九二五年擴大到寡婦和孤兒，領取老年津貼的年齡則從七十歲下降到六十五歲。國家從這時候才開始逐漸承擔起來過去被視為家庭的責任，例如照顧年老、患病、孤兒和喪親的人。

更好的住房、更長的壽命、家庭成員的數量減少，而那些就業的人則是比起過去有更多的休閒時間以及收入，以上種種發展都代表著消費主義將成為這個世紀最重要的發展之一。伍爾沃斯（Woolworths）和瑪莎百貨（Marks & Spencer）等連鎖商店成為每個城市商業街的常態。普通家庭的必備設備成倍增加，包括吸塵器、煤氣爐、收音機，甚至冰箱和留聲機。一九一四年以前，汽車是富人專屬的交通工具，而現在汽車已成了中產階級的必需品。到了一九三九年，已有五十萬人持有駕照。

人們不僅擁有了更多商品，而且還有更多的時間可以支配。一九一八年以後，每週工作時間從五十六小時減少到四十八小時。到一九三九年時，一千一百萬的體力勞動者每年至少有一個星期的帶薪假期。大眾娛樂以電影院和舞廳的形式出現。一九三九年，公共圖書館借出了二．五億本書；而平裝書於一九三五年出現。社會各階層都喜歡運動：上層階級喜歡狩獵，中層階級喜歡板球和橄欖球，工人階級則喜歡賽狗和足球。

許多與維多利亞時代社會密不可分的觀念和態度，都遭遇到猛烈的扭轉。性行為不再是一種禁忌話題。虔誠的宗教信仰在城市群眾中從未深刻生根，現在更是急遽減少。儘管如此，國家並不願意放棄對英格蘭國教會的控制，如國會於一九二八年便否決了修改《公禱書》的提案，而《公禱書》自一六六二年以來就未曾被變動過。

婦女平權進一步取得長足的進展，但幾個世紀以來根深柢固的態度並沒有輕易被改變。一九一九和一九二三年的法案給予婦女在離婚案件中有與男子同等的權利。婦女於一九二八年獲得了完整的選舉權，但她們的新地位在現實世界落實的進展緩慢。在專業領域方面幾乎沒有取得任何進展，女性的工資仍然低於男性。

英國廣播公司於一九二六年成立，其發揮最大的作用或許是在於創造出一種新的民族認同感。第一任總經理是日後的里斯勛爵（Lord Reith），他是一個不苟言笑的蘇格蘭人，不過同時也具備了足夠才能能夠理解廣播這個新發明，並把它帶入每個人的生活。他是一位文化獨裁者，堅信品味和正直的規則，但這並不代表他欠缺想像力。這種新的教育和娛樂媒體的潛力無窮。突然之間，所有人都能夠享受音樂。更重要的是，廣播前所未有地開啟了人們想像力的新視野。

儘管失業和貧窮導致群眾遊行和示威，不過犯罪率卻沒有增加。諸如一九三六年著名的從賈羅（Jarrow）出發的抗議飢餓遊行，整個過程有秩序、文明而且非暴力。整個西歐的自由民主國家一直都受到經濟衰退的威脅，民主制度在當時的德國被掃地出門，但是極端主義從未在英國生根。最左翼的是共產黨和失業工人工會（Unemployed Worker's Union）；從一九三二年開始，最右翼的是英國法西斯聯盟。這些運動的後續影響力很小，而且他們並未受到嚴苛的對待。然而，一九三六年的《公共秩序法》（Public Order Act）禁止出於政治目的穿著制服（英國法西斯分子的制服是黑襯衫），並且針對準軍事部隊做出限制。警察局長也被賦予權力來禁止可能導致公共秩序混亂的遊行。

在這二十年當中，英國的一些主要工業已經日落西山，但是英國政府卻未能正面解決這些令人痛苦的真實狀況。恰恰相反，他們的做法是逃避責任以及含糊其詞，企圖透過福利支出來挽救局勢。最初於一九一一年推出的《保險法》（Insurance Act）被大幅度地修改以及擴展。到了一九三一年，失業在每年造成一．二五億英鎊的損失。一九三四年的《失業法》（Unemployment Act）透過公共援助委員會將救濟工作納入政府的管理範圍。然而，資產調查（means-test）的引入卻激起許多人的憤慨。儘管如此，到了一九三九年，英國已擁有世界上最先進的失業福利制度之一。

保守黨在一九一八年以降的二十一年中，執政了十八年。它之所以能夠長期連任，一來是因為自由黨的分裂，二來則是因為選民對工黨的真正意圖抱持懷疑態度。但是這個保守黨已不同於它在世紀初的模樣。實際上，黨員們現在是半社會主義者，無庸置疑地擁抱溫和及進步價值，例如內維爾．張伯倫便致力於改善所有人的生活。這並不是說貧困不再存在。貧困確實依然存在，但是貧困人民的生活水準比起一九〇〇年亦有了顯著提升。社會越來越相信國家在經濟運行中可以扮演某種角色。當下次大戰再次爆發時，英國政府至少可以在一個穩固、不受質疑的議會民主基礎上運作。

# 66 孤立

表面看來，英國在第一次世界大戰中取得了勝利。英國海軍仍然是世界上最強大的海軍，德國戰後決定摧毀而不是交出自己的海軍，使得英國海軍更加強大。大英帝國比以往任何時候都要強大，而且在中東有了新的受保護國，例如伊拉克和巴勒斯坦。英國這個島國可以回到它驕傲的孤立狀態，繼續作為領土環繞地球的大英帝國和大英國協的母國。就歐洲大陸的情況而言，國際聯盟現在要去解決國土邊界重劃的問題，這牽涉到了包含捷克斯洛伐克、匈牙利和波蘭在內的幾個新的民族國家。英國外交部認為，歐洲至少在十年內不會發生戰爭，因為它的兩個主要大國法國和德國都遭受了嚴重破壞。

從某種意義上說，這是對的。確實沒有戰爭發生。從另一個意義上說，政府目光極其短視，拒絕承認自己生活在一個幻想的世界中。世界金融中心不再是倫敦，而是紐約。從此以後世界上最具影響力的貨幣將是美元，而不是英鎊。不久，美國在海軍實力上也超越了英國。在遠東，日本不僅迅速成為一個主要的經濟大國，而且也迅速成為一個軍事強國。這對大英帝國產生了影響，因為加拿大、澳大利亞和南非等許多大英帝國下的國家都要求越來越多的獨立性。實際上，大英帝國開始瓦解。儘管英國的影響力在一九一八年後擴大，但這種影響力必須付出人力和財力方能維持，在經濟嚴重衰退的時期，人們便會開始質疑這種支出是否明智。

英國開始與歐洲保持距離。與法國的關係迅速惡化，而且就像一九一四年一樣，英國似乎對德國的真實情況視而不見。德國雖然輸掉了這場戰爭，但它的經濟最終從中脫穎而出，成為歐洲最強大的國家。德國市場對英國的出口一直很重要，這無疑影響了英國的態度。在英國政治體制內，有一股傾向於對戰敗的敵人採取更寬容態度的潮流，他們認為在凡爾賽會議中以補償名義所索取的東西遠遠超出合理範圍。

由於戰爭被認為在短期內不會爆發，所有的政黨派系都支持裁軍。每個政黨都致力於此，尤其是工黨，公眾也不能容忍戰爭年代的損失重演。因此，英國陸軍被縮減為一系列小部隊，充當殖民地警力，海軍也被削弱。現代裝甲戰必不可少的軍事機械被完全廢棄。空軍的狀況則是：飛機完全沒有汰舊換新。

在兩次世界大戰期間，英國外交部更關注兩個遙遠大國的危險，這兩個大國都被視為對英國利益的潛在重大威脅。俄羅斯是一個共產國家，其宣誓的使命是向全世界傳播革命。俄國在英國內引起了人們對政權被顛覆的恐懼，並且引起人們關注國外發展，因為俄國與自己的距離近得令人不安。一九二一年後，日本也被視為帝國的威脅，一九三一年日本入侵滿洲時，日本的擴張主義野心暴露無遺。在這種情況下，德國的復甦之所以如此迅速也就不足為奇。一九二六年，德國加入了國際聯盟。如果一九二九至一九三一年的經濟大衰退沒有在德國國內激起極端民族主義情緒（一九三三年一月，阿道夫・希特勒〔Adolf Hitler〕和納粹上台），這樣的政策或許會受到不少讚揚。

事後看來，希特勒當時的權力過大已是顯而易見的，但是當時沒有人意識到他的崛起，代表著另一個決心宰制歐洲大陸的拿破崙的出現。內維爾・張伯倫就是其中之一，他認為德國於一九一八年受到了苛待，並試圖安撫它，這一過程被稱為「綏靖」（appeasement），事後被譴責為軟弱的讓步，但是事實上，它也可以被視為真誠地嘗試達成一項解決方案，藉此避免另一場災難。儘管張伯倫抱持如此態度，但重要的一點是，在希特勒著手重新武裝德國的同一年，他也開始祕密地加強英國的軍備。之所以暗中行事是因為公眾輿論會反對它，在政治上工黨也會如此批評。

英國公眾的這種態度直到一九三八年底才改變，那時戰爭已被認為是幾乎不可避免的。這一變化是由一系列事件引起的，這些事件一次又一次地逐漸改變了人們的看法，從一九三六年三月希特勒派遣德國軍隊進入萊茵蘭並占領它開始，此舉既違反了《凡爾賽條約》，又違反了《洛迦諾條約》，這些作為沒有受到懲罰。比利時宣布中立，這意味著法國不得不將他們的防線向北延伸。這兩項舉措都足以導致英國必須迅速擴張防空力量。他們認為任何未來的戰爭都將取決於空中和海上力量，這讓法國人不得不獨自應付陸上的戰爭。

這些舉措的結果讓英國政府感到緊張。在義大利，法西斯獨裁者墨索里尼（Mussolini）當權，人們試圖說服他不要與希特勒結盟。當時並無跡象表明希特勒打算入侵英國。但是在一九三七年時，人們明白如果希特勒決定這麼做，英國沒有能力抵抗。他們需要時間來建立島上的防禦，尤其是空軍。考慮到這一點，英國在十一月表示自己不會反對德國去解決其東部邊境的領土諸爭端。其中一項爭端似乎是合理的，因為在一九一八年之後的戰後協定中，在波希米亞蘇台德地區（Sudetenland）的三百二十萬德裔人已經成為捷克斯洛伐克的一部分。

一九三八年三月，希特勒凱旋進軍維也納，奧地利成為迅速崛起的新德意志帝國的一部分。張伯倫意識到，英國需要更多時間來增強自己的實力。他仍然希望能達成某種和解。不幸的是，希特勒是個不講道理的人。英國所認為的外交手段，在德國眼中則是英國積弱不振的證據。張伯倫於九月搭機前往與希特勒會面，同意德國吞併蘇台德地區。他說服了法國和他自己的內閣也跟著同意。張伯倫隨即第二次飛到慕尼黑與希特勒會面並傳達這一訊息，但附帶條件是德國不能對捷克斯洛伐克採取任何動作。當他回國宣布「屬於我們時代之和平」（Peace for our time）時，受到了英雄般的歡迎。

從事後的發展來看，張伯倫的作為是一個轉折點。因為從現在開始，所有政策與措施都發生了驚人的逆轉。到一九三九年初之際，英國即將面臨戰爭之局勢已經相當明朗。政府決定重整軍備，無論戰爭究竟何時會爆發。若是考慮到戰爭即將爆發，比德國空軍任何戰機都先進的單翼飛機已經準備就緒。這些重整軍備行動的動機是，希特勒將要入侵比利時和荷蘭的意圖已經昭然若揭。針對歐陸這塊地區的控制對英國而言自古以來都至關重要。帕爾馬公爵的入侵軍隊在一五八八年就是從那裡啟航；在接下來的一個世紀中，這裡則是馬爾博羅多次戰勝路易十四的地方。不列顛島的安全再次受到威脅。

三月十五日，希特勒撕毀慕尼黑協定，進軍布拉格，占領捷克斯洛伐克。所有發送給希特勒的訊息都被他忽略。他接著把注意力轉移到了波蘭。三月二十一日，張伯倫宣布英國支持波蘭，但這是遠水救不了近火的徒勞舉動。俄羅斯仍處於不結盟狀態，英國由於擔心布爾什維克主義所以遲遲不與其接觸，以致最後當英國開始採取行動時，俄羅斯已與德國達成瓜分波蘭的協議。德國於一九三九年九月一日入侵波蘭，英國於兩天後宣戰。自這些事件以來，歷史學家們一直意見不一，他們有些人認為張伯倫的作為是對屈服於野蠻武力的懦弱政策的可恥罪證，有些人則認為他是在勇敢地嘗試達成解決方案，以求避免一場全球災難。也有一種說法是：若不是張伯倫爭取到時間的話，英國就會被殲滅。

情況與一九一四年不同。英國由於將大量的心力都投注在維護大英帝國和大英國協，這被視為阻礙了英國參與任何歐洲戰爭。這樣的衝突會造成龐大開銷，而且可能會導致破產。到目前為止，尚未有跡象表明美國將提供援助，因為美國目前採取孤立立場。然而，英國仍然可以依靠帝國的資源。印度總督有權使印度這國家捲入戰爭，他也確實這樣做了。加拿大和澳大利亞仍然深深地與母國保持著聯繫，它們也提供了支持，而南非也提供了支持，斯穆特（Smuts）將軍推翻了反對支持母國的總理。即使有這樣的支持，英國在一九三九年仍然極度脆弱。越境去法國的遠徵軍是匆忙集結起來的。海軍的船隻陳舊，航空母艦也是次等的。王家空軍是這國家唯一可能的救星。英國即將發動一場負擔不起的戰爭，這是無法被掩蓋的痛苦事實。

在被稱為「假戰」（phoney war）的十個月當中，似乎沒有什麼事情發生。當俄羅斯和德國在沒有太多反對的情況下瓜分東歐時，英國別無選擇，只能袖手旁觀。德國占領了波蘭，而俄羅斯占領了芬蘭、拉脫維亞、愛沙尼亞和立陶宛。然後在一九四〇年四月，德國入侵丹麥，隨後又入侵挪威。英國海軍被派去與德國進行了一場混亂的海戰，這對英國人來說是一場災難。張伯倫被迫辭職。（他於兩年後去世。）

一九四〇年五月十日，溫斯頓·邱吉爾成為首相，他是一位令人畏懼而特立獨行的政治家，比其他任何一位大臣都更了解戰爭。此時便是歷史上時勢與人物完美匹配的罕見時機之一。事實上，當時六十四歲的邱吉爾認為自己命中注定要扮演這個角色。他不僅有頑強的決心和親切的熱情，而且他對英國這國家的歷史有深刻認識。此外，他具有使用高超修辭語言的罕見能力，他的語言充滿熱情和力量，足以把一個民族團結在一起。一個由戰時內閣組成的聯合政府成立了。工黨領袖克萊門特・艾德禮（Clement Attlee）成為副總理。在執政團隊中，工黨政治家歐內斯特・貝文（Ernest Bevin）作為勞工大臣，在確保工會支持方面發揮了關鍵作用。

德軍於五月十日橫掃比利時與低地國。法國軍隊和英國遠征軍向北移動到比利時要與德軍對抗，但是德軍越過阿登山脈展開閃電戰，結果法國和英國軍隊被切斷了聯繫。他們決定撤軍。這是一次可怕而屈辱的失敗。英國海軍在各式能夠出海的船隻輔助下，從敦克爾克（Dunkirk）救出了約二十二萬四千名英國士兵和九萬五千名法國士兵。巴黎於六月十四日投降，一週後全法國淪陷。

英國現在孤立無援。在這個島上的歷史上，從來沒有出現過這樣的危機。希特勒，就像他之前的拿破崙一樣，用一支勢不可擋的軍隊占領了西歐大部分地區。駁船開始在布洛涅集合，準備將德國軍隊運送過英吉利海峽入侵英格蘭。但是，他們唯有贏得了空戰的勝利後，才能讓這些駁船啟航。英國現在擁有的只剩下海軍、噴火戰機，以及邱吉爾鼓舞人民的激昂言辭。邱吉爾在可與榮光女王於蒂爾伯里的演講相媲美的一場演講中，他用這些話激勵英倫島上的人們：「因此，讓我們背負起我們的使命吧，如此，若大英帝國以及大英國協得以延續千年，人們仍然會說：『這場戰爭是他們最光輝的時刻。』」

被稱為「不列顛之戰」（Battle of Britain）的空戰開始了，並且一直持續到一九四〇年的夏天和初秋。德國空軍與王家空軍旗鼓相當，王家空軍得到了雷達和超音波的幫助，前者可以對敵人的逼近發出警告，而後者可以讀取德國人的信號，從而得知他們的戰略。但是，德軍犯了一個致命的錯誤。它的轟炸對象從機場變成倫敦，期望藉此能打擊民眾士氣並且引起恐慌。該決定為英國王家空軍提供了重新編組的空間，並於九月十五日擊退了一次大規模的突襲，擊落了六十架德軍飛機。希特勒在兩天後推遲了對英國的入侵，然後入侵在一月被無限期推遲。英國取得了不列顛之戰的勝利，全國士氣高漲。邱吉爾在總結這一成就時說：「少數將士挽救了無數人免於陷入水火之中，這在人類衝突史上前所未見。」

英倫三島已經得救，但是這場戰役只不過是一場席捲全球的巨大衝突的前奏。接著，德國空軍集中攻擊英國的港口和工業中心，從十一月到五月之間大約有三萬六千噸炸彈投在這些地方。然而，希特勒在下個月把注意力轉向了他最痛恨的國家俄國，並且發動入侵戰爭。一向懼怕蘇聯的英國現在與其結盟。在大西洋彼岸，美國人民被英國人的英勇所震驚和感動，他們不再袖手旁觀。羅斯福總統透過《租借法案》（Lend-Lease）向英國提供無上限的貸款。這意味著英國現在能夠應付戰爭開銷，但它也意味著不斷膨脹的債務，在未來總有一天要償還。

英國或許已經贏下領空權了，但它唯有保持大西洋航線的暢通，確保其人民和工廠能夠取得食物和原物料，這國家才能生存下去。德國U型潛艇擊沉許多英國船隻，英國因此有好幾次都幾乎要陷入饑荒。三分之一的英國商船沉沒，有三萬人葬身海上。這場折磨人的、似乎沒有盡頭的戰鬥持續了三年。直到一九四三年時，由於德國潛艇損失極為慘重，盟軍也才取得了勝利。

這是一場複雜的戰爭，因為英國陸軍的失敗意味著它只能透過空中來打擊其歐陸敵人。這些襲擊始於一九四一年，但直到第二年才有足夠的飛機對德國發動大規模的恐怖轟炸，把科隆、漢堡和柏林夷為平地。王家空軍付出了巨大的代價，被擊落了數百架飛機。直到一九四四年美國製造出一種新的遠程護航戰鬥機，空襲才變得真正具有破壞性。但是它們對德國人民的影響與英國人遭受襲擊時相同：只是讓士氣更加堅定。

在大西洋戰爭與德國空戰之後的是地中海和北非的戰爭。義大利在墨索里尼的領導下參戰，並且選擇站在德國這一邊，這一決定讓英國開始取得了一些勝利。一九四〇年十一月，一半的義大利艦隊在塔蘭托（Taranto）被摧毀。隨後，義大利軍隊進軍英國統治下的埃及，不過他們卻遭遇到了一場幾乎占領全北非的反攻。與此同時，德軍入侵了巴爾幹半島。英國派遣一支軍隊前往希臘，但在一九四一年四月被迫撤離。接下來更糟糕的狀況發生在非洲，希特勒派隆美爾（Rommel）和非洲精銳軍團前往這裡。英軍被擊退，並被迫在托布魯克（Tobruk）投降。

戰爭的規模在一九四一年不斷擴大。德軍於六月入侵俄羅斯，並於十二月到達莫斯科郊區。嚴冬對德國軍隊的影響，正如拿破崙軍隊所受到的影響一樣。這是他們首次被迫撤退。日本也在這個十二月轟炸了珍珠港的美國艦隊，這讓美國加入戰爭。然後，日軍開始席捲大英帝國的遠東地區。香港於聖誕節那天投降。兩個月後，帝國的關鍵領土之一新加坡淪陷。英國也失去了馬來亞（Malaya），而且日軍穿過緬甸進入印度邊境。

形勢最終是從一九四二年開始轉向有利於盟軍的方向。德軍從七月到十一月在史達林格勒（Stalingrad）戰役中陷入僵局，有二十五萬人陣亡。在非洲，由蒙哥馬利（Montgomery）將軍和亞歷山大（Alexander）將軍領導的英國第八軍在阿拉曼（El Alamein）擊敗了隆美爾和他的軍隊。到一九四三年夏天，德國人已經放棄了北非，盟軍的注意力轉向了義大利，七月登陸西西里，十月占領那不勒斯。墨索里尼隨之下台，義大利新政府尋求停戰，不過此時德國軍隊卻開始占領義大利。接著，雙方在分隔義大利半島的山脈之間展開了曠日持久的消耗戰。

盟軍於一九四三年便承受了許多壓力要他們進攻歐洲，但是對於當時的準備而言還是為時過早。在隨後的一年當中，英倫島便像是一艘航空母艦，大規模的地面部隊在此集結。一九四四年六月，十八萬五千名士兵和一萬九千部車輛在兩天的時間當中於諾曼第登陸，這被稱為「大君主作戰」（Operation Overlord），從結果來看是一次組織動員上的勝利。軍隊總司令由美國人艾森豪（Eisenhower）擔任，這反映了英國未來在世界上的地位，英軍與德軍在卡昂（Caen）附近進行了長期戰鬥。而在七月底，美軍從阿夫朗什（Avranches）突圍而出，並且在一場大勝中圍困住幾乎整個西線德軍。殘餘的德軍部隊於八月二十一日投降。巴黎於三天後獲得解放。

在英軍解放比利時的同時，美軍透過阿爾薩斯繼續前進，但是由於盟軍未能攻下安特衛普港口取得補給，德軍得以重新集結。九月十六日，盟軍在阿納姆（Arnhem）的萊茵河上建立了一個小橋頭堡，這行動被事後的發展證明為一場災難，因為他們被消滅了。德軍的反攻席捲了亞爾丁（Ardennes），但是其力道逐漸耗盡。當時，由於缺乏石油和航空燃油等可以繼續戰爭的原物料，德軍陷入了停滯。疲倦情緒正在蔓延，在英國確實也是如此，英國人暴露在V1飛彈和V2飛彈從天而降所帶來的一波又一波的恐懼之中。但是戰爭的結束即將到來。在東方，龐大的蘇聯軍隊正在向前推進，吞噬掉他們沿途經過的東歐。蒙哥馬利希望盟軍突進柏林，但艾森豪選擇了統一推進。一九四五年五月四日，德軍向蒙哥馬利投降。俄軍則在前一個月從東方到達柏林。希特勒和他的親信們在一個地堡中自殺了。歐洲戰爭於五月八日正式結束。

但是遠東戰爭仍在繼續。羅斯福（Roosevelt）和邱吉爾於一九四二年夏天決定投入大量資源製造第一顆原子彈，這是他們取得戰爭勝利的原因。研發經費極為龐大。雖然英國人收復了緬甸，但直到八月六日原子彈在廣島投下之後，日本才敗下陣來。東方的戰爭於八月十四日也結束了。

這是一場與過去所有戰事都截然不同的戰爭。雖然死亡人數比第一次世界大戰期間少得多，但戰爭對英國的影響卻是災難性的。戰爭首次波及島上的每個人。戰爭對於心理、身體、情感和精神的影響極為深刻。儘管表面上仍是民主國家，但在過去的六年當中，英國實際上是一個徹頭徹尾的極權主義國家。一九四〇年五月的《緊急狀態法》（Emergency Powers Act）賦予了政府對於人民和財產擁有無限的控制力。英國人民被政府接管，每個人都受到前所未有的管制。孩子們被疏散到遠離轟炸的鄉村，每個人都被強制要求出示身分證，並且被指導要從事何種勞動，工作則被分為必要性與非必要性。政府引入了糧食配給，這一直持續到一九五四年。衣服也必須接受配給，奢侈品則被徵收百分之百的稅。每個符合戰鬥年齡的人都被徵召入伍，留下的人要麼加入了防空民防隊（Air Raid Precautions），要麼加入了國民警衛隊（Home Guard）。防空民防隊監視著夜空，要求每間房屋都要塗黑、窗戶貼上膠帶，並且確保地下避難所正常運作。國民警衛隊的成員則是一百五十萬名志願者，他們減輕了軍隊日常工作的負擔並且接受面對入侵的訓練。

婦女在戰爭中扮演了重要角色。她們在王家女子海軍（Women's Royal Naval Service）、王家女子空軍（Women's Royal Air Force）和女子輔助服務團（Auxiliary Territorial Service）等單位服役。她們還主持婦女志願服務隊（Women's Voluntary Service），處理本國戰線所要面對的各種戰爭任務。更重要的是，她們是勞動力，讓軍工廠處於生產高峰期順利運作。她們付出沉重的代價，因為婦女不僅是工人，而且是妻子和母親。

生活中讓人感到舒適之事物屈指可數，但是要面對的艱難則是與日俱增。工作量增加了兩倍甚至三倍。這時代礦工之所以罷工乃是因為筋疲力竭，而貝文則透過招募年輕人到礦坑來應付這問題。英國還以前所未見的強度來課稅，以非勞動所得為例，其稅率為百分之九十四（以英鎊計算）。即便如此，人們還是盡其所能地為戰爭債券捐款。戰爭要每個人都必須付出不懈的努力和紀律。它使社會變得比原先平等。僕人幾乎消失無蹤。每個人都吃相同的食物，穿著相同的工作服。各個階級之間在此之前是彼此獨立生活的，如今他們則在農村或是國民警衛隊裡一同生活。每個人都知道他們現在要同舟共濟。此刻人們在回顧這場戰爭時應該有著一股懷舊之情，因為它在某種意義上幾乎是令人愉快的。所有階級團結一致懷抱著相同的精神和目標，這種光景在幾十年後看來仍然散發著光芒。

英國獲勝了，但是具體後果是什麼？事後的發展證明，第二次世界大戰是英國命運的轉折點，影響力遠超過前一場大戰。儘管戰爭仍在進行，但盟軍領導人史達林、羅斯福和邱吉爾之間的一系列會晤，制定了戰後國際局勢的安排方案。英國在這些會議就已經降到了第三位，因為現在強權地位已經移交給了蘇聯和美國。它們於一九四五年二月於雅爾達（Yalta）成了一項協議，而該協議將於戰爭結束時生效。蘇聯吞併了包括波蘭在內的整個東歐，將這些國家強制納入殘酷的獨裁統治下。德國被分為三個主要占領區：英國區、蘇聯區和美國區。位於蘇聯控制區中的柏林也同樣分裂。

民主在西方倖存了下來，但英國淪落為美國的附庸國。近來有人爭辯說，美國是很有意識地在剝奪英國的資產。然而，若是沒有美國的援助，無論在戰爭期間還是戰爭結束之後，英國人民都要去承受難以言喻的苦難。英國隨後迅速從一個重要強國淪落為一個距離歐陸不遠的島嶼。事實上，這場戰爭強化了英國人的孤立傾向，讓他們與一九一八年那樣，希望遠離歐洲大陸。戰爭期間，倫敦曾是自由歐洲的首都，每個政治和軍事領導人都曾在此停留過一段時間。英國本可以在一九四五年後創建新歐洲的過程中發揮主導作用，但是它錯過了這絕佳機會。

然而，如果沒有英國，歐洲會變成一個巨大的德意志帝國。它孤軍奮戰，為捍衛國際法和榮譽而戰。這場戰爭已成為英國歷史上最偉大的標誌之一，跟擊敗西班牙無敵艦隊和擊敗拿破崙並列。但現在開始有人對此提出質疑，因為有文件顯示，在不列顛之戰後，英國確實有認真考慮與德國人進行停戰談判。然而，納粹政權的全部恐怖作為是在戰後才被揭露，尤其是令人震驚的集中營和大約六百萬猶太人的大屠殺。人們在得知這些恐怖作為後，在回顧先前經歷的艱辛之後將其附上道德層面的意義，亦即正義戰勝邪惡。難怪英國人民相信烏托邦時代即將來臨。

# 67 倏忽即逝的烏托邦

世界在一九四五年變化的程度遠遠超出人們的想像。中產階級自然而然地認為，戰爭的結束就像一九一八年那樣，標誌著一切都回歸到戰前的時代，回到一個僕人和群眾會認分地接受他們在階級社會中所處地位的時代。對於大多數的人而言，他們根本不想讓過去時代的風氣捲土重來。相反，他們決心實現迄今為止一直未能實現的目標：充分就業、足夠工資和社會保障的增加。而且，時代潮流也是往這個方向流動的，因為在整場戰爭期間，人們始終相信和平時期所會帶來的是一個更公正的嶄新時代。政治平等已經實現，但是社會和經濟平等尚未到來。事實上，在戰爭期間，英國人民已經在國家的庇護下經歷了這種平等，因此，當戰爭結束後，沒有任何人去質疑國家是否具備能力來落實更為持久形式的平等，也不足為奇。政府在戰爭期間解決了不少問題，因此它在和平時期自然要繼續去解決更多問題，住房、健康和就業是所有人的最高關懷。

至一九四五年時，局勢大規模向左翼傾斜的態勢相當清楚，這也將工黨推上執政舞台。工黨被視為將履行威廉·貝佛里奇爵士一九四二年報告中向人們承諾的政黨，該報告便是當今英國人所認識的福利國家之藍圖。貝弗里奇被要求制定戰後社會福利計畫，它的根本在於每週繳納的保險費，用來預防失業、疾病和其他意外事故。報告還提出了建立國民醫療服務體系的建議，同樣還是透過印花稅票的形式，將所有人納入免費醫療的保險計畫之中。還有其他影響深遠的措施，如家庭津貼和生育、死亡和婚姻福利。《貝佛里奇報告》（Beveridge Report）發表於戰爭最激烈的時期，是一份罕見的、暢銷的政府文件，引發了人們普遍的期望：即戰爭結束後，一切將會有所不同。

一九四四年，隨著《教育法案》（Education Act）的通過，人們預先感受到了這種不同。儘管直到一九四六年才開始實施，但它將受教年齡拉高到了十五歲，而且教育部長有權再將此年齡提高一年。從此以後，國家必須為每個人提供免費教育，其中被分為三類：初等教育、中等教育和高等教育。每個人都會接受初級教育，接著在十一歲之後所有學生會參加一次競爭性考試，通過考試的學生繼續到文法學校接受學術訓練，沒有通過考試的人則進入現代的中等學校，而那裡的教學重點是手工技能。舊有的收費公校和接受政府直接撥款（direct-grant）贊助之學校都保持不變。該法案對於英國社會的未來結構至關重要，此結構將在一個世代的時間內轉變為依賴人才的精英統治體制。這也表明，無論哪一個政黨執政，教育都將成為政府特別關心的議題。在民主時代，教育形塑了潛在選民的想法，並且確保哪個政黨繼續執政。因此，教育被視為是經濟、政治和社會工程上可以被經常利用的對象，其背後動機是來自一種未經證實的信念，即教育是治百病的靈丹妙藥。

所有這一切都為一九四五年五月的大選做了準備，當時工黨拒絕通過延長政府任期的提議，而是轉向支持召開大選。七月五日工黨以壓倒性優勢上台執政，讓戰爭領袖邱吉爾對人民的忘恩負義深感震驚。在四百名工黨議員中，超過兩百人是首次擔任議員，這更凸顯了新時代已經展開的感覺。克萊門特・艾德禮擔任首相，其政府成員包括了工黨在戰時擔任過大臣的亞瑟・格林伍德（Arthur Greenwood）、休・道爾頓（Hugh Dalton）・歐內斯特・貝文和斯塔福德・克里普斯（Stafford Cripps）。艾德禮表面上是一個遲鈍、沉默寡言的矮小男人，但對政府的運作有著無與倫比的深刻理解。此外，他還具有一種難以捉摸的特質，那就是能夠把吸引了各種觀點迴異之人——從激進的工會主義者到中產階級知識分子——的一個政黨凝結在一塊。這個黨在當時不僅在目標上，而且在實現目標的手段上都團結一致。

排在首位的是充分就業。一九四四年的一份白皮書要求政府必須維持國家的高就業率，這在《貝佛里奇報告》之後便一直被視為國家政策的優先重點。到一九四八年，失業人數比一九三八年減少了一百萬人。這一百萬人中有四十萬人進入服務業，而有六十萬人進入政府，因為工黨的社會保障措施不可避免地意味著官僚制度的擴大。充分就業一直是此後歷屆政府的信念，直到一九七〇年代中期方開始受到質疑。它的負面影響到那時已經顯露，因為它意味著對人員配備過剩視而不見，並允許限制性措施增加，以上這兩種做法都對工業產生了嚴重影響。

在工黨的計畫中，最重要的是透過國有化來實現社會主義信念的核心條款：第四項條款。這始於一九四六年的英格蘭銀行和民航公司，兩者都沒有出現問題。大多數資本主義國家都有一家國有銀行，沒有人相信民航若是沒有公共補貼能夠運作。接下來的一年是鐵路和煤礦，這兩者在戰爭期間皆被國家控制，國有化只是承認現實狀況。然而，這兩個行業早在一九三〇年代就已經陷入困境的這個事實卻未得到承認。煤炭早已過了它的全盛期，這不僅因為其他國家也開發了自己的煤礦，而且還因為它很快就會被石油這種能源所取代。國有化從一開始的狀況就很糟糕。新成立的國家煤炭局（National Coal Board）於一九四七年冬天開始運作，這是六十年來最寒冷的一年，但是煤炭卻無法正常生產。工廠紛紛關閉，而一般民宅沒有燈光也沒有暖氣。這點燃了公眾在心中對於國營企業日益增長的不滿情緒。鐵路也是海市蜃樓般的幻象。它們曾在戰爭期間享受過一次復興，因為當時實行定量配給汽油的政策，這再次掩蓋了在戰後公路運輸即將取代鐵路交通的事實。因此，鐵路沒過多久就開始走下坡路，變成了骯髒和不可靠的顯例，以及對公眾而言低效率的代名詞。

天然氣和電力在一九四八年被收歸國有，這兩者都沒有引起爭議，國民保健署（National Health Service）亦於同年開始運作。《國家衛生法》（National Health Act）於一九四六年獲得通過，只不過這次通過的過程中已面臨到了困難。人們幾十年以來都已經正視到這種社會保障的必要性，而且《貝佛里奇報告》中也確實承諾了這一點。不過，衛生部部長安奈林・比萬（Aneurin Bevan）提出的全面性法案的內容還是震驚了醫學界。這個法案規定由政府接管所有的醫院，包括非營利的醫院、將全科醫生納入基本工資範圍，並對診所的銷售實行控制。所有醫院和專科診所，所有地方醫生和牙醫的護理和治療都變為免費。英國醫學協會拒絕接受，貝文為了獲得他們的合作而被迫讓步，同意醫界成員有私人執業的權利。如果要找出可被稱為福利國家縮影的一個機構，那必定就是國民保健署。這個法案對每個人都大有裨益，而且獨一無二，被許多人認為可能是本世紀最開明的一項立法。

這任政府在一九四九年繼續推行其國有化計畫，將鋼鐵業收歸國有，再一次這又是個陷入衰退的產業。國有化後的發展結果不意外地差強人意。政府規劃出了向政府負責的國營公司，並且透過這種體系來經營管理這些新收編的國營企業。在工黨執政的四年內，百分之二十的經濟活動從私人企業轉移到國家手中。對社會主義者來說，國有化是一種道德責任，是一根能夠施法的魔杖，他們相信這個做法具備無限的變革力量。可惜人們對它的實際層面意義想得太過簡單，結果最後才發現這根應創造奇蹟的魔杖缺乏實際效力。

不過，與推動一八三二年的《改革法案》的那任政府相比，這是個偉大的改革政府。它的立法訂定出政治舞台上的方向，甚至可以說是長遠性的方向，在接下來的三十年中的歷屆政府都將針對這個方向採取作為。國有化計畫與其他同樣重要的立法措施齊頭並進。一九四六年的《國民保險法》（National Insurance Act）規定，所有人都必須繳納強制性費用，以換取包括老年、疾病、失業、喪偶和其他貧困情況的現金福利，並按照貝佛里奇的承諾，提供生育、婚姻和死亡方面的福利。一九四八年通過的《刑事司法法案》（Criminal Justice Act）實質上廢除了鞭刑，並試圖廢除絞刑，不過未能成功。這個法案同時擴大了法律援助體系，離婚率因此提高；這顯示人們已經擺脫了那維持許多世紀的觀點，已經不再認為婚姻只有在特殊情況下才能被解除。工黨還進一步削減了上議院的權力，降低其將法案拖延一年的能力。對特權的另一個打擊是終止所有形式的「複數投票」，例如大學畢業生可以有兩張選票，而以「一人一票」來取而代之。

然而，並非所有發展都如此成功。戰爭中約有兩百萬棟房屋被摧毀或破壞，但重建計畫未能啟動。在一九四五年建造的新房屋只有三千座。對住房的需求不可避免地加速了對農村的掠奪，這種掠奪始於三〇年代，當時每年已有六萬英畝的土地被用於建築。這個數字在戰後繼續急遽上升，因為英國在這個時候面臨城市中對於住房的強烈需求，其規模乃是前所未見。一九四六年的

《新城鎮法》（New Towns Act）在一九四七至一九五〇年之間創建了十四個新城鎮，這些城鎮是透過將人們從擁擠的倫敦和格拉斯哥市中心地區撤離並安置而形成的。政府授權地方當局能指定農村的開發區域，並透過建立國家公園（包括達特穆爾〔Dartmoor〕、峰區〔Peak District〕、斯諾登尼亞〔Snowdonia〕、湖區和北約克郡高沼地）來制衡開發過度的可能。政府甚至建立了所謂的「綠化帶」（green belt），也就是無法蓋房子的條狀土地，也是為了防止倫敦成為一整座水泥叢林而創建的。

所有這些改變都需要投入經費，而問題很快就開始浮出水面。戰後的英國工業最初看似飛速發展，因為其兩個主要競爭對手日本和德國正遭受戰後的苦難。英國的出口在這幾年當中表現良好，但當它的競爭對手在五〇年代恢復生產時，英國的缺點開始顯現。其他國家產品不僅產量更高，而且品質要好得多。這讓歷屆政府都陷入了深刻的兩難處境，因為一場代價高昂的社會革命是仰賴貸款來進行的；而這場革命的前提假設是，任何貸款都將很快得到蓬勃發展的英國經濟的償還，但是這種經濟繁榮並沒有發生。美國《租借法案》於一九四五年終止，英國在戰爭期間欠下的債務利息讓它每年要支付七千三百萬英鎊。顯而易見地，償還這些債務（或者所謂的英鎊結存〔sterling balances〕）將是一個漫長的過程。為了支付戰爭的費用，英國不得不出售在外國的投資。根據估算，英國需要將出口量提高到戰前數量的百分之一百七十五，才能彌補過去由這些投資收入（即所謂的無形出口）來彌補的赤字。為了幫助戰後初期的復甦，美國以百分之六的低利率借給英國十一億英鎊。這筆貸款有附加條件，其中最重要的一點是，英國以外的英鎊持有者在一年內可以自由地將其兌換為自己國家的貨幣。這項可兌換條款於一九四七年七月生效。外國黃金和外匯儲備開始快速地被從英國撤出，英鎊的可兌換性因此在一個月後被暫停。這筆貸款在這個時候已經用完了，這在很大程度上是因為戰後原物料價格的大幅上漲。美國援助歐洲復甦的決定挽救了英國局勢。根據《馬歇爾計畫》（Marshall Plan），英國獲得了七億英鎊，而且沒有償還這筆債務之義務。然而，現實的情況是，美國在世界貿易和金融市場上的主導地位已經把英國推到了一個二等強國的地位。這一新趨勢清楚地表現在英鎊從四．〇三美元貶值到二．八〇美元上。儘管群眾驚恐地認為這是對於英國威望的沉重打擊，但實際上此種貶值產生了有利的經濟影響。到了一九五〇年，曾經看似萬里無雲的新社會主義烏托邦天空，烏雲迅速聚集。英鎊兌美元危機爆發後，斯塔福德．克里普斯爵士成為財政大臣，這同時帶來了緊縮時期：嚴格的物價控制、工資凍結、進口削減以及持續性的物資短缺和配給。福利國家建立在借款的基礎上，然而其成本不斷飆升。國民健康保險在一九五一年時每年花費三．六五億英鎊。積欠美國的債務必須償還，人們為了償債開始逐漸認清楚有必要犧牲部分原則。此外，圍繞著福利國家原則的爭議隨著處方藥收費的提議浮出水面，處方藥原本是一項免費醫療服務，政府至一九五〇年時已筋疲力盡，不過收費的想法卻在烏托邦和現實主義者之間造成了歧見的鴻溝，這種分歧被後來的發展證明是相當致命的。

一九五〇年舉行了大選，工黨雖重新當選但僅以六席的微弱優勢勝出，這意味著有爭議的立法無法通過。不過，處方藥的收費開始推行，而安奈林．貝文以及未來的工黨首相哈羅德．威爾遜（Harold Wilson）辭職下台。經濟情況開始惡化。南北韓之間爆發了戰爭，英國透過聯合國承諾支持美國的戰爭政策。對俄羅斯野心的恐懼加劇了國防費用的上升，國防費用上升到國民收入的百分之十四。工資限制結束了，工會開始為爭取更多的錢而罷工。一九五一年十月，艾德禮舉行了另一次大選。保守黨發起了他們的競選活動，他們接受福利國家立場的大原則，但是接著呼籲要讓這個國家獲得自由，不再有定量配給、永無休止的排隊、限制和控制，遑論這種徹底單調乏味的生活。保守黨以十七個席次優勢的多數票上台，偉大的社會主義實驗宣告結束。

每一次變革都會有輸家，也會有贏家。在這次選舉中，多數人獲勝，但那些失敗的人對他們所看到的全能國家出現懷有深深的痛苦和敵意。中產階級感覺被背叛了，他們感到彷彿被工黨政客先前的說法所奚落，比如哈特利．肖克羅斯爵士（Sir Hartley Shawcross）之前向他們說的那句話：「我們現在當家作主了。」那些希望回到一九三〇年代生活方式的人移民到非洲，他們在那裡可以找到在新英國已經消失的僕人。但是大多數中產階級都留在原本的崗位上。他們大多是文員階層，而他們的工作就是要管理因為工業革命而大量出現的財務帳目。隨著免費教育的出現，越來越多人能夠完成這些任務，這個不可避免的變化意味著這一群舊勢力將失去原有地位。中產階級也敏銳地感受到了具專業技術勞工的崛起，後者在戰後時期處於優勢地位，他們可以要求跟過去受過教育的上級相同甚至是更高的待遇。

對於中產階級來說，福利國家並非全部都對自己不利；由於他們理解並且具備應付官僚主義文書工作的能力，所以他們迅速地就可以將這個體系轉變為對自己有利。即便如此，在遭逢最嚴重的打擊——《教育法案》——之後，這一優勢也在逐漸消失。那些無力將子女送進公學的中產階級，過去會支付金額不高的學費將他們送進文法學校，藉此維持某種窮人無法企及的地位。《教育法案》廢除了學費，並引入了所謂「十一歲考試」（Eleven Plus）[2]的入學競爭。文法學校現在招收最聰明的孩子，而不管他們的社會背景如何。中產階級的孩子們從現在起，開始與工人階級的孩子們有所交往。未能進入文法學校的孩子被分配到中等學校，在中產階級眼中，這是失敗的恥辱。

不滿的聲音不只這些，因為福利國家也開啟了「中央政府主導一切」（Whitehall knows best）的時代。政府的限制無疑抑制了企業家的發展。企業家的任何提議除了要接受詳細調查外，還要面臨原物料的限制和建築許可證被拒絕頒發的問題。在這種情況下，政府非但沒有被視為推動經濟向前發展，反而被視為拖累了經濟發展。

一九四五至一九五一年間種種變化之後果，仍然影響著英國人現在的生活。歷史學家們不可避免地存在分歧的結論。一群人將其視為啟蒙時代：這時候無與倫比的立法成就影響了社會所有階層。這種情況也可被看作是不可避免的，這是在一九三九年之前便開始之種種變局的最終高潮。但是，即便是那些讚美它的人也同時抱持著保留意見。他們認為，工黨長期以來的失敗是因為他們社會主義的立場還不夠堅強，而且他們所做的都只是急就章的過渡性措施，永遠不可能令人滿意。這種不滿很快就顯現出來。另一些人回顧這段過去，認為福利國家的建立帶來了一種建立在債務上的錯覺，這種昂貴的社會主義實驗，只會加速英國的衰落。大英帝國和大英國協、英國作為世界強國的角色、英國之所以成為工業巨人的創造力，以上種種一個接一個消失。福利國

2　譯注：小學畢業生必須在十一歲考試，獲得好的成績（前百分之二十）方能進入以學術及升學導向的文法學校就讀。

家所勾勒出的烏托邦之夢想與願景也隨之如同塵土一般消失無蹤，最終所留下的是一群依賴政府救濟的不太識字、不健康、被制度規訓的無產階級。但是沒有回頭路。兩個主要政黨都接受了福利國家成為所有政府的出發點。要到二十五年之後，才有人開始質疑福利國家存在的必要性。

# 68 共識與對衰退的處理失當

一九五〇年之後的二十五年通常被稱為共識時代（Era of Consensus）。不管政治、社會或經濟發生如何波濤洶湧變動，二十世紀晚期英國所堅持的基本原則已經無法被撼動。這些原則源自於《貝佛里奇報告》和約翰・梅納德・凱因斯（J. M. Keynes）的經濟理論。事實上，任何試圖改變這一制度的嘗試，更不用說其中一些可能存在的問題，都被視為不愛國，因此完全不會得到支持。人們沒有意識到的是，實際上有些事情是政府無法達成的。取而代之的是，國家被認為有能力帶來黃金時代，而在民主制中依靠選票的政客們自然不會採取任何行動來讓抱持這種信念的選民失望。二十多年來，不論哪個政黨，彼此都具備某些始終不變的共同預設想法和目標。這些想法一直到一九七〇年代中期方遭到抨擊。

人們對二〇和三〇年代的記憶仍然生動地留在腦海中，充分就業仍然是任何政治主張的重中之重。在整個五〇年代和六〇年代，失業率從未超過勞動力的百分之三以上，若是讓其升到這個水準之上，被視為會對英國的社會穩定造成危險。要達到這個數字，就意味著要忽略人員過剩、推出限制措施以及抵制變革。具有諷刺意味的是，由於就業機會四處都是，沒有人反對自動化的發展，然而，這種政策本身就埋下了自我毀滅的種子。充分就業意味著對工人的競價，因此工資直線上升，最終達到難以承受的水準，加劇了致命的通貨膨脹，並導致高價的英國商品被擠出世界市場。二十年來，這一政策基本上是透過以國家來管理經濟需求加以實現的。然後，在一九七〇年代，充分就業開始消失。試圖藉由過去常用的刺激增長的方法，企圖再次實現這一目標的做法以失敗作收，還造成了徹底的反效果：更多人失業。無論是工黨還是保守黨，都不敢承認應該放棄充分就業的政策；因為這樣做就意味著與工會對抗。

當然，工會不僅堅定地捍衛充分就業，而且也致力捍衛國有化。由於英國的復興依賴於其經濟和勞動力，因此，與工會的合作對任何一任政府無不至關重要。到一九五〇年代中期，新一代的工會領袖出現了。他們認為充分就業是理所當然的，現在他們認為自己所該扮演的角色是要盡力爭取更好的條件和更高的工資，無論經濟狀況是好是壞。此時沒有任何一屆政府準備好要正面處理這些問題。例如，當保守黨於一九五六年通過其《壟斷和限制性慣例法》（Monopolies and Restrictive Practices Act）時，工會被排除在其規定之外，這也意味著一個掃除限制性慣例的千載難逢機會就這麼被錯過了。如果連保守黨都不敢與工會作對，那麼工黨這樣做的能力就更是綁手綁腳，因為該黨實際上已經陷入了依賴工會的政治徵稅獲得資金的這種體系。選民逐漸意識到了這種聯繫，並認識到它將如何損害工黨政府採取任何獨立行動的能力。儘管如此，工會改革的第一步是由社會黨（Socialists）在一九六〇年代發起的，但是它後來被迫縮手。直到罷工風潮在一九七〇年代一發不可收拾後，保守黨政府才決定站出來。但是它也被擊敗了。

在這幾十年當中，國家承擔起大大小小的各種事務。政府對社會的各個方面都進行干預，包括一些它根本不了解的領域，而干預到最後往往會使問題變得更糟。沒有人出來質疑國家作為問題解決者的角色，此時只要國家能夠提出解決方案，這個角色就是有效的。當這種情況越來越無法處理時（如一九七〇年代的情況），崩潰便是最終結果。這樣一個不斷擴張的政府不可避免地需要一個同樣不斷擴張的官僚機構來加以維持。更多的公務員並不一定意味著更高的效率，事實上常常恰恰相反。那是政府部門規模龐大的時代。一九五六年時政府有二十六個部會。到了一九七二年時只剩下十七個部會，其中包括反映國家干預作用迅速發展的三個主要部門：貿易和工業部、衛生和社會保障部，以及環境部。在一九六八年政府報告發布後，這些龐大部門的人員也發生了變化，因為舊的公務員通才讓位給了具有更專業技能的員工，包括管理人才。公務員成倍增加，但那些害怕國家權力不斷擴張的人也增加了。它的能力逐漸開始受到質疑，但直到一九七〇年人們才對其徹底幻滅。

福利國家的整體規劃受到民眾歡迎，因為它在社會的各個方面都帶來了巨大的進步。問題在於，人們以為它的豐饒是永無止境的。福利國家的維護成本越來越高，維持這種國家型態所需的稅收也水漲船高。由於通貨膨脹，所得稅甚至逐漸開始影響工人階級的工資，對福利國家原則的盲目堅持開始受到質疑。

一切歸根結柢都取決於經濟的成功，雙方都認為今後的經濟應該要採取混合體制。多數行業仍由私人掌控，但政府扮演了擘劃者的角色，在不施加直接控制的情況下影響企業決策。國家成功管理經濟的能力不受質疑。畢竟，在戰爭期間，經濟是由國家來管理的，而戰爭最終勝利了；因此，接受國家應在和平時期干預經濟的運作，以實現其社會和經濟目標，都是再自然也不過的。人們沒有充分認識到的是，經濟正在衰退。到了一九五〇年，毫不費力就能取得優勢地位的漫長時代已經結束了。紡織業持續衰退，在一九五〇至一九六六年之間，鋼鐵的產量增加了一倍。但在世界其他地區，鋼鐵產量則是有四倍的增長。造船業開始輸給日本，到一九七五年，甚至是英國的汽車工業也陷入破產。由於連續好幾屆政府在國有化和去國有化、緊縮和膨脹經濟之間不斷搖擺，工業的運行並沒有得到政黨政治的幫助。一小撮媒體經濟學家也沒有幫上任何忙，他們對經濟表現的不斷分析和評論，只造成了工業上的妄想症。隨著時間的流逝，英國經濟成為國內外普遍關注的話題。不幸的是，那些研究此經濟體運作原理的人是用醫學術語來形容它：「英國病」（British Disease）。

如果說維持充分就業、安撫工會和干預經濟是當時政府的幾個參考基準點，那麼教育也是其中之一。雙方都堅信教育是解決英國經濟不景氣的關鍵。教育成倍地增長，不僅是在學校數量上，也包括人們受教育的時間長度。在一九六〇年代，有八所新大學成立，舊大學也被鼓勵擴展。人們希望這些新學生能從事科學研究，但他們卻選擇了社會科學，尤其是社會學，因為社會學關注的是如何解決社會問題。就工黨而言，教育還有另一層意義，因為他們相信透過教育可以實現新的社會平等。甚至中產階級也意識到十一歲考試只能使四分之一的人受到良好的教育，因此他們並不反對社會主義者所主張的綜合教育制度，這種制度逐漸廢除了舊的文法學校。事實上，一些引進綜合學校的主要推動，是發生在保守黨政府時期。這樣做的目的是要破壞特權，並且讓學習真理的舊教學方法被「發現」方法所取代，後者大量使用了錄音機、電視和其他技術。到了一九七〇年代，隨著讀寫和計算能力的下降，這場教育革命被認為是無效的。然後，父母開始做出巨大的經濟犧牲，以便送孩子到未被教育革命汙染的私立學校就讀。與此同時，越來越多人認識到，教育可以解決國家經濟困境的說法只是幻想；而且，正如同新興福利國家在其他方面造成的影響，受教人數的增長所耗費的稅金與日俱增。

這些是任何政府政策與計畫中的主要問題，無論是工黨還是保守黨。工黨迎接了一位新領袖休．蓋茨凱爾（Hugh Gaitskell），而他實際上從未擔任過首相。在他的領導下，該黨往右派靠近，儘管他試圖改寫第四項條款的努力失敗了。他試圖這麼做的事實清楚表明了，左翼和右翼之間的分歧越來越大，這種分歧在一九六〇年工黨左翼承諾單邊核裁軍後進一步加劇。工黨不僅受到永無止境的內部糾纏困擾，而且對下一步的發展缺乏凝聚力。激進的左翼分子逐漸發出未來應該發展之呼籲，他們要求制定一系列社會性法律，以處理種族歧視和機會平等等問題，而他們的做法往往得不到黨內基層民眾的支持。那時，工人階級的選票數量已因為富裕而逐漸減少。

如果工黨是以堅定的信念占領了共識的陣地，那麼保守黨則是不情願地站在那兒，承認時代已經變了。他們承認了：人們期望有合適的工作、住房、醫療服務、更好的教育以及更多的平等和正義。然而，他們是一個在順應潮流方面一直非常成功的政黨，並且迅速成為五〇年代想當然耳的執政黨，連續三屆贏得大選。這就是所謂的一國保守主義（One Nation Conservatism），其宗旨不是平等，而是所有人都應有平等的機會讓自己與他人不平等。它代表著一個在較不受國家控制之經濟體系中的自由，但仍然堅守著王室、教會和基督教道德的古老支柱。

這兩個主要政黨在政治舞台上占主導地位，只有在公眾對這兩大政黨不滿時，自由黨以及威爾斯和蘇格蘭民族主義政黨才會在選舉中有所斬獲。這樣子的民主制度，其弱點是來自於其本身的內在邏輯。由於兩大政黨都想要權力，對經濟的干預就會在選舉日期前後展開。由於擔心影響選民在投票中的支持率，雙方都不願向選民講述通常是令人痛苦的事實；只要經濟或多或少健康，這種安排就能順利進行。只有當政府迫於形勢要求必須對工會施加限制時，問題才會浮出水面。對抗在工資問題上開始浮現，這是在五〇年代形成的固定模式。工資理所當然地每年都在上漲，如今回頭來看這是相當不尋常的，因為這些年度結算完全沒有要求勞動力有義務要提高生產率或回報效率。這意味著到一九六一年，工資的增長速度比工業產出快了百分之五十。政府沒有採取任何行動來面對這個問題，也不去面對福利國家的成本持續上升的事實，因此到一九七〇年代中期，公共支出占了國民總收入的百分之五十以上。這是個提出粉飾太平解決方案的時代，這種做法唯一的可能結果便是災難。

英國歷史上很少有比這時代更複雜的時期了，不過將這幾十年劃分為三個部分，似乎能準確地反映它的各個階段。五〇年代的發展一帆風順，經濟明顯地好轉，但政府卻沒有對未來將發生的主要問題採取任何行動：交通和移民。六〇年代開始響起警鐘，英國被迫轉向國際貨幣基金組織求助以擺脫財政困難，失業人數達到七十五萬人。也就是在這些年中，英國日漸衰落的工業遺產宛如報復一樣開始在國內造成衝擊。七〇年代，共識在兩黨激烈爭吵和相互指責中瓦解了。兩黨都在努力與工會勢力建立合作關係，但最終以災難收場。

然而，五〇年代似乎是一個樂觀，陽光明媚的十年。儘管健康狀況不佳，溫斯頓·邱吉爾還是再度出任首相，除了取消鋼鐵和公路運輸的國有化外，他原封不動地延續了前任的工作。他沒有任何企圖要去打擊工會。實際上，政府的政策與工黨所追求的政策並沒有太大的不同，不過，這個政府特別著力在過去所推行的一項非常成功的房屋建設計畫。一九五二年，喬治六世去世，他的女兒伊莉莎白二世即位。她的登基被譽為新伊莉莎白時代的開始。最後一次戰時配給在一九五四年結束，不久之後建築限制也結束了，從而導致了經濟之繁榮。工資從此時開始出現了每年皆增長的模式，而物價增長的程度總是略微落後於工資。這是一個警訊，而德國和日本將恢復生產則應該是另一個警訊。到了一九五五年，由於這兩個國家製造的商品品質極為優秀，以致英國的產品很快被視為劣質品。德國和日本擁有戰後新機器的優勢，而且日本（還可以加上印度）具備廉價勞動力的優勢。兩個世紀以來，英國第一次開始進口紡織品。英國政府沒有採取任何措施來阻止這種發展，也沒有採取任何行動遏制大英國協的移民潮，後者在五〇年代後期達到了每年兩萬六千人。

一九五五年四月，年過八旬、病得很重的邱吉爾辭職，由彬彬有禮、魅力十足的安東尼．伊登（Anthony Eden）接任。又進行了一次選舉，保守黨重新上台。伊登的首相任期完全都投注在蘇伊士運河危機上頭，這導致了他的健康狀況惡化，並於一九五七年辭職。哈羅德．麥克米倫（Harold Macmillan）成為新首相，人們稱他為「超級麥克」（Supermac）。麥克米倫是一個聰明絕頂的人，出身貴族，與工黨領袖休．蓋茨凱爾截然相反。就像在邱吉爾統治的時期一樣，反對工會是不可能的，而激進的極左勢力正式在這段時期奪取了各個工廠的權力。非官方的罷工開始增多。麥克米倫可以被稱為是開創了「消費、消費、消費」時代的人。他否決了財政大臣的提議，而政府的開支超出預算達五千萬英鎊。他還放寬了貸款條件。隨之而來的結果是消費熱潮，在此期間大多數人購買了汽車、電視機、洗衣機和冰箱。一九五七年七月，他說人們「從來沒有過過這麼好的生活」，他的這句話被載入史冊。

這項政策造成了不可避免的後果，政府面臨著不斷上升的赤字，最終在一九六一年八月被迫向成立於一九四四年的國際貨幣基金組織求援，該組織的成員國們會繳納一定配額專門用來解決臨時問題。政府已借出了七．一四億英鎊。這開啟了一個新的十年，儘管殘酷的經濟現實接二連三出現，但似乎沒有什麼能影響政府支出的衝動。將軍隊駐紮在德國、肯亞、婆羅洲和波斯灣等被視為英國潛在市場的國家，需要付出一定的代價，這種觀點還制約了英國必須承諾向發展中國家提供海外援助。徵兵制度宣告結束。這意味著自二次大戰以來首次要支付軍隊適當的薪水。國防成本持續上升，以致人們最終認為放棄英國的核威懾力量，而去購買美國的核威懾會更為便宜。隨著公路取代鐵路，修建新高速公路的成本急遽上升。英國發現自己被迫要支撐一個不經濟的維多利亞時代鐵路系統，為了使其能夠繼續營運下去，一九六三年出現了要砍掉該系統其中三分之一的提議。政府並沒有執行這項政策，而是後退了一步，擔心如果他們把某些地方與外界的交通切斷，所會造成的社會後果，還有從中會導致的人口流動，這將提高對國家資金的更多需求。隨著失業率再次上升，以及現在每年多達十萬人的移民數量，政府別無選擇，只能採取行動試圖控制兩者。一九六二年的《大英國協移民法》（Commonwealth Immigration Act）施加了限制，但為時已晚。貧民窟和社會緊張局勢已經相當明顯，遑論人們對社會服務的需求。英國開始被一些人稱為「歐洲病夫」。

在這一時期，政府對任何問題的反應都是建立另一個半官方機構，而在這個例子中政府建立的是國家經濟委員會（National Economic Council）。這個委員會將與工業界協商並且制定財政計畫。這項調查得出的結論是：要維持這個國家的經濟，需要每年增長百分之四。國家收入委員會（National Incomes Commission）成立了，但工會拒絕合作。最終，導致政府垮台的不是經濟狀況，而是醜聞。這個醜聞發生的具體狀況是：一名大臣就他與一名應召女郎的風流韻事向下議院撒謊，而這名應召女郎還與一名俄羅斯外交官有染，從而造成了國家安全風險。那時已經生病的麥克米倫在一片烏煙瘴氣中下台，讓當時政府陷入一團混亂。保守黨經過協商，選擇了一位蘇格蘭貴族霍姆伯爵（Earl of Home）作為領導人。霍姆為了擔任這個職位不得不放棄他的貴族頭銜，但他沒能挽救自己的政黨在一九六四年的選舉中免於落敗。

那時休．蓋茨凱爾已經去世，工黨首相是哈羅德．威爾遜。威爾遜與他的前任麥克米倫有很多共同點。兩人都繼續高估了英國在世界上的影響力，都逐漸意識到時代已經改變，而且兩人最終都無法接受這一改變。儘管威爾遜算不上貴族，但他也是一位具備高超戰術技巧的政治家。他上任之初頗受歡迎，因為他似乎帶來了頗具現代性氣象的新措施。這種情況並未持續多久，當經濟狀況完全明朗化之後便消失了。政府有八億英鎊的貿易逆差，加上工黨政府的出現總是會讓人們擔心工黨未來的作為，因此改將錢轉移到國外。工黨一上任就對股息徵收所得稅，並對所有資本收益徵稅。這兩項政策均不利於投資。工黨政府承繼了麥克米倫的做法，又進行了一次貸款的談判，這次是從美國那裡獲得的。貸款的金額為二十億英鎊，政府隨後開始了大舉消費。一大批新部會紛紛成立，從主管藝術的再到另一個負責土地和自然資源的。處方藥費用被取消，老年養老金和其他國家福利則被增加。

威爾遜的《國家計畫》（National Plan）具體體現了他要推動的現代化。此計畫的主要目標便是增加國民收入。價格和收入委員會（Prices and Incomes Board）揭牌成立，希望藉此機構來監測通貨膨脹的趨勢，並說服管理層和工會接受其審議。為了安撫工會，新委員會並沒有做出任何實際的努力來達成壓制工資上升之協議，這當然違背了它的長期目標。然後，政府才敢於進行工會改革。一九六五年，王家勞資關係委員會要求所有工會都要登記，從今以後只有這些工會有權罷工。人們希望，這將消除非官方的罷工，因為在當時，非官方罷工占工會行動的九成五。但是到了緊要關頭時政府縮手了，委員會的工作仍然只是一紙空文。

受制於工黨在下議院的微弱多數優勢，威爾遜別無選擇只能擇期再進行一次大選，選舉於一九六六年三月舉行。工黨政府在這次選舉後以更多的優勢席次重新上台。到那時，保守黨同樣找到了一位非貴族出身的新領袖，愛德華·希思（Edward Heath）。威爾遜政府一上台，就放棄任何正視現實狀況的嘗試，轉而尋求簡單而廉價的做法，亦即反映該時期日益增長的自由放任主義社會立法。其中包括將投票年齡降低到十八歲、建立開放大學（Open University）、制定《性犯罪法》（Sexual Offences Act），其中允許二十一歲以上的成年人之間進行同性戀行為；制定規定了墮胎標準的《墮胎法》（Abortion Act）。與此同時，有一半的文法學校被轉變為綜合學校。試圖處理日益嚴重的社會問題的唯一一項立法是一九六八年的《種族關係法》（Race Relations Act）。移民人數在此法律通過的兩年之前已經達到六十萬，而且幾乎沒有任何跡象指出這些移民者已融入到現有人口之中。

與此同時，價格和收入委員會試圖阻止通貨膨脹。政府於一九六六年規定股息於一年之內不允許增加，工資在六個月之內也不允許增加，而且此後只有在特殊情況下才允許增加工資。物價被刻意壓抑。第二年，大規模的碼頭罷工迫使英鎊貶值至二·四美元，造成了自一九三九年以來最嚴重的增稅，公眾被激怒了。此外，若貨幣貶值要取得實際效果，還必須伴隨著通貨緊縮，這便意味著失業或物價上漲。通貨緊縮也確實已經出現了。一九六九年的《多諾萬報告》（Donovan Report）是對英國勞動法的一次大規模調查，而其結果是讓工黨政府要再次試圖針對工會做出一些措施。下議院通過了一項限制工會權力的法案。而工會強行撤除這個法案。威爾遜始終很樂觀，他也意識到通貨緊縮政策正在發揮作用，於是決定舉行一次大選；但工黨在這次選舉落敗了。

一九六九年之後的十年則更加多災多難。這時期發生的所有事情都像是咎由自取。到了一九七五年時，消費者物價是二十年前的兩倍半。在七〇年代的世界主要工業國家中，只有英國的出口量在下降。英國的貿易總額減少了兩成五，英鎊則貶值了三成。同時，工資呈螺旋式上升增長，一九七四年達到百分之二十九．四。威爾遜政府制定的通貨緊縮政策需要三到四年才能生效，工業的利潤與此同時則逐步下滑。要堅持這條路線到底，需要巨大的政治決心。這十年標誌著工業革命真正的結束。在這十年中人們還見證了具有諷刺意味的發展：保守黨政府透過國有化來拯救陷入困境的公司。當時英國唯一的希望是意外的好運發現：北海海底的石油。而當七〇年代接近尾聲時，石油開始發揮救援作用。

在一九六〇年代中期，人們對政治人物的態度已經開始改變。他們不再被視為帶來烏托邦的善良執行者，反而開始會因為未能兌現承諾而被指責。新任首相愛德華．希思是出身文法學校的精英，他上任時決心解決工會問題，並且堅信英國應該加入歐洲經濟共同體（European Economic Community）。他在加入歐洲經濟共同體的努力後來獲得了成功。此時前任政府的政策已經開始產生有益的影響，但是希思的新政府沒有認清新局勢。希思政府因此沒有繼續堅持通貨緊縮政策，反而是忍受著痛苦來展開重塑經濟行動：降低稅收並且放鬆了信貸控制。英格蘭銀行在此之前負責制定信貸準則，但是這項權力現在被取消了。政府現在授權，任何看似具備優良信用者都可以貸款。結果貨幣供應量在三年之內增長了百分之八十四。這引發了股票和房地產市場投機性購買的熱潮，因此在一九七一至一九七二年的一年中，倫敦的房屋價格漲了一倍。失業率自然而然隨著下降，但是其代價是一九七二年的物價上漲了百分之十，工資則上漲了百分之十八。這與國際市場商品價格的大幅上漲同時發生。結果，企業開始倒閉並破產。政府違背所有保守黨的原則，透過國有化勞斯萊斯和上克萊德船廠（Upper Clyde Shipyard）來拯救它們。一九七二年，政府支出超過了國民收入的一半，成為百分之五十二。

一九七一年，政府為了兌現對工會的承諾，在國會通過了《勞資關係法》（Industrial Relations Act）。從今以後，工會必須進行註冊才能具有合法地位。政府可以針對罷工進行強制投票，並且能夠將罷工行動推遲至多六十天。違反規定的工會將受到罰款，而且為了執行該法成立了勞資關係法院。此法案激起了極為激烈的反抗，這是十分罕見的。一九七〇年，罷工造成一千萬天的損失；到了一九七一年，數字上升到一千三百萬天以上。工會聯合會（Trades Union Congress）通過了一項決議，要求所屬成員不要註冊。政府現在才理解到，通過一項法案是一回事，而要將其落實則完全是另一回事。雙方的戰線至此已經劃定。

一九七二年秋，英國政府推出了一項為期三個月的工資凍結措施，此後的最高加薪幅度為每週一英鎊，外加現有工資的百分之四。那一年的罷工帶來了兩千四百萬工作天的損失。最引人注目的是礦工的罷工，因為他們達成了對於自己有利的仲裁。這彷彿打開了閘門。鐵路工人罷工了三個月，緊接其後的是碼頭工人。政府勇敢地開始實行法定工資政策，同時禁止所有的罷工。該政策將分三個階段進行，包括凍結價格、租金和津貼。該政策的第三階段始於一九七三年十月。罷工被禁止的事實完全被視若無睹。加油站工人和公務員進行罷工，礦工拒絕加班，鐵路工人則再次透過嚴格按章工作來變相怠工。為了節約能源，政府被迫實施每週三個工作天的制度。公共支出大幅減少，最低貸款利率飆升至百分之十三。英國的前景混沌不明。然後，一九七四年二月五日，礦工再次投票通過要進行罷工。希思決定舉行大選，希望得到民眾的授權來對抗工會，但是他沒有成功。這次選舉的結果呈現出英國陷入嚴重分裂，儘管保守黨獲得了更多的選票，哈羅德·威爾遜領導下的工黨還是以三個席次的優勢再次執政。選民對於兩個政黨的幻滅，體現在自由黨和民族黨議員的激增之中。

希思政府以失敗告終，但是它至少勇敢地面對了工會，儘管它在這場鬥爭中落敗了。在所有這些工業動盪和動亂的發展過程中，地方政府經歷了大規模重組，創建了四十五個郡和六個都會區。它還引進了選擇性領取福利津貼之資格。希思最大的成就是讓英國進入歐洲共同市場。但他的政府仍然是失敗的。工會將這個政府推翻下台。而且，與保守黨的原則相反，希思政府體現了國家的大規模干預。希思下台之後，外在環境所造成的全面性影響，開始戲劇性地顯現出來，而這是政府所無法控制的。一九七三年，當阿拉伯人和以色列人之間爆發中東戰爭之後，石油輸出國組織（ＯＰＥＣ）開始大幅推高石油價格。石油價格不僅漲了四倍，而且阿拉伯國家也對石油供應進行限制。對於所有已經將石油當作能源的西歐國家而言，這種情況在經濟還是政治層面上都造成了巨大衝擊。但這正是哈羅德·威爾遜所接下的爛攤子。

一九七三年，英國的國際收支赤字為十五億英鎊。石油和商品價格的上漲將迫使這一數字增加到四十億英鎊。當總是被人聯想到揮霍的工黨政府上台時，投資者就會開始拋售，以致為上一屆政府的投機熱潮提供資金的二級銀行不得不接受英國央行和大型清算銀行的紓困，以避免破產。即將上任的威爾遜政府別無選擇，只能向礦工讓步。《勞資關係法》被廢除，任何形式的工資限制也都被取消。然後，政府繼續增加養老金和其他福利，同時補貼糧食，並且允許虧損的國有企業增加赤字。在六個月內，物價上漲了百分之八，工資上漲了百分之十六。為了處理不斷上升的國際貿易赤字，政府不得不支付百分之十七的長期債券利息。財政大臣著手操作通貨膨脹，這引發了大量私人企業的破產。為了避免失業數字再往上攀升，政府被迫介入以挽救它們。到一九七五年中期，通貨膨脹率已達到了百分之二十五，工資以百分之三十五的速度上漲，公共支出吞噬了百分之六十的國民收入。威爾遜上任時曾承諾要與工會達成某種「社會契約」，不過後來的發展證明這是個無關緊要的問題，而且也絲毫不讓人意外。當勞動力成本飆升與失業率上升和生產率低下同時出現時，凱因斯的經濟學最終被證實為已不再有效。英國的通貨膨脹率比其他任何地方都嚴重，人們認為這個國家處於絕對衰退狀態之中。

此時，哈羅德・威爾遜決定退休，把他的首相職位傳給詹姆士・卡拉漢（James Callaghan），一個有工會資歷和正直人品的優秀人才。工會表示願意與他合作，但前提是他不能去落實法律規定的收入政策。他所承繼的是相當駭人的局勢。隨著英國經濟的不斷下滑，世界其他地區都開始提出質疑，國際貨幣市場、投資者和金融家開始對英鎊失去信心。這個國家需要的是控制工資、削減公共開支和接受部分人口失業。到了一九七六年，它的債務達到歷史高點。其他國家的英鎊結餘在二十五年之間一直保持在四十億英鎊的水平，在一九七〇年代增至一百二十億英鎊。資金如急流般從英國流出。英鎊兌美元匯率跌至一・六三美元。失業人數達到一百五十萬人，通貨膨脹率為百分之十七。英國除了向國際貨幣基金組織求援，並且忍受它可能施加的任何條件之恥辱外，它別無選擇。

在大幅削減貨幣供應的基礎上，這筆貸款達到了二十三億英鎊。那些多年來一直主張透過預算赤字來刺激需求的人，便因流通中的貨幣數量及其對經濟的影響而受到批評。無論英國政府喜不喜歡，它都不得不接受貨幣主義政策，而此政策的基礎便是堅信流通貨幣的數量在任何時候都十分重要。因此，有必要對支出實行現金限制，並且加以保持。卡拉漢在一次演講中總結了這一點，譴責了他的繼任首相柴契爾夫人（Margaret Thatcher）的保守主義思想：

……你透過消費可以走出衰退，透過減稅和增加支出來增加就業……這個選項已經不存在了……它背後運作的原理是將通貨膨脹注入經濟中。而且每發生一次通貨膨脹，平均就業水準就會上升。通貨膨脹率越高，失業率也會隨之上升。這便是最近二十年的歷史。

這標誌著刺激性赤字的時代將不再存在，失業開始被認為是經濟運行的必要之惡。自一九四五年以來，即使是百分之二的失業率都被視為具有政治和社會危險。當失業人數達到一百萬時，希思臉色發白，於是採取了一百八十度的政策大轉彎，來降低失業率；諷刺的是，下一任首相柴契爾遜卻主導讓一百四十萬人失業。

這樣的情勢代表著工業的混亂狀態即將降臨。執政黨政府的席次也縮減為僅僅比半數多一席，而且只有在與自由黨議員達成協議的情況下才得以執政。政府繼續推動社會立法，從而建立了警察投訴委員會和種族關係委員會，但是其關注焦點從來沒有真正離開經濟和工會。政府於一九七八年希望限制工資調漲四年，而且不會透過削減所得稅來作為補償手段（到那時通貨膨脹已使絕大多數工人具備了要被課稅的資格）。工會拒絕了。汽車工人舉行罷工，其工資因而上漲了百分之十七。第二年，貨車司機要求調薪百分之二十五，隨後在一九七八至一九七九年冬季，公共部門員工提出了一系列調漲工資的要求。罷工持續了六週。學校停課、街道上垃圾成堆，在利物浦甚至連去世者的屍體都無法被埋葬。卡拉漢很不幸地在此時從海外返國，並在被問及危機時回答了：「危機？什麼危機？」政府接著勉強同意要替公部門加薪百分之九，這種做法完全違背了他們先前的政策。三月二十八日，下議院以三百一十一票對三百一十票的一票之差通過了不信任案。保守黨在新領袖柴契爾夫人的帶領下上台，推行了一項計畫，承諾控制工會、削減稅收和政府支出，並結束政府對經濟管理的持續干預。這樣的方案不僅意味著國家角色的調整，同時也意味著其職能的根本變化。

從很多方面來看，這是一個非常特殊的時期，有時會出現騷亂，但是幾乎沒有暴民之暴力。值得注意的是，一九七九年的英國似乎完好無損，其社會等級制度未受影響，此制度仍然從君主一直向下延伸到貴族，再到中產階級和工人階級。然而，這種假象掩蓋了一種不斷變化的現象：上層階級被向下拉，而工人階級在向上移動。他們共同形成了龐大的中產階級。一九六〇年時，人口的百分之一擁有私人資本的百分之三十八，一九七四年下降到百分之二十五。儘管承受了這些創傷，但是工人階級生活水準總體上的巨大改善則是昭然若揭的事實。實際上，福利國家在某種意義上使每個人都富裕起來，因為人們不再需要自行負擔那些現在已由國家提供的服務了。

同樣令人吃驚的是，這些年來，歷屆政府制定政策時所依據的許多基本原則都被證明是不切實際的。預算赤字曾被視為一種近乎魔法的有效政策工具。由於政府一直無法創造出鼓勵投資的條件，這情況加速了衰退。過去，投資是工業革命的關鍵，它賦予了英國財政實力和政治聲望，而且是其他國家所羨慕並且效仿的，可惜這兩者現在已不復存在，維多利亞時代的美德也一起消失了；因為現在看來，它們既乏味又令人感到壓抑。這幾十年是英國歷史上首次權力不是集中在地主階級甚至商人手中，而是集中在一群生存完全依靠選民的政客手中。這幾十年中發生的許多事情讓人不禁質疑，這些政客實際上是否有資格有效地管理經濟，因為他們總是受到想要連任的渴望影響。

不可否認的是，問題在六〇年代就開始出現，而在七〇年代更是急遽惡化。當然，這個國家仍然依靠維多利亞時代祖先的道德和經濟遺產生活，兩次世界大戰也給整個社會留下了毀滅性的烙印，但是管理不善問題之存在是無法被否認的。英國到一九七〇年代末期已喪失了過去的地位，無論是英國人或是外國人都認為英國正在走向衰亡的下坡之中。人們開始懷疑，自一九四五年以來所建立的一切是否真的適合這個國家。早在一九六六年，愛德華．希思就表達了對市場自由競爭的熱衷，並且敢於質疑福利國家不斷上漲的成本。一九七九年柴契爾夫人上台時，她面臨著兩種選擇：要麼繼續比以前的失敗者更成功地控制衰退，要麼試圖以一種不會導致國家走向兩極的方式，掃除過去的障礙，從而希望迎來一個新的秩序。

# 69 從帝國到歐洲

一九四五年，英國與蘇聯和美國一起成為「三巨頭」（Big Three）之一，擁有一千艘軍艦、一支龐大的空軍以及遍布全球的基地和部隊。維持全球力量和這些軍隊取決於這個國家的財富（其中四分之一已在戰爭中消失）以及未來的經濟表現。行使權力最終取決於經濟實力，而英國經濟實力的曲線圖則處於一個長期的下滑趨勢。一九五三年，英國仍然占世界製造業產量的百分之八・六，僅略低於一九三九年。到一九五〇年代末，世界其他經濟體開始在排名上升。西德在一九六〇年代超越了英國，法國和日本在一九七〇年代超越了英國。到了一九八〇年，英國僅占世界製造業的百分之四，在世界製造業國家當中排名第六。儘管這種下降在八〇年代曾一度被遏制，但到八〇年代末，它又向下一步降至第七位，位於義大利之下。

在這種災難性的背景下，一個帝國是不可能維持下去的。到了一九四五年，大英帝國的想法（即使重新命名為大英國協）也被認為是錯誤的，被視為是已消逝的帝國時代的殘留物。英國授予曾經是帝國殖民地的許多國家獨立，這種動作往往被視為是出於道德考量，這便掩蓋了英國之所以撤軍是迫於經濟拮据考量這個事實。英國根本無法繼續負擔它的帝國。然而，與英國國內的政治歷史形成鮮明對比的是，他們在處理國外衰落時技藝高超，既避免了許多人群受苦受難，也避免讓國家蒙羞。在大英帝國解體的情況下，人們認為共識是最好的解決方式。一種固定模式由此逐漸形成，這種模式總是始於倫敦，首先是賦予獨立權，接著以王室訪問作結，舉行儀式將英國國旗正式降下，並且將權力移交給某種基於議會的民主制度。西敏寺這樣的體制無法出口到非洲等地的事實被輕輕帶過，當英國人在離開時所建立的任何政治體系崩潰時，他們早已離開了。

甚至在第二次世界大戰之前，印度這個「王冠上的寶石」就得到將被賦予獨立的承諾。困難之處在於，英國要如何設法在印度國大黨與穆斯林聯盟之間不發生血腥對抗的情況下撤退。一九四七年，英國人宣布將於一九四八年六月一日撤軍。這個宣布加速了後來成為穆斯林的巴基斯坦和印度教的印度之間劃分議題的發生。到了末任總督蒙巴頓勛爵（Lord Mountbatten）到達時，政府機構已經處於解體狀態。蒙巴頓別無選擇，只能將獨立日推遲到一九四七年八月十五日。儘管他們試圖劃分邊界，但這已經是一個無望的任務。在經過一百萬人因為從一邊逃到另一邊而被殺害後，兩邊才成立了兩個國家。儘管有這種血腥衝突，也儘管印度在兩年後成為了共和國，印度連同巴基斯坦和錫蘭三個國家，仍然以作為大英國協的成員感到自豪。

一九四八年緬甸獨立，並決定不加入大英國協；同年，英國人也從巴勒斯坦撤出，不過後者的情況要複雜得多。一九一七年，英國宣布巴勒斯坦應該成為猶太民族的家園，儘管它當時被阿拉伯人占領。在一九三〇年代，由於納粹的迫害，猶太人移民到巴勒斯坦的人數不斷增加，到一九三九年，猶太人占巴勒斯坦人口的百分之二十九。戰後，英國意識到，繼續實行這種開放政策會讓自己與阿拉伯人疏遠，損害阿拉伯人對西方的石油供應，因此實施了限制，但來自美國的壓力立即讓這個限制被解除。與此同時，將猶太人、阿拉伯人和英國占領軍捲入的衝突爆發了。

一九四七年這個問題被提交給聯合國，聯合國宣布巴勒斯坦應該被分割，以色列應該建立一個國家。英國拒絕執行這個決定，並且於一九四八年五月占領期限到了之後便撤退。它們在中東地區留下一個大問題。

阿拉伯民族主義的興起加劇了這些緊張局勢，這也影響到英國對蘇丹、埃及和蘇伊士運河地區的占領。一九五四年，英國從蘇丹撤出，並同意從埃及撤出。作為通往印度和澳大利亞的途徑以及石油進口的通道，運河對於英國的利益仍然至關重要。在一九五〇年代中期，這個帝國看起來仍然很強大，占據了非洲和遠東的大片地區，以及近東的基地。一九五六年七月，埃及新任民族主義領導人納賽爾上校（Colonel Nasser）突然將一家法國公司擁有的蘇伊士運河收歸國有。法國和英國都對此表示強烈憤慨，它們共同要求運河國際化。埃及拒絕了，在那一刻，它們決定用武力重新奪回運河。為那次行動制定的戰略仍然是一個永久的恥辱，因為以色列被說服進攻埃及，這可以給英國和法國藉口進行干預以防止進一步的衝突。國際法的道德秩序就這麼被用來掩飾赤裸裸的侵略行為。

十月二十日，以色列便依照計畫襲擊了埃及。英國與法國呼籲雙方撤出，而英法兩國的部隊同時占領了運河。埃及拒絕了，英法兩國於十一月五日空投空降部隊，艦隊則在隔天從馬爾他抵達。塞得港（Port Said）被占領，軍隊開始了一百英里的艱苦跋涉，前往蘇伊士。接著，英國和法國突然之間屈服於聯合國安理會所要求的停火協定。一切至此塵埃落定。

但對英國來說，這個問題比事件表面看來要複雜得多，也更為羞辱。美國從一開始就反對使用武力。在英國國內，工黨和許多保守黨議員也對這一令人想起巴麥尊勛爵時代的行動感到震驚。但是實際上決定英國撤軍的是美國的力量，因為這次襲擊使英國的黃金儲備承受了巨大壓力。由於此舉冒犯了阿拉伯國家，石油供應也備受威脅。英國在金錢和石油上的唯一替代源頭是美國，而後者反對這個行動。

在這樣的災難性結局後，英國不再被視為世界強國。蘇伊士運河事件是一個嚴重誤判，因為它在全世界的認識中確立了以下事實：如果美國不同意，英國將不再有資源發起海外行動。維持帝國地位的經濟資源已經消失，政府遭到了全面性譴責。這是一個巨大的轉折點。從此以後，大英國協的成員不再受英國的指揮。它疏遠了中東的阿拉伯國家，把納賽爾變成了一個世界人物，並讓俄羅斯得以將其影響力擴展到埃及。這也給英國與美國的關係帶來壓力。同樣在這裡進行殖民事業的法國人，現在輕蔑地鄙視英國人。令人驚訝的是，即使在如此重大的災難之後，歷屆政府仍然表現得好像英國仍然擁有世界地位。但這種地位早已不復存在。

民族主義不僅席捲了中東，而且其浪潮正在席捲非洲。由於這些地區的政治和社會變化如此之快，以致最初預期將會曠日持久的撤軍行動不得不加快。英國也不是唯一一個退出的國家，因為其他歐洲國家也在撤出非洲。在很多情況下，英國要麼退出，要麼捲入一場英國必定無法負擔的代價高昂之武裝衝突。因此，在精心管理的交接儀式中，大英帝國的各個國家被授予獨立，使英國在儀式中顯得寬宏大量。就這樣，一些完全由政治創造的國家出現了，但由於部落間的競爭，這些國家往往很快就分崩離析了。真正會發生撤離問題的，只有有著大量白人定居者的國家。

西非的撤離始於一九五七年的迦納，其次是一九六〇年的奈及利亞、一九六一年的獅子山和一九六五年的甘比亞。東非以及中非則存在更大的問題。一九六三年，肯亞政府將權力按照不同部落劃分下放，但白人少數群體以及如何建立一個多種族的獨立國家，這些問題使權力下放變得複雜；在肯亞國會占有多數的非洲人擁有政治權力，然而極大部分的經濟權力仍然掌握在相對少數、富裕的白人手中。坦尚尼亞於一九六四年獨立，烏干達於一九六二年獨立，尚比亞和馬拉威於一九五四年獨立。真正的問題是後來被稱為辛巴威的南羅德西亞，那裡的白人占人口多數，英國無法將權力移交給他們。這問題要花二十年才能解決。一九六五年，羅德西亞總理伊恩・史密斯（Ian Smith）發表了《單方面獨立宣言》（Unilateral Declaration of Independence）。英國只能以無效的經濟制裁作為回應。直到一九七〇年代末，情況才有所改觀，並制定了一項保障黑人多數統治的制度。一九八〇年，英國終於能夠優雅地從它們最後的非洲前哨撤退。

到一九六四年，也就是哈羅德・威爾遜掌權的那一年，大英帝國已不復存在。儘管英國政府仍在幻想中掙扎，認為自己在世界上扮演著重要角色，但英國從此以後唯一的權力基礎就是擁有核威懾力量。到一九五〇年代末，這已經被視為維持某種全球地位的廉價手段。歷屆政府都開始大幅度削減傳統的國防預算。一九五七年五月，英國首次引爆氫彈。然而，這種發展方向存在一個致命的弱點，因為原子武器的交付系統非常昂貴，英國無法與蘇聯或美國競爭。英國於一九六〇年取消了「藍條紋」（Blue Streak）短程彈道飛彈，轉而向美國購買了「天雷」（Sky Bolt）空射型彈道飛彈。兩年後，美國取消了轟炸機的訂單，這讓英國的核武器缺乏運載系統。時任首相的麥克米倫說服美國總統向英國出售他們的新型「北極星」（Polaris）潛艇導彈。事情的真相是，戰爭本質上的技術變革是如此巨大，以致英國的經濟力量再也無法負擔。

這一點在六〇年代的發展中變得更加清楚。一九六五年，工黨政府取消了原先規劃的TSR-2超音速低空轟炸機，決定購買美國的FB-111A戰鬥轟炸機。但是這個訂單後來也被取消了。一九六七年，英國軍隊從馬來亞和亞丁撤出，一九七一年又從新加坡撤出。一九七〇年代，在國防方面，英國是美國的附屬國，這當然無助於英國與歐洲共同體的談判。在柴契爾夫人的領導下，這種情勢也沒有改變。當時，英國成為部署針對俄羅斯的九十六枚美國巡航導彈的基地。英國於一九七九年向美國購買了「三叉戟」（Trident）飛彈，進而強化了自己的防禦能力。「三叉戟」是一種核動力的發射系統，這也讓英國一直到二十一世紀都維持著擁核國的地位。

在這種情況下，福克蘭群島戰爭的爆發幾乎是一種反常現象。福克蘭群島位於英國以南八千英里處，與阿根廷海岸相去不遠，有一千八百名英國後裔居住於此。多年來，英國外交部一直在尋求與阿根廷達成協議，將群島移交給該國。而在一九八二年時，執政的阿根廷軍政府入侵福克蘭群島。柴契爾夫人拒絕妥協，不僅獲得了美國的支持，而且也獲得了歐洲經濟共同體的支持。聯合國也譴責了阿根廷的侵略行為。一支英國特遣部隊在缺乏空中預警系統的情況下出航，但運氣還不錯。英國耗資十五億英鎊收復了這些島嶼，維護了國家榮譽和國際法。不僅如此，英國人民的意志也得到了滿足。

如今大英帝國幾乎只剩下幾個零散的海外領土，如福克蘭群島和直布羅陀。大英帝國的幽靈於大英國協中繼續存在，它在一九六一年顯示出一定的效力，此時它以其種族歧視政策（種族隔離）為由將南非驅逐出國協成員國；但是在其他方面，大英國協仍然是一個成員性質迥異的國家集團，從民主國家到一黨制政權，其所扮演的角色似乎越來越不透明。儘管如此，大英帝國還是留下了自己存在過的印記，即使其形式只是讓英語風行全世界。祖國與加拿大、澳大利亞和紐西蘭之間的感情紐帶仍然存在，儘管隨著時間的推移，這些紐帶的約束力甚至變得越來越微弱，而且共和主義運動也浮出水面。

歷史學家們對大英帝國所代表的意義尚未達成一致意見。它的大部分領土在當初是否是為了掩飾國內經濟的衰退才去取得的呢？它是否代表了英國商品的壟斷市場？大英帝國是由不擇手段的冒險家歷經幾個世紀建造的，並且被用作處理任性妄為國民的垃圾場。它曾經是殘酷和剝削性的，並且體現了無恥的種族優越論。毫無疑問，英國在兩次世界大戰中取得的成功在很大程度上要歸功於帝國軍隊的響應號召。在第一次世界大戰中，有一百萬名非洲士兵和勞工參戰，而在第二次世界大戰中，有超過五十萬名印度人、澳大利亞人和加拿大人陣亡或是重傷。這些人曾為民主和自由而戰，但是他們最終開始質疑為什麼在自己的國家內沒有得到民主和自由。至少，英國最後是以優雅的姿態離去。它給英國留下了一個大問題，美國前國務卿迪安・艾奇遜（Dean Acheson）在一九六二年指出了這個問題，當時他說：「英國失去了一個帝國，但是尚未找到自己的新角色。」在二十世紀的最後幾十年當中，英國政府和人民的腦海裡一直縈繞著這樣一個問題：英國是否要在歐洲當中扮演其新角色？

歐洲是始終縈繞於英國人心頭的問題。英國人對於要加入歐洲所必需的心理調整仍未完成。英國於一九四五年把自己塑造成與蘇聯和美國平起平坐的大國。若是承認自己的地位不是如此，等同於要面對一個非常殘酷的現實：英國是一個國力中等的歐洲國家，由海峽隔開與歐陸相望。那是一個難以接受的概念。五個世紀以來，英國參與歐洲事務只是為了擊敗任何威脅其統治地位的勢力。它往往在達成這個目標之後便退回到海峽對岸。一九四五年之後發生的種種變化使得這一立場越來越站不住腳。有些人認為這是不可避免的，因此擁護英國是歐洲一分子的理想；但也有些人拒絕接受，想盡辦法試圖不讓他們眼中這個令人驕傲的民族國家走向滅亡。

經過一九四五年「三巨頭」在波茨坦會議（Postdam Conference）的決定，蘇聯開始在東歐和中歐建立起許多警察國家，以作為其與西方之間的緩衝地帶，並且藉此擴大了對東歐和中歐的控制。當時沒人能夠摸清楚史達林（Stalin）是否有朝著那個目標進一步發展的野心。邱吉爾在一九四六年發表的講話中總結了歐洲新的政治地理：「從波羅的海的斯塞斯（Stettin）到亞得里亞海邊的的里雅斯特（Trieste），一幅橫貫歐洲大陸的鐵幕已經降落下來。」義大利和法國都有勢力強大的共產黨，經濟也搖搖欲墜，西方當時的局勢可以說是岌岌可危。艾德禮內閣中強硬的外交大臣歐內斯特·貝文意識到，英國的生存關鍵建立在美國不能退縮到孤立狀態，並且要讓美國不放棄維持自由歐洲的承諾。英國自身顯然已無力繼續扮演這種角色。一九四七年，英國部隊從希臘和土耳其撤離。針對俄國鞏固其龐大力量的做法，美國總統杜魯門（Truman）宣布了他的信條作為回應：自由的人民不應該被少數人或外來壓力所征服。

一九四七年六月，美國推動了馬歇爾計畫，向歐洲經濟復甦提供了援助。西方的資本主義經濟正是由於此計畫方得以復興和繁榮。同樣是因為對於俄國的擔憂，英國和法國在兩年前就已在《布魯塞爾條約》（Treaty of Brussels）中與比利時、荷蘭和盧森堡結盟，承諾對任何侵略者進行共同和集體的軍事援助。蘇聯對柏林的封鎖加劇了人們對蘇聯可能採取行動的擔憂。柏林原本由戰勝國瓜分，但現在位於蘇聯勢力範圍之內。從西方空運物資的行動開始啟動，而且西方明確表示，對空運的任何干涉將引發戰爭。由於美國壟斷了原子武器，這種情況沒有發生。

貝文的希望於一九四九年成立的北大西洋公約組織（ＮＡＴＯ）中得以實現，美國和西歐各國透過該組織共同成立了一個防禦聯盟，這將帶來接下來四十年的和平。在歐洲大陸上，「統一的歐洲」的想法開始興起，歐洲委員會於五月成立。值得注意的是，英國並未參加。英國也拒絕加入歐洲的防禦軍隊，而是同意以巨大的代價維持他們駐在歐洲的四個師，這導致英國外匯不斷地流失。然後，法國和德國在一九五〇年共同建立了歐洲煤鋼共同體（European Coal and Steel Community）。儘管英國人收到邀請，但是他們拒絕了，而且還反過來試圖阻撓該組織的成立。

英國決定不加入這個組織，這不僅意味著新歐洲的重點將在巴黎和波昂，而且日後當英國最終加入時，這也代表著它對於這個組織過去的形成和發展毫無貢獻。一個歐洲各國聯合組成的行動委員會於一九五五年成立。英國雖參加了這次會議，不過參與態度十分消極，並且不願意加深投入程度。然而，歐洲六個主要國家繼續就如何建立共同市場進行了磋商。時任英國首相的麥克米倫諷刺地將他們的其中一次會議稱為「考古挖掘」。

一九五七年，《羅馬條約》（Treaty of Rome）建立了歐洲經濟共同體（ＥＥＣ）。在一段過渡時期之後，法國、西德、義大利、比利時、荷蘭和盧森堡之間的人員、服務和資本都將自由流動。彼此之間將沒有關稅，而對所有其他國家的進口將有統一的關稅。它們並且設立了歐洲社會基金（European Social Fund，簡稱ＥＳＦ），以應付可能出現的任何調整。英國政府完全無法接受這些做法，它認為這不利英國自大英國協進口貨物，而後者恰恰是英國廉價食物的主要來源。新成立的歐洲共同體的共同農業政策意味著，現有支持農民的方式將從補貼變為關稅，從而導致食品價格上漲。

作為回應，英國成立了一個與之競爭的組織：歐洲自由貿易協會（EFTA），其成員國包括奧地利、丹麥、瑞典和葡萄牙，目標是在十年內在成員國之間建立一個自由貿易區。自然地，它把歐洲經濟共同體看成一個市場，但它拒絕加入。《羅馬條約》規定，任何歐洲國家都可以申請加入，一九六一年，哈羅德・麥克米倫決定，只要歐洲自由貿易區和大英國協的利益得到保障，或許英國終究應該加入。可惜，這並不容易，因為法國總統戴高樂（de Gaulle）將軍在一九六三年一月否決了英國加入。在法國人看來，英國是美國的附庸，這與歐洲經濟共同體的成員國身分不符。

隨著英國經濟的不斷下滑，兩億五千萬人口的市場再也不能被忽視，於是哈羅德・威爾遜在一九六七年申請加入。戴高樂再次否決了英國加入。歐洲經濟共同體在此時開始被人們熱切地看作是振興英國經濟的手段。而英國經濟令人搖頭的狀態被戴高樂引為拒絕其加入的主要原因。時至一九七〇年，戴高樂此時已下台，而英國首相現在是親歐主義者愛德華・希思。他提出英國第三次的申請，多虧了他嫻熟的外交手段，法國人才被說服同意英國加入。進入歐洲的決定在下議院進行自由表決，該法案於一九七二年七月獲得通過，英國於一九七三年一月一日正式加入歐洲經濟共同體。

談判非常複雜，因此需要過渡時期進行調整。但具有諷刺意味的是，在英國加入歐洲共同體的那一年，石油危機卻迫使歐洲陷入衰退。實際上，歐洲共同體並非萬靈丹。再加上同時發生的石油危機讓英國經濟的根本弱點暴露得更加明顯。工黨的大多數成員一直反對加入歐洲共同體，當他們於一九七四年重新執政後，便舉行了關於英國是否應該退出該組織的全民公投。在這個英國民主歷史上的罕見投票中，全國有三分之二的民眾投票，其中有百分之六十七・二的人支持留在歐盟。一個強烈親歐洲的政府會以行動來回應這種投票結果，然而工黨並不是這樣的政黨。它反對任何走向聯邦制（federation）的舉措，反對貨幣聯盟，也不喜歡歐洲議會（European Parliament）中英國議員的新選舉。

保守黨的柴契爾夫人也持同樣的態度。當她上台後，她發現這個國家承諾向經濟共同體提供大量的財政捐助，而實際上，英國比共同體九個成員國中其中六個還要窮。她於一九八四年贏得了一場關於英國應該分攤多少款項的戰鬥，支付金額比先前減少了一半。歐洲共同體於兩年後通過了《單一歐洲法案》（Single European Act），歐洲共同體在布魯塞爾的議會此後將在一系列廣泛的問題上擁有主權。英國憲法從未出現過主權可被分割的這種情況，這也預示了未來將發生的爭論。另一個問題是關於歐洲匯率機制（European Exchange Rate Mechanism）。根據該機制，沒有一種單一貨幣會主導市場，每個成員國都必須達成一項協議，確保任何一國貨幣的匯率在任何時候都不會低於匯率最低或是高於匯率最高的貨幣。每個主權國家也保留了適當情況下對其現有價值的匯率進行根本改變的權利。儘管柴契爾夫人希望英國不參與這個協定，但她的財政大臣希望英國加入。一九九〇年十月，也就是柴契爾夫人下台前一個月，英國加入了這一協定。不過最終的結果是，英國在不久後就被迫退出。

關於英國和歐洲之關係的爭論在此之後仍在繼續。一方面，有些人認為歐洲共同體（現在正式名稱為歐盟）不僅是英國主權的最後侵蝕，也是英國與前大英帝國國家聯繫的最後侵蝕。兩個政黨對它的態度都搖擺不定，而且造成自己陣營內部的分裂。工黨最初是將歐洲經濟共同體視為資本主義的巢穴，而保守黨則把它看作是祕密地促進社會主義的代理人。許多人接受了新的歐洲理想，認為英國有可能在這項有遠見的努力中發揮重要作用，儘管這需要人民在政治、社會和文化上有劇烈的調適。

這些支持者是誰？大英帝國已經不復存在，歐洲被視為一個不可避免的惡魔，與此同時，英國內部也出現要將這國家拆散的壓力。戰後有許多移民社群未能像過去的移民者融入社群，但是現在這股分裂趨勢並不是來自於此，而是因為擁有悠久歷史的身分認同之重新出現。不列顛中各個組成國家之間的關係，自一九五〇年代中期以降，便不會再如過去平靜了。蘇格蘭民族黨於一九六七年在下議院贏得了一個席位，這反映出英蘇邊界以北的人民越來越渴望蘇格蘭獨立的聲音能夠被注意到。到了一九七四年則有十一名民族黨議員當選。在同一時期的威爾斯，威爾斯黨也開始崛起，並於一九六六年贏得了一席國會議員。威爾斯人所關心的目標有所不同，他們在意的是要延續一種以威爾斯語作為代表的文化身分。但是這兩個運動在一九七〇年代都日益壯大，特別是在一九七三年以後，因為愛丁堡和卡地夫（Cardiff）都開始認識到，與歐洲經濟共同體行政首都布魯塞爾建立直接聯繫的好處。英格蘭人開始意識到他們先前早已忘記的事情：他們也是自己過去所創造出的那個人為國家的成員之一。在一九七〇年代後期，建立地區議會的權力下放法案接連提出，並且在一九七九年針對是否應該落實這些法案進行了公民投票。雖然權力下放的選項未獲得絕大多數人的支持，但情緒依然存在。如果繼續進行權力下放，那不僅意味著該島的解體，而且意味著英格蘭將失去自己的議會。同樣在英格蘭，諸如北部或西南部的地區認同感也開始積極發聲。

但是到那時為止，北愛爾蘭的問題比這些問題嚴重許多。愛爾蘭自由邦於一九四九年成為愛爾蘭共和國。北愛爾蘭仍然是英國的一部分。事實上，這一事件使南北之間的分界線更加明顯，而英國政府承諾，只有在北愛爾蘭議會同意的情況下，英國和北愛爾蘭之間的分離才會落實。北愛爾蘭是英國的政治實體之一，其中三分之二的人口是阿爾斯特新教徒（Ulster Protestants）或統一主義者（Unionists），三分之一的人口為天主教徒。後者不可避免地淪為一個下層階級，因為統一主義者透過複數投票、選區劃分的不公及在地方政府、住房和社會福利方面的差別待遇，讓這個制度對他們有利。天主教徒自然別無選擇，只能將希望放在南邊的都柏林。

人們曾希望經濟繁榮能解決這個問題，儘管他們在一九六〇年代企圖引入中產階級天主教徒，但是這計畫並沒有實現。然後，民權運動在一九六五年從美國傳到北愛爾蘭，兩年後，人權協會（Civil Rights Association）在此成立，他們展開一系列的非暴力示威活動，以引起人們對天主教徒困境的關注。一九六八年倫敦德里的一場遊行被禁止，因此導致了警民暴力衝突，當時在各地的電視螢幕上都可以見到。該運動隨後迅速升溫，第二年，北愛爾蘭總理在選舉中失利，英國被迫派遣軍隊來保護天主教少數派。愛爾蘭共和軍於同年分裂，一半的成員堅持民權運動的和平與非暴力方式；另一半成員則積極投入天主教徒的保衛，他們將英軍視為以鎮壓手段來迫害天主教徒的部隊。其結果是兩極分化的加速。天主教徒和新教徒搬了家，形成了貧民區，隨之而來的是越來越多的襲擊和小衝突。

《防止煽動仇恨法》（Prevention of Incitement to Hatred Act）於一九七〇年通過了，但收效甚

微；第二年首次有英國軍人在此陣亡。為了應對愛爾蘭共和軍，新教準軍事組織紛紛成立，並將可疑的恐怖分子拘留起來，但這只是進一步疏遠了天主教社群。接著，一九七二年一月三十日，英國士兵在倫敦德里的一次示威中殺死了十三人。「血腥星期天」（Bloody Sunday）是一個轉折點。兩個月後，北愛爾蘭議會這個分權政府被終止，改由英國國會直接統治。英國政府試圖恢復某種形式權力下放之政府，但以失敗告終。隨著七〇年代的推進，愛爾蘭共和軍認為，如果他們將活動轉移到英國本土，那麼最終能導致軍隊撤離北愛爾蘭。這種信仰和意識形態的衝突雖然發生在二十世紀，但是性質上卻與十七世紀的風氣更為接近。當時的英國無論是哪一任內閣都在積極尋找解決方案。一九七三年《桑寧代爾協定》（Sunningdale Agreement）提出了一項再次建立權力下放政府的新計畫，它計畫透過愛爾蘭委員會的設立讓南方得以參與決策。願意與南方合作的提議引發了罷工。愛爾蘭共和軍給英國本土帶來的恐懼，再一次強調找出解決方案的必要性，柴契爾夫人在一九八一年成立了「英愛政府間議會」（Anglo-Irish Inter-Government Council）。同樣地，北愛爾蘭也有新的議會和選舉的計畫，但是結果則是候選人都來自於兩個極端陣營，新芬黨和民主統一黨（Democratic Unionists）。該計畫在施行後被證明是不可行的。

若要說這個計畫有造成什麼結果，那便是情況在八〇年代只是更加惡化。一九八四年，愛爾蘭共和軍策劃了一次爆炸案，目標是位於布萊頓的保守黨召開年會的酒店，險些謀殺了首相柴契爾夫人。這導致了政府的憤怒回應，包括在媒體上封殺愛爾蘭共和軍和新芬黨。但英國和愛爾蘭共和國政府都認識到，無論最終與北愛爾蘭達成何種協議，雙方都一定有可以發揮的影響力。然而，它們面對的是遭到分化為兩極的民族，而且被仇恨、恐懼、懷疑和可怕暴力折磨了二十年。

直到一九九〇年，雙方還是未能找到解決方案。

英國在那個時候排在第七，是西方經濟體中最不重要的國家。經濟衰退是該國降至歐洲中等國家水準的關鍵因素。令人驚訝的是，英國人耗費了相當長的時間才意識到這一事實，即使是在現在，他們還是不願承認。直到一九六四年，哈羅德．威爾遜仍然可以宣稱說「我們不能放棄我們的世界角色」，儘管這個角色早就不存在了。從某種意義上說，英國已經回到了一六〇三年的狀態，但是獨立程度則要低得多，因為英國似乎已經成為兩個帝國——美國和歐盟——的附屬國，儘管後者這個狀態在二〇一六年英國投票決定退出歐盟時便戛然而止。前者仍然反映在英國的鄉村地帶中遍布美軍基地，後者則反映在英國是總部位於布魯塞爾，由二十八個國家組成的聯盟將近半個世紀的成員。歐盟是早期歐洲帝國（羅馬，中世紀基督教或哈布斯堡）的直系後裔。自從歐洲經濟共同體及其更為政治性的繼任者歐盟成立之後，英國不得不學習向東看而不是向西看，這是自十六世紀中葉以來他們的頭一遭。這是一個錯失良機的時代，因為英國本可以在一九四五年之後領導歐洲，卻選擇了不這麼做。冷戰的不確定性主導著這個時代，這是場由被鐵幕分隔的兩個陣營所進行的戰爭，同時也將東西方分隔開來。鐵幕確保了新歐洲的重心將偏重在西方。當鐵幕於一九八九年崩潰時，這也標誌著深刻的地理變化。歐洲的心臟地帶出現了一個新統一的德國，而以前的東歐集團國家現在希望成為歐洲共同體的成員，昔日敵人蘇聯也已經解體。這種轉變把英國推到了地理的邊陲，這也使英國對美國戰略的重要性大大降低。隨著鐵幕的消失，舊的界線也消失了。英國望向英吉利海峽對岸的歐洲，局勢與一九三九年之前相似，那些被認為已經被埋葬許久的麻煩又捲土重來。

# 70 新的開始？

一九七九至一九九〇年這段時期可用一個人來概括：柴契爾夫人。她對國家前進方向的影響程度甚至超過了溫斯頓．邱吉爾，後者的角色基本上僅在於領導一個國家在戰爭中取得勝利，但是實際上並未改變其內部規律。與之形成鮮明對比的是，柴契爾夫人在任期間，將自一九四五年以來所有人認為理所當然的事情，都讓其突然遭到毀滅性的打擊。事實上，在她執政的十一年當中，政府自一八三〇年代以來首次試圖限縮權力，而不是繼續將國家的影響力擴大到日常生活的更多領域。不斷升級的國家干預只會導致經濟疲軟和增長緩慢。幾十年來，政府政策一直在擴張和通縮之間搖擺不定。幾十年下來，人們也已經接受了政府的主要角色是要支出越來越多的納稅人的錢。格蘭瑟姆（Grantham）雜貨店家庭出身的柴契爾夫人與自一九四五年以來的任何其他首相都大相逕庭。她腳踏實地，沒有時間去研究主導政治的知識理論，引導她的主要力量是直覺以及她心目中的常識。這是她最初獲得成功的關鍵，因為她所要傳達的訊息非常簡單：減少國家所介入的事務、遏止通貨膨脹，並且建立一個獎勵個人努力的社會。作為一個政治人物，柴契爾夫人意志堅定，冷酷無情，最終造成了分裂；她擔任首相的時代之所以與眾不同還有另一個原因：她的政策從未改變。其中雖然有基於務實考量的部分，但總的來說她從未讓步。不論旅程有多麼艱難，甚至其中的絕大部分時光都是如此，仍舊要咬牙撐到底。

這是一種全新的保守主義，它是在一九七〇年代政策研究中心和柴契爾夫人的導師基思・約瑟夫爵士（Sir Keith Joseph）的倡導下出現的。新右翼勾勒出的情景，讀起來就像是對兩代社會工程師的報復計畫，打算用自由市場主義的教條取代他們眼中宛如痼疾的由國家主導的社團主義（corporatism）。工會的束縛使得英國在一九七〇年代幾乎無法被治理，現在這種束縛必須予以打破。貨幣供應必須受到控制。工黨已經嘗試過貨幣主義（monetarist）政策，但是並未成功。要成功地實現這一政策需要鋼鐵般的勇氣，因為遏制通貨膨脹不僅將導致大規模破產，而且將使失業率飆升。這個陣痛必須要咬牙撐過，後來的貨幣供應增長方能與生產率的增長相匹配。這種政策在最初階段不可能受到歡迎，並且需要一段時間才能看到其效果。幸運的是，首相不僅剛毅而且運氣極佳。

保守黨連續贏得了四次選舉，讓政府擁有足夠長的時間來貫徹執行他們的政策，這在戰後時期是前所未見的。柴契爾夫人在選擇選舉日期時很精明，在一九八三年福克蘭戰爭勝利的歡欣鼓舞中重新掌權；最後，在一九八七年的破壞性經濟衰退開始之前，讓通貨膨脹降了下來。如此長的在位期間意味著可以造成巨大的改變，並且她從一開始就預設了任何戰略都必須要從長時間的角度出發。當初沒人預期到會出現這種長期掌權。不過，這種長期間在位則是讓柴契爾夫人時代具備不同尋常的整體性。此時代於一九七九年亦步亦趨地開展，並於一九八七年達到高潮。起初，新右派是少數派，但是掌握了財政大權，當時擔任財政大臣的人是傑佛瑞・豪威爵士（Sir Geoffrey Howe）。漸漸地，被柴契爾夫人貼上「濕派」（wet）標籤的政客被除掉了，而那些被她貼上「乾派」（dry）或是「自己人」標籤的政客則進入了內閣。這樣一來，老式保守主義連同其家父長式的要人還有福利國家的信徒都被一掃而空。隨著越來越多的新右派（如私有化）政策開始實施，共識時代的「國家至上」保守主義只會遭到蔑視。

該方案最初出現在稅收和公共支出領域。從此以後，間接稅被視為比直接稅更為可取。所得稅的標準稅率從百分之三十三降低到三十，最富有的人的所得稅率從百分之八十三降低到四十。這第一次有一個政府相信削減人民的稅收比花他們的錢更好。現金限額也被施加在政府支出上。這項政策需要一段時間方得到公眾的認同。實際上，在後來的預算中甚至採取了更進一步的措施，間接稅大幅度增加，而且所得稅標準稅率到一九八七年時降低到百分之二十七。近八十年來，第一次有政黨拋棄了選民會歡迎對富人徵稅的想法。對許多人而言，這使得經濟更加繁榮，但也無疑擴大了最富有和最貧窮人群之間的鴻溝。

這些嚴格的財政限制，包括百分之十四至十七的高利率，產生了巨大的影響。出現了自一九三一年以來最嚴重的衰退，一九八一年每月有十萬人失業。大規模的去工業化和通貨膨脹率達到百分之二十，這些問題又因為前任政府留下的巨額工資增長而雪上加霜。事實是，無論失業率多麼可怕（最終失業人數將超過三百萬），大多數人仍在工作，而且生活水準並未受影響。對失業的擔心造成了溫和的工資談判和生產率提高，因此到了一九八三年，通貨膨脹率下降到僅有百分之五。失業會讓福利支出增加，而削減支出和北海石油的收入則彌補了這些開支。它還造成了社會動盪，一九八一和一九八五年都發生了在城市內部的騷亂。

當時流行的說法指的是「真正的工作」（real jobs），其意義是不受限制性措施所局限的工作，同時也是與那些數以千計支持中央和地方政府官僚的人無關的工作；他們格外蔑視這些人。在這個政權的早期階段時，他們請商人們來審查政府結構，以期改革低效率以及拆售政府業務。地方政府被視為過時的共識性社團主義的殘留見證物，全國有八分之一的人在這種臃腫不堪的組織中工作。這些地方政府同時成了工黨的心臟地帶，這些極端左翼的地方議會揮霍著納稅人的錢。它們的支出和借貸能力在一九八〇年時受到了管制。他們所做出的反制手段則是開徵附加稅，但是這種稅的費率後來也被限制。透過對收集垃圾等地方性服務進行具競爭性的招標，可以讓每分錢花得更有效率。一九八六年的《地方政府法》（Local Government Act）廢除了大倫敦議會和六個地方政府，徹底摧毀了一個可以追溯到一八九〇年代的政府架構。那些被認為是最多冗員的地方政府便這麼被消滅，而且地方政府充滿官僚作風的派系也受到了削弱。

政府對國民健康服務和教育的態度也有類似的考量。國家提供資金的想法並未受到挑戰，但是在前者的情況中，資金改為直接交到醫生和醫院手中，由他們自己來管理財務。醫院也獲得了退出國民保健署的機會，許多人開始擔心，這個仍被視為福利國家榮耀的體系即將被拆除。在教育方面，大學尤其感受到了政府的全盤否定，它們被視為志得意滿的封閉社群，不僅吞噬了金錢，還未能創造財富。它們被要求遵守嚴格的財政紀律，並強制採用新的管理方法。一九八六和一九八八年的《教育法》對學校採用了同樣的嚴格規定。新型考試被引進，而且考試結果將被視為學校辦學是否成功的依據，而且各學校的表現也被公諸於世。全國課程標準被制定出來，而且學校的管理層首次納入了家長，一起參與學校的決策和當責。這也是對地方政府管理的攻擊，當學校有退出的選擇機會、直接從中央獲得資金，並管理自己的事務時，這便是對地方政府管理更進一步的攻擊了。

所有這些行動不可逆轉地改變了大多數人原先認為不會變化的事情。政府於一九八〇年將公屋出售給租戶也是類似的做法，這在當時是一項非常受歡迎的措施。至一九八四年底時，有八十萬套公屋售出，到了一九九〇年時，這意味著三分之二的人口是自住屋主。英國已成為擁有大量財富的民主國家，其規模在一九〇〇年是無法想像的。

在這場巨大的變革中，既有輸家也有贏家。雖然社會福利作為一項國家義務並未受到挑戰，但是這方面從來沒有得到令人滿意的處理。貧困者仍然被認為有權利得到救濟，而且事實上，人們同意在特殊情況下應該要支付額外款項。一九七〇年的一項法案將這一過程制度化，但是由於通貨膨脹，問題開始出現。到了一九八〇年代，甚至低薪工人也要繳納所得稅。工人雖然拿到了補助金，但是他們會發現自己工資的增長部分有八成或是九成早已先被扣除稅金了。結果造成了一個「貧困陷阱」，許多人被無情地困在其中。

這些活動切中了新右派的兩個核心目標：削弱工會以及藉由私有化國營企業來廢除集體主義式國家。直到政府處於有利位置後，這兩種做法才開始被落實。工會堅持他們的古老信條：充分就業、第四項條款和高工資。政府在最初的幾年當中避免對抗發生。即將發生的種種措施的最早跡象，是政府在經過四十年與工會的對話後，開始將工會完全排除在外。關閉不具經濟效益礦坑的計畫於一九八一年時被放棄，同年，全國礦工工會選舉出亞瑟・斯卡吉爾（Arthur Scargill）這位毫不妥協的新主席。政府花了很多時間為即將到來的衝突做準備。一九八〇和一九八二年的兩條《就業法案》（Employment Acts）消減了工會權力。這些措施包括：發動罷工改採祕密投票、認定二級糾察（secondary picketing）和同情罷工為違法行為，此外還要求工會要對其行為承擔法律責任。結果，天平又傾向了有利於雇主的一邊。到了一九八四年，政府甚至否定了那些在切爾滕納姆（Cheltenham）情報總部工作的人加入工會的權利。

柴契爾夫人於一九八三年重新掌權後，已為戰鬥做好準備。到那時，不僅必要的立法已經相當穩固地被樹立起來，而且由於失業，工會成員的數量也大幅下降。更重要的是，發電廠有六個月的煤炭儲備，在此之後，許多發電廠還可以改用石油（石油能源在很大程度上已取代了煤炭）。一九八二年的一份報告已經指出，煤炭工業缺乏經濟效益，礦井應該被關閉。然後在一九八四年，煤炭委員會宣布關閉二十個礦井，而且很清楚這將引發什麼後果。除了諾丁漢郡的一群人外，礦工們經過投票後決定罷工。隨後的罷工從一九八四年三月五日到一九八五年三月三日持續了三百六十二天。那是一場血腥的罷工，暴力和恐嚇使整個社群四分五裂。斯卡吉爾派遣他的「行動糾察隊」（flying pickets）到全國各地，而政府則調動了警察來保護那些想工作的人。最後，這些人出於生存所需以及對於領導階層的幻想破滅而被迫退出。當時並未達成和解，只不過是以些微的差距通過投票復工。政府贏了，工會運動的決心被粉碎。在一九八四至一九八七年之間，礦工人數減少了七萬多人，四十二個礦井被關閉。

一九八六年，印刷工人也進行了同樣激烈的罷工。一群為報業巨頭工作的人拒絕搬到碼頭區的沃平（Wapping），也不願操作世界上其他地方從一九六〇年代就開始使用的電腦化印刷技術。在另外一次事件中，大量警察被派遣要進行保護工作，這次的保護對象是接管工作的電工工會成員。使用警察來處理所謂的「暴亂集會」的這種做法，導致警察們被視為政府的特工，而不是執法人員。對許多人而言，警察在鎮壓內城暴亂中所扮演的角色更強化了這種觀點，而暴亂的主要參與者為黑人青年。結果，警察也開始被認為是種族主義者。

在成立近一個世紀之後，工會的權力已經瀕臨崩潰。混合經濟的解體是某種長期存在現象的又一次逆轉，人們對於這一現象並沒有太多同情。當時的呼聲是要透過掃除共識時代的基礎設施來「縮減政府」。國有化工業的損失必須由納稅人補貼。因此，政府不僅將擺脫一個虧損企業和這個行業所涉及的所有問題，而且還可以終結其官僚主義。與工會的情況一樣，這個問題要謹慎處理，直到時機成熟後方能加速解決它。從一九七九到一九八三年，被出售的國有企業市值只有十四億英鎊。一九八三年大選後的十五個月，便有十七億英鎊的國有企業被賣出，緊隨其後的是價值四十億英鎊的電話系統商英國電信出售案。那次出售的目的是以前所未有的方式，讓國家當中有更多人持有股權。隨後是英國航空公司，然後是英國鋼鐵、英國國家石油公司、英國天然氣、英國機場，隨後分別是一九八九年的水和一九九〇年的電力。這些方式實現了一個大目標：即讓政府不再直接參與管理經濟的主要部門，讓市場力量來接管。

國有企業的拋售將持股比例擴大到全國範圍，這與倫敦金融城的改革同步進行，其中首先是廢除外匯管制。自從第二次世界大戰以來，在國外進行投資一直相當困難。如今這個政策被逆轉，因此釋放出了巨額投資基金。對海外的投資金額在五年之內從一百二十五億英鎊增加到七百億英鎊。一九八六年十月二十六日，一場綽號為「大爆炸」的股市改革付諸實行，其結束了對股市的限制性措施，並且全面採用了電腦化的新技術，努力使倫敦成為與紐約和東京一樣的全球交易中心，不僅可以應付大型機構融資的訂單，還可以應付小股東的需求。所有這些發展都具體呈現在這個事實中：賺錢的重點已經從工業轉移到了金融服務業，像是銀行、單位信託、養老基金和保險公司。與此同時，舊有的信貸管理規定被放寬，例如出現了百分之百的抵押貸款。這種作為只助長了建立在債務之上的擴張，最終於一九八七年十月十九日發生了股市崩盤。這標誌著席捲了全歐洲的經濟衰退之開端，但是英國的狀況最為嚴重。

而這恰好與柴契爾夫人的運勢下降同時發生。她在第四屆任期中變得越來越專橫，更重要的是，諸如私有化之類的事情都是在沒有充分考慮公眾意見的情況下進行的。政府拒絕傾聽，這也預示了針對陳舊的評級系統的改革措施將以災難告終。根據房屋、其他建築和不動產價值所評估的單一稅率稅是地方政府收入的主要來源。全國三千五百萬選民中有一千八百萬人繳納了地方財產稅，儘管其中六百萬人的錢是由社會福利機構支付的。現有的制度是不公平的，但將其轉變為一種基於房產成年居住者數量的人頭稅，則更是將對政府的不滿擴展到更大範圍的國民。英國史上唯一的另一次開徵人頭稅導致了農民暴動。這次則是在一九八九年時於蘇格蘭引發了騷亂，這裡是人頭稅最先施行之處；接著在第二年，英格蘭和威爾斯也發生了類似的暴力示威活動。

隨著時間進入一九九〇年，首相的風格受到越來越多批評，政府內部也存在分歧。當時的財政大臣奈傑爾・勞森（Nigel Lawson）因反對加入歐洲匯率機制而辭職，接著在十一月，她的外交大臣傑佛瑞・豪威辭職。他在辭職後於下議院對柴契爾夫人進行了猛烈抨擊。隨著大選臨近，保守黨擔心柴契爾夫人成了拖累選舉的累贅，於是開始四處尋找新的領導人。在隨後的競選活動中，柴契爾夫人在第一輪就落敗，她不願面對失敗的恥辱，因此選擇了辭職。當時她的四面八方都是敵人，不過她的下台需要放在嚴峻的經濟衰退背景下解釋。她上台時曾許諾要繁榮昌盛，並在一段時間內實現了這個承諾；現在人們看到繁盛景氣開始衰退。她最後的政治動作是支持約翰・梅傑（John Major）做她的繼任者。

柴契爾夫人時代的目標是扭轉一九四五年以來英國的主要發展路線。對衰退發生聽天由命的心態在那個時代有了急遽轉變，人們開始支持企圖清除過去殘骸並且重新開始的努力。在本世紀的大部分時間當中，參與政府工作的人都是有才智和有獨立能力的人，他們對英國工業化和城市化的後果感到震驚。他們的反應是接受改革是必要的，即使這必須要以他們的財政支出作為代價（事實上確實如此），而且這最終導致了福利國家的建立。這種氛圍在一九七〇年代宣告失敗。左派鄙視它的家父長式作風和居高臨下施恩的姿態。右派對他們眼中的身體健全的窮人沒有同情之心，他們重新喚起並讚美長期壓抑的人類本能：個人努力應該得到回報。因此，人們對那些被推入失敗深淵的人顯然缺乏同情心。人們隱約希望的是，自由市場將以某種方式填補這個時代在拆毀許多事物之後帶來的真空。情況並不總是如此。從各方面看，人們都在拋棄舊的社會價值觀，轉而採用這個企業掛帥時代的那種更具競爭力的價值觀。

但是，有些深具諷刺意味的事情發生。這一信條最初是要求地方政府收回權力並釋放個人，但最終地方政府在許多地區變成了更大規模集權組織的代理人。這是因為，地方政府實現其目標的唯一手段，是削減分散在全國各地的中介機構，並以與中央直接聯繫這種方式來取而代之。儘管如此，在柴契爾夫人之後，一切都將不復相同。人們可能認為，共識已走到盡頭。社會民主黨（Social Democratic Party）試圖重振旗鼓的努力似乎失敗了，僅存的反對派似乎是處於末路衰退中的工黨。事實是，每個人都認識到，許多已發生的改變都不應該再被恢復。沒有人想回到工會時代，沒有人想回到國有化時代，沒有人希望回到以財政機制操縱收入平等的時代。事實上，私有化經由歷史發展被證明是成功的，也因此它開始在整個西歐被複製，而且在共產主義帝國解散之後，它在東歐被當作失敗的社會主義經濟的補救措施。

這是一個新的開始，或者不是呢？其在三十年後所浮現的後果是另一種極化的出現。為了創造一種選民皆擁有房產的新式民主，出售市政住房導致房地產市場價格急遽上漲。從長遠來看，這製造出了一個下層階級，其多數成員都是年輕人，而他們永遠不會擁有自己的房屋。以愛德華七世時代以來從未見過的規模釋放企業經濟的全部力量，其結果是擴大了最富有和最貧窮者之間的收入差距。但是，所有這些都被新世紀橫掃英國的物質主義所掩蓋。

# 71 消費社會

二十世紀是一個巨大變化的時期，不過跟維多利亞時代的人所經歷的變化截然不同；後者可以明確地看到，隨著工業革命到來，這個島的具體各方面發生了翻天覆地的變化。而且在那時，人口增長了三倍。在二十世紀的前八十年，人口數字則僅增加了一倍，在一九八一年達到五千四百萬。這是由於許多因素造成的，從生育率下降到嬰兒死亡率下降，從實行計畫生育到不再需要兒童出外賺錢。儘管如此，英國仍然是西歐第三大人口大國。而且，就像上個世紀一樣，人口四處遷移。現在有三分之一的人居住在東南部，而且只要英國的經濟重心繼續傾向於歐洲大陸，這種發展方向似乎還會繼續下去，既有的事態會被加強。在這些發展中，像費利克斯托（Felixstowe）這樣的城鎮蓬勃發展，像利物浦這樣的城鎮變成了歷史遺產，成為了紀念一個逝去時代的漂亮歷史遺跡。實際上，一九九四年英吉利海峽隧道的開通，透過公路和鐵路將英國與歐洲大陸直接聯繫起來，只是將地理上的鐘擺擺動現象凸顯出來。

城市化被郊區化取代，因為城市向外擴張，形成伯明罕和泰恩賽德（Tyneside）這樣的龐大都市區，而在倫敦，整個城市面積擴大了六百一十平方英里，約有七百萬居民。新的交通方式使人們能透過公路和鐵路，到過去無法想像的距離通勤上班。在一九五八年之後的十年當中，擁有汽車的人數增加了兩倍，這促成了縱橫全國的大規模公路建設計畫，不僅敲響了鐵路的喪鐘，也對交通、商業和環境造成重大影響。到一九八五年時，將近六成五的家庭擁有汽車。為了應對這一巨大增長的壓力，環形道路和高架橋紛紛開始出現，城市和城鎮的中心都成了汽車的犧牲品。這與所謂的內城更新是相輔相成的，當城市的中心被拆除，取而代之的是高樓大廈和購物中心，這些計畫牢牢地掌握在規劃者的手中。到一九七〇年代中期，這種結果已被視為是種災難。一九八〇年代，城郊購物中心和綜合休閒中心的出現，使市中心變得越來越多餘，這更加劇了問題的嚴重性。移民也增加了城市問題，因為與以前的移民不同，來自印度、巴基斯坦或孟加拉的移民希望建立自己的社群，而不希望融入接納他們的國家之文化習慣。結果是，某些城市淪為貧民窟。

如果說這個國家越來越受城鎮支配，那麼在一九六〇年代新一波的工業化浪潮的影響下，英國本身的面貌也發生了明顯變化。英國地景的上一次改變是在十八世紀，當時是出於對早期農業革命的回應，而現在則必須對於農業方法做出回應，其中新型的機械使得樹籬、小徑和樹林必須被夷平，而且會大量使用化肥來讓產量成倍增加。雞肉、雞蛋、豬肉和培根的工廠化養殖方式出現，這讓過去被認為是奢侈品的產品現在被大量生產。農業蓬勃發展，但代價是原有的環境遭到破壞，這導致了一九八〇年代的抗議運動，反對這些方法及其所造成清楚可見的後果。儘管百分之六十的土地握在僅僅千分之五的人口手上，但土地所有者已不再是個人，而是機構。當然，它們並不想住在那裡，只是想把土地作為一種收入來源。結果，鄉村房屋被拆毀或改建供機構使用，而周圍的精華景觀被破壞殆盡。在某些時候，遺產會被移交給國家信託基金會（National Trust）等文物保護機構保存下來，就像是來自其他世紀的時間膠囊，在其他情況中，仍會有建造者家族的後代居住在鄉村房屋中。隨著諸如穀倉和勞工小屋之類的鄉村建築與新的經濟現實脫節，它們被新近富裕的中產階級所殖民，這些中產階級根據對過去時代的浪漫看法，對它們進行了修復和美化。然而，土地不再能給予地主地位。但是在鄉村買一套房子仍然是種地位的象徵，這便反映在一九八〇年代第二屋（second homes）的普及上頭。

這反映出以下這個事實：儘管一九四五年以來發生了許多令人震驚的經濟危機，但總體而言，大多數英國人的生活方式是他們的祖父母做夢也想不到的。在一九四八至一九七六年之間，國民平均收入增加了一倍。在一九五〇年代，汽車、出國度假和諸如中央供暖之類的大量家用舒適設備品逐漸變得司空見慣。一九八六年前往國外度假的人不少於兩千萬人。到一九九〇年代，擁有房屋已經成為常態而非特例，隨後則是擁有股票的人不斷增加。因此，英國的生活現在被追逐消費的白領中產階級所主導，而在這個階層之中，社會地位等級之劃分依舊跟英國歷史上任何時候同樣複雜。這是一個整體不平等的社會，而其領導分子是專業人士。舊的上層地主階級實際上已經消失了，取而代之的是一個新的上層階級，其成員的背景既有上層也有下層，而其職業則像是雇主、商人、政治家、行政人員和學者。社會地位不再取決於出身或財富，而取決於教育、智力和文化抱負。

這樣的發展導致一個非常複雜且充滿流動性的社會。各個家庭的地位在這個社會中很有可能暴起暴落。儘管像是授予貴族爵位與頭銜等等做法被保存了下來，但過去用來管理社會的明確階層制度已經失去了其穩定社會的功能。因此，這個社會決定性的變化不僅是遠離了貴族社會，而且也是遠離了無產階級社會。這體現在體力勞動者的減少上。到一九八五年，只有三分之一的勞動力是體力勞動者，即使在這一群體中，也有些高級技術勞工認為自己是中產階級。這種向非體力勞動的轉變為婦女提供了工作機會，而她們地位的變化對於理解二十世紀後期英國社會的變化仍然至關重要。到一九六〇年代中期，有百分之三十八以上的婦女工作，到一九九〇年，在一九七〇年代女權主義運動的幫助下，婦女在專業成就的階梯上步步高升。如今，女性在生兒育女和操持家務方面所花的時間減少了，而家庭不再是父權制，在結構上朝著性別平等邁進。

隨著離婚率的上升和婚姻制度本身開始被拋棄，作為一個社會單位的家庭本身被重新定義的要求逐漸緊迫。三分之一的婚姻以失敗告終，這使得單親家庭的下層階級越來越多，社會上的其他失敗者也隨之增加：老人、失業者和陷入貧困的人。隨著自由放任主義思潮的蔓延，夫妻開始避免簽訂任何契約，無論是法律的還是宗教的，而只是共同居住在一起。其結果是，非婚生子女的數字達到了英國有統計紀錄以來的最高點。

如果說家庭的解體是一個將持續存在的問題，老年人增加所帶來的負擔也是如此。二十世紀末，英國人的預期壽命逐年增長，到二〇一〇年，英國八十歲以上的老人已經達到三百萬人上下。到二〇二〇年，此數字預計將增加到八百萬。在二〇〇九至二〇一〇年度，國家福利已經吞噬了政府總支出的一半。這對國民保健署的影響也同樣深遠，其正朝著無法再被維持下去的程度發展。除此之外，還有一種新型態隔離的出現，在這種隔離中：老年人不再融入社區，而是獨自生活或聚集在養老院中。

然而，這個表面上更加平等的社會掩蓋了其他各種分歧。教育被分為公立和私立學校。儘管教育在很大程度上是個徹底失敗的領域，而且二十世紀晚期英國人在十六歲以上仍繼續受教育的人數要比西歐任何其他國家都要少，但它仍然是社會流動的主要動力。那些渴望自己孩子成龍成鳳的人明白這一點，為了透過教育來提高孩子們的機會，他們願意做出任何犧牲。儘管大學知識分子已經不再能主導政府的思維，但是大學學位仍然是要提升社會地位的基本需求。東尼．布萊爾（Tony Blair）極大幅度地放寬大學地位的認定標準，除了貶低大學學位的價值以外，並未解決長期存在的貧困和社會背景問題，也沒有解決阻礙整個社會教育進步的問題。

但不僅是教育存在分歧，醫療照護也是如此。對於較為富裕的人來說，提供私人醫療照護的保險計畫變得越來越有吸引力。收入、資本和社會機會方面的不平等仍不可避免地存在，但其已不似過去時代那樣嚴重，不過不平等的狀況自一九八〇年代以來可能略有加劇。年輕人在穿著、言語和社交方式上新出現的無階級現象，掩蓋了這種不平等。根據一個人的言談和衣裝來判斷其身分已不再那麼容易了。現代社會也出現了出於自發的新不平等現象，比如吸菸、不運動、飲食不健康的工人階級，以及中產階級中追求健康的狂熱者，他們的三餐都是有機產品，並且全心全意地投入運動。

這也是一個普遍休閒的時代。到一九八〇年，平均工時降至每週四十三小時。長達四週的帶薪假期變成了常態，大眾旅遊也開始激增。富裕程度的提高，帶來了更多的可支配收入，也帶來人們更頻繁地移動，由此催生了一個龐大的娛樂產業，從主題樂園到流行音樂會。今日，英國人看電視或看影片的時間和他們工作的時間一樣長。電視本身將社會聯繫在一起的力量已遠遠超過廣播。到了一九七〇年代中期，電視實際上已經相當普及，其最大的效果是將家庭生活私人化，而且使其更加孤立。由於新技術的出現，娛樂和資訊的取得現在都在家裡房屋的四面牆當中。英國廣播公司從一九四六年讓電視開始流行，但真正的轉折點是一九五五年商業電視的出現。這對英國廣播公司產生了有益的影響，但對觀眾的影響更大，因為它賦予了每個家庭某種對於社會的願景，而其中被強調的部分是以市場為導向並且鼓勵購買各種物品。到二〇〇〇年，以電腦為形式的新技術已不再僅限於辦公室內使用，它很快也成為教室裡的主要內容，最後幾乎成為每個家庭的日用設備，其所帶來的幾乎就像是具備任何事物相關資訊的啟示性寶庫。除此之外，到二十一世紀的第二個十年，行動電話帶來了普遍的通訊，而臉書（Facebook）和推特（Twitter）等新型社交媒體也將在此時問世。

對消費主義的痴迷和不受道德批評的追逐享樂，是這一時期世俗物質主義的縮影。被眾人所接受的基督教倫理價值觀基礎已經消失，而哲學家並未提供新的道德價值觀。到一九八〇年，只有百分之五的人口定期參加禮拜。宗教變得邊緣化，教堂開始關閉或被拆除。隨著價值觀已經私人化，對個人行為的任何限制，尤其是性行為，現在都必須要有正當理由才能成立。的確，弱勢團體的福祉獲得關心的時代已經到來，為了滿足例如殘疾人和女巫各種性質歧異人群之需求，相關的規定不斷增加。過去不為社會所忍受的各種行為，現在都被接納了。只有赤裸裸的暴力和諸如戀童癖之類的極端變態才被認為應受譴責。這樣一來，社會可以說變得比以前的時代更加動盪和支離破碎，因為過去的社會具有牢固結構和明確界限，為了群體的廣泛一致和穩定，任何人都不被允許公然侵犯這些界限。

儘管柴契爾夫人呼籲縮小政府規模，但是它的存在仍然在人們生命中的所有階段扮演重要角色：從出生證明到強制教育、醫療服務、求職和培訓、疾病保險、意外事故和失業保險，或許還有公營住宅（council house）和福利津貼，最後是養老金和死亡證明。人們對此不是懷著一種感激之情，而是把它視為是一種權利。這是一個人們對國家及其領導者的各種幻想破滅的時代，首先是一九四〇和一九五〇年代的貴族計畫者，然後是管理一九六〇和一九七〇年代的半官方機構和工會的管理者，最後是一九八〇年代後開始發號施令的商人們。社會等級制度在一九六〇年代被廢除，順從和地位象徵也隨之消失。這種情況發生在各個層面，直到最終侵蝕了父母或老師對孩子擁有的任何一絲權威。指揮鏈（chain of command）消失了，但沒有新的權威來取而代之。

從一九六〇年代起，每一個建立起來的機構都遭到人們的嘲笑。再也沒有什麼是不可觸碰的了，到了一九九〇年代，甚至君主制度也被解構了。君主制度乃是作為國家團結統一的象徵而被保存下來，就像在一九七七年女王銀禧紀念日和一九八一年威爾斯親王與黛安娜王妃結婚時一樣。但是在這之後是他的離婚風波，以及黛安娜在一九九七年死於車禍。這連同家族其他成員的行為，使君主制聲名蒙上汙點，而長期以來的神祕也成為了被放大鏡檢視的對象。一直要到女王登基五十週年和登基六十週年的金禧和鑽石禧年時，當全國上上下下聯合起來向他們有生之年中所認識的唯一君王致敬時，形式才有所好轉。在意識形態上，君主制發現自己越來越孤立，因為左派和右派的政治信條要麼支持平等，要麼支持精英統治作為社會的基礎，兩者在邏輯上都無法接受君主制。

如果說君主制度依然存在，而王室其中一些高階成員仍受到尊敬，那麼上議院和下議院等古老機構也是如此。在一九九〇年時，世襲貴族和主教們位居上議院這樣與時代脫節的景象無疑是令人成到反常，不過三百名終身貴族（life peers）的到來彌補了這一缺陷，這些人要麼是政治任命的人，要麼是在國家中真正有名望的人。國會議員現在領取薪水，他們的地位大大降低，而且他們的作用主要只剩下，當黨鞭一聲令下時，他們就要小跑步加入到相應的大廳裡去。在本世紀即將結束並進入第三個千禧年時，可以看到國會的權力已逐漸減少，這是由於歐盟本身的議會和布魯塞爾龐大的官僚機構所造成的。下議院曾經是主要辯論的焦點，但現在它已不再具有重要意義，因為真正的問題是在報章雜誌與廣播電視上進行辯論。作為政治家和英雄的政治人物已經是走入歷史的人物了，成員的背景差異也縮小了。現在，所有政黨基本上都是由專業人士組成的；大多數是大學畢業生。雖然工黨成員多半受公立學校教育，而保守黨成員多半受私立學校教育，但他們的階級背景往往是相同的。與一八九〇年或一九四五年相比，政治與階級變得越來越沒有關係。改革國會制度的各種努力都失敗了：無論是改變上議院的結構，通過新的權利法案，還是改用比例代表制。

真正的權力中心位於內閣，它在維多利亞時期大約由十五名部長組成，現在由大約二十名領導著國家的各個重要部門的部長組成。立法的決定權掌握在內閣手中，不過這樣的地位也可能受到柴契爾夫人或東尼・布萊爾等強勢首相的侵蝕，這兩人都雇用了一大批外部顧問團隊。那些控制著中央龐大政府機器之人的權力也不應被低估。儘管地方政府大大縮減，但仍然有數以千計的公務員，此外還有數百萬名雇員在替公共部門工作。任何希望繼續掌權的政黨都無法忽視對這個國家機器重要職位任命權的控制，或疏遠其整體的潛在選民。

儘管英國在改革方面無能為力，只能勉強維持和修補，但自一九四五年以來，英國享受了一段在歷史上幾乎是前所未有的漫長和平時期。與該國歷史上的任何時候相比，英國人的平均飲食水準更高、衣著與住房都有所改善、平均壽命延長、並且有更多休閒生活可以享受。從積極的方面來說，我們可以說二十世紀確實是真正庶民大眾的時代。

# 72 「新英國」

一九九九年除夕，女王坐在英國首相東尼．布萊爾旁邊，午夜鐘聲敲響時，她發現自己不得不拉著首相的手，一起唱著〈友誼地久天長〉（Auld Lang Syne）。該活動在泰晤士河南岸的千禧巨蛋（Millennium Dome）中舉行，這是建築師理查．羅傑斯（Richard Rodgers）的壯觀新建築。聯合王國應該紀念西元兩千年到來的想法可以追溯到布萊爾的前任保守黨首相約翰．梅傑。當時，這場紀念被視為舉辦宛如一場升級版的一九五一年英國藝術節（Festival of Britain）機會，但是到了二十世紀的最後一年時，在重新包裝自己為「新工黨」（New Labour）的政府倡議下，此活動變得截然不同。千禧巨蛋被視為一個向全國展示「新英國」願景的機會。現場所發生的種種投射出了與柴契爾夫人時代截然不同的圖像。那是一個在設計和藝術上擁抱一切新事物的國家，是一個多民族的壯觀景象，類似於諾丁山狂歡節（Notting Hill carnival）。這個國家的過去種種沒有什麼明顯的存在感，唯一的元素似乎是女王和坎特伯里大主教。隨著夜幕降臨，兩人都感到極度不安。

具有諷刺意味的是，這場紀念活動非但沒有開啟新時代，反而預示著它即將滅亡。據估計，這次被稱為「千禧體驗」（Millennium Experience）的活動吸引了不少於一千兩百萬的遊客，但實際上只有一半的人來參觀宛如雜技表演的十四個混亂的主題區。過去從未有政黨做過類似的事情，但它觸及了新工黨的核心，它在新技術時代掌握了媒體的力量，並且有能力將民眾納入它的政治機器。

但是，工黨究竟是如何重新掌權的呢？柴契爾夫人的繼任者約翰・梅傑的表現證明了自己是位優柔寡斷的首相，而且隨著一九九二至一九九三年期間開始了十年的經濟嚴重衰退，保守黨失去了動力。它不僅陷入醜聞和舞弊之中，更重要的是隨著歐盟越來越朝著成為歐洲超級大國的方向發展，保守黨陷入了英國與歐盟之間的僵局。

與此同時，工黨卻朝著完全相反的方向前進。十年來，除了保守黨，似乎沒有其他政黨存在，即使是那些竭力反對的政黨也無法避免柴契爾夫人的影響力。隨著一九八〇年代的進步，工黨變成了一個錯置的過時產物，仍然堅持著屬於過去的觀點，像是國家主義、集中化和計畫經濟。一九八〇年，當詹姆士・卡拉漢（James Callaghan）離開工黨後，工黨進一步左傾，取而代之的是和平主義者、積極支持核裁軍的邁克爾・富特（Michael Foot），該黨的吸引力更加跌落谷底。一九八一年大選的工黨政綱被稱為「歷史上最長的遺書」。不久之後，富特被尼爾・金諾克（Neil Kinnock）取代，後者是由一個新成立的、偏向左翼的選舉人團（electoral college）所選出來的。該黨持續受到其內部分歧的困擾，儘管如此，該黨還是設法逐步拋棄那些導致它敗選的政策。到一九九〇年，它支持英國加入歐洲共同體並同意多邊裁軍。沒有跡象表明它會將私有化的產業重新國有化，或者是廢除保守黨針對工會的立法。如果這些改革措施早點被落實，工黨就可以避免分裂：黨內右派團體脫黨成立社會民主黨。它們曾有一段很短的期間爭取中間立場，並且有一段時間與自由黨以聯盟（Alliance）的名義合作，但最終它們被邊緣化了。工黨的問題在於，它的支持者的大本營是在北部和東北部，蘇格蘭、威爾斯和北愛爾蘭等衰落的舊工業區。它的支持者是公共部門的工人和向政府租房者。對於一個已經牢固地立足於新技術和創造財富觀念的社會，工黨沒有任何新的訊息要向其傳達。

為了上台，工黨必須贏得在一九八〇年代繁榮發展之階級的選票。這種橫掃全國各地的模式標誌著另一個重大轉變。那些經歷了第一次工業革命的地區受到的打擊最大。它們屬於一個最終將被取代的世界。繁榮發展的新區域現在牢牢地扎根於該國的東部和東南部，靠近歐洲大陸。一九八〇年代，此地區的美好生活空前繁榮，購物和休閒中心如雨後春筍般湧現，標誌著消費社會的鼎盛時期。

工黨若是要勝選，它們需要能與柴契爾夫人匹敵的魅力非凡人物，同時也要與她截然不同。東尼．布萊爾成為工黨的伊卡洛斯（Icarus），他最終會像柴契爾夫人一樣戲劇性地墜落。此人的背景與他的工黨前輩們大不相同。他從早年開始便雄心勃勃，他就讀蘇格蘭公學費特斯學院（Fettes College），接著又就讀牛津大學。他進入法律界，不過在一九八三年成為國會議員。他渾身散發著青春活力、溫和、愛國主義和普世主義的氣息，此後在黨內迅速崛起。在無與倫比的宣傳機器的幫助下，幾乎所有舊的傳統工黨政策——國營企業、國家計畫、稅收和開支，以及工會權力——都被遺忘了。此外，他還向倫敦金融城和商界示好。平等被重新定義為機會平等。作為「新工黨」和「新英國」口號的一部分，他主張所謂的第三條道路，即與柴契爾主義經濟學的合作，不過會以對社會的同情加以緩和。結果是，在連續四次選舉失敗後，工黨在一九九七年取得了壓倒性的勝利，產生了擁有四百一十九名支持社會主義議員的下議院，而保守黨議員則減少到只有一百六十五名。工黨大獲全勝。

在布萊爾執政期間，政府的性質發生了變化，他是第一位將新技術運用到政治機器中的首相，這反映在對於媒體形象的嚴格控制上。每位工黨國會議員在公開場合講話都必須與工黨的官方立場「口徑一致」（on message），而且要服從正在逐漸演變為總統制的政府形式，在這種形勢下，國會議員只是順從地投票而已。也就是說，不管唐寧街十號的核心集團做了什麼決定，他們都只能作為橡皮圖章，聽命投票。政府會向專家小組諮詢公眾希望聽到的內容，舊式社會主義在一段時間當中似乎確實已入土為安了。

布萊爾在二〇〇一年再次獲得壓倒性勝利，儘管工黨在二〇〇七年第三次選舉中再次獲勝，但是公眾對政府和他的廣泛支持已經大幅蒸發。他在國內的致命弱點一直是他的財政大臣，另一位蘇格蘭人戈登．布朗（Gordon Brown）。據說，布萊爾曾同意由布朗接替他擔任首相。最終這在最近一次大選不久後成真，這也結束了唐寧街十號和十一號之間長達十年的緊張關係。但布萊爾真正的垮台是出於他決定在海外進行冒險，特別是伊拉克戰爭。

在英國國內，布萊爾十年任期所帶來的變化不可避免地深刻影響了這個國家在二十一世紀的發展方向。他最重要的政策主張是將權力下放給聯合王國幾個組成成員。這是他的選舉承諾，因此隨後便舉行了全民投票。其結果是蘇格蘭議會於一九九九年在愛丁堡成立，而且在財政事務上獲得了一定程度的自治權。威爾斯要求獨立的呼聲從未像北部邊境那樣強烈，他們得到的結果是威爾斯議會有權決定公國的預算如何使用。在愛爾蘭問題上，布萊爾在一九九八年達成了一項和解協議，稱為《耶穌受難日協議》（Good Friday Agreement），該協議創建了北愛爾蘭議會（Northern Ireland Assembly）。所有這些都體現了長期以來始終存在的問題，而且它們有可能會導致英國分裂，使其回到在歷史中曾經個別存在的各部分。而在英格蘭內部類似的運動則步履蹣跚，而且二〇〇四年所舉辦的建立北方議會（Northern Assembly）公投未獲通過。來自英國權力下放地區的議員有權對只影響英格蘭的事務進行投票，這種狀況一直有人反對，而這種狀況在二〇一五年獲得修正：當時工黨的繼任者提出了《英格蘭人立英格蘭法》（English Votes for English Laws）法案。

權力下放是新工黨在一九九七年大選中所做的四項承諾之一。另外三項承諾同樣也得到了重要的立法：《人權法》（Human Rights Act）（一九九八）將《歐洲人權公約》（European Convention on Human Rights）（一九五三）所載的權利納入英國法律；《國家最低工資法》（National Minimum Wage Act）（一九九八）規定了每個工人每小時的最低工資，並且每年進行審查；以及二〇〇〇年的《資訊自由法》（Freedom of Information Act），該法案賦予了人們對公家機構所擁有資訊的「查看權」，而這些資訊在過去則不對外公開。

布萊爾還重視國內政策的另外兩個方面：一是教育，另一個是國家醫療服務體系的改革。在這兩個議題中，政府分配了大量的公共資金在其中，這與柴契爾原則背道而馳，後者認為問題不可能透過砸入大量金錢解決。用布萊爾自己的話來說，「教育、教育、教育」是他擔任首相期間的首要目標之一。當他上台之時，教育預算之支出正處於歷史新低。所有這一切如今都在一個龐大的計畫中逆轉，此計畫投入了大量資金在學校建築上，並且提供資訊科技設備以及為數更多的教師和輔導人員，這等同於對於綜合學校系統（comprehensive system）的全面攻擊，因為此系統被認為未能培養出合格的識字學生。文法學校沒有受到影響，關於教育的決策權力保留給地方，這也確保了它們的存在。與商界的合作被視為建立所謂學術機構的動力的一部分，其宗旨在於提高標準。同樣地，教會所辦的學校數量也不斷增加，它們一直是優秀教育實踐的先鋒。這在很大程度上是保守主義政策的延續，大學的情況也是如此。在工黨獲得選戰勝利後的第二年，大學便引入了學費制度，學生們必須透過貸款體制每年支付一千英鎊。到了二〇一〇年，這一數字已升至五千英鎊以上。然而，政府幾乎沒有採取什麼措施來消除教育系統中的不平等現象，私立教育繼續蓬勃發展，而國家教育則依賴於個別學校的品質，家長會因為學校的優秀品質而被吸引留在某個特定地區。幾十年來普遍教育和選擇性教育之間的意識形態之爭仍未解決，現實情況是，布萊爾的教育政策只是加深了這個鴻溝。

有大約五百六十億英鎊的資金投入到了國民保健署中，到了二〇〇〇年時，該機構已經具有標誌性的地位。這實際上帶來了巨大的改善，例如，等待手術的人數大幅減少。但在接下來的十年當中，這個體系在各個層面歷經了太頻繁的重組。大部分資金被醫院吞噬，而社區診所缺乏資金，但事實上有百分之九十的治療都是在後者進行。媒體和公眾都將這視為災難。但從長遠來看，更災難性的事情則是，更廣泛的公共衛生和預防問題未能被解決。禁菸運動確實發揮了作用，但卻沒有採取相應的行動來遏制造成英國人許多健康問題的另一個原因：肥胖。

一項徹底改變二十一世紀英國社會格局的法案是《民事伴侶關係法案》（Civil Partnership Act，二〇〇四），該法案賦予同性伴侶與男女民事婚姻同等的權利。緊隨其後的是《婚姻（同性伴侶）法案》（Marriage〔Same Sex Couples〕Act）（二〇一三），該法案在英格蘭和威爾斯將同性婚姻合法化，但是不包括蘇格蘭。

總體而言，這些措施大多是對現有結構的修修補補，缺乏直搗問題核心進行徹底改革的勇氣。在醫療和教育方面，它都是毫無章法地不斷調整那個在一九四五年後所建立的制度，這些制度已有半個多世紀的歷史，而且是為一個與二十一世紀非常不同的社會所制定的。布萊爾對上議院的改革也是如此，作為一九一一年《議會法》的一部分，上議院曾被許諾建立一個新的第二議院（Second Chamber）。一九九九年，所有世襲貴族被驅逐出上議院，只留下九十二人，這是由他們自己選舉所選出的。由於終身貴族的出現，貴族們如雨後春筍般出現，到二十一世紀的第二個十年，他們的人數已超過八百人。企圖從根本上重塑上議院的任何提議都必須來自下議院，而下議院自然不希望建立一個能挑戰其自身霸權的上議院。

新工黨時代的經濟後果是災難性的，這些後果直到布萊爾離開後才開始在財務上浮現。在二〇〇〇年代初，國家債務有所下降，但到了二〇〇二年，國家債務已經達到了兩百億英鎊，這個數字還會繼續增加以支付上述的計畫，而且因為移民的大量增加，社會安全的成本也在不斷上升。為了滿足所有這些要求，還需要越來越多的政府雇員，到二〇一〇年，其人數上升到六百萬以上。最後，布萊爾在阿富汗和伊拉克的海外戰爭的花費，達到數十億美元。

歷史將如何評價布萊爾的十年，現在下結論還為時過早。對他外交政策的普遍譴責不太可能被扭轉。布萊爾是喬治·布希（George W. Bush）時期英國與美國「特殊關係」的熱心支持者，他曾五次命令英國軍隊參戰，這比英國歷史上任何一位首相都多。所有這些構成了布希所謂的「反恐戰爭」（War on Terror），這是美國在二〇〇一年九月十一日伊斯蘭極端分子襲擊紐約世界貿易中心雙子塔後發動的。在襲擊的九天之後，總統宣布對恐怖分子，尤其是伊斯蘭組織，以及庇護和支持他們的政權進行「反恐戰爭」。十月，阿富汗遭到入侵，極端伊斯蘭政權塔利班（Taliban）倒台。二〇〇三年三月，以伊拉克獨裁者薩達姆·海珊（Saddam Hussein）政權擁有「大規模殺傷性武器」為由對其宣戰，但事實證明，幾乎沒有證據能夠支持這個說法。那時，美國的思考模式是「政權更迭」：對西方懷有敵意並在中東庇護恐怖分子的政府應被摧毀，並應由西方民主制取代。二〇一六年，一項關於英國撤出伊拉克戰爭的調查發現，布萊爾將英國帶入了一場造成一百七十九名英國士兵陣亡的戰爭，此戰爭共造成約五十萬人死亡。這是一場不受歡迎的戰爭，英國的介入被認為加劇了倫敦遭到恐怖攻擊的風險，這些恐攻始於二〇〇五年七月七日。當英國士兵的屍袋運回英國時，布萊爾對公眾的控制崩潰了。在二〇〇七年的大選中，工黨的多數席次跌至僅剩六十六席，布萊爾成了工黨的累贅。六月，他遞交了辭呈，戈登·布朗從唐寧街十一號搬到了十號。

最終由戈登·布朗接替首相，但他是在沒有經過大選的情況下就任的。布朗是另一個蘇格蘭人，被稱為「莊園之子」（a son of the manse），但他缺乏其前任者的魅力。布萊爾主政期間很幸運的是英國自維多利亞時代以來最長的經濟擴張時期。與之形成鮮明對比的是，布朗上台的那一年，不幸的正是英國經歷了自一九三〇年代大蕭條以來世界上最大金融危機的那一年。此危機於二〇〇七年在美國爆發，導致大約二十五家銀行倒閉。危機迅速蔓延到包括英國在內的歐洲，迫使政府實際上將一系列銀行國有化，以避免其倒閉。而這又引發了衰退。不可避免的是，工黨的支持率在二〇一〇年大選中進一步下跌，他們失去了九十一個席次，這是該黨自一九三一年以來遭受的最大損失。

選民對他們投票中的任何一個選擇都感到不安，這反映在沒有多數黨之議會的這個結果上，也就是說沒有單一政黨擁有足夠的議員來作為下議院的有效多數。結果是，保守黨和自由民主黨結成了聯盟政府。伊頓出身的新任首相大衛・卡麥隆（David Cameron）及其財政大臣開始嘗試透過大規模削減和緊縮開支來減少巨額國家債務。

但是，雙方都未能真正地去解決英國作為歐盟成員國的確切本質究竟為何的問題。戈登・布朗規定了英國加入歐元區之前必須滿足的一系列條件，而早在一九九九年時，歐元就已成為歐盟其他成員國的通用貨幣。工黨曾承諾對英國是否應留在歐盟內進行全民公決，但布朗反對。保守黨也曾做出過類似的承諾，但其黨內在希望留在歐盟的人和鼓動英國脫歐的人之間分裂成兩派。到了二〇一五年，英國的歐盟成員身分引起了廣泛的公眾關注。卡麥隆試圖透過走訪歐盟成員國來緩解這一局面，希望能獲得一些讓步，使得作為歐盟成員在那些與歐洲日益疏遠的選民眼中更容易接受。他沒有成功。這只能透過舉行全民公投來解決這問題。

# 73 後記：英國脫歐及以後

二〇一六年六月二十三日，保守黨首相大衛・卡麥隆履行其承諾，針對英國是要留在或是退出歐洲聯盟舉行了全民公投。他要求舉辦公投這件事情，在發生之後旋即被視為是極度缺乏判斷力的表現。由於他非常自信地認為英國人會無異議地投票支持「留歐」，以致他甚至沒有指示行政部門要針對「脫歐」的投票結果準備行動方案，而結果是有百分之五十二的選民支持脫歐。投票結果震驚整個政治體系，並且反映出選民與政治階層之間的鴻溝。這場公投運動一直是件令人不快的事情，其主要是基於經濟的論點，以及不斷湧入這個國家的移民潮。在二〇一五年時，英國的移民人口為八百五十萬，是世界第五大移民國家，比一九九〇年的三百五十萬增長了一倍；其中兩百九十萬來自歐盟。卡麥隆隨即辭職，新任首相特蕾莎・梅伊（Theresa May）在隨後的政治動盪中明確表示，她的職責是在所謂的「英國脫歐」（Brexit）中履行人民的授權，並表示她將在二〇一七年三月之前啟動《歐盟條約》（Treaty on European Union）第五十條。

毫無疑問，這已經成為英國歷史上最重要的日子之一，不過要判斷它是否會與西班牙無敵艦隊、拿破崙和希特勒的失敗相提並論還為時過早。可以確定的是，它結束了某個將近半個世紀的發展趨勢，英國在此趨勢中成為一個逐漸發展為新型歐洲帝國的一部分，儘管它是個較為適合民主時代的帝國。儘管英國脫歐讓這個國家出現了自十七世紀內戰以來從未有過的分裂，但為什麼會發生這種情況？它在這個島國長時段的歷史脈絡之下又代表著什麼？

歐盟從成立之初的根本便是經濟，而這也是驅動英國利益之所在，不過在政治上始終有要致力避免另一場大規模歐洲戰爭的考量，這種災難性的戰爭曾在二十世紀嚴重地摧毀了歐洲。英國在歐盟前身於一九五七年成立時並未加入，但因為看到經濟優點的前景，便於一九六三和一九六七年兩次要求加入，不過在戴高樂將軍的意志下遭到拒絕。直到他去世後，在保守黨政府的支持下，英國才於一九七三年加入了被稱為歐洲經濟共同體的組織，而且這個決定在兩年後的全民公投中得到確認。儘管工黨在此問題上表示反對，但公民投票的同意率約為百分之六十七。然而，到一九八〇年，民意調查顯示的情況截然不同，有百分之六十五的人反對歐洲經濟共同體，只有百分之二十六的人支持。在這個時候，加入歐洲經濟共同體的後果已經開始影響到平民百姓，並且種下了將在二〇一六年公投中開花結果的種子，其結果暴露出西敏寺的都市精英政治階層小圈子與城鎮和鄉村作坊中的政治階層之間的鴻溝。

加入歐洲共同體的一個基本條件是成員國之間人員和物資的自由流動，到二〇一三年，這一條件已經擴大到包括大約二十八個國家，並且由於這些國家主要是東歐國家，使德國成為了歐盟的軸心。對英國造成的後果比其他成員國都要嚴重。英國人口在一九九〇年代增加了一百六十萬以上。到二〇一〇年，人口以每十年四百五十萬的速度增長，比過去九十年的任何時候都要快。英國的人口密度變成德國的兩倍，比法國高出百分之三・五。很明顯，如果移民繼續以這樣的速度發展，到了西元三千年，英國的人口將達到八千萬。只要該國仍是歐盟成員國，就很難逆轉這種趨勢。除此之外，還有達到領取退休金年齡的人數將導致財政負擔越來越沉重這個事實。

歐盟內部遷移對於各種形式的社會服務，尤其是住房與健康保險帶來了前所未有的壓力。布萊爾的多元文化主義對策似乎也與建立具有凝聚力的民族認同背道而馳，這與維多利亞時代形成了鮮明的對比，後者的目標始終是將社會各個階層納入單一的國家歷史和文明的視野。

然而，直到歐盟的政治潛台詞開始成為現實，即創建一個單一的歐洲國家之後，雙方的政治階層才開始漸行漸遠。一九七九年，英國拒絕加入歐洲匯率機制，這是創建讓所有成員國都能使用的單一貨幣之基石。那在一九九九年成為現實。一九九〇年代，英國確實加入了歐洲匯率機制（ERM），但在兩年後的「黑色星期三」（Black Wednesday）時退出，英鎊在當時遭受到外匯投機者的巨大壓力。那次退出使英國的納稅人損失了約三十億英鎊。一九九三年十一月，根據《馬斯垂克條約》（Maastricht Treaty），歐洲經濟共同體成為了歐洲聯盟，這是其從經濟聯盟演變為政治聯盟的里程碑，而二〇〇九年《里斯本條約》（Lisbon Treaty）使得這個政治聯盟正式生效。警鐘已經敲響，以一九九三年成立的英國獨立黨（UKIP）為首的反對歐盟之浪潮開始高漲。

兩大主要政黨都在歐盟問題上猶豫不決，沒有一方試圖要訴諸選民來做出決定。因此，當歐盟強大的官僚機構開始影響到這座島嶼時，人們的看法發生了轉變。在大多數時候，工黨將歐盟視為資本家壟斷集團，它並在一九八三年承諾，若是它上台便將退出歐盟。然後它的立場在一九九〇年代逆轉了。保守黨也同樣改變了立場，它很高興英國成為一個開放競爭的出口市場，而不是成為一個悄悄引入社會主義的鼓勵融合的聯邦制國家聯盟。在一九九〇年代，保守黨與歐盟關係破裂了，它開始感到恐懼，因為布魯塞爾所做出的決定和規定開始破壞議會和王室的特權，並且因為英國法律與歐陸的法律體系截然不同，也會將英國法律逐漸推翻。

在這種情況下，英國脫歐是不可避免的。在歷史學家看來，英國的歷史是這樣的：掌權的少數精英在土地革命和工業革命中倖存下來，並且進入後工業時代；他們具有顯著的延續性，而這是透過讓步和合併的能力辦到的。精英階層之所以倖存，同時源自於人們對思想和意識形態的深刻不信任、對自由與寬容的熱愛，以及對實用主義和常識的偏好。實際上，幾乎沒有其他歐洲國家有如此卓越的應變能力，而且可以同時保持著表面上天衣無縫的連續性。歷史學家過去一直認為這是因為英國在十七世紀中葉發生了革命，不過最近有學者提出英國從未經歷過革命，這可能解釋了英國某些國家機構的沉痾。

當英國邁入二十一世紀之時，正是那些被認為不流血演變主因的機構──國王、國會、教會和法律與秩序的力量──現在正遭到抨擊。也許這將是英國首次沒有能力進行自我改革。在歐洲大陸，戰爭、入侵、占領和血腥革命在每個國家都造成巨大的破壞，帶來了英國幸運地從未經歷過的動亂和不穩定。但是，人們現在可以看到，這些混亂有其有利的一面，因為政府、社會和大型機構的基本原則必須被重新思考與重組。這在第二次世界大戰之後的時期尤其如此。一九四五年之後的歐洲不得不重新改造自己，而英國雖看似是贏家，卻在延續一些已經疲乏的思想和制度，而且它們在上個世紀末迅速變化的世界中已逐漸變得無關緊要了。但從長遠來看，二〇一六年英國脫歐的決定可能會再次證明，英國有能力繼續前進，因為歐洲的那個聯盟已經出現了嚴重的動搖跡象。

英國是一個島國，它的歷史和認同都源於這個地理事實。它一直被視為一個與世界隔離的神祕國家和民族。在維吉爾寫於西元前一世紀的第一首〈牧歌〉（First Eclogue）中，不列顛首次出現在文學作品中，維吉爾寫道：「住在那與世隔絕的島上的不列顛人們。」（penitus toto divisos orbe Britannos.）在中世紀時代，我們在〈威爾敦雙連畫〉（Wilton Diptych）中又一次看到了不列顛：理查二世跪在聖母面前，周圍環繞著天使，向她獻上這個漂浮在銀色海洋中的島嶼。此外還有莎士比亞給予該島的不朽稱呼，他稱其為「鑲嵌在銀海中的寶石」。現代歷史學家長期投入解構英國這個概念，稱其為幾個世紀以來精心設計出來的發明，目的是讓生活於其中的人們相信他們擁有一個共同的身分。但這樣的神話並不容易被摧毀。

當我放下筆時，我突然意識到一個故事的前提是要有開頭，但是其同時也暗示著勢必要有一個結局。我們有了前者，但後者尚未到來，因為那正是歷史的本質。歷史永遠不會結束，只會有新的篇章繼續開展。在回顧了過去許多個世紀之後，我感到意外的是，不存在一條一路發展至當下的單一發展軌跡。相反地，我看到一連串各種結構不同的社會交替不斷，它們隨著創造它們的觀念逐漸形成，達到頂峰，接著走向衰落。這個過程中也沒有可以被辨認出的單一模式。有時它的移動速度極其緩慢，例如羅馬—不列顛社會的逐漸侵蝕，或者是構成中世紀世界興衰的溫和韻律。在其他時候，它可能是相當敏銳而戲劇性的，例如十七世紀的共和主義在幾年當中不斷興替，或者第一次世界大戰所帶來的社會平等化，這最終結束了貴族統治。

最重要的是要理解到，唯有將眼光放在當下，方能讀懂過去。我們是深受自己時代觀念限制的囚徒，但重要的是要保持不帶偏見，並且根據每個社會各自的情況對其加以評估。沒有一個社會是完美的。所有的社會都有失敗者和勝利者。許多個世紀以來，各個民族都被征服過：羅馬人征服凱爾特人，盎格魯－撒克遜人征服羅馬－不列顛人，諾曼人征服盎格魯－撒克遜人，英格蘭人征服威爾斯人、愛爾蘭人以及蘇格蘭人。其他群體也遭受了苦難：在中世紀，奴隸沒有任何地位，在宗教改革到維多利亞時代之間，不服從國教者和羅馬天主教徒被剝奪了公民權利。在每個時代都有許多人被剝奪權利：窮人、文盲、移民、殘障人士、婦女、同性戀者和兒童。今日，我們會將那些接納了最多弱勢者的社會形式視為最成功的。不過，這是建立在自由放任主義者時代的價值觀之事後判斷。

因此，在評估各個時代都需要根據不同時代的特質，因為這些隨時都在變化。中世紀社會是普世皆同的，人間發生的一切宛如是反射天堂的鏡子。它力求成為一個公正而具有約束力的社會，在這個社會中每個人都有自己的位置，並在上帝神聖的計畫中能發揮其應有的作用。天堂每天都降落在人間，其在每座大教堂和教區教堂當中都能被見證。每個人都熱切地相信，真正的生命是人死後才開始。在宗教改革後的都鐸王朝和斯圖亞特王朝英格蘭的世俗國家之中，重新排序的等級結構在由上帝指定的統治者以下擴散。社會各階層都有自己的角色要扮演，有些人要指揮，有些人要服從，所有人都各司其職，服從秩序和權威的意志。教會和國家是同時形成的，因此那些不能接受英格蘭國教會的人，例如羅馬天主教徒或不服從國教者，便無權成為英格蘭聯邦的公民。普世主義讓位於民族認同，在後者中國家的和諧便反映了宇宙的和諧。隨著王權在喬治時代和維多利亞時代逐漸落入貴族手中，財產開始決定了一個人在社會中的地位。擁有財產意味著：物主與國家利益之間休戚與共，而且在面臨來自下層和外國勢力的威脅時，確保國家穩定和商業繁榮也與物主的利益攸關。把投票權擴大給原先沒有資格者的做法被深惡痛絕，因為這是將權力交給不負責任而且軟弱無能的人。人們仍將目光關注在另外一個世界，但是現世的這個世界卻越來越讓人覺得充滿了歡樂。時至今日，每個人都被視為一出生便被賦予能投票參與決定國家走向的權利，並且不可被剝奪。以出身和財產為基礎的貴族制度在很大程度上已被英才統治所取代，也就是由有才能以及富有的人統治，而無論其信仰或性別。對於現代的絕大多數人來說，生命只有一次，也就是此世的生活，而且必須要充分地加以品味。我們正處在這個階段的社會之中，但是要判斷我們是處於頂峰還是在目睹它的衰落還為時尚早。有一件事是可以確定的：它也將隨著無休止的英國故事另一個篇章展開而消失。

# 國王與女王

經惠特克父子出版有限公司（J. Whitaker and Sons Ltd.）許可，轉載自《一九九六年惠特克年鑑》（*Whitaker's Almanack 1996*）。

## 威塞克斯王朝

**九二七—九三九年**

**艾塞斯坦**

長者愛德華與埃格溫之次子，祖父為阿佛烈大帝。

約九二四年繼承威塞克斯與麥西亞王位，九二七年建立起對諾森布里亞王國的直接控制，實質上建立了英格蘭王國。

在位十五年。

**九三九—九四六年**

**愛德蒙一世**

九二一年出生，長者愛德華與埃德吉夫之四子。

配偶：（一）艾爾佛基弗、（二）埃塞爾弗萊德。
二十五歲遭殺害，在位六年。

**九四六—九五五年**
**埃德雷德**
長者愛德華與埃德吉夫之五子。
在位九年。

**九五五—九五九年**
**愛德威**
出生年分不晚於九四三年，愛德蒙一世與艾爾佛基弗之子。
配偶：艾爾佛基弗。
在位三年。

**九五九—九七五年**
**埃德加一世**
九四三年出生，愛德蒙一世與艾爾佛基弗之子。
配偶：（一）埃塞爾弗萊德、（二）烏爾夫絲萊絲、（三）埃爾夫斯里斯。
三十二歲去世，在位十五年。

**九七五－九七八年**

**愛德華（殉教者）**

約九六二年出生，埃德加一世與埃塞爾弗萊德之子。

約十六歲遭暗殺身亡，在位兩年。

**九七八－一〇一六年**

**埃塞爾雷德（決策無方者）**

約九六八至九六九年之間出生，埃德加一世與埃爾夫斯里斯之子。

配偶：（一）艾爾佛基弗、（二）愛瑪（諾曼第公爵理查一世之女）。

一〇一三至一〇一四年間被八字鬍斯韋恩（丹麥國王，九八七至一〇一四年在位）推翻。

約四十七歲去世，在位三十八年。

**一〇一六年**

**愛德蒙二世（剛勇者）**

出生於九九三年之前，埃塞爾雷德與艾爾佛基弗之子。

配偶：艾爾基絲。

約二十三歲時去世，在位七個月（四月至十一月）。

**一〇一六－一〇三五年**

**克努特大帝**

約九九五年出生，丹麥國王八字鬍斯韋恩與貢希爾德之子。

配偶：（一）艾爾佛基弗、（二）愛瑪（決策無方者埃塞爾雷德之遺孀）。
威塞克斯王國於一〇一五年臣服，諾森布里亞王國於一〇一六年臣服，麥西亞王國於一〇一六年臣服。愛德蒙二世去世後成為英格蘭全境之國王。
丹麥國王（一〇一九至一〇三五年），挪威國王（一〇二八至一〇三五年）。
約四十歲去世，在位十九年。

## 一〇三五—一〇四〇年

**哈羅德一世（飛毛腿）**

約一〇一六至一〇一七年之間出生。
配偶：艾爾佛基弗。
一〇三五年與弟弟哈德克努特共同擔任攝政；一〇三七年成為國王。
約二十三歲去世，在位四年。

## 一〇四〇—一〇四二年

**哈德克努特**

約一〇一八年出生，克努特大帝與愛瑪之子。
一〇二八年繼承丹麥國王的頭銜。
一〇三五至一〇三七年與兄長哈羅德一世共同擔任攝政，在哈羅德一世死後成為國王。
約二十四歲去世，在位兩年。

**一〇四二—一〇六六年**

**愛德華二世（懺悔者）**

一〇〇二至一〇〇五年之間出生，決策無方者埃塞爾雷德與愛瑪之子。

配偶：伊迪絲（威塞克斯伯爵戈德溫之女）。

約六十歲去世，在位二十三年。

**一〇六六年**

**哈羅德二世（戈德溫森）**

約一〇二〇年出生，威塞克斯伯爵戈德溫與吉莎之子。

配偶：（一）伊迪絲、（二）埃爾德吉斯。

約四十六歲時在戰場上陣亡，在位十個月（一月至十月）。

## 諾曼王朝

**一〇六六—一〇八七年**

**威廉一世（征服者）**

一〇二七至一〇二八年之間出生，諾曼第公爵羅伯特一世之子，透過征服方式取得王位。

配偶：瑪蒂爾達（法蘭德斯伯爵鮑德溫之女）。

約六十歲去世，在位二十年。

**一〇八七—一一〇〇年**

**威廉二世（紅臉）**

一〇五六至一〇六〇年之間出生，威廉一世之三子。

只繼承了父親在英格蘭的王位。

約四十歲遭殺害，在位十二年。

**一一〇〇—一一三五年**

**亨利一世（儒雅者）**

一〇六八年出生，威廉一世之四子。

配偶：（一）瑪蒂爾達（蘇格蘭國王馬爾科姆三世的女兒）、（二）阿德麗莎（魯汶伯爵高佛瑞之女）。

六十七歲去世，在位三十五年。

**一一三五—一一五四年**

**史蒂芬**

最晚於一一〇〇年出生，威廉一世女兒阿黛拉與布洛瓦伯爵史蒂芬之三子。

配偶：瑪蒂爾達（布洛涅伯爵尤斯塔斯之女）。

一一四一年（二月至十一月）被亨利一世的女兒瑪蒂爾達的支持者囚禁，而瑪蒂爾達對王位的威脅一直延續到一一五三年。

約五十三歲去世，在位十八年。

## 安茹王朝（金雀花王朝）

**一一五四—一一八九年**

**亨利二世（短斗篷）**

一一三三年出生，亨利一世女兒瑪蒂爾達與安茹伯爵若弗魯瓦之子。

配偶：埃莉諾（亞奎丹公爵威廉之女，同時是法國國王路易七世前妻）。

五十六歲去世，在位三十四年。

**一一八九—一一九九年**

**理查一世（獅心王）**

一一五七年出生，亨利二世之三子。

配偶：貝倫加麗亞，納瓦拉國王桑喬六世之女。

四十二歲去世，在位九年。

**一一九九—一二一五年**

**約翰（無地王）**

一一六七年出生，亨利二世之五子。

配偶：（一）伊莎貝爾（格洛斯特伯爵威廉之女）（離婚）、（二）伊莎貝拉（昂古萊姆伯爵艾默爾之女）。

四十八歲去世，在位十七年。

**一二一五—一二七二年**

**亨利三世**

一二〇七年出生，約翰與昂古萊姆的伊莎貝拉之子。

配偶：埃莉諾（普羅旺斯伯爵雷蒙之女）。

六十五歲去世，在位五十六年。

**一二七二—一三〇七年**

**愛德華一世（長腿）**

一二三九年出生，亨利三世之長子。

配偶：（一）埃莉諾（卡斯提爾國王斐迪南三世之女）、（二）瑪格麗特（法國國王腓力三世之女）。

六十八歲去世，在位三十四年。

**一三〇七—一三二七年**

**愛德華二世**

一二八四年出生，愛德華一世與埃莉諾倖存子女中的長子。

配偶：伊莎貝拉（法國國王腓力四世之女）。

一三二七年一月被罷黜，一三二七年九月遭殺害。享年四十三歲，在位十九年。

**一三二七—一三七七年**

**愛德華三世**

一三一二年出生，愛德華二世之長子。

配偶：菲莉芭（Philippa）（埃諾伯爵威廉之女）。

六十四歲去世，在位五十年。

**一三七七—一三九九年**

**理查二世**

一三六七年出生，父親為愛德華三世長子愛德華（黑太子）。

配偶：（一）安妮（神聖羅馬帝國皇帝查理四世之女）、（二）伊莎貝拉（法國國王查理六世之女）。

一三九九年九月被罷黜，一四〇〇年遭殺害，享年三十三歲，在位二十二年。

## 蘭開斯特王朝

**一三九九—一四一三年**

**亨利四世**

一三六六年出生，父親為岡特的約翰（愛德華三世四子），母親為布蘭奇（蘭開斯特公爵亨利之女）。

配偶：（一）瑪麗（赫里福德伯爵漢弗萊之女）、（二）瓊（納瓦拉國王查理之女、布列塔尼公爵約翰遺孀）。

約四十七歲去世，在位十三年。

**一四一三—一四二二年**

**亨利五世**

一三八七年出生，亨利四世與瑪麗倖存子女中之長子。

配偶：凱瑟琳（法國國王查理六世之女）。

約三十四歲去世，在位九年。

**一四二二—一四七一年**

**亨利六世**

一四二一年出生，亨利五世之子。

配偶：瑪格麗特（安茹公爵與普羅旺斯伯爵勒內之女）。

一四六一年三月遭罷黜，一四七〇年復位。

一四七一年四月遭罷黜，一四七一年五月遭殺害。享年四十九歲，在位三十九年。

## 約克王朝

### 一四六一—一四八三年

**愛德華四世**

一四四二年出生，約克公爵理查之長子（祖父為愛德華三世五子艾德蒙），母親為安妮（愛德華三世三子萊昂內爾之曾孫女）。

配偶：伊莉莎白・伍德維爾（父親為里弗斯伯爵理查，約翰・格雷爵士遺孀）。

一四六一年三月登上王位，一四七〇年十月遭罷黜，一四七一年四月復位。

四十歲去世，在位二十一年。

### 一四八三年

**愛德華五世**

一四七〇年出生，愛德華四世之長子。

一四八三年六月遭罷黜，約一四八三年七月至九月間去世。去世時十二歲，在位兩個月（四月至六月）。

### 一四八三—一四八五年

**理查三世**

一四五二年出生，約克公爵理查之四子，愛德華四世之弟。

配偶：安妮・內維爾（沃里克伯爵理查之女，亨利六世之子、威爾斯親王愛德華遺孀）。

三十二歲時於戰場上陣亡，在位兩年。

## 都鐸王朝

### 一四八五－一五〇九年

#### 亨利七世

一四五七年出生，母親為瑪格麗特・博福特（曾祖父為愛德華三世之四子岡特的約翰），父親為里奇蒙伯爵埃德蒙・都鐸。

配偶：伊莉莎白（愛德華四世之女）。

五十二歲去世，在位二十三年。

### 一五〇九－一五四七年

#### 亨利八世

一四九一年出生，亨利七世之二子。

配偶：（一）凱薩琳（亞拉岡國王斐迪南二世之女，亨利八世兄長亞瑟遺孀）（離婚）、（二）安（湯瑪斯・博林爵士之女）（處決）、（三）珍（約翰・西摩爵士之女）（產後死亡）、（四）安娜（克利夫斯公爵約翰之女）（離婚）、（五）凱薩琳・霍華德（諾福克公爵之侄女）（處決）、（六）凱薩琳（湯瑪斯・帕爾爵士之女，拉提默男爵遺孀）。

五十五歲去世，在位三十七年。

**一五四七—一五五三年**

**愛德華六世**

一五三七年出生，亨利八世與珍・西摩之子。十五歲去世，在位六年。

**一五五三年**

**珍**

一五三七年出生，母親為法蘭西絲（瑪麗・都鐸之女，亨利八世之妹），父親為薩福克公爵亨利・葛雷。

配偶：吉爾福德・達德利勛爵（諾森伯蘭公爵之子）。

一五五三年七月遭罷黜，一五五四年二月遭處決。年僅十六歲，在位十四天。

**一五五三—一五五八年**

**瑪麗一世**

一五一六年出生，亨利八世與阿拉貢的凱瑟琳之女。

配偶：西班牙國王菲利普二世。

四十二歲去世，在位五年。

**一五五八—一六〇三年**
**伊莉莎白一世**
一五三三年出生，亨利八世與安．博林之女。
六十九歲去世，在位四十四年。

## 斯圖亞特王朝

**一六〇三—一六二五年**
**詹姆士一世（蘇格蘭國王詹姆士六世）**
一五六六年出生，母親為蘇格蘭女王瑪麗（祖母為亨利七世長女瑪格麗特．都鐸）。
配偶：安妮（丹麥國王腓特烈二世之女）。
五十八歲去世，在位二十二年。

**一六二五—一六四九年**
**查理一世**
一六〇〇年出生，詹姆士一世之次子。
配偶：亨利埃塔．瑪麗亞（法國國王亨利四世之女）。
一六四九年遭處決，享年四十八歲，在位二十三年。
共和國於一六四九年五月十九日宣布成立。
一六四九至一六五三年政府由國會統治。

一六五三至一六五八年奧利佛・克倫威爾擔任護國公。

一六五八至一六五九年理查・克倫威爾擔任護國公。

**一六六〇—一六八五年**

**查理二世**

一六三〇年出生，查理一世之長子。

配偶：凱薩琳（葡萄牙國王約翰四世之女）。

五十四歲去世，在位二十四年。

**一六八五—一六八八年**

**詹姆士二世（蘇格蘭國王詹姆士七世）**

一六三三年出生，查理一世之次子。

配偶：（一）安妮・海德（克拉倫登伯爵愛德華之女）、（二）瑪麗（摩德納公爵阿方索之女）。

統治隨著他於一六八八年十二月逃離王國而結束。

一七〇一年去世，享年六十七歲，在位三年。

空位期：一六八八年十二月十一日至一六八九年二月十二日。

**一六八九—一七〇二年**

**威廉三世**

一六五〇年出生，父親為奧倫治親王威廉二世，母親為查理一世之女瑪麗・斯圖亞特。

配偶：瑪麗（詹姆士二世之長女）。
五十一歲去世，在位十三年。
與瑪麗二世共治。

**一六八九—一六九四年**

**瑪麗二世**

一六六二年出生，詹姆士二世與安妮之長女。
三十二歲去世，在位五年。

**一七〇二—一七一四年**

**安妮**

一六六五年出生，詹姆士二世與安妮之次女。
配偶：丹麥的喬治親王（丹麥國王腓特烈三世之子）。
四十九歲去世，在位十二年。

## 漢諾威王朝

**一七一四—一七二七年**

**喬治一世（漢諾威選侯）**

一六六〇年出生，母親為索菲亞（父親為普法爾茨選侯腓特烈，母親為詹姆士一世之女伊莉莎白・斯圖亞特），父親為漢諾威選侯恩斯特・奧古斯特。

配偶：索菲亞・多羅泰婭（呂訥堡公爵喬治・威廉之女）。
六十七歲去世，在位十二年。

### 一七二七—一七六〇年

**喬治二世**

一六八三年出生，喬治一世之子。
配偶：卡羅琳（布蘭登堡—安斯巴赫侯爵約翰・腓特烈之女）。
七十六歲去世，在位三十三年。

### 一七六〇—一八二〇年

**喬治三世**

一七三八年出生，父親為喬治二世長子腓特烈。
配偶：夏洛特（父親為梅克倫堡—施特雷利茨公爵查理・路易）。
八十一歲去世，在位五十九年。
攝政時期：一八一一至一八二〇年。
由於喬治三世神智不清，由威爾斯親王擔任攝政。

### 一八二〇—一八三〇年

**喬治四世**

一七六二年出生，喬治三世之長子。

配偶：卡羅琳（布倫瑞克—沃爾芬堡公爵查理之女）。
六十七歲去世，在位十年。

**一八三〇—一八三七年**

**威廉四世**

一七六五年出生，喬治三世之三子。
配偶：卡羅琳（薩克森—邁寧根公爵喬治之女）。
七十一歲去世，在位七年。

**一八三七—一九〇一年**

**維多利亞女王**

一八一九年出生，喬治三世四子愛德華之女。
配偶：薩克森—科堡—哥達公國亞爾伯親王。
八十一歲去世，在位六十三年。

## 薩克森—科堡—哥達王朝

**一九〇一—一九一〇年**

**愛德華七世**

一八四一年出生，維多利亞與亞爾伯之長子。

配偶：亞歷山德拉（丹麥國王克里斯蒂安九世之女）。
六十八歲去世，在位九年。

## 溫莎王朝

**一九一〇—一九三六年**
**喬治五世**
一八六五年出生，愛德華七世之二子。
配偶：維多利亞·瑪麗（特克公爵法蘭西斯之女）。
七十歲去世，在位二十五年。

**一九三六年**
**愛德華八世**
一八九四年出生，喬治五世之長子。
配偶：華里絲·辛普森夫人。
一九三六年退位，一九七二年去世，享年七十七歲。在位十個月（一月二十日至十二月十一日）。

**一九三六—一九五二年**
**喬治六世**
一八九五年出生，喬治五世之次子。

配偶：伊莉莎白．鮑斯—里昂（父親為第十四代斯特拉斯莫爾與金霍恩伯爵）。
五十六歲去世，在位十五年。

**一九五二—二〇〇二年**
**伊莉莎白二世**
一九二六年出生，喬治六世之長女。
配偶：菲利普親王（希臘王子安德烈之子）。

## 蘇格蘭的國王與女王：一〇一六—一六〇三年

**一〇一六—一〇三四年**
**馬爾科姆二世**
約九五四年出生，肯尼思二世之子。
一〇〇五年繼承阿爾巴王國，約一〇〇六年取得洛錫安王國，約一〇一六年從孫子鄧肯手中取得斯特拉斯克萊德王國。蘇格蘭王國就此成形。
約八十歲去世，在位十八年。

**一〇三四—一〇四〇年**
**鄧肯一世**
母親為貝索克（馬爾科姆二世之女）、父親為克里南。

配偶：諾森布里亞伯爵西沃德的堂姊妹或表姊妹。
在位五年。

**一〇四〇—一〇五七年**

**馬克白**

約一〇〇五年出生（母親為馬爾科姆二世之女，父親為莫里領主芬萊克〔Finlaec, Mormaer of Moray〕）。
配偶：格羅琪（Gruch）（肯尼思三世之孫女）。
約五十二歲遭殺害，在位十七年。

**一〇五七—一〇五八年**

**盧拉赫（Lulach）**

約一〇三二年出生，父親為莫里領主吉拉寇肯（Gillacomgan, Mormaer of Moray），母親為格羅琪。馬克白之繼子。
約二十六歲去世，在位七個月（八月至翌年三月）。

**一〇五八—一〇九三年**

**馬爾科姆三世（大腦袋）（Malcolm III〔Canmore〕）**

約一〇三一年出生，鄧肯一世之長子。
配偶：（一）英吉堡（Ingibiorg）、（二）聖瑪格麗特（英格蘭國王愛德蒙二世之孫女）。

約六十二歲時於戰場上陣亡，在位三十五年。

**一〇九三—一〇九七年**

**唐納德三世**

約一〇九三年出生，鄧肯一世之次子。

一〇九四年五月遭罷黜，一〇九四年十一月復位，一〇九七年十月再次遭罷黜，在位三年。

**一〇九四年**

**鄧肯二世**

約一〇六〇年出生，馬爾科姆三世與英吉堡之長子。

配偶：鄧巴的奧克翠達（Octreda of Dunbar）。

約三十四歲遭殺害，在位六個月（五月至十一月）。

**一〇九四—一一〇七年**

**埃德加**

約一〇七四年出生，馬爾科姆三世與聖瑪格麗特之次子。

約三十二歲去世，在位九年。

**一一〇七—一一二四年**

**亞歷山大一世（威猛者）**

約一〇七七年出生，馬爾科姆三世與聖瑪格麗特之五子。

配偶：西比拉（英格蘭國王亨利一世之私生女）。
約四十七歲去世，在位十七年。

**一一二四—一一五三年**

**大衛一世（聖人）**

約一〇八五年出生，馬爾科姆三世與聖瑪格麗特之六子。
配偶：瑪蒂爾達（亨廷頓伯爵瓦爾塞奧夫之女）。
約六十八歲去世，在位二十九年。

**一一五三—一一六五年**

**馬爾科姆四世（未婚王）**

約一一四一年出生，父親為亨廷頓伯爵亨利（大衛一世之次子）。
約二十四歲去世，在位十二年。

**一一六五—一二一四年**

**威廉一世（獅子）**

約一一四二年出生，馬爾科姆四世之弟。
配偶：埃芒加德（博蒙特子爵理查之女）。
約七十二歲去世，在位四十九年。

**一二一四—一二四九年**

**亞歷山大二世**

一一九八年出生，威廉一世之子。

配偶：（一）喬安（英格蘭國王約翰之女）、（二）瑪麗（英傑拉姆・德・庫西之女）。

五十歲去世，在位三十四年。

**一二四九—一二八六年**

**亞歷山大三世**

一二四一年出生，亞歷山大二世與瑪麗之子。

配偶：（一）瑪格麗特（英格蘭國王亨利三世之女）、（二）約蘭德（德勒伯爵之女）。

四十四歲時死於意外，在位三十六年。

**一二八六—一二九〇年**

**瑪格麗特女王（挪威的女孩）**

一二八三年出生，母親為瑪格麗特（亞歷山大三世之女），父親為挪威國王埃里克二世。

七歲去世，在位四年。

首次空位期：一二九〇至一二九二年。

十三位候選人競爭王位經由英格蘭國王愛德華一世裁決，王位授予約翰・巴里奧。

## 巴里奧王朝

### 一二九二—一二九六年

**約翰（巴里奧）**

約一二五〇年出生，母親為德沃爾吉拉（大衛一世之玄孫女），父親為約翰・德・巴里奧。

配偶：伊莎貝拉（薩里伯爵約翰之女）。

一二九六年退位，一三一三年去世，享年六十三歲，在位三年。

第二次空位期：一二九六至一三〇六年。

英格蘭國王愛德華一世宣布約翰・巴里奧因為拒絕服從他而必須放棄王位，並且自己掌握了蘇格蘭的大權。

## 布魯斯王朝

### 一三〇六—一三二九年

**羅伯特一世（布魯斯）**

一二七四年出生，父親為羅伯特・布魯斯，母親為卡里克伯爵夫人馬喬麗。曾祖母是威廉一世弟弟亨廷頓伯爵大衛之二女兒。

配偶：（一）伊莎貝拉（馬爾伯爵唐納德之女）、（二）伊莉莎白（阿爾斯伯爵理查之女）。

五十四歲去世，在位二十三年。

### 一三二九－一三七一年

#### 大衛二世

一三二四年出生，羅伯特一世與伊莉莎白之子。

配偶：（一）喬安娜（英格蘭國王愛德華二世之女）、（二）瑪格麗特．德拉蒙德（約翰．羅傑爵士遺孀）（離婚）。

四十六歲去世，在位四十一年。

一三三二年愛德華．巴里奧（約翰．巴里奧之子）於九月加冕為蘇格蘭國王，十二月被驅逐下台。

愛德華．巴里奧於一三三三至一三三六年復位。

## 斯圖亞特王朝

### 一三七一－一三九〇年

#### 羅伯特二世（斯圖亞特）

一三一六年出生，母親為羅伯特一世之女瑪裘瑞，父親為蘇格蘭王室總務官沃爾特。

配偶：（一）伊莉莎白（父親為羅瓦蘭的羅伯特．穆爾爵士）、（二）尤菲米亞（父親為羅斯伯爵休）。

七十四歲去世，在位十九年。

**一三九〇—一四〇六年**

**羅伯特三世**

約一三三七年出生，羅伯特二世與伊莉莎白之子。
配偶：安娜貝拉（父親為斯托伯的約翰・德拉蒙德爵士）。
約六十九歲去世，在位十六年。

**一四〇六—一四三七年**

**詹姆士一世**

一三九四年出生，羅伯特三世之子。
配偶：瓊安・博福特，薩默塞特公爵約翰之女。
四十二歲時遭暗殺身亡，在位三十年。

**一四三七—一四六〇年**

**詹姆士二世**

一四三〇年出生，詹姆士一世之子。
配偶：瑪麗，格德司公爵阿諾德之女。
二十九歲時死於意外，在位二十三年。

**一四六〇—一四八八年**

**詹姆士三世**

一四五二年出生，詹姆士二世之子。

配偶：亞歷山德拉（丹麥國王克里斯蒂安九世之女）。
三十六歲遭暗殺身亡，在位二十七年。

**一四八八—一五一三年**
**詹姆士四世**
一四七三年出生，詹姆士三世之子。
配偶：瑪格麗特．都鐸，英格蘭國王亨利七世之女。
四十歲時於戰場上陣亡，在位二十五年。

**一五一三—一五四二年**
**詹姆士五世**
一五一二年出生，詹姆士四世之子。
配偶：（一）瑪德琳，法國國王法蘭索瓦一世之女、（二）羅林的瑪麗，吉斯公爵之女。
三十歲去世，在位二十九年。

**一五四二—一五六七年**
**瑪麗一世**
一五四二年出生，詹姆士五世與瑪麗之女。
配偶：（一）王太子，後來的法國國王法蘭索瓦二世、（二）達恩利勛爵亨利．斯圖亞特、（三）博思韋爾伯爵詹姆士．赫本。

一五六七年退位，從一五六八年被囚禁在英格蘭，一五八七年遭處決，在位二十四年。

**一五六七—一六二五年**

**詹姆士六世（英格蘭國王詹姆士一世）**

一五六六年出生，蘇格蘭女王瑪麗一世與達恩利勛爵亨利之子。

一五六七年登基蘇格蘭王位，在位五十八年。

一六〇三年繼承英格蘭王位，因此將英格蘭與蘇格蘭王位聯合在一個君主之下。兩個王國彼此獨立，直到一七〇七年兩國國會合併為止。

# 首相

一七二一年四月　勞勃・沃波爾爵士（Sir Robert Walpole）
一七四二年二月　維明頓伯爵（Earl of Wilmington）
一七四三年八月　亨利・佩勒姆（Henry Pelham）
一七五四年三月　紐卡斯爾公爵（Duke of Newcastle）
一七五六年十一月　德文郡公爵（Duke of Devonshire）
一七五七年七月　紐卡斯爾公爵（Duke of Newcastle）
一七六二年五月　比特伯爵（Earl of Bute）
一七六三年四月　喬治・格倫維爾（George Grenville）
一七六五年七月　羅金漢侯爵（Marquess of Rockingham）
一七六六年七月　查塔姆伯爵（Earl of Chatham）
一七六八年十月　格拉夫頓公爵（Duke of Grafton）
一七七〇年一月　諾斯勛爵（Lord North）
一七八二年三月　羅金漢侯爵（Marquess of Rockingham）

一七八二年七月　謝爾本伯爵（Earl of Shelburne）
一七八三年四月　波特蘭公爵（Duke of Portland）
一七八三年十二月　小威廉・皮特（William Pitt）
一八〇一年三月　亨利・阿丁頓（Henry Addington）
一八〇四年五月　小威廉・皮特（William Pitt）
一八〇六年二月　威廉・溫德漢姆・格倫維爾（William Wyndham Grenville）
一八〇七年三月　波特蘭公爵（Duke of Portland）
一八〇九年十月　斯賓塞・珀西瓦爾（Spencer Perceval）
一八一二年六月　利物浦伯爵（Earl of Liverpool）
一八二七年四月　喬治・坎寧（George Canning）
一八二七年八月　戈德里奇子爵（Viscount Goderich）
一八二八年一月　威靈頓公爵（Duke of Wellington）
一八三〇年十一月　格雷伯爵（Earl Grey）
一八三四年七月　墨爾本子爵（Viscount Melbourne）
一八三四年十一月　威靈頓公爵（Duke of Wellington）
一八三四年十二月　羅伯特・皮爾爵士（Sir Robert Peel）
一八三五年四月　墨爾本子爵（Viscount Melbourne）
一八四一年八月　羅伯特・皮爾爵士（Sir Robert Peel）
一八四六年六月　約翰・羅素勛爵（Lord John Russell）

一八五二年二月 德比伯爵（Earl of Derby）
一八五二年十二月 亞伯丁伯爵（Earl of Aberdeen）
一八五五年二月 巴麥尊子爵（Viscount Palmerston）
一八五八年二月 德比伯爵（Earl of Derby）
一八五九年六月 巴麥尊子爵（Viscount Palmerston）
一八六五年十月 羅素伯爵（Earl Russell）
一八六六年六月 德比伯爵（Earl of Derby）
一八六八年二月 班傑明・迪斯雷利（Benjamin Disraeli）
一八六八年十二月 威廉・尤爾特・格萊斯頓（William Ewart Gladstone）
一八七四年二月 班傑明・迪斯雷利（Benjamin Disraeli）
一八八〇年四月 威廉・尤爾特・格萊斯頓（William Ewart Gladstone）
一八八五年六月 索爾茲伯里侯爵（Marquess of Salisbury）
一八八六年二月 威廉・尤爾特・格萊斯頓（William Ewart Gladstone）
一八八六年七月 索爾茲伯里侯爵（Marquess of Salisbury）
一八九二年八月 威廉・尤爾特・格萊斯頓（William Ewart Gladstone）
一八九四年三月 羅斯伯里伯爵（Earl of Rosebery）
一八九五年六月 索爾茲伯里侯爵（Marquess of Salisbury）
一九〇二年七月 阿瑟・詹姆士・貝爾福（Arthur James Balfour）
一九〇五年十二月 亨利・甘貝爾—班納曼爵士（Sir Henry Campbell-Bannerman）

一九〇八年四月　赫伯特・亨利・阿斯奎斯（Herbert Henry Asquith）
一九一六年十二月　大衛・勞合・喬治（David Lloyd George）
一九二二年十月　安德魯・博納・勞（Andrew Bonar Law）
一九二三年五月　斯坦利・鮑德溫（Stanley Baldwin）
一九二四年一月　詹姆士・拉姆齊・麥克唐納（James Ramsay MacDonald）
一九二四年十一月　斯坦利・鮑德溫（Stanley Baldwin）
一九二九年六月　詹姆士・拉姆齊・麥克唐納（James Ramsay MacDonald）
一九三五年六月　斯坦利・鮑德溫（Stanley Baldwin）
一九三七年五月　內維爾・張伯倫（Neville Chamberlain）
一九四〇年五月　溫斯頓・邱吉爾（Winston Churchill）
一九四五年七月　克萊曼・艾德禮（Clement Attlee）
一九五一年十月　溫斯頓・邱吉爾（Winston Churchill）
一九五五年四月　安東尼・艾登爵士（Sir Anthony Eden）
一九五七年一月　哈羅德・麥克米倫（Harold Macmillan）
一九六三年十月　亞歷克・道格拉斯—休姆爵士（Sir Alec Douglas-Home）
一九六四年十月　哈羅德・威爾遜（Harold Wilson）
一九七〇年六月　愛德華・希思（Edward Heath）
一九七四年三月　哈羅德・威爾遜（Harold Wilson）
一九七六年四月　詹姆士・卡拉漢（James Callaghan）

一九七九年五月　柴契爾夫人（Margaret Thatcher）
一九九〇年十一月　約翰・梅傑（John Major）
一九九七年五月　東尼・布萊爾（Tony Blair）
二〇〇七年六月　戈登・布朗（Gordon Brown）
二〇一〇年五月　大衛・卡麥隆（David Cameron）
二〇一六年七月　德蕾莎・梅伊（Theresa May）
二〇一九年七月　鮑里斯・強森（Boris Johnson）

歷史大講堂

# 大不列顛兩千年：從羅馬行省、日不落帝國到英國脫歐，王冠下的權力更迭及對世界秩序的掌控

2021年7月初版　　定價：新臺幣630元
2025年4月二版

| | |
|---|---|
| 著　　者 | Roy Strong |
| 譯　　者 | 陳建元 |
| 叢書主編 | 王盈婷 |
| 副總編輯 | 蕭遠芬 |
| 校　　對 | 李尚遠 |
| 內文排版 | 林婕瀅 |
| 封面設計 | 許晉維 |

| | | | |
|---|---|---|---|
| 出版者 | 聯經出版事業股份有限公司 | 編務編監 | 陳逸華 |
| 地址 | 新北市汐止區大同路一段369號1樓 | 副總經理 | 王聰威 |
| 叢書主編電話 | (02)86925588轉5316 | 總經理 | 陳芝宇 |
| 台北聯經書房 | 台北市新生南路三段94號 | 社長 | 羅國俊 |
| 電話 | (02)23620308 | 發行人 | 林載爵 |
| 郵政劃撥 | 帳戶第0100559-3號 | | |
| 郵撥電話 | (02)23620308 | | |
| 印刷者 | 文聯彩色製版印刷有限公司 | | |
| 總經銷 | 聯合發行股份有限公司 | | |
| 發行所 | 新北市新店區寶橋路235巷6弄6號2樓 | | |
| 電話 | (02)29178022 | | |

行政院新聞局出版事業登記證局版臺業字第0130號

本書如有缺頁，破損，倒裝請寄回台北聯經書房更換。　ISBN 978-957-08-7344-3 (平裝)
聯經網址：www.linkingbooks.com.tw
電子信箱：linking@udngroup.com



國家圖書館出版品預行編目資料

大不列顛兩千年：從羅馬行省、日不落帝國到英國脫歐，王冠下的權力更迭及對世界秩序的掌控/Roy Strong著．陳建元譯．二版．新北市．聯經．2025年4月．648面．17×23公分（歷史大講堂）
譯自：The Story of Britain: from the Romans to the present
ISBN　978-957-08-7344-3（平裝）

1.英國史

741.1　　113004748